國家圖書館藏敦煌遺書

中國國家圖書館編

第一百十八册　北敦一三九八三號——北敦一四〇二三號

北京圖書館出版社

圖書在版編目(CIP)數據

國家圖書館藏敦煌遺書・第一百十八册/中國國家圖書館編;任繼愈主編. —北京:北京圖書館出版社,2009.12

ISBN 978－7－5013－3680－7

Ⅰ.國… Ⅱ.①中…②任… Ⅲ.敦煌學－文獻 Ⅳ.K870.6

中國版本圖書館 CIP 數據核字(2009)第 111684 號

書　　名　國家圖書館藏敦煌遺書・第一百十八册

著　　者　中國國家圖書館編　任繼愈主編

責任編輯　徐　蜀　孫　彦

封面設計　李　璀

出　　版　北京圖書館出版社　(100034　北京西城區文津街 7 號)

發　　行　010－66139745　66151313　66175620　66126153
66174391(傳真)　66126156(門市部)

E-mail　btsfxb@ nlc. gov. cn(郵購)

Website　www. nlcpress. com → 投稿中心

經　　銷　新華書店

印　　刷　北京文津閣印務有限責任公司

開　　本　八開

印　　張　61.25

版　　次　2009 年 12 月第 1 版第 1 次印刷

印　　數　1－250 册(套)

書　　號　ISBN 978－7－5013－3680－7/K・1643

定　　價　990.00 圓

目錄

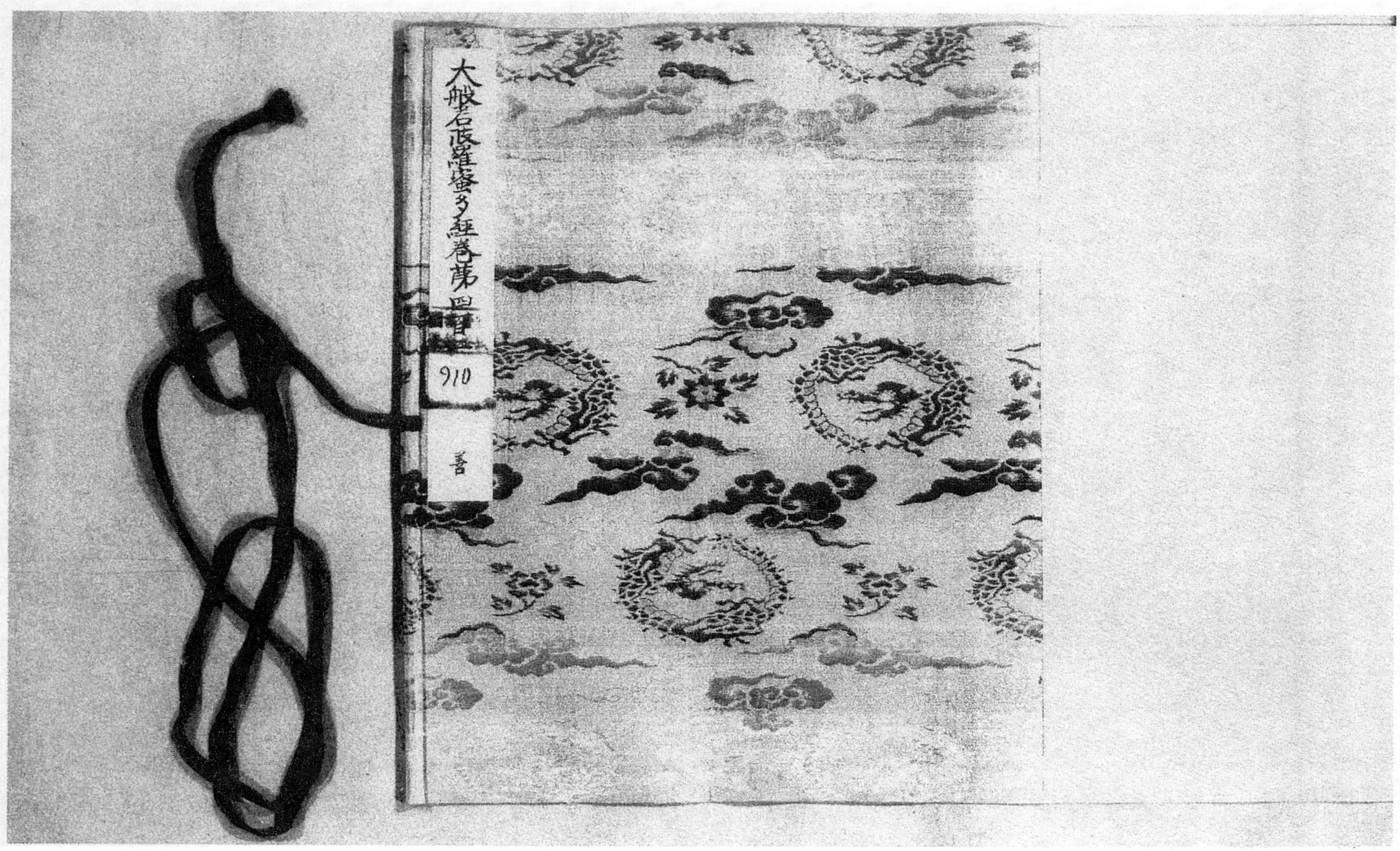

BD13983 號背　現代護首　　（1–1）

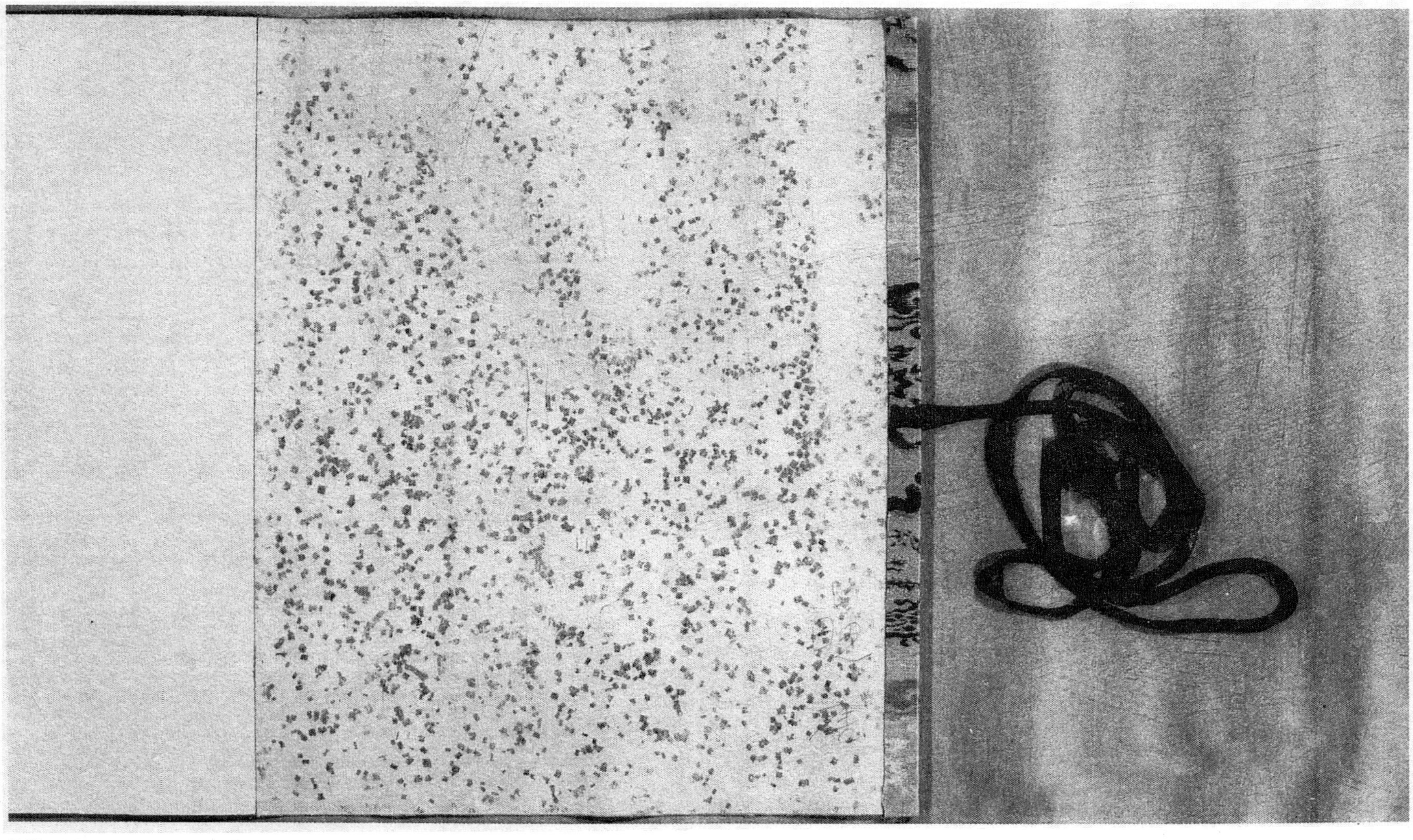

BD13983 號　大般若波羅蜜多經卷四〇二　　（23–1）

大般若波羅蜜多經卷第四百二

第二分歡喜品第二　　三藏法師玄奘奉　詔譯

爾時世尊知諸世界諸有緣衆一切來集謂天魔梵若諸沙門若婆羅門若健達縛若阿素洛若諸龍神人非人等若諸菩薩摩訶薩衆從最後身紹尊位者皆來集會便告具壽舍利子言若菩薩摩訶薩欲於一切法等覺一切相當學般若波羅蜜多時舍利子歡喜踊躍即從座起頂禮雙足偏覆左肩右膝著地合掌恭敬而白佛言世尊云何菩薩摩訶薩欲於一切法等覺一切相當學般若波羅蜜多佛告具壽舍利子言諸菩薩摩訶薩應以無住而為方便安住般若波羅蜜多所住能住不可得故應以無捨而為方便圓滿布施波羅蜜多施者受者及所施物不可得故

BD13983 號　大般若波羅蜜多經卷四〇二　（23–2）

薩欲於一切法等覺一切相當學般若波羅蜜多佛告具壽舍利子言諸菩薩摩訶薩應以無住而為方便安住般若波羅蜜多所住能住不可得故應以無捨而為方便圓滿布施波羅蜜多施者受者及所施物不可得故應以無護而為方便圓滿淨戒波羅蜜多犯無犯相不可得故應以無取而為方便圓滿安忍波羅蜜多動不動相不可得故應以無勤而為方便圓滿精進波羅蜜多身心勤怠不可得故應以無思而為方便圓滿靜慮波羅蜜多有味無味不可得故應以無著而為方便圓滿般若波羅蜜多諸法性相不可得故

復次舍利子諸菩薩摩訶薩安住般若波羅蜜多以無所得而為方便應修習四念住四正斷四神足五根五力七等覺支八聖道支是三十七菩提分法不可得故以無所得而為方便應修習空三摩地無相三摩地無願三摩地是三等持不可得故以無所得而為方便應修習四靜慮四無量四無色定靜慮無量及無色定不可得故以無所得而為方便應修習八解脫八勝處九次第定十遍處解脫勝處等至遍處不可得故以無所得而為方便應修習九想謂膖脹想膿爛想異赤想青瘀想啄噉想離散想骸骨想焚燒想滅壞想如是諸想不可得故以無所得而為方便應修習十隨念謂佛隨念法隨念僧隨念

BD13983 號　大般若波羅蜜多經卷四〇二　（23–3）

解脫勝處等至遍處不可得故以無所得而
為方便應修習九想謂膖脹想膿爛想異赤
想青瘀想啄噉想離散想骸骨想焚燒想滅
壞想如是諸想不可得故以無所得而為方
便應修習十隨念謂佛隨念法隨念僧隨念
戒隨念捨隨念天隨念入出息隨念厭隨念
死隨念身隨念是謂隨念不可得故以無所
得而為方便應修習十想謂無常想苦想無
我想不淨想死想一切世間不可樂想厭食
想斷想離想滅想如是諸想不可得故以無
所得而為方便應修習十一智謂苦智集智
滅智道智盡智無生智法智類智世俗智他
心智如說智如是諸智不可得故以無所得
而為方便應修習有尋有伺三摩地無尋唯
伺三摩地無尋無伺三摩地三三摩地不可
得故以無所得而為方便應修習未知當知
根已知根具知根三無漏根不可得故以無所
得而為方便應修習不淨處觀遍滿處觀
一切智智奢摩地毗鉢舍那四攝事四勝住
三明五眼六神通六波羅蜜多七聖財八大
士覺九有情居智陀羅尼門三摩地門十地
十行十忍二十增上意樂如來十力四無所
畏四無礙解十八佛不共法三十二大士相
八十隨好無忘失法恒住捨性一切智道相
智一切相智一切相微妙智大慈大悲大喜大
捨及餘無量無邊佛法如是諸法不可得

畏四無礙解十八佛不共法三十二大士相
八十隨好無忘失法恒住捨性一切智道相
智一切相智一切相微妙智大慈大悲大喜大
捨及餘無量無邊佛法如是諸法不可得
故
復次舍利子若菩薩摩訶薩欲疾證得一切
智智當學般若波羅蜜多欲疾圓滿一切智
道相智一切相智當學般若波羅蜜多欲疾
圓滿一切有情心行相智一切相微妙智當
學般若波羅蜜多欲拔一切煩惱習氣當學
般若波羅蜜多欲入菩薩正性離生當學
般若波羅蜜多欲超聲聞及獨覺地當學
般若波羅蜜多欲住菩薩不退轉地當學般若
波羅蜜多欲得六種殊勝神通當學般若波
羅蜜多欲知一切有情心行所趣差別當學
般若波羅蜜多欲勝一切聲聞獨覺智慧作
用當學般若波羅蜜多欲得一切陀羅尼門
三摩地門當學般若波羅蜜多欲以一念隨
喜之心超過一切聲聞獨覺所有布施當學
般若波羅蜜多欲以一念隨喜之心超過一切
聲聞獨覺所有淨戒當學般若波羅蜜多欲
以一念隨喜之心超過一切聲聞獨覺定慧解
脫解脫智見當學般若波羅蜜多欲以一念
隨喜之心超過一切聲聞獨覺靜慮解脫
等持等至及餘善法當學般若波羅蜜多欲
以一念所修善法超過一切異生聲聞獨覺

脫解脫智見當學般若波羅蜜多欲以一念
隨喜之心超過一切聲聞獨覺靜慮解脫
等持等至及餘善法當學般若波羅蜜多欲
以一念所脩善法超過一切異生聲聞獨覺
善法當學般若波羅蜜多欲行少分布施淨
戒安忍精進靜慮般若為諸有情方便善巧
迴向無上正等菩提便得無量無邊功德當
學般若波羅蜜多
復次舍利子若菩薩摩訶薩欲令所行布施
淨戒安忍精進靜慮般若波羅蜜多離諸障
閡速得圓滿當學般若波羅蜜多欲得生生
常見諸佛恒聞正法得佛覺悟蒙佛憶念教
誡教授當學般若波羅蜜多欲得佛身具三
十二大丈夫相八十隨好圓滿莊嚴當學般
若波羅蜜多欲得生生常憶宿住終不忘失
大菩提心遠離惡友親近善友恒脩菩薩摩
訶薩行當學般若波羅蜜多欲得生生具大
威力摧衆魔怨伏諸外道當學般若波羅蜜
多欲得生生遠離一切煩惱業障通達諸法
心無罣礙當學般若波羅蜜多欲得生生善
心善願善行相續常無懈廢當學般若波羅
蜜多欲生佛家入童真地常不遠離諸佛菩
薩當學般若波羅蜜多欲得生生具諸相好
端嚴如佛一切有情見者歡喜發起無上正
等覺心遠能成辦佛地功德當學般若波羅
蜜多欲以種種勝善根力隨意能列上妙供
具供養恭敬尊重讚歎一切如來應正等覺

薩當學般若波羅蜜多欲得生生具諸相好
端嚴如佛一切有情見者歡喜發起無上正
等覺心遠能成辦佛地功德當學般若波羅
蜜多欲以種種勝善根力隨意能列上妙供
具供養恭敬尊重讚歎一切如來應正等覺
令諸善根速得圓滿當學般若波羅蜜多欲
滿一切有情所求飲食衣服床榻臥具病緣
醫藥種種花香燈明車乘園林舍宅財穀珍
寶嚴具伎樂及餘種種上妙樂具當學般
若波羅蜜多
復次舍利子若菩薩摩訶薩欲善安立盡虛
空界法界世界一切有情皆令安住布施淨
戒安忍精進靜慮般若波羅蜜多當學般若
波羅蜜多欲得發起一念善心所獲功德乃
至無上正等菩提亦不窮盡當學般若波羅
蜜多欲得十方諸佛世界一切如來應正等
覺及諸菩薩共所稱讚當學般若波羅蜜多
欲一發心即能遍至十方各如殑伽沙界供
養諸佛利樂有情當學般若波羅蜜多欲一
發聲即能遍滿十方各如殑伽沙界讚歎諸
佛教誨有情當學般若波羅蜜多欲一念頃
安立十方殑伽沙等諸佛世界一切有情皆
令習學十善業道受三歸依護持禁戒脩四
靜慮及四無量四無色定獲五神通當學般
若波羅蜜多欲一念頃安立十方殑伽沙等
諸佛世界一切有情令住大乘脩菩薩行不
毀餘乘當學般若波羅蜜多欲紹佛種令不

令習學十善業道受三歸依護持禁戒修四
靜慮及四無量四無色定獲五神通當學般
若波羅蜜多欲一念頃安立十方殑伽沙等
諸佛世界一切有情令住大乘脩菩薩行不
毀餘乘當學般若波羅蜜多欲紹佛種令不
斷絕護菩薩家令不退轉嚴淨佛土令速成
辦當學般若波羅蜜多
復次舍利子若菩薩摩訶薩欲安住內空外
空內外空空空大空勝義空有為空無為空
畢竟空無際空散無散空本性空自共相空
一切法空不可得空無性空自性空無性自
性空當學般若波羅蜜多若菩薩摩訶薩
欲安住一切法真如法界法性不虛妄性不變
異性平等性離生性法定法住實際虛空界
不思議界當學般若波羅蜜多若菩薩摩訶
薩欲覺知一切法盡所有性如所有性無顛
倒無分別當學般若波羅蜜多若菩薩摩訶
薩欲覺知一切法因緣等無間緣所緣緣增
上緣性無所有不可得當學般若波羅蜜多
若菩薩摩訶薩欲覺知一切法如幻如夢
如響如像如光影如陽焰如空花如尋香城
如變化事唯心所現性相皆空當學般若波
羅蜜多若菩薩摩訶薩欲知十方殑伽沙等
三千大千世界大地虛空諸山大海江河池
沼澗谷陂湖地水火風諸極微量當學般若
波羅蜜多若菩薩摩訶薩欲析一毛以為百

BD13983 號　大般若波羅蜜多經卷四〇二　　（23-8）

如變化事唯心所現性相皆空當學般若波
羅蜜多若菩薩摩訶薩欲知十方殑伽沙等
三千大千世界大地虛空諸山大海江河池
沼澗谷陂湖地水火風諸極微量當學般若
波羅蜜多若菩薩摩訶薩欲析一毛以為百
分取一分毛盡舉三千大千世界大海江河
池沼澗谷陂湖中水棄置他方無邊世界而
不損害其中有情當學般若波羅蜜多若菩
薩摩訶薩見火劫起遍燒三千大千世界天
地洞然欲以一氣吹令頓滅當學般若波羅
蜜多若菩薩摩訶薩見風劫起三千大千世界所
依風輪飄擊上涌將吹三千大千世界蘇迷
盧山輪圍山等諸所有物碎如糠糩欲以一指
障彼風力令息不起當學般若波羅蜜多若
菩薩摩訶薩欲於三千大千世界一結加坐充
滿虛空當學般若波羅蜜多若菩薩摩訶薩
欲以一毛羂取三千大千世界妙高山王輪
圍山等諸所有物擲過他方無量數無邊
世界而不損害其中有情當學般若波羅蜜
多若菩薩摩訶薩欲以一食一花一香一幢
蓋等供養恭敬尊重讚嘆十方各如殑伽沙
界一切如來應正等覺及弟子眾無不充
足當學般若波羅蜜多若菩薩摩訶薩欲
安立十方各如殑伽沙界諸有情類令住戒
蘊定蘊慧蘊解脫蘊解脫智見蘊或住預流
一來不還阿羅漢果獨覺菩提乃至或令入
無餘依般涅槃界當學般若波羅蜜多

BD13983 號　大般若波羅蜜多經卷四〇二　　（23-9）

足當學般若波羅蜜多若菩薩摩訶薩欲
安立十方各如殑伽沙界諸有情類令住戒
蘊定蘊慧蘊解脫蘊解脫智見蘊或住預流
一來不還阿羅漢果獨覺菩提乃至或令入
無餘依般涅槃界當學般若波羅蜜多
復次舍利子若菩薩摩訶薩脩行般若波羅
蜜多能如實知如是布施得大果報謂如實
知如是布施得生剎帝利大族或生婆羅門
大族或生長者大族或生居士大族如是布
施得生四大王眾天或生三十三天或生夜
摩天或生覩史多天或生樂變化天或生他
化自在天依此布施得初靜慮或第二靜慮
或第三靜慮或第四靜慮依此布施得空無
邊處定或識無邊處定或無所有處定或非
想非非想處定依此布施起四念住乃至八
聖道支得預流果或一來果或不還果或阿
羅漢果或獨覺菩提或得無上正等菩提能
如實知如是淨戒安忍精進靜慮般若得大
果報亦復如是若菩薩摩訶薩脩行般若波
羅蜜多能如實知如是布施方便善巧能滿
布施波羅蜜多如是布施方便善巧能滿淨
戒波羅蜜多如是布施方便善巧能滿安忍
波羅蜜多如是布施方便善巧能滿精進波
羅蜜多如是布施方便善巧能滿靜慮波羅
蜜多如是布施方便善巧能滿般若波羅蜜多
如是淨戒安忍精進靜慮般若方便善巧皆
能圓滿六波羅蜜多

波羅蜜多如是布施方便善巧能滿精進波
羅蜜多如是布施方便善巧能滿靜慮波羅
蜜多如是布施方便善巧能滿般若波羅蜜多
如是淨戒安忍精進靜慮般若方便善巧皆
能圓滿六波羅蜜多
時舍利子白佛言世尊云何菩薩摩訶薩脩
行般若波羅蜜多能如實知如是布施方便
善巧能滿布施乃至般若波羅蜜多如是淨
戒乃至般若方便善巧能滿淨戒乃至靜慮
波羅蜜多佛言舍利子以無所得為方便故
謂菩薩摩訶薩行布施時了達一切施者受
者所施物相不可得故能滿布施波羅蜜多
犯無犯相不可得故能滿淨戒波羅蜜多動
不動相不可得故能滿安忍波羅蜜多身心
勤怠不可得故能滿精進波羅蜜多有亂無
亂不可得故能滿靜慮波羅蜜多諸法性相
不可得故能滿般若波羅蜜多是為菩薩摩
訶薩行布施時方便善巧能滿六種波羅蜜
多如是菩薩摩訶薩行淨戒時方便善巧能
滿六種波羅蜜多乃至行般若時方便善巧
能滿六種波羅蜜多
復次舍利子若菩薩摩訶薩欲得過去未來
現在諸佛功德當學般若波羅蜜多若菩薩
摩訶薩欲到一切有為無為法之彼岸當學
般若波羅蜜多若菩薩摩訶薩欲達過去未
來現在諸法真如法界法性無生實際當學

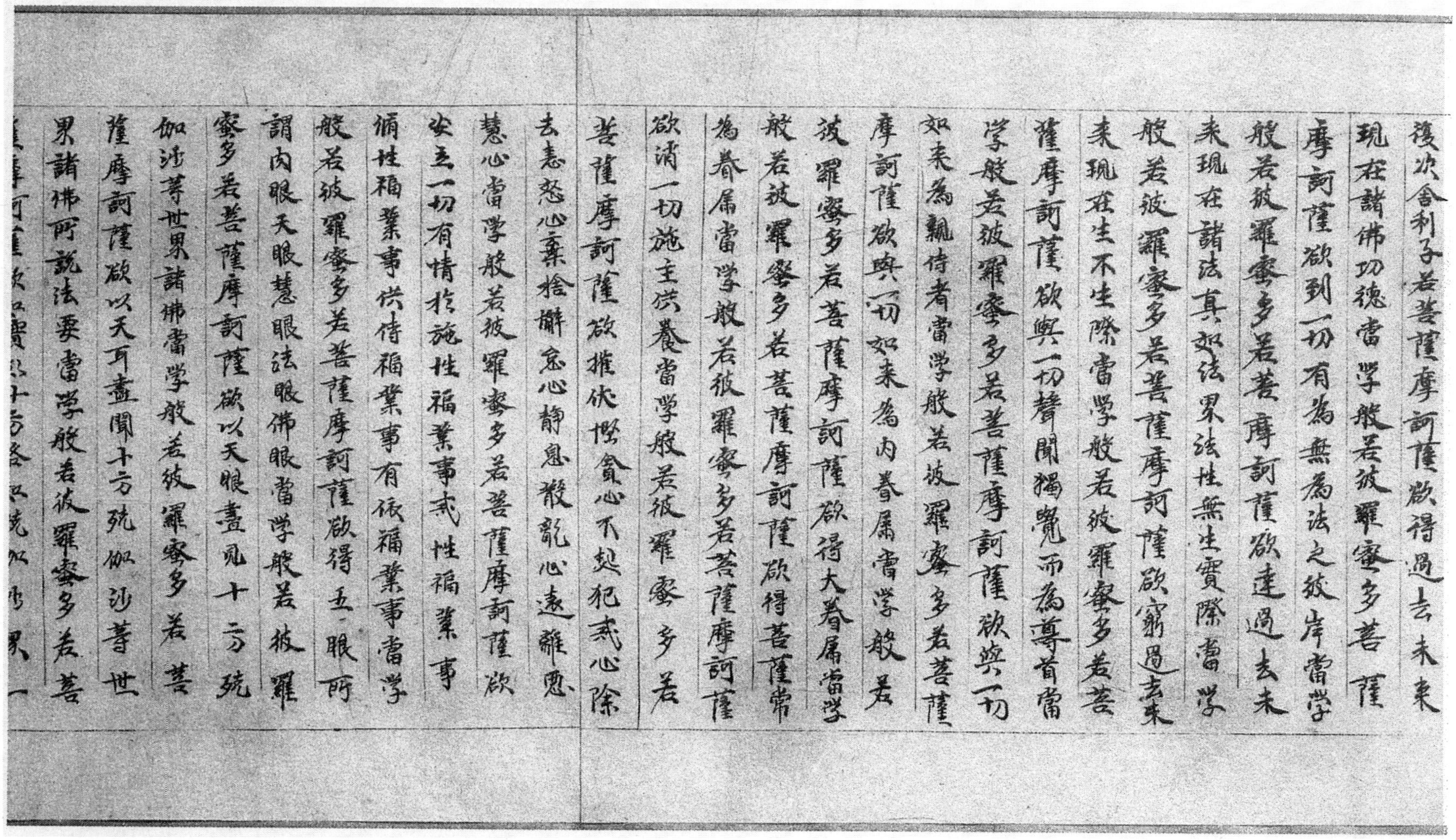

復次舍利子若菩薩摩訶薩欲得過去未來
現在諸佛功德當學般若波羅蜜多菩薩
摩訶薩欲到一切有為無為法之彼岸當學
般若波羅蜜多若菩薩摩訶薩欲達過去未
來現在諸法真如法界法性無生實際當學
般若波羅蜜多若菩薩摩訶薩欲窮過去未
來現在生不生際當學般若波羅蜜多若菩
薩摩訶薩欲與一切聲聞獨覺而為尊首當
學般若波羅蜜多若菩薩摩訶薩欲與一切
如來為親侍者當學般若波羅蜜多若菩薩
摩訶薩欲與一切如來為內眷屬當學般若
波羅蜜多若菩薩摩訶薩欲得大眷屬當學
般若波羅蜜多若菩薩摩訶薩欲得菩薩常
為眷屬當學般若波羅蜜多若菩薩摩訶薩
欲淨一切施主供養當學般若波羅蜜多若
菩薩摩訶薩欲摧伏慳貪心不起犯戒心除
去恚怒心棄捨懈怠心靜息散亂心遠離惡
慧心當學般若波羅蜜多若菩薩摩訶薩欲
安立一切有情於施性福業事戒性福業事
脩性福業事供侍福業事有依福業事當學
般若波羅蜜多若菩薩摩訶薩欲得五眼所
謂肉眼天眼慧眼法眼佛眼當學般若波羅
蜜多若菩薩摩訶薩欲以天眼盡見十方殑
伽沙等世界諸佛當學般若波羅蜜多若菩
薩摩訶薩欲以天耳盡聞十方殑伽沙等世
界諸佛所說法要當學般若波羅蜜多若菩
薩摩訶薩欲如實知十方各如殑伽沙界一

BD13983號　大般若波羅蜜多經卷四〇二　(23–12)

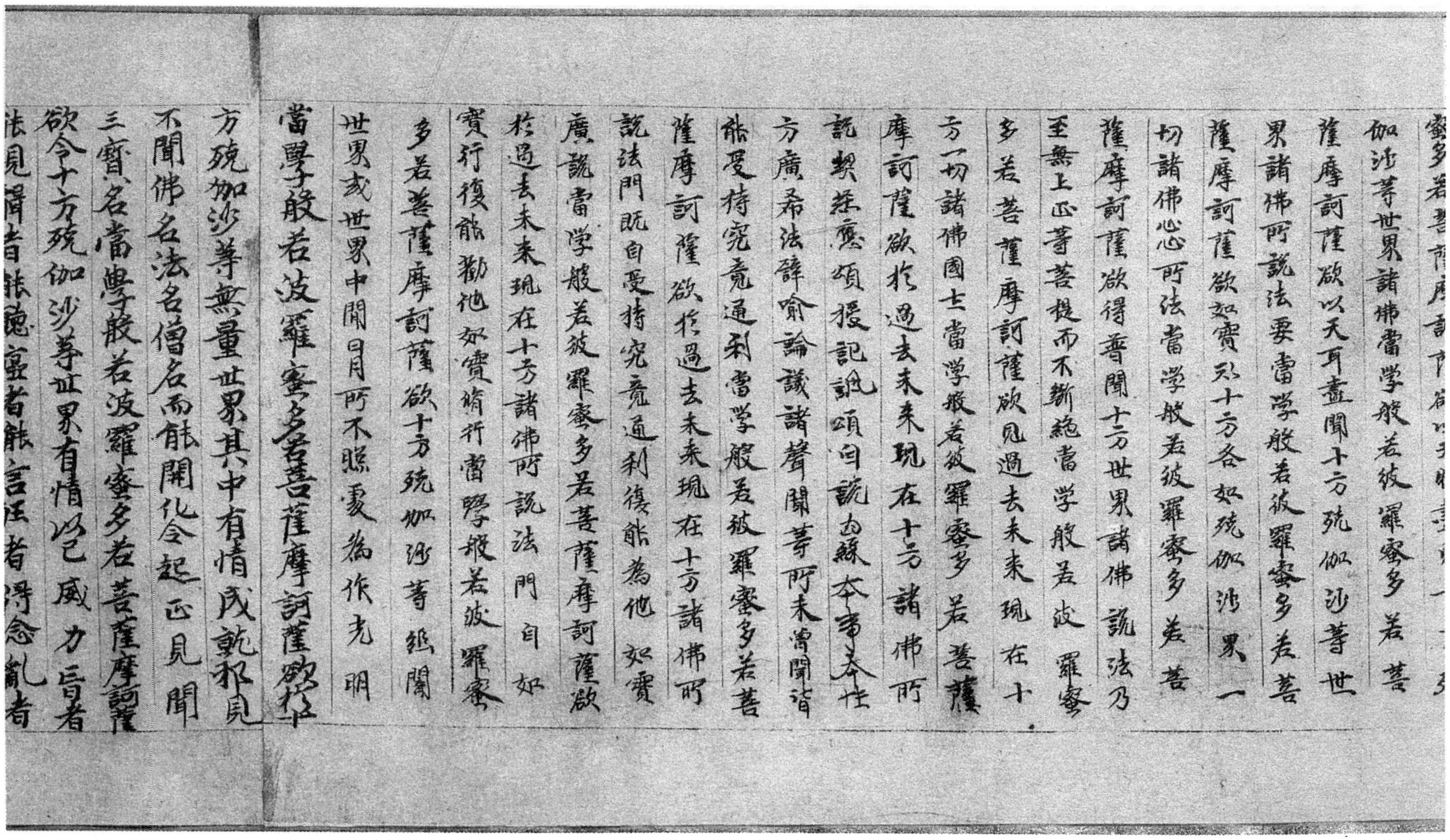

蜜多若菩薩摩訶薩欲以天眼盡見十方殑
伽沙等世界諸佛當學般若波羅蜜多若菩
薩摩訶薩欲以天耳盡聞十方殑伽沙等世
界諸佛所說法要當學般若波羅蜜多若菩
薩摩訶薩欲如實知十方各如殑伽沙界一
切諸佛心心所法當學般若波羅蜜多若菩
薩摩訶薩欲得普聞十方世界諸佛說法乃
至無上正等菩提而不斷絕當學般若波羅蜜
多若菩薩摩訶薩欲見過去未來現在十
方一切諸佛國土當學般若波羅蜜多若菩薩
摩訶薩欲於過去未來現在十方諸佛所
說契經應頌記說諷頌自說因緣本事本生
方廣希法譬喻論議諸聲聞等所未曾聞皆
能受持究竟通利當學般若波羅蜜多若菩
薩摩訶薩欲於過去未來現在十方諸佛所
說法門既自受持究竟通利復能為他如實
廣說當學般若波羅蜜多若菩薩摩訶薩欲
於過去未來現在十方諸佛所說法門自如
實行復能勸他如實脩行當學般若波羅蜜
多若菩薩摩訶薩欲十方殑伽沙等幽闇
世界或世界中間日月所不照處為作光明
當學般若波羅蜜多若菩薩摩訶薩欲於十
方殑伽沙等無量世界其中有情成就邪見
不聞佛名法名僧名而能開化令起正見聞
三寶名當學般若波羅蜜多若菩薩摩訶薩
欲令十方殑伽沙等世界有情以己威力盲者
得見聾者能聽瘂者能言狂者得念亂者

BD13983號　大般若波羅蜜多經卷四〇二　(23–13)

方殑伽沙等無量世界其中有情成就邪見
不聞佛名法名僧名而能開化令起正見聞
三寶名當學般若波羅蜜多若菩薩摩訶薩
欲令十方殑伽沙等世界有情以己威力盲者
能視聾者能聽瘂者能言狂者得念亂者
得定貧者得富露者得衣飢者得食渴者得
飲病者得除愈醜者得端嚴形殘者得具足
根缺者得圓滿迷悶者得醒悟疲頓者得安
泰一切有情等心相向如父如母如兄如弟如
姊如妹如友如親當學般若波羅蜜多若
菩薩摩訶薩欲令十方殑伽沙等世界有情
以己威力在惡趣者皆生善趣當學般若波
羅蜜多若菩薩摩訶薩欲令十方殑伽沙等
世界有情以己威力習惡業者皆脩善業當
學般若波羅蜜多若菩薩摩訶薩欲令十方
殑伽沙等世界有情以己威力諸犯戒者皆
住戒蘊未得定者皆住定蘊有惡慧者皆住
慧蘊無解脫者皆住解脫蘊無解脫智見者
皆住解脫智見蘊未見諦者得預流果若一
來果若不還果若阿羅漢果若獨覺菩提若
得無上正等菩提當學般若波羅蜜多若菩
薩摩訶薩欲學諸佛殊勝威儀令諸有情觀
之無厭息一切惡生一切善當學般若波羅
蜜多
復次舍利子菩薩摩訶薩脩行般若波羅蜜
多時作是思惟我何時得如象王觀容必爾

BD13983號　大般若波羅蜜多經卷四〇二　（23–14）

之無厭息一切惡生一切善當學般若波羅
蜜多
復次舍利子菩薩摩訶薩脩行般若波羅蜜
多時作是思惟我何時得如象王觀容必爾
然為眾說法欲成斯事當學般若波羅蜜多
菩薩摩訶薩脩行般若波羅蜜多時作是思
惟我何時得身語意業隨智慧行皆悉清
淨欲成斯事當學般若波羅蜜多菩薩摩訶薩
脩行般若波羅蜜多時作是思惟我何時得
足不履地如四指量自在而行欲成斯事當
學般若波羅蜜多菩薩摩訶薩脩行般若波
羅蜜多時作是思惟我何時得無量百千俱
胝那庾多四大王眾天乃至色究竟天供養
恭敬尊重讚歎尊從圍繞詣菩提樹欲成斯
事當學般若波羅蜜多菩薩摩訶薩脩行般
波羅蜜多時作是思惟我何時得無量百
千俱胝那庾多四大王眾天乃至色究竟天
於菩提樹下以天衣為座欲成斯事當學般
若波羅蜜多菩薩摩訶薩脩行般若波羅蜜
多時作是思惟我何時得菩提樹下結加趺
坐以眾妙相所莊嚴手而撫大地使于地神
并諸眷屬俱時踊現欲成斯事當學般若波
羅蜜多菩薩摩訶薩脩行般若波羅蜜多時
作是思惟我何時得坐菩薩樹降伏眾魔證
得無上正等菩提欲成斯事當學般若波羅
蜜多菩薩摩訶薩脩行般若波羅蜜多時作

BD13983號　大般若波羅蜜多經卷四〇二　（23–15）

并諸眷屬俱時踊現欲成斯事當學般若波
羅蜜多菩薩摩訶薩脩行般若波羅蜜多時
作是思惟我何時得坐菩提樹降伏衆魔證
得無上正等菩提欲成斯事當學般若波羅
蜜多菩薩摩訶薩脩行般若波羅蜜多時作
是思惟我何時得成正覺已行住坐卧隨地
方所悉為金剛欲成斯事當學般若波羅蜜
多菩薩摩訶薩脩行般若波羅蜜多時作是
思惟我何時得捨國出家是日即成無上正
覺還於是日轉妙法輪即令無量無數有情
遠塵離垢生淨法眼復令無量無數有情永
盡諸漏心慧解脫亦令無量無數有情無
上菩提得不退轉欲成斯事當學般若波羅
蜜多菩薩摩訶薩脩行般若波羅蜜多時作
是思惟我何時得無上菩提無數聲聞
菩薩為弟子衆一說法時令無量無數有情
不起于座得阿羅漢果復令無數有情
亦不起于座於無上菩提得不退轉欲成斯
事當學般若波羅蜜多菩薩摩訶薩脩行般
若波羅蜜多時作是思惟我何時得壽量無
盡無邊光明相好莊嚴觀者無猒雖復行時
千葉蓮花每承其足而令地上現千輻輪舉
步經行大地震動而不搖惱地居有情欲迴
顧時舉身皆轉足之所履盡金剛際如車輪
量地亦隨轉欲成斯事當般若波羅蜜多
菩薩摩訶薩脩行般若波羅蜜多時作是思
惟我何時得舉身支節皆放光明遍照十方

步經行大地震動而不搖惱地居有情欲迴
顧時舉身皆轉足之所履盡金剛際如車輪
量地亦隨轉欲成斯事當般若波羅蜜多
菩薩摩訶薩脩行般若波羅蜜多時作是思
惟我何時得舉身支節皆放光明遍照十方
無邊世界隨所照處為諸有情作大饒益欲
成斯事當學般若波羅蜜多菩薩摩訶薩脩
行般若波羅蜜多時作是思惟我得無上正
等覺時願所居土無有一切貪欲瞋恚愚癡
等名其中有情成就妙慧由斯慧力恒作是
思布施調伏安忍勤進寂靜諦觀離諸放逸
脩行梵行慈悲喜捨不惱有情如餘佛土豈
不善哉欲滿斯願當學般若波羅蜜多菩薩
摩訶薩脩行般若波羅蜜多時作是思惟我
得無上正等覺時化事既周般涅槃後正法無
有盡之期常為有情作大利樂欲滿斯願
當學般若波羅蜜多菩薩摩訶薩脩行般若
波羅蜜多時作是思惟我得無上正等覺時
願令十方殑伽沙等世界有情聞我名者必
得無上正等菩提欲滿斯願當學般若波
羅蜜多舍利子諸菩薩摩訶薩若欲成就此
等無量無邊功德當學般若波羅蜜多
復次舍利子若菩薩摩訶薩脩行般若波羅
蜜多既能成辦如是功德尒時三千大千世界
四大天王皆大歡喜咸作是念我等今者
當以四鉢奉此菩薩如昔天王奉先佛鉢是
時三千大千世界三十三天夜摩天覩史多

復次舍利子若菩薩摩訶薩脩行般若波羅
蜜多既能成辦如是功德尒時三千大千世界
四大天王皆大歡喜咸作是念我等今者
當以四鉢奉此菩薩如昔天王奉先佛鉢是
時三千大千世界三十三天夜魔天覩史多
天樂變化天他化自在天皆大歡喜咸作是
念我等皆當給侍供養如是菩薩令阿素洛
兇黨損減使諸天衆眷屬增益是時三千大
千世界梵衆天梵輔天梵會天大梵天光天
少光天無量光天極光淨天淨天少淨天無
量淨天遍淨天廣天少廣天無量廣天廣果
天無繁天無熱天善現天善見天色究竟天
歡喜欣慶咸作是念我等當請如是菩薩
速證無上正等菩提轉妙法輪利樂一切舍利
子若菩薩摩訶薩脩行般若波羅蜜多增益
六種波羅蜜多時彼世界諸善男子善女人
等皆大歡喜咸作是念我等當為如是菩薩
作父母兄弟妻子眷屬知識朋友時彼世界
四大王衆天乃至色究竟天歡喜慶幸咸作
是念我等當設種種方便令是菩薩離非梵
行從初發心乃至成佛常脩梵行所以者何
若染色欲於生梵天尚能為障況得無上正
等菩提是故菩薩斷欲出家脩梵行者能得
無上正等菩提非不者
時舍利子白佛言世尊諸菩薩摩訶薩為決
定有父母妻子諸親友耶佛言舍利子或有

若染色欲於生梵天尚能為障況得無上正
等菩提是故菩薩斷欲出家脩梵行者能得
無上正等菩提非不者
時舍利子白佛言世尊諸菩薩摩訶薩為決
定有父母妻子諸親友耶佛言舍利子或有
菩薩具有父母妻子眷屬而脩菩薩摩訶薩
行或有菩薩摩訶薩無有妻子從初發心乃
至成佛常脩梵行不壞童真或有菩薩摩訶
薩方便善巧示受五欲猒捨出家方得無上
正等菩提舍利子譬如幻師若彼弟子善於
幻術幻作五欲於中自恣共相娛樂於意云
何是幻所作為有實不舍利子言不也世尊
佛言舍利子菩薩摩訶薩亦復如是方便善
巧為欲成熟諸有情故化受五欲然此菩薩
摩訶薩於五欲中深生猒患不為五欲之所
染汙以無量門訶毀諸欲欲為熾然燒身心故
欲為穢惡染自他故欲為魁膾於去來今
常為害故欲為怨敵長夜伺求作衰損故欲
如草炬欲如苦果欲如劒刃欲如火聚欲如
毒器欲如幻惑欲如暗井菩薩摩訶薩以如
是等無量過門訶毀諸欲既善了知諸欲過
失寧有真實受諸欲事但為饒益所化有情
方便善巧示受諸欲
第二分觀照品第三之一
尒時舍利子白佛言世尊諸菩薩摩訶薩應
云何脩行般若波羅蜜多佛言舍利子菩薩
摩訶薩脩行般若波羅蜜多時應如是觀實

第二分觀照品第三之一
尒時舍利子白佛言世尊諸菩薩摩訶薩應
云何脩行般若波羅蜜多佛言舍利子菩薩
摩訶薩脩行般若波羅蜜多時應如是觀實
有菩薩不見有菩薩不見菩薩名不見般若
波羅蜜多不見般若波羅蜜多多不見行不
見不行何以故舍利子菩薩自性空菩薩名
空所以者何色自性空不由空故色空非色
色不離空空不離色色即是空空即是色受
想行識自性空不由空故受想行識空非受
想行識受想行識不離空空不離受想行識
受想行識即是空空即是受想行識何以故
舍利子此但有名謂為菩提此但有 名謂 為
薩埵此但有名謂為菩薩此但有名謂之為
空此但有名謂之為色受想行識如是自性
無生無滅無染無淨菩薩摩訶薩如是脩行
般若波羅蜜多不見生不見滅不見染不見
淨何以故但假立客名分別於法而起分別
假立客名隨起言說如如言說如是如是生
起執著菩薩摩訶薩脩行般若波羅蜜多
時於如是等一切不見由不見故不生執著
復次舍利子菩薩摩訶薩脩行般若波羅蜜
多時應如是觀菩薩但有名佛但有名般若
波羅蜜多但有名色但有名受想行識但有
名餘一切法但有名舍利子如我但有名謂之
為我實不可得如是有情命者生者養者
士夫補特伽羅意生儒童作者使作者起者

復次舍利子菩薩摩訶薩脩行般若波羅蜜
多時應如是觀菩薩但有名佛但有名般若
波羅蜜多但有名色但有名受想行識但有
名餘一切法但有名舍利子如我但有名謂之
為我實不可得如是有情命者生者養者
士夫補特伽羅意生儒童作者使作者起者
使起者受者使受者知者見者亦但有名謂
為有情乃至見者實不可得以不可得空故
但隨世俗假立客名諸法亦尒不應執著是
故菩薩摩訶薩脩行般若波羅蜜多時不見
有我乃至見者亦不見有一切法性舍利子
菩薩摩訶薩如是脩行般若波羅蜜多除諸
佛慧一切聲聞獨覺等慧所不能及以不可
得空故所以者何是菩薩摩訶薩於名所名
俱無所得以不觀見無執著故舍利子菩薩
摩訶薩若能如是行般若波羅蜜多為善
行般若波羅蜜多
舍利子假使汝及大目揵連滿贍部洲如 稻
麻竹葦甘蔗林等所有般若比行般若波羅
蜜多菩薩摩訶薩般若百分不及一千分不
及一百千分不及一俱胝分不及一百 俱胝
分不及一千俱胝分不及一百千俱 胝 分不及
一數分筭分計分喻分乃至鄔波尼殺曇
分亦不及一何以故是菩薩摩訶 薩般若能
使一切有情趣般涅槃一切聲聞獨覺般若
不如是故又舍利子脩行般若波羅蜜多菩
薩摩訶薩於一日中所脩般若一切聲聞獨
覺般若所不及故舍利子置贍部洲假使汝
及大目揵連滿四大洲如稻麻竹葦甘蔗林

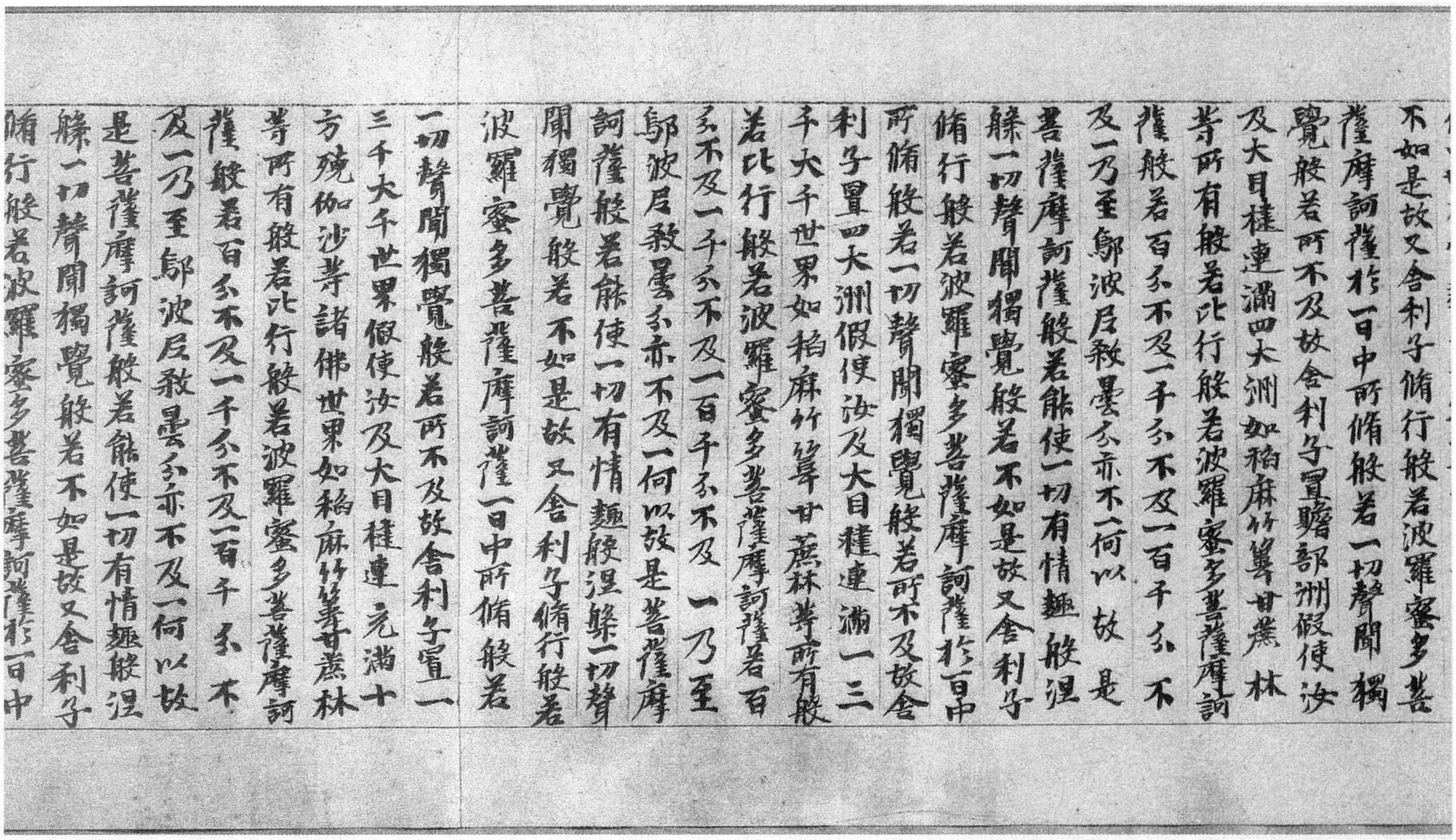
不如是故又舍利子脩行般若波羅蜜多菩
薩摩訶薩於一日中所脩般若一切聲聞獨
覺般若所不及故舍利子置贍部洲假使汝
及大目揵連滿四大洲如稻麻竹葦甘蔗林
等所有般若比行般若波羅蜜多菩薩摩訶
薩般若百分不及一千分不及一百千分不
及一乃至鄔波尼殺曇分亦不及一何以故是
菩薩摩訶薩般若能使一切有情趣般涅
槃一切聲聞獨覺般若不如是故又舍利子
脩行般若波羅蜜多菩薩摩訶薩於一日中
所脩般若一切聲聞獨覺般若所不及故舍
利子置四大洲假使汝及大目揵連滿一三
千大千世界如稻麻竹葦甘蔗林等所有般
若比行般若波羅蜜多菩薩摩訶薩若百
分不及一千分不及一百千分不及 一乃至
鄔波尼殺曇分亦不及一何以故是菩薩摩
訶薩般若能使一切有情趣般涅槃一切聲
聞獨覺般若不如是故又舍利子脩行般若
波羅蜜多菩薩摩訶薩一日中所脩般若
一切聲聞獨覺般若所不及故舍利子置一
三千大千世界假使汝及大目揵連充滿十
方殑伽沙等諸佛世界如稻麻竹葦甘蔗林
等所有般若比行般若波羅蜜多菩薩摩訶
薩般若百分不及一千分不及一百千分不
及一乃至鄔波尼殺曇分亦不及一何以故
是菩薩摩訶薩般若能使一切有情趣般涅
槃一切聲聞獨覺般若不如是故又舍利子
脩行般若波羅蜜多菩薩摩訶薩於一日中

BD13983 號　大般若波羅蜜多經卷四〇二　（23–22）

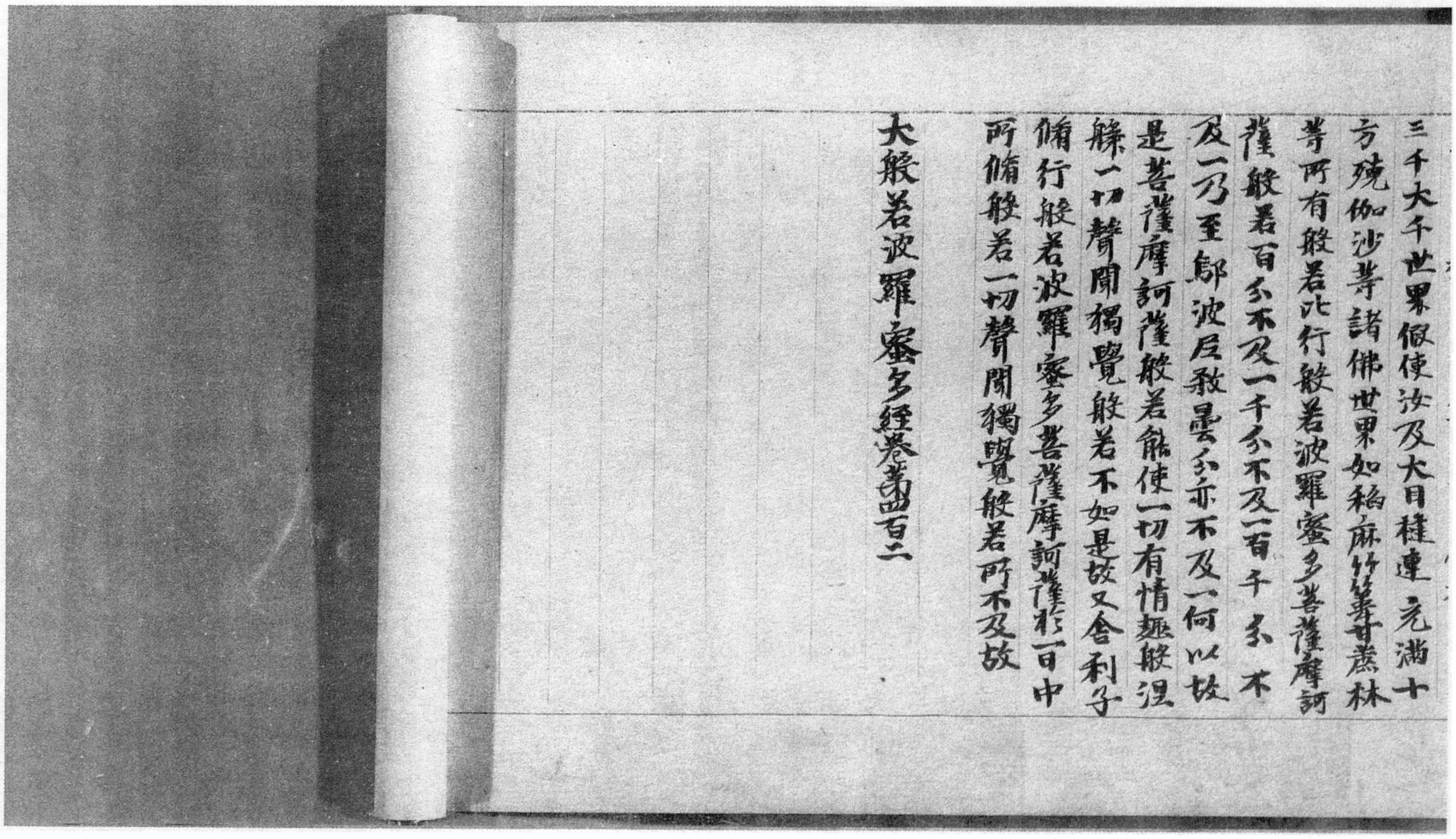
三千大千世界假使汝及大目揵連充滿十
方殑伽沙等諸佛世界如稻麻竹葦甘蔗林
等所有般若比行般若波羅蜜多菩薩摩訶
薩般若百分不及一千分不及一百千分不
及一乃至鄔波尼殺曇分亦不及一何以故
是菩薩摩訶薩般若能使一切有情趣般涅
槃一切聲聞獨覺般若不如是故又舍利子
脩行般若波羅蜜多菩薩摩訶薩於一日中
所脩般若一切聲聞獨覺般若所不及故

大般若波羅蜜多經卷第四百二

BD13983 號　大般若波羅蜜多經卷四〇二　（23–23）

BD13984 號背　現代護首　（1–1）

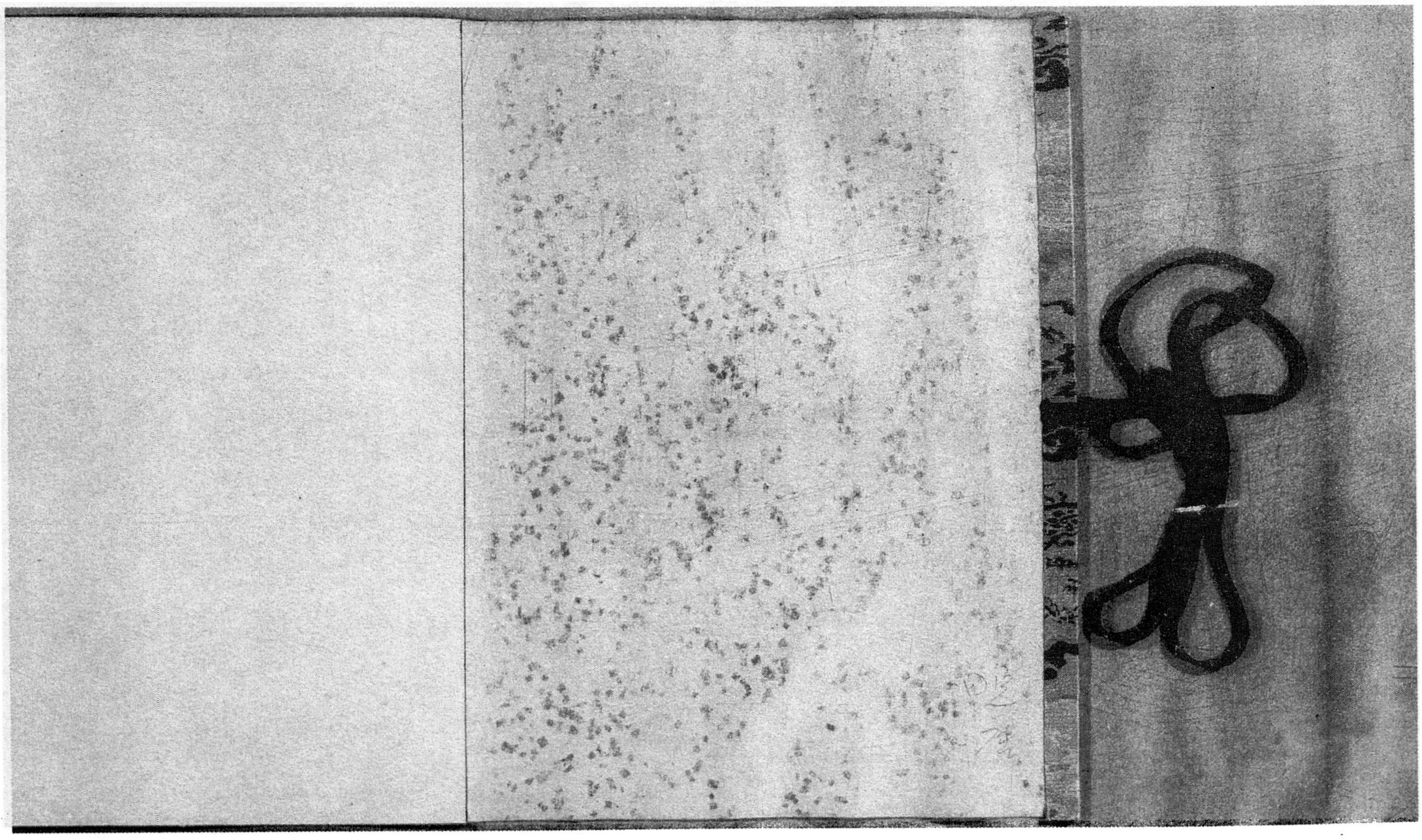

BD13984 號　大般若波羅蜜多經卷四〇四　（13–1）

多趣菩提道無能制者時舍利子白佛言世
尊何緣菩薩摩訶薩脩行六種波羅蜜多
趣菩提道無能制者佛言舍利子諸菩薩摩訶
薩脩行六種波羅蜜多時不着色蘊不着受
想行識蘊不着眼處不着耳鼻舌身意處不
着色處不着聲香味觸法處不着眼界色
界眼識界不着耳界聲界耳識界不着鼻界香
界鼻識界不着舌界味界舌識界不着身界
觸界身識界不着意界法界意識界不着苦
聖諦不着集滅道聖諦不着無明不着行識
名色六處觸受愛取有生老死愁歎苦憂惱
不着四念住不着四正斷四神足五根五力
七等覺支八聖道支不着布施波羅蜜多不
着淨戒安忍精進靜慮般若波羅蜜多不着
佛十力不着四無所畏四無礙解大慈大悲
大喜大捨十八佛不共法一切智道相智一
切相智不着預流果不着一來不還阿羅漢

BD13984號　大般若波羅蜜多經卷四〇四　（13–2）

不着四念住不着四正斷四神足五根五力
七等覺支八聖道支不着布施波羅蜜多不
着淨戒安忍精進靜慮般若波羅蜜多不着
佛十力不着四無所畏四無礙解大慈大悲
大喜大捨十八佛不共法一切智道相智一
切相智不着預流果不着一來不還阿羅漢
果不着獨覺菩提不着一切菩薩摩訶薩行
不着諸佛無上正等菩提舍利子由是因緣
菩薩摩訶薩脩行六種波羅蜜多增長善根
感趣菩提道無能制者
舍利子復有菩薩摩訶薩安住般若波羅蜜
多速能圓滿一切智智成勝智故常不墮隨
諸險惡趣不受下賤人天之身永不貧窮所
受身形諸根具足容顏端正為諸天人阿素
洛等之所敬愛時舍利子白佛言世尊何等
名為菩薩摩訶薩所成勝智佛言舍利子諸
菩薩摩訶薩由成此智盡見十方殑伽沙等
諸佛世界一切如來應正等覺盡聞彼佛所
說正法盡見彼會一切聲聞菩薩僧等亦見
彼土莊嚴之相諸菩薩摩訶薩由成此智不
起世界想不起佛想不起法想不起聲聞僧
想不起菩薩僧想不起獨覺想不起我想不
起非我想不起佛土莊嚴之想諸菩薩摩訶
薩由成此智雖行布施波羅蜜多而不得布
施波羅蜜多雖行淨戒波羅蜜多而不得淨
戒波羅蜜多雖行安忍波羅蜜多而不得安
忍波羅蜜多雖行精進波羅蜜多而不得精
進波羅蜜多雖行靜慮波羅蜜多而不得靜

BD13984號　大般若波羅蜜多經卷四〇四　（13–3）

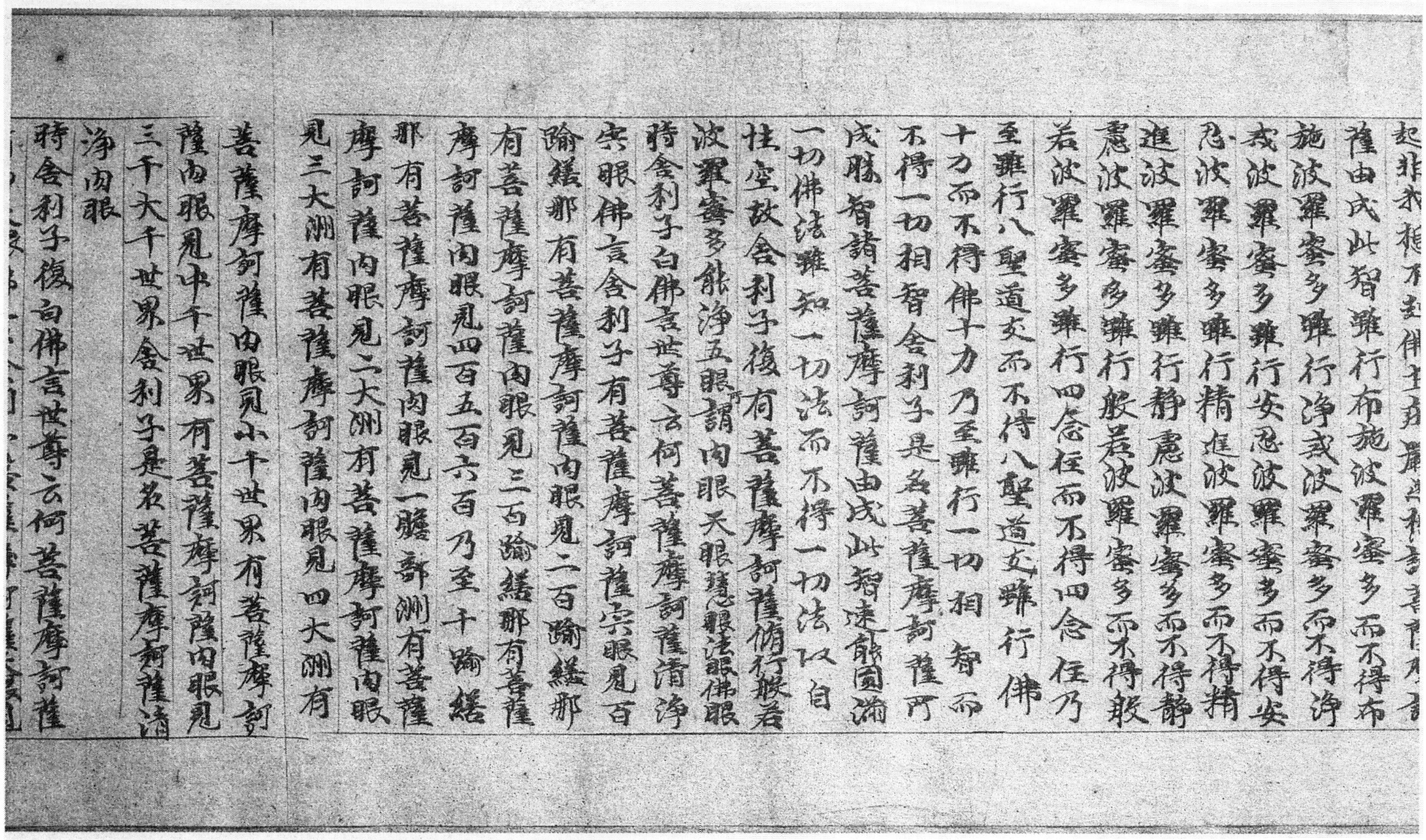

起非我想不起佛土莊嚴想不起[illegible]
薩由成此智雖行布施波羅蜜多而不得布
施波羅蜜多雖行淨戒波羅蜜多而不得淨
戒波羅蜜多雖行安忍波羅蜜多而不得安
忍波羅蜜多雖行精進波羅蜜多而不得精
進波羅蜜多雖行靜慮波羅蜜多而不得靜
慮波羅蜜多雖行般若波羅蜜多而不得般
若波羅蜜多雖行四念住而不得四念住乃
至雖行八聖道支而不得八聖道支雖行佛
十力而不得佛十力乃至雖行一切相智而
不得一切相智舍利子是名菩薩摩訶薩所
成勝智諸菩薩摩訶薩由成此智速能圓滿
一切佛法雖知一切法而不得一切法以自
性空故舍利子復有菩薩摩訶薩脩行般若
波羅蜜多能淨五眼所謂肉眼天眼慧眼法眼佛眼
時舍利子白佛言世尊云何菩薩摩訶薩清淨
肉眼佛言舍利子有菩薩摩訶薩肉眼見百
踰繕那有菩薩摩訶薩肉眼見二百踰繕那
有菩薩摩訶薩肉眼見三百踰繕那有菩薩
摩訶薩肉眼見四百五百六百乃至千踰繕
那有菩薩摩訶薩肉眼見一贍部洲有菩薩
摩訶薩肉眼見二大洲有菩薩摩訶薩肉眼
見三大洲有菩薩摩訶薩肉眼見四大洲有
菩薩摩訶薩肉眼見小千世界有菩薩摩訶
薩肉眼見中千世界有菩薩摩訶薩肉眼見
三千大千世界舍利子是名菩薩摩訶薩清
淨肉眼
時舍利子復白佛言世尊云何菩薩摩訶薩

BD13984 號　大般若波羅蜜多經卷四〇四　　（13–4）

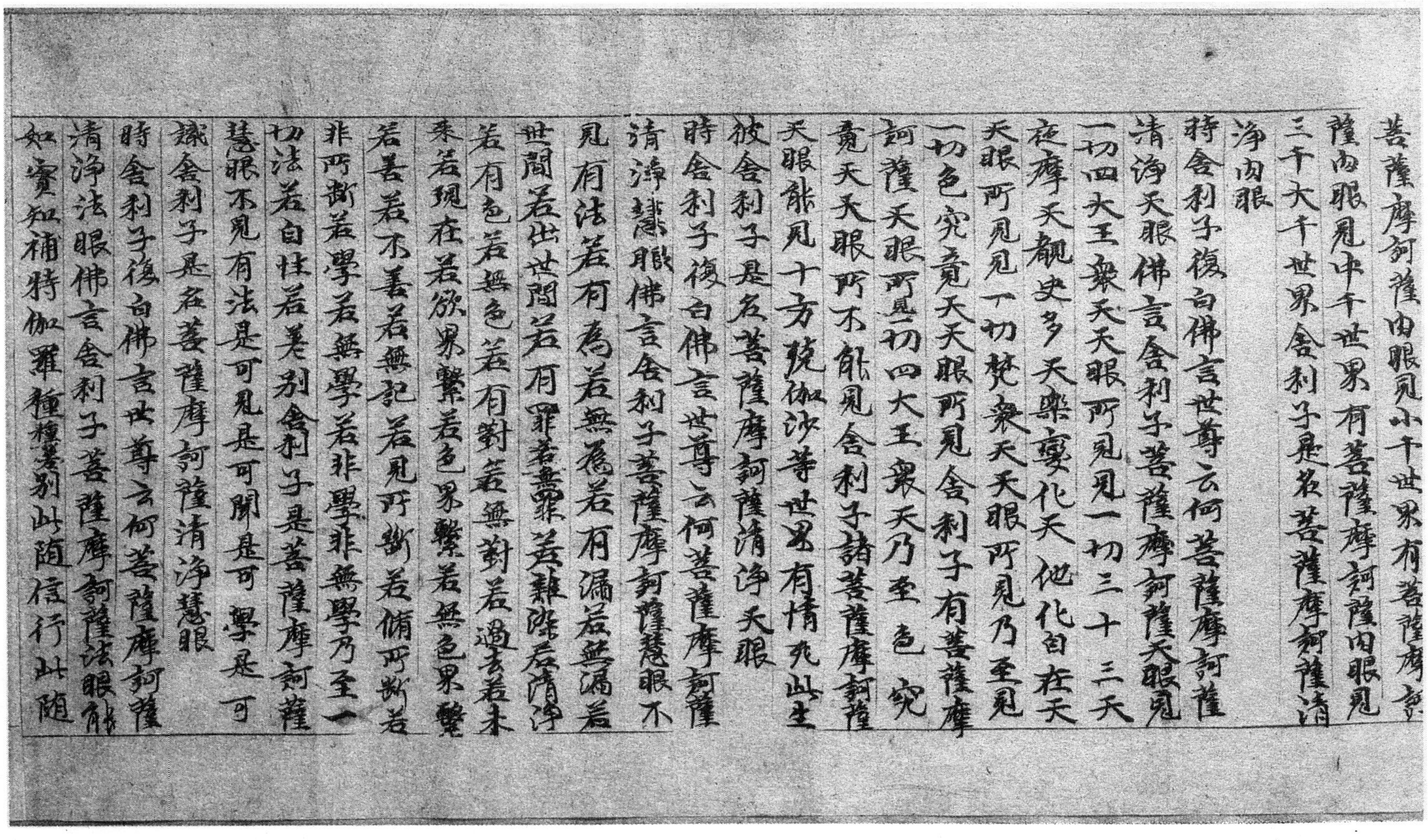

菩薩摩訶薩肉眼見小千世界有菩薩摩訶
薩肉眼見中千世界有菩薩摩訶薩肉眼見
三千大千世界舍利子是名菩薩摩訶薩清
淨肉眼
時舍利子復白佛言世尊云何菩薩摩訶薩
清淨天眼佛言舍利子菩薩摩訶薩天眼見
一切四大王眾天天眼所見見一切三十三天
夜摩天覩史多天樂變化天他化自在天
天眼所見見一切梵眾天天眼所見乃至見
一切色究竟天天眼所見舍利子有菩薩摩
訶薩天眼所見一切四大王眾天乃至色究
竟天天眼所不能見舍利子諸菩薩摩訶薩
天眼能見十方殑伽沙等世界有情死此生
彼舍利子是名菩薩摩訶薩清淨天眼
時舍利子復白佛言世尊云何菩薩摩訶薩
清淨慧眼佛言舍利子菩薩摩訶薩慧眼不
見有法若有為若無為若有漏若無漏若
世間若出世間若有罪若無罪若雜染若清淨
若有色若無色若有對若無對若過去若未
來若現在若欲界繫若色界繫若無色界繫
若善若不善若無記若見所斷若脩所斷若
非所斷若學若無學若非學非無學乃至一
切法若自性若差別舍利子是菩薩摩訶薩
慧眼不見有法是可見是可聞是可覺是可
識舍利子是名菩薩摩訶薩清淨慧眼
時舍利子復白佛言世尊云何菩薩摩訶薩
清淨法眼佛言舍利子菩薩摩訶薩法眼能
如實知補特伽羅種種差別此隨信行此隨

BD13984 號　大般若波羅蜜多經卷四〇四　　（13–5）

慧眼不見有法是可見是可聞是可覺是可
識舍利子是名菩薩摩訶薩清淨慧眼
時舍利子復白佛言世尊云何菩薩摩訶薩
清淨法眼佛言舍利子菩薩摩訶薩法眼能
如實知補特伽羅種種差別此隨信行此隨
法行此無相行此住空此住無相此住無願
此由空解脫門起五根由五根起無間定由
無間定起解脫智見由解脫智見永斷三結
所謂薩迦耶見戒禁取疑永斷此三結故得
預流果此由脩道薄欲貪瞋恚得一來果此
復由上品脩道永斷欲貪瞋恚得不還果此
復由增上品脩道永斷五順上分結所謂色
貪無色貪無明慢掉舉永斷此五順上分結
故得阿羅漢果此由無相解脫門起五根由
五根起無間定乃至永斷五順上分結得阿
羅漢果此由無願解脫門起五根由五根起
無間定乃至永斷五順上分結得阿羅漢果
由二由三亦復如是舍利子是名菩薩摩訶
薩清淨法眼復次舍利子菩薩摩訶薩法
眼能如實知所有集法皆是滅法由知此故便
得五根舍利子是名菩薩摩訶薩清淨法眼
復次舍利子菩薩摩訶薩法眼能如實知此
菩薩摩訶薩最初發心脩行布施波羅蜜
多乃至脩行般若波羅蜜多成信根精進根
方便善巧故意受身增長善法是菩薩摩訶
薩或生刹帝利大族或生婆羅門大族或生
長者大族或生居士大族或生四大王衆天
乃至或生他化自在天住於彼處成就有情

BD13984 號　大般若波羅蜜多經卷四〇四　（13–6）

方便善巧故意受身增長善法是菩薩摩訶
薩或生刹帝利大族或生婆羅門大族或生
長者大族或生居士大族或生四大王衆天
乃至或生他化自在天住於彼處成就有情
隨諸有情心所愛樂給施種種上妙樂具嚴
淨佛土供養恭敬尊重讚歎諸佛世尊不墮
聲聞獨覺等地乃至無上正等菩提終不退
轉舍利子是名菩薩摩訶薩清淨法眼復次
舍利子菩薩摩訶薩法眼能如實知此菩薩
摩訶薩於無上正等菩提已得受記此菩薩
摩訶薩於無上正等菩提未得受記此菩薩
摩訶薩於無上正等菩提已得不退此菩薩
摩訶薩於無上正等菩提未得不退此菩薩
摩訶薩已到不退轉地此菩薩摩訶薩未到
不退轉地此菩薩摩訶薩神通已圓滿此菩
薩摩訶薩神通未圓滿此菩薩摩訶薩神通
已圓滿故能往十方殑伽沙等諸佛世界供
養恭敬尊重讚歎諸佛世尊此菩薩摩訶薩
神通未圓滿故不能往十方殑伽沙等諸佛
世界供養恭敬尊重讚歎諸佛世尊此菩薩
摩訶薩已得神通此菩薩摩訶薩未得神通
此菩薩摩訶薩已得無生法忍此菩薩摩訶
薩未得無生法忍此菩薩摩訶薩已得勝根
此菩薩摩訶薩未得勝根此菩薩摩訶薩已
嚴淨佛土此菩薩摩訶薩未嚴淨佛土此菩
薩摩訶薩已成熟有情此菩薩摩訶薩未成
熟有情此菩薩摩訶薩已得大願此菩薩摩
訶薩未得大願此菩薩摩訶薩已爲諸佛攝

BD13984 號　大般若波羅蜜多經卷四〇四　（13–7）

此菩薩[illegible]
嚴淨佛土此菩薩摩訶薩未嚴淨佛土此菩
薩摩訶薩已成熟有情此菩薩摩訶薩未成
熟有情此菩薩摩訶薩已得大願此菩薩摩
訶薩未得大願此菩薩摩訶薩已爲諸佛稱
譽此菩薩摩訶薩未爲諸佛稱譽此菩薩摩
訶薩已親近諸佛此菩薩摩訶薩未親近諸
佛此菩薩摩訶薩壽命無量此菩薩摩訶薩
壽命有量此菩薩摩訶薩得菩提時苾芻僧
無量此菩薩摩訶薩得菩提時苾芻僧有量
此菩薩摩訶薩得菩提時有菩薩僧此菩薩
摩訶薩得菩提時無菩薩僧此菩薩摩訶薩
専脩利他行此菩薩摩訶薩兼脩自利行此
菩薩摩訶薩有難行苦行此菩薩摩訶薩無
難行苦行此菩薩摩訶薩爲一生所繫此菩
薩摩訶薩爲多生所繫此菩薩摩訶薩已住
最後有此菩薩摩訶薩未住最後有此菩薩
摩訶薩已坐妙菩提座此菩薩摩訶薩未坐
妙菩提座此菩薩摩訶薩有魔來嬈此菩薩
摩訶薩無魔來嬈舍利子是名菩薩摩訶薩
清淨法眼
時舍利子復白佛言世尊云何菩薩摩訶薩
清淨佛眼佛言舍利子菩薩摩訶薩菩提心
無間入金剛喻定得一切相智成就佛十力
四無所畏四無礙解大慈大悲大喜大捨十
八佛不共法無障無礙解脫佛眼菩薩摩訶
薩由此佛眼超過一切聲聞獨覺智慧境界
無所不見無所不聞無所不覺無所不識於
[illegible]一切相舍利子是名菩薩摩訶薩

BD13984 號　大般若波羅蜜多經卷四〇四　（13–8）

無間入金剛喻定得一切相智成就佛十力
四無所畏四無礙解大慈大悲大喜大捨十
八佛不共法無障無礙解脫佛眼菩薩摩訶
薩由此佛眼超過一切聲聞獨覺智慧境界
無所不見無所不聞無所不覺無所不識於
一切法見一切相舍利子是名菩薩摩訶薩
清淨佛眼舍利子菩薩摩訶薩證阿耨多羅
三藐三菩提時乃得如是清淨佛眼
舍利子若菩薩摩訶薩欲得如是清淨五眼
當勤脩習六到彼岸所以者何此六到彼岸
摠攝一切善法謂一切聲聞善法獨覺善法
菩薩善法如來善法舍利子有問如來應正
等覺以實而言何法能攝一切善法佛正答
言所謂般若波羅蜜多何以故此般若波羅
蜜多是一切善法之母能生五波羅蜜多及
五眼等諸功德故舍利子若菩薩摩訶薩欲
得清淨五眼當學般若波羅蜜多若菩薩摩
訶薩欲得阿耨多羅三藐三菩提當學如是
清淨五眼舍利子若菩薩摩訶薩能學如是
清淨五眼定得阿耨多羅三藐三菩提
舍利子復有菩薩摩訶薩脩行般若波羅蜜
多時能引發六神通波羅蜜多所謂神境智
證通天耳智證通他心智證通宿住隨念智
證通天眼智證通漏盡智證通波羅蜜多時
舍利子白佛言世尊云何菩薩摩訶薩脩行
般若波羅蜜多時所引發神境智證通佛言
舍利子有菩薩摩訶薩神境智證通能起種
種大神變事所謂震動十方各如殑伽沙界

BD13984 號　大般若波羅蜜多經卷四〇四　（13–9）

證通天眼智證通漏盡智證通波羅蜜多時
舍利子白佛言世尊云何菩薩摩訶薩修行
般若波羅蜜多時所引發神境智證通佛言
舍利子有菩薩摩訶薩神境智證通能起種
種大神變事所謂震動十方各如殑伽沙界
大地等物變一為多變多為一或隱或顯迅
速無礙山崖墻壁直過如空陵虛往來猶如
飛鳥地中出沒如出沒水水上經行如經行
地身出煙焰如燎高原體注眾流如銷雪嶺
日月神德威勢難當以手捫摩光明隱蔽乃
至淨居轉身自在如斯神變其數無邊舍利
子此菩薩摩訶薩雖有如是神境智用而於
其中不自高舉不著神境智證通性不著神
境智證通事不著能得如是神境智證通者
於著不著俱無所著何以故自性空故自性
離故自性本來不可得故舍利子是菩薩摩
訶薩不住是念我今引發神境智通為自娛
樂唯除為得一切智智舍利子是名菩薩摩
訶薩修行般若波羅蜜多時所引發神境智
證通
時舍利子復白佛言世尊云何菩薩摩訶薩
修行般若波羅蜜多時所引發天耳智證通
佛言舍利子有菩薩摩訶薩天耳智證通最
勝清淨過人天耳能如實聞十方各如殑伽
沙界情非情類種種音聲所謂遍聞一切地
獄聲傍生聲鬼界聲人聲天聲聲聞聲獨覺
聲菩薩聲諸佛聲訶毀生死聲讚歎涅槃聲
棄背有為聲趣向菩提聲厭惡有漏聲欣樂

BD13984號　大般若波羅蜜多經卷四〇四　（13–10）

勝清淨過人天耳能如實聞十方各如殑伽
沙界情非情類種種音聲所謂遍聞一切地
獄聲傍生聲鬼界聲人聲天聲聲聞聲獨覺
聲菩薩聲諸佛聲訶毀生死聲讚歎涅槃聲
棄背有為聲趣向菩提聲厭惡有漏聲欣樂
無漏聲稱揚三寶聲制伏邪道聲論議決擇
聲諷誦經典聲勸斷惡法聲令修善法聲拔
濟苦難聲慶慰歡樂聲如是等聲若大若小
悉能遍聞無障無礙舍利子是菩薩摩訶薩
雖有如是天耳作用而於其中不自高舉不
著天耳智證通性不著天耳智證通事不著
能得如是天耳智證通者於著不著俱無所
著何以故自性空故自性離故自性本來不
可得故舍利子是菩薩摩訶薩不作是念我
今引發天耳智通為自娛樂唯除為得一切智
智舍利子是名菩薩摩訶薩修行般若波羅
蜜多時所引發天耳智證通
時舍利子復白佛言世尊云何菩薩摩訶薩
修行般若波羅蜜多時所引發他心智證通
佛言舍利子有菩薩摩訶薩他心智證通能
如實知十方各如殑伽沙界他有情類心心
所法所謂遍知他有情類若有貪心如實知
有貪心若離貪心如實知離貪心若有瞋心
如實知有瞋心若離瞋心如實知離瞋心若
有癡心如實知有癡心若離癡心如實知離
癡心若有愛心如實知有愛心若離愛心如
實知離愛心若有取心如實知有取心若離
取心如實知離取心若聚心如實知聚心若散

BD13984號　大般若波羅蜜多經卷四〇四　（13–11）

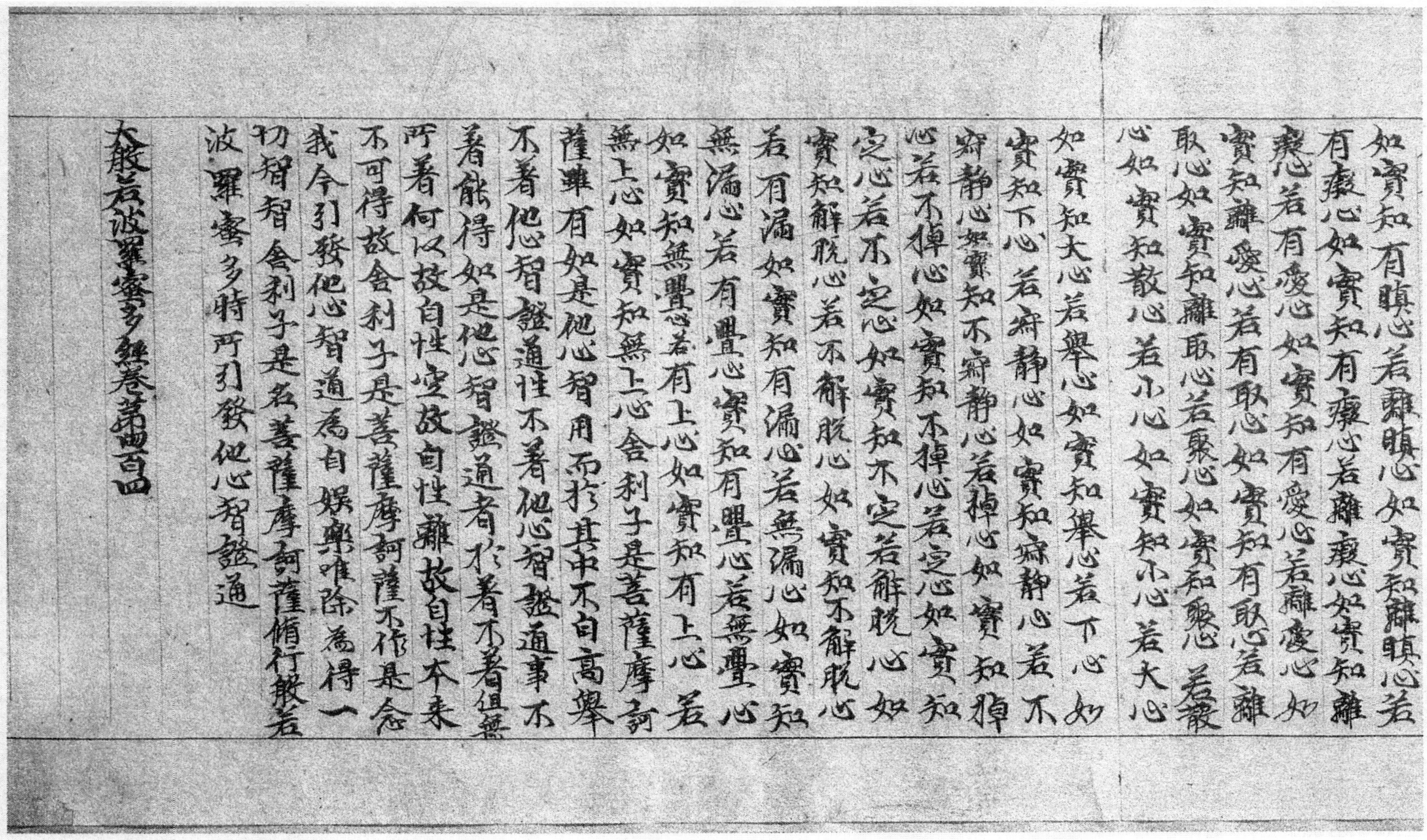
如實知有瞋心若離瞋心如實知離瞋心若
有癡心如實知有癡心若離癡心如實知離
癡心若有愛心如實知有愛心若離愛心如
實知離愛心若有取心如實知有取心若離
取心如實知離取心若聚心如實知聚心若散
心如實知散心若小心如實知小心若大心
如實知大心若舉心如實知舉心若下心如
實知下心若寂靜心如實知寂靜心若不
寂靜心如實知不寂靜心若掉心如實知掉
心若不掉心如實知不掉心若定心如實知
定心若不定心如實知不定若解脫心如
實知解脫心若不解脫心如實知不解脫心
若有漏如實知有漏心若無漏心如實知
無漏心若有疊心實知有疊心若無疊心
如實知無疊心若有上心如實知有上心若
無上心如實知無上心舍利子是菩薩摩訶
薩雖有如是他心智用而於其中不自高舉
不著他心智證通性不著他心智證通事不
著能得如是他心智證通者於著不著俱無
所著何以故自性空故自性離故自性本來
不可得故舍利子是菩薩摩訶薩不作是念
我今引發他心智通為自娛樂唯除為得一
切智智舍利子是名菩薩摩訶薩修行般若
波羅蜜多時所引發他心智證通

大般若波羅蜜多經卷第四百四

BD13984號　大般若波羅蜜多經卷四〇四　（13–12）

不著他心智證通性不著他心智證通事不
著能得如是他心智證通者於著不著俱無
所著何以故自性空故自性離故自性本來
不可得故舍利子是菩薩摩訶薩不作是念
我今引發他心智通為自娛樂唯除為得一
切智智舍利子是名菩薩摩訶薩修行般若
波羅蜜多時所引發他心智證通

大般若波羅蜜多經卷第四百四

張嘉胤

BD13984號　大般若波羅蜜多經卷四〇四　（13–13）

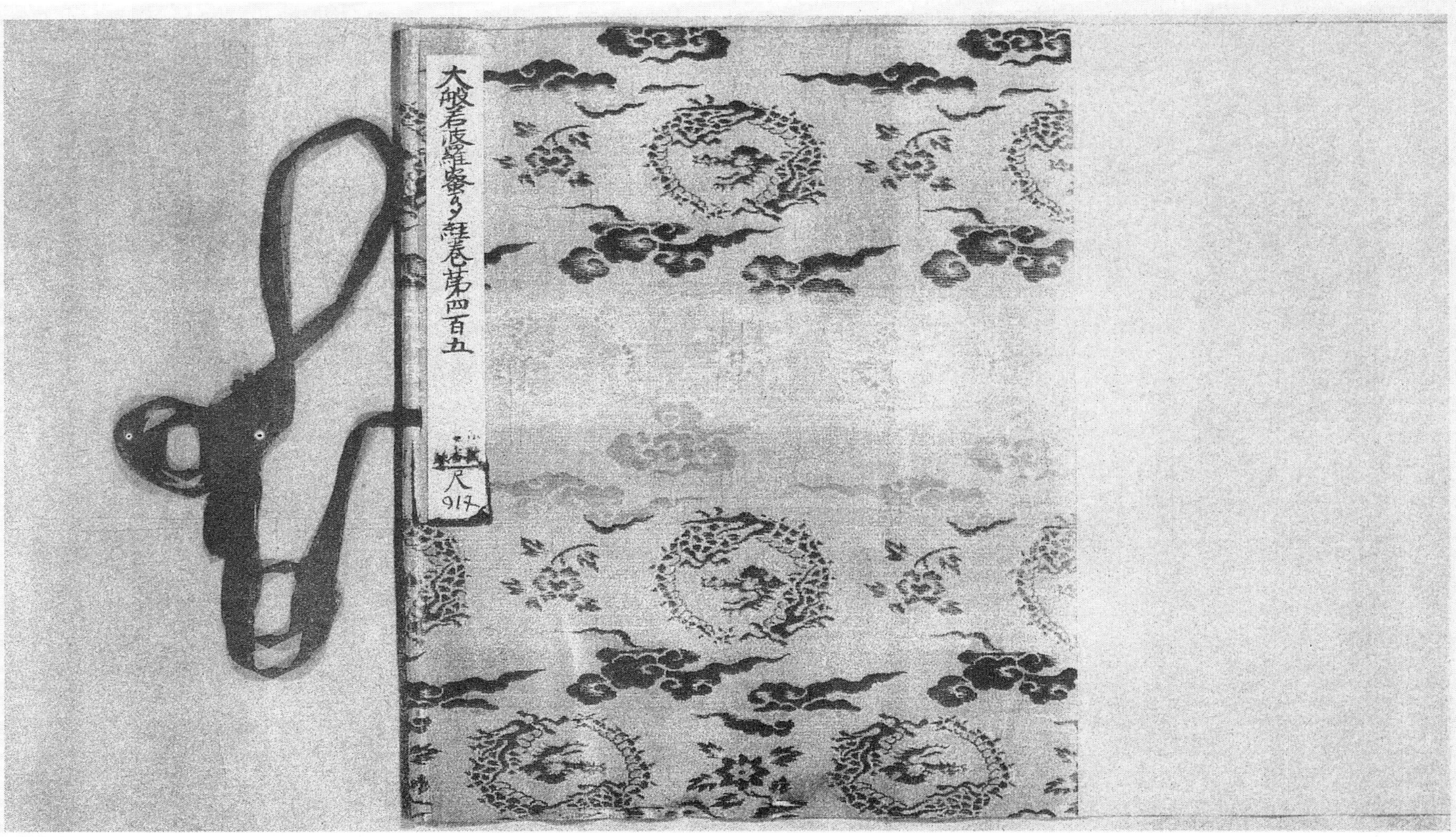

BD13985 號背　現代護首　　（1–1）

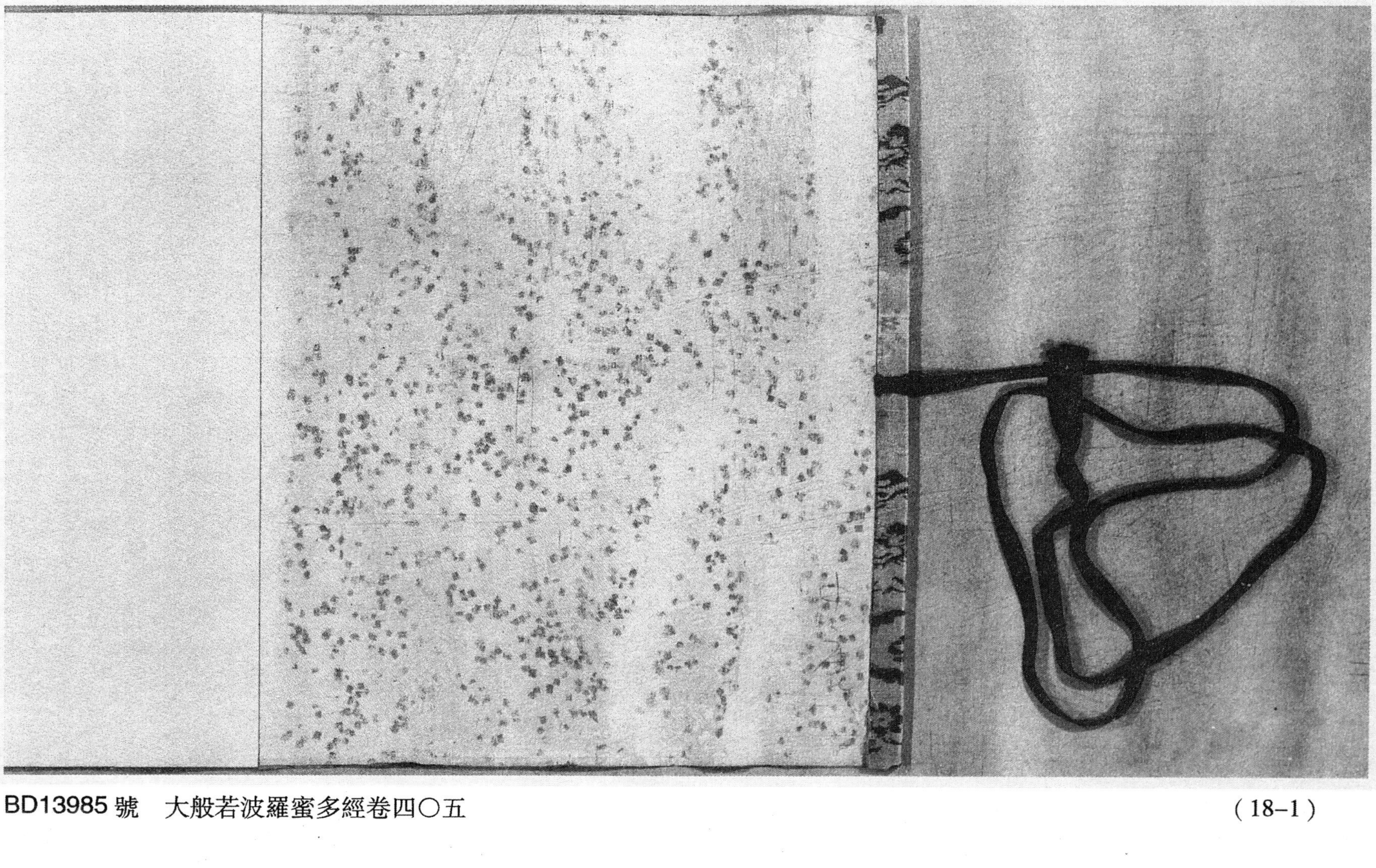

BD13985 號　大般若波羅蜜多經卷四〇五　　（18–1）

脩行般若波羅蜜多時安住淨戒精進波羅
蜜多嚴淨一切智一切相智道以畢竟空不
起持戒犯戒勤勇懈怠心故舍利子復有菩
薩摩訶薩脩行般若波羅蜜多時安住淨戒
靜慮波羅蜜多嚴淨一切智一切相智道以
畢竟空不起持戒犯戒寂靜散亂心故舍利
子復有菩薩摩訶薩脩行般若波羅蜜多時
安住淨戒般若波羅蜜多嚴淨一切智一切
相智道以畢竟空不起持戒犯戒智慧愚癡
心故舍利子復有菩薩摩訶薩脩行般若波
羅蜜多時安住安忍精進波羅蜜多嚴淨一
切智一切相智道以畢竟空不起慈悲忿恚
勤勇懈怠心故舍利子復有菩薩摩訶薩脩
行般若波羅蜜多時安住安忍靜慮波羅蜜
多嚴淨一切智一切相智道以畢竟空不起
慈悲忿恚寂靜散亂心故舍利子復有菩薩
摩訶薩脩行般若波羅蜜多時安住安忍般

BD13985 號　大般若波羅蜜多經卷四〇五　（18–2）

勤勇懈怠心故舍利子復有菩薩摩訶薩脩
行般若波羅蜜多時安住安忍靜慮波羅蜜
多嚴淨一切智一切相智道以畢竟空不起
慈悲忿恚寂靜散亂心故舍利子復有菩薩
摩訶薩脩行般若波羅蜜多時安住安忍般
若波羅蜜多嚴淨一切智一切相智道以畢
竟空不起慈悲忿恚智慧愚癡心故舍利子復
有菩薩摩訶薩脩行般若波羅蜜多時安住
精進靜慮波羅蜜多嚴淨一切智一切相智
道以畢竟空不起勤勇懈怠寂靜散亂心故
舍利子復有菩薩摩訶薩脩行般若波羅
蜜多時安住精進般若波羅蜜多嚴淨一切智一
切相智道以畢竟空不起勤勇懈怠智慧愚
癡心故舍利子復有菩薩摩訶薩脩行般若
波羅蜜多時安住靜慮般若波羅蜜多嚴淨
一切智一切相智道以畢竟空不起寂靜散
亂智慧愚癡心故
舍利子復有菩薩摩訶薩脩行般若波羅蜜
多時安住布施淨戒安忍波羅蜜多嚴淨一
切智一切相智道以畢竟空不起慧捨慳悋
持戒犯戒慈悲忿恚心故舍利子復有菩薩
摩訶薩脩行般若波羅蜜多時安住布施安
忍精進波羅蜜多嚴淨一切智一切相智道
以畢竟空不起慧捨慳悋慈悲忿恚勤勇懈
怠心故舍利子復有菩薩摩訶薩脩行般若
波羅蜜多時安住布施精進靜慮波羅蜜多
嚴淨一切智一切相智道以畢竟空不起慧

BD13985 號　大般若波羅蜜多經卷四〇五　（18–3）

忍精進波羅蜜多嚴淨一切智一切相智道
以畢竟空不起慧捨慳悋慈悲忿恚勤勇懈
怠心故舍利子復有菩薩摩訶薩脩行般若
波羅蜜多時安住布施精進靜慮波羅蜜多
嚴淨一切智一切相智道以畢竟空不起慧
捨慳悋勤勇懈怠寂靜散亂心故舍利子復
有菩薩摩訶薩脩行般若波羅蜜多時安住
布施靜慮般若波羅蜜多嚴淨一切智一切
相智道以畢竟空不起慧捨慳悋寂靜散亂
智慧愚癡心故舍利子復有菩薩摩訶薩脩
行般若波羅蜜多時安住淨戒安忍精進波
羅蜜多嚴淨一切智一切相智道以畢竟空
不起持戒犯戒慈悲忿恚勤勇懈怠心故舍
利子復有菩薩摩訶薩脩行般若波羅蜜多
時安住淨戒精進靜慮波羅蜜多嚴淨一切
智一切相智道以畢竟空不起持戒犯戒勤
勇懈怠寂靜散亂心故舍利子復有菩薩摩
訶薩脩行般若波羅蜜多時安住淨戒靜慮
般若波羅蜜多嚴淨一切智一切相智道以
畢竟空不起持戒犯戒寂靜散亂智慧愚癡
心故舍利子復有菩薩摩訶薩脩行般若波
羅蜜多時安住安忍精進靜慮波羅蜜多嚴
淨一切智一切相智道以畢竟空不起慈悲
忿恚勤勇懈怠寂靜散亂心故舍利子復有
菩薩摩訶薩脩行般若波羅蜜多時安住安
忍靜慮般若波羅蜜多嚴淨一切智一切相
智道以畢竟空不起慈悲忿恚寂靜散亂智

BD13985 號　大般若波羅蜜多經卷四〇五　（18–4）

羅蜜多時安住安忍精進靜慮波羅蜜多嚴
淨一切智一切相智道以畢竟空不起慈悲
忿恚勤勇懈怠寂靜散亂心故舍利子復有
菩薩摩訶薩脩行般若波羅蜜多時安住安
忍靜慮般若波羅蜜多嚴淨一切智一切相
智道以畢竟空不起慈悲忿恚寂靜散亂智
慧愚癡心故舍利子復有菩薩摩訶薩脩行
般若波羅蜜多時安住精進靜慮般若波羅
蜜多嚴淨一切智一切相智道以畢竟空不
起勤勇懈怠寂靜散亂智慧愚癡心故
舍利子復有菩薩摩訶薩脩行般若波羅蜜
多時安住布施淨戒安忍精進波羅蜜多嚴
淨一切智一切相智道以畢竟空不起惠捨
慳悋持戒犯戒慈悲忿恚勤勇懈怠心故舍
利子復有菩薩摩訶薩脩行般若波羅蜜多
時安住布施安忍精進靜慮波羅蜜多嚴淨
一切智一切相智道以畢竟空不起惠捨慳
悋慈悲忿恚精進懈怠寂靜散亂心故舍利
子復有菩薩摩訶薩脩行般若波羅蜜多時
安住布施精進靜慮般若波羅蜜多嚴淨一
切智一切相智道以畢竟空不起惠捨慳悋
勤勇懈怠寂靜散亂智慧愚癡心故舍利子
復有菩薩摩訶薩脩行般若波羅蜜多時安
住淨戒安忍精進靜慮波羅蜜多嚴淨一切
智一切相智道以畢竟空不起持戒犯戒慈
悲忿恚勤勇懈怠寂靜散亂心故舍利子復
有菩薩摩訶薩脩行般若波羅蜜多時安住

BD13985 號　大般若波羅蜜多經卷四〇五　（18–5）

復有菩薩摩訶薩脩行般若波羅蜜多時安
住淨戒安忍精進靜慮波羅蜜多嚴淨一切
智一切相智道以畢竟空不起持戒犯戒慈
悲忿恚勤勇懈怠寂靜散亂心故舍利子復
有菩薩摩訶薩脩行般若波羅蜜多時安住
淨戒精進靜慮般若波羅蜜多嚴淨一切智
一切相智道以畢竟空不起持戒犯戒勤勇
懈怠寂靜散亂智慧愚癡心故舍利子復有
菩薩摩訶薩脩行般若波羅蜜多時安住安
忍精進靜慮般若波羅蜜多嚴淨一切智一
切相智道以畢竟空不起慈悲忿恚勤勇懈
怠寂靜散亂智慧愚癡心故
舍利子復有菩薩摩訶薩脩行般若波羅蜜
多時安住布施淨戒安忍精進靜慮波羅蜜
多嚴淨一切智一切相智道以畢竟空不起
惠捨慳悋持戒犯戒慈悲忿恚勤勇懈怠
寂靜散亂心故舍利子復有菩薩摩訶薩脩行
般若波羅蜜多時安住布施安忍精進靜慮
般若波羅蜜多嚴淨一切智一切相智道以
畢竟空不起惠捨慳悋慈悲忿恚勤勇懈怠
寂靜散亂智慧愚癡心故舍利子復有菩薩
摩訶薩脩行般若波羅蜜多時安住淨戒安
忍精進靜慮般若波羅蜜多嚴淨一切智一
切相智道以畢竟空不起持戒犯戒慈悲忿
恚勤勇懈怠寂靜散亂智慧愚癡心故舍利
子復有菩薩摩訶薩脩行般若波羅蜜多時

BD13985號　大般若波羅蜜多經卷四〇五　（18–6）

忍精進靜慮般若波羅蜜多嚴淨一切智一
切相智道以畢竟空不起持戒犯戒慈悲忿
恚勤勇懈怠寂靜散亂智慧愚癡心故舍利
子復有菩薩摩訶薩脩行般若波羅蜜多時
安住布施淨戒安忍精進靜慮般若波羅蜜
多嚴淨一切智一切相智道以畢竟空不起
惠捨慳悋持戒犯戒慈悲忿恚精進懈怠寂
靜散亂智慧愚癡心故
如是舍利子諸菩薩摩訶薩脩行般若　波羅
蜜多時安住六種波羅蜜多嚴淨一切智一切
相智道以畢竟空無慧捨慳悋故無持戒犯
戒故無慈悲忿恚故無勤勇懈怠故無寂靜散
亂故無智慧愚癡故不著慧捨不著慳悋不
著持戒不著犯戒不著慈悲不著忿恚不著勤
勇不著懈怠不著寂靜不著散亂不著智慧不
著愚癡舍利子是菩薩摩訶薩當於尒時不
著慧捨堅悋者不著持戒犯戒者不著慈悲
忿恚者不著勤勇懈怠者不著寂靜散亂者
不著智慧愚癡者舍利子是菩薩摩訶薩當
於尒時於著不著皆無所著何以故以一切法畢
竟空故舍利子是菩薩摩訶薩當於尒時
不著毀罵不著讚歎不著損害不著饒益不
著輕慢不著恭敬何以故畢竟空中無有毀
罵讚歎法故無有損害饒益法故無有輕慢
恭敬法故舍利子是菩薩摩訶薩當於尒時
不著毀罵讚歎者不著損害饒益者不著輕

BD13985號　大般若波羅蜜多經卷四〇五　（18–7）

不著毀罵不著讚歎不著損害不著饒益不
著輕慢不著恭敬何以故畢竟空中無有毀
罵讚歎法故無有損害饒益法故無有輕慢
恭敬法故舍利子是菩薩摩訶薩當於爾時
不著毀罵讚歎者不著損害饒益者不著輕
慢恭敬者何以故畢竟空中無有毀罵讚歎者
故無有損害饒益者故無有輕慢恭敬者故
舍利子是菩薩摩訶薩當於爾時於著不著
皆無所著何以故甚深般若波羅蜜多永絕
一切著不著故舍利子是菩薩摩訶薩修行
般若波羅蜜多時所攝功德最上最妙一切
聲聞及諸獨覺皆所無有舍利子此菩薩摩
訶薩如是功德既圓滿已復能以四攝事成
熟一切有情嚴淨佛土便得嚴淨一切智一切
相智道速能證得一切智智
復次舍利子修行般若波羅蜜多菩薩摩訶
薩修行般若波羅蜜多時於一切有情起平
等心起平等心已於一切有情起利益安樂
心起利益安樂心已於一切法性皆得平等
得法性平等已安立一切有情於一切法平
等性中舍利子是菩薩摩訶薩於現法中得
十方諸佛之所護念亦得一切菩薩摩訶薩
聲聞獨覺之所敬愛舍利子是菩薩摩訶薩
隨所生處眼終不見不可意色耳終不聞不
可意聲鼻終不嗅不可意香舌終不嘗不可
意味身終不覺不可意觸意終不取不可意

BD13985號　大般若波羅蜜多經卷四〇五　（18–8）

聲聞獨覺之所敬愛舍利子是菩薩摩訶薩
隨所生處眼終不見不可意色耳終不聞不
可意聲鼻終不嗅不可意香舌終不嘗不可
意味身終不覺不可意觸意終不取不可意
法舍利子是菩薩摩訶薩於阿耨多羅三藐
三菩提永不退轉
當佛說此修行般若波羅蜜多諸菩薩摩訶
薩攝勝利時衆中有三百苾芻即從座起以
所著衣持用奉佛皆發無上正等覺心爾時
世尊即便微笑從面門出種種色光尊者阿
難從座而起偏覆左肩右膝著地合掌恭敬
而白佛言世尊何因何緣現此微笑大聖現
笑必有因緣請垂矜愍唯願為說佛告阿難
是從座起三百苾芻從此已後六十一劫〇
喻劫中當得作佛皆同一號謂大幢相如來
應正等覺明行圓滿善逝世間解無上丈夫
調御士天人師佛薄伽梵是諸苾芻捨此身
已當生東方不動佛國於彼佛所修菩薩行
復有六万天子聞佛所說皆發無上正等覺
心世尊記彼當於弥勒如來法中淨信出家
專修梵行弥勒如來為其授記當得無上正
等菩提
爾時此間一切衆會以佛神力得見十方各
千佛土及諸世尊并彼衆會彼諸佛土清淨
莊嚴微妙殊特當於爾時此堪忍界嚴淨之
相所不能及時此衆會一万有情各發願言

BD13985號　大般若波羅蜜多經卷四〇五　（18–9）

等菩提
尒時此聞一切衆會以佛神力得見十方各
千佛土及諸世尊并彼衆會彼諸佛土清淨
莊嚴微妙殊特當於尒時此堪忍界嚴淨之
相所不能及時此衆會一万有情各發願言
以我所脩諸純淨業願當往生彼佛國土
尒時世尊知其心願即復微笑面門又出種種色
光尊者阿難復從座起恭敬問佛微笑因緣
佛告阿難汝今見此万有情不阿難白言唯
然已見佛言阿難此万有情從此壽盡隨彼
願力於万佛土各得往生乃至無上正等菩
提在所生處常不離佛供養恭敬尊重讚嘆
脩習六種波羅蜜多得圓滿已俱時成佛皆
同一号謂莊嚴王如來應正等覺明行圓滿
善逝世間解無上丈夫調御士天人師佛薄
伽梵
第二分無等等品第四
尒時尊者舍利子尊者大目連尊者善現尊
者大飲光尊者滿慈子如是等衆望所識諸
大苾芻苾芻尼菩薩摩訶薩鄔波索迦鄔波
斯迦皆從座起恭敬合掌俱白佛言世尊大
波羅蜜多是菩薩摩訶薩般若波羅蜜多廣
波羅蜜多是菩薩摩訶薩般若波羅蜜多第
一波羅蜜多是菩薩摩訶薩般若波羅蜜多
尊波羅蜜多是菩薩摩訶薩般若波羅蜜多
勝波羅蜜多是菩薩摩訶薩般若波羅蜜多
上波羅蜜多是菩薩摩訶薩般若波羅蜜多

BD13985號　大般若波羅蜜多經卷四〇五　（18-10）

波羅蜜多是菩薩摩訶薩般若波羅蜜多第
一波羅蜜多是菩薩摩訶薩般若波羅蜜多
尊波羅蜜多是菩薩摩訶薩般若波羅蜜多
勝波羅蜜多是菩薩摩訶薩般若波羅蜜多
上波羅蜜多是菩薩摩訶薩般若波羅蜜多
妙波羅蜜多是菩薩摩訶薩般若波羅蜜多
高波羅蜜多是菩薩摩訶薩般若波羅蜜多
極波羅蜜多是菩薩摩訶薩般若波羅蜜
無上波羅蜜多是菩薩摩訶薩般若波羅蜜
多無上上波羅蜜多是菩薩摩訶薩般若波
羅蜜多無等波羅蜜多是菩薩摩訶薩般若
波羅蜜多無等等波羅蜜多是菩薩摩訶薩
般若波羅蜜多如虛空波羅蜜多是菩薩摩
訶薩般若波羅蜜多無待對波羅蜜多是菩
薩摩訶薩般若波羅蜜多自相空波羅蜜多
是菩薩摩訶薩般若波羅蜜多共相空波羅蜜
多是菩薩摩訶薩般若波羅蜜多一切法空
波羅蜜多是菩薩摩訶薩般若波羅蜜多不
可得空波羅蜜多是菩薩摩訶薩般若波羅
蜜多無生空波羅蜜多是菩薩摩訶薩般若
波羅蜜多無滅空波羅蜜多是菩薩摩訶薩
般若波羅蜜多無住空波羅蜜多是菩薩摩
訶薩般若波羅蜜多有住空波羅蜜多是菩
薩摩訶薩般若波羅蜜多無住有住空波羅
蜜多是菩薩摩訶薩般若波羅蜜多奢摩他
波羅蜜多是菩薩摩訶薩般若波羅蜜多毘
鉢舍那波羅蜜多是菩薩摩訶薩般若波羅蜜

BD13985號　大般若波羅蜜多經卷四〇五　（18-11）

訶薩般若波羅蜜多性空波羅蜜多是菩
薩摩訶薩般若波羅蜜多無性自性空波羅
蜜多是菩薩摩訶薩般若波羅蜜多奢摩他
波羅蜜多是菩薩摩訶薩般若波羅蜜多曇
摩他波羅蜜多是菩薩摩訶薩般若波羅蜜
多開發一切功德波羅蜜多是菩薩摩訶薩
般若波羅蜜多成就一切功德波羅蜜多是
菩薩摩訶薩般若波羅蜜多不可屈伏波羅
蜜多是菩薩摩訶薩般若波羅蜜多能破一
切波羅蜜多是菩薩摩訶薩般若波羅蜜多
世尊修行般若波羅蜜多諸菩薩摩訶薩最
尊最勝具大勢力能行無等等施能滿無等
等施能具無等等布施波羅蜜多能得無等
等自體所謂無邊相好妙莊嚴身能證無等
等法所謂無上正等菩提世尊修行般若波羅
蜜多諸菩薩摩訶薩最尊最勝具大勢力
能持無等等戒能滿無等等戒能具無等等
淨戒波羅蜜多能得無等等自體所謂無邊
相好妙莊嚴身能證無等等法所謂無上正
等菩提世尊修行般若波羅蜜多諸菩薩摩
訶薩最尊最勝具大勢力能修無等等忍能
滿無等等忍能具無等等安忍波羅蜜多能
得無等等自體所謂無邊相好妙莊嚴身能
證無等等法所謂無上正等菩提世尊修行
般若波羅蜜多諸菩薩摩訶薩最尊最勝
具大勢力能發無等等勤能滿無等等勤能具
無等等精進波羅蜜多能得無等等自體所謂

BD13985號　大般若波羅蜜多經卷四〇五　（18–12）

得無等等自體所謂無邊相好妙莊嚴身能
證無等等法所謂無上正等菩提世尊修行
般若波羅蜜多諸菩薩摩訶薩最尊最勝
具大勢力能發無等等勤能滿無等等勤能具
無等等精進波羅蜜多能得無等等自體所謂
無邊相好妙莊嚴身能證無等等法所謂無
上正等菩提世尊修行般若波羅蜜多諸菩
薩摩訶薩最尊最勝具大勢力能起無等等
定能滿無等等定能具無等等靜慮波羅蜜
多能得無等等自體所謂無邊相好妙莊嚴
身能證無等等法所謂無上正等菩提世
尊修行般若波羅蜜多諸菩薩摩訶薩最尊
最勝具大勢力能習無等等慧能滿無等等
慧能具無等等般若波羅蜜多能得無等等
自體所謂無邊相好妙莊嚴身能證無等等
法所謂無上正等菩提於餘種種殊勝功德
隨其所應亦復如是
世尊世尊亦由修行般若波羅蜜多能修
佳能滿能具勝功德故得無等等色得無等
等受想行識證無等等菩提轉無等等法輪
過去未來現在諸佛亦復如是是故世尊若
菩薩摩訶薩欲到一切法究竟彼岸者當習
般若波羅蜜多世尊修行般若波羅蜜多諸
菩薩摩訶薩一切世間天人阿素洛等皆
應供養恭敬尊重讚歎尒時佛告諸大弟子及
菩薩摩訶薩等言如是如是如汝所說修行
般若波羅蜜多者菩薩摩訶薩一切世間天

BD13985號　大般若波羅蜜多經卷四〇五　（18–13）

菩薩摩訶薩一切世間天人阿素洛等皆
應供養恭敬尊重讚歎尒時佛告諸大弟子及
菩薩摩訶薩等言如是如是如汝所說脩行
般若波羅蜜多諸菩薩摩訶薩一切世間天
人阿素洛等皆應供養恭敬尊重讚歎何以故
由此菩薩摩訶薩故世間便有人天出現所
謂剎帝利大族婆羅門大族長者大族居士
大族轉輪聖王四大王衆天乃至他化自在天
梵衆天乃至色究竟天空無邊處天乃至
非想非非想處天出現世間由此菩薩摩訶
薩故世間便有預流一來不還阿羅漢獨覺
菩薩諸佛出現由此菩薩摩訶薩故世間便
有種種資生樂具出現所謂飲食衣服卧具
房舍燈明末尼真珠瑠璃螺貝璧玉珊瑚金
銀等寶出現世間以要言之一切世間人樂
天樂及出世樂無不皆由如是菩薩摩訶薩
有所以者何此菩薩摩訶薩自布施已教他
布施自持戒已教他持戒自安忍已教他安
忍自精進已教他精進自脩定已教他脩定
自習慧已教他習慧是故由此脩行般若波
羅蜜多諸菩薩摩訶薩一切有情皆獲如是
利益安樂
第二分舌根相品第五
尒時世尊現舌根相量等三千大千世界從
此舌相復出無數種種色光遍照十方殑伽
沙等諸佛世界尒時東方殑伽沙等諸佛土

BD13985號　大般若波羅蜜多經卷四〇五　（18–14）

第二分舌根相品第五
尒時世尊現舌根相量等三千大千世界從
此舌相復出無數種種色光遍照十方殑伽
沙等諸佛世界尒時東方殑伽沙等諸佛土
中一一各有無量無數菩薩摩訶薩見此大
光心懷猶豫各各往詣自界佛所稽首恭敬
白言世尊是誰威力復以何緣有此大光照諸
佛土時彼彼佛各各報言於此西方有佛世
界名曰堪忍佛号釋迦牟尼如來應正等覺
明行圓滿善逝世間解無上丈夫調御士天
人師佛薄伽梵今為菩薩摩訶薩衆宣說
般若波羅蜜多現舌根相量等三千大千世
界從彼舌相復出無數種種色光遍照十方
殑伽沙等諸佛世界今所見光即是彼佛舌相
所現時彼彼界無量無數菩薩摩訶薩聞是
事已歡喜踴躍歎未曾有各白佛言我等欲
往堪忍世界觀礼供養釋迦牟尼如來應正
等覺及諸菩薩摩訶薩衆并聽般若波羅蜜
多唯願世尊哀愍聽許時彼彼佛各各報言今
正是時隨汝意往時諸菩薩摩訶薩衆既
蒙聽許各礼佛足右遶七帀嚴持無量寶幢
幡蓋衣服瓔珞香鬘珎寶金銀等花奏擊種
種上妙音樂經須臾間至此佛所供養恭敬
尊重讚歎佛菩薩已繞百千帀頂礼雙足退
坐一面南西北方四維上下殑伽沙等諸佛
土中一一各有無量無數菩薩摩訶薩亦復

BD13985號　大般若波羅蜜多經卷四〇五　（18–15）

種上妙音樂經須臾間至此佛所供養恭敬尊重讚歎佛菩薩已繞百千帀頂礼雙足退坐一面。西北方四維上下殑伽沙等諸佛土中一一各有無量無數菩薩摩訶薩亦復如是

尒時四大王衆天三十三天夜摩天覩史多天樂變化天他化自在天梵衆天梵輔天梵會天大梵天光天少光天無量光天極光淨天少淨天無量淨天遍淨天廣天少廣天無量廣天廣果天無繁天無熱天善現天善見天色究竟天各持無量種種香鬘所謂澤香末香燒香樹香葉香諸雜和香悅意花鬘生類花鬘龍錢花鬘并無量種雜類花鬘及持無量上妙天花嗢鉢羅花鉢特摩花俱某陁花奔荼利花微妙音花大微妙音花及餘無量天妙香花来詣佛所供養恭敬尊重讚歎佛菩薩已繞百千帀頂礼雙足却住一面

尒時十方諸来菩薩摩訶薩衆及餘無量欲色界天所獻種種寶幢幡蓋衣服瓔珞珎寶香花及諸音樂以佛神力上踴空中合成臺蓋量等三千大千世界臺頂四角各有寶幢臺蓋寶幢皆垂瓔珞膝幡妙綵珎異花鬘種種莊嚴甚可愛樂

尒時會中有百千俱胝那庾多衆生皆從座起合掌恭敬而白佛言世尊我等未来願當作佛相好威德如今世尊國土莊嚴聲聞菩

天少淨天無量淨天遍淨天廣天少廣天無量廣天廣果天無繁天無熱天善現天善見天色究竟天各持無量種種香鬘所謂澤香末香燒香樹香葉香諸雜和香悅意花鬘生類花鬘龍錢花鬘并無量種雜類花鬘及持無量上妙天花嗢鉢羅花鉢特摩花俱某陁花奔荼利花微妙音花大微妙音花及餘無量天妙香花来詣佛所供養恭敬尊重讚歎佛菩薩已繞百千帀頂礼雙足却住一面

尒時十方諸来菩薩摩訶薩衆及餘無量欲色界天所獻種種寶幢幡蓋衣服瓔珞珎寶香花及諸音樂以佛神力上踴空中合成臺蓋量等三千大千世界臺頂四角各有寶幢臺蓋寶幢皆垂瓔珞膝幡妙綵珎異花鬘種種莊嚴甚可愛樂

尒時會中有百千俱胝那庾多衆生皆從座起合掌恭敬而白佛言世尊我等未来願當作佛相好威德如今世尊國土莊嚴聲聞菩薩人天衆會所轉法輪皆如今佛尒時世尊知其心願已於諸法悟無生忍了達一切不生不滅無作無爲即便微咲面門復出種種色光時阿難陁即從座起合掌恭敬白言世尊何因何緣現此微咲諸佛現咲非無因緣佛告阿難是從座起百千俱胝那庾多衆已於諸法悟無生忍了達一切不生不滅無作無爲彼於當來經六十八俱胝大劫勤脩菩薩行妙法花劫中當得作佛皆同一号謂覺

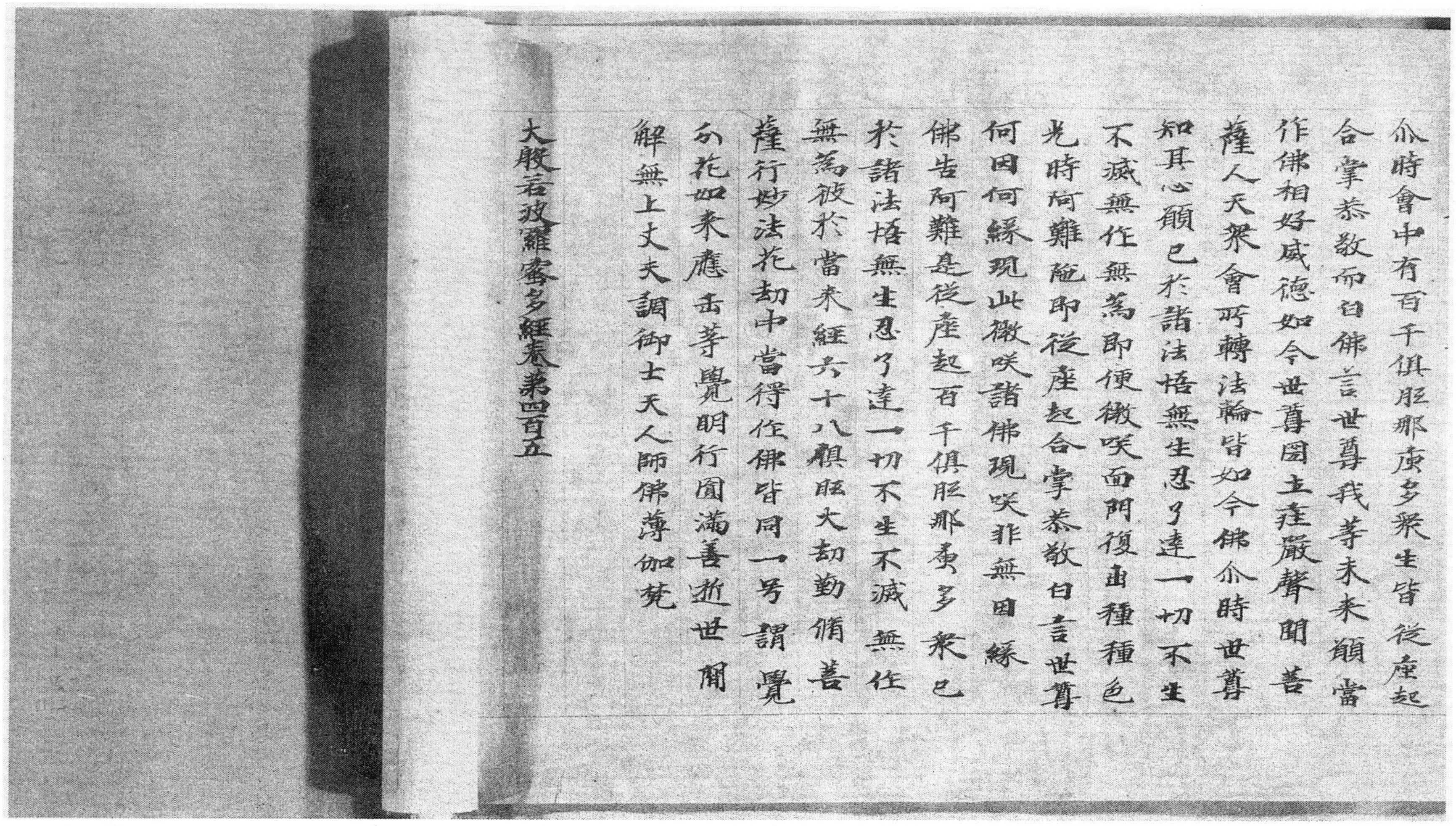

BD13985 號　大般若波羅蜜多經卷四〇五　（18–18）

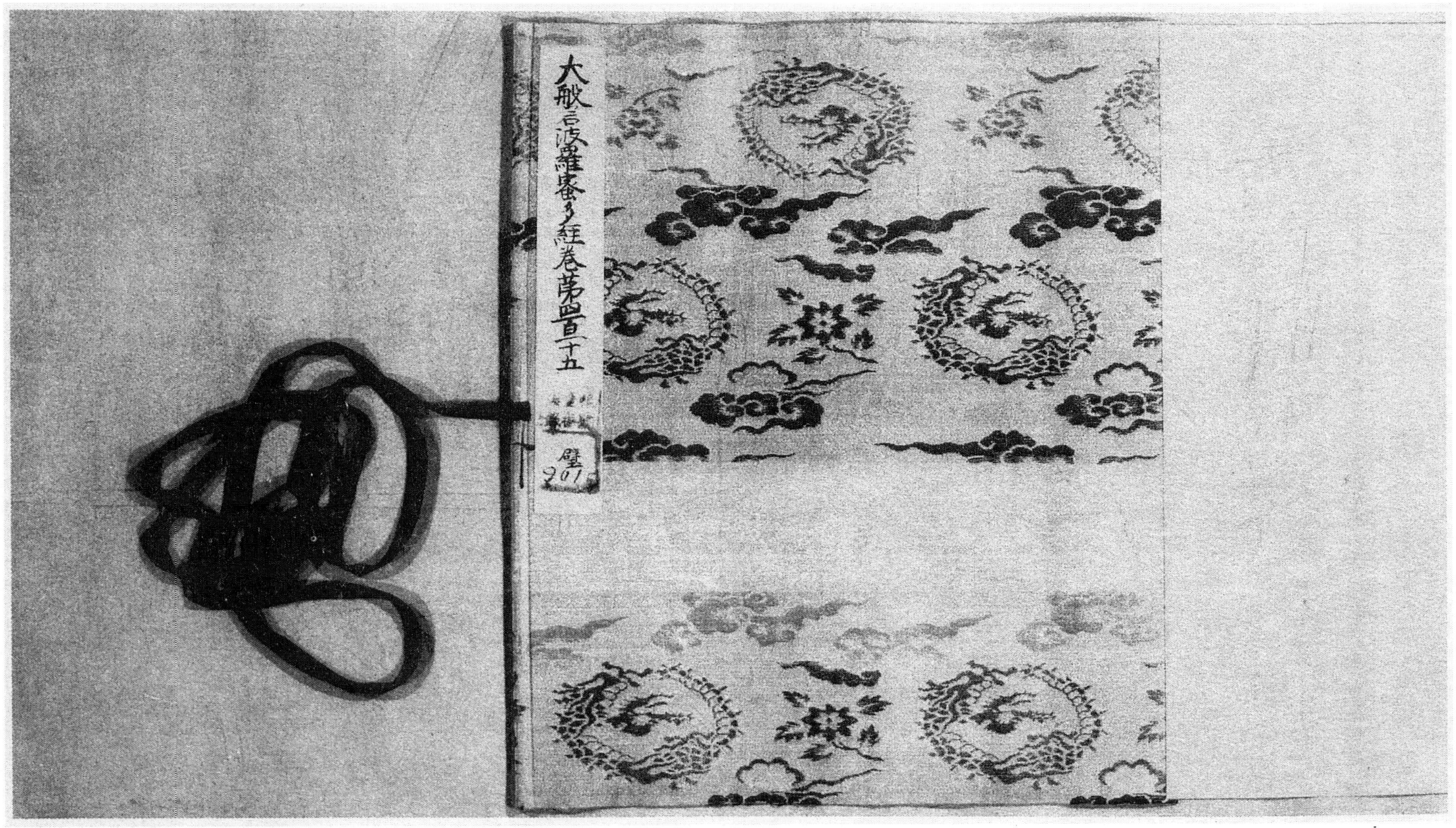

BD13986 號背　現代護首　（1–1）

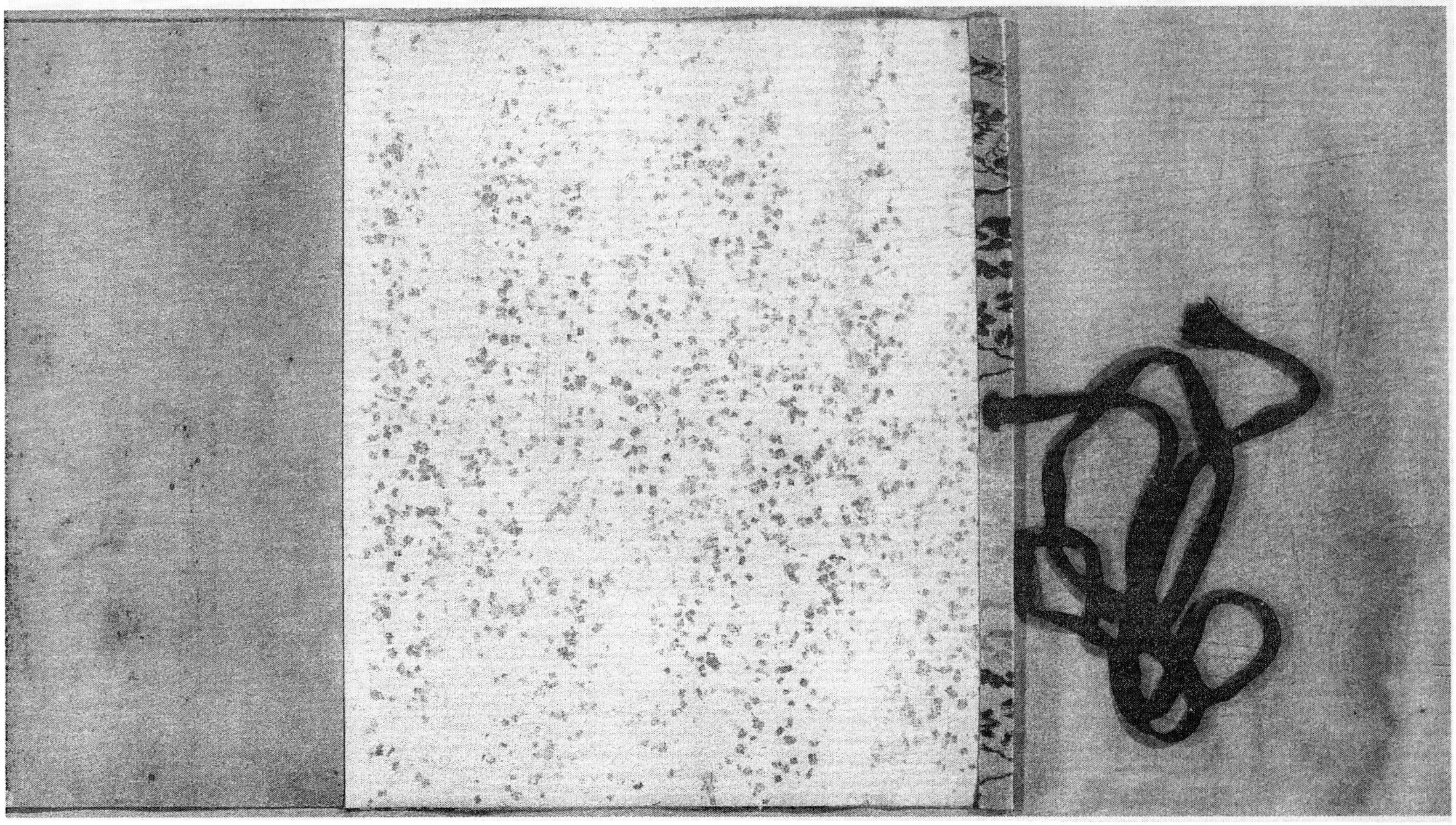

BD13986 號　大般若波羅蜜多經卷四一五　　　　（23–1）

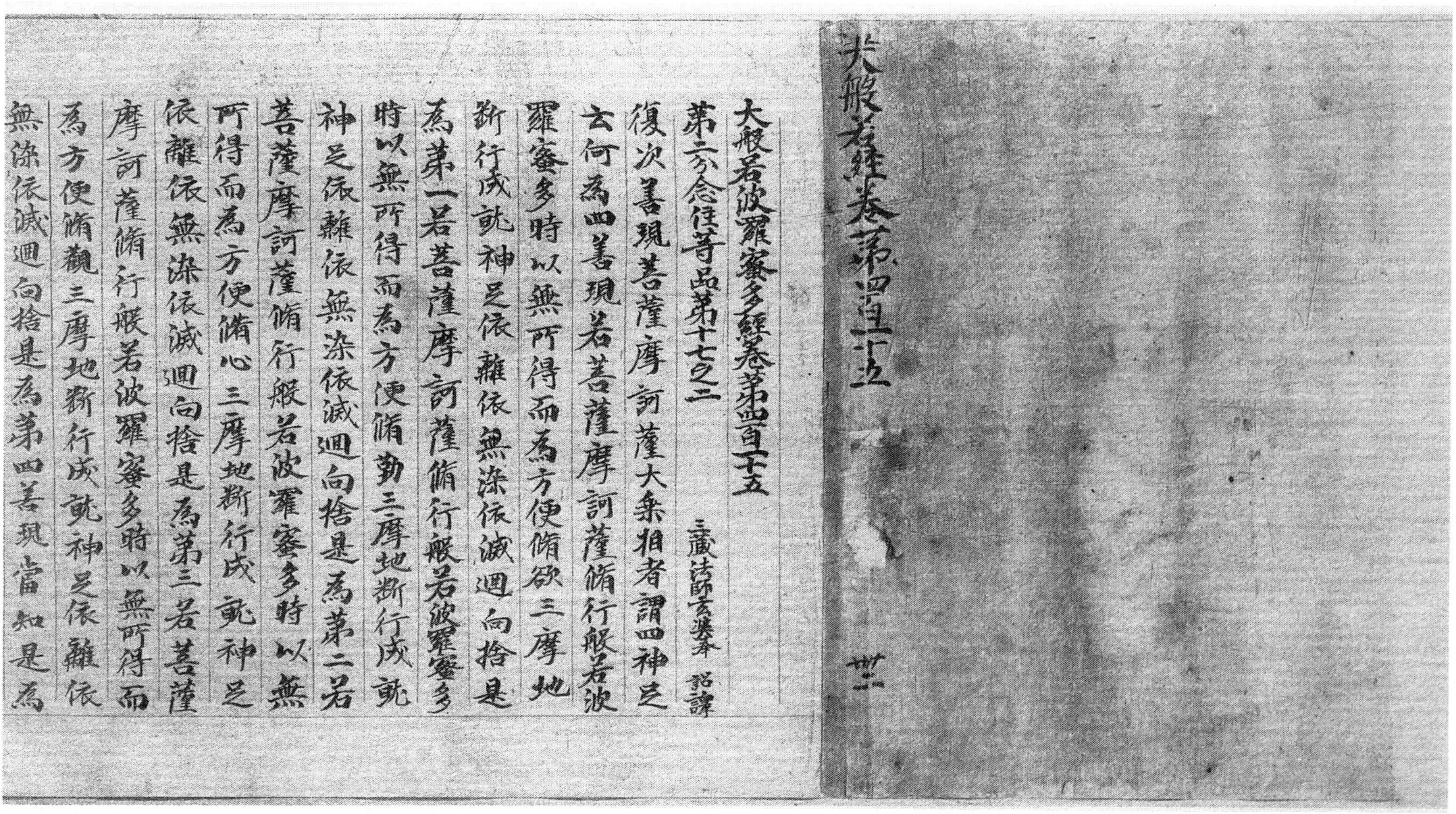

大般若經卷第四百一十五

卅

大般若波羅蜜多經卷第四百一十五

第二分念住等品第十七之二　　三藏法師玄奘奉　詔譯

復次善現菩薩摩訶薩大乘相者謂四神足

云何為四善現若菩薩摩訶薩脩行般若波

羅蜜多時以無所得而為方便脩欲三摩地

斷行成就神足依離依無染依滅迴向捨是

為第一若菩薩摩訶薩脩行般若波羅蜜多

時以無所得而為方便脩勤三摩地斷行成就

神足依離依無染依滅迴向捨是為第二若

菩薩摩訶薩脩行般若波羅蜜多時以無

所得而為方便脩心三摩地斷行成就神足

依離依無染依滅迴向捨是為第三若菩薩

摩訶薩脩行般若波羅蜜多時以無所得而

為方便脩觀三摩地斷行成就神足依離依

無染依滅迴向捨是為第四善現當知是為

BD13986 號　大般若波羅蜜多經卷四一五　　　　（23–2）

依離依無染依滅迴向捨是為第三若菩薩
摩訶薩脩行般若波羅蜜多時以無所得而
為方便脩觀三摩地斷行成就神足依離依
無染依滅迴向捨是為第四善現當知是為
菩薩摩訶薩大乘相復次善現菩薩摩訶薩
大乘相者謂五根云何為五善現若菩薩摩訶
薩脩行般若波羅蜜多時以無所得而為方
便所脩信根精進根念根定根慧根善現
當知是為菩薩摩訶薩大乘相復次善現菩
薩摩訶薩大乘相者謂五力云何為五善現
若菩薩摩訶薩脩行般若波羅蜜多時以無
所得而為方便所脩信力精進力念力定力
慧力善現當知是為菩薩摩訶薩大乘相復
次善現菩薩摩訶薩大乘相者謂七等覺支
云何為七善現若菩薩摩訶薩脩行般若波
羅蜜多時以無所得而為方便所脩念等覺
支擇法等覺支精進等覺支喜等覺支輕安
等覺支定等覺支捨等覺支依離依無染依
滅迴向捨善現當知是為菩薩摩訶薩大乘
相復次善現菩薩摩訶薩大乘相者謂八聖
道支云何為八善現若菩薩摩訶薩脩行般
若波羅蜜多時以無所得而為方便所脩正
見正思惟正語正業正命正精進正念正定
依離依無染依滅迴向捨善現當知是為菩薩
摩訶薩大乘相復次善現菩薩摩訶薩大
乘相者謂三三摩地云何為三善現若菩薩
摩訶薩脩行般若波羅蜜多時以無所得而
為方便觀一切法自相皆空其心安住名空

BD13986號　大般若波羅蜜多經卷四一五　（23–3）

依離依無染依滅迴向捨善現當知是為菩薩
摩訶薩大乘相復次善現菩薩摩訶薩大
乘相者謂三三摩地云何為三善現若菩薩
摩訶薩脩行般若波羅蜜多時以無所得而
為方便觀一切法自相皆空其心安住名空
解脫門亦名空三摩地是為第一若菩薩摩
訶薩脩行般若波羅蜜多時以無所得而為
方便觀一切法自相空故皆無有相其心安
住名無相解脫門亦名無相三摩地是為第
二若菩薩摩訶薩脩行般若波羅蜜多時以
無所得而為方便觀一切法自相空故皆無
所願其心安住名無願解脫門亦名無願三
摩地是為第三善現當知是為菩薩摩訶
薩大乘相復次善現菩薩摩訶薩大乘相者
謂十一智云何十一謂法智類智他心智世俗
智苦智集智滅智道智盡智無生智如說智
云何法智善現若智以無所得而為方便知
五蘊差別相是為法智云何類智善現若智
以無所得而為方便知眼乃至意色乃至法
皆是無常是為類智云何他心智善現若智以
無所得而為方便知他有情心心所法無
所疑滯是為他心智云何世俗智善現若智
以無所得而為方便知諸有情脩行差別
是為世俗智云何苦智善現若智以無所得
而為方便知苦應不生是為苦智云何集智
善現若智以無所得而為方便知集應永斷
是為集智云何滅智善現若智以無所得而

BD13986號　大般若波羅蜜多經卷四一五　（23–4）

以無所得而為方便知諸有情備行差別
是為世俗智云何苦智善現若智以無所得
而為方便知苦應不生是為苦智云何集智
善現若智以無所得而為方便知集應永斷
是為集智云何滅智善現若智以無所得而
為方便知滅應作證是為滅智云何道智善
現若智以無所得而為方便知道應修習是為
道智云何盡智善現若智以無所得而為方
便知貪瞋癡盡是為盡智云何無生智善現
若智以無所得而為方便知諸有趣永不復
生是為無生智云何如說智善現如來所有
一切相智是為如說智善現當知是為菩薩摩
訶薩大乘相復次善現菩薩摩訶薩大乘相
者謂三根一未知當知根二已知根三具知根
云何未知當知根善現若諸有學補特伽羅於
諸聖諦未已現觀所有信根精進根念根定根
慧根是為未知當知根云何已知根善現若諸
有學補特伽羅於諸聖諦已得現觀所有信
根精進根念根定根慧根是為已知根云何
具知根善現謂諸無學補特伽羅若阿羅漢
若獨覺若已住十地菩薩摩訶薩若諸如來
應正等覺所有信根精進根念根定根慧根
是為具知根善現若此三根以無所得為方
便者當知是為菩薩摩訶薩大乘相復次善
現菩薩摩訶薩大乘相者謂三三摩地云何
為三一有尋有伺三摩地二無尋唯伺三摩
地三無尋無伺三摩地云何有尋有伺三摩
地善現若離欲惡不善法有尋有伺離生

便者當知是為菩薩摩訶薩大乘相復次善
現菩薩摩訶薩大乘相者謂三三摩地云何
為三一有尋有伺三摩地二無尋唯伺三摩
地三無尋無伺三摩地云何有尋有伺三摩
地善現若離欲惡不善法有尋有伺離生
喜樂入初靜慮具足住是為有尋有伺三摩地
云何無尋唯伺三摩地善現若初靜慮第二
靜慮中間定是為無尋唯伺三摩地云何無
尋無伺三摩地善現若第二靜慮乃至非想
非非想處定是為無尋無伺三摩地善現若
此三種以無所得為方便者當知是為菩薩
摩訶薩大乘相復次善現菩薩摩訶薩大乘
相者謂十隨念云何為十謂佛隨念法隨念
僧隨念戒隨念捨隨念天隨念寂靜隨念入
出息隨念身隨念死隨念善現若此十種以
無所得為方便者當知是為菩薩摩訶薩大
乘相復次善現菩薩摩訶薩大乘相者謂四
靜慮四無量四無色定八解脫九次第定等
所有善法以無所得為方便者當知是為菩
薩摩訶薩大乘相復次善現菩薩摩訶薩大
乘相者謂如來十力云何為十善現若無所
得而為方便如實了知因果等法處非處相
是為第一善現若無所得而為方便如實了
知諸有情類過去未來現在種種諸業諸受
因果別相是為第二若無所得而為方便如
實了知世間非一種種界相是為第三若
無所得而為方便如實了知諸有情類非一
勝解種種勝解是為第四若無所得而為方

是爲苐一善現若無所得而爲方便如實了
知諸有情類過去未來現在種種諸業諸受
因果別相是爲苐二若無所得而爲方便如
實了知世間非一種種界相是爲苐三若
無所得而爲方便如實了知諸有情類非一
勝解種種勝解是爲苐四若無所得而爲方
便如實了知諸有情類諸根勝劣是爲苐五
若無所得而爲方便如實了知遍行行相是
爲苐六若無所得而爲方便如實了知諸有
情類根力覺支解脫靜慮等持等至染淨差
別是爲苐七若無所得而爲方便如實了知
諸有情類有無量種宿住差別是爲苐八若
無所得而爲方便如實了知諸有情類有無
量種死生差別是爲苐九若無所得而爲方
便如實了知諸漏永盡得無漏心解脫得無
漏慧解脫於現法中自作證具足住能正了
知我生已盡梵行已立所作已辦不受後有
是爲苐十善現當知是爲菩薩摩訶薩大乘
相復次善現菩薩摩訶薩大乘相者謂四無
所畏云何爲四善現若無所得而爲方便自
稱我是正等覺者設有沙門若婆羅門若天
魔梵或餘世間依法立難及令憶念言於是
法非正等覺我於彼難正見無因以於彼難
見無因故得安隱住無怖無畏自稱我處大
仙尊位於大衆中正師子吼轉妙梵輪其輪
清淨正真無上一切沙門若婆羅門若天魔
梵或餘世間皆無有能如法轉者是爲苐一
善現若無所得而爲方便自稱我已永盡諸

BD13986號 大般若波羅蜜多經卷四一五 （23–7）

見無因故得安隱住無怖無畏自稱我處大
仙尊位於大衆中正師子吼轉妙梵輪其輪
清淨正真無上一切沙門若婆羅門若天魔
梵或餘世間皆無有能如法轉者是爲苐一
善現若無所得而爲方便自稱我已永盡諸
漏設有沙門若婆羅門若天魔梵或餘世
間依法立難及令憶念言如是漏未得永盡我
於彼難正見無因以於彼難見無因故得安
隱住無怖無畏自稱我處大仙尊位於大衆
中正師子吼轉妙梵輪清淨正真無上
一切沙門若婆羅門若天魔梵或餘世間皆
無有能如法轉者是爲苐二善現若無所得
而爲方便爲諸苐子說障道法設有沙門若
婆羅門若天魔梵或餘世間依法立難及令
憶念言習此法不能障道我於彼難正見無
因以於彼難見无因故得安隱住无怖無畏
自稱我處大仙尊位於大衆中正師子吼轉
妙梵輪其輪清淨正真无上一切沙門若婆
羅門若天魔梵或餘世間皆無有能如法轉
者是爲苐三善現若無所得而爲方便爲諸
苐子說盡苦道設有沙門若婆羅門若天魔
梵或餘世間依法立難及令憶念言脩此道
不能盡苦我於彼難正見無因以於彼難見
無因故得安隱住無怖無畏自稱我處大仙
尊位於大衆中正師子吼轉妙梵轉其轉清
淨正真無上一切沙門若婆羅門若天魔梵
或餘世間皆無有能如法轉者是爲苐四善
現當知是爲菩薩摩訶薩大乘相復次善現

BD13986號 大般若波羅蜜多經卷四一五 （23–8）

不能盡苦我於彼難正見無因以於彼難見
無因故得安隱住無怖無畏自稱我處大仙
尊位於大衆中正師子吼轉妙梵轉其轉清
淨正真無上一切沙門若婆羅門若天魔梵
或餘世間皆無有能如法轉者是為第四善
現當知是為菩薩摩訶薩大乘相復次善現
菩薩摩訶薩大乘相者謂四無礙解云何為
四一義無礙解二法無礙解三詞無礙解四
辯無礙解善現如是四無礙解若無所得而
為方便當知是為菩薩摩訶薩大乘相復次
善現菩薩摩訶薩大乘相者謂十八佛不共
法云何十八善現謂諸如來應正等覺常無
誤失無卒暴音無忘失念無種種想無不定
心無不擇捨志欲無退精進無退念無退慧
無退解脫無退解脫智見無退一切身業智
為前導隨智而轉一切語業智為前導隨智
而轉一切意業智為前導隨智而轉於過去
世所起智見無著無礙於未來世所起智見
無著無礙於現在世所起智見無著無礙善
現如是十八佛不共法無不皆以無所得為方
便當知是為菩薩摩訶薩大乘相
復次善現菩薩摩訶薩大乘相者謂陀羅尼
門何等陀羅尼門謂字平等性語平等性入
諸字門云何字平等性語平等性入諸字門
善現若菩薩摩訶薩修行般若波羅蜜多時
以無所得而為方便入裹字門悟一切法本不
生故入洛字門悟一切法離塵垢故入跛字
門悟一切法勝義教故入者字門悟一切法無

BD13986 號　大般若波羅蜜多經卷四一五　（23–9）

門何等陀羅尼門謂字平等性語平等性入
諸字門云何字平等性語平等性入諸字門
善現若菩薩摩訶薩修行般若波羅蜜多時
以無所得而為方便入裹字門悟一切法本不
生故入洛字門悟一切法離塵垢故入跛字
門悟一切法勝義教故入者字門悟一切法無
死生故入娜字門悟一切法遠離名相無
得失故入砢字門悟一切法出世間故愛支
條緣永被害故入柁字門悟一切法調伏
寂靜真如平等無分別故入婆字門悟一切
法離繫解故入荼字門悟一切法離熱矯穢
得清淨故入沙字門悟一切法無罣礙故入
縛字門悟一切法語音道斷故入頦字門悟
一切法真如不動故入也字門悟一切法如
實不生故入瑟吒字門悟一切法制伏任持
相不可得故入迦字門悟一切法作者不可
得故入娑字門悟一切法時平等性不可得
故入磨字門悟一切法我所執性不可得故
入伽字門悟一切法行動取性不可得故入
他字門悟一切法所依處性不可得故入闍
字門悟一切法能所生起不可得故入濕縛
字門悟一切法安隱之性不可得故入達字
門悟一切法能持界性不可得故入捨字門
悟一切法寂靜性不可得故入佉字門悟一
切法如虛空性不可得故入羼字門悟一切
法窮盡性不可得故入薩頦字門悟一切法
任持處非處令不動轉性不可得故入若字
門悟一切法所了知性不可得故入剌他字

BD13986 號　大般若波羅蜜多經卷四一五　（23–10）

門悟一切法能持界性不可得故入捨字門
悟一切法寂靜性不可得故入法字門悟一
切法如虛空性不可得故入羼字門悟一切
法窮盡性不可得故入薩頗字門悟一切法
任持處非處令不動轉性不可得故入若字
門悟一切法所了知性不可得故入剌他字
門悟一切法執著義性不可得故入呵字門
悟一切法能爲因性不可得故入薄字門悟
一切法可破壞性不可得故入綽字門悟一
切法欲樂覆性不可得故入颯磨字門悟一
切法可憶念性不可得故入嗑縛字門悟
一切法可呼召性不可得故入蹉字門悟一
切法勇健性不可得故入鍵字門悟一切法
厚平等性不可得故入搋字門悟一切法積
集性不可得故入拏字門悟一切法離諸諠
諍無往無來行住坐卧不可得故入頗字門
悟一切法遍滿果報不可得故入塞迦字門
悟一切法聚積蘊性不可得故入逸娑字門
悟一切法衰老性相不可得故入酌字門悟
一切法聚集足迹不可得故入吒字門悟一
切法相驅迫性不可得故入擇字門悟一切
法究竟處所不可得故善現此擇字門是能
悟入法空邊際除此諸字表諸法空更不可
得何以故此諸字義不可宣說不可顯示不
可書持不可執取不可觀察離諸相故善
現譬如虛空是一切物所歸趣處此諸字門亦
復如是諸法空義皆入此門方得顯了善現

BD13986號　大般若波羅蜜多經卷四一五　（23–11）

悟入法空邊際除此諸字表諸法空更不可
得何以故此諸字義不可宣說不可顯示不
可書持不可執取不可觀察離諸相故善
現譬如虛空是一切物所歸趣處此諸字門亦
復如是諸法空義皆入此門方得顯了善現
入此衆字等名入諸字門善現諸菩薩摩訶
薩若於如是入諸字門得善巧智於諸言音
所詮所表皆無罣礙於一切法平等空性盡能
證持於衆言音咸得善巧善現若菩薩摩訶
薩能聽如是入諸字門印相印句聞已受持
讀誦通利爲他解說不徇名譽利養恭敬由
此因緣得二十種功德勝利云何二十謂得
强憶念得勝慚愧得堅固力得法音趣得增
上覺得殊勝慧得無礙辯得總持門得無疑
惑得違順語不生恚愛得無高下平等而住
得於有情言音善巧得蘊善巧界善巧處
善巧諦善巧得緣起善巧因善巧緣善巧法善
巧得根勝劣智善巧他心智善巧得觀星曆
善巧得天耳智善巧宿住隨念智善巧神境
智善巧死生智善巧得漏盡智善巧得說處
非處智善巧得往來智善巧威儀路善巧善
現是爲得二十種功德勝利善現若菩薩摩
訶薩脩行般若波羅蜜多時以無所得而爲方
便所得如是陁羅尼門當知是爲菩薩摩訶
薩大乘相

第二分脩治地品第十八

復次善現汝問齊何當知菩薩摩訶薩發趣
大乘者若菩薩摩訶薩脩行六種波羅蜜多

BD13986號　大般若波羅蜜多經卷四一五　（23–12）

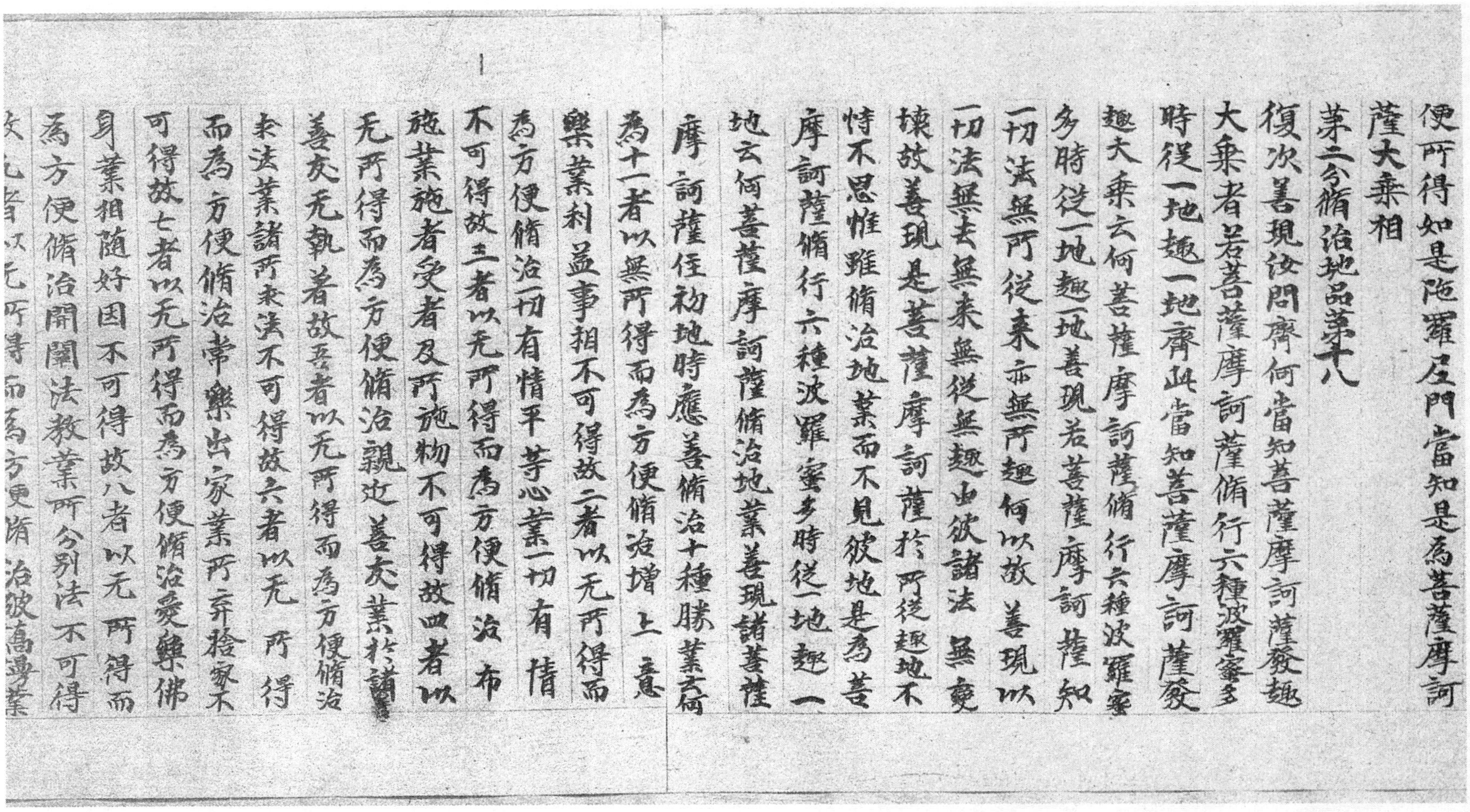

便所得知是陁羅尼門當知是為菩薩摩訶
薩大乘相
第二分脩治地品第十八
復次善現汝問齊何當知菩薩摩訶薩發趣
大乘者若菩薩摩訶薩脩行六種波羅蜜多
時從一地趣一地齊此當知菩薩摩訶薩發
趣大乘云何菩薩摩訶薩脩行六種波羅蜜
多時從一地趣一地善現若菩薩摩訶薩知
一切法無所從來亦無所趣何以故善現以
一切法無去無來無從無趣由彼諸法無變
壞故善現是菩薩摩訶薩於所從趣地不
恃不思惟雖脩治地業而不見彼地是為菩
薩摩訶薩脩行六種波羅蜜多時從一地趣一
地云何菩薩摩訶薩脩治地業善現諸菩薩
摩訶薩住初地時應善脩治十種勝業云何
為十一者以無所得而為方便脩治增上意
樂業利益事相不可得故二者以无所得而
為方便脩治一切有情平等心業一切有情
不可得故三者以无所得而為方便脩治布
施業施者受者及所施物不可得故四者以
无所得而為方便脩治親近善友業於諸
善友无執著故五者以无所得而為方便脩治
求法業諸所求法不可得故六者以无所得
而為方便脩治常樂出家業所棄捨家不
可得故七者以无所得而為方便脩治愛樂佛
身業相隨好因不可得故八者以无所得而
為方便脩治開闡法教業所分別法不可得

BD13986號　大般若波羅蜜多經卷四一五　（23–13）

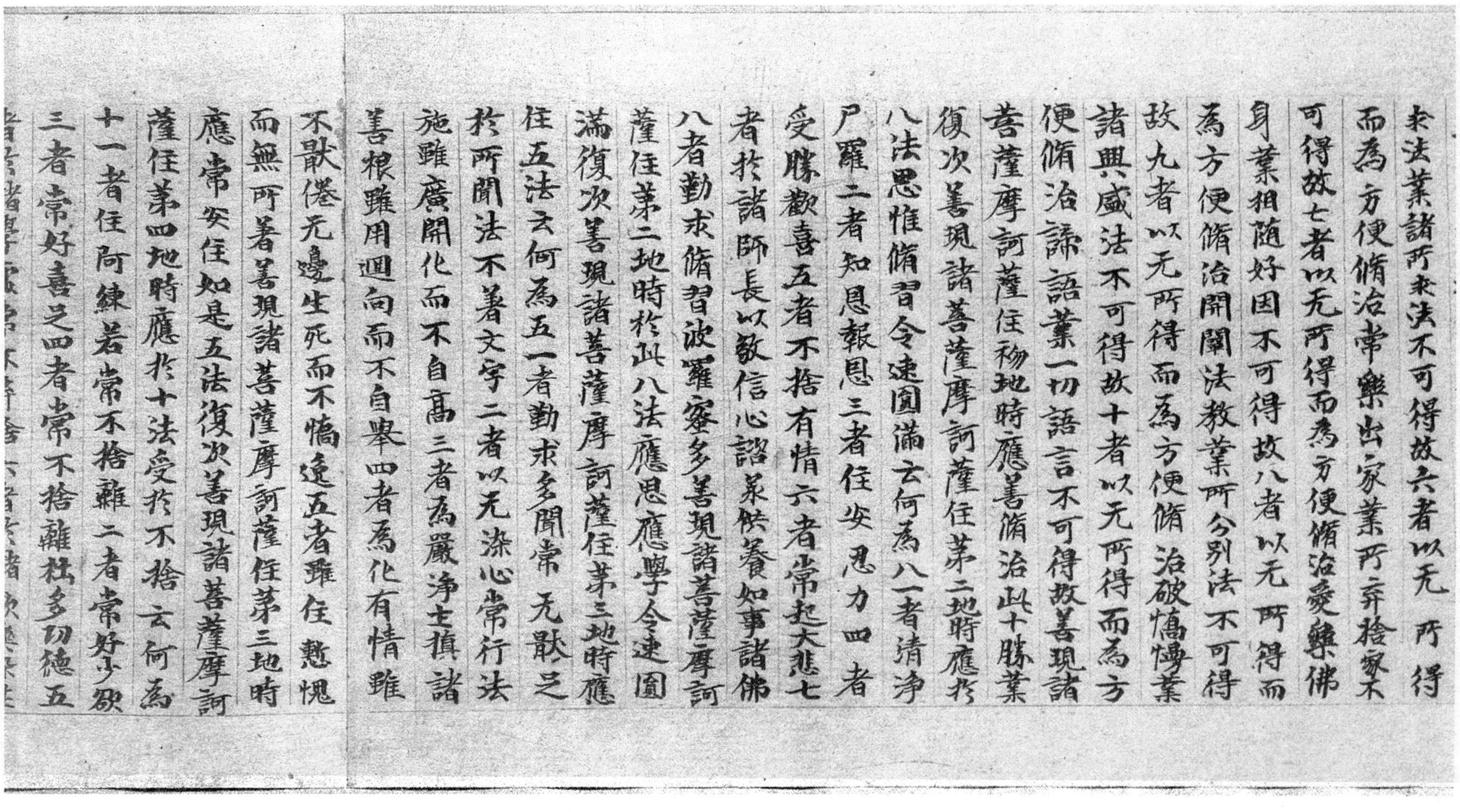

求法業諸所求法不可得故六者以无所得
而為方便脩治常樂出家業所棄捨家不
可得故七者以无所得而為方便脩治愛樂佛
身業相隨好因不可得故八者以无所得而
為方便脩治開闡法教業所分別法不可得
故九者以无所得而為方便脩治破憍慢業
諸興盛法不可得故十者以无所得而為方
便脩治諦語業一切語言不可得故善現諸
菩薩摩訶薩住初地時應善脩治此十勝業
復次善現諸菩薩摩訶薩住第二地時應於
八法思惟脩習令速圓滿云何為八一者清淨
尸羅二者知恩報恩三者住安忍力四者
受勝歡喜五者不捨有情六者常起大悲七
者於諸師長以敬信心諮承供養如事諸佛
八者勤求脩習波羅蜜多善現諸菩薩摩訶
薩住第二地時於此八法應思應學令速圓
滿復次善現諸菩薩摩訶薩住第三地時應
住五法云何為五一者勤求多聞常无猒足
於所聞法不著文字二者以无染心常行法
施雖廣開化而不自高三者為嚴淨土植諸
善根雖用迴向而不自舉四者為化有情雖
不猒倦无邊生死而不憍逸五者雖住慙愧
而無所著善現諸菩薩摩訶薩住第三地時
應常安住如是五法復次善現諸菩薩摩訶
薩住第四地時應於十法受持不捨云何為
十一者住阿練若常不捨離二者常好少欲
三者常好喜足四者常不捨離杜多功德五

BD13986號　大般若波羅蜜多經卷四一五　（23–14）

而無所著善現諸菩薩摩訶薩住第三地時
應常安住如是五法復次善現諸菩薩摩訶
薩住第四地時應於十法受持不捨云何為
十一者住阿練若常不捨離二者常好少欲
三者常好喜足四者常不捨離杜多功德五
者於諸學處常不棄捨六者於諸欲樂深生
猒離七者常樂發起寂滅俱心八者捨一切
物九者心不滯沒十者於一切物常無顧戀善
現諸菩薩摩訶薩住第四地時於如是十法
應受持不捨復次善現諸菩薩摩訶薩住第
五地時應遠離十法云何為十一者應遠離
居家二者應遠離苾芻尼三者應遠離家慳
四者應遠離衆會忿諍五者應遠離自讃毀
他六者應遠離十不善業道七者應遠離增
上慠慢八者應遠離顛倒九者應遠離猶豫
十者應遠離貪瞋癡善現諸菩薩摩訶薩住
第五地時應常遠離如是十法復次善現諸
菩薩摩訶薩住第六地時應圓滿六法云何
為六所謂六種波羅蜜多即是布施乃至般
若復應遠離六法云何為六一者聲聞心二者
獨覺心三者熱惱心四者見乞者來不喜
慼心五者捨所有物追戀憂悔心六者於
來求者方便矯誑心善現諸菩薩摩訶薩
住第六地時常應圓滿前說六法及應遠離
後說六法復次善現諸菩薩摩訶薩住第七
地時應遠離二十法云何二十一者應遠離我
執乃至見者執二者應遠離斷執三者應遠
離常執四者應遠離相想五者應遠離見執

BD13986 號　大般若波羅蜜多經卷四一五　（23–15）

住第六地時常應圓滿前說六法及應遠離
後說六法復次善現諸菩薩摩訶薩住第七
地時應遠離二十法云何二十一者應遠離我
執乃至見者執二者應遠離斷執三者應遠
離常執四者應遠離相想五者應遠離見執
六者應遠離名色執七者應遠離蘊執八者
應遠離處執九者應遠離界執十者應遠離
諦執十一者應遠離緣起執十二者應遠離
住著三界執十三者應遠離一切法執十四
者應遠離於一切法如理不執十五者應
遠離依佛見執十六者應遠離依法見執
十七者應遠離依僧見執十八者應遠離依
戒見執十九者應遠離依空見執二十者應
遠離猒怖空性復應圓滿二十法云何二十
一者應圓滿通達空二者應圓滿證无相三
者應圓滿知无願四者應圓滿三輪清淨五
者應圓滿悲愍有情及於有情无所執著六
者應圓滿一切法平等見及於此中无所執
著七者應圓滿一切有情平等見及於此中
无所執著八者應圓滿通達真實理趣及於
此中无所執著九者應圓滿无生忍智十者
應圓滿說一切法一相理趣十一者應圓滿
滅除分別十二者應圓滿遠離諸想十二者
應圓滿遠離諸見十四者應圓滿遠離煩惱
十五者應圓滿止觀地十六者應圓滿調伏
心性十七者應圓滿寂靜心性十八者應圓
滿无礙智性十九者應圓滿无所愛染二十
者應圓滿隨心所欲往諸佛土於佛衆會自現其身

BD13986 號　大般若波羅蜜多經卷四一五　（23–16）

滅除分別十二者應圓滿遠離諸想十三者
應圓滿遠離諸見十四者應圓滿遠離煩惱
十五者應圓滿止觀地十六者應圓滿調伏
心性十七者應圓滿寂靜心性十八者應圓
滿无礙智性十九者應圓滿无所愛染二十
者應圓滿隨心所欲往諸佛土於佛衆會自現
其身善現諸菩薩摩訶薩住第七地時常
應遠離如前所說二十種法及應圓滿如後所
說二十種法復次善現諸菩薩摩訶薩住第
八地時應圓滿四法云何為四一者 應圓滿
悟入一切有情心行二者應圓滿遊戲諸神通
三者應圓滿見諸佛土如其所見而自嚴
淨種種佛土四者應圓滿承事供養諸佛世
尊於如來身如實觀察善現諸菩薩摩訶
薩住第八地時於此四法應勤圓滿復次善現
諸菩薩摩訶薩住第九地時應圓滿四法云
何為四一者應圓滿根勝劣智二者應圓滿
嚴淨佛土三者應圓滿如幻等持數入諸定
四者應圓滿隨諸有情善根應熟故入諸有
自現化生善現諸菩薩摩訶薩住第九地時
於此四法應勤圓滿復次善現諸菩薩摩訶
薩住第十地時應圓滿十二法云何十二一
者應圓滿攝受无邊處所大願隨有所願皆
令證得二者應圓滿隨諸天龍及藥叉等異
類音智三者應圓滿无礙辯說四者應圓滿
入胎具足五者應圓滿出生具足六者應圓
滿家族具足七者應圓滿種姓具足八者應

BD13986 號　大般若波羅蜜多經卷四一五　（23–17）

者應圓滿攝受无邊處所大願隨有所願皆
令證得二者應圓滿隨諸天龍及藥叉等異
類音智三者應圓滿无礙辯說四者應圓滿
入胎具足五者應圓滿出生具足六者應圓
滿家族具足七者應圓滿種姓具足八者應
圓滿眷屬具足九者應圓滿生身具足十者
應圓滿出家具足十一者應圓滿莊嚴菩提
樹具足十二者應圓滿一切功德成辦具足
善現諸菩薩摩訶薩住第十地時應勤圓滿
此十二法善現當知若菩薩摩訶薩住第十
地已與諸如來應言无別
云何菩薩摩訶薩以无所得而為方便脩治
增上意樂業善現若菩薩摩訶薩以一切智
智相應作意脩集一切殊勝善根是為菩薩
摩訶薩以无所得而為方便脩治增上意樂
業云何菩薩摩訶薩以无所得而為方便脩
治一切有情平等心業善現若菩薩摩訶
薩以一切智智相應作意引發慈悲喜捨四
无量心是為菩薩摩訶薩以无所得而為方便
脩治一切有情平等心業云何菩薩摩訶薩
以无所得而為方便脩治布施業善現若菩
薩摩訶薩於一切有情无所分別而行布施
是為菩薩摩訶薩以无所得而為方便脩治
布施業云何菩薩摩訶薩以无所得而為方
便脩治親近善友業善現若菩薩摩訶薩見
諸善友勸化有情令其脩習一切智智即便
親近恭敬供養尊重讚歎諮受正法晝夜承
奉无懈惓心是為菩薩摩訶薩以无所得而

BD13986 號　大般若波羅蜜多經卷四一五　（23–18）

是為菩薩摩訶薩以无所得而為方便修治
布施業云何菩薩摩訶薩以无所得而為方
便修治親近善友業善現若菩薩摩訶薩見
諸善友勸化有情令其修習一切智智即便
親近恭敬供養尊重讚歎諮受正法晝夜承
奉无懈惓心是為菩薩摩訶薩以无所得而
為方便修治親近善友業云何菩薩摩訶薩
以无所得而為方便修治求法業善現若菩
薩摩訶薩以一切智智相應住意勤求如來
无上正法不墮聲聞獨覺等地是為菩薩摩
訶薩以无所得而為方便修治求法業云何
菩薩摩訶薩以无所得而方便修治常樂
出家業善現若菩薩摩訶薩一切生處恒猒
居家諠雜迫迮猶如牢獄常欣佛法清淨出
家寂靜无為如空无礙是為菩薩摩訶薩以
无所得而為方便修治常樂出家業云何菩
薩摩訶薩以无所得而為方便修治愛樂佛身
業善現若菩薩摩訶薩纔一覩見佛形相
已乃至證得一切智智終不捨於念佛作意
是為菩薩摩訶薩以无所得而為方便修治
愛樂佛身業云何菩薩摩訶薩以无所得而
為方便修治開闡法教業善現若菩薩摩訶
薩於佛在世及涅槃後為諸有情開闡法教
初中後善文義巧妙純一圓滿清白梵行所
謂契經乃至論議是為菩薩摩訶薩以无所
得而為方便修治開闡法教業云何菩薩摩
訶薩以无所得而為方便修治破憍慢業善
現若菩薩摩訶薩常懷謙敬伏憍慢心由此

BD13986號　大般若波羅蜜多經卷四一五　（23–19）

初中後善文義巧妙純一圓滿清白梵行所
謂契經乃至論議是為菩薩摩訶薩以无所
得而為方便修治開闡法教業云何菩薩摩
訶薩以无所得而為方便修治破憍慢業善
現若菩薩摩訶薩常懷謙敬伏憍慢心由此
不生下姓卑族是為菩薩摩訶薩以无所得
而為方便修治破憍慢業云何菩薩摩訶薩
以无所得而為方便修治諦語業善現若菩
薩摩訶薩稱知而說言行相符是為菩薩摩
訶薩以无所得而為方便修治諦語業　善現
諸菩薩摩訶薩住初地時應善修治此十勝
業
云何菩薩摩訶薩清淨尸羅善現若菩薩摩
訶薩不起聲聞獨覺作意及餘破戒障菩
提法是為菩薩摩訶薩清淨尸羅云何菩薩
摩訶薩知恩報恩善現若菩薩摩訶薩行
諸菩薩殊勝行時得他小恩尚能重報況大
恩惠而當不酬是為菩薩摩訶薩知恩報恩
云何菩薩摩訶薩安住忍力善現若菩薩摩
訶薩一切有情設皆侵害而能於彼无恚害
心是為菩薩摩訶薩住安忍力云何菩薩摩
訶薩受勝歡喜善現若菩薩摩訶薩見諸有
情於三乘行已得成熟深心歡喜是為　菩薩
摩訶薩受勝歡喜云何菩薩摩訶薩不捨有
情善現若菩薩摩訶薩欲普拔濟一切有情
是為菩薩摩訶薩不捨有情云何菩薩摩訶
薩常起大悲善現若菩薩摩訶薩行諸菩薩
殊勝行時作是念我為饒益一一有情假

BD13986號　大般若波羅蜜多經卷四一五　（23–20）

摩訶薩勝意樂云何菩薩摩訶薩不捨有
情善現若菩薩摩訶薩欲普拔濟一切有情
是為菩薩摩訶薩不捨有情云何菩薩摩訶
薩常起大悲善現若菩薩摩訶薩行諸菩薩
殊勝行時恒作是念我為饒益一一有情假
使各如无量无數殑伽沙劫在大地獄受諸
重苦或燒或煮或斫或截若刺若懸若磨
若擣受如是等无量苦事乃至令彼諸有情
類乘於佛乘而入圓寂如是一切有情界盡義
大悲心曾无懈癈是為菩薩摩訶薩常起大
悲云何菩薩摩訶薩於諸師長以敬信心諮
承供養如事諸佛善現若菩薩摩訶薩為
求无上正等菩提恭順師長无所顧戀是為
菩薩摩訶薩於諸師長以敬信心諮承供養如
事諸佛云何菩薩摩訶薩勤求修習波羅蜜
多善現若菩薩摩訶薩普於一切波羅蜜多
專心求學不顧餘事是為菩薩摩訶薩勤求
修習波羅蜜多善現諸菩薩摩訶薩住第二
地時於此八法應思應學令速圓滿
云何菩薩摩訶薩勤求多聞常无猒足於所
聞法不著文字善現若菩薩摩訶薩發勤精
進作是念言若此佛土若十方界一切如来
應正等覺所說正法我當聽聞受持讀誦修
學究竟令无所遺而於其中不著文字是為
菩薩摩訶薩勤求多聞常无猒足於所聞法
不著文字云何菩薩摩訶薩以无染心常行
法施雖廣開化而不自高善現若菩薩摩訶
薩為諸有情宣說正法尚不自為持此善根

BD13986號　大般若波羅蜜多經卷四一五　（23–21）

學究竟令无所遺而於其中不著文字是為
菩薩摩訶薩勤求多聞常无猒足於所聞法
不著文字云何菩薩摩訶薩以无染心常行
法施雖廣開化而不自高善現若菩薩摩訶
薩為諸有情宣說正法尚不自為持此善根
迴向菩提況求餘事雖多化導而不自恃是
為菩薩摩訶薩以無染心常行法施雖廣開
化而不自高云何菩薩摩訶薩為嚴淨佛土植
諸善根雖用迴向而不自舉善現若菩薩摩
訶薩勇猛精進修諸善根為欲莊嚴諸佛淨
國及為清淨自他心土雖為是事而不自高
是為菩薩摩訶薩為嚴淨土植諸善根雖用
迴向而不自舉云何菩薩摩訶薩為化有情
雖不猒倦无邊生死而不憍逸善現若菩薩
摩訶薩為欲成熟一切有情植諸善根嚴淨
佛土乃至未滿一切智智雖受无邊生死勤
苦而无猒倦亦不自高是為菩薩摩訶薩為
化有情雖不猒倦无邊生死而不憍逸云何
菩薩摩訶薩雖住慚愧而无所著善現若菩
薩摩訶薩專求無上正等菩提於諸聲聞獨
覺作意具慚愧故終不暫起而於其中亦无
所著是為菩薩摩訶薩雖住慚愧而无所著
善現諸菩薩摩訶薩住第三地時應常安
住如是五法

大般若波羅蜜多經卷第四百一十五

BD13986號　大般若波羅蜜多經卷四一五　（23–22）

BD13986 號　大般若波羅蜜多經卷四一五　　　　（23–23）

BD13987 號背　現代護首　　　　（1–1）

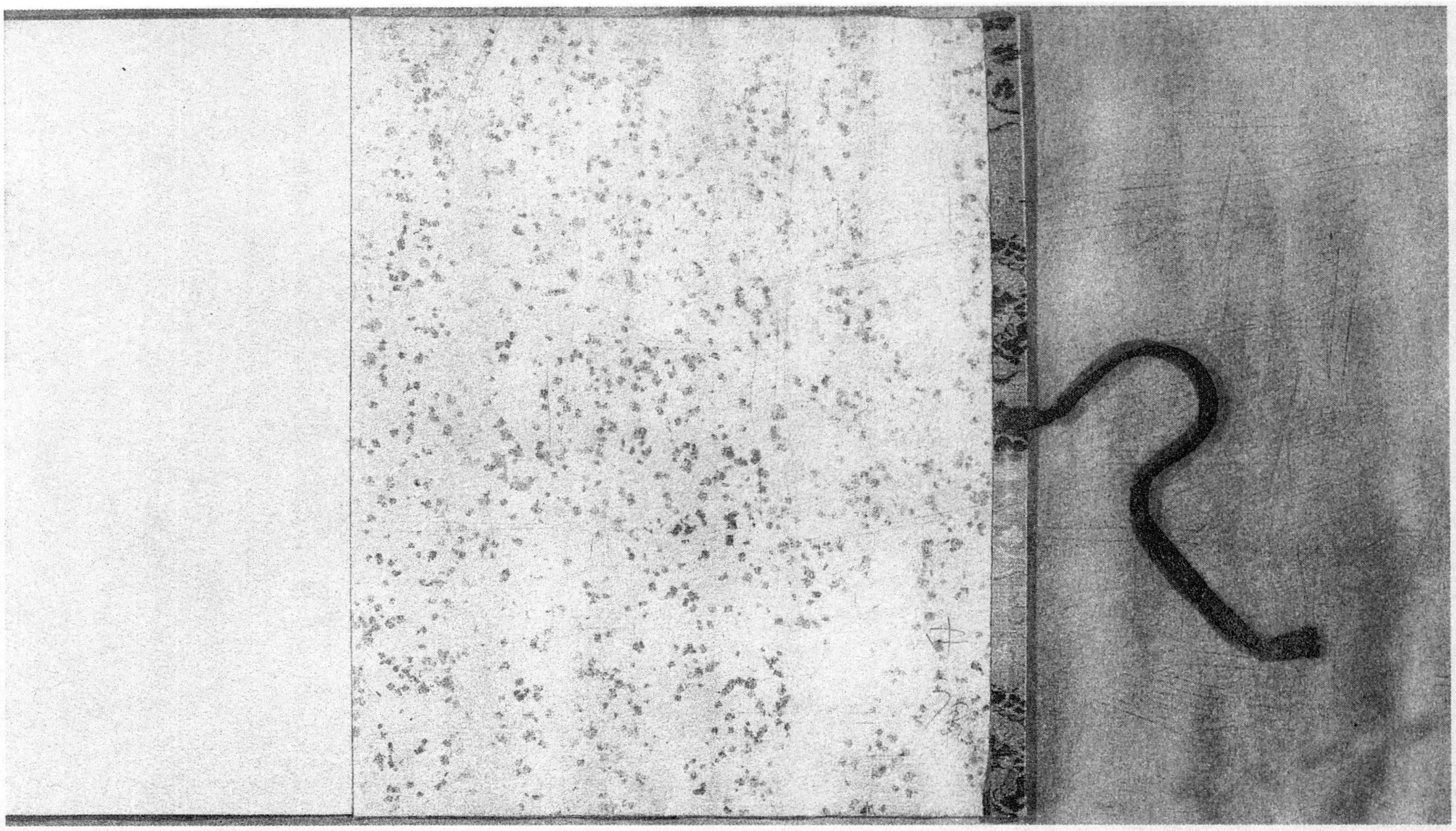

BD13987號　大般若波羅蜜多經卷五〇六　（16–1）

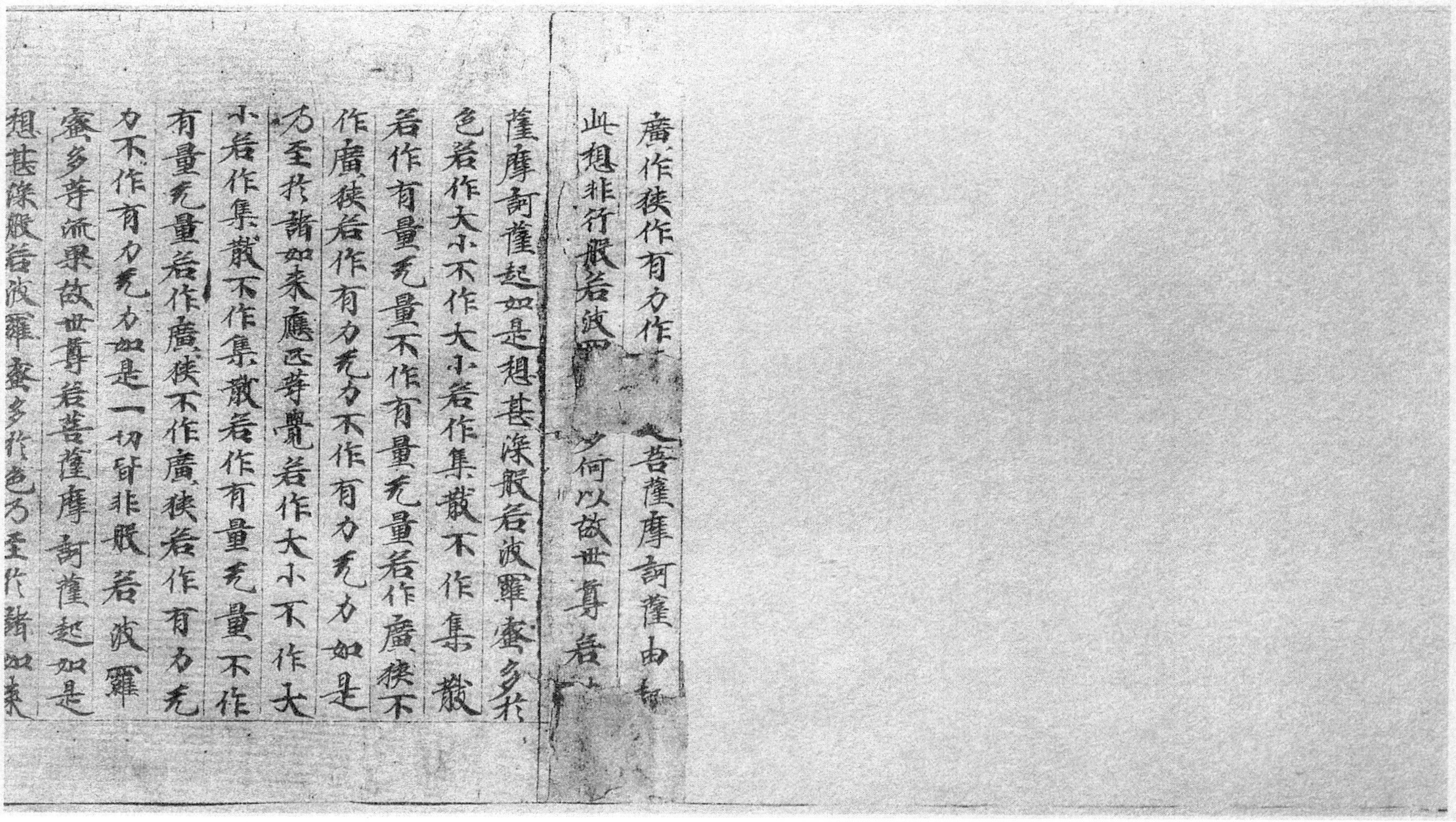

廣作狹作有力作……菩薩摩訶薩由
此想非行般若波……多何以故世尊若
薩摩訶薩起如是想甚深般若波羅蜜多於
色若作大小不作大小若作集散不作集散
若作有量无量不作有量无量若作廣狹不
作廣狹若作有力无力不作有力无力如是
乃至於諸如來應正等覺若作大小不作大
小若作集散不作集散若作有量无量不作
有量无量若作廣狹不作廣狹若作有力无
力不作有力无力如是一切皆非般若波羅
蜜多等流果故世尊若菩薩摩訶薩起如是
想甚深般若波羅蜜多於色乃至於諸如來

BD13987號　大般若波羅蜜多經卷五〇六　（16–2）

小若作集散不作集散若作有量无量不作
有量无量若作廣狹不作廣狹若作有力无
力不作有力无力如是一切皆非般若波羅
蜜多等流果故世尊若菩薩摩訶薩起如是
想甚深般若波羅蜜多於色乃至於諸如來
應正等覺若作大小不作大小若作集散不
作集散若作有量无量不作有量无量若作
廣狹不作廣狹若作有力无力不作有力无
力是菩薩摩訶薩名大有所得非行般若波
羅蜜多何以故非有所得想能證无上正等
菩提故所以者何有情无生故无自性故无
所有故空故无相故无願故遠離故寂靜故
不可得故不可思議故无壞滅故无覺知故
力不成就故當知般若波羅蜜多亦无生廣
說乃至力不成就色乃至一切如來應正等覺
无生故无自性故无所有故空故无相故无
願故遠離故寂靜故不可得故不可思議故
无壞滅故无覺知故力不成就故當知般若
波羅蜜多亦无生廣說乃至力不成就我緣
此意故作是說甚深般若波羅蜜多即是摩
訶波羅蜜多
尒時舍利子白佛言世尊若菩薩摩訶薩於
深般若波羅蜜多能信解者從何處沒來生
此間發趣无上正等菩提為經久如曾親供
養幾所諸佛脩行布施乃至般若波羅蜜多
已經幾時云何信解如是般若波羅蜜多甚
深義趣佛告舍利子若菩薩摩訶薩於深般

BD13987 號　大般若波羅蜜多經卷五〇六　（16–3）

深般若波羅蜜多能信解者從何處沒來生
此間發趣无上正等菩提為經久如曾親供
養幾所諸佛脩行布施乃至般若波羅蜜多
已經幾時云何信解如是般若波羅蜜多甚
深義趣佛告舍利子若菩薩摩訶薩於深般
若波羅蜜多能信解者從十方界所事諸佛
法會中沒來生此間發趣无上正等菩提已
經无量无數无邊百千俱胝那庾多劫已曾
親近供養无量无數无邊不可思議不可稱
量佛薄伽梵從初發心常脩布施乃至般若
波羅蜜多已經无量无數无邊百千俱胝那
庾多劫若菩薩摩訶薩於深般若波羅蜜多
若見若聞便作是念我今見佛聞佛所說是
菩薩摩訶薩以无相无二无所得為方便能
正信解如是般若波羅蜜多甚深義趣具壽
善現便白佛言甚深般若波羅蜜多為有能
聞能見者不佛告善現甚深般若波羅蜜多
實无能聞及能見者何以故甚深般若波羅
蜜多實非所聞所見法故善現當知色无聞
无見諸法鈍故受想行識亦无聞无見諸法
鈍故廣說乃至諸佛无上正等菩提无聞无
見諸法鈍故一切如來應正等覺亦无聞无
見諸法鈍故
具壽善現復白佛言諸菩薩摩訶薩已於无
上正等菩提積行久如能勤脩學甚深般若
波羅蜜多佛告善現於此事中應分別說善
現當知有菩薩摩訶薩從初發心即能脩學

BD13987 號　大般若波羅蜜多經卷五〇六　（16–4）

見諸法缺故
具壽善現復白佛言諸菩薩摩訶薩已於无
上正等菩提積行久如能勤修學甚深般若
波羅蜜多佛告善現於此事中應分別說善
現當知有菩薩摩訶薩從初發心即能修學
甚深般若波羅蜜多亦能修學靜慮精進安
忍淨戒布施波羅蜜多是菩薩摩訶薩有方
便善巧故不謗諸法不見諸法有增有減常
不遠離布施淨戒安忍精進靜慮般若波羅
蜜多相應正行常不遠離諸佛菩薩從一佛
國至一佛國欲以種種上妙供具供養恭敬
尊重讚歎諸佛菩薩隨意能辦亦能於彼種
諸善根令速圓滿隨受身處不墮母腹胞胎
中生心常不與煩惱雜住亦曾不起二乘之
心常不遠離殊勝神通遊諸佛國成熟有情
嚴淨佛土是菩薩摩訶薩能勤修學甚深般
若波羅蜜多有菩薩乘諸善男子善女人等
雖曾得見若百若千或无量佛於彼諸佛及
弟子所亦多修行布施淨戒安忍精進靜慮
般若而有所得為方便故不能修學甚深般
若波羅蜜多乃至布施波羅蜜多善現當知
是善男子善女人等聞說如是甚深般若波
羅蜜多心生輕慢便從座起捨眾而去彼既
輕慢甚深般若波羅蜜多亦輕慢佛既捨如
是甚深般若波羅蜜多亦捨諸佛令此眾中
亦有彼類聞我宣說甚深般若波羅蜜多心

是善男子善女人等聞說如是甚深般若波
羅蜜多心生輕慢便從座起捨眾而去彼既
輕慢甚深般若波羅蜜多亦輕慢佛既捨如
是甚深般若波羅蜜多亦捨諸佛令此眾中
亦有彼類聞我宣說甚深般若波羅蜜多心
不恭敬捨眾而去所以者何是善男子善女
人等先世聞說甚深般若波羅蜜多已曾捨
去由宿習力今聞我說還復捨去是善男子
善女人等於深般若波羅蜜多身語及心皆
不和合由斯造作增長愚癡惡慧罪業彼由
造作增長愚癡惡慧罪業聞深般若波羅蜜
多即便毀謗障礙棄捨彼既毀謗障礙棄捨
甚深般若波羅蜜多即為毀謗障礙棄捨三
世諸佛一切智智彼由毀謗障礙棄三世諸
佛一切智智即便造作增長能感匱正法
業彼由造作增長能感匱正法業墮大地
獄經多百歲乃至經多百千俱胝那庾多歲
受諸楚毒猛利大苦彼罪重故於此世界從
一大地獄至一大地獄乃至火劫水劫風劫
未起已來受諸楚毒猛利大苦若此世界火
劫水劫風劫起時彼匱法業猶未盡故死已
轉生他方世界與此同類大地獄中經多百
歲乃至經多百千俱胝那庾多歲受諸楚毒
猛利大苦彼罪重故於他世界從一大地獄
至一大地獄乃至火劫水劫風劫未起已來
受諸楚毒猛利大苦若他世界火劫水劫風
劫起時彼匱法業猶未盡故死已轉生餘方

轉生他方世界與此同類大地獄中經多百
歲乃至經多百千俱胝那庾多歲受諸楚毒
猛利大苦彼罪重故於他世界從一大地獄
至一大地獄乃至火劫水劫風劫未起已來
受諸楚毒猛利大苦若他世界火劫水劫風
劫起時彼匱法業猶未盡故死已轉生餘方
世界與此同類大地獄中經多百歲乃至經
多百千俱胝那庾多歲受諸楚毒猛利大苦
彼罪重故於餘世界從一大地獄至一大地
獄乃至火劫水劫風劫未起已來受諸楚毒
猛利大苦如是展轉遍歷十方諸餘世界大
地獄中受諸楚毒猛利大苦若彼諸餘十方
世界火劫水劫風劫起時彼匱法業猶未盡
故死已還生此堪忍界大地獄中從一大地
獄至一大地獄乃至火劫水劫風劫未起已
來受諸楚毒猛利大苦若此界火劫水劫
風劫起時彼匱法業猶未盡故死已復生他
餘世界遍歷十方大地獄中受諸楚毒猛利
大苦如是輪迴經无數劫彼匱法罪業勢稍微
從地獄出墮傍生趣經多百歲乃至經多
百千俱胝那庾多歲受傍生身備遭殘害怨
迫等苦罪未盡故於此世界從一險惡處至
一險惡處乃至火劫水劫風劫未起已來備
遭殘害怨迫等苦若此世界三災壞時彼匱
法業餘勢未盡死已轉生他方世界與此同
類傍生趣中經多百歲乃至經多百千俱胝
那庾多歲備遭殘害怨迫等苦罪未盡故於

BD13987 號　大般若波羅蜜多經卷五〇六　（16–7）

一險惡處乃至火劫水劫風劫未起已來備
遭殘害怨迫等苦若此世界三災壞時彼匱
法業餘勢未盡死已轉生他方世界與此同
類傍生趣中經多百歲乃至經多百千俱胝
那庾多歲備遭殘害怨迫等苦罪未盡故於
他世界從一險惡處至一險惡處乃至火劫
水劫風劫未起已來備遭殘害怨迫等苦若
他世界三災壞時彼匱法業餘勢未盡死已
轉生餘方世界與此同類傍生趣中經多百
歲乃至經多百千俱胝那庾多歲備遭殘害
怨迫等苦罪未盡故於餘世界從一險惡處
至一險惡處乃至火劫水劫風劫未起已來
備遭殘害怨迫等苦如是展轉遍歷十方諸
餘世界受傍生身備遭殘害怨迫等苦若彼
諸餘十方世界三災壞時彼匱法業餘勢未
盡死已還生此堪忍界傍生趣中從一險惡
處至一險惡處乃至火劫水劫風劫未起已
來備遭殘害怨迫等苦若此世界三災壞時
彼匱法業餘勢未盡死已復生他餘世界遍
歷十方傍生趣中廣受衆苦如是循環經无
數劫彼匱法罪業勢漸薄免傍生趣墮鬼界
中經多百歲乃至經多百千俱胝那庾多歲
備受飢羸焦渴等苦罪未盡故於此世界從
一餓鬼國至一餓鬼國乃至火劫水劫風劫
未起已來備受飢羸焦渴等苦若此世界三
災壞時彼匱法業餘勢未盡死已轉生他方

BD13987 號　大般若波羅蜜多經卷五〇六　（16–8）

中經多百歲乃至經多百千俱胝那庾多歲
備受飢羸燋渴等苦罪未盡故於此世界從
一餓鬼國至一餓鬼國乃至大劫水劫風劫
未起已來備受飢羸燋渴等苦若此世界三
災壞時彼匱法業餘勢未盡死已轉生他方
世界與此同類餓鬼趣中經多百歲乃至經
多百千俱胝那庾多歲備受飢羸燋渴等苦
罪未盡故於他世界從一餓鬼國至一餓鬼
國乃至大劫水劫風劫未起已來備受飢羸
燋渴等苦若他世界三災壞時彼匱法業餘
勢未盡死已轉生餘方世界與此同類餓鬼
趣中經多百歲乃至經多百千俱胝那庾多
歲備受飢羸燋渴等苦罪未盡故於餘世界
從一餓鬼國至一餓鬼國乃至大劫水劫風
劫未起已來備受飢羸燋渴等苦如是展轉
遍歷十方諸餘世界於鬼界中備受飢羸燋
渴等苦若彼諸餘十方世界三災壞時彼匱
法業餘勢未盡死已還生此堪忍界餓鬼趣
中從一餓鬼國至一餓鬼國乃至大劫水劫
風劫未起已來備受飢羸燋渴等苦若此世
界三災壞時彼匱法業餘勢未盡死已復生
他餘世界遍歷十方餓鬼趣中廣受衆苦如
是周流經无數劫彼匱法業餘勢將盡出餓
鬼界來生人中雖得爲人而居下賤謂或生
在生盲聾家或旃荼羅家或補羯娑家或屠
膾家或漁獵家或工匠家或樂人家或耶見家

界三災壞時彼匱法業餘勢未盡死已復生
他餘世界遍歷十方餓鬼趣中廣受衆苦如
是周流經无數劫彼匱法業餘勢將盡出餓
鬼界來生人中雖得爲人而居下賤謂或生
在生盲聾家或旃荼羅家或補羯娑家或屠
膾家或漁獵家或工匠家或樂人家或耶見家
或餘猥雜惡律儀家或所受身无眼无耳无
鼻无舌无手无足盲聾瘂癃疽疥癩風狂
癲癎癃殘背僂矬陋攣躄諸根缺減貧窮
頑頏嚚无識諸有所爲人皆輕誚或所生處
不聞佛名法名僧名菩薩名獨覺名或復生
於幽暗世界恒无晝夜不覩光明居處險阻
穢惡毒刺所以者何彼匱法業造作增長極
深重故受如是等不可愛樂圓滿苦果品類
衆多難可具說若欲具說窮劫不盡
尒時舍利子白佛言世尊彼所造作增長能
感匱正法業與五无間業可說相似不佛告
舍利子感匱法業最極麤重不可以比五无
間業謂彼聞說甚深般若波羅蜜多即便拒
逆誹謗毀呰言如是語非佛所說非法非律
非大師教我等於此不應信學是謗法人自
謗般若波羅蜜多亦教他謗自壞其身亦令
他壞自飲毒藥亦令他飲自失生天解脫樂
果亦令他失自持其身足地獄火亦令他足
自不信解甚深般若波羅蜜多亦教他人令
不信解自沉苦海亦令他溺舍利子我於如
是甚深般若波羅蜜多尚不欲令謗正法者

他壞自飲毒藥亦令他飲自失生天解脫樂
果亦令他失自持其身足地獄火亦令他足
自不信解甚深般若波羅蜜多亦教他人令
不信解自沉苦海亦令他溺舍利子我於如
是甚深般若波羅蜜多尚不欲令謗正法者
聞其名字況為彼說舍利子謗正法者我尚
不聽住菩薩乘善男子等聞其名字況當眼
見豈許共住何以故舍利子諸有誹謗甚深
般若波羅蜜多當知彼名壞正法者墮黑闇
類如穢蝸螺自汙汙他如𩩲爛糞若有信用
壞法者言亦受如前所說大苦舍利子諸有
破壞甚深般若波羅蜜多當知彼類即是地
獄傍生餓鬼決定當受極重猛利无邊大苦
是故智者不應毀謗甚深般若波羅蜜多時
舍利子復白佛言如來何緣但說如是壞正
法者墮大地獄傍生鬼界長時受苦而不說
彼形貌身量佛告舍利子止不應說壞正法
者當來所受惡趣形量所以者何我若具說
彼趣形量彼聞驚怖當吐熱血便致命終或
近死苦心頓憂惱如中毒箭身漸枯顇如被
截苗恐彼聞說謗正法者當受如是大醜苦
身徒自驚惶喪失身命我愍彼故不為汝說
舍利子言唯願佛說彼惡形量明誡未來令
知謗法當獲大苦不造斯罪佛告舍利子我
先所說足為明誡謂未來世善男子等聞我
所說壞正法業造作增長極圓滿者墮大地

身徒自驚惶喪失身命我愍彼故不為汝說
舍利子言唯願佛說彼惡形量明誡未來令
知謗法當獲大苦不造斯罪佛告舍利子我
先所說足為明誡謂未來世善男子等聞我
所說壞正法業造作增長極圓滿者墮大地
獄傍生鬼界一一趣中長時受苦足自競持
不謗正法時舍利子即白佛言唯然世尊唯
然善逝當來自類善男子等聞佛先說壞正
法業感長時苦足為明誡寧捨身命終不謗
法勿我未來當受斯苦
爾時善現便白佛言若有聰明善男子等聞
佛所說謗正法人於當來世久受重苦應善
護持身語意業勿於正法誹謗毀壞墮三惡
趣長時受苦於久遠時不見諸佛不聞正法
不值遇僧不得生於有佛國土雖生人趣下
賤貧窮醜陋頑愚支體不具諸有所說人不
信受具壽善現復白佛言造作增長感匱法
業豈不由習惡語業耶佛告善現如是如是
實由慣習惡語業故造作增長感匱法業於
我正法毗柰耶中當有愚癡諸出家者彼雖
稱我以為大師而於我說甚深般若波羅蜜
多誹謗毀壞善現當知若有謗毀甚深般若
波羅蜜多則為謗毀諸佛无上正等菩提若
有謗毀諸佛无上正等菩提則為謗毀三世
諸佛一切智智若有謗毀三世諸佛一切智
智則為謗毀佛法僧寶若有謗毀佛法僧寶
則當謗毀世間正見若當謗毀世間正見則

波羅蜜多則為謗毀諸佛无上正等菩提若
有謗毀諸佛无上正等菩提則為謗毀三世
諸佛一切智智若有謗毀三世諸佛一切智
智則為謗毀佛法僧寶若有謗毀佛法僧寶
則當謗毀世間正見若當謗毀世間正見則
當謗毀布施等六波羅蜜多廣說乃至一切
相智彼由謗毀諸功德聚則便攝受无量无
數无邊罪業由彼攝受无量无數无邊罪業
則便攝受一切地獄傍生鬼界及人趣中无
量无數无邊大苦尒時善現復白佛言彼愚
癡人幾因緣故謗毀如是甚深般若波羅蜜
多佛告善現由四因緣何等為四一者為諸
耶魔所扇惑故二者於甚深法不信解故三
者不勤精進耽著五蘊諸惡知識所攝受故
四者多懷瞋恚樂行惡法憙自高舉輕蔑他
故彼愚癡人由具如是四因緣故謗毀如是
甚深般若波羅蜜多由此當來受諸大苦
尒時具壽善現復白佛言世尊諸愚癡人不
勤精進為惡知識之所攝受未種善根具諸
惡行於佛所說甚深般若波羅蜜多實難信
解佛告善現如是如是如汝所說具壽善現
復白佛言如是般若波羅蜜多云何甚深難
信難解佛告善現色乃至識非縛非脫何以
故以色乃至識无所有性為色等自性故如
是乃至一切智道相智一切相智非縛非脫
何以故以一切智道相智一切相智无所有
性為一切智等自性故復次善現色乃至識

BD13987 號　大般若波羅蜜多經卷五〇六　（16–13）

信難解佛告善現色乃至識非縛非脫何以
故以色乃至識无所有性為色等自性故如
是乃至一切智道相智一切相智非縛非脫
何以故以一切智道相智一切相智无所有
性為一切智等自性故復次善現色乃至識
前後中際非縛非脫何以故以色乃至識前
後中際无所有性為色等前後中際自性故
如是乃至一切智道相智一切相智前後中
際非縛非脫何以故以一切智道相智一切
相智前後中際无所有性為一切智等前後
中際自性故具壽善現復白佛言不勤精進
未種善根具不善根惡友所攝懈怠增上隨
魔力行精進微劣失念惡慧補特伽羅於佛
所說甚深般若波羅蜜多實難信解佛告善
現如是如是如汝所說所以者何善現色清
淨即果清淨果清淨即色清淨何以故是色
清淨與果清淨无二无二分无別无斷故如
是乃至諸佛无上正等菩提清淨即果清淨
果清淨即諸佛无上正等菩提清淨何以故
是諸佛无上正等菩提清淨與果清淨无二
无二分无別无斷故復次善現色清淨即般
若波羅蜜多清淨般若波羅蜜多清淨即色
清淨何以故是色清淨與般若波羅蜜多清
淨无二无二分无別无斷故如是乃至一切
相智清淨即般若波羅蜜多清淨般若波羅
蜜多清淨即一切相智清淨何以故是一切

BD13987 號　大般若波羅蜜多經卷五〇六　（16–14）

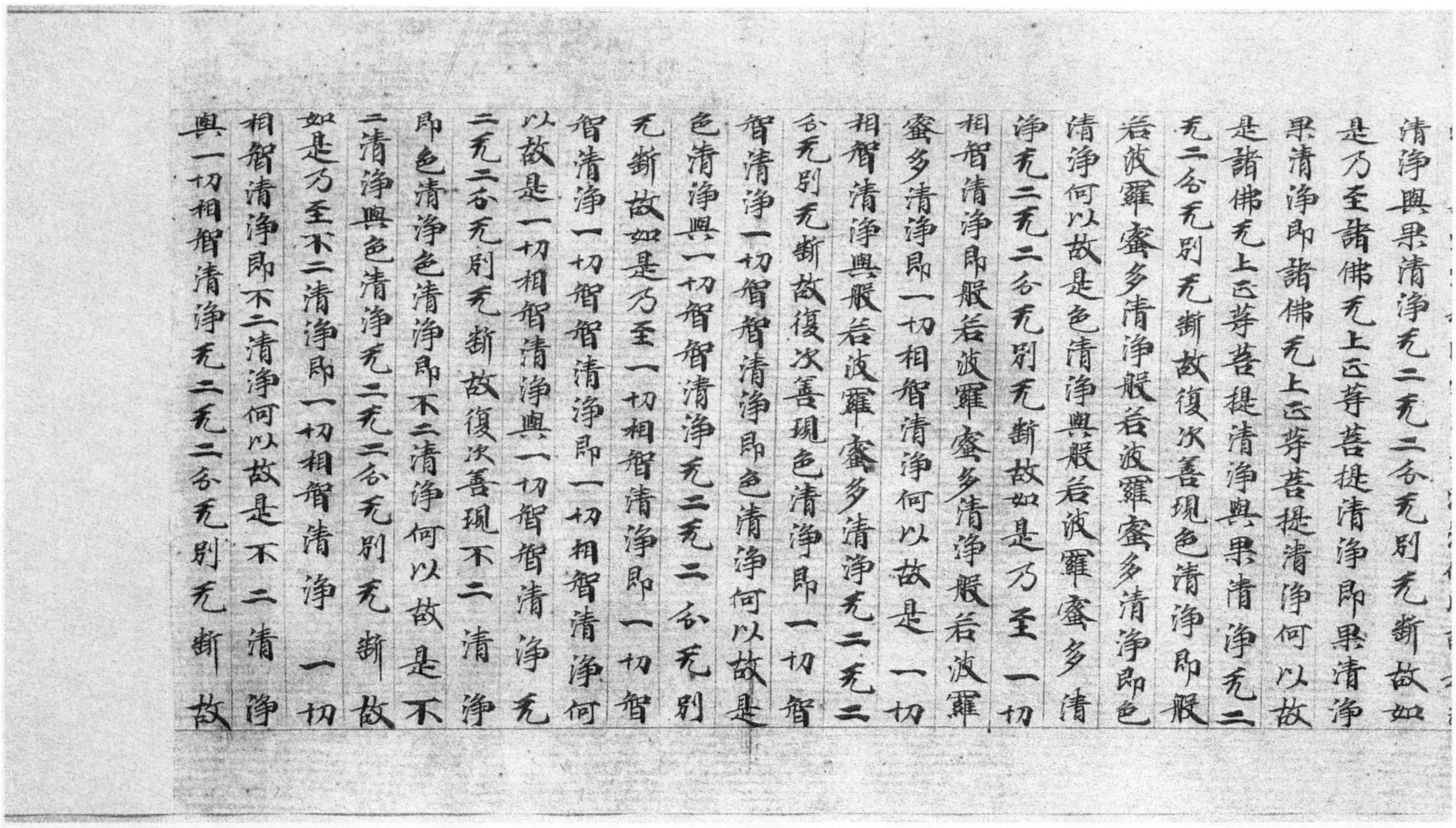

清淨與果清淨无二无二分无別无斷故如
是乃至諸佛无上正等菩提清淨即果清淨
果清淨即諸佛无上正等菩提清淨何以故
是諸佛无上正等菩提清淨與果清淨无二
无二分无別无斷故復次善現色清淨即般
若波羅蜜多清淨般若波羅蜜多清淨即色
清淨何以故是色清淨與般若波羅蜜多清
淨无二无二分无別无斷故如是乃至一切
相智清淨即般若波羅蜜多清淨般若波羅
蜜多清淨即一切相智清淨何以故是一切
相智清淨與般若波羅蜜多清淨无二无二
分无別无斷故復次善現色清淨即一切智
智清淨一切智智清淨即色清淨何以故是
色清淨與一切智智清淨无二无二分无別
无斷故如是乃至一切相智清淨即一切智
智清淨一切智智清淨即一切相智清淨何
以故是一切相智清淨與一切智智清淨无
二无二分无別无斷故復次善現不二清淨
即色清淨色清淨即不二清淨何以故是不
二清淨與色清淨无二无二分无別无斷故
如是乃至不二清淨即一切相智清淨　一切
相智清淨即不二清淨何以故是不二清淨
與一切相智清淨无二无二分无別无斷故

BD13987 號　大般若波羅蜜多經卷五〇六　（16–15）

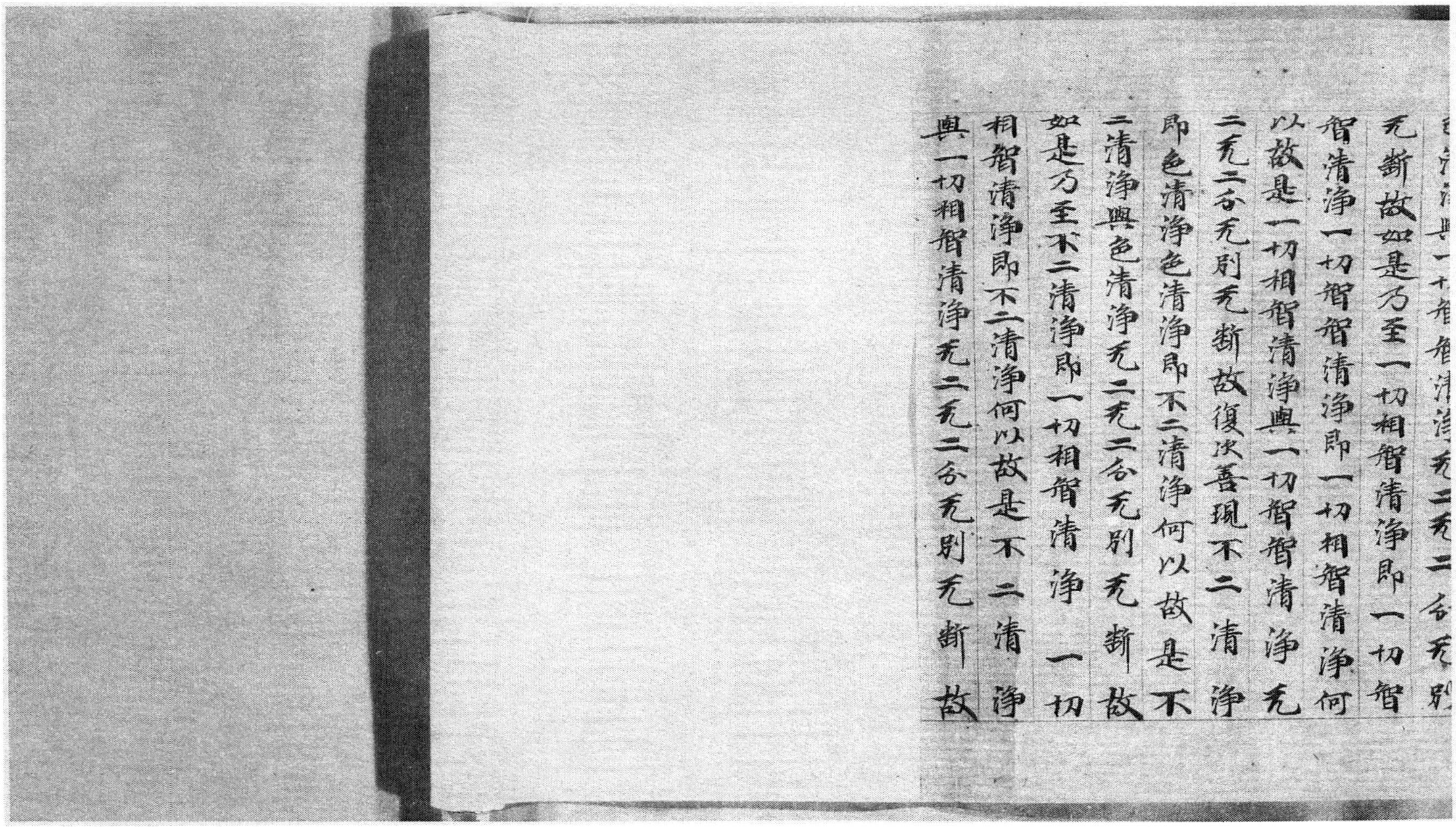

无斷故如是乃至一切相智清淨即一切智
智清淨一切智智清淨即一切相智清淨何
以故是一切相智清淨與一切智智清淨无
二无二分无別无斷故復次善現不二清淨
即色清淨色清淨即不二清淨何以故是不
二清淨與色清淨无二无二分无別无斷故
如是乃至不二清淨即一切相智清淨　一切
相智清淨即不二清淨何以故是不二清淨
與一切相智清淨无二无二分无別无斷故

BD13987 號　大般若波羅蜜多經卷五〇六　（16–16）

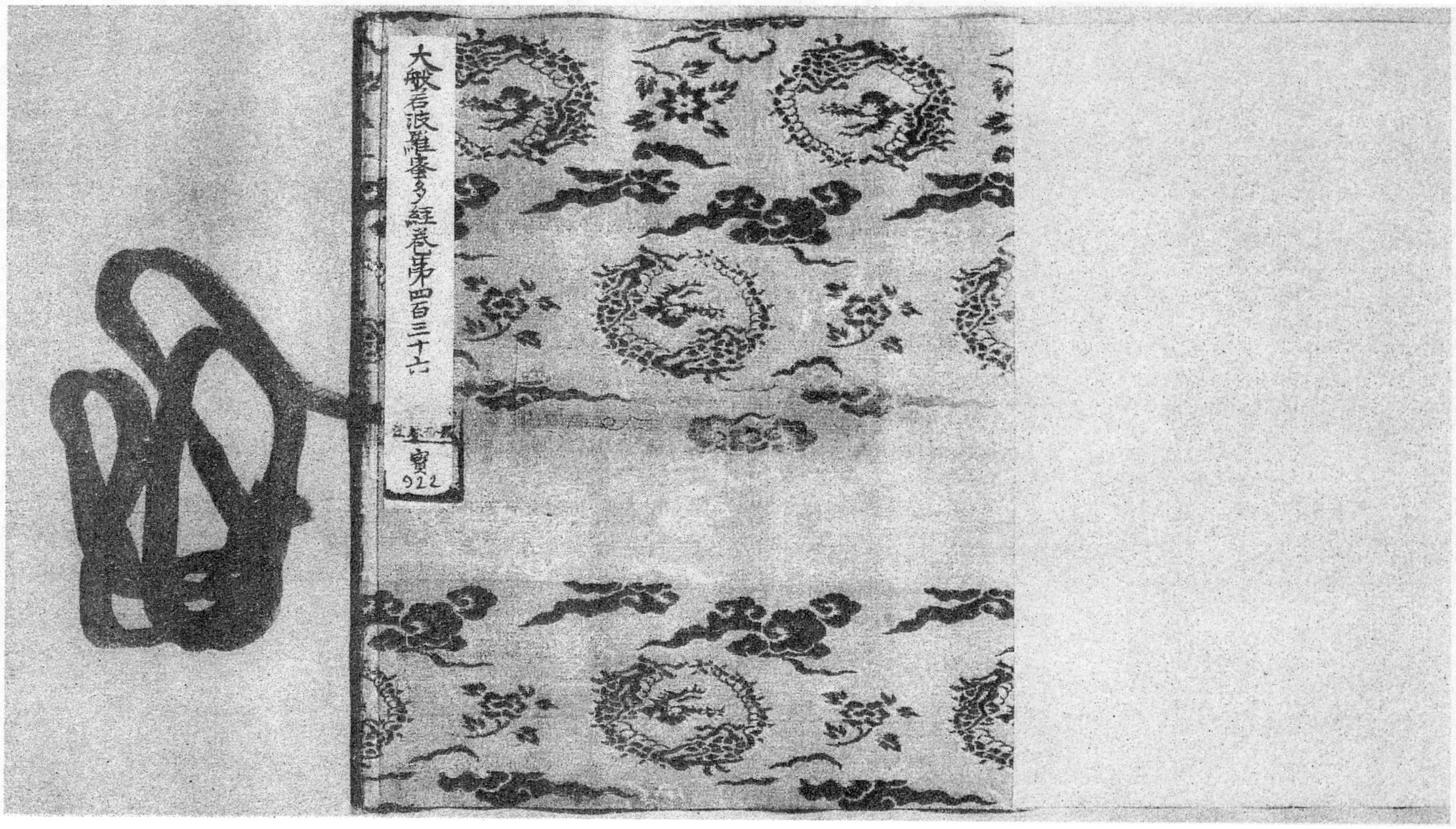

BD13988 號背　現代護首　　(1–1)

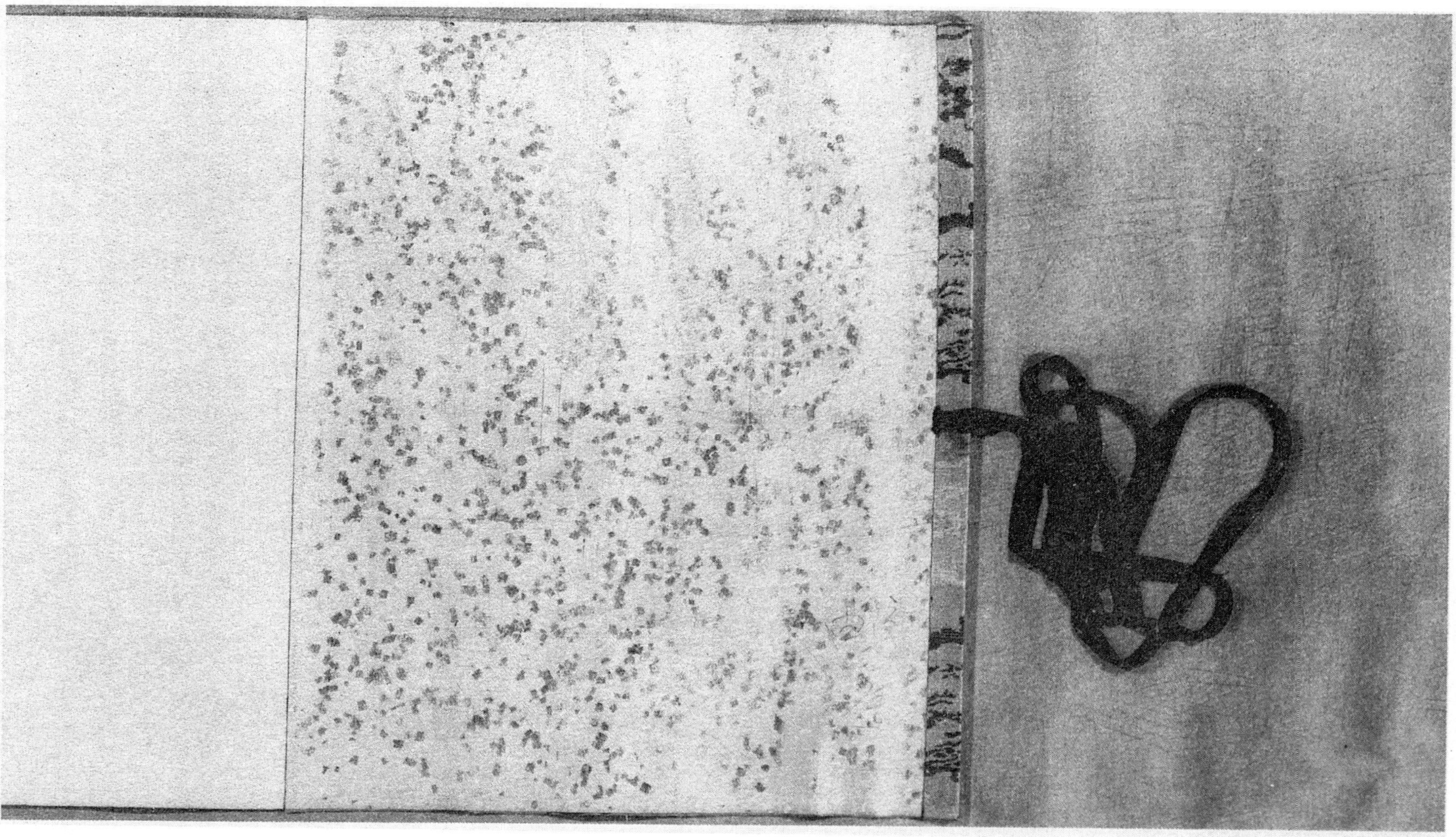

BD13988 號　大般若波羅蜜多經卷四三六　　(22–1)

大般若波羅蜜多經卷第四百卅六
第二分清淨品第卌一　　三藏法師玄奘奉　詔譯
爾時舍利子白佛言世尊是法清淨最為甚
深佛言如是畢竟淨故舍利子言何等畢竟
淨故說是法清淨最為甚深佛言舍利子色
畢竟淨故說是法清淨最為甚深受想行識
畢竟淨故說是法清淨最為甚深眼處乃至
意處畢竟淨故說是法清淨最為甚深色處
乃至法處畢竟淨故說是法清淨最為甚深
眼界乃至意界畢竟淨故說是法清淨最為
甚深色界乃至法界畢竟淨故說是法清淨
最為甚深眼識界乃至意識界畢竟淨故說
是法清淨最為甚深布施波羅蜜多乃至般
若波羅蜜多畢竟淨故說是法清淨最為
甚深內空乃至無性自性空畢竟淨故說是
法清淨最為甚深四念住乃至八聖道支畢
竟淨故說是法清淨最為甚深如是乃
至如來十力乃至十八佛不共法畢竟淨故
說是法清淨最為甚深一切菩薩摩訶薩行畢

BD13988 號　大般若波羅蜜多經卷四三六　（22–2）

是法清淨最為甚深布施波羅蜜多乃至般
若波羅蜜多畢竟淨故說是法清淨最為
甚深內空乃至無性自性空畢竟淨故說是
法清淨最為甚深四念住乃至八聖道支畢
竟淨故說是法清淨最為甚深如是乃
至如來十力乃至十八佛不共法畢竟淨故
說是法清淨最為甚深一切菩薩摩訶薩行畢
竟淨故說是法清淨最為甚深諸菩薩摩
訶薩畢竟淨故說是法清淨最為甚深諸
佛無上正等菩提畢竟淨故說是法清淨最
為甚深一切如來應正等覺畢竟淨故說是
法清淨最為甚深一切智畢竟淨故說是法清
淨最為甚深道相智一切相智畢竟淨故說
是法清淨最為甚深時舍利子復白佛言世
尊是法清淨甚為明了佛言如是畢竟淨故
舍利子言何等畢竟淨故說是法清淨甚為
明了佛言舍利子般若波羅蜜多畢竟淨故
說是法清淨甚為明了乃至布施波羅蜜多
畢竟淨故說是法清淨甚為明了如是乃至一
切智畢竟淨故說是法清淨甚為明了道相
智一切相智畢竟淨故說是法清淨甚為
明了時舍利子復白佛言世尊是法清淨不
轉不續佛言如是畢竟淨故舍利子言何等
畢竟淨故說是法清淨不轉不續佛言舍利
子色不轉不續畢竟淨故說是法清淨不轉
不續受想行識不轉不續畢竟淨故說是法
清淨不轉不續如是乃至一切智不轉不續
畢竟淨故說是法清淨不轉不續道相智一切
相智不轉不續畢竟淨故是法清淨不轉不

BD13988 號　大般若波羅蜜多經卷四三六　（22–3）

子色不轉不續畢竟淨故說是法清淨不轉
不續受想行識不轉不續畢竟淨故說是法
清淨不轉不續如是乃至一切智不轉不續
畢竟淨故說是法清淨不轉不續道相智一切
相智不轉不續畢竟淨故是法清淨不轉不
續時舍利子復白佛言世尊是法清淨本無
雜染佛言如是畢竟淨故舍利子言何等畢
竟淨故說是法清淨本無雜染佛言舍利子
色畢竟淨故說是法清淨本無雜染受想行
識畢竟淨故說是法清淨本無雜染如是乃
至一切智畢竟淨故說是法清淨本無雜染
道相智一切相智畢竟淨故說是法清淨本
無雜染時舍利子復白佛言世尊是法清淨
本性光潔佛言如是畢竟淨故舍利子言何
等畢竟淨故說是法清淨本性光潔佛言舍
利子色畢竟淨故說是法清淨本性光潔受
想行識畢竟淨故說是法清淨本性光潔是
是乃至一切智畢竟淨故說是法清淨本性光
潔道相智一切相智畢竟淨故說是法清
淨本性光潔時舍利子復白佛言世尊是法
清淨無得無現觀佛言如是畢竟淨故舍利
子言何等畢竟淨故說是法清淨無得無
現觀佛言舍利子色本性空畢竟淨故說是法
清淨無得無現觀受想行識本性空畢竟淨
故說是法清淨無得無現觀如是乃至一切智
本性空畢竟淨故說是法清淨無得無現觀
道相智一切相智本性空畢竟淨故說是
法清淨無得無現觀時舍利子復白佛言世

BD13988號　大般若波羅蜜多經卷四三六　（22–4）

清淨無得無現觀受想行識本性空畢竟淨
故說是法清淨無得無現觀如是乃至一切智
本性空畢竟淨故說是法清淨無得無現觀
道相智一切相智本性空畢竟淨故說是
法清淨無得無現觀時舍利子復白佛言世
尊是法清淨無生無出現佛言如是畢竟淨
故舍利子言何等畢竟淨故說是法清淨無
生無出現佛言舍利子色無生無顯畢竟
淨故說是法清淨無生無出現受想行識無
生無顯畢竟淨故說是法清淨無生無出現如
是乃至一切智無生無顯畢竟淨故說是法
清淨無生無出現道相智一切相智無生無
顯畢竟淨故說是法清淨無生無出現時舍
利子復白佛言世尊是法清淨不生欲界不
生色界不生無色界佛言如是畢竟淨故舍
利子言云何是法清淨不生欲界不生色界
不生無色界佛言舍利子三界自性不可得
故說是法清淨不生欲界不生色界不生無
色界時舍利子復白佛言世尊是法清淨本
性無知佛言如是畢竟淨故舍利子言云何是
法清淨本性無知佛言舍利子以一切法本性
鈍故是法清淨本性無知舍利子言何等
本性無知故說是法清淨本性無知佛言舍利
子色本性無知自相空故說是法清淨本性
無知受想行識本性無知自相空故說是法
清淨本性無知如是乃至一切智本性無知
自相空故說是法清淨本性無知道相智一
切相智本性無知自相空故說是法清淨本

BD13988號　大般若波羅蜜多經卷四三六　（22–5）

子色本性無知自相空故說是法清淨本性
無知受想行識本性無知自相空故說是法
清淨本性無知如是乃至一切智本性無知
自相空故說是法清淨本性無知道相智一
切相智本性無知自相空故說是法清淨本
性無知時舍利子復白佛言世尊一切法本性
清淨故是法清淨佛言如是以一切法畢竟淨
故舍利子言云何一切法本性清淨故說是法
清淨佛言舍利子以一切法不可得故本性
清淨說是法清淨時舍利子復白佛言世尊
如是般若波羅蜜多於一切相智無益無損
佛言如是畢竟淨故舍利子言云何般若波
羅蜜多於一切相智無益無損佛言舍利子
法性常住故如是般若波羅蜜多於一切相
智無益無損時舍利子復白佛言世尊如
是般若波羅蜜多本性清淨於一切法無所執
受佛言如是以一切法畢竟淨故舍利子言
云何般若波羅蜜多本性清淨於一切法無
所執受佛言舍利子法界湛然無動搖故如
是般若波羅蜜多本性清淨於一切法無
所執受
尒時具壽善現白佛言世尊我清淨故色受
想行識清淨佛言如是畢竟淨故世尊何緣
而說我清淨故色受想行識清淨是畢竟淨
善現我無所有故色受想行識亦無所有是
畢竟淨世尊我清淨故眼處乃至意處清淨
佛言如是畢竟淨故世尊何緣而說我清淨
故眼處乃至意處清淨是畢竟淨善現我無

BD13988號　大般若波羅蜜多經卷四三六　（22–6）

而說我清淨故色受想行識清淨是畢竟淨
善現我無所有故色受想行識亦無所有是
畢竟淨世尊我清淨故眼處乃至意處清淨
佛言如是畢竟淨故世尊何緣而說我清淨
故眼處乃至意處清淨是畢竟淨善現我無
所有故眼處乃至意處亦無所有是畢竟淨
世尊我清淨故色處乃至法處清淨佛言如
是畢竟淨故世尊何緣而說我清淨故色處
乃至法處清淨是畢竟淨善現我無所有故
色處乃至法處亦無所有是畢竟淨世尊我
清淨故眼界乃至意界清淨佛言如是畢竟
淨故世尊何緣而說我清淨故眼界乃至意
界清淨是畢竟淨善現我無所有故眼界乃
至意界亦無所有是畢竟淨世尊我清淨故
色界乃至法界清淨佛言如是畢竟淨故世
尊何緣而說我清淨故色界乃至法界清淨
是畢竟淨善現我無所有故色界乃至法界
亦無所有是畢竟淨世尊我清淨故眼識界
乃至意識界清淨佛言如是畢竟淨故世尊
何緣而說我清淨故眼識界乃至意識界清淨
是畢竟淨善現我無所有故眼識界乃至意
識界亦無所有是畢竟清淨世尊我清淨故
布施波羅蜜多乃至般若波羅蜜多清淨佛言
如是畢竟淨故世尊何緣而說我清淨故布
施波羅蜜多乃至般若波羅蜜多清淨是畢
竟淨善現我無所有故布施波羅蜜多乃至
般若波羅蜜多亦無所有是畢竟淨世尊我
清淨故內空乃至無性自性空清淨佛言如

BD13988號　大般若波羅蜜多經卷四三六　（22–7）

如是畢竟淨故世尊何緣而說我清淨故布
施波羅蜜多乃至般若波羅蜜多清淨是畢
竟淨善現我無所有故布施波羅蜜多乃至
般若波羅蜜多亦無所有是畢竟淨世尊我
清淨故內空乃至無性自性空清淨佛言如
是畢竟淨故世尊何緣而說我清淨故內空
乃至無性自性空清淨是畢竟淨善現我
無所有故內空乃至無性自性空亦無所有是
畢竟淨世尊我清淨故四念住乃至八聖道
支清淨佛言如是畢竟淨故世尊何緣而說
我清淨故四念住乃至八聖道支清淨是畢
竟淨善現我無所有故四念住乃至八聖道
支亦無所有是畢竟淨世尊我清淨故如來
十力乃至十八佛不共法清淨佛言如是畢
竟淨故世尊何緣而說我清淨故如來十力乃
至十八佛不共法清淨是畢竟淨善現我無
所有故如來十力乃至十八佛不共法亦
無所有是畢竟淨世尊我清淨故預流一
來不還阿羅漢果獨覺菩提無上正等菩提
清淨佛言如是畢竟淨故世尊何緣而說我
清淨故預流一來不還阿羅漢果獨覺菩提
無上正等菩提清淨是畢竟淨善現我自相
空故預流一來不還阿羅漢果獨覺菩提無
上正等菩提亦自相空是畢竟淨世尊我清
淨故一切智道相智一切相智清淨佛言如是
畢竟淨故世尊何緣而說我清淨故一切智
道相智一切相智清淨是畢竟淨善現我
無相無得無念無知故一切智道相智一切相

BD13988號　大般若波羅蜜多經卷四三六　（22–8）

上正等菩提亦自相空是畢竟淨世尊我清
淨故一切智道相智一切相智清淨佛言如是
畢竟淨故世尊何緣而說我清淨故一切智
道相智一切相智清淨是畢竟淨善現我
無相無得無念無知故一切智道相智一切相
智亦無相無得無念無知是畢竟淨世尊二
清淨故無得無現觀佛言如是畢竟淨故世
尊何緣而說二清淨故無得無現觀是畢竟
淨善現顛倒無起染淨無故無得無現觀
是畢竟淨
具壽善現復白佛言世尊我無邊故色受想
行識亦無邊佛言如是畢竟淨故世尊何緣
而說我無邊故色受想行識亦無邊是畢竟
淨善現以畢竟空無際空故是畢竟淨世尊
我無邊故眼處乃至意處亦無邊佛言如是
畢竟淨故世尊何緣而說我無邊故眼處
乃至意處亦無邊是畢竟淨善現以畢竟空
無際空故是畢竟淨世尊我無邊故色處乃
至法處亦無邊佛言如是畢竟淨故世尊何
緣而說我無邊故色處乃至法處亦無邊是
畢竟淨善現以畢竟空無際空故是畢竟淨
世尊我無邊故眼界乃至意界亦無邊佛言
如是畢竟淨故世尊何緣而說我無邊故眼界
乃至意界亦無邊是畢竟淨善現以畢竟
空無際空故是畢竟淨世尊我無邊故色界
乃至法界亦無邊佛言如是畢竟淨故世尊
何緣而說我無邊故色界乃至法界亦無邊
是畢竟淨善現以畢竟空無際空故是畢

BD13988號　大般若波羅蜜多經卷四三六　（22–9）

乃至意界亦無邊是畢竟淨善現以畢竟
空無際空故是畢竟淨世尊我無邊故色界
乃至法界亦無邊佛言如是畢竟淨故世尊
何緣而說我無邊故色界乃至法界亦無邊
是畢竟淨善現以畢竟空無際空故是畢
竟淨世尊我無邊故眼識界乃至意識界亦
無邊佛言如是畢竟淨故世尊何緣而說我
無邊故眼識界乃至意識界亦無邊是畢竟
淨善現以畢竟空無際空故是畢竟淨世尊
我無邊故布施波羅蜜多乃至般若波羅蜜
多亦無邊佛言如是畢竟淨故世尊何緣而說
我無邊故布施波羅蜜多乃至般若波羅蜜
多亦無邊是畢竟淨善現以畢竟空無際
空故是畢竟淨世尊我無邊故四念住乃
至八聖道支亦無邊佛言如是畢竟淨故世
尊何緣而說我無邊故四念住乃至八聖道支
亦無邊是畢竟淨善現以畢竟空無際故
是畢竟淨世尊我無邊故如來十力乃至十
八佛不共法亦無邊佛言如是畢竟淨故世尊
何緣而說我無邊故如來十力乃至十八佛不
共法亦無邊是畢竟淨善現以畢竟空 無
際空故是畢竟淨世尊我無邊故預流一來
不還阿羅漢果獨覺菩提無上正等菩提亦
無邊佛言如是畢竟淨故世尊何緣而說 我
無邊故預流一來不還阿羅漢果獨覺菩提
無上正等菩提亦無邊是畢竟淨善現以畢
竟空無際空故是畢竟淨世尊我無邊故一
切智道相智一切相智亦無邊佛言如是畢
竟淨故世尊何緣而說我無邊故一切……

BD13988 號　大般若波羅蜜多經卷四三六　（22–10）

無邊佛言如是畢竟淨故世尊何緣而說我
無邊故預流一來不還阿羅漢果獨覺菩提
無上正等菩提亦無邊是畢竟淨善現以畢
竟空無際空故是畢竟淨世尊我無邊故一
切智道相智一切相智亦無邊佛言如是畢
竟淨故世尊何緣而說我無邊故一切智道
相智一切相智亦無邊是畢竟淨善現以畢
竟空無際空故是畢竟淨世尊若菩薩摩
訶薩能如是覺是為般若波羅蜜多佛言如是
畢竟淨故世尊何緣而說若菩薩摩訶薩能
如是覺是為般若波羅蜜多即畢竟淨善現
由此能成道相智故世尊若菩薩摩訶薩脩
行般若波羅蜜多方便善巧作如是念色不
知色受不知受想不知想行不知行識不知識
眼處不知眼處乃至意處不知意處色處不
知色處乃至法處不知法處眼界不知眼界
乃至意界不知意界色界不知色界乃至
法界不知法界眼識界不知眼識界乃至意
識界不知意識界過去法不知過去法來未法
不知未來法現在法不知現在法布施波羅
蜜多不知布施波羅蜜多乃至般若波羅
蜜多不知般若波羅蜜多內空不知內空乃
至無性自性空不知無性自性空四念住不
知四念住乃至八聖道支不知八聖道支如來
來十力不知如來十力乃至十八佛不共法 不
知十八佛不共法一切智不知一切智 道 相
智不知道相智一切相智不知一切相智是
菩薩摩訶薩已於無上正等菩提住正 之
聚佛言善現如是如是如汝所說

BD13988 號　大般若波羅蜜多經卷四三六　（22–11）

來十力不知如來十力乃至十八佛不共法不
知十八佛不共法一切智不知一切智　道　相
智不知道相智一切相智不知一切相智是
菩薩摩訶薩已於無上正等菩提住正定
聚佛言善現如是如是如汝所說
爾時舍利子問善現言諸菩薩摩訶薩脩行般
若波羅蜜多時有方便善巧者為於諸法二
想轉不善現荅言舍利子若菩薩摩訶薩
脩行般若波羅蜜多時有方便善巧者不作
是念我能行施如是行施我能持戒如是持
戒我能脩忍如是脩忍我能精進如是精進
我能入定如是入定我能習慧如是習慧我能
殖福如是殖福我能入菩薩正性離生如是
入菩薩正性離生我能嚴淨佛土如是嚴淨
佛土我能成熟有情如是成熟有情我能
當得一切相智如是當得一切相智舍利子是
菩薩摩訶薩脩行般若波羅蜜多有方便
善巧故無如是等一切分別由通達內空外
空內外空空空大空勝義空有為空無為空
畢竟空無際空散無散空本性空一切法空
自相空故舍利子諸菩薩摩訶薩脩行般若
波羅蜜多時有方便善巧故無所執著
爾時天帝釋問善現言大德云何應知住菩
薩乘諸善男子善女人等脩行般若波羅蜜
多時所起執著善現荅言憍尸迦住菩薩乘
諸善男子善女人等脩行般若波羅蜜多時
無方便善巧故起自心想起布施想起布施
波羅蜜多想起淨戒想起淨戒波羅蜜多
想起安忍想起安忍波羅蜜多想起精進想起精

BD13988號　大般若波羅蜜多經卷四三六　（22–12）

多時所起執著善現荅言憍尸迦住菩薩乘
諸善男子善女人等脩行般若波羅蜜多時
無方便善巧故起自心想起布施想起布施
波羅蜜多想起淨戒想起淨戒波羅蜜多
想起安忍想起安忍波羅蜜多想起精進想起精
進波羅蜜多想起靜慮想起靜慮波羅
蜜多想起般若想起般若波羅蜜多想起內
空想起外空乃至無性自性空想起四念住想起
四正斷乃至八聖道支想起如來十力想起四
無所畏乃至十八佛不共法想起一切智想
起道相智一切相智想起佛無上正等菩
提想起諸如來應正等覺想起於佛所種
善根想起以如是所種善根合集稱量與
諸有情平等共有迴向無上正等覺想憍
尸迦由此應知住菩薩乘諸善男子善女人
等脩行般若波羅蜜多時所起執著憍
尸迦是善男子善女人等由此執著所繫縛
故不能脩行無著般若波羅蜜多迴向無上
正等菩提何以故憍尸迦非色本性可能迴
向非受想行識本性可能迴向乃至非一切智
本性可能迴向非道相智一切相智本性可
能迴向復次憍尸迦若菩薩摩訶薩欲於無
上正等菩提示現勸導讚勵慶喜他有情
者應觀諸法平等實性隨此作意示現勸導
讚勵慶喜他諸有情謂作是言汝善男子善
女人等脩行布施波羅蜜多時不應分別我能
行施脩行淨戒波羅蜜多時不應分別我能
持戒脩行安忍波羅蜜多時不應分別我能

BD13988號　大般若波羅蜜多經卷四三六　（22–13）

者應讚諸法平等實性隨此作意示現勸道
讚勵慶喜他諸有情謂作是言汝善男子善
女人等脩行布施波羅蜜多時不應分別我能
行施脩行淨戒波羅蜜多時不應分別我能
持戒脩行安忍波羅蜜多時不應分別我能
脩忍脩行精進波羅蜜多時不應分別我能
精進脩行靜慮波羅蜜多時不應分別我能
入定脩行般若波羅蜜多時不應分別我能
習慧行內空時不應分別我住內空行外空
乃至無性自性空時不應分別我能住外空
乃至無性自性空脩四念住時不應分別我
能脩四念住脩四正斷乃至八聖道支時不應
分別我能脩四正斷乃至八聖道支脩如來
十力時不應分別我能脩如來十力脩四無
所畏乃至十八佛不共法時不應分別我能
脩四無所畏乃至十八佛不共法脩一切智
時不應分別我能脩一切智脩道相智一切相
智時不應分別我能脩道相智一切相智脩
脩無上正等菩提時不應分別我能脩無上
正等菩提憍尸迦諸菩薩摩訶薩欲於無上
正等菩提示現勸導讚勵慶喜他有情者應
如是示現勸道讚勵慶喜他諸有情若菩薩
摩訶薩於其無上正等菩提能如是示現勸
導讚勵慶喜他有情者於自無損亦不損他
如諸如來所應許可示現勸導讚勵慶喜
諸有情故憍尸迦住菩薩乘諸善男子善
女人等若能如是示現勸導讚勵慶喜趣菩
薩乘諸有情者便能遠離一切執著尒時世
尊讚善現曰善哉善哉……

BD13988號　大般若波羅蜜多經卷四三六　（22–14）

……慶喜他有情者於自無損亦不損他
如諸如來所應許可示現勸導讚勵慶喜
諸有情故憍尸迦住菩薩乘諸善男子善
女人等若能如是示現勸導讚勵慶喜趣菩
薩乘諸有情者便能遠離一切執著尒時世
尊讚善現曰善哉善哉汝今善能為諸菩
薩說執著相令趣大乘諸善男子善女人等
離執著相脩諸菩薩摩訶薩行善現復有此
餘微細執著當為汝說汝應諦聽極善思惟
善現白言唯然願說我等樂聞佛言善現住菩
薩乘諸善男子善女人等欲趣無上正等菩
提若於如來應正等覺取相憶念皆是執著
若於過去未來現在一切如來應正等覺無
著功德從初發心乃至法住所有善根取相
憶念既憶念已深心隨喜既隨喜已與諸有
情平等共有迴向無上正等菩提如是一切取
相憶念皆名執著若於一切如來弟子及餘
有情所脩善法取相憶念深心隨喜既隨
喜已與諸有情平等共有迴向無上正等菩
提如是一切亦名執著何以故善現於諸如來
應正等覺及諸弟子若餘有情功德善根
不應取相憶念分別諸取相者皆虛妄故
時具壽善現白佛言世尊如是般若波羅蜜
多最為甚深佛言如是以一切法本性離故
世尊如是般若波羅蜜多皆應敬禮佛言
如是功德多故然此般若波羅蜜多無造無作
無能覺者世尊一切法性不可證覺佛言如
是以一切法本性唯一能證所證不可得故
善現當知諸法一性即是無性諸法無性即

BD13988號　大般若波羅蜜多經卷四三六　（22–15）

世尊如是般若波羅蜜多皆應敬礼佛言
如是功德多故然此般若波羅蜜多無造無作
無能證者世尊一切法性不可證覺佛言如
是以一切法本性唯一能證所證不可得故
善現當知諸法一性即是無性諸法無性即
是一性如是諸法一性無性是本實性此本
實性無造無作善現若菩薩摩訶薩能如
實知諸所有法一性無性無造無作則能遠
離一切執著具壽善現復白佛言如是般若波
羅蜜多難可覺了佛言如是由此般若波羅
蜜多無能見者無能聞者無能覺者無能知
者離證相故世尊如是般若波羅蜜多不可
思議佛言如是由此般若波羅蜜多不可以心
取離心相故不可以色乃至識取離彼相故
不可以眼乃至意取離彼相故不可以色乃
至法取離彼相故不可以眼識乃至意識
取離彼相故不可以布施波羅蜜多乃至般
若波羅蜜多取離彼相故不可以內空乃至
無性自性空取離彼相故不可以四念住乃
至八聖道支取離彼相故不可以如來十力乃
至十八佛不共法取離彼相故不可以一切
智道相智一切相智取離彼相故不可以一切
法取離彼相故復次善現如是般若波羅蜜多
不從色生乃至不從一切法生具壽善現復白
佛言如是般若波羅蜜多無所造作佛言
如是以諸作者不可得故善現色不可得故
作者不可得受想行識不可得故作者不可
得乃至一切法不可得故作者不可得善現

BD13988 號　大般若波羅蜜多經卷四三六　（22-16）

不從色生乃至不從一切法生具壽善現復白
佛言如是般若波羅蜜多無所造作佛言
如是以諸作者不可得故善現色不可得故
作者不可得受想行識不可得故作者不可
得乃至一切法不可得故作者不可得善現
由諸作者及色等法不可得故如是般若波
羅蜜多無所造作
第二分無標幟品第卌一
尒時具壽善現白佛言世尊云何菩薩摩訶
薩摩行般若波羅蜜多佛言善現菩薩摩訶
薩行般若波羅蜜多時若不行色是行般若
波羅蜜多不行受想行識是行般若波羅
蜜多乃至不行一切智是行般若波羅蜜多
不行道相智一切相智是行般若波羅蜜多
不行色若常若無常是行般若波羅蜜多不
行受想行識若常若無常是行般若波羅蜜
多如是乃至不行一切智若常若無常是行般
若波羅蜜多不行道相智一切相智若常若無
常是行般若波羅蜜多不行色若樂若苦是
行般若波羅蜜多不行受想行識若樂若
苦是行般若波羅蜜多如是乃至不行一切智
若樂若苦是行般若波羅蜜多不行道相智
一切相智若樂若苦是行般若波羅蜜多不
行色若我若無我是行般若波羅蜜多不行
受想行識若我若無我是行般若波羅蜜多
如是乃至不行一切智若我若無我是行般
若波羅蜜多不行道相智一切相智若我若
無我是行般若波羅蜜多不行色若淨若不

BD13988 號　大般若波羅蜜多經卷四三六　（22-17）

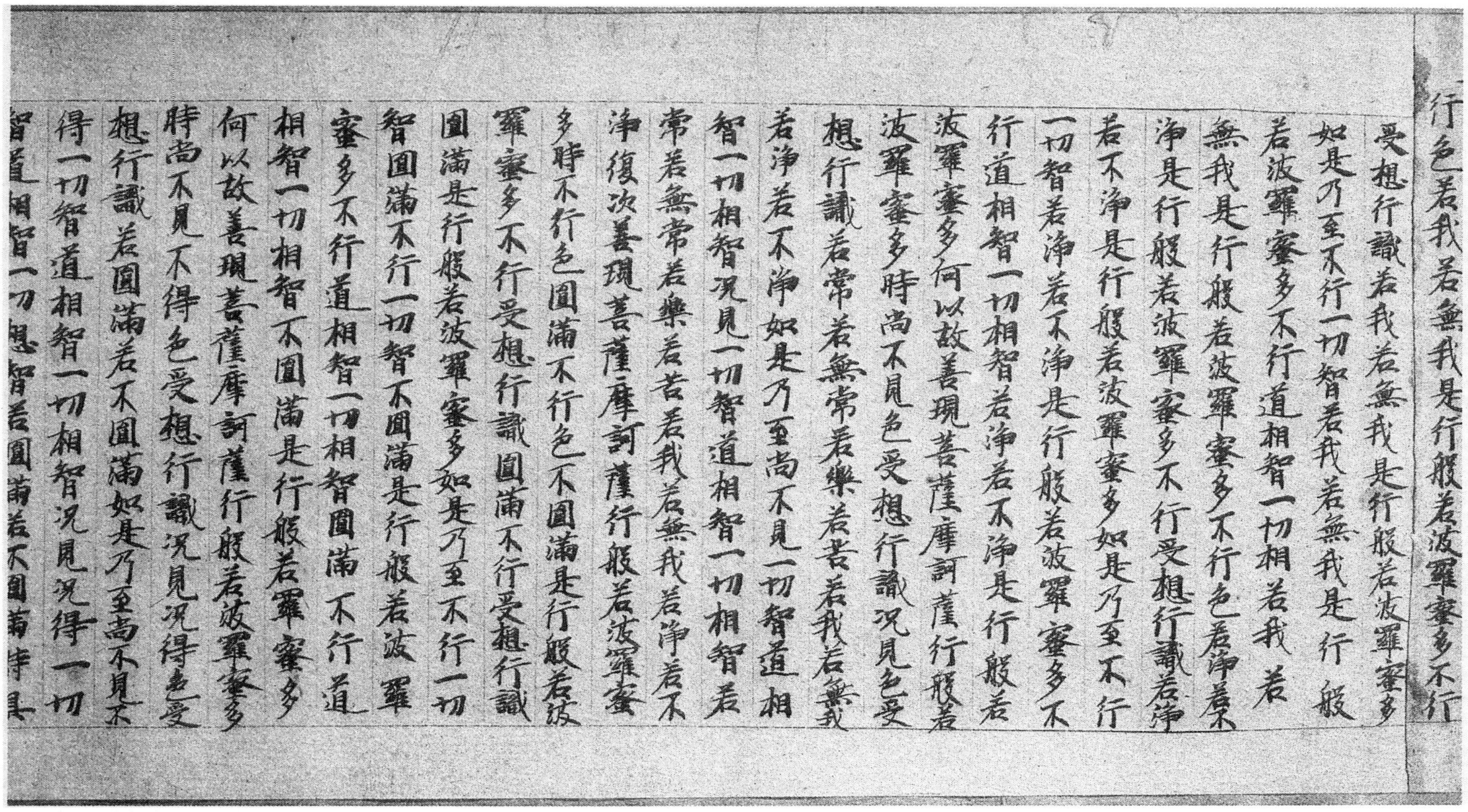
行色若我若無我是行般若波羅蜜多不行
受想行識若我若無我是行般若波羅蜜多
如是乃至不行一切智若我若無我是行般
若波羅蜜多不行道相智一切相若我若
無我是行般若波羅蜜多不行色若淨若不
淨是行般若波羅蜜多不行受想行識若淨
若不淨是行般若波羅蜜多如是乃至不行
一切智若淨若不淨是行般若波羅蜜多不
行道相智一切相智若淨若不淨是行般若
波羅蜜多何以故善現菩薩摩訶薩行般若
波羅蜜多時尚不見色受想行識況見色受
想行識若常若無常若樂若苦若我若無我
若淨若不淨如是乃至尚不見一切智道相
智一切相智況見一切智道相智一切相智若
常若無常若樂若苦若我若無我若淨若不
淨復次善現菩薩摩訶薩行般若波羅蜜
多時不行色圓滿不行色不圓滿是行般若波
羅蜜多不行受想行識圓滿不行受想行識
圓滿是行般若波羅蜜多如是乃至不行一切
智圓滿不行一切智不圓滿是行般若波羅
蜜多不行道相智一切相智圓滿不行道
相智一切相智不圓滿是行般若羅蜜多
何以故善現菩薩摩訶薩行般若波羅蜜多
時尚不見不得色受想行識況見況得色受
想行識若圓滿若不圓滿如是乃至尚不見不
得一切智道相智一切相智況見況得一切
智道相智一切想智若圓滿若不圓滿時具

BD13988號　大般若波羅蜜多經卷四三六　（22–18）

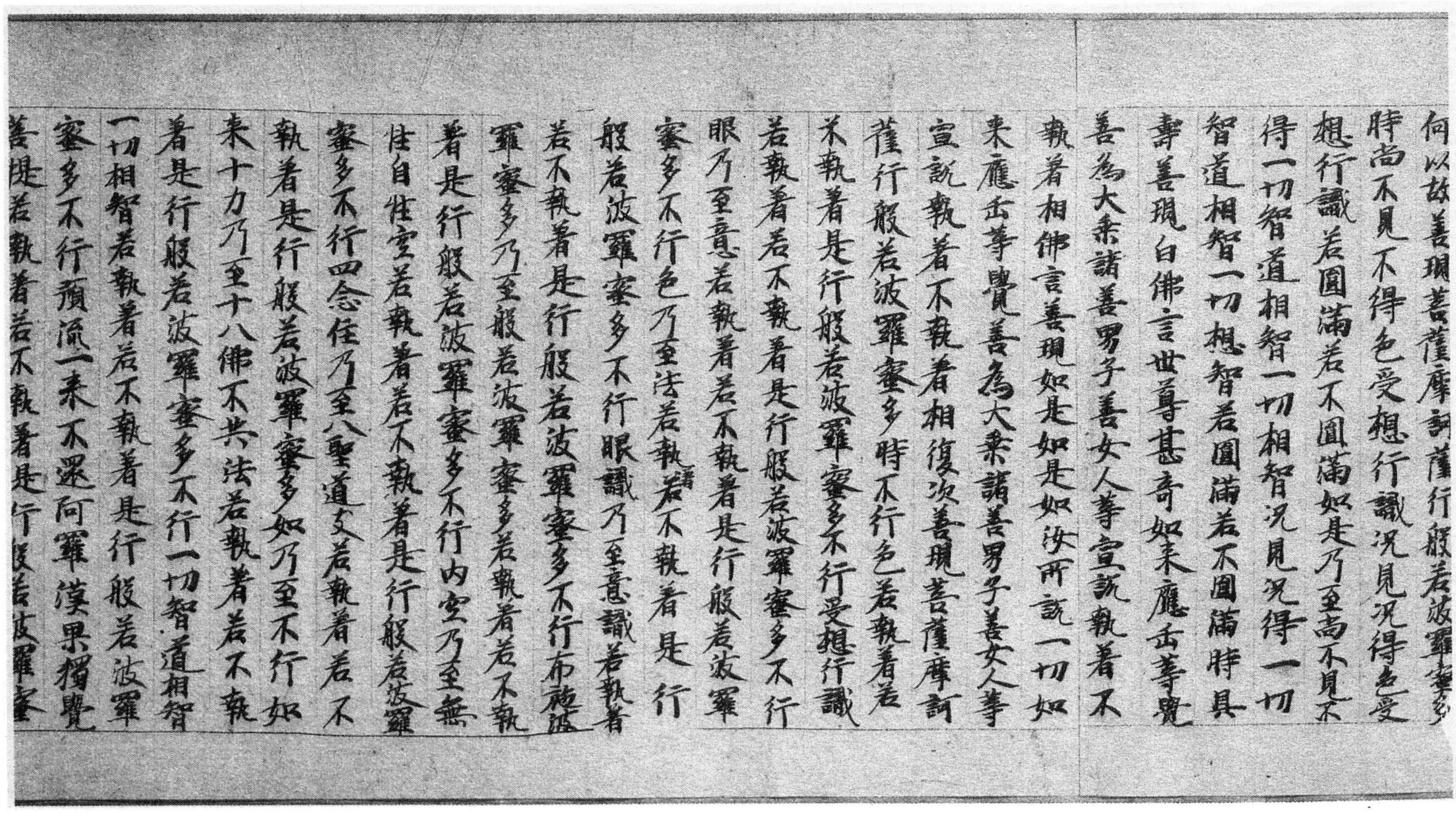
何以故善現菩薩摩訶薩行般若波羅蜜多
時尚不見不得色受想行識況見況得色受
想行識若圓滿若不圓滿如是乃至尚不見不
得一切智道相智一切相智況見況得一切
智道相智一切想智若圓滿若不圓滿時具
壽善現白佛言世尊甚奇如來應正等覺
善為大乘諸善男子善女人等宣說執著不
執着相佛言善現如是如是如汝所說一切如
來應正等覺善為大乘諸善男子善女人等
宣說執著不執着相復次善現菩薩摩訶
薩行般若波羅蜜多時不行色若執著若
不執著是行般若波羅蜜多不行受想行識
若執着若不執着是行般若波羅蜜多不行
眼乃至意若執着若不執着是行般若波羅
蜜多不行色乃至法若執若不執着是行
般若波羅蜜多不行眼識乃至意識若執着
若不執着是行般若波羅蜜多不行布施波
羅蜜多乃至般若波羅蜜多若執着若不執
着是行般若波羅蜜多不行內空乃至無
性自性空若執着若不執着是行般若波羅
蜜多不行四念住乃至八聖道支若執着若不
執着是行般若波羅蜜多如乃至不行如
來十力乃至十八佛不共法若執着若不執
着是行般若波羅蜜多不行一切智道相智
一切相智若執着若不執着是行般若波羅
蜜多不行預流一來不還阿羅漢果獨覺
菩提若執着若不執着是行般若波羅蜜

BD13988號　大般若波羅蜜多經卷四三六　（22–19）

來十力乃至十八佛不共法若執著若不執
著是行般若波羅蜜多不行一切智道相智
一切相智若執著若不執著是行般若波羅
蜜多不行預流一來不還阿羅漢果獨覺
菩提若執著若不執著是行般若波羅蜜
多不行一切菩薩摩訶薩行諸佛無上正等菩
提若執著若不執著是行般若波羅蜜多善
現菩薩摩訶薩如是行般若波羅蜜多時如
實了知色無執著不執著相受想行識亦無
執著不執著相如是乃至如實了知一切菩
薩摩訶薩行無執著不執著相諸佛無上正
等菩提亦無執著不執著相時具壽善現
白佛言世尊甚深法性極為希有若說若不
說俱不增不減佛言善現如是如是如汝所
說甚深法性極為希有若說不說俱無增減
善現假使如來應正等覺盡壽量住讚毀虛
空而彼虛空無增無減甚深法性亦復如是若
說不說俱無增減善現譬如幻士於讚毀時
無增無減亦無憂喜甚深法性亦復如是
若說不說如本無異
尒時具壽善現復白佛言世尊諸菩薩摩訶
薩脩行般若波羅蜜多甚為難事謂此般若
波羅蜜多若脩不脩無增無減無憂無喜
無向無背而勤脩學如是般若波羅蜜多乃
至無上正等菩提常無退轉何以故世尊諸菩
薩摩訶薩脩行般若波羅蜜多如脩虛空都

BD13988 號　大般若波羅蜜多經卷四三六　（22–20）

尒時具壽善現復白佛言世尊諸菩薩摩訶
薩脩行般若波羅蜜多甚為難事謂此般若
波羅蜜多若脩不脩無增無減無憂無喜
無向無背而勤脩學如是般若波羅蜜多乃
至無上正等菩提常無退轉何以故世尊諸菩
薩摩訶薩脩行般若波羅蜜多如脩虛空都
無所有世尊如虛空中無色可了無受想行
識可了無眼處可了無耳鼻舌身意處可
了無色處可了無聲香味觸法處可了無眼
界可了無耳鼻舌身意界可了無色界可
了無聲香味觸法界可了無眼識界可了無
耳鼻舌身意識界可了無布施波羅蜜多可了
無淨戒安忍精進靜慮般若波羅蜜多
可了無內空可了無外空乃至無性自性空可了
無四念住可了無四正斷乃至八聖道支可了
如是乃至無如來十力可了無四無所畏乃
至十八佛不共法可了無一切智可了無道
相智一切相智可了無預流果可了無一切
不還阿羅漢果獨覺菩提可了無一切菩薩
摩訶薩行可了無諸佛無上正等菩提可了
所脩般若波羅蜜多亦復如是謂此般若
波羅蜜多甚深法中無色可得無受想行識
可得乃至無一切菩薩摩訶薩行可得無
諸佛無上正等菩提可得此中雖無諸法可
而諸菩薩能勤精進脩學般若波羅蜜多
乃至無上正等菩提常無退轉是故我說諸
菩薩摩訶薩脩行般若波羅蜜多甚

BD13988 號　大般若波羅蜜多經卷四三六　（22–21）

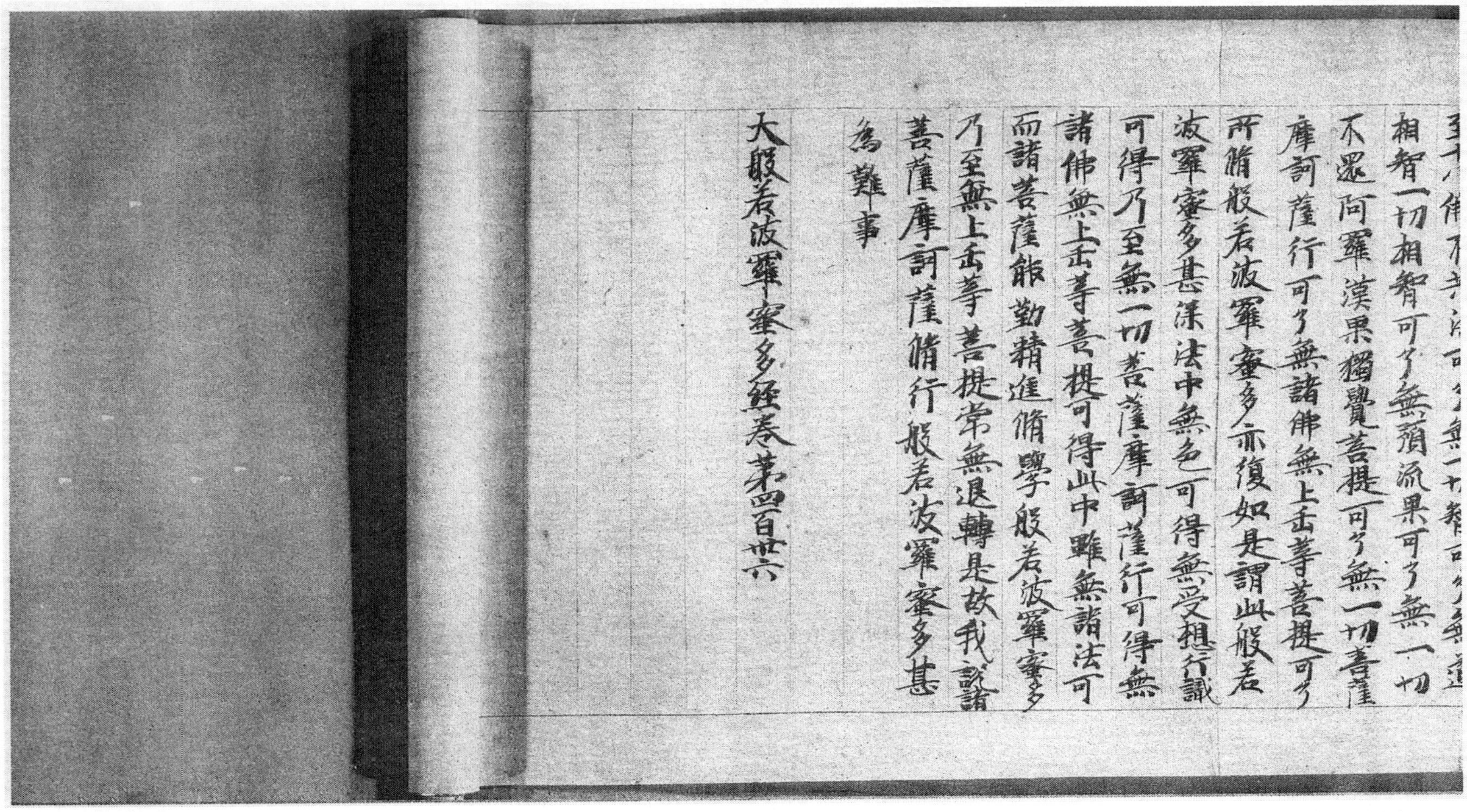

BD13988 號　大般若波羅蜜多經卷四三六　　（22–22）

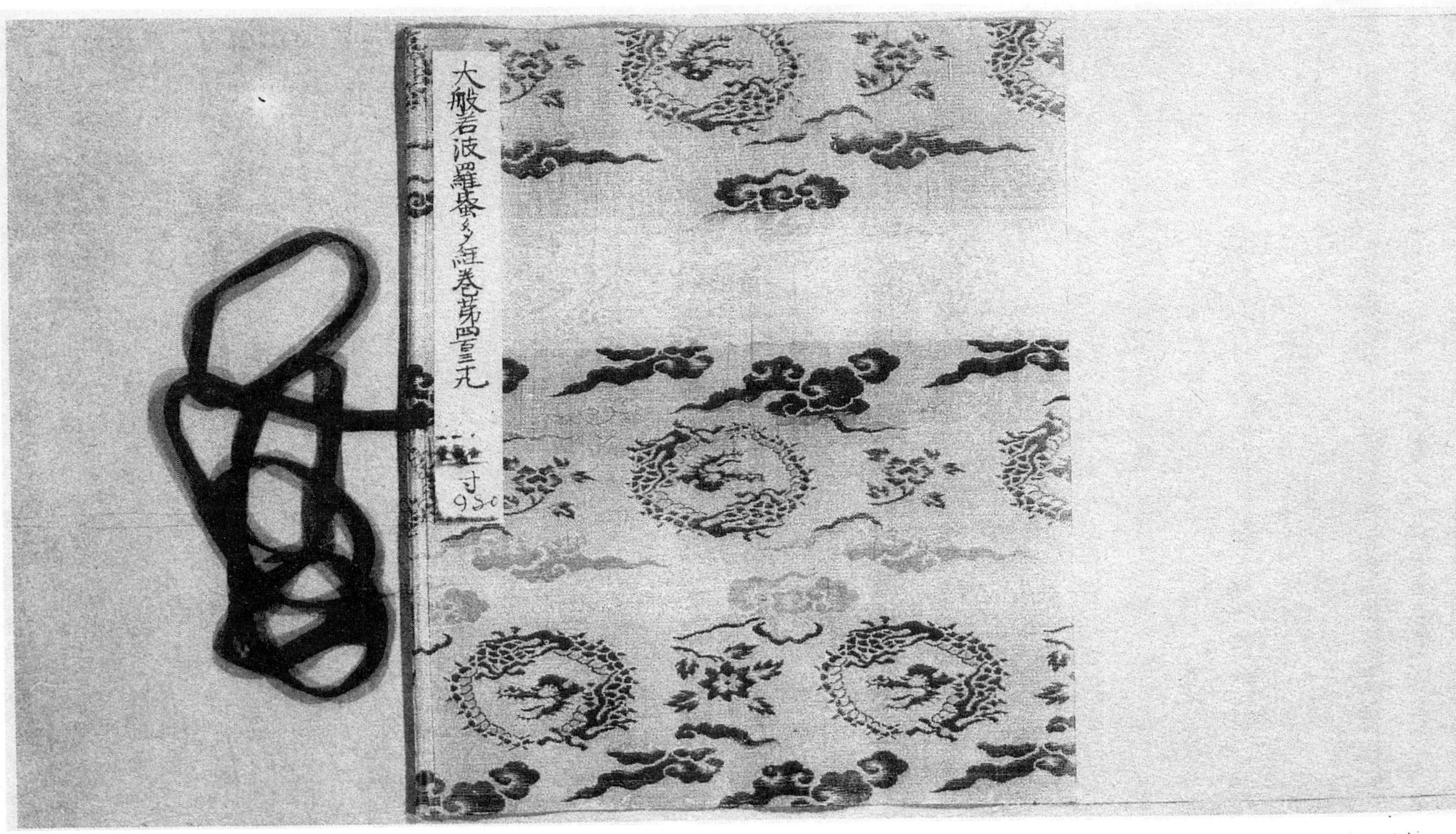

BD13989 號背　現代護首　　（1–1）

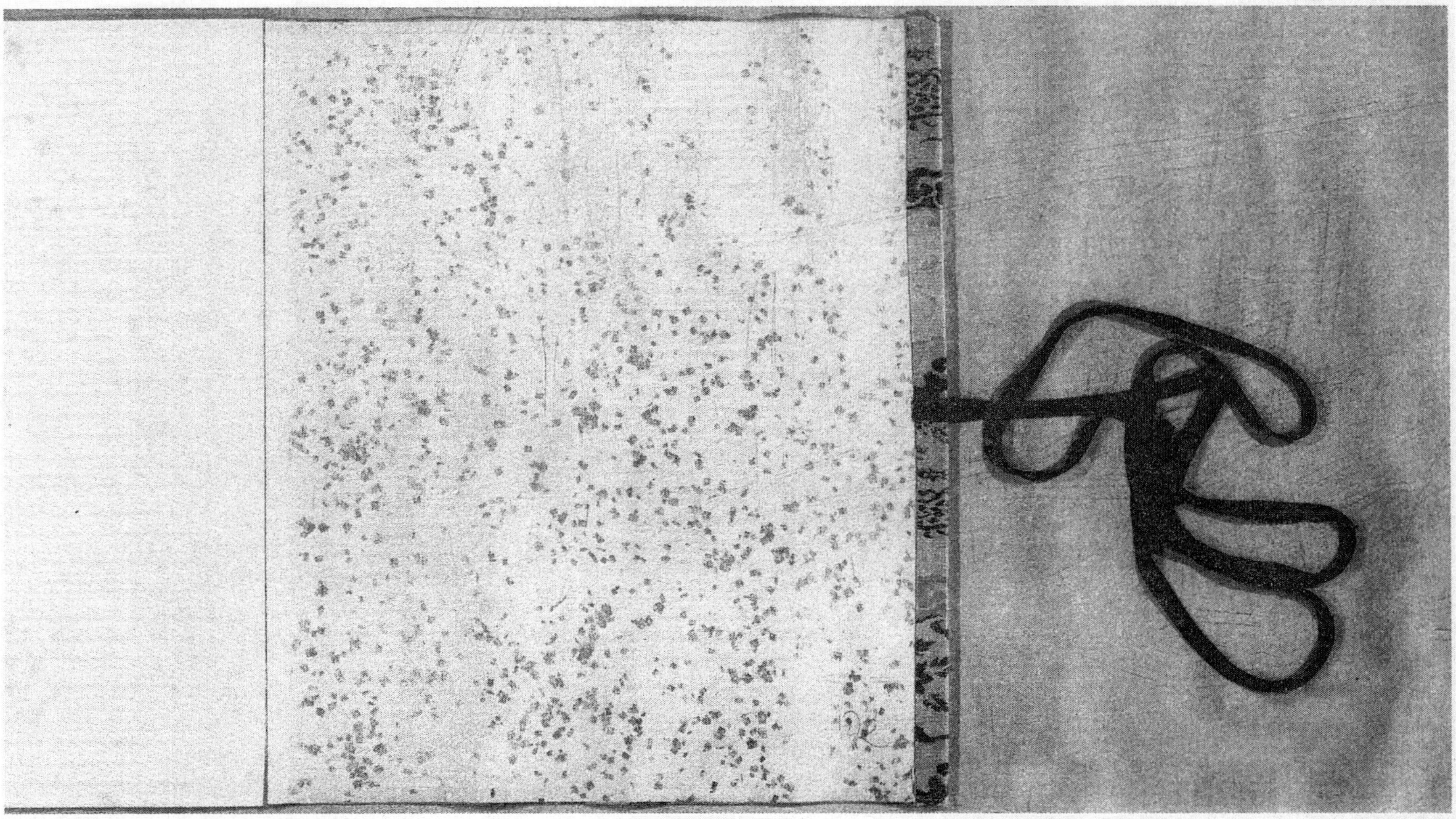

BD13989 號　大般若波羅蜜多經卷四三九　　　　（23–1）

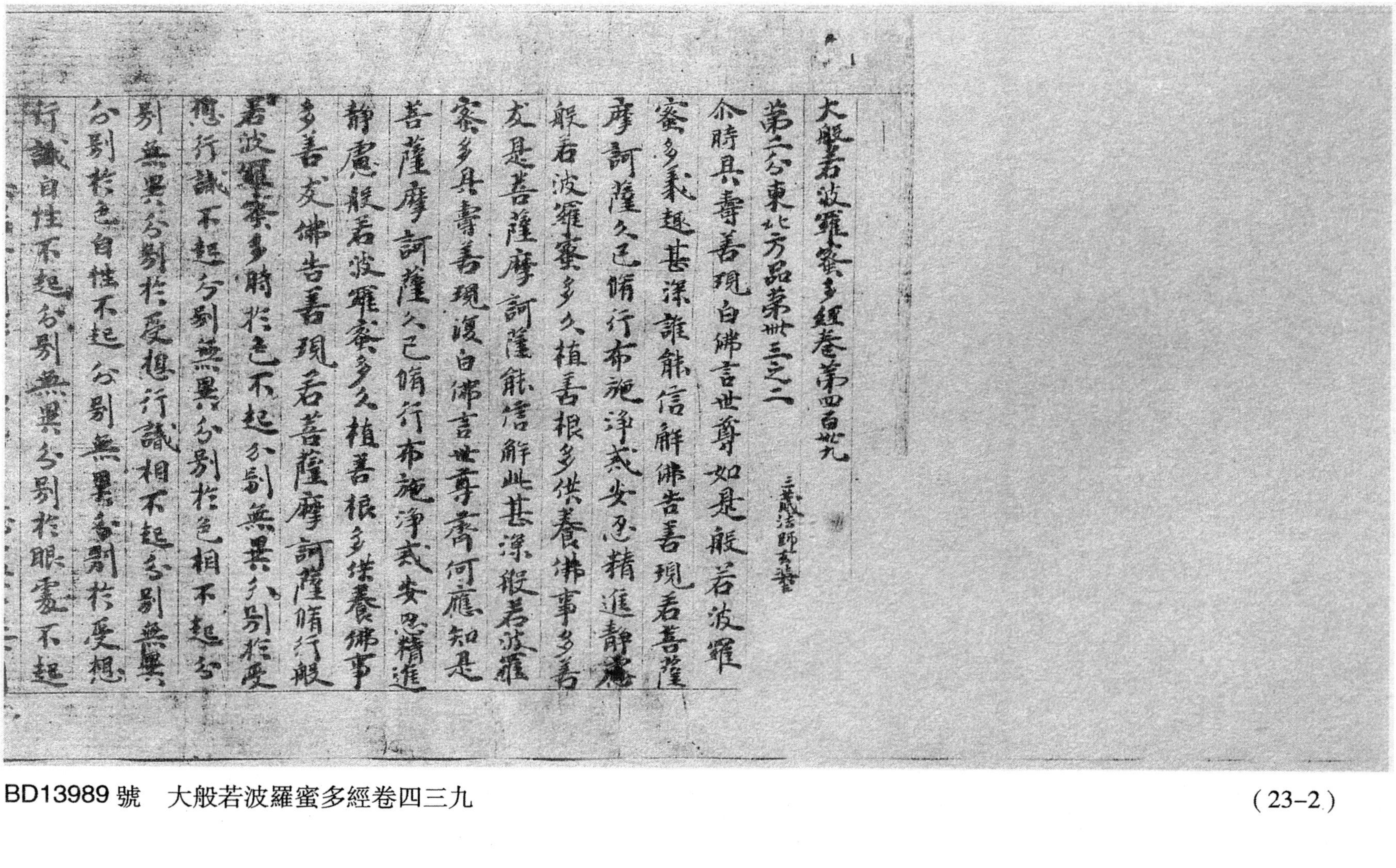

大般若波羅蜜多經卷第四百卅九

第二分東北方品第卅三之二　　三藏法師玄奘

尒時具壽善現白佛言世尊如是般若波羅
蜜多最極甚深誰能信解佛告善現若菩薩
摩訶薩久已脩行布施淨戒安忍精進靜慮
般若波羅蜜多久植善根多供養佛事多善
友是菩薩摩訶薩能信解此甚深般若波羅
蜜多具壽善現復白佛言世尊云何應知是
菩薩摩訶薩久已脩行布施淨戒安忍精進
靜慮般若波羅蜜多久植善根多供養佛事
多善友佛告善現若菩薩摩訶薩脩行般
若波羅蜜多時於色不起分別無異分別於受
想行識不起分別無異分別於色相不起分
別無異分別於受想行識相不起分別無異
分別於色自性不起分別無異分別於受想
行識自性不起分別無異分別於眼處不起

BD13989 號　大般若波羅蜜多經卷四三九　　　　（23–2）

若波羅蜜多時於色不起分別無異分別於受
想行識不起分別無異分別於色相不起分
別無異分別於受想行識相不起分別無異
分別於色自性不起分別無異分別於受想
行識自性不起分別無異分別於眼處不起
分別無異分別於耳鼻舌身意處不起分別
無異分別於眼處相不起分別無異分別於
耳鼻舌身意處相不起分別無異分別於眼處
自性不起分別無異分別於耳鼻舌身意處
自性不起分別無異分別於色處不起分別
無異分別於聲香味觸法處不起分別無異
分別於色處相不起分別無異分別於聲香
味觸法處相不起分別無異分別於色處自
性不起分別無異分別於聲香味觸法處自
性不起分別無異分別於眼界不起分別無
異分別於耳鼻舌身意界不起分別無異分
別於眼界相不起分別無異分別於耳鼻
舌身意界相不起分別無異分別於眼界自
性不起分別無異分別於耳鼻舌身意界自
性不起分別無異分別於色界不起分別無
異分別於聲香味觸法界不起分別無異分
別於色界相不起分別無異分別於聲香味
觸法界相不起分別無異分別於色界自性
不起分別無異分別於聲香味觸法界自性
不起分別無異分別於眼識界不起分別無
異分別於耳鼻舌身意識界不起分別無異

BD13989號　大般若波羅蜜多經卷四三九　（23–3）

別於色界相不起分別無異分別於聲香味
觸法界相不起分別無異分別於色界自性
不起分別無異分別於聲香味觸法界自性
不起分別無異分別於眼識界不起分別無
異分別於耳鼻舌身意識界不起分別無異
分別於眼識界相不起分別無異分別於耳
鼻舌身意識界相不起分別無異分別於眼
識界自性不起分別無異分別於耳鼻舌身
意識界自性不起分別無異分別於眼觸不
起分別無異分別於耳鼻舌身意觸不起分
別無異分別於眼觸相不起分別無異分別
於耳鼻舌身意觸相不起分別無異分別於眼
觸自性不起分別無異分別於耳鼻舌身意
觸自性不起分別無異分別於眼觸為緣所
生諸受不起分別無異分別於耳鼻舌身意
觸為緣所生諸受不起分別無異分別於眼
觸為緣所生諸受相不起分別無異分別於
耳鼻舌身意觸為緣所生諸受相不起分別
無異分別於眼觸為緣所生諸受自性不起
分別無異分別於耳鼻舌身意觸為緣所生
諸受自性不起分別無異分別於欲界不起
分別無異分別於色無色界不起分別無異
分別於欲界相不起分別無異分別於色無
色界相不起分別無異分別於欲界自性不
起分別無異分別於色無色界自性不起分
別無異分別於布施波羅蜜多不起分別無

BD13989號　大般若波羅蜜多經卷四三九　（23–4）

分別於欲界相不起分別無異分別於色無
色界相不起分別無異分別於欲界自性不
起分別無異分別於色無色界自性不起分
別無異分別於布施波羅蜜多不起分別無
異分別乃至於般若波羅蜜多不起分別無
異分別於布施波羅蜜多相不起分別無異
分別乃至於般若波羅蜜多相不起分別無
異分別於布施波羅蜜多自性不起分別無
異分別乃至於般若波羅蜜多自性不起分
別無異分別於內空不起分別無異分別乃至
於無性自性空不起分別無異分別於內空
相不起分別無異分別乃至於無性自性空
相不起分別無異分別於內空自性不起分
別無異分別乃至於無性自性空自性不起
分別無異分別於四念住不起分別無異分
別乃至於八聖道支不起分別無異分別於
四念住相不起分別無異分別乃至於八聖
道支相不起分別無異分別於四念住自性
不起分別無異分別乃至於八聖道支自性
不起分別無異分別如是乃至於佛十力不
起分別無異分別乃至於十八佛不共法不
起分別無異分別於佛十八相不起分別無
異分別乃至於十八佛不共法相不起分別
無異分別於佛十力自性不起分別無異分
別乃至於十八佛不共法自性不起分別無
異分別於一切智不起分別無異分別於道

BD13989 號　大般若波羅蜜多經卷四三九　（23–5）

起分別無異分別於佛十八相不起分別無
異分別乃至於十八佛不共法相不起分別
無異分別於佛十力自性不起分別無異分
別乃至於十八佛不共法自性不起分別無
異分別於一切智不起分別無異分別於道
相智一切相智不起分別無異分別於一切
智相不起分別無異分別於道相智一切相
智相不起分別無異分別於一切智自性
不起分別無異分別於道相智一切相智
自性不起分別無異分別何以故善現以色
不可思議受想行識不可思議如是乃至一
切智不可思議道相智一切相智不可思議
故善現齊此應知是菩薩摩訶薩已脩行
布施淨戒安忍精進靜慮般若波羅蜜多久
植善根多供養佛事多善友
尒時具壽善現復白佛言世尊如是般若波
羅蜜多極為甚深佛言如是善現色甚深故
般若波羅蜜多極為甚深受想行識甚深故
般若波羅蜜多極為甚深眼處甚深故般若
波羅蜜多極為甚深耳鼻舌身意處甚深故
般若波羅蜜多極為甚深色處甚深故般
若波羅蜜多極為甚深聲香味觸法處甚
深故般若波羅蜜多極為甚深眼界甚深故般
若波羅蜜多極為甚深耳鼻舌身意界甚
深故般若波羅蜜多極為甚深色界甚深
故般若波羅蜜多極為甚深聲香味觸法
界甚深故般若波羅蜜多極為甚深眼識

BD13989 號　大般若波羅蜜多經卷四三九　（23–6）

深故般若波羅蜜多極爲甚深眼界甚深故般
若波羅蜜多極爲甚深耳鼻舌身意界甚
深故般若波羅蜜多極爲甚深色界甚深
故般若波羅蜜多極爲甚深聲香味觸法
界甚深故般若波羅蜜多極爲甚深眼識界
甚深故般若波羅蜜多極爲甚深耳鼻舌身
意識界甚深故般若波羅蜜多極爲甚深眼
觸甚深故般若波羅蜜多極爲甚深耳鼻舌
身意觸甚深故般若波羅蜜多極爲甚深
眼觸爲緣所生諸受甚深故般若波羅蜜多極
爲甚深耳鼻舌身意觸爲緣所生諸受甚深
故般若波羅蜜多極爲甚深布施波羅蜜多
甚深故般若波羅蜜多極爲甚深淨戒安忍
精進靜慮波羅蜜多甚深故般若波羅蜜多
極爲甚深內空甚深故般若波羅蜜多極爲
甚深乃至無性自性空甚深故般若波羅蜜
多極爲甚深四念住甚深故般若波羅蜜多
極爲甚深乃至八聖道支甚深故般若波羅
蜜多極爲甚深如是乃至佛十力甚深故般
若波羅蜜多極爲甚深乃至十八佛不共法
甚深故般若波羅蜜多極爲甚深一切智甚
深故般若波羅蜜多極爲甚深道相智一切
相智甚深故般若波羅蜜多極爲甚深
爾時尊者善現復白佛言世尊如是般若波
羅蜜多是大寶聚佛言如是能與有情功德
寶故善現如是般若波羅蜜多大珍寶聚能

BD13989號　大般若波羅蜜多經卷四三九　（23–7）

深故般若波羅蜜多極爲甚深道相智一切
相智甚深故般若波羅蜜多極爲甚深
爾時尊者善現復白佛言世尊如是般若波
羅蜜多是大寶聚佛言如是能與有情功德
寶故善現如是般若波羅蜜多大珍寶聚能
與有情十善業道四靜慮四無量四無色定
五神通大珍寶故能與有情布施淨戒安忍
精進靜慮般若波羅蜜多大珍寶故能與有
情內空外空內外空空空大空勝義空有爲
空無爲空畢竟空無際空散無散空本性空
自共相空一切法空不可得空無性空自性
空無性自性空大珍寶故能與有情四念住
四正斷四神足五根五力七等覺支八聖道
支大珍寶故能與有情空無相無願解脫門
大珍寶故能與有情八解脫八勝處九次第
定十遍處大珍寶故能與有情真如法界法
性實際不思議界大珍寶故能與有情苦集
滅道四種聖諦大珍寶故能與有情菩薩十
地陀羅尼門三摩地門大珍寶故能與有情
五眼六神通大珍寶故能與有情如來十力
四無所畏四無礙解大慈大悲大喜大捨十
八佛不共法大珍寶故能與有情無忘失法
恒住捨性大珍寶故能與有情一切智道相
智一切相智大珍寶故能與有情預流果一
來果不還果阿羅漢果獨覺菩提大珍寶故
能與有情一切菩薩摩訶薩行諸佛無上正

BD13989號　大般若波羅蜜多經卷四三九　（23–8）

以佛不共法大珠寶故能與有情無忘失法
恒住捨性大珠寶故能與有情一切智道相
智一切相智大珠寶故能與有情預流果一
來果不還果阿羅漢果獨覺菩提大珠寶故
能與有情一切菩薩摩訶薩行諸佛無上正
等菩提轉妙法輪大珠寶故
尒時具壽善現復白佛言世尊如是般若波
羅蜜多是清淨聚佛言如是善現色清淨故
般若波羅蜜多是清淨聚受想行識清淨故
般若波羅蜜多是清淨聚眼處清淨故般若
波羅蜜多是清淨聚耳鼻舌身意處清淨故
般若波羅蜜多是清淨聚色處清淨故般若
波羅蜜多是清淨聚聲香味觸法處清淨故
般若波羅蜜多是清淨聚眼界清淨故般若
波羅蜜多是清淨聚耳鼻舌身意界清淨故
般若波羅蜜多是清淨聚色界清淨故般若
波羅蜜多是清淨聚聲香味觸法界清淨故
般若波羅蜜多是清淨聚眼識界清淨故般
若波羅蜜多是清淨聚耳鼻舌身意識界清
淨故般若波羅蜜多是清淨聚眼觸清淨故般
若波羅蜜多是清淨聚耳鼻舌身意觸清
淨故般若波羅蜜多是清淨聚眼觸為緣
所生諸受清淨故般若波羅蜜多是清淨聚
耳鼻舌身意觸為緣所生諸受清淨故般若
波羅蜜多是清淨聚布施波羅蜜多清淨故
般若波羅蜜多是清淨聚淨戒安忍精進靜
慮波羅蜜多清淨故般若波羅蜜多是清淨

淨故般若波羅蜜多是清淨聚眼觸為緣
所生諸受清淨故般若波羅蜜多是清淨聚
耳鼻舌身意觸為緣所生諸受清淨故般若
波羅蜜多是清淨聚布施波羅蜜多清淨故
般若波羅蜜多是清淨聚淨戒安忍精進靜
慮波羅蜜多清淨故般若波羅蜜多是清淨
聚內空清淨故般若波羅蜜多是清淨聚乃
至無性自性空清淨故般若波羅蜜多是清
淨聚四念住清淨故般若波羅蜜多是清淨
聚乃至八聖道支清淨故般若波羅蜜多是
清淨聚如是乃至如來十力清淨故般波羅
蜜多是清淨聚乃至十八佛不共法清淨故
般若波羅蜜多是清淨聚一切智清淨故般若
波羅蜜多是清淨聚道相智一切相智清淨
故般若波羅蜜多是清淨聚
尒時善現復白佛言甚奇世尊希有善逝如
是般若波羅蜜多以極甚深多諸留難而今
廣說留難不生佛言善現如是如是如汝所
說甚深般若波羅蜜多諸留難佛神力故今
雖廣說留難不生是故大乘諸善男子善女
人等樂法故於此般若波羅蜜多甚深
經典若欲書寫應疾書寫若欲讀誦應疾
讀誦若欲受持應疾受持若欲脩習應疾脩習
若欲思惟應疾思惟若欲宣說應疾宣說何
以故善現甚深般若波羅蜜多多諸留難勿
令書寫讀誦受持脩習思惟為他說者留難
事起不究竟故善現是善男子善女人等若

讀誦若欲受持應疾受持若欲脩習應疾脩習
若欲思惟應疾思惟若欲宣說應疾宣說何
以故善現甚深般若波羅蜜多多諸留難勿
令書寫讀誦受持脩習思惟為他說者留難
事起不究竟故善現是善男子善女人等若
欲一月或二或三或四或五或六或七乃至
一年書寫如是甚深般若波羅蜜多能究竟
者應勤精進繫念書寫經尒許時令得究竟
善現是善男子善女人等若欲一歲或二或
三或四或五或六或七乃至一年受持讀誦
脩習思惟為他宣說如是般若波羅蜜多甚
深經典能究竟者應勤精進繫念受持乃至
宣說經尒許時令得究竟何以故善現甚深
般若波羅蜜多無價珎寶多留難故具壽善
現復白佛言甚奇世尊希有善逝甚深般若
波羅蜜多無價珎寶多諸留難而有書寫讀
誦受持思惟脩習為他說者惡魔於彼不作
留難令不書寫乃至演說佛告善現惡魔於
此甚深般若波羅蜜多雖欲留難令不書寫
讀誦受持思惟脩習為他演說而彼無力可
能留難是菩薩摩訶薩書寫讀誦受持等事
令不究竟
尒時舍利子白佛言世尊是誰神力令彼惡
魔不能留難諸菩薩摩訶薩書寫受持讀誦
脩習思惟廣說如是般若波羅蜜多甚深經
典佛告舍利子是佛神力令彼惡魔不能留

BD13989號　大般若波羅蜜多經卷四三九

（23–11）

令不究竟
尒時舍利子白佛言世尊是誰神力令彼惡
魔不能留難諸菩薩摩訶薩書寫受持讀誦
脩習思惟廣說如是般若波羅蜜多甚深經
典佛告舍利子是佛神力令彼惡魔不能留
難諸菩薩摩訶薩書寫受持讀誦脩習思
惟廣說如是般若波羅蜜多甚深經典又舍利
子亦是十方一切世界諸佛神力令彼惡魔
不能留難諸菩薩摩訶薩書寫受持讀誦脩
習思惟廣說如是般若波羅蜜多甚深經典
又舍利子一切如來應正等覺皆共護念脩行
般若波羅蜜多諸菩薩故令彼惡魔不能
留難住菩薩乘諸善男子善女人等令不書
寫受持讀誦脩習思惟廣為他說如是般若
波羅蜜多甚深經典何以故舍利子一切如來
應正等覺皆共護念脩行般若波羅蜜多
諸菩薩眾所作善業令彼惡魔不能留難舍
利子若菩薩摩訶薩能於般若波羅蜜多甚
深經典書寫受持讀誦脩習思惟廣說法尒
應為十方世界無量無數無邊如來應正
等覺安隱住持現說法者之所護念若蒙諸
佛所護念者法念惡魔不能留難舍利子若
善男子善女人等能於般若波羅蜜多甚深
經典書寫受持讀誦脩習思惟廣說應作是
念我今書寫受持讀誦脩習思惟廣為他說
如是般若波羅蜜多甚深經典皆是十方無

BD13989號　大般若波羅蜜多經卷四三九

（23–12）

佛所護念者法念惡魔不能留難舍利子若
善男子善女人等能於般若波羅蜜多甚深
經典書寫受持讀誦脩習思惟廣、說應作是
念我今書寫受持讀誦脩習思惟廣為他說
如是般若波羅蜜多甚深經典皆是十方無
量無數無邊如來應正等覺安隱住持現說
法者神力護念令我所脩如是善業不為惡
魔之所留難時舍利子復白佛言若善男子善
女人等能於般若波羅蜜多甚深經典書寫
受持讀誦脩習思惟演說一切皆是十方世
界諸佛世尊神力護念令彼所作殊勝善業
一切惡魔不能留難尒時佛告舍利子言如
是如是如汝所說若善男子善女人等能於
般若波羅蜜多甚深經典書寫受持讀誦
脩習思惟演說當知皆是一切如來應正等覺
神力護念時舍利子復白佛言若善男子善女
人等能於般若波羅蜜多甚深經典書寫受
持讀誦脩習思惟演說十方世界無量無數
無邊如來應正等覺安隱住持現說法者皆
共識知是善男子善女人等書寫受持讀誦
脩習思惟演說甚深般若波羅蜜多由是因
緣歡喜護念世尊若善男子善女人等能於
般若波羅蜜多甚深經典書寫受持讀誦脩
習思惟演說是善男子善女人等恒為十方
無量無數無邊世界一切如來應正等覺安
隱住持現說法者佛眼觀見由此因緣慈

BD13989 號　大般若波羅蜜多經卷四三九　（23–13）

緣歡喜護念世尊若善男子善女人等能於
般若波羅蜜多甚深經典書寫受持讀誦脩
習思惟演說是善男子善女人等恒為十方
無量無數無邊世界一切如來應正等覺安
隱住持現說法者佛眼觀見由此因緣慈
悲護念所作善事無不皆成尒時佛告舍利
子言如是如是如汝所說若善男子善女人
等書寫受持讀誦脩習思惟演說如是般若
波羅蜜多甚深經典是善男子善女人等恒
為十方無量無數無邊世界一切如來應正
等覺安隱住持現說法者佛眼觀見識知護
念令諸惡魔不能嬈惱所作善業速得成辦
舍利子住菩薩乘諸善男子善女人等若能
於此甚深般若波羅蜜多書寫受持讀誦脩
習思惟演說當知是輩已近無上正等菩提
諸惡魔軍不能留難又舍利子住菩薩乘諸
善男子善女人等若能書寫如是般若波羅
蜜多甚深經典種種莊嚴受持讀誦當知是
輩於此般若波羅蜜多深生信解能以種
種上妙花鬘塗散等香衣服瓔珞寶幢幡蓋
伎樂燈明供養恭敬尊重讚歎如是般若波
羅蜜多甚深經典是善男子善女人等常為
如來應正等覺佛眼觀見識知護念由是因
緣定當獲得大財大勝利大果大異熟又舍
利子是善男子善女人等以能書寫受持讀
誦供養恭敬尊重讚歎甚深般若波羅蜜多

BD13989 號　大般若波羅蜜多經卷四三九　（23–14）

羅蜜多甚深經典是善男子善女人等常為
如來應正等覺佛眼觀見識知護念由是因
緣定當獲得大財大勝利大果大異熟又舍
利子是善男子善女人等以能書寫受持讀
誦供養恭敬尊重讚歎甚深般若波羅蜜多
善根力故乃至獲得不退轉地於其中間常
不離佛恒聞正法不墮惡趣舍利子是善男
子善女人等由此善根乃至無上正等菩提
常不遠離布施淨戒安忍精進靜慮般若波
羅蜜多常不遠離內空乃至無性自性空常
不遠離四念住乃至八聖道支如是乃至常
不遠離如來十力乃至十八佛不共法常不
遠離一切智道相智一切相智常不遠離諸
餘無量無邊佛法由此速證所求無上正等
菩提舍利子由此因緣住菩薩乘諸善男子
善女人等於此般若波羅蜜多甚深經典應
勤書寫受持讀誦修習思惟為他解說恭敬
供養尊重讚歎無得暫捨
復次舍利子如是般若波羅蜜多甚深經典
我涅槃後至東南方漸當興盛彼方多有住
菩薩乘諸苾芻苾芻尼鄔波索迦鄔波斯迦
能於如是甚深般若波羅蜜多深生信樂書
寫受持讀誦修習思惟演說復以種種上妙
花鬘塗散等香衣服瓔珞寶幢幡蓋伎樂
燈明供養恭敬尊重讚歎如是般若波羅蜜多
甚深經典彼由如是勝善根故畢竟不墮諸
險惡趣或生天上或生人中富貴受樂由斯

BD13989號　大般若波羅蜜多經卷四三九　（23–15）

寫受持讀誦修習思惟演說復以種種上妙
花鬘塗散等香衣服瓔珞寶幢幡蓋伎樂
燈明供養恭敬尊重讚歎如是般若波羅蜜多
甚深經典彼由如是勝善根故畢竟不墮諸
險惡趣或生天上或生人中富貴受樂由斯
勢力布施淨戒安忍精進靜慮般若波羅蜜
多展轉增益速得圓滿依此復能供養恭敬
尊重讚歎諸佛世尊後隨所應依三乘法漸
次修習而趣出離或有證得聲聞涅槃或有
證得獨覺涅槃或有證得無上涅槃究竟安
樂舍利子如是般若波羅蜜多甚深經典我
涅槃後從東南方轉至南方漸當興盛彼方
多有住菩薩乘諸苾芻苾芻尼鄔波索迦鄔
波斯迦能於如是甚深般若波羅蜜多深生
信樂書寫受持讀誦修習思惟演說復以種
種上妙花鬘塗散等香衣服瓔珞寶幢幡蓋
伎樂燈明供養恭敬尊重讚歎如是般若波
羅蜜多甚深經典彼由如是勝善根故畢竟
不墮諸險惡趣或生天上或生人中富貴受
樂由斯勢力布施淨戒安忍精進靜慮般若
波羅蜜多展轉增益速得圓滿依此復能供
養恭敬尊重讚歎諸佛世尊後隨所應依三
乘法漸次修習而趣出離或有證得聲聞涅
槃或有證得獨覺涅槃或有證得無上涅槃
究竟安樂舍利子如是般若波羅蜜多甚
深經典我涅槃後復從南方至西南方漸

BD13989號　大般若波羅蜜多經卷四三九　（23–16）

養恭敬尊重讃歎諸佛世尊後隨所應依三
乘法漸次脩習而趣出離或有證得聲聞涅
槃或有證得獨覺涅槃或有證得無上涅槃
究竟安樂舍利子如是般若波羅蜜多甚
深經典我涅槃後復從南方至西南方漸
當興盛彼方多有住菩薩乘諸苾芻苾芻
尼鄔波索迦鄔波斯迦能於如是甚深般若
波羅蜜多深生信樂書寫受持讀誦脩
習思惟演說復以種種上妙花鬘塗散等香
衣服瓔珞寶幢幡蓋伎樂燈明供養恭敬
尊重讃歎如是般若波羅蜜多甚深經典彼
由如是勝善根故畢竟不墮諸險惡趣或生
天上或生人中富貴受樂由斯勢力布施淨
戒安忍精進靜慮般若波羅蜜多展轉增益
速得圓滿依此復能供養恭敬尊重讃歎
諸佛世尊後隨所應依三乘法漸次脩習而
趣出離或有證得聲聞涅槃或有證得獨
覺涅槃或有證得無上涅槃究竟安樂
舍利子如是般若波羅蜜多甚深經典我涅
槃後從西南方至西北方漸當興盛彼方多
有住菩薩乘諸苾芻苾芻尼鄔波索迦鄔波
斯迦能於如是甚深般若波羅蜜多深生信
樂書寫受持讀誦脩習思惟演說復以種種
上妙花鬘塗散等香衣服瓔珞寶幢幡蓋
伎樂燈明供養恭敬尊重讃歎如是般若
波羅蜜多甚深經典彼由如是勝善根故畢

BD13989 號　大般若波羅蜜多經卷四三九　（23–17）

樂書寫受持讀誦脩習思惟演說復以種種
上妙花鬘塗散等香衣服瓔珞寶幢幡蓋
伎樂燈明供養恭敬尊重讃歎如是般若
波羅蜜多甚深經典彼由如是勝善根故畢
竟不墮諸險惡趣或生天上或生人中富貴
受樂由斯勢力布施淨戒安忍精進靜慮般
若波羅蜜多展轉增益速得圓滿依此復能
供養恭敬尊重讃歎諸佛世尊後隨所應依
三乘法漸次脩習而趣出離或有證得聲聞
涅槃或有證得獨覺涅槃或有證得無上
涅槃究竟安樂舍利子如是般若波羅蜜多
甚深經典我涅槃後從西北方轉至北方漸
當興盛彼方多有住菩薩乘諸苾芻苾芻尼
鄔波索迦鄔波斯迦能於如是甚深般若波羅
蜜多深生信樂書寫受持讀誦脩習思惟演
說復以種種上妙花鬘塗散等香衣服瓔珞
寶幢幡蓋伎樂燈明供養恭敬尊重讃歎如
是般若波羅蜜多甚深經典彼由如是勝善
根故畢竟不墮諸險惡趣或生天上或生人
中富貴受樂由斯勢力布施淨戒安忍精進
靜慮般若波羅蜜多展轉增益速得圓滿依
此復能供養恭敬尊重讃歎諸佛世尊後隨
所應依三乘法漸次脩習而趣出離或有證
得聲聞涅槃或有證得獨覺涅槃或有證
得無上涅槃究竟安樂舍利子如是般若波羅
蜜多甚深經典我涅槃後復從北方至東北方

BD13989 號　大般若波羅蜜多經卷四三九　（23–18）

此復能供養恭敬尊重讚歎諸佛世尊後隨
所應依三乘法漸次脩習而趣出離或有證
得聲聞涅槃或有證得獨覺涅槃或有證
得無上涅槃究竟安樂舍利子如是般若波羅
蜜多甚深經典我涅槃後復從北方至東北方
漸當興盛彼方多有住菩薩乘諸苾芻苾芻
尼鄔波索迦鄔波斯迦能於如是甚深般若
波羅蜜多深生信樂書寫受持讀誦脩習
思惟演說復以種種上妙花鬘塗散等香衣
服瓔珞寶幢幡蓋伎樂燈明供養恭敬尊重
讚歎如是般若波羅蜜多甚深經典彼由如
是勝善根故畢竟不墮諸險惡趣或生天上
或生人中富貴受樂由斯勢力布施淨戒
安忍精進靜慮般若波羅蜜多展轉增益速
得圓滿依此復能供養恭敬尊重讚歎諸佛
世尊後隨所應依三乘法漸次脩習而趣出
離或有證得聲聞涅槃或有證得獨覺涅
槃或有證得無上涅槃究竟安樂
復次舍利子我涅槃後後時後分後五百歲如
是般若波羅蜜多甚深經典於東北方大
作佛事何以故舍利子一切如來應正等覺
所尊重法即是般若波羅蜜多甚深經典如
是般若波羅蜜多甚深經典一切如來應正
等覺共所護念舍利子非佛所得法毗柰耶
無上正法有滅沒相諸佛所得法毗柰耶無
上正法即是般若波羅蜜多甚深經典舍利
子彼東北方皆

BD13989號　大般若波羅蜜多經卷四三九　（23–19）

是般若波羅蜜多甚深經典一切如來應正
等覺共所護念舍利子非佛所得法毗柰耶
無上正法有滅沒相諸佛所得法毗柰耶無
上正法即是般若波羅蜜多甚深經典舍利
子彼東北方諸善男子善女人等有能於此
甚深般若波羅蜜多信樂受持讀誦脩習思
惟演說我常護念是善男子善女人等令無
惱害舍利子彼東北方諸善男子善女人等
有能書寫如是般若波羅蜜多甚深經典復
以種種上妙花鬘塗散等香衣服瓔珞寶幢
幡蓋伎樂燈明供養恭敬尊重讚歎如是般若波
羅蜜多甚深經典我定說彼諸善男子善女人
等由此善根畢竟不墮諸險惡趣生天人中
常受妙樂由斯勢力增益六種波羅蜜多依
此復能供養恭敬尊重讚歎諸佛世尊後
隨所應依三乘法漸次脩學得般涅槃何
以故舍利子我以佛眼觀見證知稱譽讚歎
是善男子善女人等所獲功德東西南北四
維上下無量無數無邊世界一切如來應正
等覺安隱住持現說法者亦以佛眼觀見證
知稱譽讚歎是善男子善女人等所獲功德
時舍利子白佛言世尊如是般若波羅蜜多
甚深經典佛涅槃後後時後分後五百歲於
東北方廣流布邪佛言舍利子如是如是如
是般若波羅蜜多甚深經典我涅槃後後時
後分後五百歲於東北方當廣流布舍利子

BD13989號　大般若波羅蜜多經卷四三九　（23–20）

時舍利子白佛言世尊如是般若波羅蜜多
甚深經典佛涅槃後後時後分後五百歲於
東北方廣流布耶佛言舍利子如是如是如
是般若波羅蜜多甚深經典我涅槃後後時
後分後五百歲於東北方當廣流布舍利子
我涅槃後後時後分後五百歲彼東北方諸
善男子善女人等若得聞此甚深般若波羅
蜜多深生信樂書寫受持讀誦脩習如理思
惟為他演說當知彼善男子善女人等久發
無上正等覺心久脩菩薩摩訶薩行供養多
佛事多善友久已脩習身戒心慧所種善根
皆已成熟由斯福力得聞如是甚深般若波
羅蜜多深生信樂復能書寫受持讀誦脩習
思惟為他演說時舍利子復白佛言佛涅槃後
後時後分後五百歲法欲滅時於東北方當
有幾許住菩薩乘諸善男子善女人等得聞
如是甚深般若波羅蜜多深生信樂其心不
驚不恐不怖亦無憂悔復能書寫受持讀誦
脩習思惟為他演說佛言舍利子我涅槃後
後時後分後五百歲法欲滅時於東北方雖
有無量住菩薩乘諸善男子善女人等而少
得聞甚深般若波羅蜜多深生信樂其心不
驚不恐不怖亦無憂悔復能書寫受持讀誦
脩習思惟為他演說舍利子彼善男子善女人
等聞此般若波羅蜜多甚深經典其心不
驚不恐不怖亦無憂悔深生信樂書寫受持

BD13989 號　大般若波羅蜜多經卷四三九　（23–21）

得聞甚深般若波羅蜜多深生信樂其心不
驚不恐不怖亦無憂悔復能書寫受持讀誦
脩習思惟為他演說舍利子彼善男子善女人
等聞此般若波羅蜜多甚深經典其心不
驚不恐不怖亦無憂悔深生信樂書寫受持
讀誦脩習思惟演說甚為希有何以故舍
利子是善男子善女人等已曾親近供養恭
敬尊重讚歎無量如來應正等覺及諸菩薩
摩訶薩眾請問如是甚深般若波羅蜜多
相應義趣舍利子是善男子善女人等不久定
當圓滿布施波羅蜜多乃至般若波羅蜜多
不久定當圓滿內空乃至無性自性空不久
定當圓滿四念住乃至八聖道支不久定當
圓滿佛十力乃至十八佛不共法不久定當
圓滿一切智道相智一切相智舍利子彼善
男子善女人等一切如來應正等覺所護念
故無量善友所攝受故殊勝善根所住持故
為欲利樂多眾生故求趣無上正等菩提何
以故舍利子我常為彼諸善男子善女人等
說一切相智相應之法過去如來應正等覺
亦常為彼諸善男子善女人等說一切相智
相應之法由此因緣彼善男子善女人等後
生後能求趣無上正等菩提亦能為他如應
說法令趣無上正等菩提舍利子彼善男子
善女人等身心安定諸惡魔王及彼眷屬尚
不能壞求趣無上正等覺心何況其餘樂行
惡者毀謗般若波羅蜜多能沮其心令不精

BD13989 號　大般若波羅蜜多經卷四三九　（23–22）

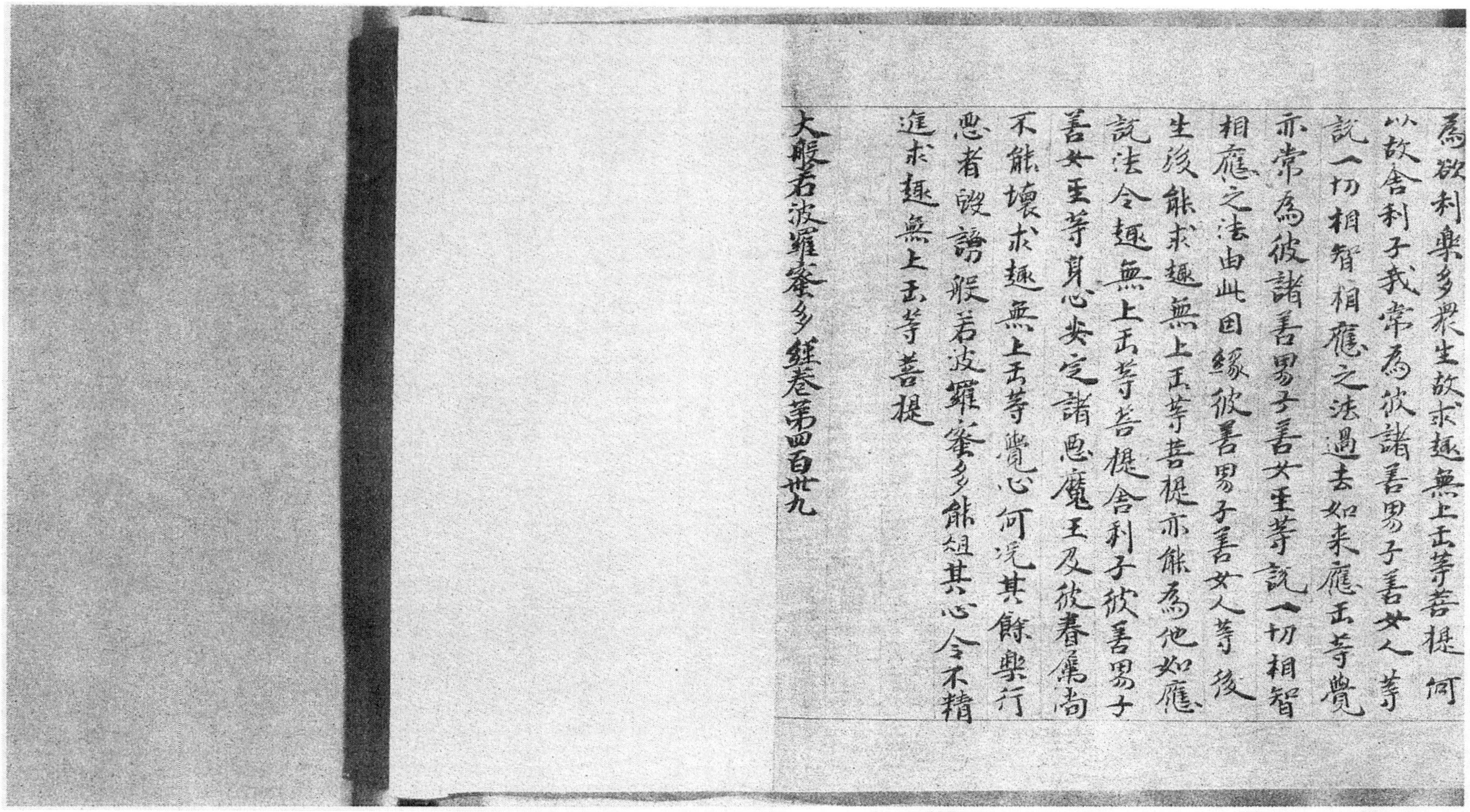
為欲利樂多衆生故求趣無上正等菩提何
以故舍利子我常為彼諸善男子善女人等
說一切相智相應之法過去如来應正等覺
亦常為彼諸善男子善女人等說一切相智
相應之法由此因緣彼善男子善女人等後
生復能求趣無上正等菩提亦能為他如應
說法令趣無上正等菩提舍利子彼善男子
善女人等身心安定諸惡魔王及彼眷屬尚
不能壞求趣無上正等覺心何況其餘樂行
惡者毀謗般若波羅蜜多能沮其心令不精
進求趣無上正等菩提

大般若波羅蜜多經卷第四百卅九

BD13989號　大般若波羅蜜多經卷四三九　　（23–23）

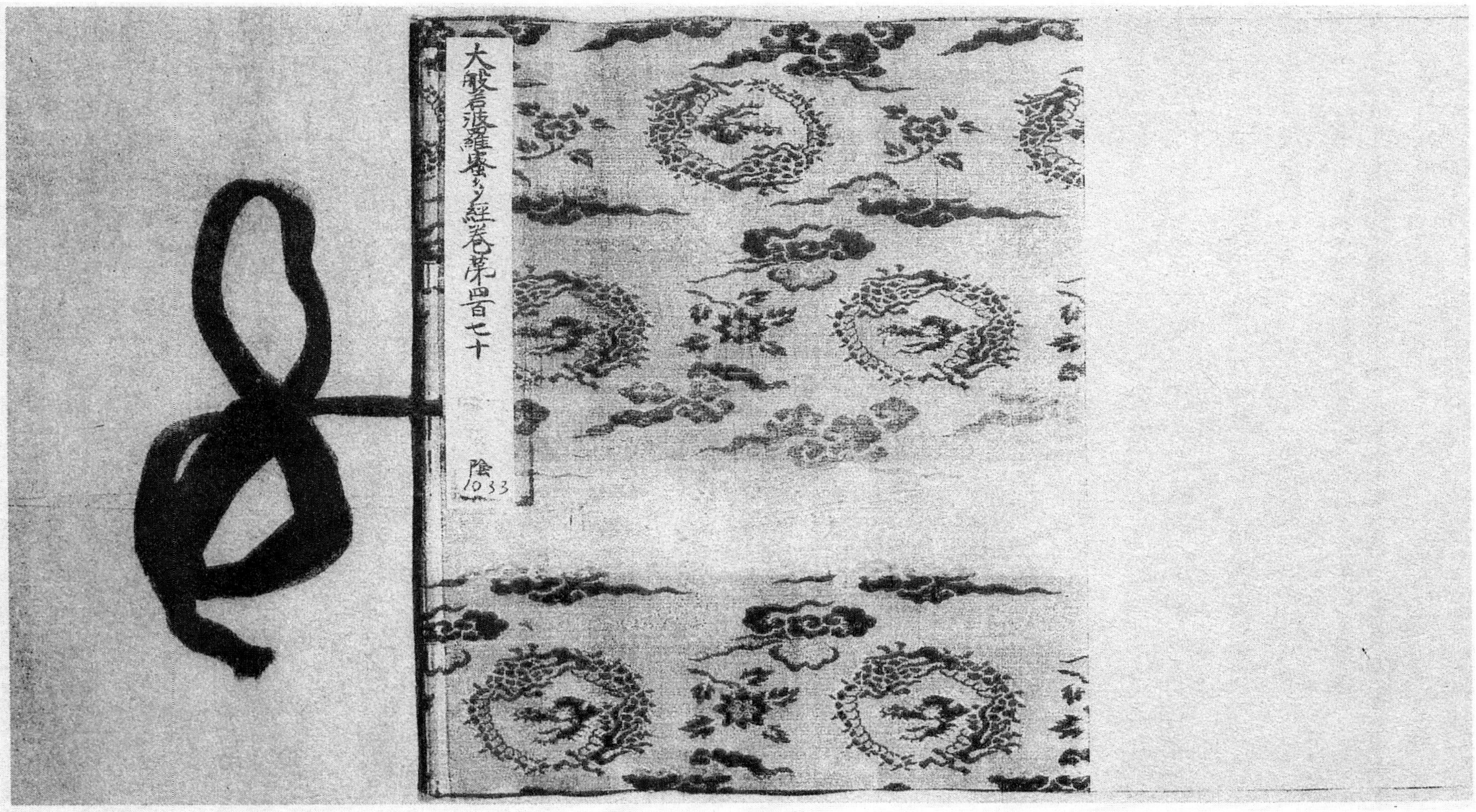

BD13990號背　現代護首　　（1–1）

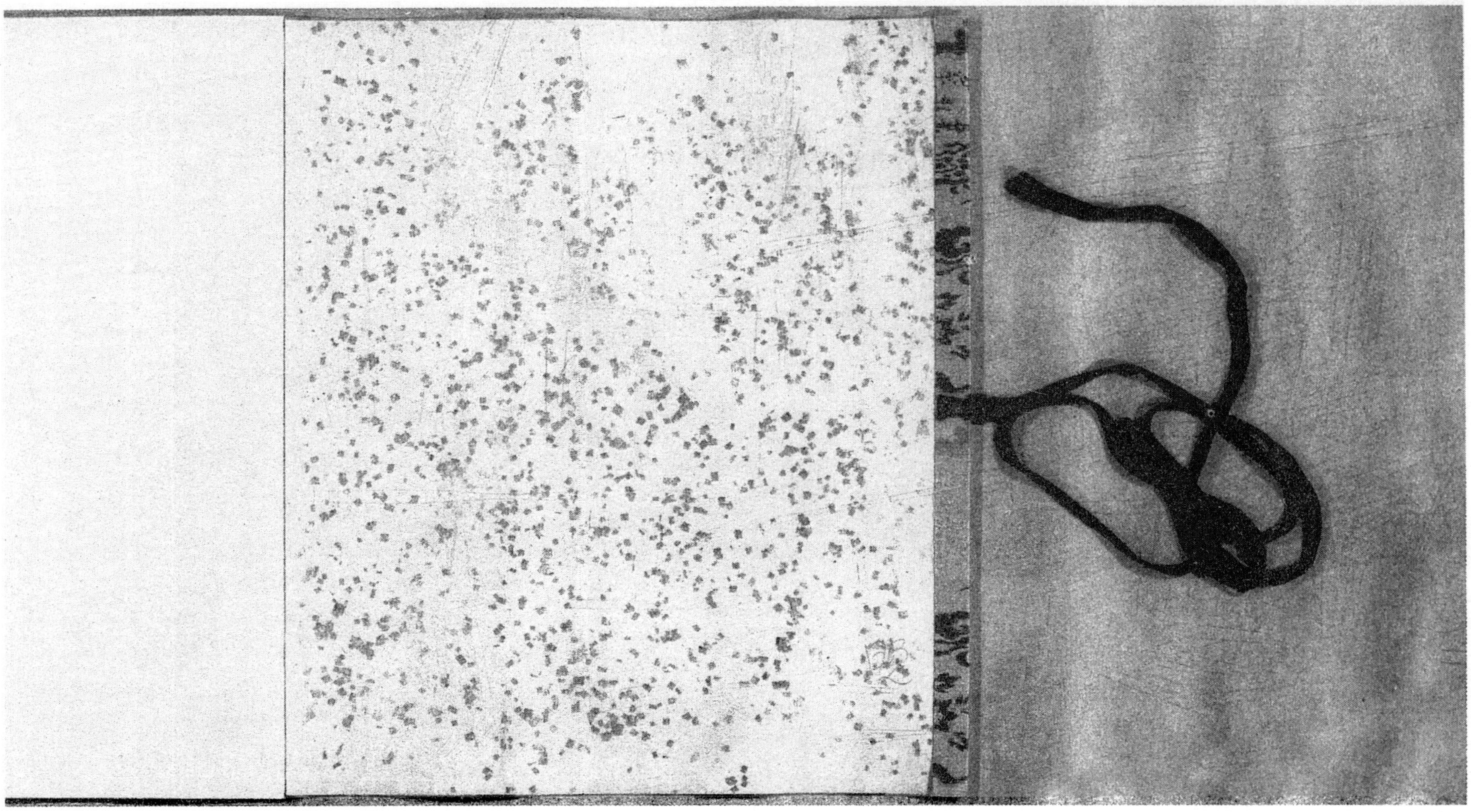

BD13990號　大般若波羅蜜多經卷四七〇　（21–1）

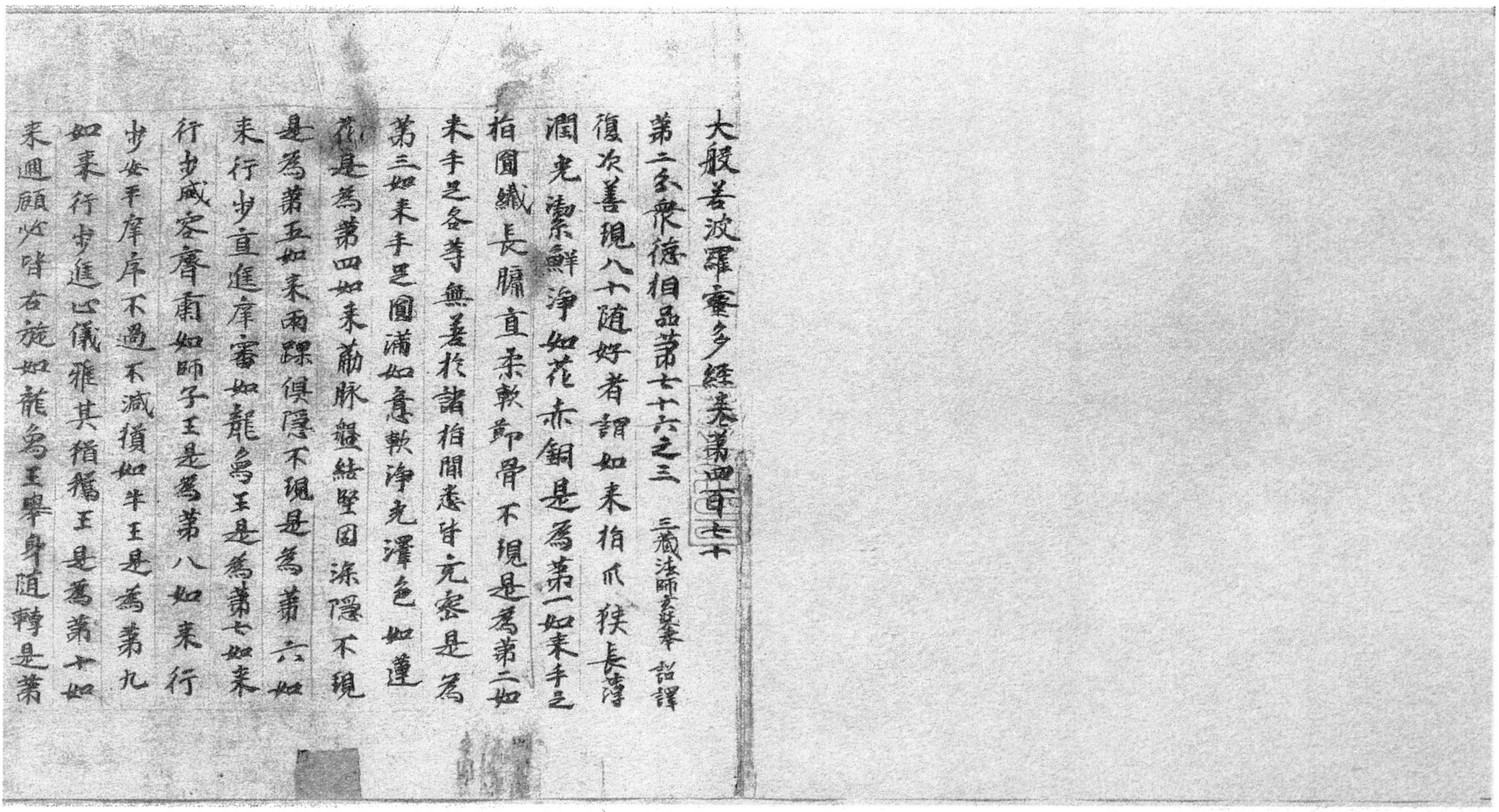

大般若波羅蜜多經卷第四百七十
第三分衆德相品第七十六之三　三藏法師玄奘奉　詔譯
復次善現八十隨好者謂如來指爪狹長薄
潤光潔鮮淨如花赤銅是爲第一如來手足
指圓纖長傭直柔軟節骨不現是爲第二如
來手足各等無差於諸指間悉皆充密是爲
第三如來手足圓滿如意軟淨光澤色如蓮
花是爲第四如來筋脉盤結堅固深隱不現
是爲第五如來兩踝俱隱不現是爲第六如
來行步直進庠審如龍象王是爲第七如來
行步威容齊肅如師子王是爲第八如來行
步安平庠序不過不減猶如牛王是爲第九
如來行步進止儀雅其猶鵝王是爲第十如
來迴顧必皆右旋如龍象王舉身隨轉是第

BD13990號　大般若波羅蜜多經卷四七〇　（21–2）

來行步直進庠審如龍象王是爲第七如來
行步威容齊肅如師子王是爲第八如來行
步安平庠序不過不減猶如牛王是爲第九
如來行步進止儀雅其猶鵝王是爲第十如
來迴顧必皆右旋如龍象王舉身隨轉是第
十一如來支節漸次傭圓妙善安布是第十
二如來骨節交結無隙猶若龍盤是第十三
如來膝輪妙善安布堅固圓滿是第十四如
來隱處其文妙好威勢具足圓滿清淨是第
十五如來身支潤滑柔軟光悅鮮淨塵垢不
著是第十六如來身容敦肅無畏常不怯弱
是第十七如來身支堅固稠密善相屬著是
第十八如來身支安定敦重曾不掉動圓滿
無壞是第十九如來身相猶若仙王周匝端
嚴光淨離翳是第二十如來身有周匝圓光
於行等時恒自照曜是二十一如來腹形方
正無欠柔軟不現衆相莊嚴是二十二如來
臍深右旋圓妙清淨光澤是二十三如來臍
厚不窪不凸周匝妙好是二十四如來皮膚
遠離疥癬亦無黶點疣贅等過是二十五如
疣
來手掌充滿柔軟足下安平是二十六如來
手文深長明直潤澤不斷是二十七如來脣
脣
色光潤丹暉如頻婆菓上下相稱是二十八
如來面門不長不短不大不小如量端嚴是
二十九如來舌相軟薄廣長如赤銅色是第
三十如來發聲威震深遠如象王吼明朗清
徹是三十一如來音韻美妙具足如深谷響
是三十二如來鼻高脩而且直其孔不現是

BD13990號 大般若波羅蜜多經卷四七〇 （21–3）

如來面門不長不短不大不小如量端嚴是
二十九如來舌相軟薄廣長如赤銅色是第
三十如來發聲威震深遠如象王吼明朗清
徹是三十一如來音韻美妙具足如深谷響
是三十二如來鼻高脩而且直其孔不現是
三十三如來諸齒方整鮮白是三十四如來
諸牙圓白光潔漸次鋒利是三十五如來眼
淨青白分明是三十六如來眼相脩廣猶如
青蓮花葉甚可愛樂是三十七如來眼睫上
下齊整稠密不白是三十八如來雙眉長而
不白緻而細軟是三十九如來雙眉綺靡順
次紺瑠璃色是第四十如來雙眉高顯光潤
形如初月是四十一如來耳厚廣大脩長輪
埵成就是四十二如來兩耳綺麗齊平離衆
過失是四十三如來容儀能令見者無損無
染皆生愛敬是四十四如來額廣圓滿平正
形相殊妙是四十五如來身分上半圓滿如
師子王威嚴無對是四十六如來頭髮脩長紺
青稠密不白是四十七如來頭髮香潔細軟
潤澤旋轉是四十八如來頭髮齊整無亂亦
不交雜是四十九如來頭髮堅固不斷永無
褫落是第五十如來頭髮光滑殊妙塵垢不
著是五十一如來身分堅固充實逾那羅延
是五十二如來身體長大端直是五十三如來
諸竅清淨圓好是五十四如來身支勢力殊
勝無與等者是五十五如來身相衆所樂觀
嘗無猒足是五十六如來面輪脩廣得所皎
潔光淨如秋滿月是五十七如來顏貌舒泰

BD13990號 大般若波羅蜜多經卷四七〇 （21–4）

著是五十一如来身分堅固充實逾那羅延
是五十二如来身體長大端直是五十三如来
諸竅清淨圓好是五十四如来身支勢力殊
勝無與等者是五十五如来身相衆所樂觀
嘗無猒足是五十六如来面輪脩廣得所皎
潔光淨如秋滿月是五十七如来顏貌舒泰
光顯含咲先言唯向不背是五十八如来面
貌光澤熙怡遠離顰蹙青赤等過是五十九
如来身支清淨無垢常無臭穢是第六十如
来所有諸毛孔中常出如意微妙之香是六
十一如来面門常出最上殊勝之香是六十
二如来頭相周圓妙好如末達那亦猶天蓋
是六十三如来身毛紺青光淨如孔雀項紅
暉綺飾色類赤銅是六十四如来法音隨衆
大小不增不減應理無著是六十五如来頂
相無能見者是六十六如来手足指約分明
莊嚴妙好如赤銅色是六十七如来行時其
足去地如四指量而現印文是六十八如来
自持不待他衛身無傾動亦不逶迤是六十
九如来威德遠震一切惡心見喜怖見安
是第七十如来音聲不高不下隨衆生意和
悅與言是七十一如来能隨諸有情類言音
意樂而為說法是七十二如来一音演說正
法隨有情類各令得解是七十三如来說法
咸依次第必有因緣言無不善是七十四如
来等觀諸有情類讚善毀惡而無愛憎是
七十五如来所為先觀後作軌範具足令識善

意樂而為說法是七十二如来一音演說正
法隨有情類各令得解是七十三如来說法
咸依次第必有因緣言無不善是七十四如
来等觀諸有情類讚善毀惡而無愛憎是
七十五如来所為先觀後作軌範具足令識善
淨是七十六如来相好一切有情無能觀盡
是七十七如来頂骨堅實圓滿是七十八如
来顏容常少不老好巡舊處是七十九如来
手足及胸臆前俱有吉祥喜旋德相文同綺
畫色類朱丹是第八十如是名為八十隨好
善現如来應正等覺成就如是諸相好故身
光任運能照三千大千世界無不遍滿若作
意時即能普照無量無邊無數世界然為憐
愍諸有情故攝光常照面各一尋若縱身光
即日月等所有光明皆悉不現諸有情類便
不能知晝夜半月月時歲數所作事業有不
得成佛聲任運能遍三千大千世界若作意
時即能遍滿無量無邊無數世界然為利樂
諸有情故聲隨衆量不減不增善現如是功
德勝利我先菩薩位脩行般若波羅蜜多時
已能成辦故今相好圓滿莊嚴一切有情見者
歡喜皆獲殊勝利益安樂如是善現諸菩薩
摩訶薩行深般若波羅蜜多時能以財法二
種布施攝諸有情是為甚奇希有之法
善現云何菩薩摩訶薩以愛語事攝諸有情
善現諸菩薩摩訶薩行深般若波羅蜜多時
以柔軟音為有情類先說布施波羅蜜多次

摩訶薩行深般若波羅蜜多時能以財法二
種布施攝諸有情是為甚奇希有之法
善現云何菩薩摩訶薩以愛語事攝諸有情
善現諸菩薩摩訶薩行深般若波羅蜜多時
以柔軟音為有情類先說布施波羅蜜多次
說淨戒波羅蜜多次說安忍波羅蜜多次說
精進波羅蜜多次說靜慮波羅蜜多後說般
若波羅蜜多方便攝受善現諸菩薩摩訶薩
行深般若波羅蜜多時以柔軟音多說此六
波羅蜜多攝有情類所以者何由此六種波
羅蜜多普能攝受諸善法故善現云何菩薩
摩訶薩以利行事攝諸有情善現諸菩薩
摩訶薩行深般若波羅蜜多時於長夜中種種
方便勸諸有情精勤修學布施淨戒安忍精
進靜慮般若波羅蜜多及餘種種殊勝善法
常無懈廢善現云何菩薩摩訶薩以同事事
攝諸有情善現諸菩薩摩訶薩行深般若波
羅蜜多時以勝神通及大願力現處地獄傍
生鬼界人天等中同彼事業方便攝受令獲
殊勝利益安樂善現諸菩薩摩訶薩能以如
是布施愛語利行同事攝諸有情是為甚奇
希有之法
復次善現我以佛眼遍觀十方殑伽沙等諸
世界中有菩薩摩訶薩行深般若波羅蜜多
時教誡教授諸餘菩薩摩訶薩言來善男子
汝應善學引發諸字陀羅尼門謂應善學一
字二字乃至十字如是乃至二十三十乃至若
百若千若万乃至無數引發自在又應善

BD13990號　大般若波羅蜜多經卷四七〇　（21–7）

復次善現我以佛眼遍觀十方殑伽沙等諸
世界中有菩薩摩訶薩行深般若波羅蜜多
時教誡教授諸餘菩薩摩訶薩言來善男子
汝應善學引發諸字陀羅尼門謂應善學一
字二字乃至十字如是乃至二十三十乃至若
百若千若万乃至無數引發自在又應善
學一切語言皆入一字或入二字乃至十字
如是乃至或入二十或入三十乃至若百若
千若万乃至無數引發自在又應善學於一
字中攝一切字一切字中攝於一字引發自
在又應善學一字能攝四十二本母字四十
二本母字能攝一字善現是菩薩摩訶薩應
如是善學四十二字入於一字一字亦入四
十二字如是學已於諸字中引發善巧於引
發字得善巧已復於無字引發善巧如諸如
來應正等覺於法善巧於字善巧以於諸法
諸字善巧於無字中亦得善巧由善巧故能
為有情說有字法說無字法為無字法說有
字法所以者何離字無字無異佛法過一
切字名真佛法所以者何以一切法一切有
情皆畢竟空無際空故具壽善現白言世
尊若一切法一切有情皆畢竟空無際空故超
諸字者則一切法一切有情自性畢竟皆
不可得諸菩薩摩訶薩云何修行布施波羅
蜜多乃至般若波羅蜜多云何修行四靜慮
四無量四無色定云何修行四念住乃至八
聖道支云何修行空無相無願解脫門云何
安住內空乃至無性自性空云何安住真如

BD13990號　大般若波羅蜜多經卷四七〇　（21–8）

不可得諸菩薩摩訶薩云何脩行布施波羅
蜜多乃至般若波羅蜜多云何脩行四靜慮
四無量四無色定云何脩行四念住乃至八
聖道支云何脩行空無相無願解脫門云何
安住内空乃至無性自性空云何安住真如
乃至不思議界云何安住苦集滅道聖諦云
何脩行八解脫乃至十遍處云何脩行極喜
地乃至法雲地云何脩行一切陀羅尼門三
摩地門云何脩行五眼六神通云何脩行如
來十力乃至十八佛不共法云何脩行無忘
失法恒住捨性云何脩行一切智道相智一
切相智云何脩行三十二大士相八十隨好
云何安住異熟六種波羅蜜多及六神通為
諸有情宣說正法世尊一切有情皆不可得
有情施設亦不可得一切有情不可得故色
乃至識亦不可得眼處乃至意處亦不可得
色處乃至法處亦不可得眼界乃至意界亦
不可得色界乃至法界亦不可得眼識界乃
至意識界亦不可得眼觸乃至意觸亦不可
得眼觸為緣所生諸受乃至意觸為緣所生
諸受亦不可得地界乃至識界亦不可得因
緣乃至增上緣亦不可得從緣所生諸法亦
不可得無明乃至老死亦不可得布施波羅
蜜多乃至般若波羅蜜多亦不可得四靜慮
四無量四無色定亦不可得四念住乃至八
聖道支亦不可得空無相無願解脫門亦不
可得内空乃至無性自性空亦可得真如

BD13990號　大般若波羅蜜多經卷四七〇　（21–9）

蜜多乃至般若波羅蜜多亦不可得四靜慮
四無量四無色定亦不可得四念住乃至八
聖道支亦不可得空無相無願解脫門亦不
可得内空乃至無性自性空亦可得真如
乃至不思議界亦不可得苦集滅道聖諦亦
不可得八解脫乃至十遍處亦不可得淨觀
地乃至如來地亦不可得極喜地乃至法雲
地亦不可得一切陀羅尼門三摩地門亦不
可得五眼六神通亦不可得如來十力乃至
十八佛不共法亦不可得無忘失法恒住捨
性亦不可得一切智道相智一切相智亦不
可得預流果乃至獨覺菩提亦不可得一切
菩薩摩訶薩行諸佛無上正等菩提亦不可
得三十二大士相八十隨好亦不可得世尊
不可得中無有情亦無彼施設無色乃至識
亦無彼施設無眼處乃至意處亦無彼施設
無色處乃至法處亦無彼施設無眼界乃至
意界亦無彼施設無色界乃至法界亦無彼
施設無眼識界乃至意識界亦無彼施設無
眼觸乃至意觸亦無彼施設無眼觸為緣所
生諸受乃至意觸為緣所生諸受亦無彼
施設無地界乃至識界亦無彼施設無因緣乃
至增上緣亦無彼施設無從緣所生諸法亦
無彼施設無無明乃至老死亦無彼施設無
布施波羅蜜多乃至般若波羅蜜多亦無彼
施設無四靜慮四無量四無色定亦無彼施
設無四念住乃至八聖道支亦無彼施設無

BD13990號　大般若波羅蜜多經卷四七〇　（21–10）

至增上緣亦無彼施設無從緣所生諸法亦
無彼施設無無明乃至老死亦無彼施設無
布施波羅蜜多乃至般若波羅蜜多亦無彼
施設無四靜慮四無量四無色定亦無彼施
設無四念住乃至八聖道支亦無彼施設無
空無相無願解脫門亦無彼施設無內空乃
至無性自性空亦無彼施設無真如乃至
不思議界亦無彼施設無苦集滅道聖諦亦
無彼施設無八解脫乃至十遍處亦無彼施
設無淨觀地乃至如來地亦無彼施設無極
喜地乃至法雲地亦無彼施設無一切陁羅尼
門三摩地門亦無彼施設無五眼六神通亦
無彼施設無如來十力乃至十八佛不共法
亦無彼施設無無忘失法恒住捨性亦無彼
施設無一切智道相智一切相智亦無彼施設
無預流果乃至獨覺菩提亦無彼施設無
一切菩薩摩訶薩行諸佛無上正等菩提亦
無彼施設無三十二大士相八十隨好亦無
彼施設世尊一切有情法及施設既不可得
都無所有諸菩薩摩訶薩行深般若波羅
蜜多時為諸有情說何等法世尊勿諸菩薩
摩訶薩衆自安住不正法為諸有情說不正法
勸諸有情住不正法以顛倒法安立有情所
以者何諸菩薩摩訶薩行深般若波羅蜜多
時尚不得菩提況得菩提分法尚不得菩薩
摩訶薩況得菩薩摩訶薩法佛告善現如是
如是如汝所說一切有情皆不可得一切有
情施設亦不可得一切法皆不可得一切法

BD13990號　大般若波羅蜜多經卷四七〇　（21–11）

以者何諸菩薩摩訶薩行深般若波羅蜜多
時尚不得菩提況得菩提分法尚不得菩薩
摩訶薩況得菩薩摩訶薩法佛告善現如是
如是如汝所說一切有情皆不可得一切有
情施設亦不可得一切法皆不可得一切法
施設亦不可得由不可得都無所有無所有
故當知內空外空內外空空空大空勝義空
有為空無為空畢竟空無際空散空無變異
空本性空自相空一切法空不可得空無性空
自性空無性自性空當知真如空法界空法
性空不虛妄性空不變異性空平等性空離
生性空法定空法住空實際空虛空界空
不思議界空當知苦聖諦空集聖諦空滅聖諦
空道聖諦空當知色蘊乃至識蘊空當知
眼處乃至意處空當知色處乃至法處空當
知眼界乃至意界空當知色界乃至法界空當
知眼識界乃至意識界空當知眼觸乃至意
觸空當知眼觸為緣所生諸受乃至意觸為
緣所生諸受空當知地界乃至識界空當知
因緣乃至增上緣空當知從緣所生諸法空
當知無明乃至老死空當知我有情乃至知
者見者空當知布施波羅蜜多乃至般若波
羅蜜多空當知四靜慮四無量四無色定空
當知四念住乃至八聖道支空當知空無相
無願解脫門空當知八解脫乃至十遍處空
當知淨觀地乃至如來地空當知極喜地乃
至法雲地空當知一切陁羅尼門三摩地門
空當知五眼六神通空當知如來十力

BD13990號　大般若波羅蜜多經卷四七〇　（21–12）

當知四念住乃至八聖道支空當知空無相
無願解脫門空當知八解脫乃至十遍處空
當知淨觀地乃至如來地空當知極喜地乃
至法雲地空當知一切陁羅尼門三摩地門
空當知五眼六神通空當知如來十力
乃至十八佛不共法空當知無忘失法恒住捨性
空當知一切智道相智一切相智空當知預
流果乃至獨覺菩提空當知菩薩摩訶薩
正性離生空當知成熟有情嚴淨佛土空當
知一切菩薩摩訶薩行空當知諸佛無上正
等菩提空當知三十二大士相八十隨好空善
現諸菩薩摩訶薩行深般若波羅蜜多時
見一切法皆悉空已為諸有情宣說諸法令離
顛倒雖為有情宣說諸法而於有情都無
得於一切法亦無所得於諸空相不增不減無
取無捨由是因緣雖說諸法而無所說善現是
菩薩摩訶薩於一切法如是觀時得無障智
由此智故不壞諸法無二分別為諸有情如
實宣說令離妄想顛倒執著隨其所應趣
三乘果證得究竟常樂涅槃如有如來應正
等覺化作一佛是佛復能化作無量百千俱
胝那庾多眾時彼化佛教所化眾或令脩行
布施波羅蜜多乃至般若波羅蜜多或令脩
行四靜慮四無量四無色定或令脩行四念住
乃至八聖道支或令脩行空無相無願解脫
門或令安住內空乃至無性自性空或令安
住真如乃至不思議界或令安住苦集滅道

BD13990號　大般若波羅蜜多經卷四七〇　（21–13）

布施波羅蜜多乃至般若波羅蜜多或令脩
行四靜慮四無量四無色定或令脩行四念住
乃至八聖道支或令脩行空無相無願解脫
門或令安住內空乃至無性自性空或令安
住真如乃至不思議界或令安住苦集滅道
聖諦或令脩行八解脫乃至十遍處或令脩
行淨觀地乃至如來地或令脩行極喜地乃
至法雲地或令脩行一切陁羅尼門三摩地
門或令脩行五眼六神通或令脩行如來十
力乃至十八佛不共法或令脩行三十二大
士相八十隨好或令脩行無忘失法恒
住捨性或令脩行一切智道相智一切相智
或令安住預流果乃至獨覺菩提或令安住
菩薩勝位或令安住無上菩提善現於意云
何是時化佛及所化眾頗於諸法有所分別
有破壞不善現對曰不也世尊諸所變化於
一切法無分別故佛言善現由此因緣當知
菩薩摩訶薩眾亦復如是行深般若波羅蜜
多為諸有情如應說法雖不分別破壞法相
而能如實安立有情令其安住所應住地雖
於有情及一切法都無所得而令有情解脫
妄想顛倒執著無縛無脫為方便故所以者
何善現色本性乃至識本性無縛無脫若法
本性無縛無脫是法非色乃至非識何以故
色乃至識畢竟淨故善現眼處本性乃至意
處本性無縛無脫若法本性無縛無脫是法
非眼處乃至非意處何以故眼處乃至意處
畢竟淨故善現色處本性乃至法處本性無

BD13990號　大般若波羅蜜多經卷四七〇　（21–14）

本性無縛無脫是法非色乃至非識何以故
色乃至識畢竟淨故善現眼處本性乃至意
處本性無縛無脫若法本性無縛無脫是法
非眼處乃至非意處何以故眼處乃至意處
畢竟淨故善現色處本性乃至法處本性無
縛無脫若法本性無縛無脫是法非色處乃
至非法處何以故色處乃至法處畢竟淨故
善現眼界本性乃至意界本性無縛無脫若
法本性無縛無脫是法非眼界乃至非意界
何以故眼界乃至意界畢竟淨故善現色界
本性乃至法界本性無縛無脫若法本性無
縛無脫是法非色界乃至非法界何以故色
界乃至法界畢竟淨故善現眼識界本性乃
至意識界本性無縛無脫若法本性無縛無
脫是法非眼識界乃至非意識界何以故眼
識界乃至意識界畢竟淨故善現眼觸本性
乃至意觸本性無縛無脫若法本性無縛無
脫是法非眼觸乃至非意觸何以故眼觸乃
至意觸畢竟淨故善現眼觸為緣所生諸受
本性乃至意觸為緣所生諸受本性無縛無
脫若法本性無縛無脫是法非眼觸為緣所
生諸受乃至非意觸為緣所生諸受何以故
眼觸為緣所生諸受乃至意觸為緣所生諸
受畢竟淨故善現地界本性乃至識界本性
無縛無脫若法本性無縛無脫是法非地界
乃至非識界何以故地界乃至識界畢竟淨
故善現因緣本性乃至增上緣本性無縛無
脫若法本性無縛無脫是法非因緣乃至非

BD13990 號　大般若波羅蜜多經卷四七〇　（21–15）

受畢竟淨故善現地界本性乃至識界本性
無縛無脫若法本性無縛無脫是法非地界
乃至非識界何以故地界乃至識界畢竟淨
故善現因緣本性乃至增上緣本性無縛無
脫若法本性無縛無脫是法非因緣乃至非
增上緣何以故因緣乃至增上緣畢竟淨故
善現從緣所生諸法本性無縛無脫若法本
性無縛無脫是法非從緣所生諸法何以故從
緣所生諸法畢竟淨故善現無明本性乃至
老死本性無縛無脫若法本性無縛無脫是
法非無明乃至非老死何以故無明乃至老
死畢竟淨故善現布施波羅蜜多本性乃至
般若波羅蜜多本性無縛無脫若法本性無
縛無脫是法非布施波羅蜜多乃至非般若
波羅蜜多何以故布施波羅蜜多乃至般若
波羅蜜多畢竟淨故善現四靜慮本性四無
量四無色定本性無縛無脫若法本性無縛
無脫是法非四靜慮四無量四無色定何以
故四靜慮四無量四無色定畢竟淨故善現
四念住本性乃至八聖道支本性無縛無脫若
法本性無縛無脫是法非四念住乃至非八
聖道支何以故四念住乃至八聖道支畢竟
淨故善現空解脫門本性無相無願解脫門
本性無縛無脫若法本性無縛無脫是法
非空無相無願解脫門何以故空無相無
願解脫門畢竟淨故善現內空本性乃至無
性自性空本性無縛無脫若法本性無縛無

BD13990 號　大般若波羅蜜多經卷四七〇　（21–16）

淨故善現空解脫門本性無相無願解脫門
本性無縛無脫若法本性無縛無脫是法
非空無相無願解脫門何以故空無相無
願解脫門畢竟淨故善現內空本性乃至無
性自性空本性無縛無脫若法本性無縛無
脫是法非內空乃至非無性自性空何以故
內空乃至無性自性空畢竟淨故善現真如
本性乃至不思議界本性無縛無脫若法本
性無縛無脫是法非真如乃至非不思議界
何以故真如乃至不思議界畢竟淨故善現
苦集滅道聖諦本性無縛無脫若法本性無
縛無脫是法非苦集滅道聖諦何以故苦集
滅道聖諦畢竟淨故善現八解脫本性乃至
十遍處本性無縛無脫若法本性無縛無脫
是法非八解脫乃至非十遍處何以故八解
脫乃至十遍處畢竟淨故善現淨觀地本性
乃至如來地本性無縛無脫若法本性無縛
無脫是法非淨觀地乃至非如來地何以故
淨觀地乃至如來地畢竟淨故善現極喜
地本性乃至法雲地本性無縛無脫若法本性
無縛無脫是法非極喜地乃至非法雲地何
以故極喜地乃至法雲地畢竟淨故善現陀
羅尼門本性三摩地門本性無縛無脫若法
本性無縛無脫是法非陀羅尼門三摩地門
何以故陀羅尼門三摩地門畢竟淨故善現
五眼本性六神通本性無縛無脫若法本性
無縛無脫是法非五眼六神通何以故五眼
六神通畢竟淨故善現如來十力本性乃至

BD13990 號　大般若波羅蜜多經卷四七〇　（21–17）

以故極喜地乃至法雲地畢竟淨故善現陀
羅尼門本性三摩地門本性無縛無脫若法
本性無縛無脫是法非陀羅尼門三摩地門
何以故陀羅尼門三摩地門畢竟淨故善現
五眼本性六神通本性無縛無脫若法本性
無縛無脫是法非五眼六神通何以故五眼
六神通畢竟淨故善現如來十力本性乃至
十八佛不共法本性無縛無脫若法本性無
縛無脫是法非如來十力乃至非十八佛不
共法何以故如來十力乃至十八佛不共法
畢竟淨故善現三十二大士相本性八十隨
好本性無縛無脫若法本性無縛無脫是法
非三十二大士相八十隨好何以故三十二大
士相八十隨好畢竟淨故善現無忘失法
本性恒住捨性本性無縛無脫若法本性無
縛無脫是法非無忘失法恒住捨性何以故
無忘失法恒住捨性畢竟淨故善現一切智
本性道相智一切相智本性無縛無脫若法
本性無縛無脫是法非一切智道相智一切
相智何以故一切智道相智一切相智畢竟
淨故善現預流果本性乃至獨覺菩提本性
無縛無脫若法本性無縛無脫是法非預流
果乃至非獨覺菩提何以故預流果乃至獨
覺菩提畢竟淨故善現一切菩薩摩訶薩
行本性諸佛無上正等菩提本性無縛無脫若
法本性無縛無脫是法非一切菩薩摩訶薩
行諸佛無上正等菩提何以故一切菩薩摩
訶薩行諸佛無上正等菩提畢竟淨故善現

BD13990 號　大般若波羅蜜多經卷四七〇　（21–18）

無忘失法恒住捨性畢竟淨故善現一切智
本性道相智一切相智本性無縛無脫若法
本性無縛無脫是法非一切智道相智一切
相智何以故一切智道相智一切相智畢竟
淨故善現預流果本性乃至獨覺菩提本性
無縛無脫若法本性無縛無脫是法非預流
果乃至非獨覺菩提何以故預流果乃至獨
覺菩提畢竟淨故善現一切菩薩摩訶薩
行本性諸佛無上正等菩提本性無縛無脫若
法本性無縛無脫是法非一切菩薩摩訶薩
行諸佛無上正等菩提何以故一切菩薩摩
訶薩行諸佛無上正等菩提畢竟淨故善現
善法非善法本性無縛無脫若法本性無縛
無脫是法非善法非非善法何以故善法非
善法畢竟淨故善現有記法無記法本性無
縛無脫若法本性無縛無脫是法非有記法
非無記法何以故有記法無記法畢竟淨故
善現有漏法無漏法本性無縛無脫若法本
性無縛無脫是法非有漏法非無漏法何以
故有漏法無漏法畢竟淨故善現世間法出
世間法本性無縛無脫若法本性無縛無脫
是法非世間法非出世間法何以故世間法
出世間法畢竟淨故善現有為法無為法本
性無縛無脫若法本性無縛無脫是法非有
為法非無為法何以故有為法無為法畢竟
淨故如是善現諸菩薩摩訶薩行深般若波
羅蜜多時雖為有情宣說諸法而於有情及

BD13990號　大般若波羅蜜多經卷四七〇　（21-19）

無忘失法恒住捨性畢竟淨故善現一切智
本性道相智一切相智本性無縛無脫若法
本性無縛無脫是法非一切智道相智一切
相智何以故一切智道相智一切相智畢竟
淨故善現預流果本性乃至獨覺菩提本性
無縛無脫若法本性無縛無脫是法非預流
果乃至非獨覺菩提何以故預流果乃至獨
覺菩提畢竟淨故善現一切菩薩摩訶薩
行本性諸佛無上正等菩提本性無縛無脫若
法本性無縛無脫是法非一切菩薩摩訶薩
行諸佛無上正等菩提何以故一切菩薩摩
訶薩行諸佛無上正等菩提畢竟淨故善現
善法非善法本性無縛無脫若法本性無縛
無脫是法非善法非非善法何以故善法非
善法畢竟淨故善現有記法無記法本性無
縛無脫若法本性無縛無脫是法非有記法
非無記法何以故有記法無記法畢竟淨故
善現有漏法無漏法本性無縛無脫若法本
性無縛無脫是法非有漏法非無漏法何以
故有漏法無漏法畢竟淨故善現世間法出
世間法本性無縛無脫若法本性無縛無脫
是法非世間法非出世間法何以故世間法
出世間法畢竟淨故善現有為法無為法本
性無縛無脫若法本性無縛無脫是法非有
為法非無為法何以故有為法無為法畢竟
淨故如是善現諸菩薩摩訶薩行深般若波
羅蜜多時雖為有情宣說諸法而於有情及

BD13990號　大般若波羅蜜多經卷四七〇　（21-20）

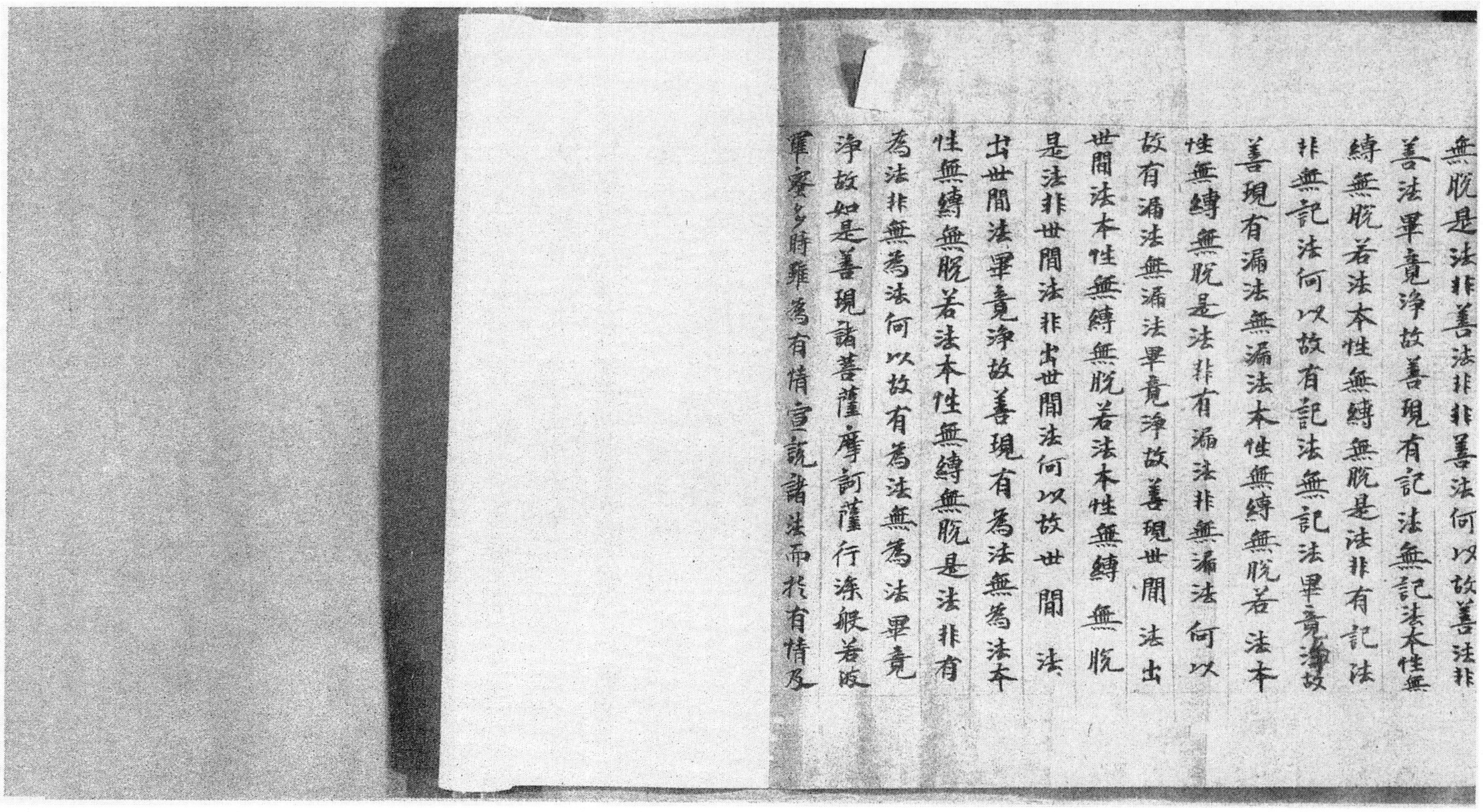
無脫是法非善法非非善法何以故善法非
善法畢竟淨故善現有記法無記法本性無
縛無脫若法本性無縛無脫是法非有記法
非無記法何以故有記法無記法畢竟淨故
善現有漏法無漏法本性無縛無脫若法本
性無縛無脫是法非有漏法非無漏法何以
故有漏法無漏法畢竟淨故善現世間法出
世間法本性無縛無脫若法本性無縛無脫
是法非世間法非出世間法何以故世間法
出世間法畢竟淨故善現有為法無為法本
性無縛無脫若法本性無縛無脫是法非有
為法非無為法何以故有為法無為法畢竟
淨故如是善現諸菩薩摩訶薩行深般若波
羅蜜多時雖為有情宣說諸法而於有情及

BD13990 號　大般若波羅蜜多經卷四七〇　　（21–21）

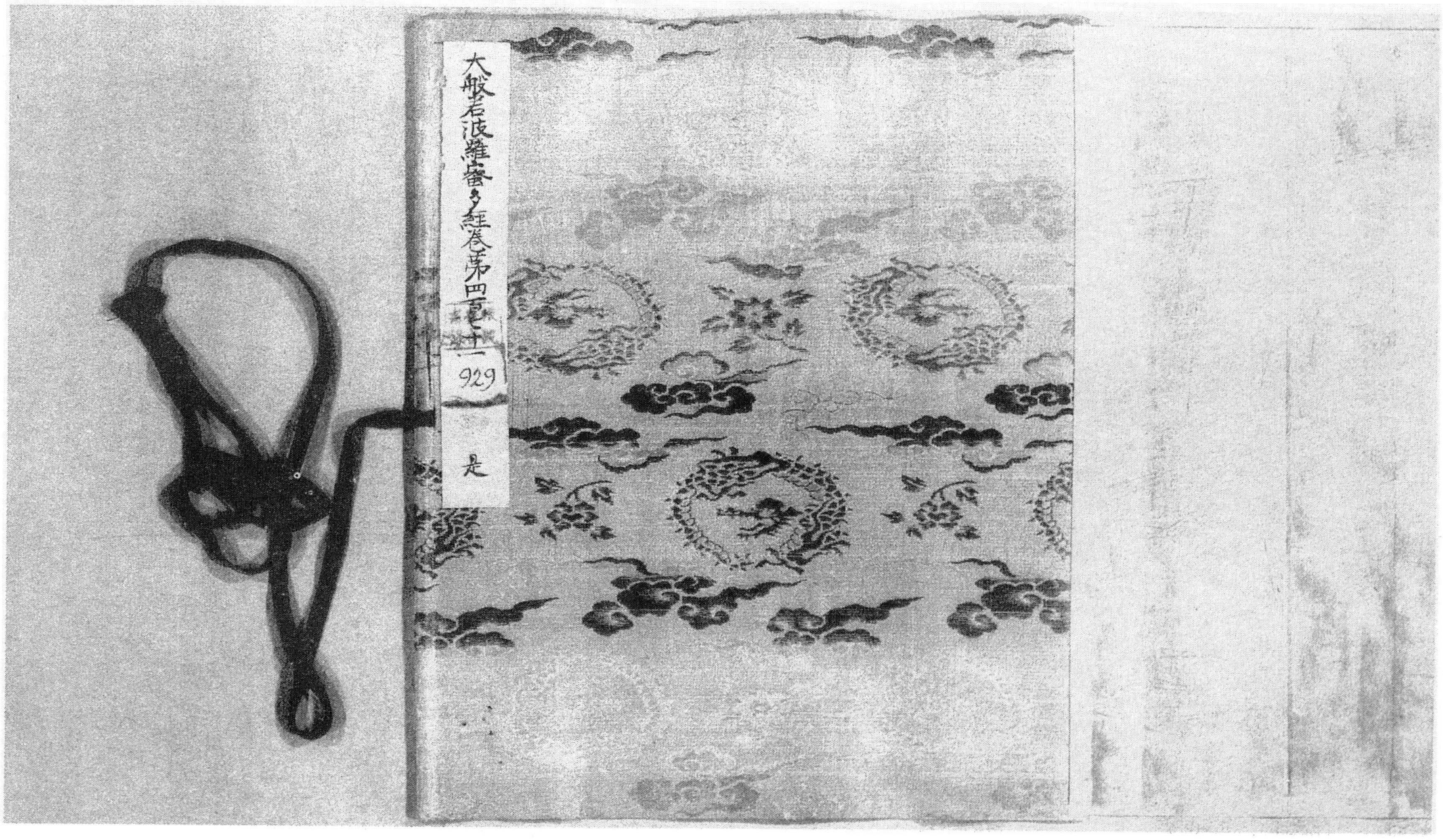

BD13991 號背　現代護首　　（1–1）

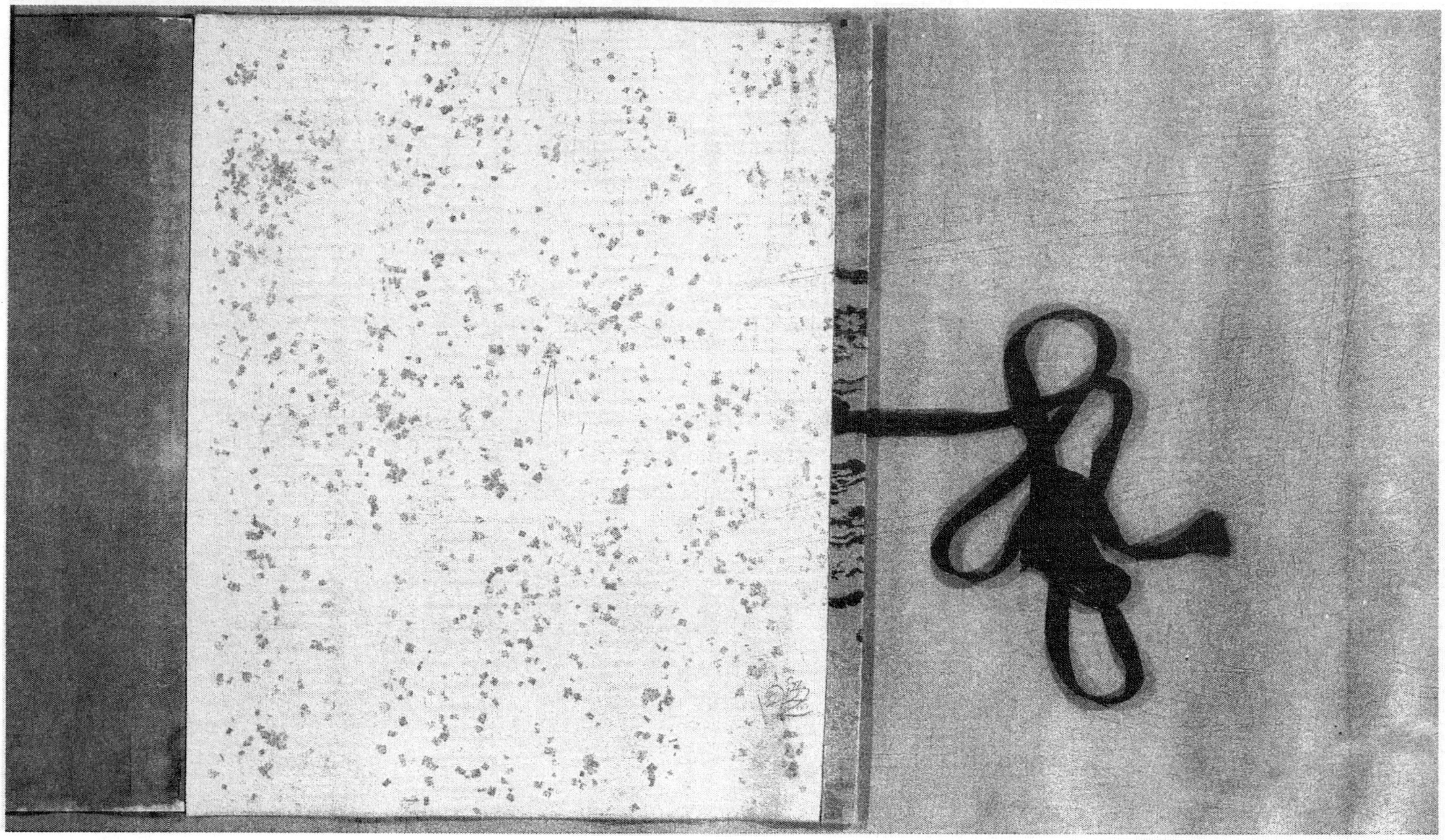

BD13991 號　大般若波羅蜜多經卷四七一　（25–1）

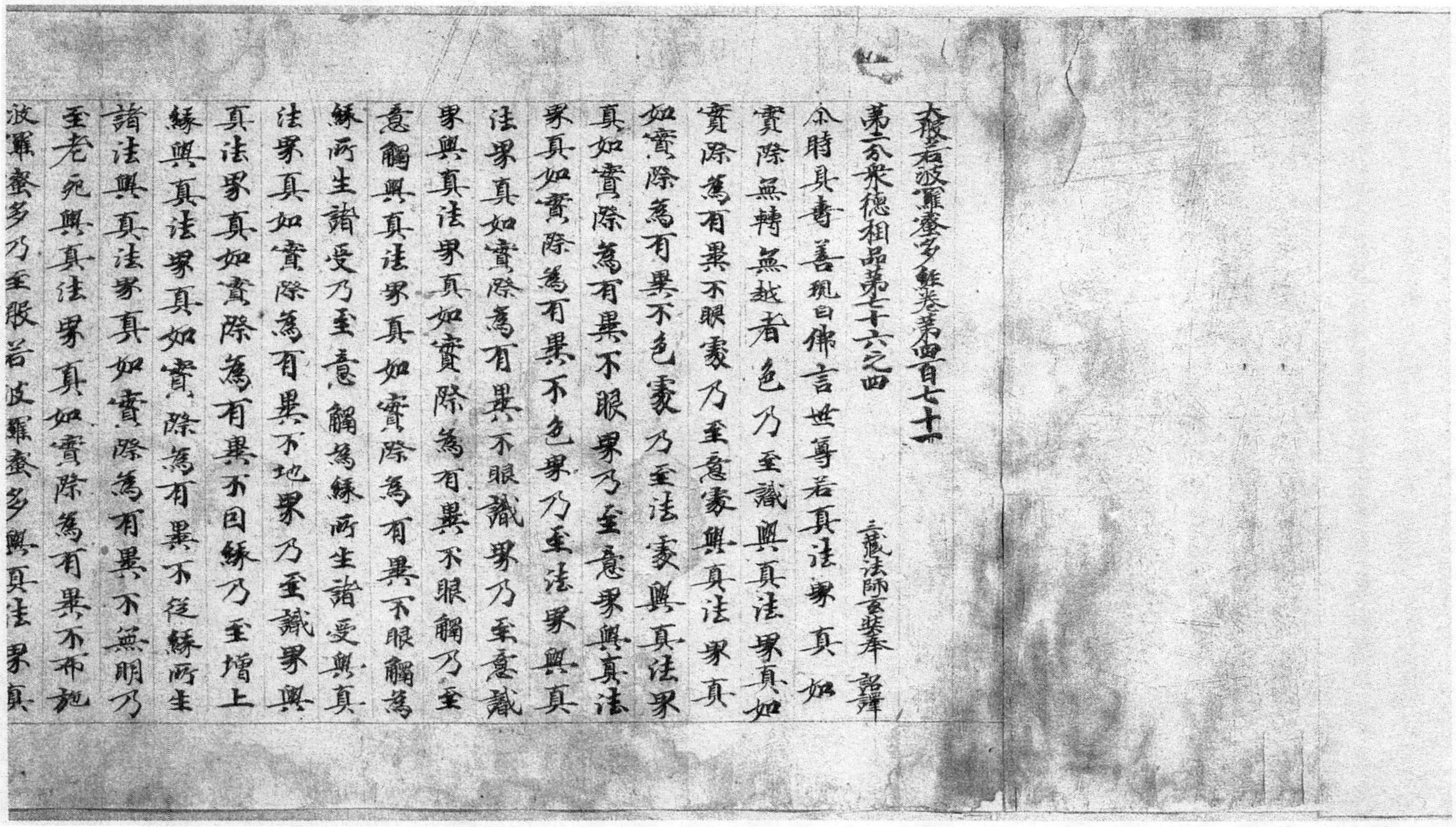

大般若波羅蜜多經卷第四百七十一
第三分衆德相品第七十六之四　三藏法師玄奘奉　詔譯
尒時具壽善現白佛言世尊若真法界真如
實際無轉無越者色乃至識與真法界真如
實際為有異不眼處乃至意處與真法界真
如實際為有異不色處乃至法處與真法界
真如實際為有異不眼界乃至意界與真法
界真如實際為有異不色界乃至法界與真
法界真如實際為有異不眼識界乃至意識
界與真法界真如實際為有異不眼觸乃至
意觸與真法界真如實際為有異不眼觸為
緣所生諸受乃至意觸為緣所生諸受與真
法界真如實際為有異不地界乃至識界與
真法界真如實際為有異不因緣乃至增上
緣與真法界真如實際為有異不從緣所生
諸法與真法界真如實際為有異不無明乃
至老死與真法界真如實際為有異不布施
波羅蜜多乃至般若波羅蜜多與真法界真

BD13991 號　大般若波羅蜜多經卷四七一　（25–2）

法界真如實際為有異不地界乃至識界與
真法界真如實際為有異不因緣乃至增上
緣與真法界真如實際為有異不從緣所生
諸法與真法界真如實際為有異不無明乃
至老死與真法界真如實際為有異不布施
波羅蜜多乃至般若波羅蜜多與真法界真
如實際為有異不四靜慮四無量四無色定
與真法界真如實際為有異不四念住乃至
八聖道支與真法界真如實際為有異不空無
相無願解脫門與真法界真如實際為有
異不內空乃至無性自性空與真法界真如
實際為有異不苦集滅道聖諦與真法界真
如實際為有異不八解脫乃至十遍處與真
法界真如實際為有異不淨觀地乃至如來
地與真法界真如實際為有異不極喜地乃
至法雲地與真法界真如實際為有異不一
切陀羅尼門三摩地門與真法界真如實際
為有異不五眼六神通與真法界真如實際
為有異不如來十力乃至十八佛不共法與
真法界真如實際為有異不三十二大士相
八十隨好與真法界真如實際為有異不無
忘失法恒住捨性與真法界真如實際為有
異不一切智道相智一切相智與真法界真如
如實際為有異不預流果乃至獨覺菩提與
真法界真如實際為有異不一切菩薩摩訶
薩行諸佛無上正等菩提與真法界真如實
際為有異不善法非善法與真法界真如實

BD13991號　大般若波羅蜜多經卷四七一　（25-3）

忘失法恒住捨性與真法界真如實際為有
異不一切智道相智一切相智與真法界真如
如實際為有異不預流果乃至獨覺菩提與
真法界真如實際為有異不一切菩薩摩訶
薩行諸佛無上正等菩提與真法界真如實
際為有異不善法非善法與真法界真如實
際為有異不有記法無記法與真法界真如
實際為有異不有漏法無漏法與真法界真
如實際為有異不世間法出世間法與真法界
界真如實際為有異不有為法無為法與真
法界真如實際為有異不佛告善現色乃至
識不異真法界真如實際如是乃至一切菩薩
摩訶薩行諸佛無上正等菩提不異真法
界真如實際善法非善法不異真法界真如
實際有記法無記法不異真法界真如實際
有漏法無漏法不異真法界真如實際世間法
出世間法不異真法界真如實際有為法無
為法不異真法界真如實際具壽善現復白
佛言若色等法與真法界真如實際無有異
者云何世尊施設黑業有黑異熟謂感地
獄傍生鬼界施設白業有白異熟謂感人天
施設黑白業有黑白異熟謂感一分傍生鬼界
及一分人施設非黑非白業有非黑非白異
熟謂感預流一來不還阿羅漢果獨覺菩
提諸佛無上正等菩提佛告善現我依世俗
施設如是因果差別不依勝義以勝義中不

BD13991號　大般若波羅蜜多經卷四七一　（25-4）

施設黑白業有黑白異熟謂感一分傍生鬼界
及一分人施設非黑非白業有非黑非白異
熟謂感預流一來不還阿羅漢果獨覺菩
提諸佛無上正等菩提佛告善現我依世俗
施設如是因果差別不依勝義以勝義中不
可説有因果差別所以者何勝義諦理諸法
性相不可分別無説無示如何當有因果差
別善現當知於勝義諦色乃至識無生無滅
無染無淨以畢竟空無際空故眼處乃至意
處無生無滅無染無淨以畢竟空無際空故
色處乃至法處無生無滅無染無淨以畢竟
空無際空故眼界乃至意界無生無滅無染
無淨以畢竟空無際空故色界乃至法界無
生無滅無染無淨以畢竟空無際空故眼識
界乃至意識界無生無滅無染無淨以畢竟
空無際空故眼觸乃至意觸無生無滅無染
無淨以畢竟空無際空故眼觸爲緣所生諸
受乃至意觸爲緣所生諸受無生無滅無染
無淨以畢竟空無際空故地界乃至識界無
生無滅無染無淨以畢竟空無際空故因緣
乃至增上緣無生無滅無染無淨以畢竟空
無際空故從緣所生諸法無生無滅無染無
淨以畢竟空無際空故無明乃至老死無生
無滅無染無淨以畢竟空無際空故布施波
羅蜜多乃至般若波羅蜜多無生無滅無染
無淨以畢竟空無際空故四靜慮四無量四
無色定無生無滅無染無淨以畢竟空無際

BD13991 號　大般若波羅蜜多經卷四七一　（25–5）

乃至增上緣無生無滅無染無淨以畢竟空
無際空故從緣所生諸法無生無滅無染無
淨以畢竟空無際空故無明乃至老死無生
無滅無染無淨以畢竟空無際空故布施波
羅蜜多乃至般若波羅蜜多無生無滅無染
無淨以畢竟空無際空故四靜慮四無量四
無色定無生無滅無染無淨以畢竟空無際
空故四念住乃至八聖道支無生無滅無染
無淨以畢竟空無際空故空無相無願解脫
門無生無滅無染無淨以畢竟空無際空故
内空乃至無性自性空無生無滅無染無淨
以畢竟空無際空故真如乃至不思議界無
生無滅無染無淨以畢竟空無際空故苦集
滅道聖諦無生無滅無染無淨以畢竟空無
際空故八解脫乃至十遍處無生無滅無染
無淨以畢竟空無際空故淨觀地乃至如來地
無生無滅無染無淨以畢竟空無際空故
極喜地乃至法雲地無生無滅無染無淨以
畢竟空無際空故一切陀羅尼門三摩地門
無生無滅無染無淨以畢竟空無際空故五
眼六神通無生無滅無染無淨以畢竟空無
際空故如來十力乃至十八佛不共法無生
無滅無染無淨以畢竟空無際空故三十二
大士相八十隨好無生無滅無染無淨以畢
竟空無際空故無忘失法恒住捨性無生無
滅無染無淨以畢竟空無際空故一切智道
相智一切智無生無滅無染無淨以畢竟

BD13991 號　大般若波羅蜜多經卷四七一　（25–6）

無滅無染無淨以畢竟空無際空故三十二
大士相八十隨好無生無滅無染無淨以畢
竟空無際空故無忘失法恒住捨性無生無
滅無染無淨以畢竟空無際空故一切智道
相智一切智無生無滅無染無淨以畢竟
空無際空故預流果乃至獨覺菩提無生無
滅無染無淨以畢竟空無際空故一切菩薩
摩訶薩行諸佛無上正等菩提無生無滅無
染無淨以畢竟空無際空故善法非善法無
生無滅無染無淨以畢竟空無際空故有記
法無記法無生無滅無染無淨以畢竟空無
際空故有漏法無漏法無生無滅無染無淨
以畢竟空無際空故世間法出世間法無生
無滅無染無淨以畢竟空無際空故有為法
無為法無生無滅無染無淨以畢竟空無際
空故具壽善現復白佛言若依世俗施設因
果分位差別不依勝義則應一切愚夫異生
亦有預流一來不還阿羅漢果獨覺菩提及
佛無上正等菩提佛告善現於意云何愚夫
異生為如實覺世俗勝義二諦理不若如實覺
二諦理者彼亦應有預流一來不還阿羅漢
果獨覺菩提及佛無上正等菩提然諸愚
夫異生不如實覺世俗勝義故無聖道無脩
聖道不可施設有諸聖果分位差別唯諸聖
者能如實覺世俗勝義故有聖道有脩聖道
由斯得有聖果差別具壽善現復白佛言若

BD13991號　大般若波羅蜜多經卷四七一　（25-7）

果獨覺菩提及佛無上正等菩提然諸愚
夫異生不如實覺世俗勝義故無聖道無脩
聖道不可施設有諸聖果分位差別唯諸聖
者能如實覺世俗勝義故有聖道有脩聖道
由斯得有聖果差別具壽善現復白佛言若
脩聖道得聖果不佛言不也具壽善現復白
佛言不脩聖道得聖果不佛言不也善現當
知非脩聖道能得聖果亦非不脩聖道能得
聖道非離聖道能得聖果亦非住聖道中能
得聖果所以者何於勝義諦道及道果脩與
不脩不可得故如是善現諸菩薩摩訶薩行
深般若波羅蜜多時雖為有情施設聖果種
種差別而不分別在有為界或無為界施設
聖果分位差別具壽善現復白佛言差不分
別在有為界或無為界施設聖果分位差別
云何如來應正等覺說斷三結名預流果薄
欲貪瞋名一來果斷順下分五結永盡名不
還果斷順上分五結永盡名阿羅漢果知所
有集法皆是滅法名獨覺菩提永斷煩惱習
氣相續名佛無上正等菩提世尊我當云何
知佛所說甚深義趣謂不分別在有為界或
無為界施設聖果分位差別佛告善現於意
云何所說預流一來不還阿羅漢果獨覺菩
提及佛無上正等菩提如是聖果為是有為
為是無為善現對曰如是聖果雖是無為佛
告善現無為法中有分別不善現對曰不也
世尊佛告善現於意云何若善男子善女人

BD13991號　大般若波羅蜜多經卷四七一　（25-8）

無為果施設聖果分位差別佛告善現於意
云何所說預流一來不還阿羅漢果獨覺菩
提及佛無上正等菩提如是聖果為是有為
為是無為善現對曰如是聖果唯是無為佛
告善現無為法中有分別不善現對曰不也
世尊佛告善現於意云何若善男子善女人
等通達一切有為無為皆同一相所謂無相當
於爾時頗於諸法有所分別此是有為或
無為不善現對曰不也世尊佛告善現諸菩
薩摩訶薩亦復如是行深般若波羅蜜多時
雖為有情宣說諸法而不分別所說法相謂
內空故乃至無性自性空故是菩薩摩訶薩
自於諸法無所執著亦能教他於諸法中無
所執著謂於布施波羅蜜多乃至般若波羅
蜜多無所執著亦於四靜慮四無量四無色
定無所執著亦於四念住乃至八聖道支無
所執著亦於空無相無願解脫門無所執著
亦於內空乃至無性自性空無所執著亦於
真如乃至不思議界無所執著亦於苦集滅
道聖諦無所執著亦於八解脫乃至十遍處
無所執著亦於極喜地乃至法雲地無所執
著亦於一切陀羅尼門三摩地門無所執著
亦於五眼六神通無所執著亦於如來十力
乃至十八佛不共法無所執著亦於無忘失
法恒住捨性無所執著亦於一切智道相智
一切相智無所執著亦於一切菩薩摩訶薩

BD13991號　大般若波羅蜜多經卷四七一　（25–9）

著亦於一切陀羅尼門三摩地門無所執著
亦於五眼六神通無所執著亦於如來十力
乃至十八佛不共法無所執著亦於無忘失
法恒住捨性無所執著亦於一切智道相智
一切相智無所執著亦於一切菩薩摩訶薩
行無所執著亦於諸佛無上正等菩提無所
執著亦於一切智智無所執著是菩薩摩訶
薩無所執著故於一切處皆得無礙如諸如來
應正等覺所變化者雖行布施波羅蜜多乃
至般若波羅蜜多而於彼果不受不住唯為
有情般涅槃故如是乃至雖行一切智智而
於彼果不受不住唯為有情般涅槃故諸善
薩摩訶薩亦復如是行深般若波羅蜜多時
於一切法若善若非善若有記若無記若有
漏若無漏若世間若出世間若有為若無為
皆無執著亦無所礙所以者何善達諸法如
實相故
第二分善達品第七十七
爾時具壽善現白佛言世尊諸菩薩摩訶
薩行深般若波羅蜜多時如何善達諸法實相
佛告善現諸菩薩摩訶薩行深般若波羅蜜
多時如所變化不行一切貪瞋癡結不行色
蘊乃至識蘊不行眼處乃至意處不行色處
乃至法處不行眼界乃至意界不行色界乃
至法界不行眼識界乃至意識界不行眼觸
乃至意觸不行眼觸為緣所生諸受乃至意

BD13991號　大般若波羅蜜多經卷四七一　（25–10）

佛告善現諸菩薩摩訶薩行深般若波羅蜜
多時如所變化不行一切貪瞋癡結不行色
蘊乃至識蘊不行眼處乃至意處不行色處
乃至法處不行眼界乃至意界不行色界乃
至法界不行眼識界乃至意識界不行眼觸
乃至意觸不行眼觸為緣所生諸受乃至意
觸為緣所生諸受不行地界乃至識界不行
因緣乃至增上緣不行從緣所生諸法不行
無明乃至老死不行布施波羅蜜多乃至般
若波羅蜜多不行四靜慮四無量四無色定
不行四念住乃至八聖道支不行空無相無
願解脫門不行內空乃至無性自性空不行
真如乃至不思議界不行苦集滅道聖諦不
行八解脫乃至十遍處不行淨觀地乃至如
來地不行極喜地乃至法雲地不行一切陀
羅尼門三摩地門不行五眼六神通不行如
來十力乃至十八佛不共法不行三十二大
士相八十隨好不行无忘失法恒住捨性不
行一切智道相智一切相智不行預流果乃
至獨覺菩提不行一切菩薩摩訶薩行不行
諸佛無上正等菩提不行一切智智不行內法
外法不行隨眠諸纏不行善法非善法不
行有記法無記法不行有漏法無漏法不行
世間法出世間法不行有為法無為法不行
聖道及聖道果諸菩薩摩訶薩行深般若波
羅蜜多時亦復如是於一切法都無所行是
為善達諸法實相具壽善現復白佛言云何

BD13991號　大般若波羅蜜多經卷四七一

（25–11）

諸佛無上正等菩提不行一切智智不行內法
外法不行隨眠諸纏不行善法非善法不
行有記法無記法不行有漏法無漏法不行
世間法出世間法不行有為法無為法不行
聖道及聖道果諸菩薩摩訶薩行深般若波
羅蜜多時亦復如是於一切法都無所行是
為善達諸法實相具壽善現復白佛言云何
所變化而能脩聖道佛告善現所變化者依
脩聖道無染無淨亦不輪轉諸趣生死具壽
善現復白佛言諸菩薩摩訶薩行深般若波
羅蜜多時於一切法云何善達皆無實事佛
告善現於意云何一切如來應正等覺所變
化者為有實事依斯實事有染有淨及有輪
轉諸趣事不善現對曰不也世尊非諸如來
應正等覺所變化者有少實事非依彼事有
染有淨亦無輪轉諸趣生死佛告善現諸菩
薩摩訶薩行深般若波羅蜜多時於一切法
善達實相亦復如是通達諸法都無實事
具壽善現復白佛言為一切色受想行識皆
如化不為一切眼處乃至意處皆如化不為一切
色處乃至法處皆如化不為一切眼界乃至
意界皆如化不為一切色界乃至法界皆
如化不為一切眼識界乃至意識界皆如化
不為一切眼觸乃至意觸皆如化不為一切
眼觸為緣所生諸受乃至意觸為緣所生諸
受皆如化不為一切地界乃至識界皆如化
不為一切因緣乃至增上緣皆如化不為一

BD13991號　大般若波羅蜜多經卷四七一

（25–12）

如化不為一切眼識界乃至意識界皆如化
不為一切眼觸乃至意觸皆如化不為一切
眼觸為緣所生諸受乃至意觸為緣所生諸
受皆如化不為一切地界乃至識界皆如化
不為一切因緣乃至增上緣皆如化不為一
切從緣所生諸法皆如化不為一切無明乃
至老死皆如化不為一切布施波羅蜜多乃
至般若波羅蜜多皆如化不為一切四靜慮
四無量四無色定皆如化不為一切四念住乃
至八聖道支皆如化不為一切空無相無願
解脫門皆如化不為一切內空乃至無性自
性空皆如化不為一切真如乃至不思議
界皆如化不為一切苦集滅道聖諦皆如化
不為一切八解脫乃至十遍處皆如化不為
一切淨觀地乃至如來地皆如化不為一切
極喜地乃至法雲地皆如化不為一切陁羅
尼門三摩地門皆如化不為一切五眼六神
通皆如化不為一切如來十力乃至十八佛
不共法皆如化不為一切三十二大士相八
十隨好皆如化不為一切無忘失法恒住捨
性皆如化不為一切一切智道相智一切相
智皆如化不為一切預流果乃至獨覺菩提
皆如化不為一切菩薩摩訶薩行諸佛無上
正等菩提皆如化不為一切若善法非善法
若有記法無記法若有漏法無漏法若世間
法出世間法若有為法無為法皆如化不為

BD13991 號　大般若波羅蜜多經卷四七一　　（25–13）

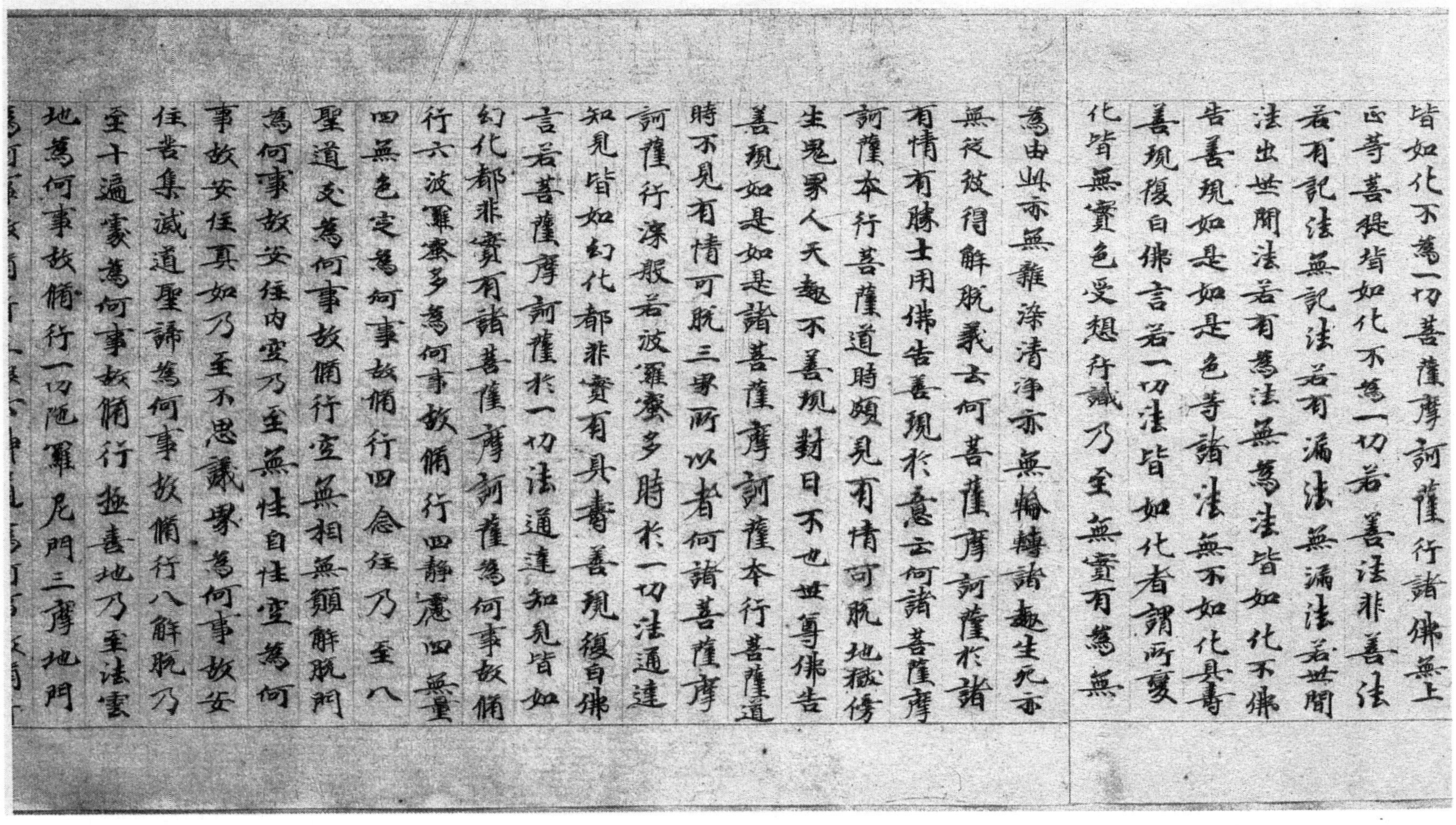

皆如化不為一切菩薩摩訶薩行諸佛無上
正等菩提皆如化不為一切若善法非善法
若有記法無記法若有漏法無漏法若世間
法出世間法若有為法無為法皆如化不為
告善現如是如是色等諸法無不如化具壽
善現復白佛言若一切法皆如化者謂所變
化皆無實色受想行識乃至無實有為無
為由此亦無雜染清淨亦無輪轉諸趣生死亦
無從彼得解脫義云何菩薩摩訶薩於諸
有情有勝士用佛告善現於意云何諸菩薩摩
訶薩本行菩薩道時頗見有情可脫地獄傍
生鬼界人天趣不善現對曰不也世尊佛告
善現如是如是諸菩薩摩訶薩本行菩薩道
時不見有情可脫三界所以者何諸菩薩摩
訶薩行深般若波羅蜜多時於一切法通達
知見皆如幻化都非實有具壽善現復白佛
言若菩薩摩訶薩於一切法通達知見皆如
幻化都非實有諸菩薩摩訶薩為何事故脩
行六波羅蜜多為何事故脩行四靜慮四無量
四無色定為何事故脩行四念住乃至八
聖道支為何事故脩行空無相無願解脫門
為何事故安住內空乃至無性自性空為何
事故安住真如乃至不思議界為何事故安
住苦集滅道聖諦為何事故脩行八解脫乃
至十遍處為何事故脩行極喜地乃至法雲
地為何事故脩行一切陁羅尼門三摩地門

BD13991 號　大般若波羅蜜多經卷四七一　　（25–14）

聖道支為何事故修行空無相無願解脫門
為何事故安住內空乃至無性自性空為何
事故安住真如乃至不思議界為何事故安
住苦集滅道聖諦為何事故修行八解脫乃
至十遍處為何事故修行極喜地乃至法雲
地為何事故修行一切陁羅尼門三摩地門
為何事故修行五眼六神通為何事故修行
如來十力乃至十八佛不共法為何事故修行
無忘失法恒住捨性為何事故修行一切智
道相智一切相智為何事故修行一切菩薩
摩訶薩行為何事故修行諸佛無上正等
菩提為何事故成熟有情為何事故嚴淨佛
土佛告善現若諸有情於一切法能自通達
皆如幻化都非實有諸菩薩摩訶薩不應
經於三無數劫為諸有情修行菩薩難行苦行
以諸有情於一切法不能通達皆如幻化都
非實有是故菩薩三無數劫為諸有情修行
菩薩難行苦行復次善現若菩薩摩訶薩
於一切法不能通達皆如幻化都非實有不應
經於三無數劫為諸有情修行菩薩行嚴淨佛
土成熟有情以菩薩摩訶薩於一切法如實
通達皆如幻化都非實有是故經於三無數劫
為諸有情修行六種波羅蜜多廣說乃至
成熟有情嚴淨佛土證得無上正等菩提
尒時具壽善現白佛言世尊若一切法如幻
如夢如響如像如光影如陽焰如尋香城如
變化事所化有情住在何處諸菩薩摩訶薩

BD13991號　大般若波羅蜜多經卷四七一　（25–15）

通達皆如幻化都非實有是故經於三無數劫
為諸有情修行六種波羅蜜多廣說乃至
成熟有情嚴淨佛土證得無上正等菩提
尒時具壽善現白佛言世尊若一切法如幻
如夢如響如像如光影如陽焰如尋香城如
變化事所化有情住在何處諸菩薩摩訶薩
行深般若波羅蜜多救拔令出佛告善現所
化有情住在名相虛妄分別諸菩薩摩訶薩
行深般若波羅蜜多從彼名相虛妄分別救
拔令出具壽善現復白佛言何等為名何等
為相佛告善現名唯是客唯假施設表所顯
義謂此名色受想行識此名眼處乃至意處
此名色處乃至法處此名眼界乃至意界此
名色界乃至法界此名眼識界乃至意識界
此名為男此名為女此名為小此名為大此
名地獄此名傍生此名鬼界此名為人此名
為天此名善法此名非善法此名有記法此
名無記法此名有漏法此名無漏法此名世
間法此名出世間法此名有為法此名無為
法此名預流果此名一來果此名不還果此
名阿羅漢果此名獨覺菩提此名一切菩薩
摩訶薩行此名諸佛無上正等菩提此名
異生此名聲聞此名獨覺此名菩薩此名如
來善現如是等一切名為表議諸唯假施設故
一切名皆非實有諸有為法亦但有名由此
無為亦非實有愚夫異生於中妄執諸菩薩
摩訶薩行深般若波羅蜜多悲願纏心方便

BD13991號　大般若波羅蜜多經卷四七一　（25–16）

異生此名聲聞此名獨覺此名菩薩此名如
來善現如是等一切名為表議諸唯假施設故
一切名皆非實有諸有為法亦但有名由此
無為亦非實有愚夫異生於中妄執諸菩薩
摩訶薩行深般若波羅蜜多悲願纏心方便
善巧教令遠離作如是言名是分別妄想所
起亦是衆緣和合假立汝等於中不應執着
名無實事自性皆空誰有智者執着空法如
是善現諸菩薩摩訶薩行深般若波羅蜜多
方便善巧為諸有情說遣名法善現是謂為
名相有二種愚夫異生於中執着何等為二
所謂色相及無色相云何色相謂所有色若
過去若未來若現在若內若外若麁若細若
劣若勝若遠若近如是一切自性皆空愚夫
異生分別執着謂之為色是名色相無色相
者謂諸所有無色法中愚夫異生取相分別
生諸煩惱名無色相諸菩薩摩訶薩行深
般若波羅蜜多方便善巧教諸有情遠離二
相復教安住無相界中雖教安住無相界中而
不令其墮二邊執謂此是相此是無相如是
善現諸菩薩摩訶薩行深般若波羅蜜多方
便善巧令諸有情遠離諸相行無相界而無
執着其書善現復白佛言若一切法但有名
相一切名相皆是假立虛妄分別之所集趣於
中都無少實可得云何菩薩摩訶薩行深
般若波羅蜜多時於諸善法自能增進亦能

BD13991號　大般若波羅蜜多經卷四七一　(25–17)

便善巧令諸有情遠離諸相行無相界而無
執着其書善現復白佛言若一切法但有名
相一切名相皆是假立虛妄分別之所集趣於
中都無少實可得云何菩薩摩訶薩行深
般若波羅蜜多時於諸善法自能增進亦能
令他增進善法由自善法漸增進故能令諸
地漸得圓滿亦能安立諸有情類令隨所應
住三乘果佛告善現若諸法中少有實事非
但假立有名相者則諸菩薩摩訶薩行深般
若波羅蜜多時應於善法自不增進亦不令
他增進善法以諸法中無少實事但有假立
諸名諸相是故菩薩摩訶薩行深般若波羅
蜜多時於諸善法能自增進亦能令他增
進善法能以無相而為方便圓滿般若波羅蜜
多乃至布施波羅蜜多能以無相而為方便
圓滿四靜慮四無量四無色定能以無相而為
方便圓滿四念住乃至八聖道支能以無相
而為方便圓滿空無相無願解脫門能以
無相而為方便圓滿內空乃至無性自性空
能以無相而為方便圓滿真如乃至不思議
界能以無相而為方便圓滿苦集滅道聖諦
能以無相而為方便圓滿八解脫乃至十遍
處能以無相而為方便圓滿極喜地乃至法
雲地能以無相而為方便圓滿一切陀羅尼
門三摩地門能以無相而為方便圓滿五眼
六神通能以無相而為方便圓滿如來十力

BD13991號　大般若波羅蜜多經卷四七一　(25–18)

衆能以無相而爲方便圓滿苦集滅道聖諦
能以無相而爲方便圓滿八解脫乃至十遍
處能以無相而爲方便圓滿極喜地乃至法
雲地能以無相而爲方便圓滿一切陁羅尼
門三摩地門能以無相而爲方便圓滿五眼
六神通能以無相而爲方便圓滿如來十力
乃至十八佛不共法能以無相而爲方便圓
滿無忘失法恒住捨性能以無相而爲方便
圓滿一切智道相智一切相智能以無相而
爲方便圓滿一切菩薩摩訶薩行能以無相
而爲方便圓滿諸佛無上正等菩提能以無
相而爲方便圓滿一切智智能以無相而爲
方便成熟有情嚴淨佛土如是善現以一切
法無少實事但有假立諸名諸相諸菩薩摩
訶薩於中不起顛倒執著能以無相而爲方
便於諸善法自增進已亦能令他善法增進
復次善現若諸法中有毛端量實法相者則
諸菩薩摩訶薩行深般若波羅蜜多時於一
切法不應覺知無相無念亦無作意無漏相
已證得無上正等菩提安立有情於無漏法
以諸無漏法皆無相無念無作意故如是善
現諸菩薩摩訶薩行深般若波羅蜜多方便
善巧安立有情於無漏法乃名真實饒益他
事具壽善現復白佛言若一切法真無漏性
無相無念無作意者何緣世尊於諸經中數
作是說此是有漏法此是無漏法此是世間

BD13991號　大般若波羅蜜多經卷四七一　（25–19）

現諸菩薩摩訶薩行深般若波羅蜜多方便
善巧安立有情於無漏法乃名真實饒益他
事具壽善現復白佛言若一切法真無漏性
無相無念無作意者何緣世尊於諸經中數
作是說此是有漏法此是無漏法此是世間
法此是出世間法此是有爲法此是無爲法
此是有諍法此是無諍法此是流轉法此是
還滅法此是聲聞法此是獨覺法此是菩薩
法此是佛法邪佛告善現於意云何有漏等
法與無相等無漏法性爲有異不善現對曰
不也世尊佛告善現於意云何聲聞等法與
無相等無漏法性爲有異不善現對曰不也
世尊佛告善現有漏等法豈不即是無相念
等無漏法性善現對曰如是世尊佛告善現
諸預流果乃至無上正等菩提豈不即是無
相念等無漏法性善現對曰如是世尊佛告
善現由此因緣當知一切法皆是無相等無
二無別善現當知若菩薩摩訶薩學一切法
無相無念無作意時常能增長所行善法所
謂布施波羅蜜多乃至般若波羅蜜多若四
靜慮四無量四無色定若四念住乃至八聖道
支若空無相無願解脫門若內空乃至無性
自性空若真如乃至不思議界若苦集滅道
聖諦若八解脫乃至十遍處若極喜地乃至
法雲地若一切陁羅尼門三摩地門若五眼六
神通若如來十力乃至十八佛不共法若無

BD13991號　大般若波羅蜜多經卷四七一　（25–20）

自性空若真如乃至不思議界若苦集滅道
聖諦若八解脫乃至十遍處若極喜地乃至
法雲地若一切陀羅尼門三摩地門若五眼六
神通若如來十力乃至十八佛不共法若無
忘失法恒住捨性若一切智道相智一切相
智若成熟有情嚴淨佛土諸如是等一切
佛法皆由學無相無念無作意而得增長所
以者何諸菩薩摩訶薩除空無相無願解脫
門更無有餘要所學法何以故善現三解脫門
捴攝一切妙善法故所以者何空解脫門觀
一切法自相皆空無相解脫門觀一切法遠離
衆相無願解脫門觀一切法遠離所願諸
菩薩摩訶薩依此三門能攝一切殊勝善
法離此三門所應脩學殊勝善法不得生長
復次善現若菩薩摩訶薩能學如是三解脫
門則能學色蘊乃至識蘊亦能學眼處乃
至意處亦能學色處乃至法處亦能學眼界
乃至意界亦能學色界乃至法界亦能學眼識
界乃至意識界亦能學眼觸乃至意觸亦能
學眼觸為緣所生諸受乃至意觸為緣所生
諸受亦能學地界乃至識界亦能學因緣乃
至增上緣亦能學從緣所生諸法亦能學無
明乃至老死亦能學內空乃至無性自性空
亦能學真如乃至不思議界亦能學苦集
滅道聖諦亦能學布施波羅蜜多乃至般若波
羅蜜多亦能學四靜慮四無量四無色定亦

BD13991 號　大般若波羅蜜多經卷四七一　（25–21）

諸受亦能學地界乃至識界亦能學因緣乃
至增上緣亦能學從緣所生諸法亦能學無
明乃至老死亦能學內空乃至無性自性空
亦能學真如乃至不思議界亦能學苦集
滅道聖諦亦能學布施波羅蜜多乃至般若波
羅蜜多亦能學四靜慮四無量四無色定亦
能學四念住乃至八聖道支亦能學八解脫
乃至十遍處亦能學極喜地乃至法雲地亦
能學一切陀羅尼門三摩地門亦能學五眼
六神亦能學如來十力乃至十八佛不共
法亦能學無忘失法恒住捨性亦能學一切
智道相智一切相智亦能學成熟有情嚴淨
佛土亦能學諸餘無量無邊佛法真壽善
現白言世尊云何菩薩摩訶薩能學如是三解
脫門則能學色蘊乃至識蘊佛告善現若菩
薩摩訶薩行深般若波羅蜜多時能如實
知色乃至識若相若生滅若真如是名能學
色乃至識善現云何菩薩摩訶薩行深般若
波羅蜜多時如實知色相謂菩薩摩訶薩行深
般若波羅蜜多時如實知色畢竟有孔畢竟
有隟辟如聚沫性不堅固是名菩薩摩訶薩
行深般若波羅蜜多時如實知色相善現云
何菩薩摩訶薩行深般若波羅蜜多時如實
知色生滅謂菩薩摩訶薩行深般若波羅蜜
多時如實知色生時無所從來滅時無所至
去雖無來無去而生滅相應是名菩薩摩訶

BD13991 號　大般若波羅蜜多經卷四七一　（25–22）

行深般若波羅蜜多時如實知色相善現云
何菩薩摩訶薩行深般若波羅蜜多時如實
知色生滅謂菩薩摩訶薩行深般若波羅蜜
多時如實知色生時無所從來滅時無所至
去雖無來無去而生滅相應是名菩薩摩訶
薩行深般若波羅蜜多時如實知色生滅善
現云何菩薩摩訶薩行深般若波羅蜜多時
如實知色真如謂菩薩摩訶薩行深般若波
羅蜜多時如實知色真如無生無滅無來無
去無染無淨無增無減常如其性不虛妄不
變易故名真如是名菩薩摩訶薩行深般若
波羅蜜多時如實知色真如善現云何菩薩
摩訶薩行深般若波羅蜜多時如實知受相
謂菩薩摩訶薩行深般若波羅蜜多時如
實知受畢竟如癰畢竟如箭速起速滅猶若
浮泡虛偽不住三和合起是名菩薩摩訶薩如
實知受相善現云何菩薩摩訶薩行深般若
波羅蜜多時如實知受生滅謂菩薩摩訶薩
行深般若波羅蜜多時如實知受生時無所
從來滅時無所至去雖無來無去而生滅相應
是名菩薩摩訶薩行深般若波羅蜜多時如
實知受生滅善現云何菩薩摩訶薩行深般
若波羅蜜多時如實知受真如謂菩薩摩訶
薩行深般若波羅蜜多時如實知受真如無
生無滅無來無去無染無淨無增無減常如
其性不虛妄不變易故名真如是名菩薩摩
訶薩行深般若波羅蜜多時如實知受真如

BD13991 號　大般若波羅蜜多經卷四七一　（25–23）

行深般若波羅蜜多時如實知受生時無所
從來滅時無所至去雖無來無去而生滅相應
是名菩薩摩訶薩行深般若波羅蜜多時如
實知受生滅善現云何菩薩摩訶薩行深般
若波羅蜜多時如實知受真如謂菩薩摩訶
薩行深般若波羅蜜多時如實知受真如無
生無滅無來無去無染無淨無增無減常如
其性不虛妄不變易故名真如是名菩薩摩
訶薩行深般若波羅蜜多時如實知受真如
善現云何菩薩摩訶薩行深般若波羅蜜多
時如實知想相謂菩薩摩訶薩行深般若波
羅蜜多時如實知想猶如陽焰水不可得渴
受因緣妄起此想發假言說是名菩薩摩訶
薩行深般若波羅蜜多時如實知想相善現
云何菩薩摩訶薩行深般若波羅蜜多時如
實知想生滅謂菩薩摩訶薩行深般若波羅
蜜多時如實知想生時無所從來滅時無所
至去雖無來無去而生滅想應是名菩薩摩
訶薩行深般若波羅蜜多時如實知想生滅
善現云何菩薩摩訶薩行深般若波羅蜜多
時如實知想真如謂菩薩摩訶薩行深般若
波羅蜜多時如實知想真如無生無滅無來
無去無染無淨無增無減常如其性不虛妄
不變易故名真如是名菩薩摩訶薩行深般
若波羅蜜多時如實知想真如

大般若波羅蜜多經卷第四百七十一

BD13991 號　大般若波羅蜜多經卷四七一　（25–24）

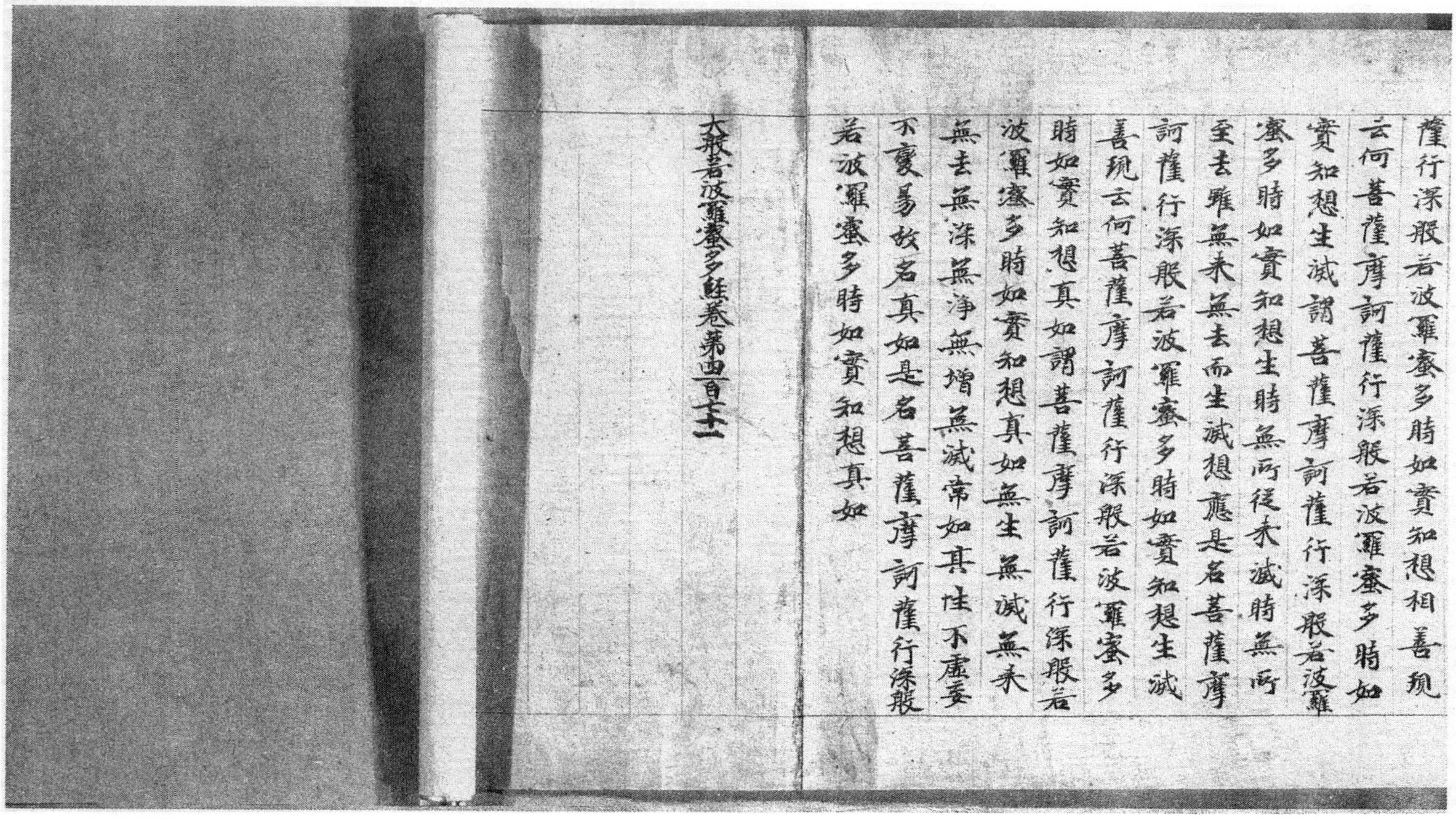

BD13991 號　大般若波羅蜜多經卷四七一　　（25–25）

BD13992 號背　現代護首　　（1–1）

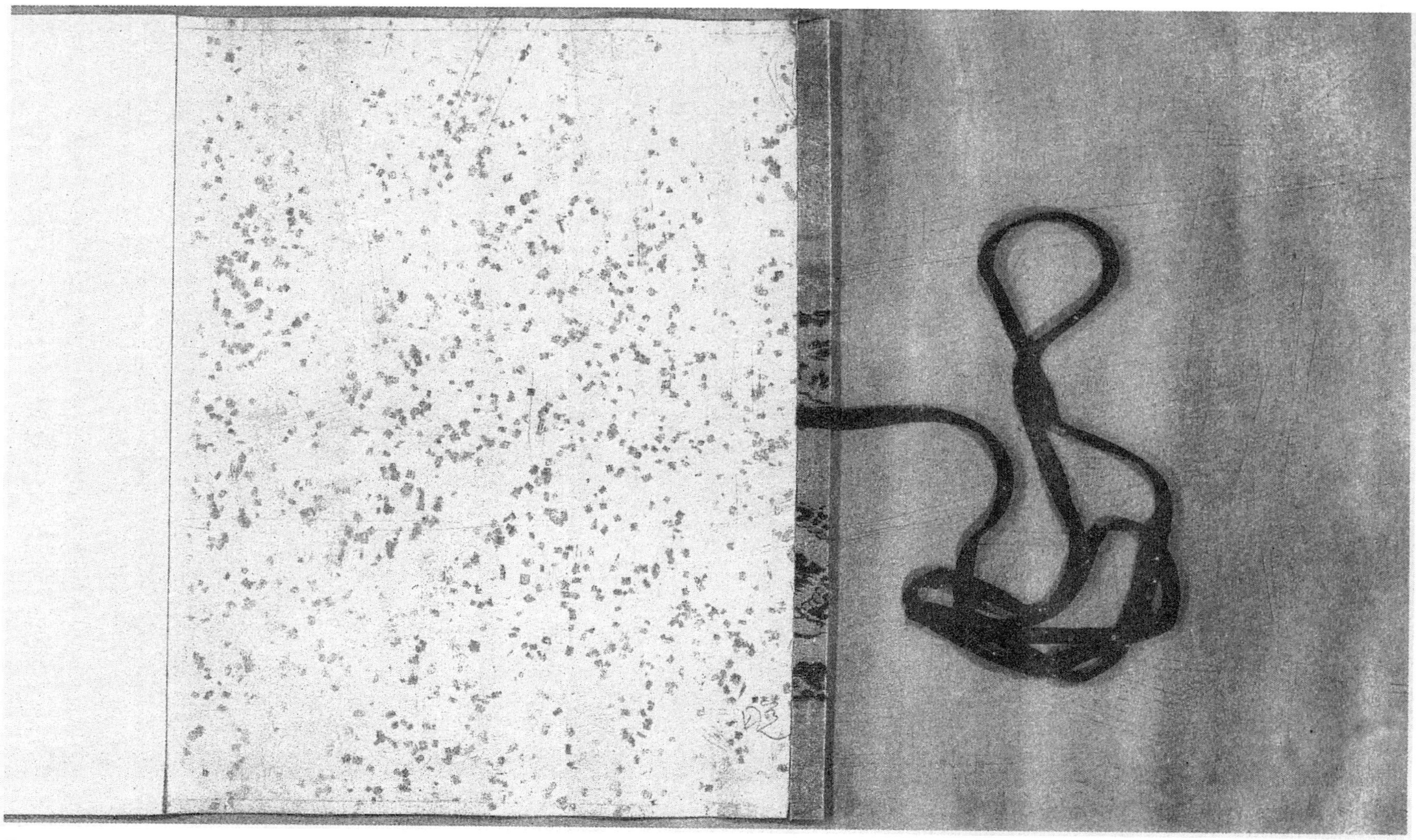

BD13992 號　大般若波羅蜜多經卷四七四

（24–1）

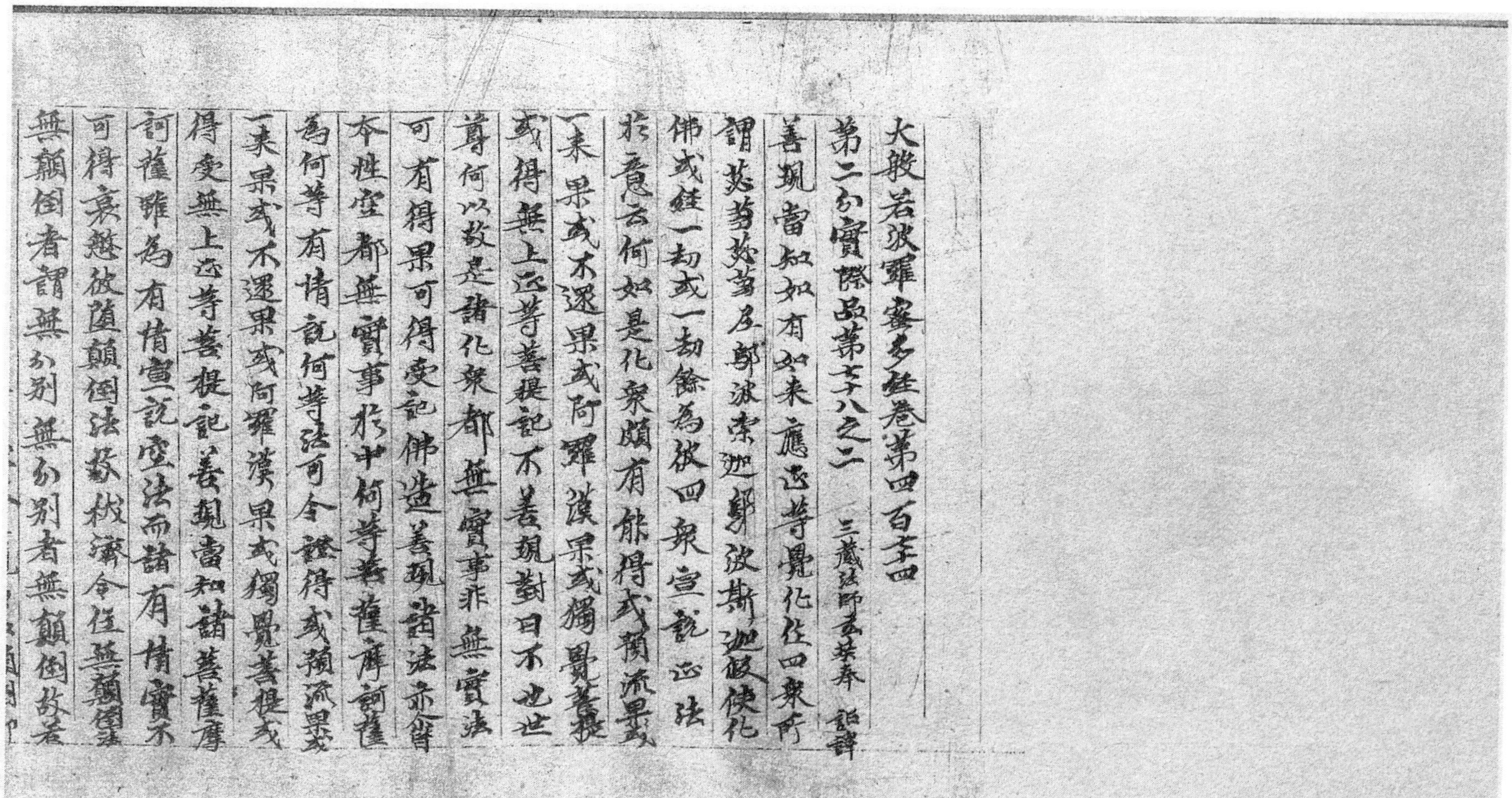

大般若波羅蜜多經卷第四百七十四
第二分實際品第七十八之二　三藏法師玄奘奉　詔譯
善現當知如有如來應正等覺化作四眾所
謂苾芻苾芻尼鄔波索迦鄔波斯迦假使化
佛或經一劫或一劫餘為彼四眾宣說正法
於意云何如是化眾頗有能得或預流果或
一來果或不還果或阿羅漢果或獨覺菩提
或得無上正等菩提記不善現對曰不也世
尊何以故是諸化眾都無實事非無實法
可有得果可得受記佛告善現諸法亦皆
本性空都無實事於中何等菩薩摩訶薩
為何等有情說何等法可令證得或預流果或
一來果或不還果或阿羅漢果或獨覺菩提或
得受無上正等菩提記善現當知諸菩薩摩
訶薩雖為有情宣說空法而諸有情實不
可得哀愍彼墮顛倒法務拔濟令住無顛倒法
無顛倒者謂無分別無分別者無顛倒故若

BD13992 號　大般若波羅蜜多經卷四七四

（24–2）

一來果或不還果或阿羅漢果或獨覺菩提或
得受無上正等菩提記善現當知諸菩薩摩
訶薩雖為有情宣說空法而諸有情實不
可得哀愍彼顛倒法故拔濟令住無顛倒法
無顛倒者謂無分別無分別者無顛倒故若
有分別則有顛倒彼等流故善現當知顛倒即
是無顛倒法無顛倒中無我無有情廣說乃
至無知者無見者亦無色受想行識亦無眼
處乃至意處亦無色處乃至法處亦無眼界
乃至意界亦無色界乃至法界亦無眼識界
乃至意識界亦無眼觸乃至意觸亦無眼觸
為緣所生諸受乃至意觸為緣所生諸受亦
無地界乃至識界亦無因緣乃至增上緣亦
無從緣所生諸法亦無無明乃至老死亦無
布施波羅蜜多乃至般若波羅蜜多亦無內
空乃至無性自性空亦無真如乃至不思議
界亦無苦集滅道聖諦亦無四念住乃至八
聖道支亦無四靜慮四無量四無色定亦無
八解脫乃至十遍處亦無空無相無願解脫
門亦無淨觀地乃至如來地亦無極喜地乃至
法雲地亦無一切陀羅尼門三摩地門亦
無五眼六神通亦無如來十力乃至十八佛
不共法亦無三十二大士相八十隨好亦無
無忘失法恒住捨性亦無一切智道相智一
切相智亦無預流果乃至獨覺菩提亦無一
切菩薩摩訶薩行亦無諸佛無上正等菩提
善現此無所有即本性空諸菩薩摩訶薩
行深般若波羅蜜多時安住此中見諸有情墮

BD13992號　大般若波羅蜜多經卷四七四　（24–3）

不共法亦無三十二大士相八十隨好亦無
無忘失法恒住捨性亦無一切智道相智一
切相智亦無預流果乃至獨覺菩提亦無一
切菩薩摩訶薩行亦無諸佛無上正等菩提
善現此無所有即本性空諸菩薩摩訶薩
行深般若波羅蜜多時安住此中見諸有情墮
顛倒想方便善巧令得解脫謂令解脫無
我我想無有情有情想廣說乃至無知者知
者想無見者見者想亦令解脫無常常想
無樂樂想不淨淨想亦令解脫無色受想行
識色受想行識想亦令解脫無眼處乃至意處
眼處乃至意處想亦令解脫無色處乃至法處
色處乃至法處想亦令解脫無眼界乃至意
界眼界乃至意界想亦令解脫無色界乃至
法界色界乃至法界想亦令解脫無眼識界
乃至意識界眼識界乃至意識界想亦令解
脫無眼觸乃至意觸眼觸乃至意觸想亦令
解脫無眼觸為緣所生諸受乃至意觸為緣
所生諸受眼觸為緣所生諸受乃至意觸為
緣所生諸受想亦令解脫無地界乃至識界
地界乃至識界想亦令解脫無因緣乃至增
上緣因緣乃至增上緣想亦令解脫無從緣
所生諸法從緣所生諸法想亦令解脫無無
明乃至老死無明乃至老死想亦令解脫無布
施波羅蜜多乃至般若波羅蜜多布施波
羅蜜多乃至般若波羅蜜多想亦令解脫無
內空乃至無性自性空內空乃至無性自性

BD13992號　大般若波羅蜜多經卷四七四　（24–4）

所生識法從緣所生諸法想亦令解脫無無
明乃至老死無明乃至老死想亦令解脫無布
施波羅蜜多乃至般若波羅蜜多布施波
羅蜜多乃至般若波羅蜜多想亦令解脫無
內空乃至無性自性空內空乃至無性自性
空想亦令解脫無真如乃至不思議界真如
乃至不思議界想亦令解脫無苦集滅道聖
諦苦集滅道聖諦想亦令解脫無四念住乃
至八聖道支四念住乃至八聖道支想亦令
解脫無四靜慮四無量四無色定四靜慮四
無量四無色定想亦令解脫無八解脫乃至
十遍處八解脫乃至十遍處想亦令解脫無
空無相無願解脫門空無相無願解脫門想
亦令解脫無淨觀地乃至如來地淨觀地乃
至如來地想亦令解脫無極喜地乃至法雲
地極喜地乃至法雲地想亦令解脫無一切
陀羅尼門三摩地門一切陀羅尼門三摩地
門想亦令解脫無五眼六神通五眼六神通
想亦令解脫無如來十力乃至十八佛不共
法如來十力乃至十八佛不共法想亦令解
脫無三十二大士相八十隨好三十二大士相
八十隨好想亦令解脫無無忘失法恒住
捨性無忘失法恒住捨性想亦令解脫無一切
智道相智一切相智一切智道相智一切相
智想亦令解脫無預流果乃至獨覺菩提預
流果乃至獨覺菩提想亦令解脫無一切菩
薩摩訶薩行一切菩薩摩訶薩行想亦令
解脫無諸佛無上正等菩提諸佛無上正等

BD13992 號　大般若波羅蜜多經卷四七四　（24–5）

智道相智一切相智一切智道相智一切相
智想亦令解脫無預流果乃至獨覺菩提預
流果乃至獨覺菩提想亦令解脫無一切菩
薩摩訶薩行一切菩薩摩訶薩行想亦令
解脫無諸佛無上正等菩提諸佛無上正等
菩提想亦令解脫五取蘊等諸有漏法亦
令解脫四念住等諸無漏法所以者何四念住
等諸無漏法非如勝義無生無滅無相無為
無戲論無分別是故亦應解脫彼法真勝義
者即本性空此本性空即是諸佛所證無上
正等菩提善現當知此中無我乃至見者可
得亦無色乃至識可得亦無眼處乃至意處
可得亦無色處乃至法處可得亦無眼界乃
至意界可得亦無色界乃至法界可得亦無
眼識界乃至意識界可得亦無眼觸乃至意
觸可得亦無眼觸為緣所生諸受乃至意觸
為緣所生諸受可得亦無地界乃至識界可
得亦無因緣乃至增上緣可得亦無從緣所
生諸法可得亦無無明乃至老死可得亦無
布施波羅蜜多乃至般若波羅蜜多可得亦
無內空乃至無性自性空可得亦無真如乃
至不思議界可得亦無苦集滅道聖諦可得
亦無四念住乃至八聖道支可得亦無四靜
慮四無量四無色定可得亦無八解脫乃至
十遍處可得亦無空無相無願解脫門可得
亦無淨觀地乃至如來地可得亦無極喜地
乃至法雲地可得亦無一切陀羅尼門三摩
地門可得亦無五眼六神通可得亦無如來

BD13992 號　大般若波羅蜜多經卷四七四　（24–6）

亦無四念住乃至八聖道支可得亦無四靜
慮四無量四無色定可得亦無八解脫乃至
十遍處可得亦無空無相無願解脫門可得
亦無淨觀地乃至如來地可得亦無極喜地
乃至法雲地可得亦無一切陁羅尼門三摩
地門可得亦無五眼六神通可得亦無如來
十力乃至十八佛不共法可得亦無三十二大
士相八十隨好可得亦無無忘失法恒住捨
性可得亦無一切智道相智一切相智可得
亦無預流果乃至獨覺菩提可得亦無一切
菩薩摩訶薩行可得亦無諸佛無上正等菩
提可得善現當知諸菩薩摩訶薩不為無上
正等菩提道故求趣無上正等菩提但為諸
法本性空故求趣無上正等菩提是本性空
前後中際常本性空未曾不空諸菩薩摩訶
薩住本性空波羅蜜多為欲度脫諸有情類
執有情想及法想故行道相智是菩薩摩訶
薩行道相智時即行一切道謂聲聞道若
獨覺道若菩薩道若諸佛道善現當知是菩
薩摩訶薩於一切道得圓滿已便能成熟所化
有情亦能嚴淨所求佛土留諸壽行趣證無
上正等菩提既證無上正等菩提能令佛
眼常無斷壞何謂佛眼謂本性空過去未來
現在諸佛住十方界為諸有情宣說正法無
不皆以此本性空而為佛眼善現當知定無
諸佛離本性而出世者諸佛出世無不皆
說本性空義所化有情要聞佛說本性空理
及入聖道得聖道果離本性空無別方便是

BD13992 號　大般若波羅蜜多經卷四七四　（24–7）

眼常無斷壞何謂佛眼謂本性空過去未來
現在諸佛住十方界為諸有情宣說正法無
不皆以此本性空而為佛眼善現當知定無
諸佛離本性而出世者諸佛出世無不皆
說本性空義所化有情要聞佛說本性空理
及入聖道得聖道果離本性空無別方便是
故善現諸菩薩摩訶薩欲證無上正等菩提
應正安住本性空理脩行六種波羅蜜多及
餘菩薩摩訶薩行若正安住本性空理脩行
六種波羅蜜多及餘菩薩摩訶薩行終不退
失一切智智常能利樂一切有情
爾時具壽善現白佛言世尊諸菩薩摩訶薩
甚為希有雖行一切法皆本性空而於本性
空常無失壞謂不執色乃至識異本性空亦
不執眼處乃至意處異本性空亦不執色處
乃至法處異本性空亦不執眼界乃至意界
異本性空亦不執色界乃至法界異本性空
亦不執眼識界乃至意識界異本性空亦不
執眼觸乃至意觸異本性空亦不執眼觸為
緣所生諸受乃至意觸為緣所生諸受異本
性空亦不執地界乃至識界異本性空亦不
執因緣乃至增上緣異本性空亦不執從緣
所生諸法異本性空亦不執無明乃至老死異
本性空亦不執布施波羅蜜多乃至般若
波羅蜜多異本性空亦不執內空乃至無性
自性空異本性空亦不執真如乃至不思議
界異本性空亦不執苦集滅道聖諦異本性
空亦不執四念住乃至八聖道支異本性空

BD13992 號　大般若波羅蜜多經卷四七四　（24–8）

所生諸法異本性空亦不執無明乃至老死異
本性空亦不執布施波羅蜜多乃至般若
波羅蜜多異本性空亦不執內空乃至無性
自性空異本性空亦不執真如乃至不思議
界異本性空亦不執苦集滅道聖諦異本性
空亦不執四念住乃至八聖道支異本性空
亦不執四靜慮四無量四無色定異本性空
亦不執八解脫乃至十遍處異本性空亦不
執空無相無願解脫門異本性空亦不執淨
觀地乃至如來地異本性空亦不執極喜地
乃至法雲地異本性空亦不執一切陁羅尼門
三摩地門異本性空亦不執五眼六神通
異本性空亦不執如來十力乃至十八佛不
共法異本性空亦不執三十二大士相八十
隨好異本性空亦不執無忘失法恒住捨性
異本性空亦不執一切智道相智一切相智
異本性空亦不執預流果乃至獨覺菩提異
本性空亦不執一切菩薩摩訶行異本性
空亦不執諸佛無上正等菩提異本性空世
尊色即是本性空本性空即是色如是乃至
諸佛無上正等菩提即是本性空本性空即
是諸佛無上正等菩提佛告善現如是如是
如汝所說諸菩薩摩訶薩甚為希有雖行一
切法皆本性空而於本性空常無失壞善現
當知色不異本性空本性空不異色色即是
本性空本性空即是色如是乃至諸佛無上
正等菩提不異本性空本性空不異諸佛無
上正等菩提諸佛無上正等菩提即是本性

BD13992 號　大般若波羅蜜多經卷四七四　（24-9）

切法皆本性空而於本性空常無失壞善現
當知色不異本性空本性空不異色色即是
本性空本性空即是色如是乃至諸佛無上
正等菩提不異本性空本性空不異諸佛無
上正等菩提諸佛無上正等菩提即是本性
空本性空即是諸佛無上正等菩提善現當
知若色異本性空本性空異色色非本性空
本性空非色如是乃至諸佛無上正等菩提
異本性空本性空異諸佛無上正等菩提諸
佛無上正等菩提非本性空本性空非諸佛
無上正等菩提者則諸菩薩摩訶薩行深般
若波羅蜜多時不應觀一切法皆本性空亦
不應能證得一切智智以色不異本性空本
性空不異色色即是本性空本性空即是色
如是乃至諸佛無上正等菩提不異本性空
本性空不異諸佛無上正等菩提諸佛無上
正等菩提即是本性空本性空即是諸佛無
上正等菩提故諸菩薩摩訶薩行深般若波
羅蜜多時觀一切法皆本性空而能證得一
切智智所以者何離本性空無有一法是實
是常可壞可斷本性空中亦無一法是實是
常可壞可斷但諸愚夫迷謬顛倒起別異想
謂分別色異本性空或分別受想行識異本
性空如是乃至或分別一切菩薩摩訶薩行
異本性空或分別諸佛無上正等菩提異本
性空是諸愚夫分別諸法與本性空有差別
故不如實知色不如實知受想行識由不如

BD13992 號　大般若波羅蜜多經卷四七四　（24-10）

常可壞可斷但諸愚夫迷謬顛倒起別異想
謂分別色異本性空或分別受想行識異本
性空如是乃至或分別一切菩薩摩訶薩行
異本性空或分別諸佛無上正等菩提異本
性空是諸愚夫分別諸法與本性空有差別

故不如實知色不如實知受想行識由不如
故便執著色執著受想行識由執著故便於
色計我我所於受想行識計我我所由妄計
故著內外物受後身色受想行識由此不能
解脫諸趣生老病死愁歎苦憂惱往來三有輪
轉無窮由此因緣諸菩薩摩訶薩住本性空
波羅蜜多行深般若波羅蜜多不執受色亦
不壞色若空不空不執受受想行識亦不壞
受想行識若空不空如是乃至不執受一切
菩薩摩訶薩行亦不壞一切菩薩摩訶薩行
若空若不空不執受諸佛無上正等菩提亦
不壞諸佛無上正等菩提若空若不空所以
者何色不壞空空不壞色謂此是色此是空
受想行識不壞空空不壞受想行識謂此是
受想行識此是空如是乃至一切菩薩摩訶
薩行不壞空空不壞一切菩薩摩訶薩行謂
此是一切菩薩摩訶薩行此是空諸佛無上
正等菩提不壞空空不壞諸佛無上正等菩
提謂此是諸佛無上正等菩提此是空譬如
虛空界不壞虛空內虛空界不壞外虛空界外
虛空界不壞內虛空界如是善現色不壞空
空不壞色受想行識不壞空空不壞受想行
識所以者何如是諸法俱無自性不可分別

BD13992 號　大般若波羅蜜多經卷四七四　　（24–11）

正等菩提不壞空空不壞諸佛無上正等菩
提謂此是諸佛無上正等菩提此是空譬如
虛空界不壞虛空內虛空界不壞外虛空界外
虛空界不壞內虛空界如是善現色不壞空
空不壞色受想行識不壞空空不壞受想行
識所以者何如是諸法俱無自性不可分別
謂此是空此是不空如是乃至一切菩薩摩
訶薩行不壞空空不壞一切菩薩摩訶薩行
諸佛無上正等菩提不壞空空不壞諸佛無
上正等菩提所以者何如是諸法俱無自性
不可分別謂此是空此是不空

爾時具壽善現白佛言世尊若一切法皆本性
空都無差別諸菩薩摩訶薩為住何處發
趣無上正等菩提諸佛無上正等菩提無二
行相非二行相能證無上正等菩提唯願世
尊哀愍為說佛告善現如是如是如汝所說
諸佛無上正等菩提無二行相非二行相能證
無上正等菩提所以者何菩提無二亦無
分別若於菩提行於二相有分別者必不能
證所求無上正等菩提善現當知諸菩薩摩
訶薩不於菩提行於二相亦不分別都無所
住發趣無上正等菩提諸菩薩摩訶薩於一
切法不行二相亦不分別都無所行則能證
得所求無上正等菩提善現當知諸菩薩摩
訶薩所求無上正等菩提非行二相而能證
得諸菩薩摩訶薩所有菩提都無所行謂不
於色行亦不於受想行識行如是乃至不於
一切菩薩摩訶薩行行亦不於諸佛無上正

BD13992 號　大般若波羅蜜多經卷四七四　　（24–12）

切法不行二相亦不分別都無所行則能證
得所求無上正等菩提善現當知諸菩薩摩
訶薩所求無上正等菩提非行二相而能證
得諸菩薩摩訶薩所有菩提都無所行謂不
於色行亦不於受想行識行如是乃至不於
一切菩薩摩訶薩行行亦不於諸佛無上正
等菩提行所以者何諸菩薩摩訶薩所有菩
提不緣名聲執我我所謂不住是念我行於
色我行於受相行識如是乃至不住是念我
行於一切菩薩摩訶薩行我行於諸佛無上
正等菩提復次善現諸菩薩摩訶薩所有菩
提非取故行非捨故行具壽善現白言世尊
若菩薩摩訶薩所有菩提非取故行非捨故
行諸菩薩摩訶薩所有菩提當何處行佛告
善現於意云何如來化身所有菩提當何處
行為取故行為捨故行善現對日不也世尊
如來化身實無所有如何可說所有菩提有
所行處若取若捨佛告善現於意云何諸阿
羅漢夢中菩提當何處行為取故行為捨
故行善現對日不也世尊諸阿羅漢諸漏永
盡惛沈睡眠蓋纏俱滅畢竟無夢云何當有
夢中菩提有所行處若取若捨佛告善現如是
如是如汝所說諸阿羅漢畢竟無夢惛沈睡
眠分別盡故諸菩薩摩訶薩行深般若波羅
蜜多所有菩提亦復如是非取故行非捨故
行都無行處達一切法本性空故具壽善現
復白佛言若菩薩摩訶薩行深般若波羅蜜
多所有菩提非取故行非捨故行都無行處

BD13992號　大般若波羅蜜多經卷四七四　（24–13）

如是如汝所說諸阿羅漢畢竟無夢惛沈睡
眠分別盡故諸菩薩摩訶薩行深般若波羅
蜜多所有菩提亦復如是非取故行非捨故
行都無行處達一切法本性空故具壽善現
復白佛言若菩薩摩訶薩行深般若波羅蜜
多所有菩提非取故行非捨故行都無行處
謂不行於色亦不行於受想行識如是乃至
不行於一切菩薩摩訶薩行亦不行於諸佛
無上正等菩提者豈不菩薩摩訶薩為欲饒
益諸有情故不行布施波羅蜜多乃至般若
波羅蜜多不行內空乃至無性自性空不行
真如乃至不思議界不行苦集滅道聖諦不
行四念住乃至八聖道支不行四靜慮四無量
四無色定不行八解脫乃至十遍處不行
空無相無願解脫門不行極喜地乃至法雲
地不行一切陀羅尼門三摩地門不行五眼
六神通不行如來十力乃至十八佛不共法
不行三十二大士相八十隨好不行無忘失
法恒住捨性不行一切智道相智一切相智
不住菩薩殊勝神通成熟有情嚴淨佛土耶
得無上正等菩提佛告善現諸菩薩摩訶薩
所有菩提雖行處而諸菩薩摩訶薩為欲
饒益諸有情故要行布施波羅蜜多乃至般
若波羅蜜多如是乃至要行一切智道相智
一切相智要住菩薩殊勝神通成熟有情嚴
淨佛土得無上正等菩提具壽善現復白
佛言諸菩薩摩訶薩所有菩提若無行處將

BD13992號　大般若波羅蜜多經卷四七四　（24–14）

饒益諸有情故要行布施波羅蜜多乃至般
若波羅蜜多如是乃至要行一切智道相智
一切相智要住菩薩殊勝神通成熟有情嚴
淨佛土得無上正等菩提具壽善現復白
佛言諸菩薩摩訶薩所有菩提若無行處將
無菩薩摩訶薩為欲饒益諸有情故不住布
施波羅蜜多乃至般若波羅蜜多久脩令滿
如是乃至不住一切智道相智一切相智久脩
令滿不住菩薩殊勝神通成熟有情嚴淨
佛土久脩令滿而得無上正等菩提佛告善
現諸菩薩摩訶薩所有菩提雖無行處而諸
菩薩摩訶薩為欲饒益諸有情故要住布
施波羅蜜多乃至般若波羅蜜多久脩令滿如
是乃至要住一切智道相智一切相智久脩
令滿要住菩薩殊勝神通成熟有情嚴淨佛
土久脩令滿乃得無上正等菩提善現當知
若菩薩摩訶薩脩諸善根未極圓滿終不能
得所求無上正等菩提善現當知若菩薩摩
訶薩欲得無上正等菩提應住色本性空應
住受想行識本性空如是乃至應住一切菩薩
摩訶薩行本性空應住諸佛無上正等菩
提本性空應住一切法本性空應住一切有
情本性空脩行布施波羅蜜多乃至般若波
羅蜜多令得圓滿如是乃至脩行一切智道
相智一切相智令得圓滿脩行菩薩殊勝神
通成熟有情嚴淨佛土令圓滿已便得無上
正等菩提善現當知是一切法本性空理及
諸有情本性空理寂靜無有少法能增

羅蜜多令得圓滿如是乃至脩行一切智道
相智一切相智令得圓滿脩行菩薩殊勝神
通成熟有情嚴淨佛土令圓滿已便得無上
正等菩提善現當知是一切法本性空理及
諸有情本性空理寂靜無有少法能增
能減能生能滅能斷能常能染能淨能得果
能現觀善現當知諸菩薩摩訶薩依世俗故
說脩般若波羅蜜多如實了知本性空已證
得無上正等菩提不依勝義所以者何真勝
義中無色可得亦無受想行識可得如是乃
至無一切菩薩摩訶薩行可得亦無諸佛無
上正等菩提可得無行一切菩薩摩訶薩行
者可得亦無行諸佛無上正等菩提者可得
善現如是諸法皆依世俗言說施設不依勝
義善現諸菩薩摩訶薩行深般若波羅蜜
多從初發心雖繼猛利為諸有情行菩提行而
於此心都無所得於諸有情亦無所得於大
菩提亦無所得於佛菩薩亦無所得以一切
法一切有情不可得故
尒時具壽善現白佛言世尊若一切法都無
所有皆不可得云何菩薩摩訶薩行菩提行
云何能得所求無上正等菩提誰行菩提行
誰復能證得佛告善現於意云何汝於先時
依心斷界斷諸煩惱得無漏根住無間定得
預流果次一來果次不還果後阿羅漢果汝
於彼時頗見有情若心若道若諸道果有可
得不善現對曰不也世尊佛告善現若汝彼
時依止斷界斷諸煩惱得無漏根於有情心

預流果次一來果次不還果後阿羅漢果汝
於彼時頗見有情若心若道若諸道果有可
得不善現對曰不也世尊佛告善現若汝彼
時依止斷果斷諸煩惱得無漏根於有情心
道及道果都無所得云何言得阿羅漢果善
現對曰依世俗說不依勝義佛告善現如是
如是如汝所說諸菩薩摩訶薩亦復如是依
世俗說行菩提行及得無上正等菩提不依
勝義善現當知依世俗故假說有色受想行
識如是乃至依世俗故假說有一切菩薩摩
訶薩行諸佛無上正等菩提依世俗故假說
有情菩薩諸佛不依勝義善現當知諸菩薩
摩訶薩不見有法能於無上正等菩提有增
有減有益有損以一切法本性空故善現當
知諸菩薩摩訶薩於一切法觀本性空尚不
可得況初發心而有可得寧初發心尚不可
得況修布施波羅蜜多乃至般若波羅蜜多
而有可得況住內空乃至無性自性空而有
可得況住真如乃至不思議界而有可得況
住苦集滅道聖諦而有可得況修四念住乃
至八聖道支而有可得況修四靜慮四無量四
無色定而有可得況修八解脫乃至十遍
處而有可得況修空無相無願解脫門而有
可得況修極喜地乃至法雲地而有可得況
修一切陀羅尼門三摩地門而有可得況修
五眼六神通而有可得況修如來十力乃至
十八佛不共法而有可得況修三十二大士相

BD13992號　大般若波羅蜜多經卷四七四　（24–17）

處而有可得況修空無相無願解脫門而有
可得況修極喜地乃至法雲地而有可得況
修一切陀羅尼門三摩地門而有可得況修
五眼六神通而有可得況修如來十力乃至
十八佛不共法而有可得況修三十二大士相
八十隨好而有可得況修無忘失法恒住捨
性而有可得況修一切智道相智一切相
智而有可得況修一切菩薩摩訶薩行而有
可得況修諸佛無上正等菩提而有可得善
現諸菩薩應訶薩於所修住一切佛法若有
所得無有是處如是善現諸菩薩摩訶薩
行深般若波羅蜜多方便修行大菩提行證
得無上正等菩提利樂有情常無間斷
第二分無闕品第七十九
爾時具壽善現白佛言世尊若菩薩摩訶薩
雖勤精進修行布施波羅蜜多乃至般若波
羅蜜多安住內空乃至無性自性空安住真
如乃至不思議界安住苦集滅道聖諦修行
四念住乃至八聖道支修行四靜慮四無量
四無色定修行八解脫乃至十遍處修行空
無相無願解脫門修行極喜地乃至法雲地
修行一切陀羅尼門三摩地門修行五眼六神
通修行如來十力乃至十八佛不共法修
行三十二大士相八十隨好修行無忘失法
恒住捨性修行一切智道相智一切相智修
行一切菩薩摩訶薩行修行諸佛無上正等
菩提若菩提道修未圓滿不能證得所求無
上正等菩提世尊云何菩薩摩訶薩修菩提

BD13992號　大般若波羅蜜多經卷四七四　（24–18）

行三十二大士相八十隨好脩行無忘失法
恒住捨性脩行一切智道相智一切相智脩
行一切菩薩摩訶薩行脩行諸佛無上正等
菩提若菩提道脩未圓滿不能證得所求無
上正等菩提世尊云何菩薩摩訶薩脩菩提
道令得圓滿能證無上正等菩提佛告善現
若菩薩摩訶薩行深般若波羅蜜多時具足
殊勝方便善巧由此方便善巧力故脩行布
施波羅蜜多時不得布施不得施者不得受
者亦不遠離如是諸法而行布施波羅蜜多
是菩薩摩訶薩如是施時能具照明菩提
道脩菩提道速能成就如是善現諸菩薩摩
訶薩行深般若波羅蜜多方便善巧脩菩提
道令得圓滿能證無上正等菩提如是善現
若菩薩摩訶薩行深般若波羅蜜多時具足
殊勝方便善巧由此方便善巧力故脩行淨
戒安忍精進靜慮般若波羅蜜多廣說乃至
脩行一切菩薩摩訶薩行諸佛無上正等菩
提隨其所應皆當廣說
尒時具壽舍利子白佛言世尊云何菩薩摩
訶薩行深般若波羅蜜多時勇猛正勤脩菩
提道佛告舍利子若菩薩摩訶薩行深般若
波羅蜜多時方便善巧不和合色受想行識
不離散色受想行識不和合眼處乃至意處
不離散眼處乃至意處不和合色處乃至法
處不離散色處乃至法處不和合眼界乃至
意界不離散眼界乃至意界不和合色界乃
至法界不離散色界乃至法界不和合眼識

BD13992 號　大般若波羅蜜多經卷四七四　（24–19）

波羅蜜多時方便善巧不和合色受想行識
不離散色受想行識不和合眼處乃至意處
不離散眼處乃至意處不和合色處乃至法
處不離散色處乃至法處不和合眼界乃至
意界不離散眼界乃至意界不和合色界乃
至法界不離散色界乃至法界不和合眼識
界乃至意識界不離散眼識界乃至意識界
不和合眼觸乃至意觸不離散眼觸乃至意
觸不和合眼觸為緣所生諸受乃至意觸為
緣所生諸受不離散眼觸為緣所生諸受乃
至意觸為緣所生諸受不和合地界乃至識
界不離散地界乃至識界不和合因緣乃至
增上緣不離散因緣乃至增上緣不和合從
緣所生諸法不離散從緣所生諸法不和合
無明乃至老死不離散無明乃至老死所以
者何如是諸法皆無自性可合離故舍利子
若菩薩摩訶薩行深般若波羅蜜多時方便
善巧不利合布施波羅蜜多乃至般若波羅
蜜多不離散布施波羅蜜多乃至般若波羅
蜜多不和合內空乃至無性自性空不離散
內空乃至無性自性空不和合真如乃至不
思議界不離散真如乃至不思議界不和合
苦集滅道聖諦不離散苦集滅道聖諦不
和合四念住乃至八聖道支下離散四念住乃
至八聖道支不和合四靜慮四無量四無色定
不離散四靜慮四無量四無色定不和合
八解脫乃至十遍處不離散八解脫乃至十遍
處不和合空無相無願解脫門不離散空
無相無願解脫門不和合淨觀地乃至如來

BD13992 號　大般若波羅蜜多經卷四七四　（24–20）

至八聖道支不和合四靜慮四無量四無色定
不離散四靜慮四無量四無色定不和合
八解脫乃至十遍處不離散八解脫乃至十遍
處不和合空無相無願解脫門不離散空
無相無願解脫門不和合淨觀地乃至如來
地不離散淨觀地乃至如來地不和合極
喜地乃至法雲地不離散極喜地乃至法雲
地不和合一切陀羅尼門三摩地門不離散一
切陀羅尼門三摩地門不和合五眼六神通
不離散五眼六神通不和合如來十力乃至
十八佛不共法不離散如來十力乃至十八佛
不共法不和合三十二大士相八十隨好不
離散三十二大士相八十隨好不和合無
忘失法恒住捨性不離散無忘失法恒住捨
性不和合一切智道相智一切相智不離散
一切智道相智一切相智不和合預流果乃
至獨覺菩提不離散預流果乃至獨覺菩
提不和合一切菩薩摩訶薩行不離散一切菩
薩摩訶薩行不和合諸佛無上正等菩提不
離散諸佛無上正等菩提所以者何如是諸
法皆無自性可合離故如是舍利子諸菩薩
摩訶薩行深般若波羅蜜多時勇正勤脩
菩提道時舍利子復白佛言若一切法都無
自性可合離者云何菩薩摩訶薩乃證般若
波羅蜜多於中脩學世尊若菩薩摩訶薩不
學般若波羅蜜多終不能得所求無上正等
菩提佛告舍利子如是如是如汝所說若菩
薩摩訶薩不學般若波羅蜜多終不能得所

BD13992號　大般若波羅蜜多經卷四七四

（24–21）

自性可合離者云何菩薩摩訶薩乃證般若
波羅蜜多於中脩學世尊若菩薩摩訶薩不
學般若波羅蜜多終不能得所求無上正等
菩提佛告舍利子如是如是如汝所說若菩
薩摩訶薩不學般若波羅蜜多終不能得所
求無上正等菩提舍利子諸菩薩摩訶薩要
學般若波羅蜜多乃能證得所求無上正等
菩提舍利子諸菩薩摩訶薩所求無上正等
菩提要有方便善巧乃能證得非無方便善
巧而能證得舍利子諸菩薩摩訶薩行深般
若波羅蜜多時若見有法自性可得則應可
取不見有法自性可得當何所取所謂不取
此是般若波羅蜜多乃至布施波羅蜜多此
是色乃至識此是眼處乃至意處此是色處
乃至法處此是眼界乃至意界此是色界乃
至法界此是眼識界乃至意識界此是眼觸
乃至意觸此是眼觸為緣所生諸受乃至意
觸為緣所生諸受此是地界乃至識界此是
因緣乃至增上緣此是從緣所生諸法此是
無明乃至老死此是內空乃至無性自性空
此是真如乃至不思議界此是苦集滅道聖
諦此是四念住乃至八聖道支此是四靜慮
四無量四無色定此是八解脫乃至十遍處
此是空無相無願解脫門此是淨觀地乃至
如來地此是極喜地乃至法雲地此是一切陀
羅尼門三摩地門此是五眼六神通此是
如來十力乃至十八佛不共法此是三十二大
此是無忘失法恒住捨性

BD13992號　大般若波羅蜜多經卷四七四

（24–22）

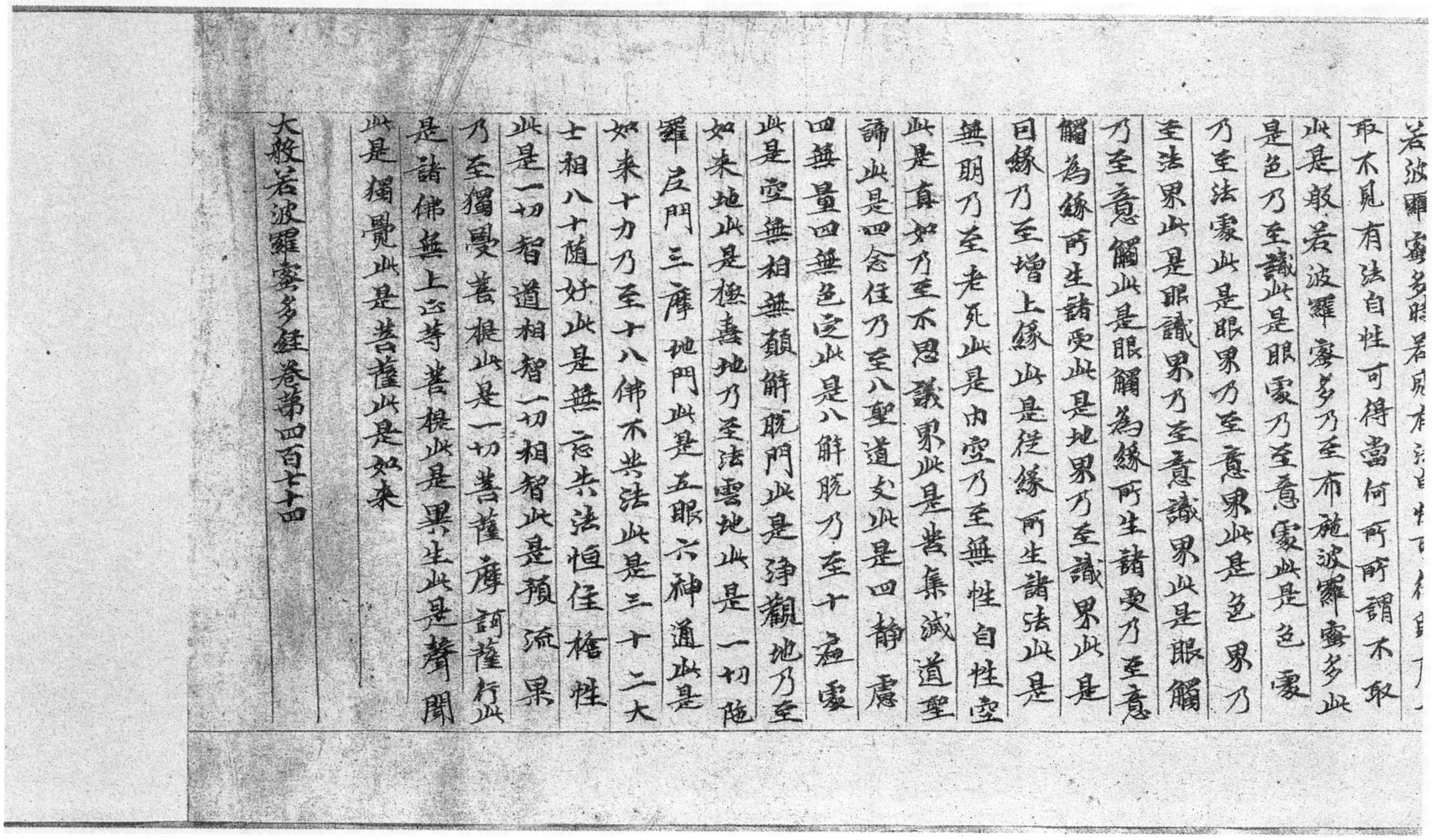
若波羅蜜多時若…
取不見有法自性可得當何所謂不取
此是般若波羅蜜多乃至布施波羅蜜多此
是色乃至識此是眼處乃至意處此是色處
乃至法處此是眼界乃至意界此是色界乃
至法界此是眼識界乃至意識界此是眼觸
乃至意觸此是眼觸為緣所生諸受乃至意
觸為緣所生諸受此是地界乃至識界此是
因緣乃至增上緣此是從緣所生諸法此是
無明乃至老死此是內空乃至無性自性空
此是真如乃至不思議界此是苦集滅道聖
諦此是四念住乃至八聖道支此是四靜慮
四無量四無色定此是八解脫乃至十遍處
此是空無相無願解脫門此是淨觀地乃至
如來地此是極喜地乃至法雲地此是一切陁
羅尼門三摩地門此是五眼六神通此是
如來十力乃至十八佛不共法此是三十二大
士相八十隨好此是無忘失法恒住捨性
此是一切智道相智一切相智此是預流果
乃至獨覺菩提此是一切菩薩摩訶薩行此
是諸佛無上正等菩提此是異生此是聲聞
此是獨覺此是菩薩此是如來
大般若波羅蜜多經卷第四百七十四

BD13992號　大般若波羅蜜多經卷四七四　（24–23）

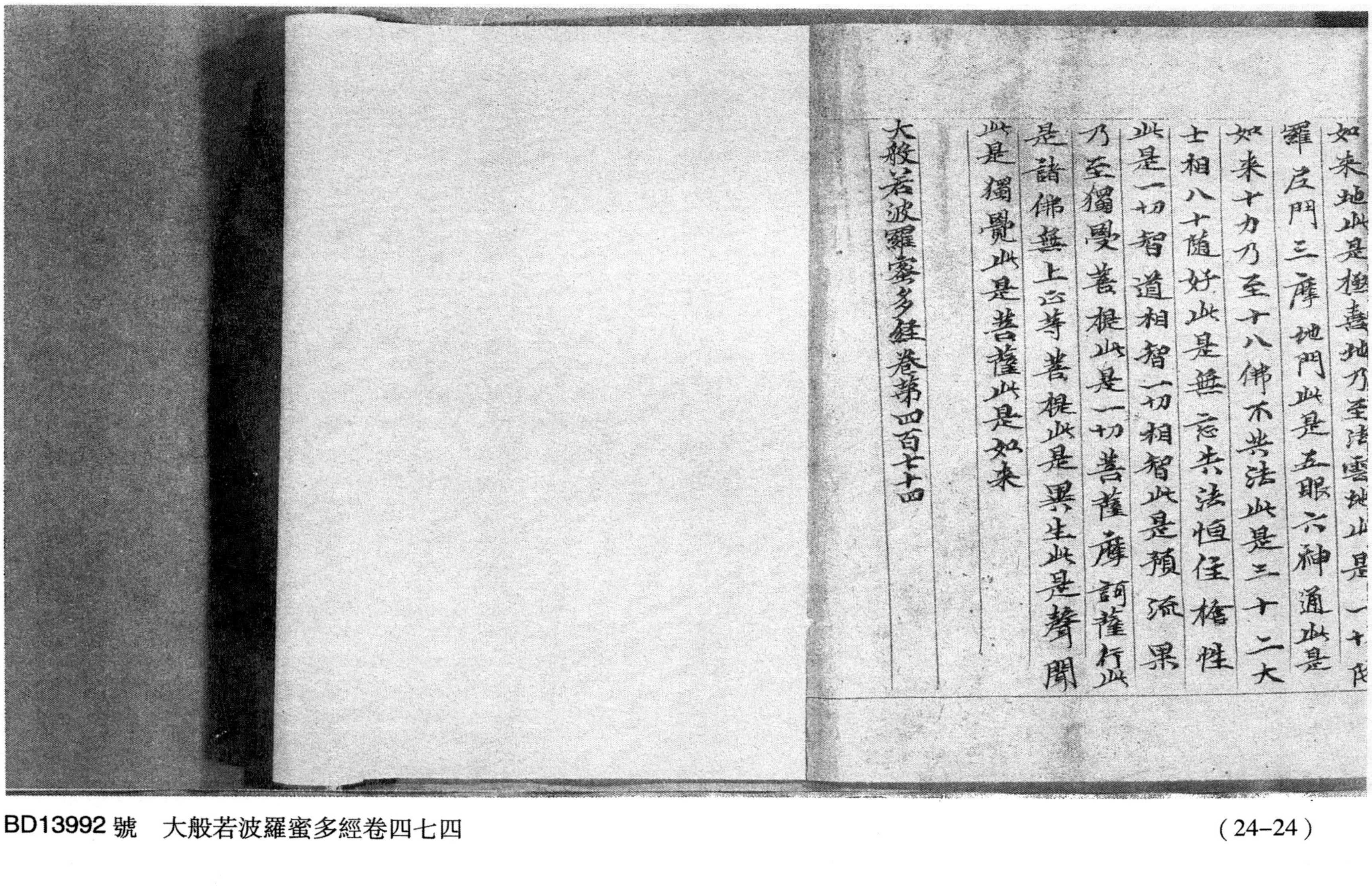
如來地此是極喜地乃至法雲地此是一切陁
羅尼門三摩地門此是五眼六神通此是
如來十力乃至十八佛不共法此是三十二大
士相八十隨好此是無忘失法恒住捨性
此是一切智道相智一切相智此是預流果
乃至獨覺菩提此是一切菩薩摩訶薩行此
是諸佛無上正等菩提此是異生此是聲聞
此是獨覺此是菩薩此是如來
大般若波羅蜜多經卷第四百七十四

BD13992號　大般若波羅蜜多經卷四七四　（24–24）

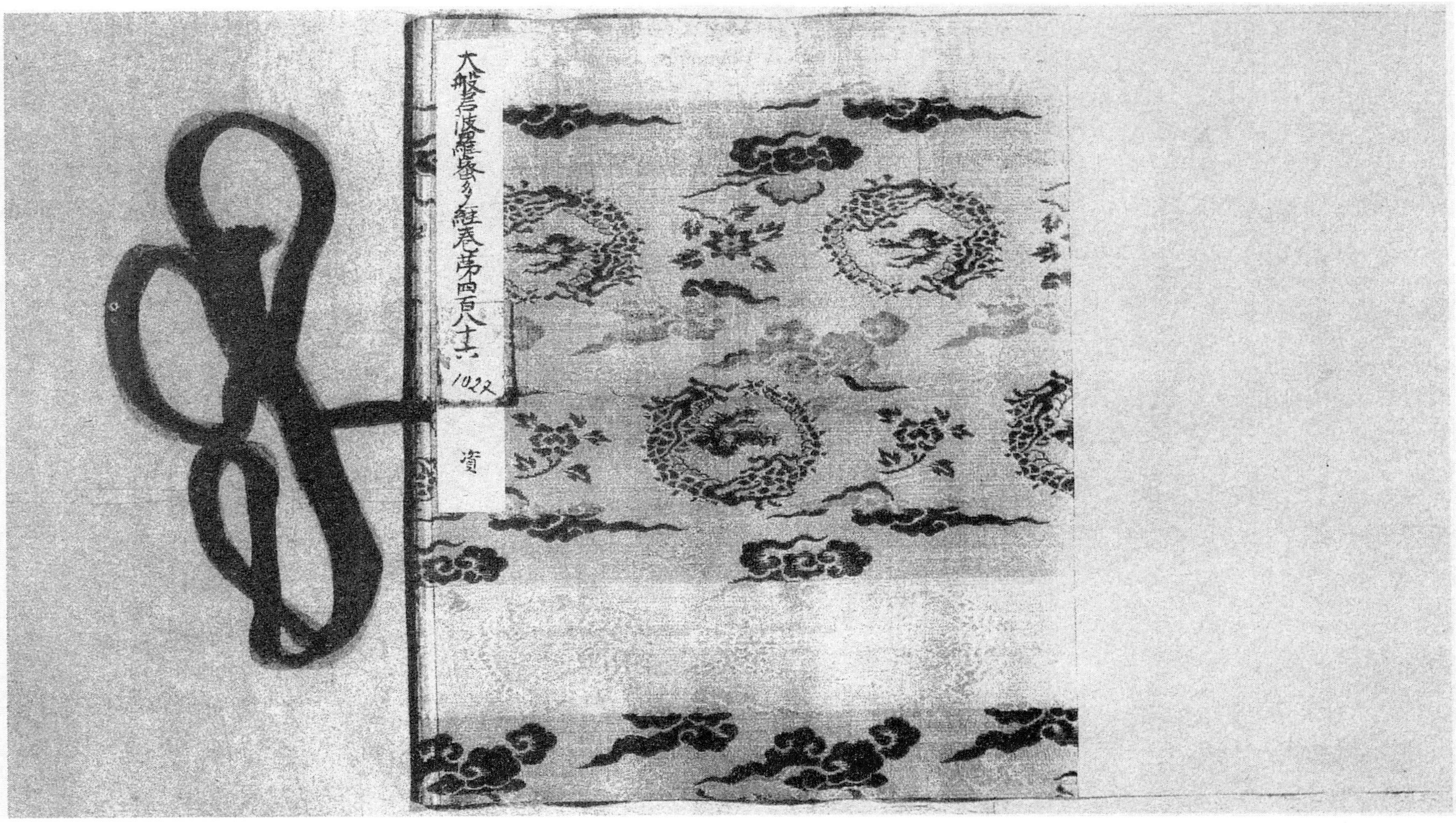

BD13993 號背　現代護首　　　　　　　　　　　　（1–1）

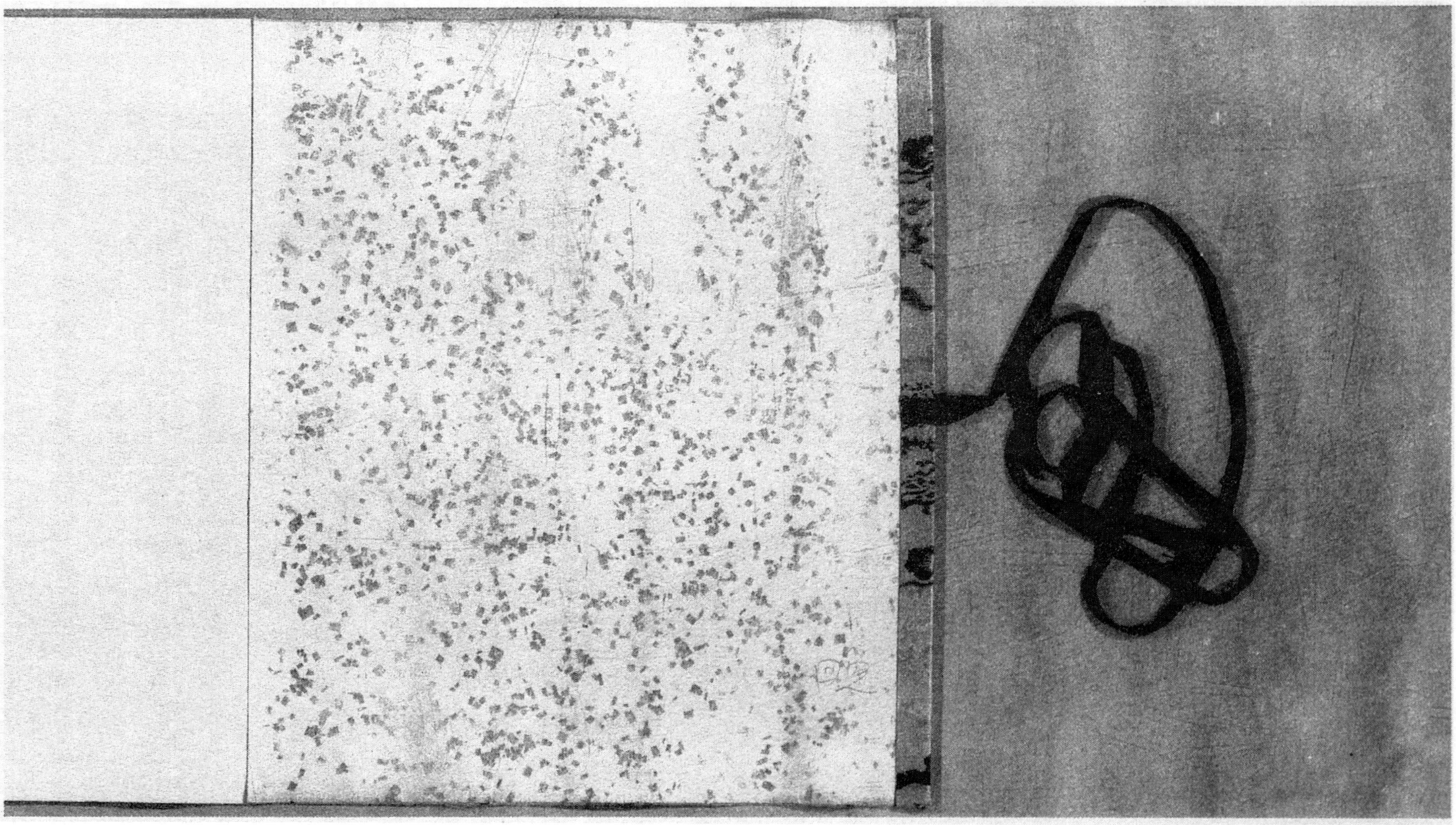

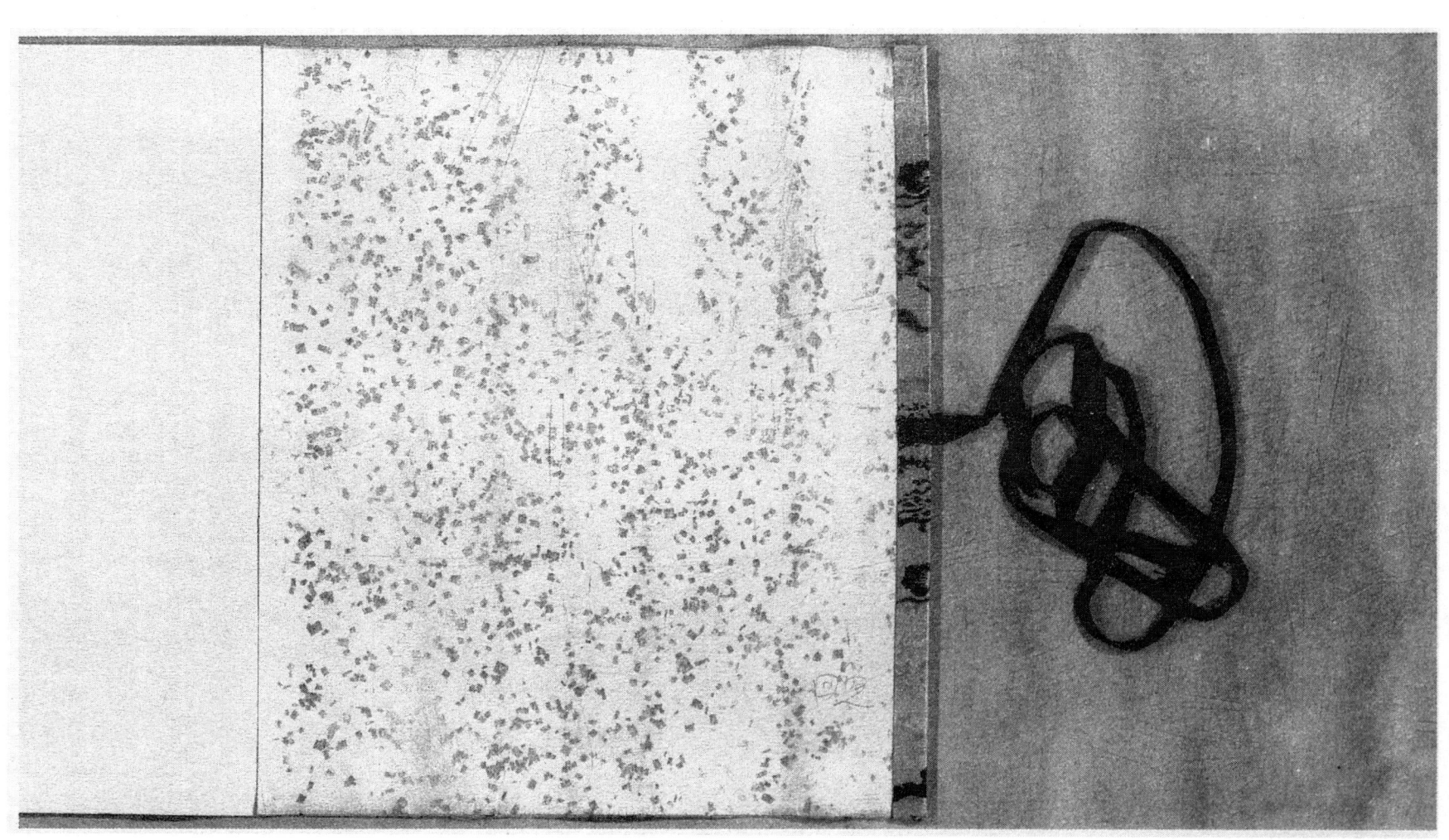

BD13993 號　大般若波羅蜜多經卷四八六　　　　　　　　　　　（24–1）

大般若波羅蜜多經卷第四百八十六

第三分善現品第三之五　三藏法師玄奘奉　詔譯

尒時善現復白佛言所說菩薩摩訶薩者
何等名為菩薩句義佛告善現無句義是
菩薩句義何以故善現菩提不生薩埵非有
句於其中理不可得故無句義是菩薩句義善
現譬如空中實無鳥迹菩薩句義亦復如是實
無所有善現譬如夢境實無所有菩薩句義
亦復如是實無所有善現譬如幻事實無所

BD13993 號　大般若波羅蜜多經卷四八六　（24–2）

何等名為菩薩句義佛告善現無句義是
菩薩句義何以故善現菩提不生薩埵非有
句於其中理不可得故無句義是菩薩句義善
現譬如空中實無鳥迹菩薩句義亦復如是實
無所有善現譬如夢境實無所有菩薩句義
亦復如是實無所有善現譬如幻事實無所
有菩薩句義亦復如是實無所有善現譬如
陽焰實無所有菩薩句義亦復如是實無所
有善現譬如光影響像變化實無所有菩薩
句義亦復如是實無所有善現譬如真如句
義實無所有菩薩句義亦復如是實無所
有善現譬如法界句義實無所有菩薩句義亦
復如是實無所有善現譬如法性句義實無
所有菩薩句義亦復如是實無所有善現譬
如虛妄性不變異性平等性離生性法定
法住實際句義實無所有菩薩句義亦復如
是實無所有善現譬如幻士句義乃至識
句義實無所有菩薩句義亦復如是實無所
有善現譬如幻士眼處句義乃至意處句義
實無所有菩薩句義亦復如是實無所有善
現譬如幻士色處句義乃至意處句義實無
所有菩薩句義亦復如是實無所有善現譬
如幻士眼界句義乃至意界句義實無所有
菩薩句義亦復如是實無所有善現譬如幻
士色界句義乃至法界句義實無所有菩薩
句義亦復如是實無所有善現譬如幻士眼
識界句義乃至意識界句義實無所有菩薩
句義亦復如是實無所有善現譬如幻士眼
觸句義乃至意觸句義實無所有菩薩句義

BD13993 號　大般若波羅蜜多經卷四八六　（24–3）

菩薩句義亦復如是實無所有善現譬如幻
士色界句義乃至法界句義實無所有菩薩
句義亦復如是實無所有善現譬如幻士眼
識界句義乃至意識界句義實無所有菩薩
句義亦復如是實無所有善現譬如幻士眼
觸句義乃至意觸句義實無所有菩薩句義
亦復如是實無所有善現譬如幻士眼觸為
緣所生諸受句義乃至意觸為緣所生諸受
句義實無所有菩薩句義亦復如是實無所
有善現譬如幻士地界句義乃至識界句義
實無所有菩薩句義亦復如是實無所有善
現譬如幻士無明句義乃至老死句義實無
所有菩薩句義亦復如是實無所有善現譬
如幻士行內空句義乃至無性自性空句義實
無所有菩薩句義亦復如是實無所有善
現譬如幻士行四念住句義乃至十八佛不共
法句義實無所有菩薩句義亦復如是實
無所有善現譬如如來應正等覺色相句義
乃至識相句義實無所有諸菩薩摩訶薩行
深般若波羅蜜多時菩薩句義亦復如是實
無所有善現譬如如來應正等覺眼處相句
義乃至意處相句義實無所有諸菩薩摩訶
薩行深般若波羅蜜多時菩薩句義亦復如
是實無所有善現譬如如來應正等覺色處
相句義乃至法處相句義實無所有諸菩薩
摩訶薩行深般若波羅蜜多時菩薩句義亦
復如是實無所有善現譬如如來應正等覺
眼界相句義乃至意界相句義實無所有諸

BD13993號　大般若波羅蜜多經卷四八六　（24–4）

是實無所有善現譬如如來應正等覺色處
相句義乃至法處相句義實無所有諸菩薩
摩訶薩行深般若波羅蜜多時菩薩句義亦
復如是實無所有善現譬如如來應正等覺
眼界相句義乃至意界相句義實無所有諸
菩薩摩訶薩行深般若波羅蜜多時菩薩句
義亦復如是實無所有善現譬如如來應正
等覺色界相句義乃至法界相句義實無所
有諸菩薩摩訶薩行深般若波羅蜜多時菩
薩句義亦復如是實無所有善現譬如如來
應正等覺眼識界相句義乃至意識界相句
義實無所有諸菩薩摩訶薩行深般若波羅
蜜多時菩薩句義亦復如是實無所有善現
譬如如來應正等覺眼觸相句義乃至意觸
相句義實無所有諸菩薩摩訶薩行深般若
波羅蜜多時菩薩句義亦復如是實無所有
善現譬如如來應正等覺眼觸為緣所生諸
受相句義乃至意觸為緣所生諸受相句義
實無所有諸菩薩摩訶薩行深般若波羅蜜
多時菩薩句義亦復如是實無所有善現譬
如如來應正等覺地界相句義乃至識界相
句義實無所有諸菩薩摩訶薩行深般若波
羅蜜多時菩薩句義亦復如是實無所有善
現譬如如來應正等覺無明句義乃至老死句
義實無所有諸菩薩摩訶薩行深般若波羅
蜜多時菩薩句義亦復如是實無所有善現
譬如如來應正等覺行內空相句義乃至無
性自性空相句義實無所有諸菩薩摩訶薩
行深般若波羅蜜多時菩薩句義亦復如是

BD13993號　大般若波羅蜜多經卷四八六　（24–5）

現辟如如來應正等覺無明句義乃至老死句
義實無所有諸菩薩摩訶薩行深般若波羅
蜜多時菩薩句義亦復如是實無所有善現
辟如如來應正等覺行內空相句義乃至無
性自性空相句義實無所有諸菩薩摩訶薩
行深般若波羅蜜多時菩薩句義亦復如是
實無所有善現辟如如來應正等覺行四念
住相句義乃至十八佛不共法相句義實無
所有諸菩薩摩訶薩行深般若波羅蜜多時
菩薩句義亦復如是實無所有善現辟如無
為界中有為界句義實無所有有為界中無
為界句義亦實無所有諸菩薩摩訶薩行深
般若波羅蜜多時菩薩句義亦復如是實無
所有善現辟如無生無滅無作無為無成無
壞無得無捨無染無淨句義實無所有諸菩
薩摩訶薩行深般若波羅蜜多時菩薩句
義亦復如是實無所有所以者何善現辟如色
乃至識無生無滅句義乃至無染無淨句義
實無所有諸菩薩摩訶薩行深般若波羅蜜
多時菩薩句義亦復如是實無所有善現辟
如眼處乃至意處無生無滅句義乃至無染
無淨句義實無所有諸菩薩摩訶薩行深般
若波羅蜜多時菩薩句義亦復如是實無所
有善現辟如色處乃至法處無生無滅句義
乃至無染無淨句義實無所有諸菩薩摩訶
薩行深般若波羅蜜多時菩薩句義亦復如是
實無所有善現辟如眼界乃至意界無生
無滅句義乃至無染無淨句義實無所有諸
菩薩摩訶薩行深般若波羅蜜多時菩薩句

BD13993 號　大般若波羅蜜多經卷四八六　（24–6）

乃至無染無淨句義實無所有諸菩薩摩訶
薩行深般若波羅蜜多時菩薩句義亦復如是
實無所有善現辟如眼界乃至意界無生
無滅句義乃至無染無淨句義實無所有諸
菩薩摩訶薩行深般若波羅蜜多時菩薩句
義亦復如是實無所有善現辟如色界乃至
法界無生無滅句義乃至無染無淨句義實
無所有諸菩薩摩訶薩行深般若波羅蜜多
時菩薩句義亦復如是實無所有善現辟如
眼識界乃至意識界無生無滅句義乃至無
染無淨句義實無所有諸菩薩摩訶薩行深
般若波羅蜜多時菩薩句義亦復如是實無
所有善現辟如眼觸乃至意觸無生無滅句
義乃至無染無淨句義實無所有諸菩薩摩
訶薩行深般若波羅蜜多時菩薩句義亦復
如是實無所有善現辟如眼觸為緣所生諸
受乃至意觸為緣所生諸受無生無滅句義
乃至無染無淨句義實無所有諸菩薩摩訶
薩行深般若波羅蜜多時菩薩句義亦復如
是實無所有善現辟如地界乃至識界無生無
滅句義乃至無染無淨句義實無所有諸
菩薩摩訶薩行深般若波羅蜜多時菩薩句
義亦復如是實無所有善現辟如無明乃至
老死無生無滅句義乃至無染無淨句義實
無所有諸菩薩摩訶薩行深般若波羅蜜多
時菩薩句義亦復如是實無所有善現辟如
內空乃至無性自性空無生無滅句義乃至
無染無淨句義實無所有諸菩薩摩訶薩行
深般若波羅蜜多時菩薩句義亦復如是實

BD13993 號　大般若波羅蜜多經卷四八六　（24–7）

無所有諸菩薩摩訶薩行深般若波羅蜜多
時菩薩句義亦復如是實無所有善現譬如
內空乃至無性自性空無生無滅句義乃至
無染無淨句義實無所有諸菩薩摩訶薩行
深般若波羅蜜多時菩薩句義亦復如是實
無所有善現譬如四念住乃至十八佛不共法
無生無滅句義乃至無染無淨句義實無所
有諸菩薩摩訶薩行深般若波羅蜜多時
菩薩句義亦復如是實無所有善現譬如色
乃至識畢竟清淨諸相句義實無所有諸菩
薩摩訶薩行深般若波羅蜜多時菩薩句義
亦復如是實無所有善現譬如眼處乃至意
處畢竟清淨諸相句義實無所有諸菩薩摩
訶薩行深般若波羅蜜多時菩薩句義亦復
如是實無所有善現譬如色處乃至法處畢
竟清淨諸相句義實無所有諸菩薩摩訶薩
行深般若波羅蜜多時菩薩句義亦復如是
實無所有善現譬如眼界乃至意界畢竟清
淨諸相句義實無所有諸菩薩摩訶薩行深
般若波羅蜜多時菩薩句義亦復如是實无
所有善現譬如色界乃至法界畢竟清淨諸
相句義實無所有諸菩薩摩訶薩行深般若
波羅蜜多時菩薩句義亦復如是實無所有
善現譬如眼識界乃至意識界畢竟清淨諸
相句義實無所有諸菩薩摩訶薩行深般若
波羅蜜多時菩薩句義亦復如是實無所有善
現譬如眼觸乃至意觸畢竟清淨諸相句
義實無所有諸菩薩摩訶薩行深般若波羅

善現譬如眼識界乃至意識界畢竟清淨諸
相句義實無所有諸菩薩摩訶薩行深般若
波羅蜜多時菩薩句義亦復如是實無所有善
現譬如眼觸乃至意觸畢竟清淨諸相句
義實無所有諸菩薩摩訶薩行深般若波羅
蜜多時菩薩句義亦復如是實無所有善現
譬如眼觸為緣所生諸受乃至意觸為緣所
生諸受諸相句義實無所有諸菩薩摩訶薩
行深般若波羅蜜多時菩薩句義亦復如是
實無所有善現譬如地界乃至識界畢竟清
淨諸相句義實無所有諸菩薩摩訶薩行深
般若波羅蜜多時菩薩句義亦復如是實無
所有善現譬如無明乃至老死畢竟清淨諸
相句義實無所有諸菩薩摩訶薩行深般若
波羅蜜多時菩薩句義亦復如是實無所有
善現譬如內空乃至無性自性空畢竟清淨
諸相句義實無所有諸菩薩摩訶薩行深般
若波羅蜜多時菩薩句義亦復如是實無所
有善現譬如四念住乃至十八佛不共法畢竟
清淨諸相句義實無所有諸菩薩摩訶薩
行深般若波羅蜜多時菩薩句義亦復如是實
無所有善現譬如我乃至見者句義畢竟
淨中實無所有性非有故諸菩薩摩訶薩行
深般若波羅蜜多時菩薩句義亦復如是實
無所有善現譬如日出現時闇冥句義實無
所有諸菩薩摩訶薩行深般若波羅蜜多時
菩薩句義亦復如是實無所有善現譬如大
劫盡時諸行句義實無所有諸菩薩摩訶薩
行深般若波羅蜜多時菩薩句義亦復如是

深般若波羅蜜多時菩薩句義亦復如是實
無所有善現譬如日出現時闇冥句義實無
所有諸菩薩摩訶薩行深般若波羅蜜多時
菩薩句義亦復如是實無所有善現譬如大
劫盡時諸行句義實無所有諸菩薩摩訶薩
行深般若波羅蜜多時菩薩句義亦復如是
實無所有善現譬如如來應正等覺淨戒蘊
中犯戒句義實無所有淨定蘊中散亂句義
實無所有淨慧蘊中愚癡句義實無所有解
脫蘊中繫縛句義實無所有解脫智見蘊中
無解脫智見句義實無所有諸菩薩摩訶薩
行深般若波羅蜜多時菩薩句義亦復如是
實無所有善現譬如日月三十三天廣說乃
至色究竟天諸光明中佛光句義實無所有
諸菩薩摩訶薩行深般若波羅蜜多時菩薩
句義亦復如是實無所有所以者何善現若
菩提若薩埵若菩薩若菩薩句義如是諸法
皆非相應非不相應無色無見無對一相所謂
無相諸菩薩摩訶薩於一切法非實有中
無著無礙應勤脩學應正覺知
爾時具壽善現白佛言世尊云何一切法諸菩
薩摩訶薩云何於一切法非實有中無著
無礙應勤脩學應正覺知佛告善現一切法
者謂善法非善法有記法無記法世間法出
世間法有漏法無漏法有為法無為法共法不
共法諸如是等名一切法諸菩薩摩訶薩
於如是一切法非實有中無著無礙應勤脩
學應正覺知具壽善現復白佛言云何名為
世間善法佛告善現世間善法者謂孝順父

BD13993號　大般若波羅蜜多經卷四八六　（24–10）

共法諸如是等名一切法諸菩薩摩訶薩
於如是一切法非實有中無著無礙應勤脩
學應正覺知具壽善現復白佛言云何名為
世間善法佛告善現世間善法者謂孝順父
母供養沙門及婆羅門敬事師長若施性福
業事若戒性福業事若供侍病者俱行福
業若方便善巧俱行福業若世間十善業道若
膖脹想若膿爛想若青瘀想若異赤想若破
壞想若啄噉想若離散想若骸骨想若焚燒
想若世間四靜慮四無量四無色定若佛隨
念法隨念僧隨念戒隨念捨隨念天隨念入
出息隨念寂靜隨念身隨念死隨念此等名
為世間善法具壽善現復白佛言云何名為非
善法佛告善現非善法者謂害生命若不
與取若欲邪行若虛誑語若麁惡語若離間
語若雜穢語若貪欲若瞋恚若邪見若忿若
害若嫉若慳諸如是等名非善法具壽善現
復白佛言云何名為有記法佛告善現一切
善法及不善法名有記法具壽善現復白佛
言云何名為無記法佛告善現若無記身業
語業意業若無記四大種若無記五根若無
記六處若無記無色諸蘊界處若無記異熟
諸如是等名無記法具壽善現復白佛言云
何名為世間法佛告善現謂世間五蘊十二
處十八界十業道四靜慮四無量四無色定
十二緣起諸如是等名世間法具壽善現復白
佛言云何名為出世間法佛告善現謂三十
七菩提分法三解脫門若未知當知根已知根

BD13993號　大般若波羅蜜多經卷四八六　（24–11）

處十八界十業道四靜慮四無量四無色定
十二緣起諸如是等名世間法具壽善現復白
佛言云何名爲出世間法佛告善現謂三十
七菩提分法三解脫門若未知當知根已知根
具知根若有尋有伺三摩地無尋有伺
三摩地無尋無伺三摩地若明解脫若念正
知若如理作意若八解脫九次第定若內空
外空內外空大空空空勝義空有爲空無
爲空畢竟空無際空無散空本性空相空一切
法空無性空自性空無性自性空若如來十力四無
所畏十八佛不共法此等名爲出世間法具壽
善現復白佛言云何名爲有漏法佛告善現
謂三界攝若五蘊十二處十八界若四靜慮
四無量四無色定諸如是等名有漏法具
壽善現復白佛言云何名爲無漏法佛告善
現謂三十七菩提分法廣說乃至如來十力
四無所畏四無礙解十八佛不共法諸如是等
名無漏法具壽善現復白佛言云何名爲有
爲法佛告善現若法有生住異滅或三界攝
或三十七菩提分法廣說乃至如來十力四
無所畏四無礙解十八佛不共法諸如是等
名有爲法具壽善現復白佛言云何名爲無
爲法佛告善現若法無生住異滅若貪瞋癡
盡若真如法界法性不虛妄性不變異性平
等性離生性法定法住實際諸如是等名無
爲法具壽善現復白佛言云何名爲共法佛
告善現謂世間四靜慮四無量四無色定諸
如是等名爲共法具壽善現復白佛言云何

BD13993號　大般若波羅蜜多經卷四八六　（24–12）

盡若真如法界法性不虛妄性不變異性平
等性離生性法定法住實際諸如是等名無
爲法具壽善現復白佛言云何名爲共法佛
告善現謂世間四靜慮四無量四無色定諸
如是等名爲共法具壽善現復白佛言云何
名爲不共法佛告善現謂三十七菩提分法
三解脫門廣說乃至十八佛不共法諸如是
等名不共法諸菩薩摩訶薩於如是等自相
空法不應執著以一切法無分別故諸菩薩摩
訶薩於一切法應以無二而爲方便如實覺
知以一切法皆無動故善現當知於一切法
無二無動無分別無執著是菩薩句義以
是故無句義是菩薩句義
爾時具壽善現復白佛言世尊何故菩薩名
摩訶薩佛告善現是諸菩薩於大有情衆
中當爲上首故復名摩訶薩具壽善現白言世
尊云何名爲大有情衆菩薩於中當爲上首
佛告善現若種姓地若第八地若預流若一
來若不還若阿羅漢若獨覺若初發心展轉
乃至不退轉地諸菩薩摩訶薩如是皆名大
有情衆菩薩於中當爲上首故復名摩訶薩
謂諸菩薩已發堅固金剛喻心定不退壞是
故能於大有情衆當爲上首具壽善現白言
世尊何謂堅固金剛喻心佛告善現若菩薩
摩訶薩發如是心我今當被大功德鎧無邊生
死大曠野中爲諸有情破煩惱敵我當普爲
一切有情枯竭無邊生死大海我當捨棄
一切所有爲諸有情作大饒益我當平等利

BD13993號　大般若波羅蜜多經卷四八六　（24–13）

世尊何謂堅固金剛喻心佛告善現若菩薩
摩訶薩發如是心我今當被大功德鎧無邊
死大曠野中爲諸有情破煩惱敵我當普爲
一切有情枯竭無邊生死大海我當捨棄
一切所有爲諸有情作大饒益我當平等利
益安樂一切有情心無偏黨我當普令諸有
情類遊三乘路趣涅槃城我當雖以三乘濟
度一切有情而曾不見有一有情得涅槃者
我當覺了一切法性無染無淨無生無滅我
當純以一切智智相應作意脩行布施乃至
般若波羅蜜多我當勤學隨入一切道達究
竟微妙智門我當通達一切法相一理趣門
我當通達一切法相二理趣門我當通達一
切法相多理趣門無所執着我當脩學種種
妙智達諸法性引勝功德善現是謂菩薩發
堅固金剛喻心若菩薩摩訶薩以無所得而
爲方便安住此心決定能於大有情衆當爲
上首復次善現諸菩薩摩訶薩生如是心
一切地獄傍生鬼界及人天中諸有情類所
受苦惱我當代受令彼安樂諸菩薩摩訶薩
生如是心我爲饒益一切有情故經於無量
百千俱胝那庾多劫受大地獄種種重苦無
數方便教化令得無餘涅槃如是次第普爲
饒益一切有情爲彼一一各經無量百千俱
胝那庾多劫受大地獄種種重苦一一各以無
數方便教化令得無餘涅槃住是事已自
種善根復經無量百千俱胝那庾多劫圓滿
脩集菩提資糧然後方證所求無上正等菩
提善現如是廣大誓願亦名菩薩所發堅固

BD13993號　大般若波羅蜜多經卷四八六　（24–14）

胝那庾多劫受大地獄種種重苦一一各以無
數方便教化令得無餘涅槃住是事已自
種善根復經無量百千俱胝那庾多劫圓滿
脩集菩提資糧然後方證所求無上正等菩
提善現如是廣大誓願亦名菩薩所發堅固
金剛喻心若菩薩摩訶薩以無所得而爲方
便安住此心決定能於大有情衆當爲上首
復次善現諸菩薩摩訶薩常應發起廣大之
心由此心故決定能於大有情衆當爲上首
此中菩薩廣大心者謂諸菩薩生如是心我從
初發大菩提心乃至證得一切智智定當不
起貪欲瞋恚愚癡忿害見慢等心亦定不
起趣求聲聞獨覺地心是爲菩薩廣大之心
若菩薩摩訶薩以無所得而爲方便安住此
心決定能於大有情衆當爲上首復次善現
諸菩薩摩訶薩常應發起不傾動心由此
故決定能於大有情衆當爲上首此中何謂
不傾動心謂諸菩薩生如是心我當常依一
切智智相應作意脩習發起一切所脩所作事
業而無憍慢是謂菩薩不傾動心若菩薩
摩訶薩以無所得而爲方便安住此心決定能
於大有情衆當爲上首復次善現諸菩薩摩
訶薩於諸有情平等發起利樂之心由此心
故決定能於大有情衆當爲上首此中菩薩
利樂心者謂諸菩薩生如是心我當決定窮
未來際利益安樂一切有情爲作歸依洲渚
舍宅常不捨離是謂菩薩利樂之心若菩薩
摩訶薩以無所得而爲方便安住此心決定
能於大有情衆當爲上首復次善現諸菩薩

BD13993號　大般若波羅蜜多經卷四八六　（24–15）

故定能於大有情衆當爲上首此中菩薩
利樂心者謂諸菩薩生如是心我當決定窮
未來際利益安樂一切有情爲作歸依洲渚
舍宅常不捨離是謂菩薩利樂之心若菩薩
摩訶薩以無所得而爲方便安住此心決定
能於大有情衆當爲上首復次善現諸菩薩
摩訶薩常勤精進愛法樂法欣法喜法由是
因緣決定能於大有情衆當爲上首此中法
者謂一切法無差別性是名爲法言愛法者
謂於此法起欲希求言樂法者謂於此法稱
讚功德言欣法者謂於此法觀喜信受言喜
法者謂於此法樂多脩習若菩薩摩訶薩以
無所得而爲方便常能如是愛樂欣喜無差
別法而無執著決定能於大有情衆當爲上
首復次善現若菩薩摩訶薩行深般若波羅
蜜多以無所得而爲方便安住内空乃至無
性自性空是菩薩摩訶薩決定能於大有情
衆當爲上首復次善現若菩薩摩訶薩行
深般若波羅蜜多以無所得而爲方便脩三十
七菩提分法廣說乃至如來十力四無所畏
四無礙解十八佛不共法是菩薩摩訶薩決
定能於大有情衆當爲上首復次善現若菩
薩摩訶薩行深般若波羅蜜多以無所得而
爲方便住金剛喻三摩地乃至住無著無爲
無染解脫如虛空三摩地是菩薩摩訶薩決
定能於大有情衆當爲上首善現當知諸
菩薩摩訶薩安住此等微妙勝法行深般若
波羅蜜多決定能於大有情衆當爲上首是
故菩薩名摩訶薩

BD13993 號　大般若波羅蜜多經卷四八六　（24–16）

定能於大有情衆當爲上首善現當知諸
菩薩摩訶薩安住此等微妙勝法行深般若
波羅蜜多決定能於大有情衆當爲上首是
故菩薩名摩訶薩
尒時具壽舍利子白佛言世尊我以辯才樂
說菩薩由是義故名摩訶薩唯願聽許佛告
舍利子隨汝意說舍利子言以諸菩薩方便
善巧能爲有情宣說法要令斷我見有情見
乃至知者見見者見令斷常見斷見有見無
見蘊處界見諸聖諦見及緣起見令斷三十
七菩提分法見廣說乃至十八佛不共法見
成熟有情見嚴淨佛土見菩薩見如來見菩
提見涅槃見轉法輪見以諸菩薩方便善巧
以無所得而爲方便爲諸有情宣說永斷此
等見法依如是義名摩訶薩尒時善現便問
具壽舍利子言若菩薩摩訶薩能爲有情
以無所得而爲方便宣說永斷諸見法要何因
何緣有諸菩薩自有所得而爲方便起蘊等
見舍利子言若菩薩摩訶薩行深般若波羅
蜜多時無方便善巧者以有所得而爲方便
起蘊等見是菩薩摩訶薩無方便善巧故決
定不能爲諸有情以無所得而爲方便宣說
永斷諸見法要若菩薩摩訶薩行深般若波
羅蜜多時有方便善巧者能爲有情以無所
得而爲方便宣說永斷諸見法要見菩薩摩
訶薩決定不起蘊等諸見尒時具壽善現白
佛言世尊我以辯才樂說菩薩由是義故名
摩訶薩唯願聽許佛告善現隨汝意說善現

BD13993 號　大般若波羅蜜多經卷四八六　（24–17）

得而爲方便宣説永斷諸見法要見菩薩摩
訶薩決定不起蘊等諸見尒時具壽善現白
佛言世尊我以辯才樂説菩薩由是義故名
摩訶薩唯願聽許佛告善現隨汝意説善現
白言以諸菩薩爲欲證得一切智智發菩提
心無等等心不共聲聞獨覺等心於如是心
亦不執著依如是義名摩訶薩所以者何以
一切智智心是真無漏不墮三果求一切智
智心亦是真無漏不墮三果於如是心不應
執著是故菩薩名摩訶薩時舍利子問善現
言云何菩薩摩訶薩無等等心不共聲聞獨
覺等心善現答言諸菩薩摩訶薩從初發心
不見少法有生有滅有增有減有往有來有
染有淨若不見法有生有滅有增有減有往
有來有染有淨亦不見有聲聞獨覺菩薩等
心是名菩薩摩訶薩無等等心不共聲聞獨
覺等心諸菩薩摩訶薩於如是心亦不執著
時舍利子問善現言若菩薩摩訶薩於如是
心不應執著則於聲聞獨覺等心亦不應執
著及於一切蘊處界等心并四念住廣説乃
至十八佛不共法心亦不應執著何以故如
是諸心無心性故善現答言如是如是時舍
利子問善現言若一切心無心性故不應執
著則蘊處界等廣説乃至十八佛不共法亦
無彼性不應執著善現答言如是如是舍利
子言若一切智智心是真無漏不墮三果則
諸愚夫異生聲聞獨覺等心亦應是真無漏
不墮三果何以故如是諸心皆本性空故善

BD13993 號　大般若波羅蜜多經卷四八六　（24–18）

無彼性不應執著善現答言如是如是舍利
子言若一切智智心是真無漏不墮三果則
諸愚夫異生聲聞獨覺等心亦應是真無漏
不墮三果何以故如是諸心皆本性空故善
現答言如是如是舍利子言若如是心本性
空故是真無漏不墮三果則蘊處界等廣説
乃至十八佛不共法亦應是真無漏不墮三
果何以故蘊處界等皆本性空故善現答言
如是如是舍利子言若心色等法無心色等
性故不應執著則一切法皆應平等都無
差別善現答言如是如是舍利子言若一切
法等無差別云何如來説心色等有種種異
善現答言此是如來隨世俗説非隨勝義舍
利子言若諸異生聲聞獨覺菩薩如來心色
等法皆真無漏不墮三果則諸異生聲聞獨
覺菩薩如來應無差別善現答言如是如是
舍利子言若諸異生聲聞獨覺菩薩如來無
差別者云何佛説凡聖大小有種種異善現
答言此亦如來依世俗説不依勝義舍利子
諸菩薩摩訶薩行深般若波羅蜜多時以無
所得爲方便故於所發起大菩提心無等等
心不共聲聞獨覺等心不恃不執於蘊處界
等廣説乃至十八佛不共法無取無著依如
是義名摩訶薩尒時具壽滿慈子白佛言世
尊我以辯才樂説菩薩由是義故名摩訶薩
唯願聽許佛告滿慈子隨汝意説滿慈子言
以諸菩薩普爲利樂一切有情被大功德鎧
故發趣大乘故乘大乘故名摩訶薩時舍利

BD13993 號　大般若波羅蜜多經卷四八六　（24–19）

等廣說乃至十八佛不共法無取無著依如
是義名摩訶薩尒時具壽滿慈子白佛言世
尊我以辯才樂說菩薩由是義故名摩訶薩
唯願聽許佛告滿慈子隨汝意說滿慈子言
以諸菩薩普為利樂一切有情被大功德鎧
故發趣大乘故乘大乘故名摩訶薩時舍利
子問滿慈子言云何菩薩摩訶薩普為利樂
一切有情被大功德鎧滿慈子言諸菩薩摩
訶薩脩行布施波羅蜜多時不為利樂少分
有情普為利樂一切有情脩行淨戒安忍精
進靜慮般若波羅蜜多時亦復如是舍利子
是為菩薩摩訶薩普為利樂一切有情被大
功德鎧復次舍利子諸菩薩摩訶薩被大功
德鎧利樂有情不為分限不作是念我當
拔濟尒許有情入無餘依般涅槃界尒許有情
不令其入我當拔濟尒許有情令住無上正
等菩提尒許有情不令其住然諸菩薩摩
訶薩普為拔濟一切有情入無餘依般涅槃
界及住無上正等菩提舍利子是為菩薩摩
訶薩普為利樂一切有情被大功德鎧復次舍
利子諸菩薩摩訶薩作如是念我當自圓滿
布施淨戒安忍精進靜慮般若波羅蜜多亦
令一切有情圓滿復作是念我依六種波羅
蜜多自住內空乃至無性自性空自脩四念住
乃至十八佛不共法亦令有情依此六種波
羅蜜多安住內空乃至無性自性空脩四念
住乃至十八佛不共法復作是念我依六種
波羅蜜多速證無上正等菩提入無餘依般
涅槃界亦令有情依六種波羅蜜多速證

BD13993 號　大般若波羅蜜多經卷四八六　（24–20）

蜜多自住內空乃至無性自性空自脩四念住
乃至十八佛不共法亦令有情依此六種波
羅蜜多安住內空乃至無性自性空脩四念
住乃至十八佛不共法復作是念我依六種
波羅蜜多速證無上正等菩提入無餘依般
涅槃界亦令有情依六種波羅蜜多速證
無上正等菩提入無餘依般涅槃界舍利子
是為菩薩摩訶薩普為利樂一切有情被
大功德鎧復次舍利子諸菩薩摩訶薩脩行布
施波羅蜜多時以一切智智相應作意而脩
布施波羅蜜多不雜聲聞獨覺作意持此
善根以無所得而為方便與諸有情平等共
有迴向無上正等菩提於布施時都無所悋是
為布施波羅蜜多大功德鎧於布施時不起
聲聞獨覺作意是為淨戒波羅蜜多大功德
鎧於布施時信忍欲樂脩布施法是為安忍
波羅蜜多大功德鎧於布施時精進勇猛不
捨加行是為精進波羅蜜多大功德鎧於布
施時一心趣向一切智智究竟利樂一切有情
不雜聲聞獨覺作意是為靜慮波羅蜜多
大功德鎧於布施時住如幻想不得施者受者
施物施所得果是為般若波羅蜜多大功
德鎧舍利子如是菩薩摩訶薩脩行布施波
羅蜜多時具被六種波羅蜜多大功德鎧若
菩薩摩訶薩以一切智智相應作意脩行布
施波羅蜜多時於六波羅蜜多相無取無得
當知是菩薩摩訶薩被大功德鎧復次舍利
子諸菩薩摩訶薩脩行淨戒波羅蜜多時

BD13993 號　大般若波羅蜜多經卷四八六　（24–21）

德鎧舍利子如是菩薩摩訶薩修行布施波
羅蜜多時具被六種波羅蜜多大功德鎧若
菩薩摩訶薩以一切智智相應作意修行布
施波羅蜜多時於六波羅蜜多相無取無得
當知是菩薩摩訶薩被大功德鎧復次舍利
子諸菩薩摩訶薩修行淨戒波羅蜜多時以
一切智智相應作意而修淨戒波羅蜜多不雜
聲聞獨覺作意持此善根以無所得而為方
便與諸有情平等共有迴向無上正等菩提
修淨戒時於諸所有都無慳悋是為布施波
羅蜜多大功德鎧修淨戒時於諸聲聞及獨
覺地尚不趣求況異生地是為淨戒波羅蜜
多大功德鎧修淨戒時於淨戒法信忍欲樂
是為安忍波羅蜜多大功德鎧修淨戒時精
進勇猛不捨加行是為精進波羅蜜多大功
德鎧修淨戒時純以大悲而為上首尚不間
雜二乘作意況異生心是為靜慮波羅蜜多
大功德鎧修淨戒時於一切法住如幻想於
淨戒行無恃無得達本性空是為般若波羅
蜜多大功德鎧舍利子如是菩薩摩訶薩修
行淨戒波羅蜜多時具被六種波羅蜜多大
功德鎧若菩薩摩訶薩以一切智智相應作
意修行淨戒波羅蜜多時於六波羅蜜多相
無取無得當知是菩薩摩訶薩被大功德鎧
復次舍利子諸菩薩摩訶薩修行安忍波羅
蜜多時以一切智智相應作意而修安忍波
羅蜜多不雜聲聞獨覺作意持此善根以無
所得而為方便與諸有情平等共有迴向無上
正等菩提修安忍時為成安忍於身命等無

BD13993號　大般若波羅蜜多經卷四八六　（24–22）

切德鎧若菩薩摩訶薩以一切智智相應作
意修行淨戒波羅蜜多時於六波羅蜜多相
無取無得當知是菩薩摩訶薩被大功德鎧
復次舍利子諸菩薩摩訶薩修行安忍波羅
蜜多時以一切智智相應作意而修安忍波
羅蜜多不雜聲聞獨覺作意持此善根以無
所得而為方便與諸有情平等共有迴向無上
正等菩提修安忍時為成安忍於身命等無
所戀著是為布施波羅蜜多大功德鎧修安
忍時不雜聲聞及獨覺等下劣作意是為淨
戒波羅蜜多大功德鎧修安忍時於安忍法
信忍欲樂是為安忍波羅蜜多大功德鎧修
安忍時精進勇猛不捨加行是為精進波羅
蜜多大功德鎧修安忍時攝心一境雖遇衆
苦而心不亂是為靜慮波羅蜜多大功德鎧
修安忍時住如幻想為集佛法成熟有情觀
諸法空不執怨害是為般若波羅蜜多大功
德鎧舍利子如是菩薩摩訶薩修行安忍波
羅蜜多時具被六種波羅蜜多大功德鎧若
菩薩摩訶薩以一切智智相應作意修行安
忍波羅蜜多時於六波羅蜜多相無取無得
當知是菩薩摩訶薩被大功德鎧

大般若波羅蜜多經卷第四百八十六

BD13993號　大般若波羅蜜多經卷四八六　（24–23）

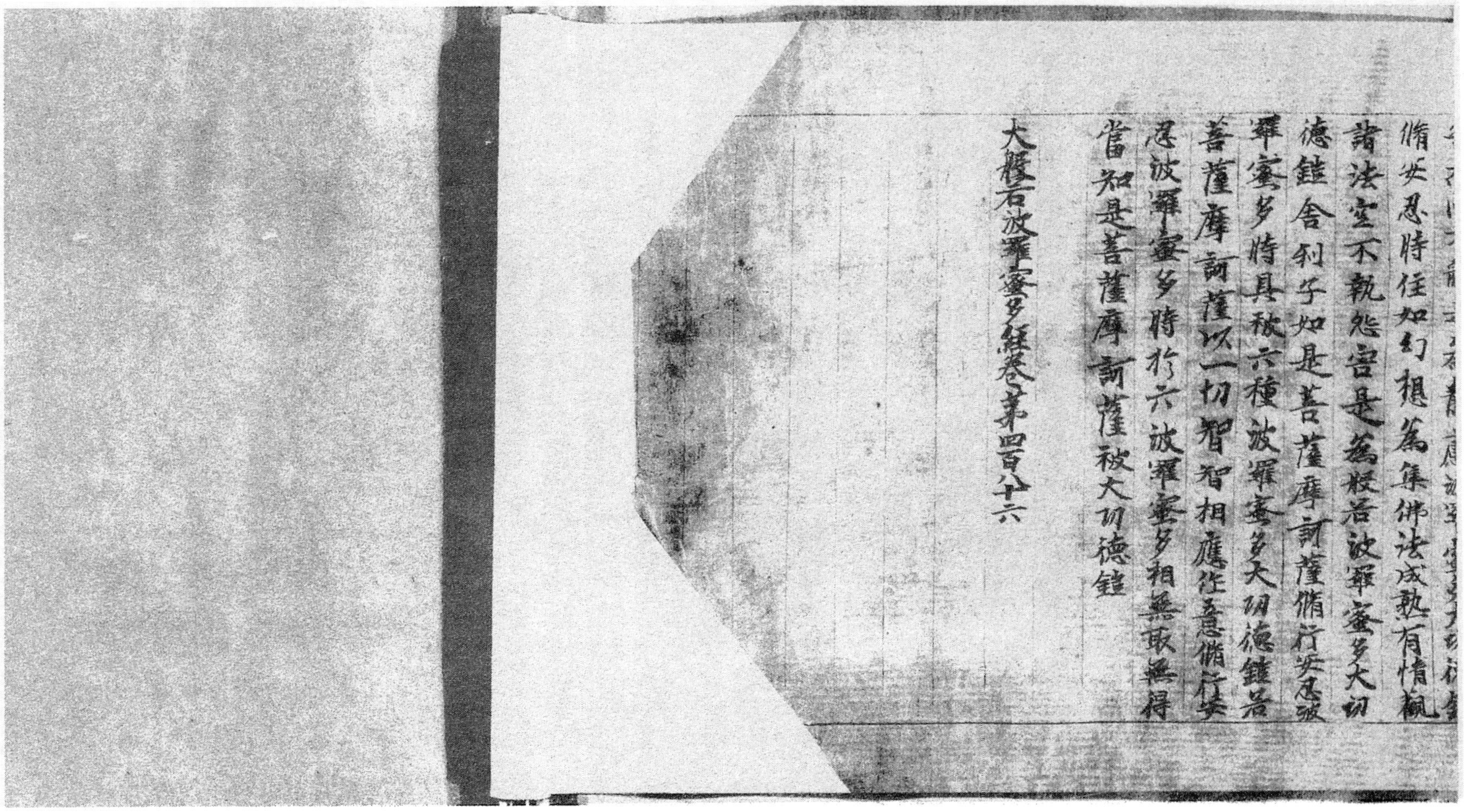
脩安忍時住如幻想為集佛法成熟有情觀
諸法空不執怨害是為般若波羅蜜多大功
德鎧舍利子如是菩薩摩訶薩脩行安忍波
羅蜜多時具被六種波羅蜜多大功德鎧若
菩薩摩訶薩以一切智智相應作意脩行安
忍波羅蜜多時於六波羅蜜多相無取無得
當知是菩薩摩訶薩被大功德鎧

大般若波羅蜜多經卷第四百八十六

BD13993 號　大般若波羅蜜多經卷四八六　（24–24）

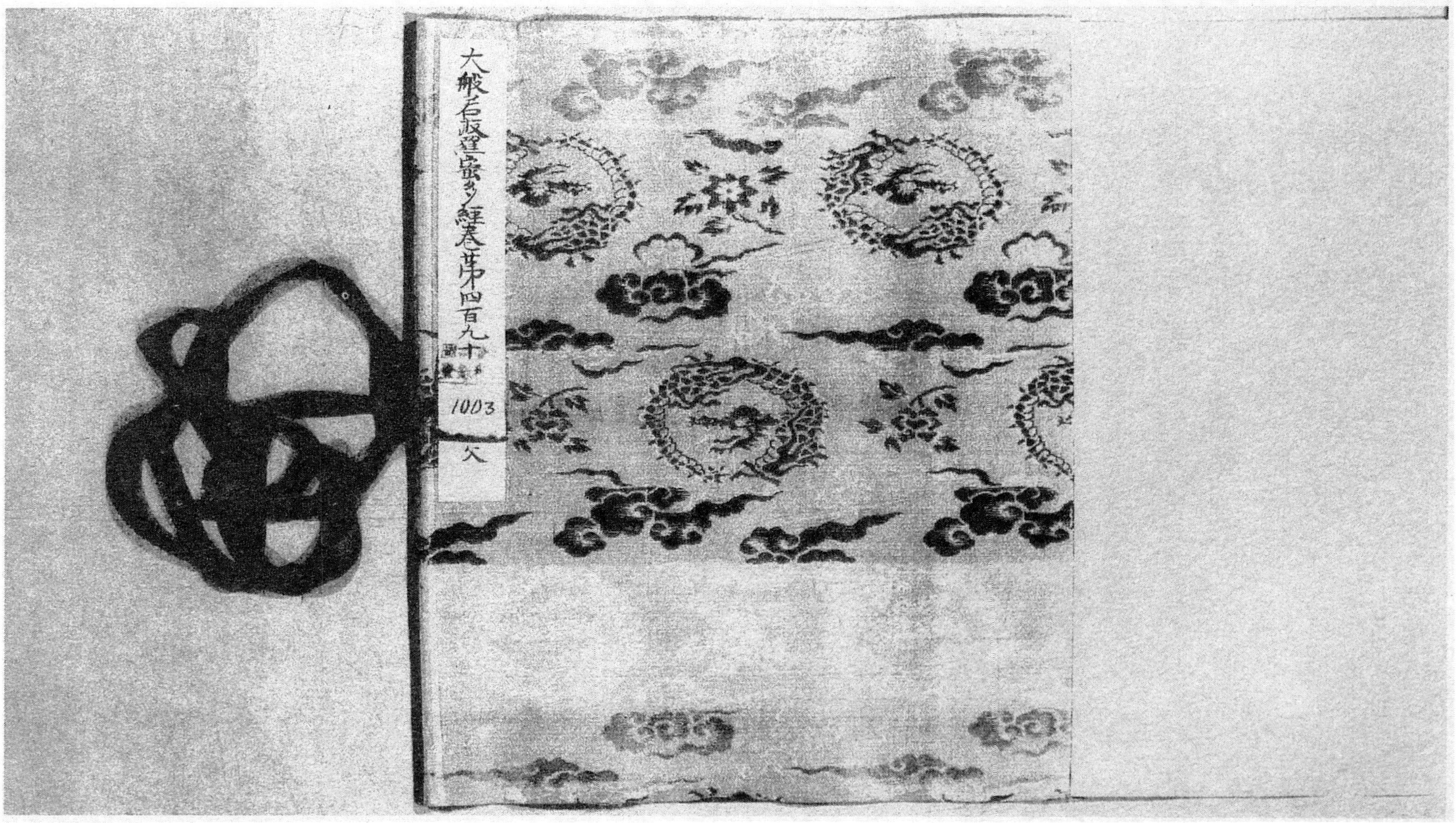

BD13994 號背　現代護首　（1–1）

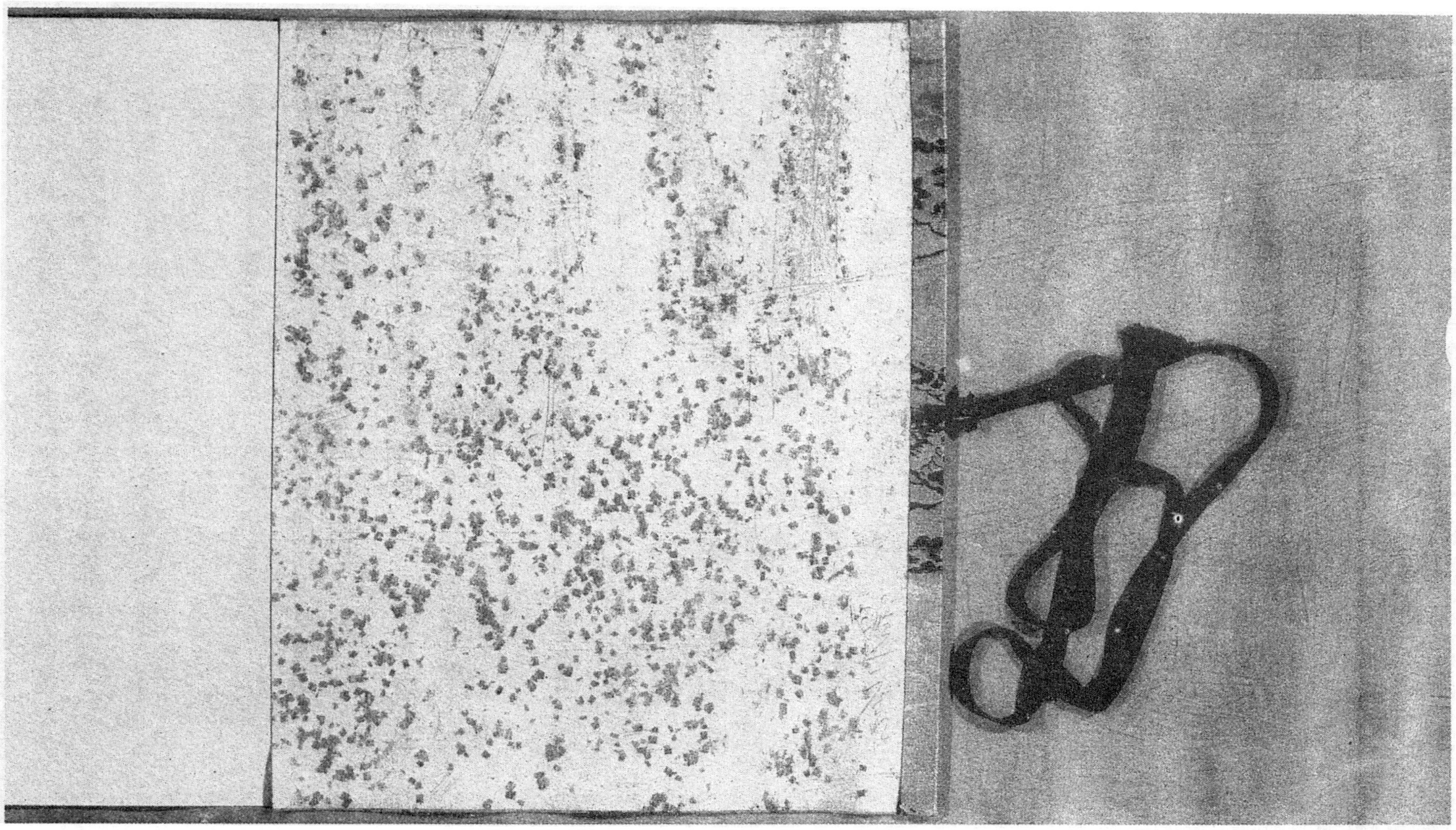

BD13994號　大般若波羅蜜多經卷四九〇　（19–1）

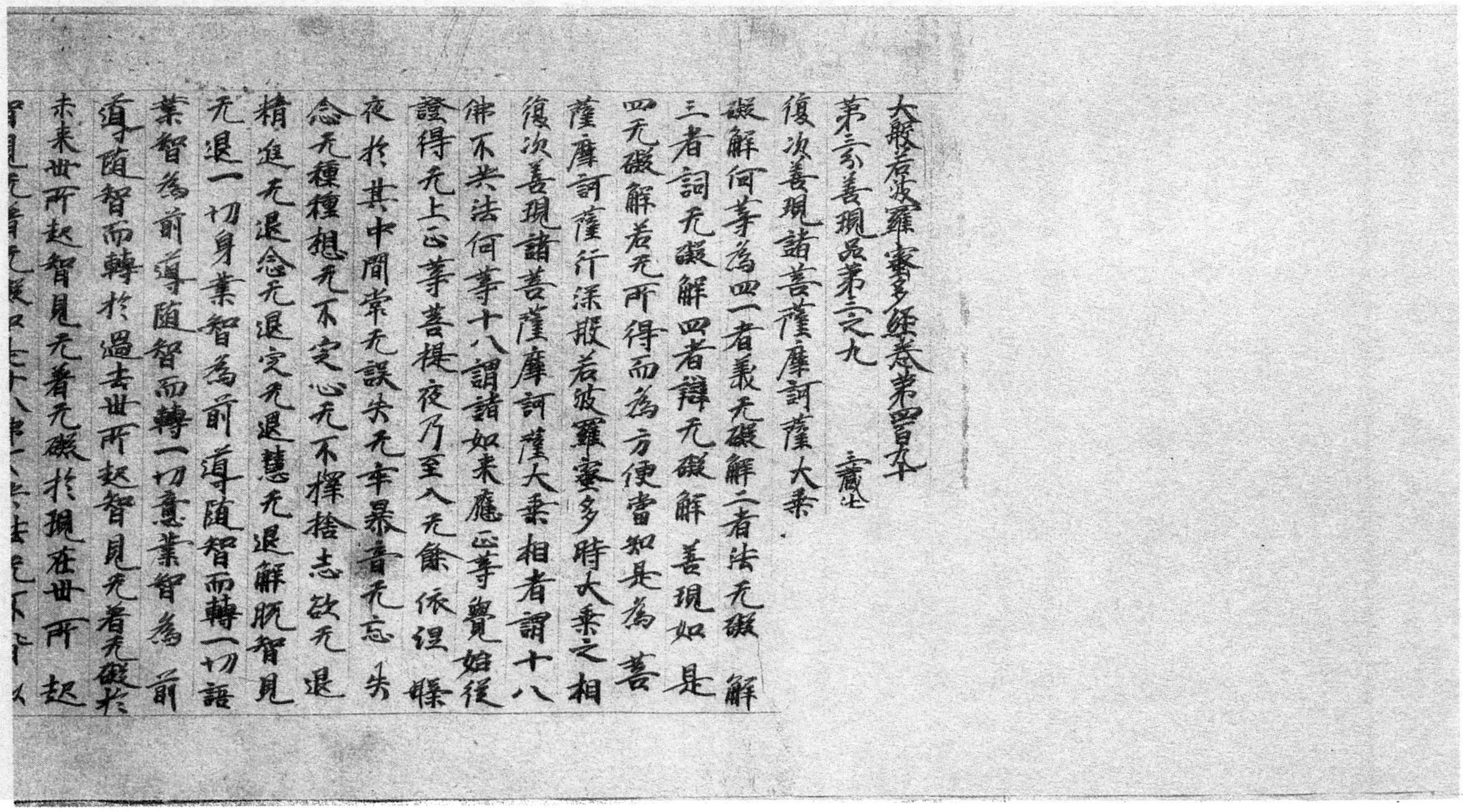

大般若波羅蜜多經卷第四百九十
第三分善現品第三之九　三藏法
復次善現諸菩薩摩訶薩大乘
无礙解何等為四一者義无礙解二者法无礙解
三者詞无礙解四者辯无礙解　善現如是
四无礙解若无所得而為方便當知是為菩
薩摩訶薩行深般若波羅蜜多時大乘之相
復次善現諸菩薩摩訶薩大乘相者謂十八
佛不共法何等十八謂諸如來應正等覺始從
證得无上正等菩提夜乃至入无餘依涅槃
夜於其中間常无誤失无卒暴音无忘失
念无種種想无不擇捨志欲无退
精進无退念无退定无退慧无退解脫智見
无退一切身業智為前導隨智而轉一切語
業智為前導隨智而轉一切意業智為前
導隨智而轉於過去世所起智見无着无礙於
未來世所起智見无着无礙於現在世所起

BD13994號　大般若波羅蜜多經卷四九〇　（19–2）

精進无退念无退定无退慧无退解脫智見
无退一切身業智為前導隨智而轉一切語
業智為前導隨智而轉一切意業智為前
導隨智而轉於過去世所起智見无着无礙於
未來世所起智見无着无礙於現在世所起
智見无着无礙如是十八佛不共法无不皆以
无所得為方便當知是為諸菩薩摩訶薩
行深般若波羅蜜多時大乘之相復次善現
諸菩薩摩訶薩大乘相者謂諸文字陁羅
尼門何等文字陁羅尼門謂字平等性語平
等性入諸字門云何字平等性語平等性入
諸字門善現當知若菩薩摩訶薩行深般若波
羅蜜多時以无所得而為方便入痾字門悟
一切法本不生故入洛字門悟一切法離塵垢
故入跛字門悟一切法勝義教故入者字門悟
一切法遠離死生若死若生皆无所得為
方便故入娜字門悟一切法遠離名相若名
若相皆无所得為方便故入砢字門悟一切
法出世間故愛條因緣不現前故入拕字門
悟一切法調伏寂靜真如平等无分別故
入婆字門悟一切法離縛解故入荼字門悟一
切法離熱矯穢得清淨故入沙字門悟一切
法无罣礙故入縛字門悟一切法言音道斷
故入頦字門悟一切法真如不動故入也字
門悟一切法如實不生故入瑟吒字門悟一切
法制伏任持相不可得故入迦字門悟一切
法作者不可得故入娑字門悟一切法時平
等性不可得故入磨字門悟一切法我所

BD13994號　大般若波羅蜜多經卷四九〇　（19–3）

故入頦字門悟一切法真如不動故入也字
門悟一切法如實不生故入瑟吒字門悟一切
法制伏任持相不可得故入迦字門悟一切
法作者不可得故入娑字門悟一切法時平
等性不可得故入磨字門悟一切法我所
執性不可得故入伽字門悟一切法行動取
性不可得故入他字門悟一切法所依處性
不可得故入闍字門悟一切法能所生起不
可得故入濕縛字門悟一切法安隱之性不
可得故入達字門悟一切法能持界性不
可得故入捨字門悟一切法奢摩他性不可
得故入法字門悟一切法如太虛空平等之
性不可得故入羼字門悟一切法窮盡之性
不可得故入薩頦字門悟一切法任持之性
不可得故入若字門悟一切法能所知性不
可得故入剌他字門悟一切法執着着義性不
可得故入呵字門悟一切法能為因性不可
得故入薄字門悟一切法可破壞性不可得
故入綽字門悟一切法欲樂覆性不可得故
入颯磨字門悟一切法可憶念性不可得故
入嗑縛字門悟一切法可呼召性不可得故入
蹉字門悟一切法離勇健故入鍵字門悟一
切法厚平等性不可得故入搽字門悟一
切法積集之性不可得故入拏字門悟一切
法離諠雜故入頗字門悟一切法无果報故
入塞迦字門悟一切法離蘊性故入逝娑字
門悟一切法聚處性相不可得故入酌字門

BD13994號　大般若波羅蜜多經卷四九〇　（19–4）

切法厚平等性不可得故入搋字門悟一
切法積集之性不可得故入拏字門悟一切
法離諠雜故入頗字門悟一切法无果報故
入塞迦字門悟一切法離蘊性故入逸婆字
門悟一切法衰老性相不可得故入酌字門
悟一切法无足迹故入吒字門悟一切法相驅迫
性不可得故入擇字門悟一切法究竟
處所不可得故善現當知此擇字門是能悟
入法空邊際除此諸字表諸法空更不可得
所以者何此諸字義不可宣說不可顯示不
可書持不可執取不可觀察離諸相故善現
當知譬如虛空是一切物所歸趣處此諸字門
亦復如是諸法空義皆入此門方得顯了善
現當知入此裹字等名入諸字門諸善　薩
摩訶薩若於如是入諸字門得善巧智是菩
薩摩訶薩於諸言音所詮所表皆无罣礙
於一切法平等空性盡能證持於衆言音咸得
善巧若菩薩摩訶薩能聽如是入諸字門印
相印句聞已受持讀誦通利為他解說无所
執著不徇名譽利養恭敬由此因緣得三十
種功德勝利何等三十謂得強憶念得勝慚
愧得堅固力得法旨趣得增上覺得殊勝
慧得无礙辯得揔持門得无疑惑得違順語不
生愛恚得无高下平等而住得於有情言音
善巧得蘊善巧得界善巧得處善巧得諦善
巧得緣起善巧得因善巧得緣善巧得法
善巧得根勝劣智善巧得他心智善巧得

慧得无礙辯得揔持門得无疑惑得違順語不
生愛恚得无高下平等而住得於有情言音
善巧得蘊善巧得界善巧得處善巧得諦善
巧得緣起善巧得因善巧得緣善巧得法
善巧得根勝劣智善巧得他心智善巧得
神境智善巧得天耳智善巧得宿住隨念智
善巧得无生智善巧得漏盡智善巧得處非處智
善巧得往來智善巧得威儀路智善巧是為
三十功德勝利善現當知若菩薩摩訶薩行
深般若波羅蜜多時以无所得而為方便得
如是文字陀羅尼門當知是為菩薩摩訶薩
行深般若波羅蜜多時大乘之相
復次善現汝次所問齊何當知諸菩薩摩訶
薩發趣大乘者善現當知若菩薩摩訶薩勤
行六種波羅蜜多從一地趣一地齊此當知
諸菩薩摩訶薩發趣大乘具壽善現白佛
言云何菩薩摩訶薩勤行六種波羅蜜多
從一地趣一地佛告善現若菩薩摩訶薩知一切
法无所從來亦无所趣所以者何以一切法
无去无來无從无趣由彼諸法无變壞故是
菩薩摩訶薩於所從趣地不念不思惟雖
脩治地業而不見彼地是為菩薩摩訶薩勤
行六種波羅蜜多從一地趣一地具壽善現
復白佛言云何菩薩摩訶薩脩治地業佛告
善現諸菩薩摩訶薩住初地時應善脩治
十種勝業何等為十一者以无所得而為方便
應善脩治淨勝意樂業利益事相不可得故

行六種波羅蜜多從一地趣一地具壽善現
復白佛言云何菩薩摩訶薩脩治地業佛告
善現諸菩薩摩訶薩住初地時應善脩治
十種勝業何等為十一者以无所得而為方便
應善脩治淨勝意樂業利益事相不可得故
二者以无所得而為方便應善脩治一切有
情平等心業一切有情不可得故三者以无
所得而為方便應善脩治一切捨施業施者
受者及所施物不可得故四者以无所得而
為方便應善脩治親近善友業於諸善友无
執著故五者以无所得而為方便應善脩治勤
求正法業諸所求法不可得故六者以无所得
而為方便應善脩治常樂出家業所捨居
家不可得故七者以无所得而為方便應善
脩治愛樂佛身業諸相好因不可得故八者以
无所得而為方便應善脩治開闡法教業所
分別法不可得故九者以无所得而為方便
應善脩治破壞憍慢業諸興盛法不可得故
十者以无所得而為方便應善脩治常樂諦
語業一切語言不可得故善現當知諸菩薩
摩訶薩住初地時應善脩治此十勝業由斯
初地速得圓滿復次善現諸菩薩摩訶薩住
第二地時應於八法脩習思惟令速圓滿何
等為八一者清淨尸羅二者知恩報恩三者
住安忍力四者受勝歡喜五者不捨有情六
者常起大悲七者於諸師長以敬信心諮承
供養如事諸佛八者勤求脩習波羅蜜多善

第二地時應於八法脩習思惟令速圓滿何
等為八一者清淨尸羅二者知恩報恩三者
住安忍力四者受勝歡喜五者不捨有情六
者常起大悲七者於諸師長以敬信心諮承
供養如事諸佛八者勤求脩習波羅蜜多善
現當知諸菩薩摩訶薩住第二地時於此八
法應正思惟應勤脩學令速圓滿復次善現
諸菩薩摩訶薩住第三地時應於五法精進
安住何等為五一者勤求多聞恒无厭足於
所聞法不著文字二者以无染心常行法施
雖廣開化而不自高三者為嚴淨土種種善
根雖用迴向而不自舉四者為化有情雖不
厭惓无邊生死而不憍逸五者雖住慚愧而
无所執善現當知諸菩薩摩訶薩住第三地
時應常安住如是五法无得暫捨復次善現
諸菩薩摩訶薩住第四地時應於十法受持
不捨何等為十一者住阿練若常不捨離二
者常樂少欲三者常樂喜足四者常不捨離
杜多功德五者於諸學處常不棄捨六者於
諸欲樂深生厭離七者常樂發起涅槃俱
心八者於一切物常樂棄捨九者於一切時心
不沈沒十者於一切事常无顧著善現　當
知諸菩薩摩訶薩住第四地時於是十法應
受持不捨復次善現諸菩薩摩訶薩住第五
地時應遠離十法何等為十一者應遠離居
家二者應遠離苾芻尼三者應遠離家慳
四者應遠離眾會忿諍五者應遠離自讚
毀他六者應遠離十惡業道七者應遠離增上

知諸菩薩摩訶薩住第四地時於是十法應
受持不捨復次善現諸菩薩摩訶薩住第五
地時應遠離十法何等為十一者應遠離居
家二者應遠離苾芻尼三者應遠離家慳
四者應遠離衆會忿諍五者應遠離自讚
毀他六者應遠離十惡業道七者應遠離增上
慢傲八者應遠離顛倒九者應遠離猶豫
十者應遠離貪瞋癡善現當知諸菩薩摩訶薩住
第五地時於此十法常應遠離復次善現　諸
菩薩摩訶薩住第六地時應圓滿六法應
遠離六法云何名為圓滿六法謂應圓滿布
施等六波羅蜜多云何名為遠離六法謂應
遠離六下劣心何等為六一者應遠離聲聞
心二者應遠離獨覺心三者應遠離熱惱心四
者應遠離見乞者來不喜愁惱心五者應遠
離捨所有物追戀憂悔心六者應遠離於
來求者方便矯亂心善現當知諸菩薩摩訶薩
住第六地時當應圓滿前說六法及應遠　離
後說六法復次善現諸菩薩摩訶薩住第　七
地時於二十法常應遠離於二十法常應圓
滿云何名為於二十法常應遠離一者常應遠
離我執乃至見者執二者常應遠離斷執三
者常應遠離常執四者常應遠離相執五者
常應遠離見執六者常應遠離名色執七者
常應遠離蘊執八者常應遠離處執九者常
應遠離界執十者常應遠離諦執十一者常
應遠離緣起執十二者常應遠離住著三界

BD13994 號　大般若波羅蜜多經卷四九〇　　(19–9)

離我執乃至見者執二者常應遠離斷執三
者常應遠離常執四者常應遠離相執五者
常應遠離見執六者常應遠離名色執七者
常應遠離蘊執八者常應遠離處執九者常
應遠離界執十者常應遠離諦執十一者常
應遠離緣起執十二者常應遠離住著三界
執十三者常應遠離一切法執十四者常應
遠離於一切法如理不如理執十五者常應遠離
離依佛見執十六者常應遠離依法見執
十七者常應遠離依僧見執十八者常應遠
離依戒見執十九者常應遠離依空見執二
十者常應遠離厭怖空性云何名為於二十
法常應圓滿一者常應圓滿通達空二者常
應圓滿證無相三者常應圓滿知無願四者常
常應圓滿三輪清淨五者常應圓滿悲愍有
情及於有情無所執著六者常應圓滿於一
切法平等性見及於此中無所執著七者常
應圓滿於諸有情平等性見及於此中無所
執著八者常應圓滿於真理趣究竟通達及
於此中無所執著九者常應圓滿無生忍智
十者常應圓滿說一切法一相理趣十一者常
應圓滿滅除分別十二者常應圓滿遠離諸想
十三者常應圓滿遠離諸見十四者常應　圓
滿遠離煩惱十五者常應圓滿善巧心觀十
六者常應圓滿調伏心性十七者常應圓滿
寂靜心性十八者常應圓滿無礙智性十九
者常應圓滿無所愛染二十者常應圓滿
隨心所欲往諸佛土於佛衆會自現其身善

BD13994 號　大般若波羅蜜多經卷四九〇　　(19–10)

滿遠離嫉惱十五者常應圓滿善巧心願十
六者常應圓滿調伏心性十七者常應圓滿
寂靜心性十八者常應圓滿无礙智性十九
者常應圓滿无所愛染二十者常應圓滿
隨心所欲往諸佛土於佛衆會自現其身善
現當知諸菩薩摩訶薩住第七地時於前二十
法常應遠離於後二十法常應圓滿復次善
現諸菩薩摩訶薩住第八地時於四種法常
應圓滿何等為四一者常應圓滿悟入一切
有情心行二者常應圓滿遊戲神通三者
常應圓滿見諸佛土如其所見而自嚴淨
種種佛土四者常應圓滿承事供養諸佛世尊於
如來身如實觀察善現當知諸菩薩摩訶薩
住第八地時於此四法常應圓滿復次善現諸
菩薩摩訶薩住第九地時於四種法常應
圓滿何等為四一者常應圓滿根勝劣智二
者常應圓滿嚴淨佛土三者常應圓滿如幻
等持數入諸定四者常應圓滿隨諸有情善
根應熟故入諸有自現化生善現當知諸菩
薩摩訶薩住第九地時於此四法常應圓滿
復次善現諸菩薩摩訶薩住第十地時於十
二法常應圓滿何等十二一者常應圓滿攝受
无邊處所大願隨有所願皆令證得二者常
應圓滿隨諸天龍藥叉健達縛阿素洛揭
路荼緊捺洛莫呼洛伽人非人等異類音智
三者常應圓滿无礙辯說四者常應圓滿入
胎具足五者常應圓滿出生具足六者常應

无邊處所大願隨有所願皆令證得二者常
應圓滿隨諸天龍藥叉健達縛阿素洛揭
路荼緊捺洛莫呼洛伽人非人等異類音智
三者常應圓滿无礙辯說四者常應圓滿入
胎具足五者常應圓滿出生具足六者常應
圓滿家族具足七者常應圓滿種姓具足八
者常應圓滿眷屬具足九者常應圓滿生身
具足十者常應圓滿出家具足十一者常應
圓滿莊嚴菩提樹具足十二者常應圓滿一
切切德成辦具足善現當知諸菩薩摩訶薩
住第十地時常應圓滿此十二法善現當知若
菩薩摩訶薩住第十地已於前所脩諸地
勝法皆得圓滿與諸如來應言无異
具壽善現白佛言世尊云何菩薩摩訶薩以
无所得而為方便應善脩治淨勝意樂業佛告
善現若菩薩摩訶薩以一切智智相應作意
脩集一切殊勝善根是為菩薩摩訶薩以无
所得而為方便應善脩治淨勝意樂業世尊
云何菩薩摩訶薩以无所得而為方便應善
脩治一切有情平等心業善現若菩薩摩訶
薩以一切智智相應作意引發慈悲喜捨四
无量心是為菩薩摩訶薩以无所得而為方
便應善脩持一切有情平等心業世尊云何
菩薩摩訶薩以无所得而為方便應善脩治
一切捨施業善現若菩薩摩訶薩於諸有情
无所分別而行布施是為菩薩摩訶薩以无
所得而為方便應善脩治一切捨施業世尊
云何菩薩摩訶薩以无所得而為方便應善

便應善脩持一切有情平等心業世尊云何
菩薩摩訶薩以无所得而為方便應善脩治
一切捨施業善現若菩薩摩訶薩於諸有情
无所分別而行布施是為菩薩摩訶薩以无
所得而為方便應善脩治一切捨施業世尊
云何菩薩摩訶薩以无所得而為方便應善
脩治親近善友業善現若菩薩摩訶薩見諸
善友勸化有情令其脩習一切智智即便親
近恭敬供養尊重讚歎諮受正法晝夜承奉
无懈惓心是為菩薩摩訶薩以无所得而為
方便應善脩治親近善友業世尊云何菩薩
摩訶薩以无所得而為方便應善脩治勤求
正法業善現若菩薩摩訶薩以一切智智相
應作意勤求如來无上正法不墮聲聞獨覺
等地是為菩薩摩訶薩以无所得而為方便
應善脩治勤求正法業世尊云何菩薩摩訶
薩以无所得而為方便應善脩治常樂出家
業善現若菩薩摩訶薩一切生處恒厭居家
諠雜迫迮猶如牢獄常欣佛法清淨出家寂
靜无為如空无礙是為菩薩摩訶薩以无所
得而為方便應善脩治常樂出家業世尊云
何菩薩摩訶薩以无所得而為方便應善脩
治愛敬佛身業善現若菩薩摩訶薩纔一覩
見佛形相已乃至證得一切智智終不捨於
念佛作意是為菩薩摩訶薩以无所得而為
方便應善脩治愛敬佛身業世尊云何菩薩
摩訶薩以无所得而為方便應善脩治開闡

BD13994號　大般若波羅蜜多經卷四九〇　（19–13）

何菩薩摩訶薩以无所得而為方便應善脩
治愛敬佛身業善現若菩薩摩訶薩纔一覩
見佛形相已乃至證得一切智智終不捨於
念佛作意是為菩薩摩訶薩以无所得而為
方便應善脩治愛敬佛身業世尊云何菩薩
摩訶薩以无所得而為方便應善脩治開闡
法教業善現若菩薩摩訶薩於佛在世及涅
槃後為諸有情開闡法教初中後善文義巧妙
純一圓滿清白梵行所謂契經應頌記別諷
頌自說本事本生緣起譬喻方廣希法及與
論議是為菩薩摩訶薩以无所得而為方便
應善脩治開闡法教業世尊云何菩薩摩訶
薩以无所得而為方便應善脩治破壞憍慢業
善現若菩薩摩訶薩常懷謙敬伏憍慢心
由此不生下姓卑族是為菩薩摩訶薩以无所
得而為方便應善脩治破壞憍慢業世尊云
何菩薩摩訶薩以无所得而為方便應善
脩治常樂諦語業善現若菩薩摩訶薩稱知
而說言行相符是為菩薩摩訶薩以无所得而
為方便應善脩治常樂諦語業善現當知諸
菩薩摩訶薩住初地時應善脩治此十勝業
令速圓滿世尊云何菩薩摩訶薩清淨尸
羅善現若菩薩摩訶薩不起聲聞獨覺等
心及餘破戒障菩提法是為菩薩摩訶薩清淨
尸羅世尊云何菩薩摩訶薩知恩報恩善現若
菩薩摩訶薩行諸菩薩殊勝行時得他少
恩尚能重報況多恩惠而當不酬是為菩薩
[illegible]

BD13994號　大般若波羅蜜多經卷四九〇　（19–14）

心及餘破戒障菩提是法是為菩薩摩訶薩清淨
尸羅世尊云何菩薩摩訶薩知恩報恩善現若
菩薩摩訶薩行諸菩薩殊勝行時得他少
恩尚能重報況多恩惠而當不酬是為菩薩
摩訶薩知恩報恩世尊云何菩薩摩訶薩住
安忍力善現若菩薩摩訶薩一切有情設皆侵
害而能於彼无恚害心是為菩薩摩訶薩住安
忍力世尊云何菩薩摩訶薩受勝歡喜善
現若菩薩摩訶薩見諸有情於三乘行已
得成熟深心歡喜是為菩薩摩訶薩受勝歡喜
世尊云何菩薩摩訶薩不捨有情善現若菩
薩摩訶薩常普濟拔一切有情令離苦難
是為菩薩摩訶薩不捨有情世尊云何菩薩
摩訶薩常起大悲善現若菩薩摩訶薩行諸
菩薩殊勝行時常作是念我為饒益一一有
情假使各如无量无數殑伽沙劫在大地獄受
諸重苦或燒或煮或斫或截若刺若懸若
磨若擣受如是等无量苦事乃至令彼諸有
情類乘如來乘而入圓寂如是一切有情界
盡我大悲心曾无懈廢是為菩薩摩訶薩
常起大悲世尊云何菩薩摩訶薩於諸師長以
敬信心諮承供養如事諸佛善現若菩薩摩
訶薩為求无上正等菩提恭順師長无所顧
戀是為菩薩摩訶薩於諸師長以敬信心諮
承供養如事諸佛世尊云何菩薩摩訶薩勤
求脩習波羅蜜多善現若菩薩摩訶薩普
於一切波羅蜜多專心脩學不顧餘事為欲
成熟一切有情是為菩薩摩訶薩勤求脩習

戀是為菩薩摩訶薩於諸師長以敬信心諮
承供養如事諸佛世尊云何菩薩摩訶薩勤
求脩習波羅蜜多善現若菩薩摩訶薩普
於一切波羅蜜多專心脩學不顧餘事為欲
成熟一切有情是為菩薩摩訶薩勤求脩習波
羅蜜多善現當知諸菩薩摩訶薩住第二地
時於此八法應思應學令速圓滿世尊云何
菩薩摩訶薩勤求多聞恒无猒足於所聞法
不著文字善現若菩薩摩訶薩發勤精進作
是念言若此佛土若十方界一切如來應正等
覺所說正法我當聽受持讀誦脩學究竟
令无所遺而於其中不著文字是為菩薩摩
訶薩勤求多聞恒无猒足於所聞法不著文
字世尊云何菩薩摩訶薩以无染心常行法
施雖廣開化而不自高善現若菩薩摩訶
薩為諸有情宣說正法尚不自為持此善根
迴向菩提況求餘事雖多化道而不憍逸是
為菩薩摩訶薩以无染心常行法施雖廣開
化而不自高世尊云何菩薩摩訶薩為嚴淨
土種諸善根雖用迴向而不自舉善現若菩薩
摩訶薩勇猛精進脩諸善根為欲莊嚴諸
佛淨國及為清淨自他心土雖為是事而不
自高是為菩薩摩訶薩為嚴淨土種諸善
根雖用迴向而不自舉世尊云何菩薩摩訶
薩為化有情雖不猒倦无邊生死而不憍逸善
現若菩薩摩訶薩為欲成熟一切有情種諸
善根嚴淨佛土乃至未滿一切智智未捨　成

[illegible]
根雖用迴向而不自舉世尊云何菩薩摩訶
薩為化有情雖不厭倦无邊生死而不憍逸善
現若菩薩摩訶薩為欲成熟一切有情種諸
善根嚴淨佛土乃至未滿一切智智未能成
就一切佛法雖受无邊生死勤苦而无厭倦亦
不自高是為菩薩摩訶薩為化有情雖不
厭无邊生死而不憍逸世尊云何菩薩摩訶薩
雖住慙愧而无所執善現若菩薩摩訶薩專
求无上正等菩提於諸聲聞獨覺作意具慙
愧故終不暫起而於其中亦无所執不生厭
毀是為菩薩摩訶薩雖住慙愧而无所執善
者何厭生死故是為菩薩摩訶薩應遠離
聲聞心世尊云何菩薩摩訶薩應遠離獨覺心
善現若菩薩摩訶薩作如是念獨覺乘心非
證无上菩提之道故應遠離所以者何樂涅
槃故是為菩薩摩訶薩應遠離獨覺心世
尊云何菩薩摩訶薩應遠離熱惱心善現若菩
薩摩訶薩作如是念怖畏生死熱惱之心非證
无上菩提之道故應遠離所以者何畏生死
故是為菩薩摩訶薩應遠離熱惱心世尊
云何菩薩摩訶薩應遠離見乞者來不喜慼
惱心善現若菩薩摩訶薩作如是念此不喜慼惱
心非證无上菩提之道故應遠離所以者何違
慈悲故是為菩薩摩訶薩應遠離見乞
者來不喜慼惱心世尊云何菩薩摩訶薩應
遠離捨所有物退慼憂悔心善現若菩薩摩
訶薩作如是念此退悔心非證无上菩提之

BD13994 號　大般若波羅蜜多經卷四九〇　（19–17）

惱心善現若菩薩摩訶薩作如是念此不喜慼惱
心非證无上菩提之道故應遠離所以者何違
慈悲故是為菩薩摩訶薩應遠離見乞
者來不喜慼惱心世尊云何菩薩摩訶薩應
遠離捨所有物退慼憂悔心善現若菩薩摩
訶薩作如是念此退悔心非證无上菩提之
道故應遠離所以者何違本願故謂我先發
菩提心時作是願言諸我所有施來求者隨
欲不空云何今時施已退悔是為菩薩摩訶
薩應遠離捨所物退慼憂悔心世尊云何
菩薩摩訶薩應遠離於來求者方便矯亂心
善現若菩薩摩訶薩作如是念此矯亂心非證
无上菩提之道故應遠離所以者何違本
誓故謂我先發菩提心時作是誓言凡我
所有施來求者隨欲不空云何今時而矯亂
彼是為菩薩摩訶薩遠離於來求方便
矯亂心善現當知諸菩薩摩訶薩住第六地
時應常圓滿前說六法及應遠離後說六法
而於其中无所執取

大般若波羅蜜多經卷第四百九十

BD13994 號　大般若波羅蜜多經卷四九〇　（19–18）

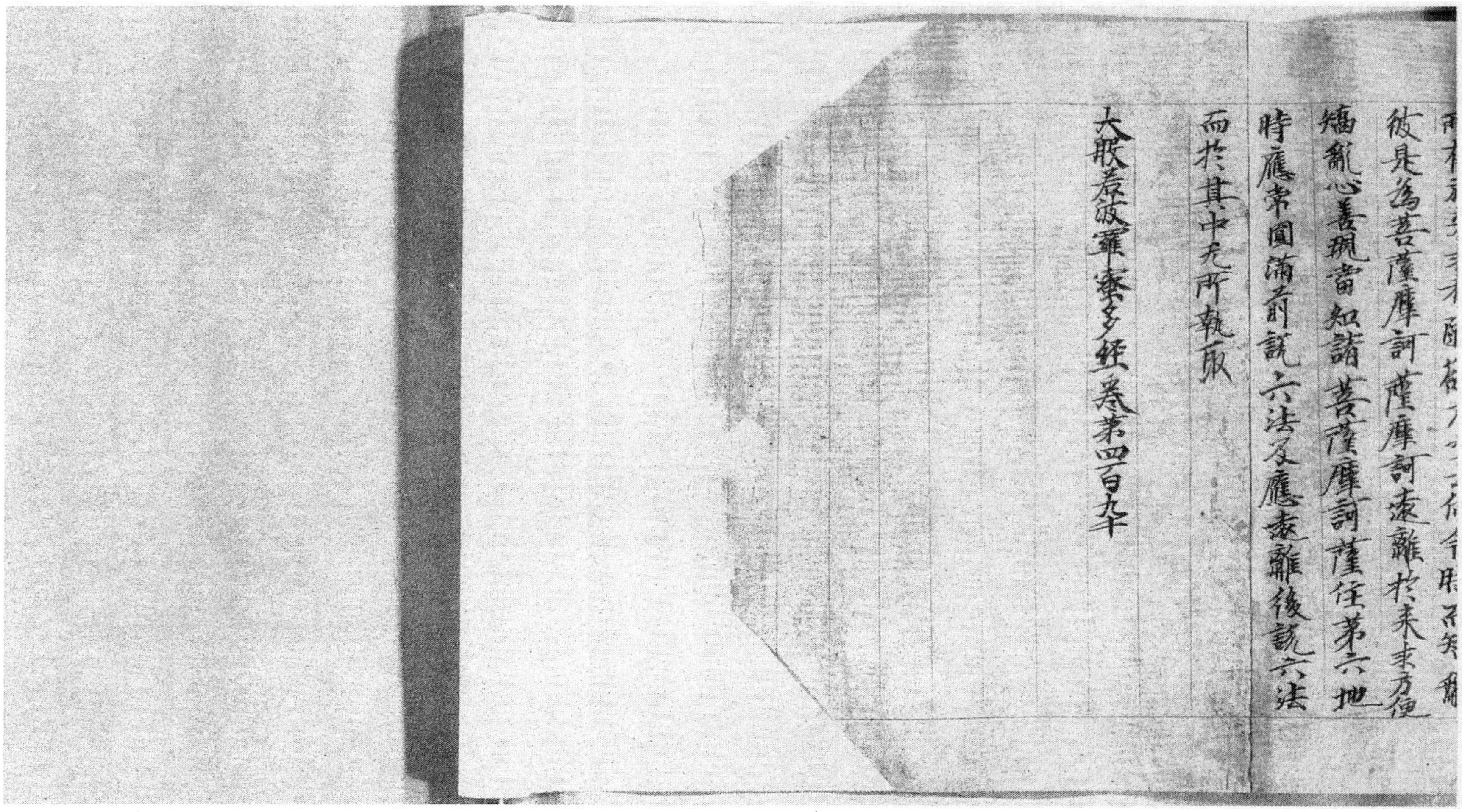

BD13994 號　大般若波羅蜜多經卷四九〇　（19–19）

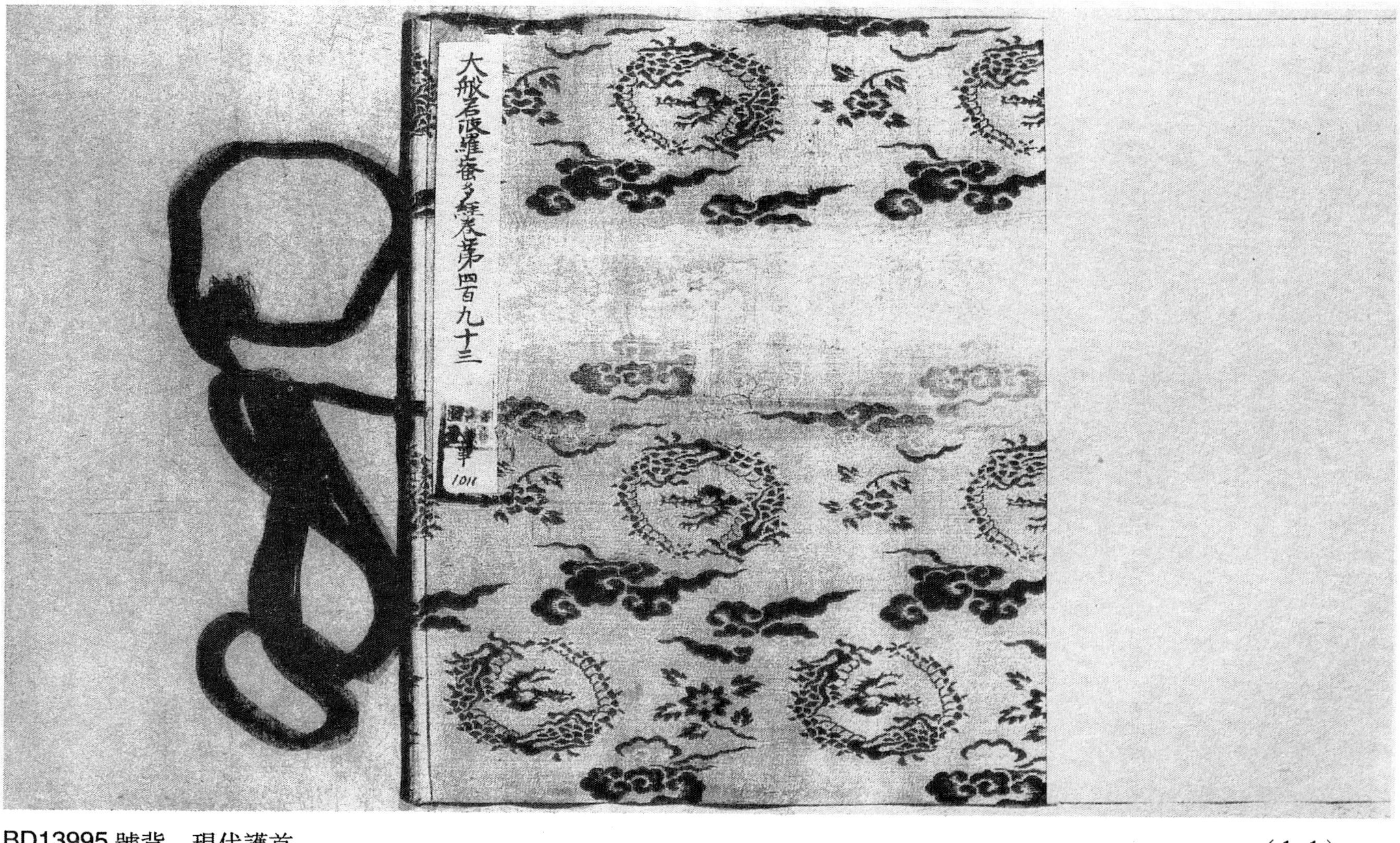

BD13995 號背　現代護首　（1–1）

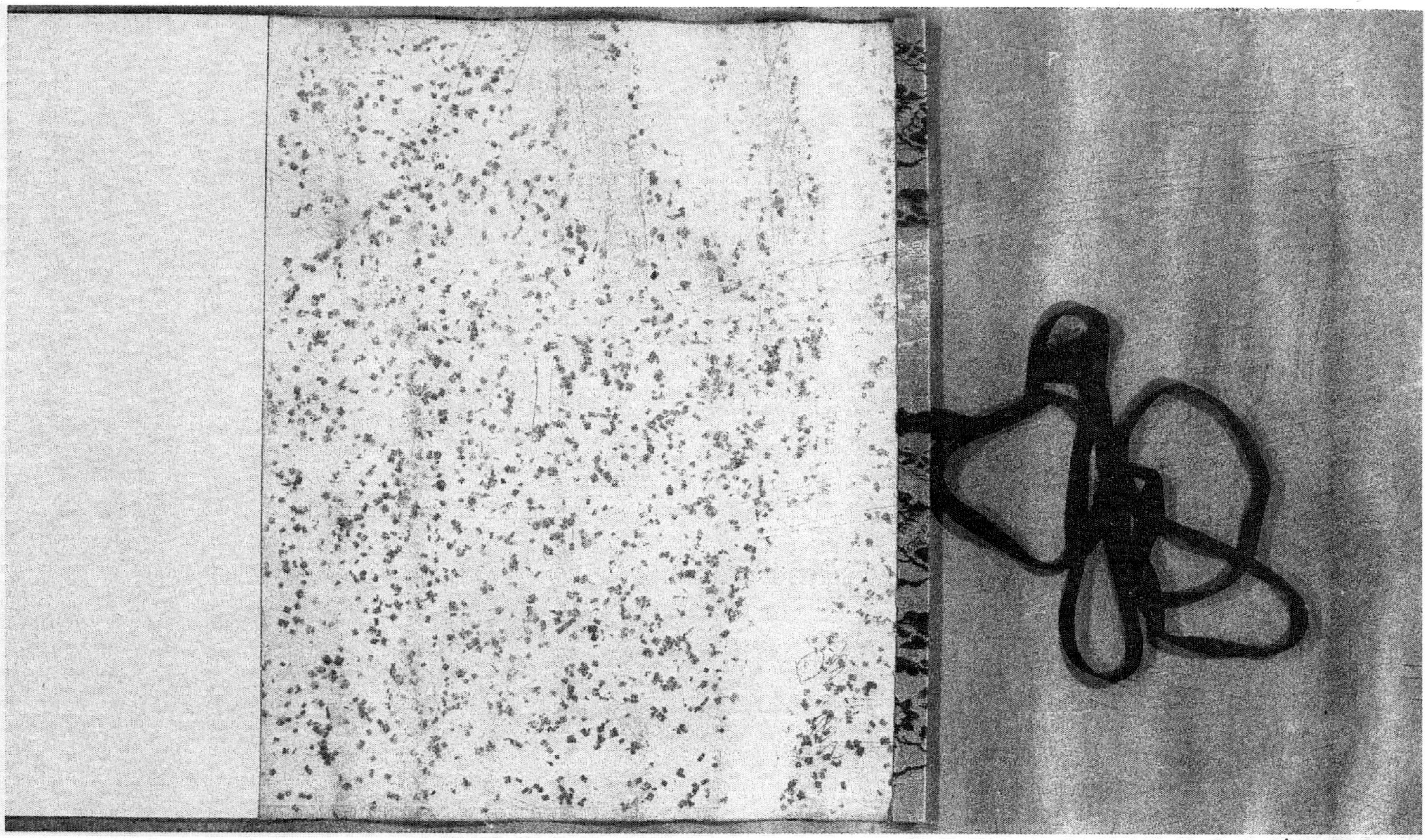

BD13995 號　大般若波羅蜜多經卷四九三　（23–1）

大般若波羅蜜多經卷第四百九十三
三藏法師玄奘奉　詔譯
第三分善現品第三之十二
尒時具壽善現白佛言世尊言大乘大乘者
普超一切世間天人阿素洛等最尊最勝如
是大乘與虛空等譬如虛空普能容受無量
無數無邊有情大乘亦尒普能容受無量無
數無邊有情又如虛空無來無去無住可見
大乘亦尒無來無去無住可見又如虛空前
後中際皆不可得大乘亦尒前後中際皆不
可得如是大乘最尊最勝與虛空等多所容

BD13995 號　大般若波羅蜜多經卷四九三　（23–2）

是大乘與虛空等譬如虛空普能容受無量
無數無邊有情大乘亦尒普能容受無量無
數無邊有情又如虛空無來無去無住可見
大乘亦尒無來無去無住可見又如虛空前
後中際皆不可得大乘亦尒前後中際皆不
可得如是大乘最尊最勝與虛空等多所容
受無動無住三世平等超過三世故名大乘
佛告善現如是如是如汝所說菩薩大乘具如
是等無邊功德善現當知諸菩薩摩訶薩
大乘者即是六種波羅蜜多所謂布施波羅
蜜多乃至般若波羅蜜多復次善現諸菩薩
摩訶薩大乘者謂內空外空內外空大空空
空勝義空有為空無為空畢竟空無際空無
散空本性空自相空一切法空無性空無自
性空復次善現諸菩薩摩訶薩大乘者即是
一切陁羅尼門所謂文字陁羅尼等無量無
數陁羅尼門復次善現諸菩薩摩訶薩大乘
者即是一切三摩地門所謂健行三摩地等
無量無數三摩地門復次善現諸菩薩摩訶
薩大乘者謂三十七菩提分法三解脫門廣
說乃至十八佛不共法等無量無邊殊勝功
德當知皆是菩薩大乘復次善現汝說大乘
普超一切世間天人阿素洛等最尊最勝者
如是如是如汝所說善現當知若欲界色界
無色界是真如非虛妄無變異不顛倒非假
設是真是實有常有恒無變無易有實性者
則此大乘非尊非勝不超一切世間天人阿素
洛等以欲界色界無色界是遍計所執是

BD13995號　大般若波羅蜜多經卷四九三　（23-3）

普超一切世間天人阿素洛等最尊最勝者
如是如是如汝所說善現當知若欲界色界
無色界是真如非虛妄無變異不顛倒非假
設是真是實有常有恒無變無易有實性者
則此大乘非尊非勝不超一切世間天人阿素
洛等以欲界色界無色界是遍計所執是
虛妄假合是有遷動乃至一切無常無恒有
變有易都無實性故此大乘普超一切世間
天人阿素洛等最尊最勝復次善現若色蘊
乃至識蘊是真如非虛妄無變異不顛倒非
假設是真是實有常有恒無變無易有實性
者則此大乘非尊非勝不超一切世間天人
阿素洛等以色蘊乃至識蘊是遍計所執是
虛妄假合是有遷動乃至一切無常無恒有
變有易都無實性故此大乘普超一切世間
天人阿素洛等最尊最勝復次善現若眼處
乃至意處是真如非虛妄無變異不顛倒非
假設是真是實有常有恒無變無易有實性
者則此大乘非尊非勝不超一切世間天人
阿素洛等以眼處乃至意處是遍計所執是
虛妄假合是有遷動乃至一切無常無恒有
變有易都無實性故此大乘普超一切世間
天人阿素洛等最尊最勝復次善現若色處
乃至法處是真如非虛妄無變異不顛倒非
假設是真是實有常有恒無變無易有實性
者則此大乘非尊非勝不超一切世間天人
阿素洛等以色處乃至法處是遍計所執是
虛妄假合是有遷動乃至一切無常無恒有

BD13995號　大般若波羅蜜多經卷四九三　（23-4）

乃至法處是真如非虛妄無變異不顛倒非
假設是真是實有常有恒無變無易有實性
者則此大乘非尊非勝不超一切世間天人
阿素洛等以色處乃至法處是遍計所執是
虛妄假合是有遷動乃至一切無常無恒有
變有易都無實性故此大乘善超一切世間
天人阿素洛等最尊最勝復次善現若眼界
乃至意界是真如非虛妄無變異不顛倒非
假設是真是實有常有恒無變無易有實性
者則此大乘非尊非勝不超一切世間天人
阿素洛等以眼界乃至意界是遍計所執是
虛妄假合是有遷動乃至一切無常無恒有
變有易都無實性故此大乘善超一切世間
天人阿素洛等最尊最勝復次善現若色界
乃至法界是真如非虛妄無變異不顛倒非
假設是真是實有常有恒無變無易有實性
者則此大乘非尊非勝不超一切世間天人
阿素洛等以色界乃至法界是遍計所執是
虛妄假合是有遷動乃至一切無常無恒有
變有易都無實性故此大乘善超一切世間
天人阿素洛等最尊最勝復次善現若眼識
界乃至意識界是真如非虛妄無變異不顛
倒非假設是真是實有常有恒無變無易有
實性者則此大乘非尊非勝不超一切世間
天人阿素洛等以眼識界乃至意識界是遍
計所執是虛妄假合是有遷動乃至一切無
常無恒有變有易都無實性故此大乘善超

倒非假設是真是實有常有恒無變無易有
實性者則此大乘非尊非勝不超一切世間
天人阿素洛等以眼識界乃至意識界是遍
計所執是虛妄假合是有遷動乃至一切無
常無恒有變有易都無實性故此大乘善超
一切世間天人阿素洛等最尊最勝復次善
現若眼觸乃至意觸是真如非虛妄無變異
不顛倒非假設是真是實有常有恒無變無
易有實性者則此大乘非尊非勝不超一切
世間天人阿素洛等以眼觸乃至意觸是遍
計所執是虛妄假合是有遷動乃至一切無
常無恒有變有易都無實性故此大乘善
超一切世間天人阿素洛等最尊最勝復
次善現若眼觸為緣所生諸受乃至意觸為
緣所生諸受是真如非虛妄無變異不顛倒非
假設是真是實有常有恒無變無易有實
性者則此大乘非尊非勝不超一切世間天阿
素洛等以眼觸為緣所生諸受乃至意觸為
緣所生諸受是遍計所執是虛妄假合是有
遷動乃至一切無常無恒有變易都無實
性故此大乘善超一切世間天人阿素洛等
最尊最勝復次善現若地界乃至識界是真
如非虛妄無變異不顛倒非假設是真是實
有常有恒無變無易有實性者則此大乘非
尊非勝不超一切世間天人阿素洛等以地
界乃至識界是遍計所執是虛妄假合是有
遷動乃至一切無常無恒有變有易都無實
性故此大乘善超一切世間天人[illegible]

有常有恒無變無易有實性者則此大乘非
尊非勝不超一切世間天人阿素洛等以地
界乃至識界是遍計所執是虛妄假合是有
遷動乃至一切無常無恒有變有易都無實
性故此大乘普超一切世間天人阿素洛等
最尊最勝復次善現若因緣乃至增上緣是
真如非虛妄無變異不顛倒非假設是真是
實有常有恒無變無易有實性者則此大乘
非尊非勝不超一切世間天人阿素洛等以
因緣乃至增上緣是遍計所執是虛妄假合是
有遷動乃至一切無常無恒有變有易都無
實性故此大乘普超一切世間天人阿素洛
等最尊最勝復次善現若無明乃至老死
是真如非虛妄無變異不顛倒非假設是真
是實有常有恒無變無易有實性者則此大
乘非尊非勝不超一切世間天人阿素洛等
以無明乃至老死是遍計所執是虛妄假合
是有遷動乃至一切無常無恒有變有易都
無實性故此大乘普超一切世間天人阿素
洛等最尊最勝
復次善現若真如乃至不思議界是實有
性非非有性則此大乘非尊非勝不超一切世
間天人阿素洛等以真如乃至不思議界非
實有性是非有性故此大乘普超一切世間
天人阿素洛等最尊最勝復次善現若斷界
離界滅界安隱界寂靜界無生界無滅界無
染界無淨界無作界無為界是實有性非非

實有性是非有性故此大乘普超一切世間
天人阿素洛等最尊最勝復次善現若斷界
離界滅界安隱界寂靜界無生界無滅界無
染界無淨界無作界無為界是實有性非非
有性則此大乘非尊非勝不超一切世間天
人阿素洛等以斷界乃至無為界非實有性
是非有性故此大乘普超一切世間天人阿
素洛等最尊最勝復次善現若布施波羅
蜜多乃至般若波羅蜜多是實有性非非有性
則此大乘非尊非勝不超一切世間天人阿
素洛等以布施波羅蜜多乃至般若波羅蜜
多非實有性是非有性故此大乘普超一切
世間天人阿素洛等最尊最勝復次善現若
內空乃至無性自性空是實有性非非有性
則此大乘非尊非勝不超一切世間天人阿
素洛等以內空乃至無性自性空非實有性
是非有性故此大乘普超一切世間天人阿
素洛等最尊最勝復次善現若苦集滅道
聖諦是實有性非非有性則此大乘非尊非
勝不超一切世間天人阿素洛等以苦集滅道
聖諦非實有性是非有性故此大乘普超一
切世間天人阿素洛等最尊最勝復次善現
若四念住乃至八聖道支是實有性非非有
性則此大乘非尊非勝不超一切世間天人阿
素洛等以四念住乃至八聖道支非實有
性是非有性故此大乘普超一切世間天人
阿素洛等最尊最勝復次善現若四靜慮

若四念住乃至八聖道支是實有性非非有
性則此大乘非尊非勝不超一切世間天人阿
素洛等以四念住乃至八聖道支非實有
性是非有性故此大乘普超一切世間天人
阿素洛等最尊最勝復次善現若四靜慮
四無量四無色定是實有性非非有性則此大
乘非尊非勝不超一切世間天人阿素洛等
以四靜慮四無量四無色定非實有性是非有性故
此大乘普超一切世間天人阿素洛等最尊
最勝復次善現若空無相無願解脫門是實
有性非非有性則此大乘非尊非勝不超一
切世間天人阿素洛等以空無相無願解脫
門非實有性是非有性故此大乘普超一切
世間天人阿素洛等最尊最勝復次善現若
八解脫九次第定是實有性非非有性則此
大乘非尊非勝不超一切世間天人阿素洛
等以八解脫九次第定非實有性是非有性
故此大乘普超一切世間天人阿素洛等最
尊最勝復次善現若陁羅尼門三摩地門是
實有性非非有性則此大乘非尊非勝不超
一切世間天人阿素洛等以陁羅尼門三摩
地門非實有性是非有性故此大乘普超一
切世間天人阿素洛等最尊最勝復次善現
若五眼六神通是實有性非非有性則此大
乘非尊非勝不超一切世間天阿素洛等
以五眼六神通非實有性是非有性故此大

BD13995號　大般若波羅蜜多經卷四九三　（23–9）

若五眼六神通是實有性非非有性則此大
乘非尊非勝不超一切世間天阿素洛等
以五眼六神通非實有性是非有性故此大
乘普超一切世間天人阿素洛等最尊最勝
復次善現若如來十力乃至十八佛不共法是
實有性非非有性則此大乘非尊非勝不超
一切世間天人阿素洛等以如來十力乃至
十八佛不共法非實有性是非有性故此大
乘普超一切世間天人阿素洛等最尊最
勝復次善現若極喜地法乃至法雲地法是
實有性非非有性則此大乘非尊非勝不超
一切世間天人阿素洛等以極喜地法乃至
法雲地法非實有性是非有性故此大乘普
超一切世間天人阿素洛等最尊最勝復次
善現若極喜地補特伽羅乃至法雲地補特
伽羅是實有性非非有性則此大乘非尊非
勝不超一切世間天人阿素洛等以極喜地
補特伽羅乃至法雲地補特伽羅非實有性
是非有性故此大乘普超一切世間天人阿
素洛等最尊最勝復次善現若淨觀地法乃
至如來地法是實有性非非有性則此大乘
非尊非勝不超一切世間天人阿素洛等以
淨觀地法乃至如來地法非實有性是非有
性故此大乘普超一切世間天人阿素洛等
最尊最勝復次善現若淨觀地補特伽羅
乃至如來地補特伽羅是實有性非非有性則
此大乘非尊非勝不超一切世間天人阿素

BD13995號　大般若波羅蜜多經卷四九三　（23–10）

淨觀地法乃至如來地法非實有性是非有
性故此大乘善超一切世間天人阿素洛等
最尊最勝復次善現若淨觀地補特伽羅
乃至如來地補特伽羅是實有性非非有性則
此大乘非尊非勝不起一切世間天人阿素
洛等以淨觀地補特伽羅乃至如來地補特
伽羅非實有性是非有性故此大乘善超一
切世間天人阿素洛等最尊最勝復次善現
若一切世間天人阿素洛等是實有性非非有
性則此大乘非尊非勝不超一切世間天人
阿素洛等以一切世間天人阿素洛等非實
有性是非有性故此大乘善超一切世間天
人阿素洛等最尊最勝復次善現若菩薩
摩訶薩從初發心乃至安坐妙菩提座其中
所起無量種心是實有性非非有性則此大
乘非尊非勝不超一切世間天人阿素洛等
以菩薩摩訶薩從初發心乃至安坐妙菩提
座其中所起無量種心非實有性是非有性
故此大乘善超一切世間天人阿素洛等最
尊最勝復次善現若菩薩摩訶薩金剛喻智
是實有性非非有性則此大乘非尊非勝不
超一切世間天人阿素洛等以菩薩摩訶薩
金剛喻智非實有性是非有性故此大乘善
超一切世間天人阿素洛等最尊最勝復次
善現若菩薩摩訶薩金剛喻智所斷煩惱習
氣相續是實有性非非有性則此能斷金剛
喻智不能達彼都無自性斷已證得無上微
妙一切智智非尊非勝不起一切世間……

BD13995號　大般若波羅蜜多經卷四九三　（23–11）

超一切世間天人阿素洛等最尊最勝復次
善現若菩薩摩訶薩金剛喻智所斷煩惱習
氣相續是實有性非非有性則此能斷金剛
喻智不能達彼都無自性斷已證得無上微
妙一切智智非尊非勝不起一切世間天人
阿素洛等以金剛喻智所斷煩惱習氣相續
非實有性是非有性故此能斷金剛喻智能
了達彼都無自性斷已證得無上微妙一切
智智善超一切世間天人阿素洛等最尊最
勝復次善現若諸如來應正等覺三十二大
士相八十隨好所莊嚴身是實有性非非有
性則諸如來應正等覺威光妙德非尊非勝
不起一切世間天人阿素洛等以諸如來應
正等覺三十二大士相八十隨好所莊嚴身
非實有性是非有性故諸如來應正等覺威
光妙德善超一切世間天人阿素洛等最尊
最勝復次善現若諸如來應正等覺所放光
明是實有性非非有性則諸如來應正等覺
所放光明非尊非勝不能普照十方殑伽沙
等世界不起一切世間天人阿素洛等以諸如
來應正等覺所放光明非實有性是非有
性故諸如來應正等覺所放光明皆能普照
十方殑伽沙等世界善超一切世間天人阿
素洛等最尊最勝復次善現若諸如來應正
等覺所具六十美妙支音是實有性非非有
性則諸如來應正等覺所具六十美妙支音
非尊非勝不能遍告十方無量無數百千俱
胝殑伽沙等世界所化有情不起一切世間

BD13995號　大般若波羅蜜多經卷四九三　（23–12）

素洛等衆尊衆勝復次善現若諸如來應正
等覺所具六十美妙支音是實有性非非有
性則諸如來應正等覺所具六十美妙支音
非尊非勝不能遍告十方無量無數百千俱
胝殑伽沙等世界所化有情不起一切世間
天人阿素洛等以諸如來應正等覺所具六
十美妙支音非實有性是非有性故諸如來
應正等覺所具六十美妙支音皆能遍告十
方無量無數百千俱胝殑伽沙等世界所化
有情善超一切世間天人阿素洛等尊衆
勝復次善現若諸如來應正等覺所轉無上
微妙法輪是實有性非非有性則諸如來應正
等覺所轉無上微妙法輪非尊非勝非極清
淨亦非一切世間沙門婆羅門等所不能轉
不起一切世間天人阿素洛等以諸如來應
正等覺所轉無上微妙法轉非實有性是非
有性故諸如來應正等覺所轉無上微妙
法轉衆極清淨一切世間所有沙門婆羅門
等皆無有能如法轉者善超一切世間天人
阿素洛等衆尊衆勝復次善現若諸如來應
正等覺所化有情是實有性非非有性則諸
如來正等覺所轉無上微妙法輪非尊非
勝不能令彼諸有情類入無餘依般涅槃界
不起一切世間天人阿素洛等以諸如來應
正等覺所化有情非實有性是非有性故諸
如來應正等覺所轉無上微妙法輪皆能令
彼諸有情類入無餘依般涅槃界善起一切
世間天人阿素洛等衆尊衆勝由如是等種
種因緣故說大乘善超一切世間天人阿素

BD13995號　大般若波羅蜜多經卷四九三　（23–13）

不起一切世間天人阿素洛等以諸如來應
正等覺所化有情非實有性是非有性故諸
如來應正等覺所轉無上微妙法輪皆能令
彼諸有情類入無餘依般涅槃界善起一切
世間天人阿素洛等衆尊衆勝由如是等種
種因緣故說大乘善起一切世間天人阿素
洛等衆尊衆勝
復次善現汝作是說如是大乘與虛空等者
如是如是如汝所說所以者何譬如虛空東
西南北四維上下一切方分皆不可得大乘
亦尒東西南北四維上下一切方分皆不可
得故說大乘與虛空等又如虛空長短高下
方圓邪正一切形色皆不可得大乘亦尒長
短高下方圓邪正一切形色皆不可得故說
大乘與虛空等又如虛空青黃赤白紅紫碧
綠縹等顯色皆不可得大乘亦尒青黃赤白
紅紫碧綠縹等顯色皆不可得故說大乘與
虛空等又如虛空非過去非未來非現在大
乘亦尒非過去非未來非現在故說大乘與
虛空等又如虛空非增非減非進非退大乘
亦尒非增非減非進非退故說大乘與虛空
等又如虛空非雜染非清淨大乘亦尒非雜
染非清淨故說大乘與虛空等又如虛空無
生無滅無住異大乘亦尒無生無滅無住
無異故說大乘與虛空等又如虛空非善非
不善非無記大乘亦尒非善非不善非無記
故說大乘與虛空等又如虛空無見無對無

BD13995號　大般若波羅蜜多經卷四九三　（23–14）

染非清淨故說大乘與虛空等又如虛空無
生無滅無住異大乘亦爾無生無滅無住
無異故說大乘與虛空等又如虛空非善非
不善非無記大乘亦爾非善非不善非無記
故說大乘與虛空等又如虛空無見無聞無
覺無知大乘亦爾無見無聞無覺無知故說
大乘與虛空等又如虛空非所知非所識大
乘亦爾非所知非所識故說大乘與虛空等
又如虛空非遍知非永斷非作證非修習大
乘亦爾非遍知非永斷非作證非修習故說
大乘與虛空等又如虛空非果非果法非異
熟非異熟法大乘亦爾非果非果法非異熟
非異熟法故說大乘與虛空等又如虛空非
有貪法非離貪法非有瞋法非離瞋法非有
癡法非離癡法大乘亦爾非有貪法非離貪
法非有瞋法非離瞋法非有癡法非離癡法
故說大乘與虛空等又如虛空非墮欲界非
墮色界非墮無色界大乘亦爾非墮欲界非
墮色界非墮無色界故說大乘與虛空等又
如虛空無初發心無第二第三第四第五第
六第七第八第九第十發心大乘亦爾無初
發心乃至無有第十發心故說大乘與虛空
等又如虛空無淨觀地種姓地第八地具見
地薄地離欲地已辦地獨覺地菩薩地如來
地可得大乘亦爾無淨觀地乃至如來地可
得故說大乘與虛空等又如虛空無預流向
預流果一來向一來果不還向不還果阿羅
漢向阿羅漢果獨覺向獨覺果菩薩如來可

發心乃至無有第十發心故說大乘與虛空
等又如虛空無淨觀地種姓地第八地具見
地薄地離欲地已辦地獨覺地菩薩地如來
地可得大乘亦爾無淨觀地乃至如來地可
得故說大乘與虛空等又如虛空無預流向
預流果一來向一來果不還向不還果阿羅
漢向阿羅漢果獨覺向獨覺果菩薩如來可
得大乘亦爾無預流向預流果乃至菩薩如
來可得故說大乘與虛空等又如虛空無聲
聞地獨覺地菩薩地如來地可得大乘亦爾
無聲聞地獨覺地菩薩地如來地可得故說
大乘與虛空等又如虛空非有色非無色非
有見非無見非有對非無對非合非散大乘
亦爾非有色非無色非有見非無見非有對
非無對非合非散故說大乘與虛空等又如
虛空非常非無常非樂非苦非我非無我非淨
非不淨大乘亦爾非常非無常非樂非苦非
我非無我非淨非不淨故說大乘與虛空等
又如虛空非空非不空非有相非無相非有
願非無願大乘亦爾非空非不空非有相非
無相非有願非無願故說大乘與虛空等又
如虛空非寂靜非不寂靜非遠離非不遠離
大乘亦爾非寂靜非不寂靜非遠離非不遠
離故說大乘與虛空等又如虛空非明非闇
大乘亦爾非明非闇故說大乘與虛空等又
如虛空非可得非不可得大乘亦爾非可得
非不可得故說大乘與虛空等又如虛空非
蘊處界非離蘊處界大乘亦爾非蘊處界

大乘亦尒非寂靜非不寂靜非遠離非不遠
離故說大乘與虛空等又如虛空非明非闇
大乘亦尒非明非闇故說大乘與虛空等又
如虛空非可得非不可得大乘亦尒非可得
非不可得故說大乘與虛空等又如虛空非
蘊處界非離蘊處界大乘亦尒非蘊處界
非離蘊處界故說大乘與虛空等又如虛空非
可說非不可說大乘亦尒非可說非不可說
故說大乘與虛空等又如虛空非有戲論非
無戲論大乘亦尒非有戲論非無戲論故說
大乘與虛空等由如是等種種因緣故作是
說如是大乘與虛空等
復次善現汝作是說譬如虛空普能容受無
量無數無邊有情大乘亦尒普能容受無
量無數無邊有情者如是如是如汝所說所以
者何有情無所有故當知虛空亦無所有虛
空無所有故當知大乘亦無所有由如是義
故說大乘譬如虛空普能容受無量無數無
邊有情何以故若有情若虛空若大乘如是
一切皆無所有不可得故復次善現有情無
量故當知虛空亦無量虛空無量故當知大
乘亦無量有情無數故當知虛空亦無數虛
空無數故當知大乘亦無數有情無邊故當
知虛空亦無邊虛空無邊故當知大乘亦無
邊由如是義故說大乘譬如虛空普能含受
無量無數無邊有情何以故若有情無量無
數無邊若虛空無量無數無邊若大乘無量
無數無邊如是一切皆無所有不可得故復次
善現有情無所有故當知虛空亦無所有虛

BD13995號　大般若波羅蜜多經卷四九三　（23–17）

邊由如是義故說大乘譬如虛空普能含受
無量無數無邊有情何以故若有情無量無
數無邊若虛空無量無數無邊若大乘無量
無數無邊如是一切皆無所有不可得故復次
善現有情無所有故當知虛空亦無所有虛
空無所有故當知大乘亦無所有有情無所
有故當知無量亦無所有無量無所有故當
知無數亦無所有無數無所有故當知無邊
亦無所有無邊無所有故當知一切法亦
無所有由如是義故說大乘譬如虛空普能
容受無量無數無邊有情何以故若有情若
虛空若大乘若無量若無數若無邊若一切
法如是一切皆無所有不可得故復次善現
我無所有故當知有情亦無所有有情無所
有故當知命者亦無所有命者無所有故當
知生者亦無所有生者無所有故當知養者
亦無所有養者無所有故當知士夫亦無所
有士夫無所有故當知補特伽羅亦無所有
補特伽羅無所有故當知意生亦無所有意
生無所有故當知儒童亦無所有儒童無所
有故當知作者亦無所有作者無所有故當
知受者亦無所有受者無所有故當知知者
亦無所有知者無所有故當知見者亦無所
有見者無所有故當知虛空亦無所有虛空
無所有故當知大乘亦無所有大乘無所有
故當知無量亦無所有無量無所有故當知
無數亦無所有無數無所有故當知無邊亦

BD13995號　大般若波羅蜜多經卷四九三　（23–18）

亦無所有知者無所有故當知見者亦無所
有見者無所有故當知虛空亦無所有虛空
無所有故當知大乘亦無所有大乘無所有
故當知無量亦無所有無量無所有故當知
無數亦無所有無數無所有故當知無邊亦
無所有無邊無所有故當知一切法亦無所有
由如是義故說大乘譬如虛空普能容受無
量無數無邊有情何以故若我乃至見者
若虛空若大乘若無量若無數若無邊若一
切法如是一切皆無所有不可得故復次善
現我乃至見者無所有故當知真如乃至不
思議界展轉亦無所有真如乃至不思議界
無所有故當知虛空亦無所有虛空無所有故
當知大乘亦無所有大乘無所有故當知無
量無數無邊展轉亦無所有無量無數無
邊無所有故當知一切法亦無所有由如是義
故說大乘譬如虛空普能容受無量無數
無邊有情何以故若我乃至見者若真如乃
至不思議界若無量無數無邊若一切法如
是一切皆無所有不可得故復次善現我乃
至見者無所有故當知斷界乃至無為界展
轉亦無所有斷界乃至無為界無所有故當
知虛空亦無所有虛空無所有故當知大乘
亦無所有大乘無所有故當知無量無數無
邊展轉亦無所有無量無數無邊無所有故
當知一切法亦無所有由如是義故說大乘譬
如虛空普能容受無量無數無邊有情何
以故若我乃至見者若斷界乃至無為界若

邊展轉亦無所有無量無數無邊無所有故
當知一切法亦無所有由如是義故說大乘譬
如虛空普能容受無量無數無邊有情何
以故若我乃至見者若斷界乃至無為界若
虛空若大乘若無量無數無邊若一切法如是
一切皆無所有不可得故復次善現我乃
至見者無所有故當知色蘊乃至識蘊展轉
亦無所有色蘊乃至識蘊無所有故當知虛
空亦無所有虛空無所有故當知大乘亦無
所有大乘無所有故當知無量無數無邊展
轉亦無所有無量無數無邊無所有故當知
一切法亦無所有由如是義故說大乘譬如
虛空普能容受無量無數無邊有情何以故
若我乃至見者若色蘊乃至識蘊若虛空
若大乘若無量無數無邊若一切法如是一切
皆無所有不可得故復次善現我乃至見者
無所有故當知眼處乃至意處展轉亦無
所有眼處乃至意處無所有故當知虛空亦無
所有虛空無所有故當知大乘亦無所有大
乘無所有故當知無量無數無邊展轉亦無
所有無量無數無邊無所有故當知一切法
亦無所有由如是義故說大乘譬如虛空普
能容受無量無數無邊有情何以故若我乃
至見者若眼處乃至意處若虛空若大乘若
無量無數無邊若一切法如是一切皆無所
有不可得故復次善現我乃至見者無所有
故當知色處乃至法處展轉亦無所有色處

能容受無量無數無邊有情何以故若我乃
至見者若眼處乃至意處若虛空若大乘若
無量無數無邊若一切法如是一切皆無所
有不可得故復次善現我乃至見者無所有
故當知色處乃至法處展轉亦無所有色處
乃至法處無所有故當知虛空亦無所有虛
空無所有故當知大乘亦無所有大乘無所
有故當知無量無數無邊亦無所有無
量無數無邊無所有故當知一切法亦無所有
由如是義故說大乘譬如虛空普能容受
無量無數無邊有情何以故若我乃至見
者若色處乃至法處若虛空若大乘若無量無
數無邊若一切法如是一切皆無所有不可得
故復次善現我乃至見者無所有故當知
眼界乃至意界展轉亦無所有眼界乃至意
界無所有故當知虛空亦無所有虛空無所
有故當知大乘亦無所有大乘無所有故當
知無量無數無邊展轉亦無所有無量無數
無邊無所有故當知一切法亦無所有由如是
義故說大乘譬如虛空普能容受無量無數
無邊有情何以故若我乃至見者若眼界乃
至意界若虛空若大乘若無量無數無邊若
一切法如是一切皆無所有不可得故復次善
現我乃至見者無所有故當知色界乃至法
界展轉亦無所有色界乃至法界無所有故
當知虛空亦無所有虛空無所有故當知
大乘亦無所有大乘無所有故當知無量無
數無邊展轉亦無所有無量無數無邊無所
有故當知一切法亦無所有由如是義故說大

BD13995號　大般若波羅蜜多經卷四九三　（23–21）

有故當知無量無數無邊展轉亦無所有無
量無數無邊無所有故當知一切法亦無所有
由如是義故說大乘譬如虛空普能容受
無量無數無邊有情何以故若我乃至見
者若色處乃至法處若虛空若大乘若無量無
數無邊若一切法如是一切皆無所有不可得
故復次善現我乃至見者無所有故當知
眼界乃至意界展轉亦無所有眼界乃至意
界無所有故當知虛空亦無所有虛空無所
有故當知大乘亦無所有大乘無所有故當
知無量無數無邊展轉亦無所有無量無數
無邊無所有故當知一切法亦無所有由如是
義故說大乘譬如虛空普能容受無量無數
無邊有情何以故若我乃至見者若眼界乃
至意界若虛空若大乘若無量無數無邊若
一切法如是一切皆無所有不可得故復次善
現我乃至見者無所有故當知色界乃至法
界展轉亦無所有色界乃至法界無所有故
當知虛空亦無所有虛空無所有故當知
大乘亦無所有大乘無所有故當知無量無
數無邊展轉亦無所有無量無數無邊無所
有故當知一切法亦無所有由如是義故說大
乘譬如虛空普能容受無量無數無邊有
情何以故若我乃至見者若色界乃至法界
若虛空若大乘若無量無數無邊若一切法如
是一切皆無所有不可得故

大般若波羅蜜多經卷第四百九十三

BD13995號　大般若波羅蜜多經卷四九三　（23–22）

BD13995 號　大般若波羅蜜多經卷四九三　　（23–23）

BD13996 號背　現代護首　　（1–1）

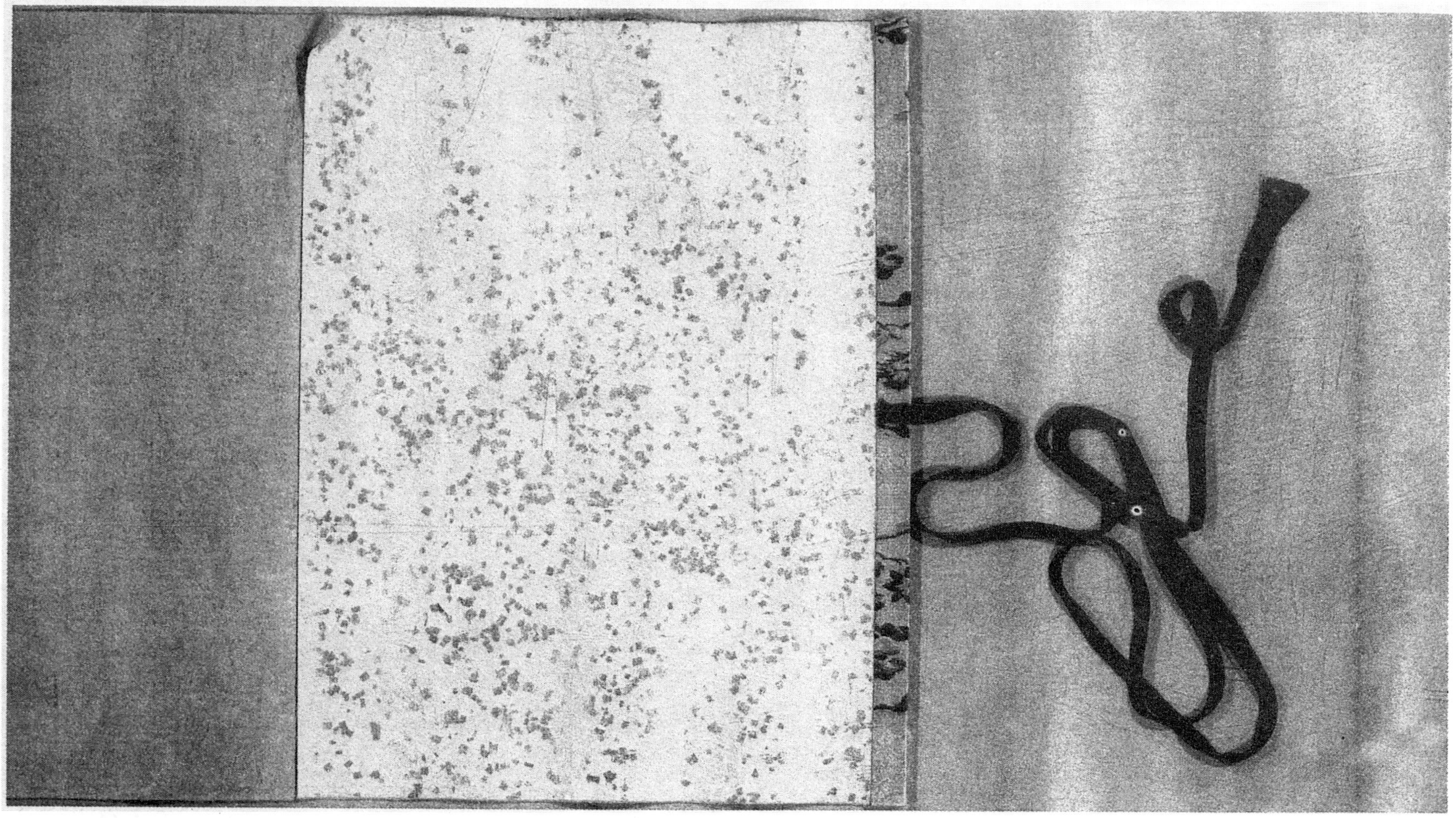

BD13996 號　大般若波羅蜜多經卷四九三　　　　（24–1）

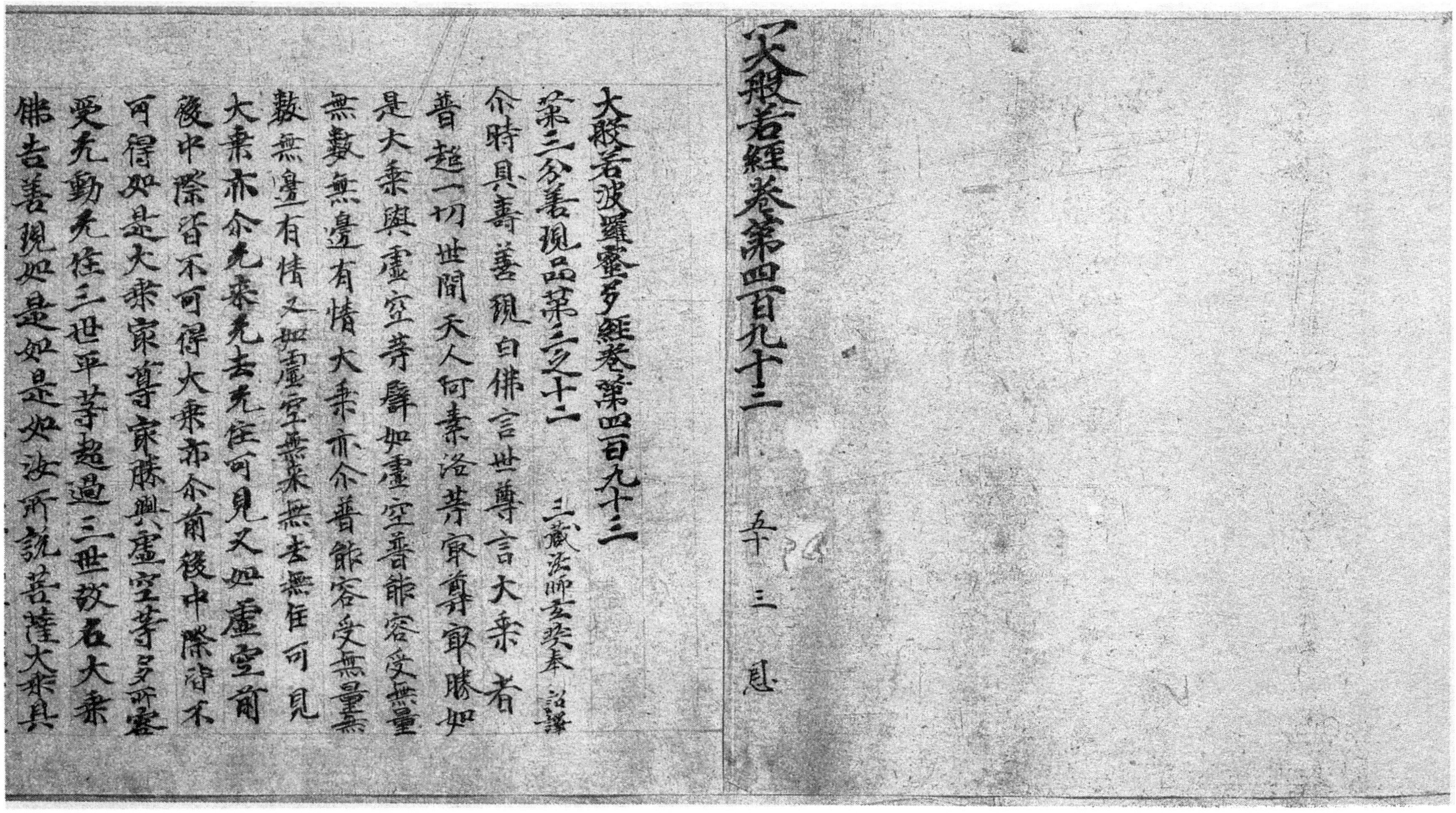

大般若經卷第四百九十三

大般若波羅蜜多經卷第四百九十三
第三分善現品第三之十二　　三藏法師玄奘奉　詔譯
尒時具壽善現白佛言世尊言大乘者
普超一切世間天人阿素洛等最尊最勝如
是大乘與虛空等譬如虛空普能容受無量
無數無邊有情大乘亦尒普能容受無量無
數無邊有情又如虛空無來無去無住可見
大乘亦尒无來无去无住可見又如虛空前
後中際皆不可得大乘亦尒前後中際皆不
可得如是大乘最尊最勝與虛空等多所容
受无動无住三世平等超過三世故名大乘
佛告善現如是如是如汝所說菩薩大乘具

BD13996 號　大般若波羅蜜多經卷四九三　　　　（24–2）

數無邊有情之如虛空無來無去無住可見
大乘亦尒无來无去无住可見又如虛空前
後中際皆不可得大乘亦尒前後中際皆不
可得如是大乘冣尊冣勝與虛空等多所容
受无動无住三世平等超過三世故名大乘
佛告善現如是如是如汝所說菩薩大乘具
如是等无邊功德善現當知諸菩薩摩訶薩
大乘者即是六種波羅蜜多所謂布施波羅
蜜多乃至般若波羅蜜多復次善現諸菩薩
摩訶薩大乘者謂內空外空內外空大空空
空勝義空有為空无為空畢竟空无際空无
散空本性空自相空一切法空无性空无性自
性空復次善現諸菩薩摩訶薩大乘者即是
一切陁羅尼門所謂文字陁羅尼等無量無
數陁羅尼門復次善現諸菩薩摩訶薩大乘
者即是一切三摩地門所謂健行三摩地等
無量無數三摩地門復次善現諸菩薩摩訶
薩大乘者謂三十七菩提分法三解脫門廣
說乃至十八佛不共法等無量無邊殊勝功
德當知皆是菩薩大乘復次善現汝說大乘
普超一切世間天人阿素洛等冣尊冣勝者
如是如是如汝所說善現當知若欲界色界
無色界是真如非虛忘無變異不顛倒非假
設是真是實有常有恒無變無易有實性
者則此大乘非勝不超一切世間天人阿素
洛等以欲界無界無色界是遍計所執是
虛妄假合是有遷動乃至一切無常無恒有
變有易都無實性故此大乘普超一切世間

BD13996 號　大般若波羅蜜多經卷四九三

（24–3）

無色界是真如非虛忘無變異不顛倒非假
設是真是實有常有恒無變無易有實性
者則此大乘非勝不超一切世間天人阿素
洛等以欲界無界無色界是遍計所執是
虛妄假合是有遷動乃至一切無常無恒有
變有易都無實性故此大乘普超一切世間
天人阿素洛等冣尊冣勝復以善現若色蘊
乃至識蘊是真如非虛妄無變異不顛倒非
假設是真是實有常有恒無變無易有實
性者則此大乘非尊非勝不超一切世間天人
阿素洛等以色蘊乃至識蘊是遍計所執是
虛妄假合是有遷動乃至一切無常無恒有
變有易都無實性故此大乘普超一切世間
天人阿素洛等冣尊冣勝復次善現若眼處
乃至意處是真如非虛妄無變異不顛倒非
假設是真是實有常有恒無變無易有實性
者則此大乘非尊非勝不超一切世間天人
阿素洛等以眼處乃至意處是遍計所執是
虛妄假合是有遷動乃至一切無常無恒有
變有易都無實性故此大乘普超一切世間
天人阿素洛等冣尊冣勝復次善現若色處
乃至法處是真如非虛妄無變異不顛倒非
假設是真是實有常有恒無變無易有實性
者則此大乘非勝非勝不超一切世間天人
阿素洛等以色處乃至法處是遍計所執是
虛妄假合是有遷動乃至一切無常無恒有
變有易都無實性故此大乘普超一切世間
天人阿素洛等冣尊冣勝復次善現若眼界

BD13996 號　大般若波羅蜜多經卷四九三

（24–4）

假設是真是實有常有恒無變無易有實性
者則此大乘非勝非勝不超一切世間天人
阿素洛等以色處乃至法處是遍計所執是
虛妄假合是有遷動乃至一切無常無恒有
變有易都無實性故此大乘普超一切世間
天人阿素洛等最尊最勝復次善現若眼界
乃至意界是真如非虛妄無變異不顛倒非
假設是真是實有恒有恒無變無易有實性
者則此大乘非尊非勝不超一切世間天人
阿素洛等以眼界乃至意界是遍計所執是
虛空假合是有遷動乃至一切無常無恒有
變有易都無實性故此大乘普超一切世間
天人阿素洛等最尊最勝復次善現若色界
乃至法界是真如非虛妄無變異不顛倒非
假設是真是實有常有恒無變無易有實性
者則此大乘非尊非勝不超一切世間天人
阿素洛等以色界乃至法界遍計所執是
虛妄假合是有遷動乃至一切無常無恒有
變有易都無實性故此大乘普超一切世間
天人阿素洛等最尊最勝復次善現若眼
識界乃至意識界是真如非虛妄無變異不
顛倒非假設是真是實有常有恒無變無易有
實性者則此大乘非尊非勝不超一切世間
天人阿素洛等以眼識界乃至意識界是遍
計所執是虛妄假合是有遷動乃至一切無
常無恒有變有易都無實性故此大乘普
超一切世間天人阿素洛等最尊最勝復次善
現若眼觸乃至意觸是真如非虛妄無變異

BD13996號　大般若波羅蜜多經卷四九三　（24–5）

天人阿素洛等以眼識界乃至意識界是遍
計所執是虛妄假合是有遷動乃至一切無
常無恒有變有易都無實性故此大乘普
超一切世間天人阿素洛等最尊最勝復次善
現若眼觸乃至意觸是真如非虛妄無變異
不顛倒非假設是真是實有常有恒無變
無易有實性者則此大乘非尊非勝不超一切
世間天人阿素洛等以眼觸乃至意觸是遍
計所執是虛妄假合是有遷動乃至一切無
常無恒有變有易都無實性故此大乘普
超一切世間天人阿素洛等最尊最勝復
次善現若眼觸為緣所生諸受乃至意觸為
緣所生諸受是真如非虛妄無變異不顛
倒非假設是真是實有常有恒無變無易有
實性者則此大乘非尊非勝不超一切世間天人阿
素洛等以眼觸為緣所生諸受乃至意觸為
緣所生諸受是遍計所執是虛妄假合是有
遷動乃至一切無常無恒有變有易都無實
性故此大乘普超一切世間天人阿素洛等
最尊最勝復次善現若地界乃至識界是真
如非虛妄無變異不顛倒非假設是真是實
有常有恒無變無易有實性者則此大乘非
尊非勝不超一切世間天人阿素洛等以地
界乃至識界是遍計所執是虛妄假合是有
遷動乃至一切無常無恒有變有易都無實
性故此大乘普超一切世間天人阿素洛等
最尊最勝復次善現若因緣乃至增上緣是

BD13996號　大般若波羅蜜多經卷四九三　（24–6）

尊非勝不越一切世間天人阿素洛等以地
界乃至識界是遍計所執是虛妄假合是有
遷動乃至一切無常無恒有變有易都無實
性故此大乘普超一切世間天人阿素洛等
宗尊宗勝復次善現若因緣乃至增上緣是
真如非虛妄無變異不顛倒非假設是真是
實有常有恒無變無易有實性者則此大乘
非尊非勝不越一切世間天人阿素洛等以
因緣乃至增上緣是遍計所執是虛妄假合是
有遷動乃至一切無常無恒有變有易都無
實性故此大乘普超一切世間天人阿素洛
等宗尊宗勝復次善現若無明乃至老死
是真如非虛妄無變異不顛倒非假設是真
是實有常有恒無變無易者實性者則此大
乘非尊非勝不越一切世間天人阿素洛等
以無明乃至老死是遍計所執是虛妄假合
是有遷動乃至一切無常無恒有變有易都
無實性故此大乘普超一切世間天人阿素
洛等宗尊宗勝
復次善現若真如乃至不思議界是實有
性非非有性則此大乘非尊非勝不越一切世
間天人阿素洛等以真如乃至不思議界非
實有性是非有性故此大乘普超一切世間
天人阿素洛等宗尊宗勝復次善現若斷界
離界滅界安隱界寂靜界無生界無滅界
無染界無淨界無作界無為界是實有性非
非有性則此大乘非尊非勝不越一切世間天

BD13996號　大般若波羅蜜多經卷四九三　（24–7）

天人阿素洛等宗尊宗勝復次善現若斷界
離界滅界安隱界寂靜界無生界無滅界
無染界無淨界無作界無為界是實有性非
非有性則此大乘非尊非勝不越一切世間天
人阿素洛等以斷界乃至無為界非實有性
是非有性故此大乘普超一切世間天人阿
素洛等宗尊宗勝復次善現若布施波羅
蜜多乃至般若波羅蜜多是實有性非非有性
則此大乘非尊非勝不越一切世間天人阿
素洛等以布施波羅蜜多乃至般若波羅蜜
多非實有性是非有性故此大乘普超一切
世間天人阿素洛等宗尊宗勝復次善現若
內空乃至無性自性空是實有性非非有性
則此大乘非尊非勝不越一切世間天人阿
素洛等以內空乃至無性自性空非實有性
是非有性故此大乘普超一切世間天人阿
素洛等宗尊宗勝復次善現若苦集滅道
聖諦是實有性非非有性則此大乘非尊非
勝不越一切世間天人阿素洛等以苦集滅道
聖諦非實有性是非有性故此大乘普超一
切世間天人阿素洛等宗尊宗勝復次善現
若四念住乃至八聖道支是實有性非非有
性則此大乘非尊非勝不越一切世間天人阿
素洛等以四念住乃至八聖道支非實有性
是非有性故此大乘普超一切世間天人阿

BD13996號　大般若波羅蜜多經卷四九三　（24–8）

素洛等以四念住乃至八聖道支非實有性
是非有性故此大乘普超一切世間天人阿
素洛等寂尊寂勝復次善現若四靜慮四
无量四无色定是實有性非非有性則此大
乘非尊非勝不超一切世間天人阿素洛等
以四无量四无色定非實有性是非有性故
此大乘普超一切世間天人阿素洛等寂尊
寂勝復次善現若空无相无願解脫門是實
有性非非有性則此大乘非尊非勝不超一
切世間天人阿素洛等以空无相无願解脫
門非實有性是非有性故此大乘普超一切
世間天人阿素洛等寂尊寂勝復次善現若
八解脫九次第定是實有性非非有性則此
大乘非尊非勝不超一切世間天人阿素洛
等以八解脫九次第定非實有性是非有性
故此大乘普超一切世間天人阿素洛等寂尊
寂勝復次善現若陁羅尼門三摩地門是實
有性非非有性則此大乘非尊非勝不超
一切世間天人阿素洛等以陁羅門三摩地
門非實有性是非有性故此大乘普超一
切世間天人阿素洛等寂尊寂勝復次善現
若五眼六神通是實有性非非有性則此大
乘非尊非勝不超一切世間天人阿素洛等
以五眼六神通非實有性是非有性故此大

BD13996 號　大般若波羅蜜多經卷四九三　（24–9）

門非實有性是非有性故此大乘普超一
切世間天人阿素洛等寂尊寂勝復次善現
若五眼六神通是實有性非非有性則此大
乘非尊非勝不超一切世間天人阿素洛等
以五眼六神通非實有性是非有性故此大
乘普超一切世間天人阿素洛等寂尊寂
勝復次善現若如來十力乃至十八佛不共法
是實有性非非有性則此大乘非尊非勝不超
一切世間天人阿素洛等以如來十力乃至
十八佛不共法非實有性是非有性故此
大乘普超一切世間天人阿素洛等寂尊
寂勝復次善現若極喜地法乃至法雲地法
是實有性非非有性則此大乘非尊非勝不
超一切世間天人阿素洛等以極喜地法乃至
法雲地法非實有性是非有性故此大乘普
超一切世間天人阿素洛等寂尊寂勝復次
善現若極喜地補特伽羅乃至法雲地補特
伽羅是實有性非非有性則此大乘非尊非
勝不超一切世間天人阿素洛等以極喜地
補特伽羅乃至法雲地補特伽羅非實有性
是非有性故此大乘普超一切世間天人阿
素洛等寂尊寂勝復次善現若淨觀地法
乃至如來地法是實有性非非有性則此大乘
非尊非勝不超一切世間天人阿素洛等以
淨觀地法乃至如來地法非實有性是非有

BD13996 號　大般若波羅蜜多經卷四九三　（24–10）

是非有性故此大乘普超一切世間天人阿
素洛等最尊最勝復次善現若淨觀地法
乃至如來地法是實有性非非有性則此大乘
非尊非勝不超一切世間天人阿素洛等以
淨觀地法乃至如來地法非實有性是非有
性故此大乘普超一切世間天人阿素洛等
最尊最勝復次善現若淨觀地補特伽羅乃
至如來地補特伽羅是實有性非非有性則
此大乘非尊非勝不超一切世間天人阿素
洛等以淨觀地補特伽羅乃至如來地補特
伽羅非實有性是非有性故此大乘普超一
切世間天人阿素洛等最尊最勝復次善現
若一切世間天人阿素洛等是實有性非非
有性則此大乘非尊非勝不超一切世間天
人阿素洛等以一切世間天人阿素洛等非
實有性是非有性故此大乘普超一切世間
天人阿素洛等最尊最勝復次善現若菩
薩摩訶薩從初發心乃至安坐妙菩提座其
中所起无量種心是實有性非非有性則此大
乘非尊非勝不超一切世間天人阿素洛等
以菩薩摩訶薩從初發心乃至安坐妙菩提
座其中所起无量種心非實有性是非有性
故此大乘普超一切世間天人阿素洛等最
尊最勝復次善現若菩薩摩訶薩金剛喻
智是實有性非非有性則此大乘非尊非勝

BD13996號　大般若波羅蜜多經卷四九三　（24–11）

以菩薩摩訶薩從初發心乃至安坐妙菩提
座其中所起无量種心非實有性是非有性
故此大乘普超一切世間天人阿素洛等最
尊最勝復次善現若菩薩摩訶薩金剛喻
智是實有性非非有性則此大乘非尊非勝
不超一切世間天人阿素洛等以菩薩摩訶薩
金剛喻智非實有性是非有性故此大乘普
超一切世間天人阿素洛等最尊最勝復次
善現若菩薩摩訶薩金剛喻智所斷煩惱
習氣相續是實有性非非有性則此能斷金
剛喻智不能達彼都无自性斷已證得无上微
妙一切智智非尊非勝不超一切世間天人阿
素洛等以金剛喻智所斷煩惱習氣相續
非實有性是非有性故此能斷金剛喻智能
了達彼都无自性斷已證得无上微妙一切
智智普超一切世間天人阿素洛等最尊最
勝復次善現若諸如來應正等覺三十二大
士相八十隨好所莊嚴身是實有性非非有
性則諸如來應正等覺威光妙德非尊非勝
不超一切世間天人阿素洛等以諸如來應
正等覺三十二大士相八十隨好所莊嚴身
非實有性是非有性故諸如來應正等覺威
光妙德普超一切世間天人阿素洛等最尊
最勝復次善現若諸如來應正等覺所放
光明是實有性非非有性則諸如來…

BD13996號　大般若波羅蜜多經卷四九三　（24–12）

不超一切世間天人阿素洛等以諸如來應
正等覺三十二大士相八十隨好所莊嚴身
非實有性是非有性故諸如來應正等覺威
光妙德普超一切世間天人阿素洛等最尊
最勝復次善現若諸如來應正等覺所放
光明是實有性非非有性則諸如來應正等覺
所放光明非尊非勝不能普照十方殑伽沙
等世界不超一切世間天人阿素洛等以諸如
來應正等覺所放光明非實有性是非有
性故諸如來應正等覺所放光明皆能普照
十方殑伽沙等世界普超一切世間天人阿
素洛等最尊最勝復次善現若諸如來應
正等覺所具六十美妙支音是實有性非非有
性則諸如來應正等覺所具六十美妙支音
非尊非勝不能遍告十方無量無數百千俱
胝殑伽沙等世界所化有情不超一切世間
天人阿素洛等以諸如來應正等覺所具六
十美妙支音非實有性是非有性故諸如來
應正等覺所具六十美妙支音皆能遍告十
方無量無數百千俱胝殑伽沙等世界所化
有情普超一切世間天人阿素洛等最尊
最勝復次善現若諸如來應正等覺所轉無上
微妙法輪是實有性非非有性則諸如來應
正等覺所轉無上微妙法輪非尊非勝非極
清淨亦非一切世間沙門婆羅門等所不能轉

BD13996號　大般若波羅蜜多經卷四九三　（24–13）

有情普超一切世間天人阿素洛等最尊
最勝復次善現若諸如來應正等覺所轉無上
微妙法輪是實有性非非有性則諸如來應
正等覺所轉無上微妙法輪非尊非勝非極
清淨亦非一切世間沙門婆羅門等所不能轉
不超一切世間天人阿素洛等以諸如來應
正等覺所轉無上微妙法輪非實有性是非
有性故諸如來應正等覺所轉無上微妙
法輪最極清淨一切世間所有沙門婆羅門
等皆無有能如法轉者普超一切世間天人
阿素洛等最尊最勝復次善現若諸如來應
正等覺所化有情是實有性非非有性則諸
如來應正等覺所轉無上微妙法輪非尊非
勝不能令彼諸有情類入無餘依般涅槃界
不超一切世間天人阿素洛等以諸如來應
正等覺所化有情非實有性是非有性故諸
如來應正等覺所轉無上微妙法輪皆能令
彼諸有情類入無餘依般涅槃界普超一切
世間天人阿素洛等最尊最勝由如是等種
種因緣故說大乘普超一切世間天人阿素
洛等最尊最勝
復次善現汝作是說如是大乘與虛空等者
如是如是如汝所說所以者何譬如虛空東
西南北四維上下一切方分皆不可得大乘
亦爾東西南北四維上下一切方分皆不可

BD13996號　大般若波羅蜜多經卷四九三　（24–14）

洛等衆尊衆勝
復次善現汝作是說如是大乘與虛空等者
如是如汝所說所以者何譬如虛空東
西南北四維上下一切方分皆不可得大乘
亦尒東西南北四維上下一切方分皆不可
得故說大乘與虛空等又如虛空長短高下
方圓邪正一切形色皆不可得大乘亦尒長
短高下方圓邪正一切形色皆不可得故說
大乘與虛空等又如虛空青黃赤白紅紫碧
綠縹等顯色皆不可得大乘亦尒青黃赤白
紅紫碧綠縹等顯色皆不可得故說大乘與
虛空等又如虛空非過去非未來非現在大
乘亦尒非過去非未來非現在故說大乘與
虛空等又如虛空非增非減非進非退大乘
亦尒非增非減非進非退故說大乘與虛空
等又如虛空非雜染非清淨大乘亦尒非雜
染非清淨故說大乘與虛空等又如虛空無
生無滅無住無異大乘亦尒無生無滅無住
無異故說大乘與虛空等又如虛空非善非
不善非無記大乘亦尒非善非不善非無記
故說大乘與虛空等又如虛空無見無聞無
覺無知大乘亦尒無見無聞無覺無知故說
大乘與虛空等又如虛空非所知非所識大
乘亦尒非所知非所識故說大乘與虛空等
又如虛空非遍知非永斷非作證非脩習大

BD13996號　大般若波羅蜜多經卷四九三　（24–15）

故說大乘與虛空等又如虛空無見無聞無
覺無知大乘亦尒無見無聞無覺無知故說
大乘與虛空等又如虛空非所知非所識大
乘亦尒非所知非所識故說大乘與虛空等
又如虛空非遍知非永斷非作證非脩習大
乘亦尒非遍知非永斷非作證非脩習故說
大乘與虛空等又如虛空非果非果法非異
熟非異熟法大乘亦尒非果非果法非異熟
非異熟法故說大乘與虛空等又如虛空非
有貪法非離貪法非有瞋法非離瞋法非有
癡法非離癡法大乘亦尒非有貪法非離貪
法非有瞋法非離瞋法非有癡法非離癡法
故說大乘與虛空等又如虛空非墮欲界非
墮色界非墮無色界大乘亦尒非墮欲界非
墮色界非墮無色界故說大乘與虛空等又
如虛空無初發心無第二第三第四第五第
六第七第八第九第十發心大乘亦尒無初
發心乃至無有第十發心故說大乘與虛空
等又如虛空無淨觀地種姓地第八地具見
地薄地離欲地已辦地獨覺地菩薩地如來地
可得大乘亦尒無淨觀地乃至如來地可
得故說大乘與虛空等又如虛空無預流向
預流果一來向一來果不還向不還果阿羅
漢向阿羅漢果獨覺向獨覺果菩薩如來可

BD13996號　大般若波羅蜜多經卷四九三　（24–16）

地薄地離欲地已辦地獨覺地菩薩地如來地
可得大乘亦尒無淨觀地乃至如來地可
得故說大乘與虛空等又如虛空無預流向
預流果一來向一來果不還向不還果阿羅
漢向阿羅漢果獨覺向獨覺果菩薩如來可
得大乘亦尒無預流向預流果乃至菩薩如
來可得故說大乘與虛空等又如虛空無聲
聞地獨覺地菩薩地如來地可得大乘亦尒
無聲聞地獨覺地菩薩地如來地可得故
說大乘與虛空等又如虛空非有色非無色非
有見非無見非有對非無對非合非散大乘
亦尒非有色非無色非有見非無見非有對
非無對非合非散故說大乘與虛空等又如
虛空非常非無常非樂非苦非我非無我
非淨非不淨大乘亦尒非常非無常非樂非苦非
我非無我非淨非不淨故說大乘與虛空等
又如虛空非空非不空非有相非無相非有
願非無願大乘亦尒非空非不空非有相非
無相非有願非無願故說大乘與虛空等又
如虛空非寂靜非不寂靜非遠離非不遠離
大乘亦尒非寂靜非不寂靜非遠離非不遠
離故說大乘與虛空等又如虛空非明非闇
大乘亦尒非明非闇故說大乘與虛空等又
如虛空非可得非不可得大乘亦尒非可得
非不可得故說大乘與虛空等又如虛空

大乘亦尒非寂靜非不寂靜非遠離非不遠
離故說大乘與虛空等又如虛空非明非闇
大乘亦尒非明非闇故說大乘與虛空等又
如虛空非可得非不可得大乘亦尒非可得
非不可得故說大乘與虛空等又如虛空非
蘊處界非離蘊處界大乘亦尒非蘊處界非
離蘊處界故說大乘與虛空等又如虛空非
可說非不可說大乘亦尒非可說非不可說
故說大乘與虛空等又如虛空非有戲論非
無戲論大乘亦尒非有戲論非無戲論故說
大乘與虛空等由如是等種種因緣故作是
說如是大乘與虛空等
復次善現汝作是說譬如虛空普能容受
無量無數無邊有情大乘亦尒普能容受無
量無數無邊有情者如是如汝所說所以
者何有情無所有故當知虛空亦無所有虛
空無所有故當知大乘亦無所有由如是義
故說大乘譬如虛空普能容受無量無數無
邊有情何以故若有情若虛空若大乘如是
一切皆無所有不可得故復次善現有情無
量故當知虛空亦無量虛空無量故當知大
乘亦無量有情無數故當知虛空亦無數虛
空無數故當知大乘亦無數有情無邊故當
知虛空亦無邊虛空無邊故當知大乘亦無
邊由如是義故說大乘譬如虛空普能容受

量故當知虛空亦無量虛空無量故當知大
乘亦無量有情無數故當知虛空亦無數虛
空無數故當知大乘亦無數有情無邊故當
知虛空亦無邊虛空無邊故當知大乘亦無
邊由如是義故說大乘譬如虛空普能容受
無量無數無邊有情何以故若有情無量无
數無邊若虛空無量無數無邊若大乘無量
無數無邊如是一切皆無所有不可得故復次
善現有情無所有故當知虛空亦無所有虛
空無所有故當知大乘亦無所有大乘無
所有故當知無量亦無所有無量無所有故
當知無數亦無所有無數無所有故當知無
邊亦無所有無邊無所有故當知一切法亦
無所有由如是義故說大乘譬如虛空普能
容受無量無數無邊有情何以故若有情
若虛空若大乘若無量若無數若無邊若一
切法如是一切皆無所有不可得故復次善現
我無所有故當知有情亦無所有有情無所
有故當知命者亦無所有命者無所有故當
知生者亦無所有生者無所有故當知養者
亦無所有養者無所有故當知士夫亦無所
有士夫無所有故當知補特伽羅亦無所有
補特伽羅無所有故當知意生亦無所有意
生無所有故當知儒童亦無所有儒童無所
有故當知作者亦無所有作者無所有故當

BD13996 號　大般若波羅蜜多經卷四九三　（24–19）

亦無所有養者無所有故當知士夫亦無所
有士夫無所有故當知補特伽羅亦無所有
補特伽羅無所有故當知意生亦無所有意
生無所有故當知儒童亦無所有儒童無所
有故當知作者亦無所有作者無所有故當
知受者亦無所有受者無所有故當知知者
亦無所有知者無所有故當知見者亦無所
有見者無所有故當知虛空亦無所有虛空
無所有故當知大乘亦無所有大乘無所有
故當知無量亦無所有無量無所有故當知
無數亦無所有無數無所有故當知無邊亦
無所有無邊無所有故當知一切法亦無所有
由如是義故說大乘譬如虛空普能容受
無量無數無邊有情何以故若我乃至見者
若虛空若大乘若無量若無數若無邊若
一切法如是一切皆無所有不可得故復次善
現我乃至見者無所有故當知真如乃至不
思議界展轉亦無所有真如乃至不思議界无
所有故當知虛空亦無所有虛空無所有故
當知大乘亦無所有大乘無所有故當知
無量無數無邊展轉亦無所有無量無數無
邊無所有故當知一切法亦無所有由如是義
故說大乘譬如虛空普能容受無量無數
無邊有情何以故若我乃至見者若真如乃

BD13996 號　大般若波羅蜜多經卷四九三　（24–20）

當知大乘亦無所有大乘無所有故當知
無量無數無邊展轉亦無所有無量無數無
邊無所有故當知一切法亦無所有由如是義
故說大乘譬如虛空普能容受無量無數
無邊有情何以故若我乃至見者若真如乃
至不思議界若無量無數無邊若一切法如
是一切皆無所有不可得故復次善現我乃
至見者無所有故當知斷界乃至無爲界展
轉亦無所有斷界乃至無爲界無所有故當
知虛空亦無所有虛空無所有故當知大乘
亦無所有大乘無所有故當知無量無數無
邊展轉亦無所有無量無數無邊無所有故
當知一切法亦無所有由如是義故說大乘譬
如虛空普能容受無量無數無邊有情　何
以故若我乃至見者若斷界乃至無爲界若
虛空若大乘若無量無數無邊若一切法如是
一切皆無所有不可得故復次善現我乃
至見者無所有故當知色蘊乃至識蘊展轉
亦無所有色蘊乃至識蘊無所有故當知虛空
亦無所有虛空無所有故當知大乘亦無
所有大乘無所有故當知無量無數無邊
展轉亦無所有無量無數無邊無所有故當知
一切法亦無所有由如是義故說大乘譬如
虛空普能容受無量無數無邊有情何以故

展轉亦無所有無量無數無邊無所有故當知
一切法亦無所有由如是義故說大乘譬如
虛空普能容受無量無數無邊有情何以故
若我乃至見者若色蘊乃至識蘊若虛空若
大乘若無量無數無邊若一切法如是一切皆
無所有不可得故復次善現我乃至見者
無所有故當知眼處乃至意處展轉亦無所
有眼處乃至意處無所有故當知虛空亦無
所有虛空無所有故當知大乘亦無所有大
乘無所有故當知無量無數無邊展轉亦 無
所有無量無數無邊無所有故當知一切法
亦無所有由如是義故說大乘譬如虛空普
能容受無量無數無邊有情何以故若我乃
至見者若眼處乃至意處若虛空若大乘若
無量無數無邊若一切法如是一切皆無所
有不可得故復次善現我乃至見者無所有
故當知色處乃至法處展轉亦無所有色處
乃至法處無所有故當知虛空亦無所有虛
空無所有故當知大乘亦無所有大乘無所
有故當知無量無數無邊展轉亦無所有無
量無數無邊無所有故當知一切法亦無所有
由如是義故說大乘譬如虛空普能容受無
無量無數無邊有情何以故若我乃至見者
若色處乃至法處若虛空若大乘若無量
無數無邊若一切法如是一切皆無所有不可得

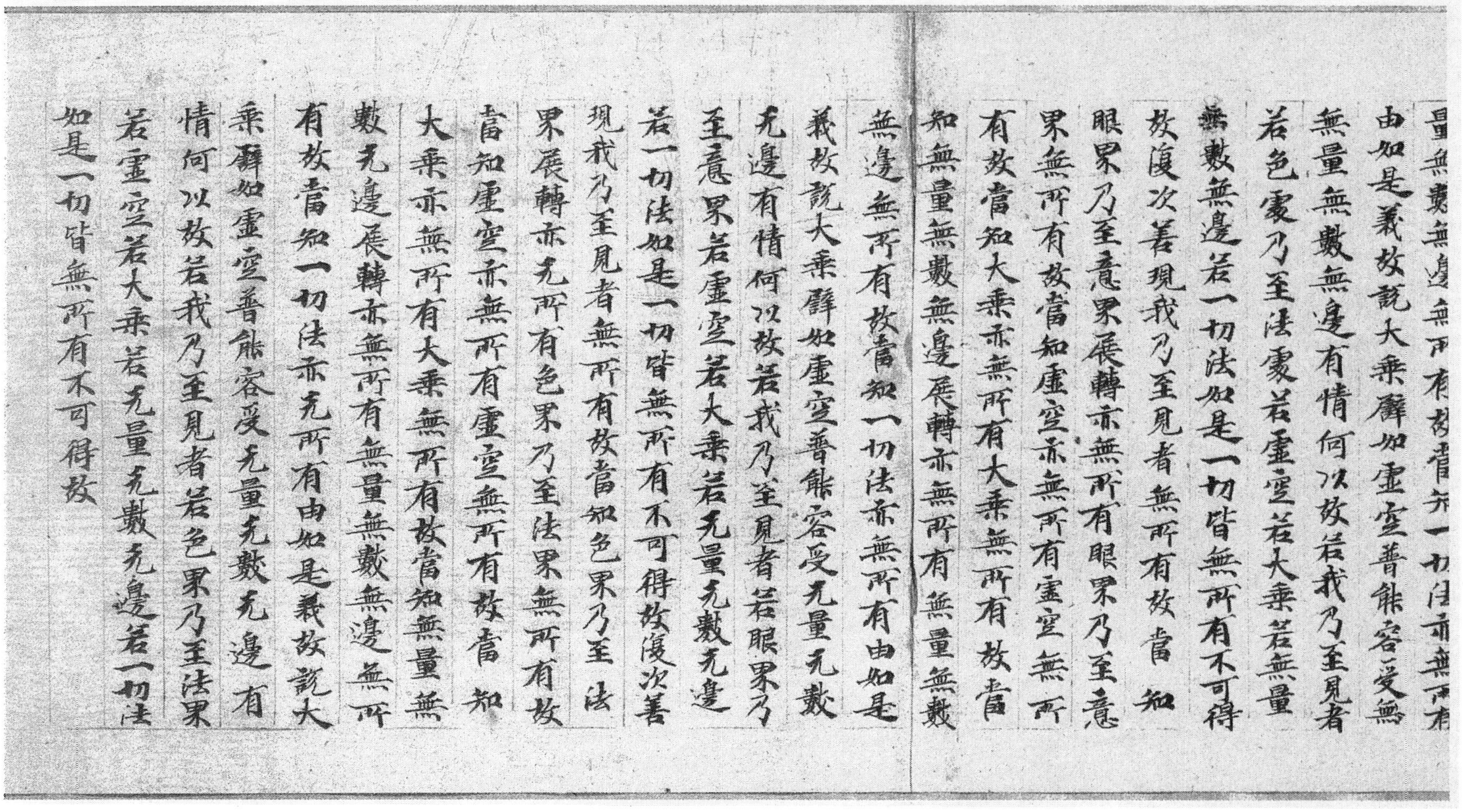

量無數無邊無所有故當知一切法亦無所有
由如是義故說大乘譬如虛空普能容受無
無量無數無邊有情何以故若我乃至見者
若色處乃至法處若虛空若大乘若無量
無數無邊若一切法如是一切皆無所有不可得
故復次善現我乃至見者無所有故當 知
眼界乃至意界展轉亦無所有眼界乃至意
界無所有故當知虛空亦無所有虛空無 所
有故當知大乘亦無所有大乘無所有 故當
知無量無數無邊展轉亦無所有無量無數
無邊無所有故當知一切法亦無所有由如是
義故說大乘譬如虛空普能容受无量无數
无邊有情何以故若我乃至見者若眼界乃
至意界若虛空若大乘若无量无數无邊
若一切法如是一切皆無所有不可得故復次善
現我乃至見者無所有故當知色界乃至 法
界展轉亦无所有色界乃至法界無所有故
當知虛空亦無所有虛空無所有故當 知
大乘亦無所有大乘無所有故當知無量無
數无邊展轉亦無所有無量無數無邊無所
有故當知一切法亦无所有由如是義故說大
乘譬如虛空普能容受无量无數无邊 有
情何以故若我乃至見者若色界乃至法界
若虛空若大乘若无量无數无邊若一切法
如是一切皆無所有不可得故

BD13996號　大般若波羅蜜多經卷四九三　（24–23）

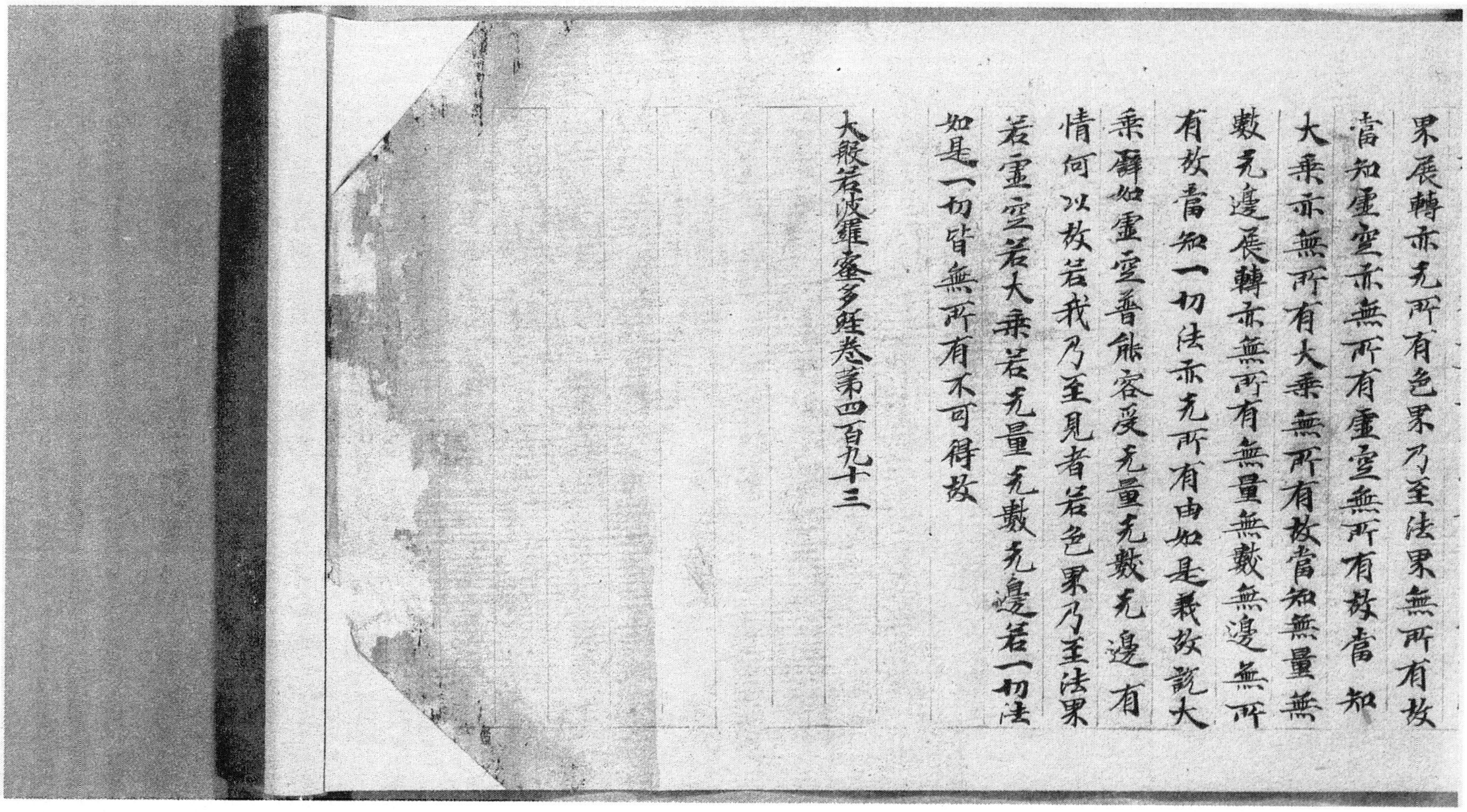

界展轉亦无所有色界乃至法界無所有故
當知虛空亦無所有虛空無所有故當 知
大乘亦無所有大乘無所有故當知無量無
數无邊展轉亦無所有無量無數無邊無所
有故當知一切法亦无所有由如是義故說大
乘譬如虛空普能容受无量无數无邊 有
情何以故若我乃至見者若色界乃至法界
若虛空若大乘若无量无數无邊若一切法
如是一切皆無所有不可得故

大般若波羅蜜多經卷第四百九十三

BD13996號　大般若波羅蜜多經卷四九三　（24–24）

BD13997 號背　現代護首　（1–1）

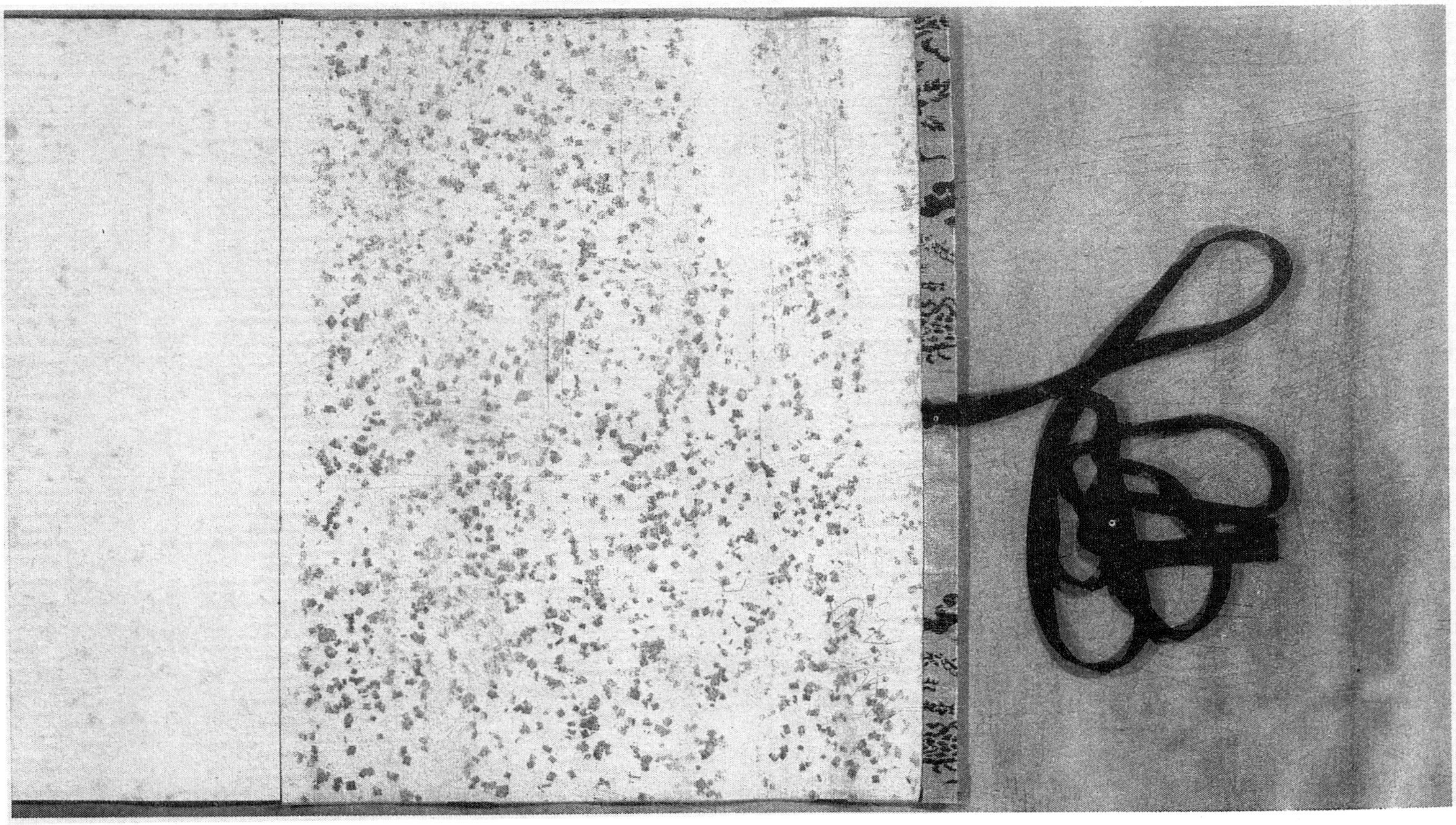

BD13997 號　大般若波羅蜜多經卷五〇〇　（23–1）

無明乃至老死布施波羅蜜多乃至般若波
羅蜜多內空乃至无性自性空真如乃至不
思議界斷界乃至无為界苦集滅道聖諦四
念住乃至八聖道支四靜慮四无量四无色
定八解脫九次第定空无相无願解脫門淨
觀地乃至如來地極喜乃至法雲地五眼
六神通如來十力乃至十八佛不共法三十
二大士相八十隨好无忘失法恒住捨性一
切陁羅尼門三摩地門一切智道相智一切
相智預流向預流果乃至菩薩摩訶薩行
諸无上正等菩提預流一來不還阿羅漢獨覺
菩薩及諸如來應正等覺應知亦尒時天
帝釋竊作是念尊者善現智慧甚深不壞
假名而說法性佛知其意便印彼言如憍尸迦
心之所念具壽善現智慧甚深不壞假名說
諸法性時天帝釋即白佛言尊者善現於何
等法不壞假名而說法性尒時佛告天帝釋

BD13997號　大般若波羅蜜多經卷五〇〇　（23–2）

菩薩及諸如來應正等覺應知亦尒時天
帝釋竊作是念尊者善現智慧甚深不壞
假名而說法性佛知其意便印彼言如憍尸迦
心之所念具壽善現智慧甚深不壞假名說
諸法性時天帝釋即白佛言尊者善現於何
等法不壞假名而說法性尒時佛告天帝釋
言憍尸迦色乃至識但是假名如是假名不離
法性具壽善現不壞如是色等假名而說色
等法性所以者何色等法性无壞无不壞
是故善現所說亦无壞无不壞如是乃至一
切如來應正等覺應知亦尒憍尸迦具壽善
現於如是法不壞假名而說法性尒時善現
語帝釋言憍尸迦如是如是如佛所說諸所有
法无非假名憍尸迦諸菩薩摩訶薩知一
切法但假名已應學般若波羅蜜多憍尸迦
諸菩薩摩訶薩如是覺時不於色覺亦不於
受想行識覺所以者何是菩薩摩訶薩不見
色可於中覺亦不見受想行識可於中學如
是乃至於諸如來應正等覺應知亦尒時天
帝釋問善現言諸菩薩摩訶薩因緣故不
見色亦不見受想行識乃至亦不見一切如
來應正等覺可於中學善現答言憍尸迦色
色性空受想行識受想行識性空乃至如來
應正等覺如來應正等覺性空憍尸迦諸菩
薩摩訶薩由此因緣不見色乃至識乃至不
見一切如來應正等覺可於中覺何以故憍
尸迦不可色空見色空不可色空覺色空如

BD13997號　大般若波羅蜜多經卷五〇〇　（23–3）

應正等覺如來應正等覺性空憍尸迦諸菩
薩摩訶薩由此因緣不見色乃至識乃至不
見一切如來應正等覺可於中覺何以故憍
尸迦不可色空見色空不可色空覺色空如
是乃至不可如來應正等覺空見如來應正
等覺空不可如來應正等覺空學如來應
正等覺空憍尸迦若菩薩摩訶薩不於空學
是菩薩摩訶薩為於空學何以故憍
尸迦若菩薩摩訶薩不於色空學乃至不於
一切如來應正等覺空學是菩薩摩訶薩為
於色空學乃至為於一切如來應正等覺空
學何以故無二分故憍尸迦若菩薩摩訶薩
以無二為方便於色空學乃至以無二為方
便於諸如來應正等覺空學是菩薩摩訶薩
能以無二而為方便學布施波羅蜜多乃至
般若波羅蜜多學內空乃至無性自性空學真
如乃至不思議界學斷界乃至無為界學
苦集滅道聖諦學四念住乃至八聖道支學
四靜慮四無量四無色定學八解脫九次第
定學空無相無願解脫門學淨觀地乃至如
來地學極喜地乃至法雲地學五眼六神通
學如來十力乃至十八佛不共法學三十二
大士相八十隨好學無忘失法恒住捨性學
一切陀羅尼門三摩地門學一切智道相智
一切相智學預流向預流果乃至菩薩摩訶
薩行諸佛無上正等菩提覺預流一來不還
阿羅漢獨覺菩薩及諸如來應正等覺憍尸

BD13997號　大般若波羅蜜多經卷五〇〇　（23–4）

大士相八十隨好學無忘失法恒住捨性學
一切陀羅尼門三摩地門學一切智道相智
一切相智學預流向預流果乃至菩薩摩訶
薩行諸佛無上正等菩提覺預流一來不還
阿羅漢獨覺菩薩及諸如來應正等覺憍尸
迦若菩薩摩訶薩能以無二而為方便學布
施波羅蜜多乃至如來應正等覺是菩薩摩
訶薩能以無二而為方便學無量無數無邊
不可思議清淨佛法憍尸迦若菩薩摩訶薩
能以無二而為方便學無量無數無邊不可
思議清淨佛法是菩薩摩訶薩不為色增故
學不為色減故學乃至不為一切如來應正等
覺增故學不為一切如來應正等覺減故學
何以故憍尸迦以色乃至一切如來應正等
覺無二分故憍尸迦若菩薩摩訶薩不
為色增故學亦不為色減故學乃至不為一切
如來應正等覺增故學亦不為一切如來應
正等覺減故學是菩薩摩訶薩不為攝受色
故學亦不為滅壞色故學如是乃至不為攝
受一切如來應正等覺故學亦不為滅壞一
切如來應正等覺故學何以故憍尸迦攝受
滅壞無二分故時舍利子問善現言諸菩薩
摩訶薩如是學時不為攝受色故學亦不為
滅壞色故學乃至不為攝受一切如來應正
等覺故學亦不為滅壞一切如來應正等覺
故學耶善現答言如是如是舍利子諸菩薩
摩訶薩如是學時不為攝受色故學亦不為

BD13997號　大般若波羅蜜多經卷五〇〇　（23–5）

摩訶薩如是學時不為攝受色故學亦不為
滅壞色故學乃至不為攝受一切如來應正
等覺故學亦不為滅壞一切如來應正等覺
故學耶善現荅言如是如是舍利子諸菩薩
摩訶薩如是學時不為攝受色故學亦不為
滅壞色故學乃至不為攝受一切如來應正
等覺故學亦不為滅壞一切如來應正等覺
故學時舍利子問善現言何因緣故諸菩薩
摩訶薩如是學時不為攝受色故學亦不為
滅壞色故學乃至不為攝受一切如來應正
等覺故學亦不為滅壞一切如來應正等覺
故學善現荅言諸菩薩摩訶薩如是學時不
見有色是可攝受及可滅壞亦不見有能攝
受色及滅壞者乃至不見有一切如來應正
等覺是可攝受及可滅壞亦不見有能攝受
一切如來應正等覺及滅壞者何以故舍利
子以色等法若能若所內外俱空不可得故
舍利子若菩薩摩訶薩不見諸法是可攝受
及可滅壞亦復不見不能攝受及滅壞者而
學般若波羅蜜多是菩薩摩訶薩速能成辦
一切智智時舍利子問善現言諸菩薩摩訶
薩如是學般若波羅蜜多時速能成辦一切
智智耶善現荅言舍利子諸菩薩摩訶薩如
是覺般若波羅蜜多時速能成辦一切智智
何以故舍利子是菩薩摩訶薩如是學時於
一切法不為攝受不為滅壞為方便故時舍
利子問善現言若菩薩摩訶薩如是學時於
一切[illegible]

智智耶善現荅言舍利子諸菩薩摩訶薩如
是覺般若波羅蜜多時速能成辦一切智智
何以故舍利子是菩薩摩訶薩如是學時於
一切法不為攝受不為滅壞為方便故時舍
利子問善現言若菩薩摩訶薩如是學時於
一切法不為攝受不為滅壞為方便者云何
能成辦一切智智耶善現荅言是菩薩摩訶
薩行深般若波羅蜜多不見色乃至識若生
若滅若取若捨若染若淨若合若散若增若
乃至不見一切如來應正等覺若生　若滅
若取若捨若染若淨若合若散若增若減所
以者何以色乃至一切如來應正等覺皆無
自性都不可得如是舍利子諸菩薩摩訶薩
行深般若波羅蜜多於一切法不見生滅乃
至增減以無所學無所成辦而為方便脩學
般若波羅蜜多則能成辦一切智智
爾時天帝釋問舍利子言大德諸菩薩摩訶
薩所學般若波羅蜜多當於何求舍利子言
憍尸迦諸菩薩摩訶薩所學般若波羅蜜多
當於前說善現品求時天帝釋謂善現言尊
者神力為依持故令舍利子作是說耶善現
言憍尸迦非我神力為依持故令舍利子作
如是說天帝釋言是誰神力為依持故令舍
利子作如是說善現報言是佛神力為依持
故令舍利子作如是說天帝釋言一切法無
依持如何可言是佛神力為依持故令舍利
子作如是說善現荅言如是如是如汝所說
一切[illegible]

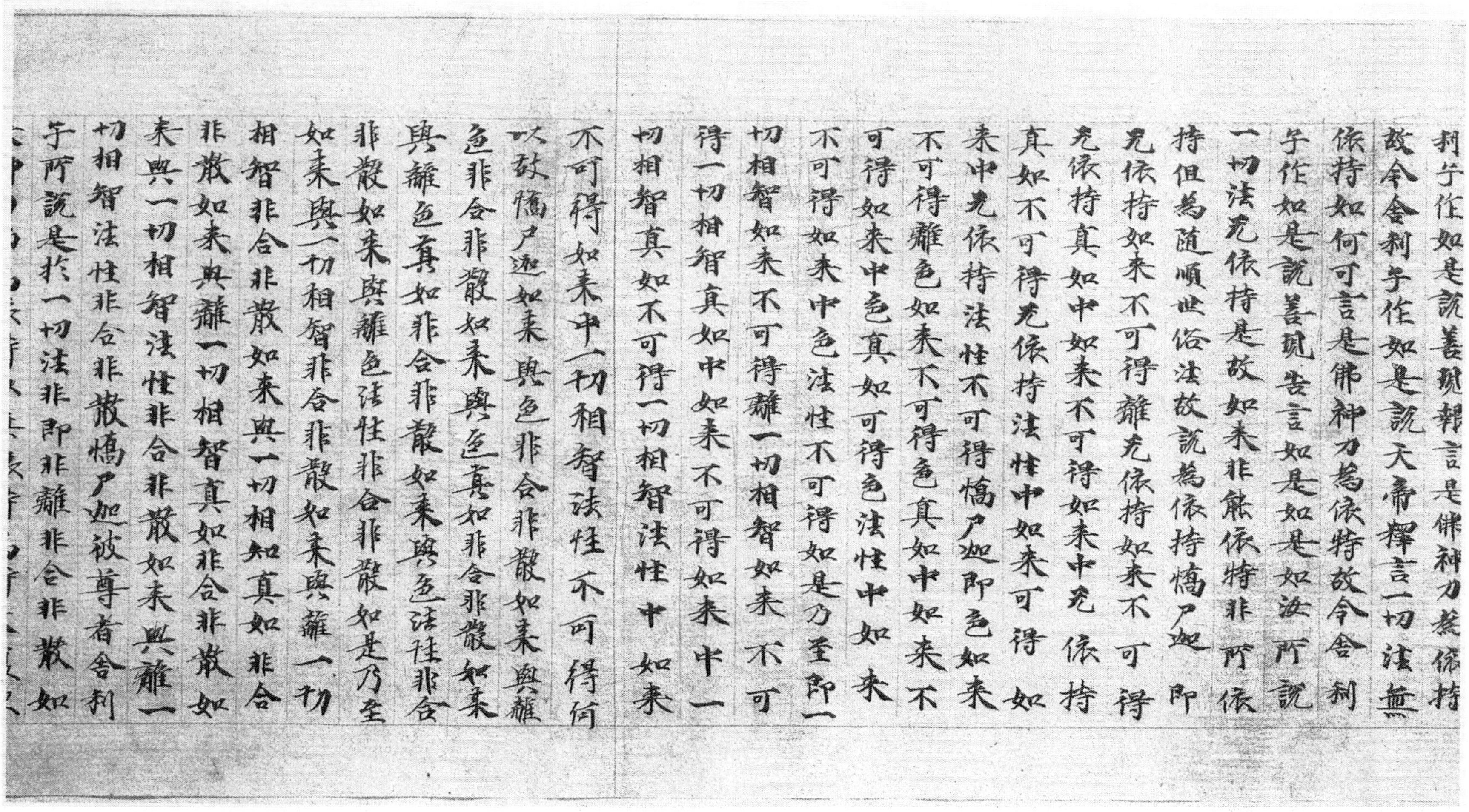

利子作如是說善現報言是佛神力為依持
故令舍利子作如是說天帝釋言一切法無
依持如何可言是佛神力為依持故令舍利
子作如是說善現告言如是如汝所說
一切法无依持是故如來非能依持非所依
持但為隨順世俗法故說為依持憍尸迦即
无依持如來不可得離无依持如來不可得
无依持真如中如來不可得如來中无依持
真如不可得无依持法性中如來可得如
來中无依持法性不可得憍尸迦即色如來
不可得離色如來不可得色真如中如來不
可得如來中色真如可得色法性中如來
不可得如來中色法性不可得如是乃至即一
切相智如來不可得離一切相智如來不可
得一切相智真如中如來不可得如來中一
切相智真如不可得一切相智法性中如來
不可得如來中一切相智法性不可得何
以故憍尸迦如來與色非合非散如來與離
色非合非散如來與色真如非合非散如來
與離色真如非合非散如來與色法性非合
非散如來與離色法性非合非散如是乃至
如來與一切相智非合非散如來與離一切
相智非合非散如來與一切相智真如非合
非散如來與離一切相智真如非合非散如
來與一切相智法性非合非散如來與離一
切相智法性非合非散憍尸迦彼尊者舍利
子所說是於一切法非即非離非合非散如

BD13997 號　大般若波羅蜜多經卷五〇〇　（23–8）

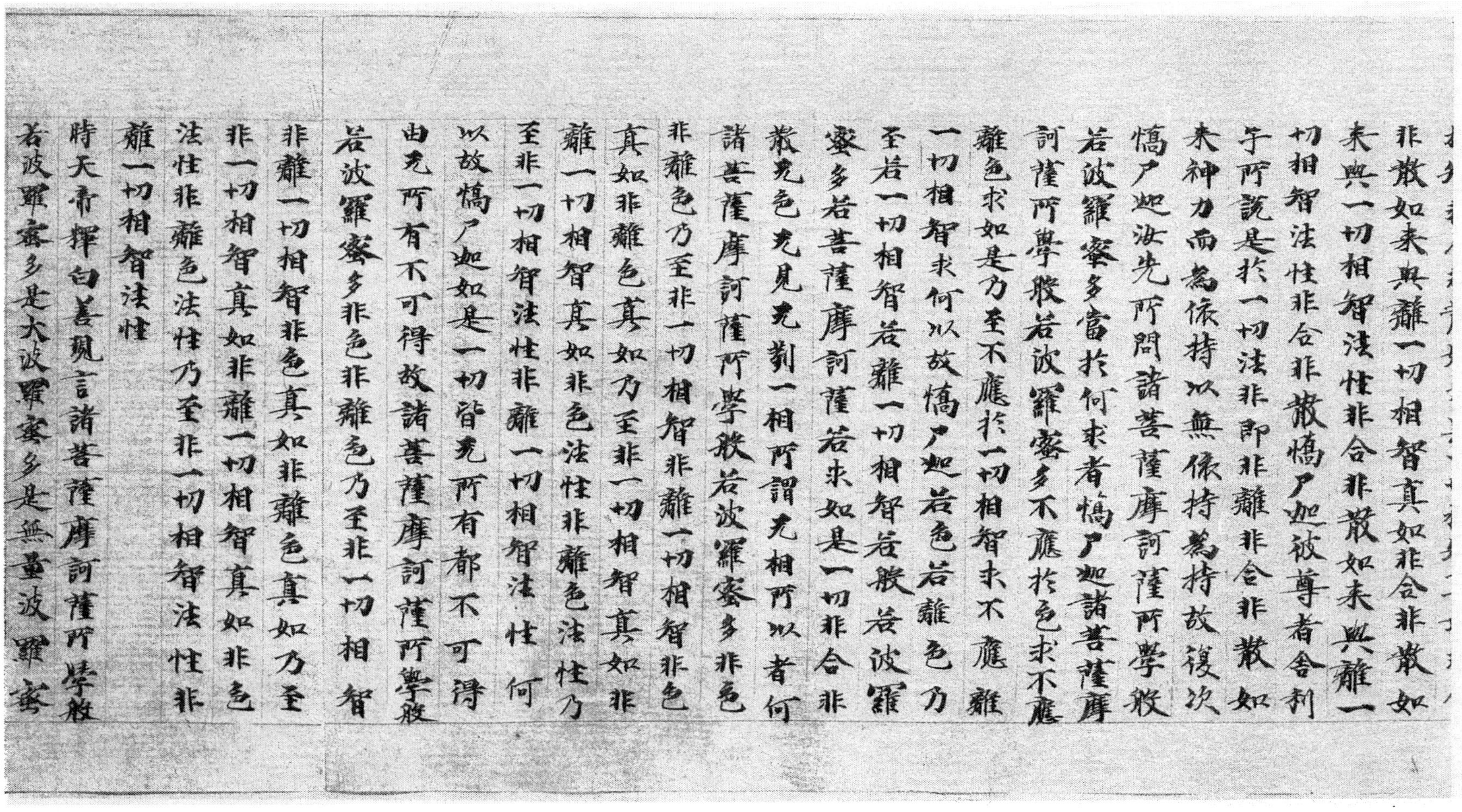

非散如來與離一切相智真如非合非散如
來與一切相智法性非合非散如來與離一
切相智法性非合非散憍尸迦彼尊者舍利
子所說是於一切法非即非離非合非散如
來神力而為依持以無依持為持故復次
憍尸迦汝先所問諸菩薩摩訶薩所學般
若波羅蜜多當於何求者憍尸迦諸菩薩摩
訶薩所學般若波羅蜜多不應於色求不應
離色求如是乃至不應於一切相智求不應離
一切相智求何以故憍尸迦若色若離色乃
至若一切相智若離一切相智若般若波羅
蜜多若菩薩摩訶薩若求如是一切非合非
散无色无見无對一相所謂无相所以者何
諸菩薩摩訶薩所學般若波羅蜜多非色
非離色乃至非一切相智非離一切相智非色
真如非離色真如乃至非一切相智真如非
離一切相智真如非色法性非離色法性乃
至非一切相智法性非離一切相智法性何
以故憍尸迦如是一切皆无所有都不可得
由无所有不可得故諸菩薩摩訶薩所學般
若波羅蜜多非色非離色乃至非一切相智
非離一切相智非色真如非離色真如乃至
非一切相智真如非離一切相智真如非色
法性非離色法性乃至非一切相智法性非
離一切相智法性
時天帝釋白善現言諸菩薩摩訶薩所學般
若波羅蜜多是大波羅蜜多是無量波羅蜜

BD13997 號　大般若波羅蜜多經卷五〇〇　（23–9）

非一切相智真如非離一切相智真如非色
法性非離色法性乃至非一切相智法性非
離一切相智法性
時天帝釋白善現言諸菩薩摩訶薩所學般
若波羅蜜多是大波羅蜜多是無量波羅蜜
多是无邊波羅蜜多諸預流者於此中學得
預流果諸一來者於此中學得一來果諸不
還者於此中學得不還果諸阿羅漢於此中
學得阿羅漢果諸獨覺者於此中學得獨覺
菩提諸菩薩摩訶薩於此中學能成熟有情
嚴淨佛土證得无上正等菩提善現報言如
是如是如汝所說何以故憍尸迦色大故諸
菩薩摩訶薩所學般若波羅蜜多亦大乃至
一切相智大故諸菩薩摩訶薩所學般若波
羅蜜多亦大所以者何以色乃至一切相智
前後中際皆不可得故說為大由大故諸
菩薩摩訶薩所學般若波羅蜜多亦說為大
憍尸迦色無量故諸菩薩摩訶薩所學般若
波羅蜜多無量乃至一切相智無量故諸
菩薩摩訶薩所學般若波羅蜜多亦無量所
以者何以色乃至一切相智量不可得猶如
虛空量不可得色等亦尒故說無量憍尸迦
虛空无量故色等无量色等无量故諸菩
薩摩訶薩所學般若波羅蜜多亦无量憍尸
迦色無邊故諸菩薩摩訶薩所學般若波羅
蜜多亦无邊乃至一切相智无邊故諸菩薩
摩訶薩所學般若波羅蜜多亦无邊所以者

BD13997號　大般若波羅蜜多經卷五〇〇

（23–10）

迦色無邊故諸菩薩摩訶薩所學般若波羅
蜜多亦无邊乃至一切相智无邊故諸菩薩
摩訶薩所學般若波羅蜜多亦无邊所以者
何以色乃至一切相智若中若邊俱不可得
猶如虛空若中若邊俱不得色等亦尒故
說无邊憍尸迦虛空无邊故色等亦无邊色
等无邊故諸菩薩摩訶薩所學般若波羅蜜
多亦无邊復次憍尸迦所緣无邊故諸菩薩
摩訶薩所學般若波羅蜜多亦无邊天帝釋
言云何所緣无邊故諸菩薩摩訶薩所學般
若波羅蜜多亦无邊善現答言一切智智所
緣无邊故諸菩薩摩訶薩所學般若波羅蜜
多亦无邊復次憍尸迦法界所緣无邊故諸
菩薩摩訶薩所學般若波羅蜜多亦无邊天
帝釋言云何法界所緣无邊故諸菩薩摩訶
薩所學般若波羅蜜多亦无邊善現答言法
界无邊故所緣亦无邊所緣无邊故法界亦
无邊法界所緣无邊故諸菩薩摩訶薩所學
般若波羅蜜多亦无邊復次憍尸迦真如所
緣无邊故諸菩薩摩訶薩所學般若波羅蜜
多亦无邊天帝釋言云何真如所緣无邊故
諸菩薩摩訶薩所學般若波羅蜜多亦無邊
善現答言真如无邊故所緣亦无邊所緣无
邊故真如亦无邊真如所緣无邊故諸菩薩
摩訶薩所學般若波羅蜜多亦无邊復次憍
尸迦有情无邊故諸菩薩　訶薩所學般若
波羅蜜多亦无邊天帝釋言云何有情無邊

BD13997號　大般若波羅蜜多經卷五〇〇

（23–11）

善現若言真如無邊故所緣亦無邊所緣無
邊故真如亦無邊真如所緣無邊故諸菩薩
摩訶薩所學般若波羅蜜多亦無邊復次憍
尸迦有情無邊故諸菩薩　摩訶薩所學般若
波羅蜜多亦無邊天帝釋言云何有情無邊
故諸菩薩摩訶薩所學般若波羅蜜多亦無
邊善現荅言於意云何言有情　有情者是何
法增語天帝釋言有情　有情者非法增語亦
非非法增語但是假立客名所攝無事名所
攝無緣名所攝善現復言於意云何於此般
若波羅蜜多甚深經中為亦顯示有實有情
不天帝釋言不也大德善現告言於此般若
波羅蜜多甚深經中既不顯示有實有情故
說無邊以彼中邊不可得故憍尸迦於意云
何若諸如來應正等覺經殑伽沙等劫住說
諸有情名字此中頗有有情有生有滅不天
帝釋言不也大德何以故以諸有情本性淨
故彼從本來無所有故善現告言由斯我說
有情無邊故諸菩薩摩訶薩所學般若波羅
蜜多亦無邊憍尸迦由此因緣當知諸菩薩
摩訶薩所學般若波羅蜜多應說為大無量
無邊

第三分現窣堵波品第五

尒時會中天帝釋等欲界諸天大梵天王等色
界諸天及伊舍那神仙天女同時三返高聲
唱言善哉善哉大德善現承佛神力佛為依
持善為我等世間天人分別開示微妙法性
所謂般若波羅蜜多若菩薩摩訶薩能於如

BD13997號　大般若波羅蜜多經卷五〇〇　（23–12）

第三分現窣堵波品第五

尒時會中天帝釋等欲界諸天大梵天王等色
界諸天及伊舍那神仙天女同時三返高聲
唱言善哉善哉大德善現承佛神力佛為依
持善為我等世間天人分別開示微妙法性
所謂般若波羅蜜多若菩薩摩訶薩能於如
是甚深般若波羅蜜多如說修行不遠離者
我等於彼恭敬供養尊重讚歎猶如如來應
正等覺如是般若波羅蜜多甚深教中無法
可得所謂此中無色可得亦無受想行識可
得如是乃至無一切智可得亦無道相智一
切相智可得雖無如是諸法可得而有施設
三亦聖教謂聲聞獨覺無上乘聖教尒時佛
告諸天等言如是如是如汝所說於此般若波
羅蜜多甚深教中雖無色等諸法可得　而
有施設三乘聖教若菩薩摩訶薩於此般若
波羅蜜多以無所得而為方便能如說行不
遠離者汝諸天等皆應至誠恭敬供養尊重
讚歎猶如如來應正等覺所以者何於此般
若波羅蜜多甚深教中雖廣說有三乘聖教
而說如來都不可得非即布施乃至般若波
羅蜜多如來可得非離布施乃至般若波羅
蜜多如來可得非即內空乃至無性自性空
如來可得非離內空乃至無性自性空如來
可得非即真如乃至不思議界如來可得非
離真如乃至不思議界如來可得非即斷界
乃至無為界如來可得非離斷界乃至無為
界如來可得非即苦集滅道聖諦如來可得

BD13997號　大般若波羅蜜多經卷五〇〇　（23–13）

空如來可得非即內空乃至无性自性空
如來可得非離內空乃至无性自性空如來
可得非即真如乃至不思議界如來可得非
離真如乃至不思議界如來可得非即斷界
乃至无為界如來可得非離斷界乃至无為
界如來可得非即苦集滅道聖諦如來可得
非離苦集滅道聖諦如來可得非即四念住
乃至八聖道支如來可得非離四念住乃至
八聖道支如來可得非即四靜慮四无量四
無色定如來可得非離四靜慮四無量四無色
定如來可得非即八解脫九次第定如來可
得非離八解脫九次第定如來可得非即空
無相無願解脫門如來可得非離空無相無
願解脫門如來可得非即極喜地乃至法雲
地如來可得非離極喜地乃至法雲地如來
可得非即五眼六神通如來可得非離五眼
六神通如來可得非即如來十力乃至十八
佛不共法如來可得非離如來十力乃至十
八佛不共法如來可得非即無忘失法恒住
捨性如來可得非離无忘失法恒住捨性如
來可得非即一切陀羅尼門三摩地門如來
可得非離一切陀羅尼門三摩地門如來可
得非即一切智道相智一切相智如來可得
非離一切智道相智一切相智如來可得天
等當知若菩薩摩訶薩於一切法以无所得
而為方便精勤脩學布施波羅蜜多乃至一
切相智是菩薩摩訶薩於此般若波羅蜜多

得非即一切智道相智一切相智如來可得
非離一切智道相智一切相智如來可得天
等當知若菩薩摩訶薩於一切法以无所得
而為方便精勤脩學布施波羅蜜多乃至一
切相智是菩薩摩訶薩於此般若波羅蜜多
能正脩行常不捨離是故汝等應當至誠恭
敬供養尊重讚歎彼菩薩摩訶薩猶如如來
應正等覺天等當知我於往昔然燈如來應
正等覺出現世時逢蓮華王都四衢道首見然
燈佛獻五莖花布髮掩泥聞正法要以无所
得為方便故便得不離布施淨戒安忍精進
靜慮般若波羅蜜廣說乃至一切相智及
餘无量无邊佛法然燈佛即便授我无上
正等大菩提記作是言善男子汝於未世過
無數劫於此世界賢劫之中當得作佛號釋
迦牟尼如來應正等覺明行圓滿善逝世間
解无上丈夫調御士天人師佛薄伽梵宣說
般若波羅蜜多度无量衆時諸天等俱白佛
言如是般若波羅蜜多甚為希有令諸菩薩
摩訶薩衆速能攝受一切智智以無所得而
為方便於色乃至識无取无捨如是乃至於
一切智道相智一切相智无取无捨
尒時佛觀四衆和合及諸菩薩摩訶薩衆并
四大王衆天展轉乃至色究竟天皆來集會
同為明證即便顧命天帝釋言憍尸迦若菩
薩摩訶薩若苾芻苾芻尼鄔波索迦鄔波斯
迦若諸天子若諸天女若善男子善女人等

四大王衆天展轉乃至色究竟天皆來集會
同為明證即便顧命天帝釋言憍尸迦若菩
薩摩訶薩若苾芻苾芻尼鄔波索迦鄔波斯
迦若諸天子若諸天女若善男子善女人等
不離一切智智心以无所得為方便於深般
若波羅蜜多受持讀誦精勤脩習理思惟
為他廣說當知是輩一切惡魔及彼眷屬不
能得便何以故憍尸迦是善男子善女人等
善住色空无相无願乃至善住一切相智空
无相无願不可以空而得空便不可无相得
无相便不可无願得无願便所以者何如是
諸法皆无自性若能得便若所得便若時若
處若惱害事俱不可得復次憍尸迦是善男
子善女人等人非人等皆不得便所以者何
是善男子善女人等以无所得而為方便於
諸有情常勤脩習慈悲喜捨是故一切人非人
等不能惱害復次憍尸迦是善男子善女人
等終不橫為諸險惡緣所傷害亦不橫死
所以者何是善男子善女人等常脩布施波
羅蜜多於諸有情正安養故復次憍尸迦於
此三千大千世界所有四大王衆天乃至廣
果天已發無上菩提心者於深般若波羅蜜
多若未聽聞受持讀誦精勤脩學如理思惟
皆應不離一切智智心以无所得為方便於
深般若波羅蜜多至心聽聞受持讀誦精勤
脩學如理思惟復次憍尸迦若善男子善女
人等不離一切智智心以无所得為方便於

BD13997號　大般若波羅蜜多經卷五〇〇　　(23–16)

皆應不離一切智智心以无所得為方便於
深般若波羅蜜多至心聽聞受持讀誦精勤
脩學如理思惟復次憍尸迦若善男子善女
人等不離一切智智心以无所得為方便於
深般若波羅蜜多至心聽聞受持讀誦精勤
脩學如理思惟是善男子善女人等若在空
宅若在曠野若在險道及危難處終不怖畏
驚恐毛豎所以者何是善男子善女人等不
離一切智智心以无所得為方便善脩內空
乃至无性自性空故時此三千大千世界所
有四大王衆天乃至色究竟天等俱時掌
同白佛言若善男子善女人等不離一切智
智心以无所得為方便常能於此甚深般若
波羅蜜多至心聽聞受持讀誦精勤脩學如
理思惟書寫解說廣令流布我等常隨恭敬
擁衛不令一切災橫侵惱所以者何此善男
子善女人等即是菩薩摩訶薩故由是菩薩
摩訶薩故令諸有情永斷地獄傍生鬼界阿
素洛等諸險惡趣由是菩薩摩訶薩故令諸
天人藥叉龍等永離一切災橫疾疫貧窮
飢渴寒熱等苦由是菩薩摩訶薩故令諸天
阿素洛等永離種種不如意事行住之處兵
戈永息一切有情慈心相向由是菩薩摩訶
薩故世間便有十善業道若四靜慮四无量
四无色定若布施波羅蜜多乃至般若波羅
蜜多若內空乃至無性自性空若真如乃至
不思議界若斷界乃至无為界若苦集滅道

BD13997號　大般若波羅蜜多經卷五〇〇　　(23–17)

无永息一切有情慈心相向由是菩薩摩訶
薩故世間便有十善業道若四靜慮四无量
四无色定若布施波羅蜜多乃至般若波羅
蜜多若内空乃至無性自性空若真如乃至
不思議界若斷界乃至无為界若苦集滅道
聖諦若四念住乃至八聖道支若八解脫九
次第定若空无相无願解脫門若淨觀地
乃至如來地若善地乃至法雲地若五眼六
神通若如來十力乃至十八佛不共法若无
忘失法恒住捨性若一切陁羅尼門三摩地
門若一切智道相智一切相智由是菩薩摩
訶薩故世間便有刹帝利大族婆羅門大族
長者大族居士大族諸小國王轉輪聖王輔
臣僚佐由是菩薩摩訶薩故世間便有四大
王衆天乃至他化自在天梵衆天乃至色究
竟天空无邊處天乃至非想非非想處天由
是菩薩摩訶薩故世間便有預流預流果
一來向一來果不還向不還果阿羅漢向阿
羅漢果獨覺向獨覺果由是菩薩摩訶薩故
世間便有諸菩薩摩訶薩成熟有情嚴淨佛
土及脩種種菩薩勝行由是菩薩摩訶薩故
世間便有如來應正等覺證得无上正等菩
提轉妙法輪度无量衆由是菩薩摩訶薩故
世間便有佛法僧寶利益安樂一切有情世
尊由此因緣我等天衆及阿素洛諸龍藥叉
并諸大力人非人等常應隨逐恭敬守護此
諸菩薩摩訶薩衆不令一切災横侵惱令於

BD13997號　大般若波羅蜜多經卷五〇〇　（23–18）

提轉妙法輪度无量衆由是菩薩摩訶薩故
世間便有佛法僧寶利益安樂一切有情世
尊由此因緣我等天衆及阿素洛諸龍藥叉
并諸大力人非人等常應隨逐恭敬守護此
諸菩薩摩訶薩衆不令一切災横侵惱令於
般若波羅蜜多聽聞受持讀誦脩學如理思
惟書寫等事常无間斷尒時佛告天帝等言
如是如是如汝所說善男子善女人等不
離一切智智心以无所得為方便常能於此
甚深般若波羅蜜多至心聽聞受持讀誦精
勤脩學如理思惟書寫解說廣令流布當知
是善男子善女人等即是菩薩摩訶薩由是
菩薩摩訶薩故令諸有情永斷惡趣乃至三
寶出現世間與諸有情作大饒益是故汝等
諸天龍神及大勢力人非人等常應隨逐恭
敬供養尊重讚歎勤加守護此菩薩摩訶薩
勿令一切災横侵惱汝等若能恭敬供養尊重
讚歎勤加守護如是菩薩摩訶薩者當知
即是供養恭敬尊重讚歎勤加守護我及十
方一切如來應正等覺是故汝等一切天龍
藥叉神仙阿素洛等常應隨逐此菩薩摩訶
薩恭敬供養尊重讚歎勤加守護勿令一切
災横侵惱汝等當知假使充滿三千大千堪
忍世界聲聞獨覺譬如蘆葦甘蔗竹稻麻
藂等間无空隟有善男子善女人等於彼福
田以无量種上妙樂具恭敬供養尊重讚歎
盡其形壽[illegible]

BD13997號　大般若波羅蜜多經卷五〇〇　（23–19）

薩恭敬供養尊重讚歎勤加守護勿令一切
災横侵惱汝等當知假使充滿三千大千堪
忍世界聲聞獨覺譬如蘆葦甘蔗竹稻麻
藂等間无空隙有善男子善女人等於彼福
田以无量種上妙樂具恭敬供養尊重讚歎
盡其形壽若復有人經須臾頃恭敬供養尊
重讚歎一刹發心不離六波羅蜜多菩薩摩
訶薩以前功德比此福聚百分不及一千分
不及一乃至鄔波尼殺曇分亦不及一所以
者何不由聲聞獨覺乘故有菩薩摩訶薩及
諸如來應正等覺出現世間但由菩薩摩訶
薩故世間便有聲聞獨覺及諸如來應正等
覺出現於世是故汝等一切天龍及大勢力
人非人等常應守衛恭敬供養尊重讚歎是
菩薩摩訶薩勿令一切災横侵惱汝等由此
所獲福聚於天人中常得安樂乃至證得究
竟涅槃窮未來際作大饒益
時天帝釋尋白佛言甚奇希有諸菩薩摩訶
薩於深般若波羅蜜多至心聽聞受持讀誦
精勤脩學如理思惟書寫解說廣令流布攝
受如是現法勝利成熟有情嚴淨佛土從一
佛國趣一佛國親近承事諸佛世尊於勝善
根隨所欲樂以於諸佛恭敬供養尊重讚歎
即能生長令速成滿於諸佛所聽受正法乃
至無上正等菩提終不忘失所聞法要速能
攝受族姓圓滿生母圓滿生身圓滿眷屬圓
滿相好圓滿光明圓滿眼耳圓滿音聲圓滿

即能生長令速成滿於諸佛所聽受正法乃
至無上正等菩提終不忘失所聞法要速能
攝受族姓圓滿生母圓滿生身圓滿眷屬圓
滿相好圓滿光明圓滿眼耳圓滿音聲圓滿
陁羅尼圓滿三摩地圓滿復以方便善巧力
故變身如佛從一世界趣一世界至无佛國
讚說布施乃至般若波羅蜜多讚說內空乃
至无性自性空讚說真如乃至不思議界讚
說斷界乃至无為界讚說苦集滅道聖諦讚
說四念住乃至八聖道支讚說四靜慮四无量
四无色定讚說八解脫九次第定讚說空无相
无願解脫門讚說淨觀地乃至如來地讚
說極喜地乃至法雲地讚說五眼六神通
讚說如來十力乃至十八佛不共法讚說无
忘失法恒住捨性讚說一切陁羅尼門三摩
地門讚說一切智道相智一切相智讚說佛
寶法寶僧寶復以方便善巧力故為諸有情
宣說正法隨宜安置三乘法中令永解脫生
老病死證无餘依般涅槃界或復拔濟諸惡
趣苦令天人中受諸妙樂時天帝釋復白佛
言如是般若波羅蜜多甚為希有若能攝受
如是般若波羅蜜多則為具足攝受六種波
羅蜜多廣說乃至一切相智亦為具足攝受
預流一來不還阿羅漢果獨覺菩提一切菩
薩摩訶薩行諸佛无上正等菩提介時世尊
告天帝釋如是如是如汝所說能攝受如

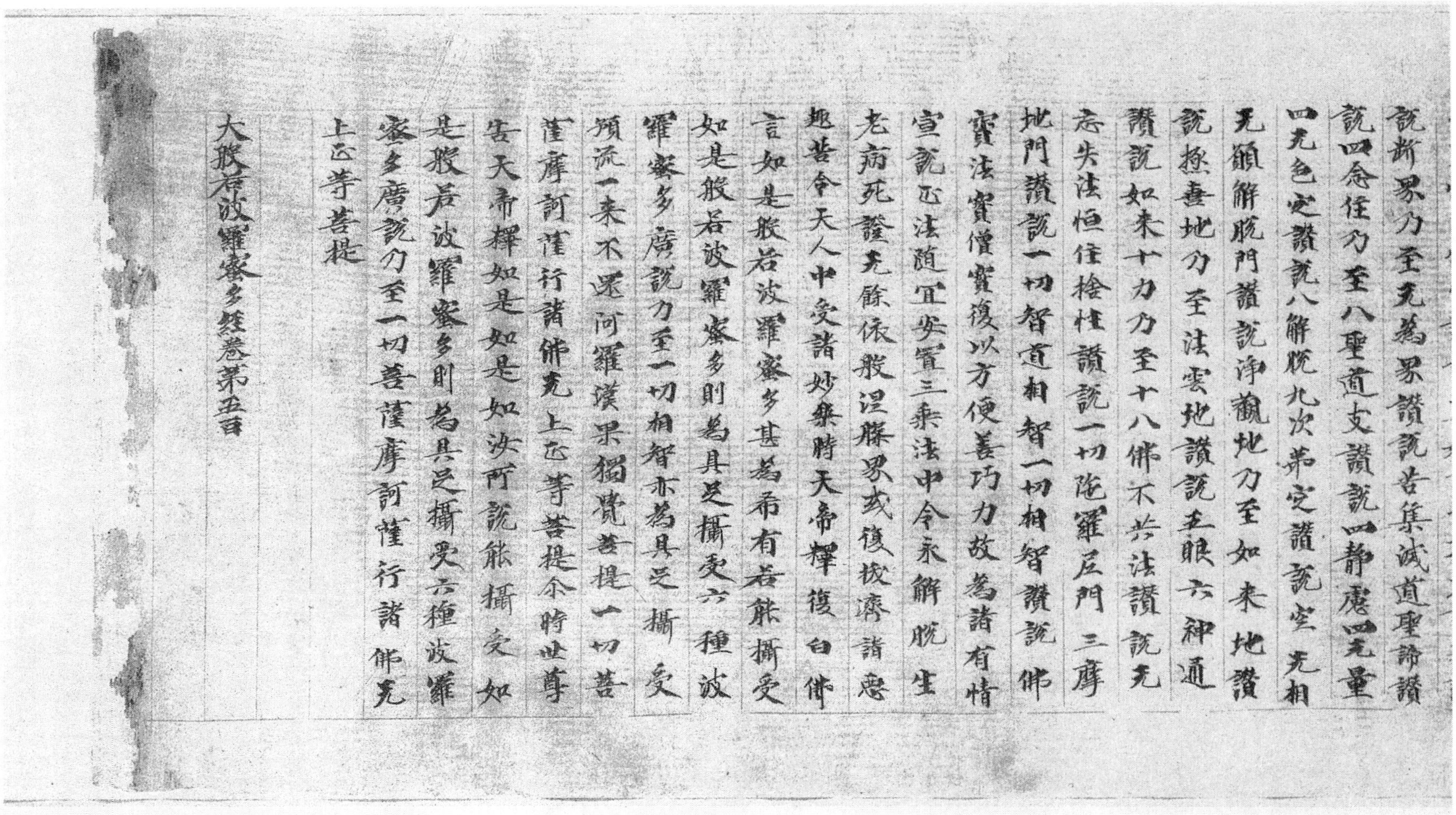

說斷界乃至无為界讚說苦集滅道聖諦讚
說四念住乃至八聖道支讚說四靜慮四无量
四无色定讚說八解脫九次第定讚說空无相
无願解脫門讚說淨觀地乃至如來地讚
說極喜地乃至法雲地讚說五眼六神通
讚說如來十力乃至十八佛不共法讚說无
忘失法恒住捨性讚說一切陁羅尼門三摩
地門讚說一切智道相智一切相智讚說佛
寶法寶僧寶複以方便善巧力故為諸有情
宣說正法隨冝安置三乘法中令永解脫生
老病死證无餘依般涅槃界或復拔濟諸惡
趣苦令天人中受諸妙樂時天帝釋復白佛
言如是般若波羅蜜多甚為希有若能攝受
如是般若波羅蜜多則為具足攝受六種波
羅蜜多廣說乃至一切相智亦為具足攝受
預流一來不還阿羅漢果獨覺菩提一切菩
薩摩訶薩行諸佛无上正等菩提尒時世尊
告天帝釋如是如是如汝所說能攝受如
是般若波羅蜜多則為具足攝受六種波羅
蜜多廣說乃至一切菩薩摩訶薩行諸佛无
上正等菩提

大般若波羅蜜多經卷第五百

BD13997號　大般若波羅蜜多經卷五〇〇　（23–22）

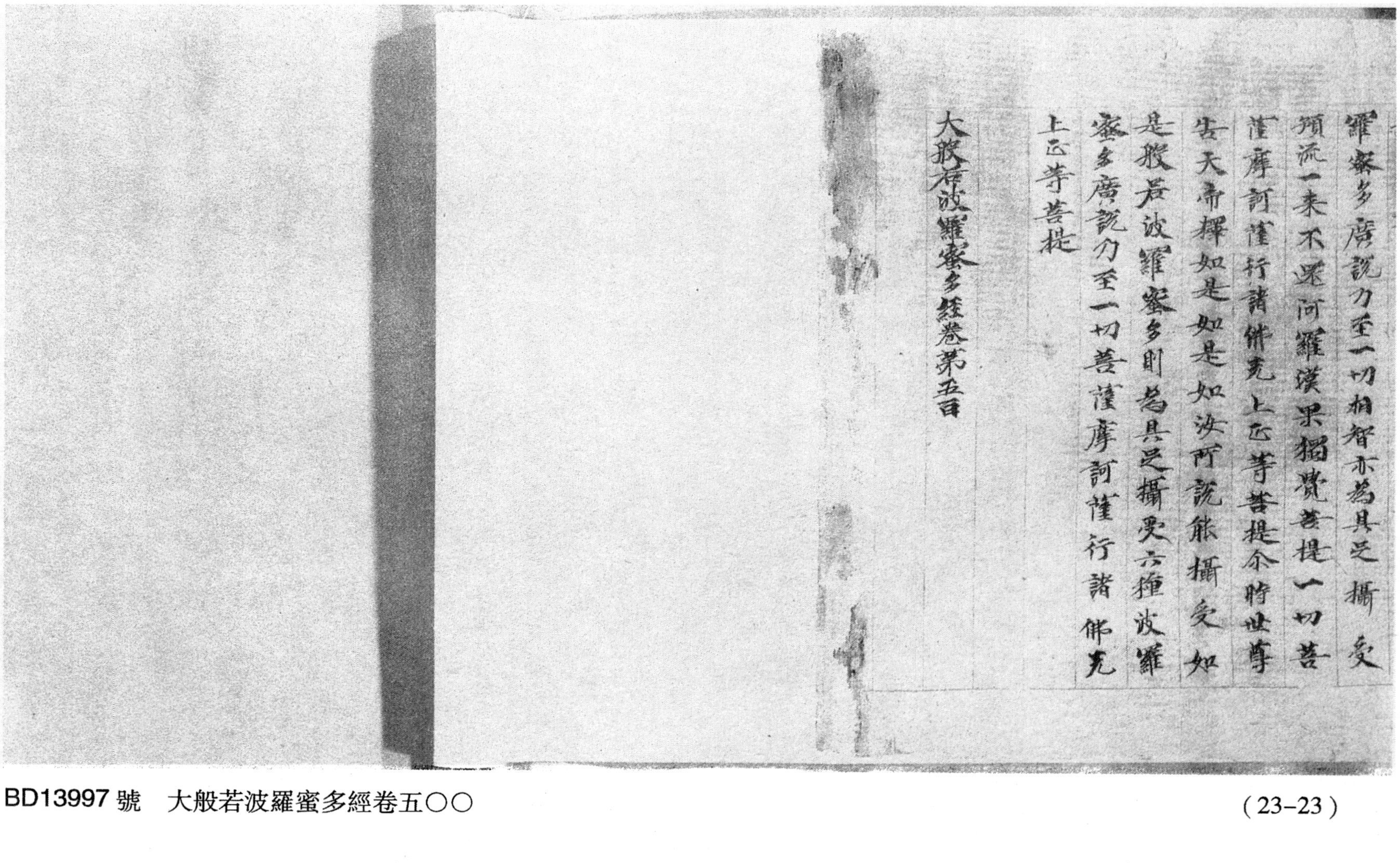

羅蜜多廣說乃至一切相智亦為具足攝受
預流一來不還阿羅漢果獨覺菩提一切菩
薩摩訶薩行諸佛无上正等菩提尒時世尊
告天帝釋如是如是如汝所說能攝受如
是般若波羅蜜多則為具足攝受六種波羅
蜜多廣說乃至一切菩薩摩訶薩行諸佛无
上正等菩提

大般若波羅蜜多經卷第五百

BD13997號　大般若波羅蜜多經卷五〇〇　（23–23）

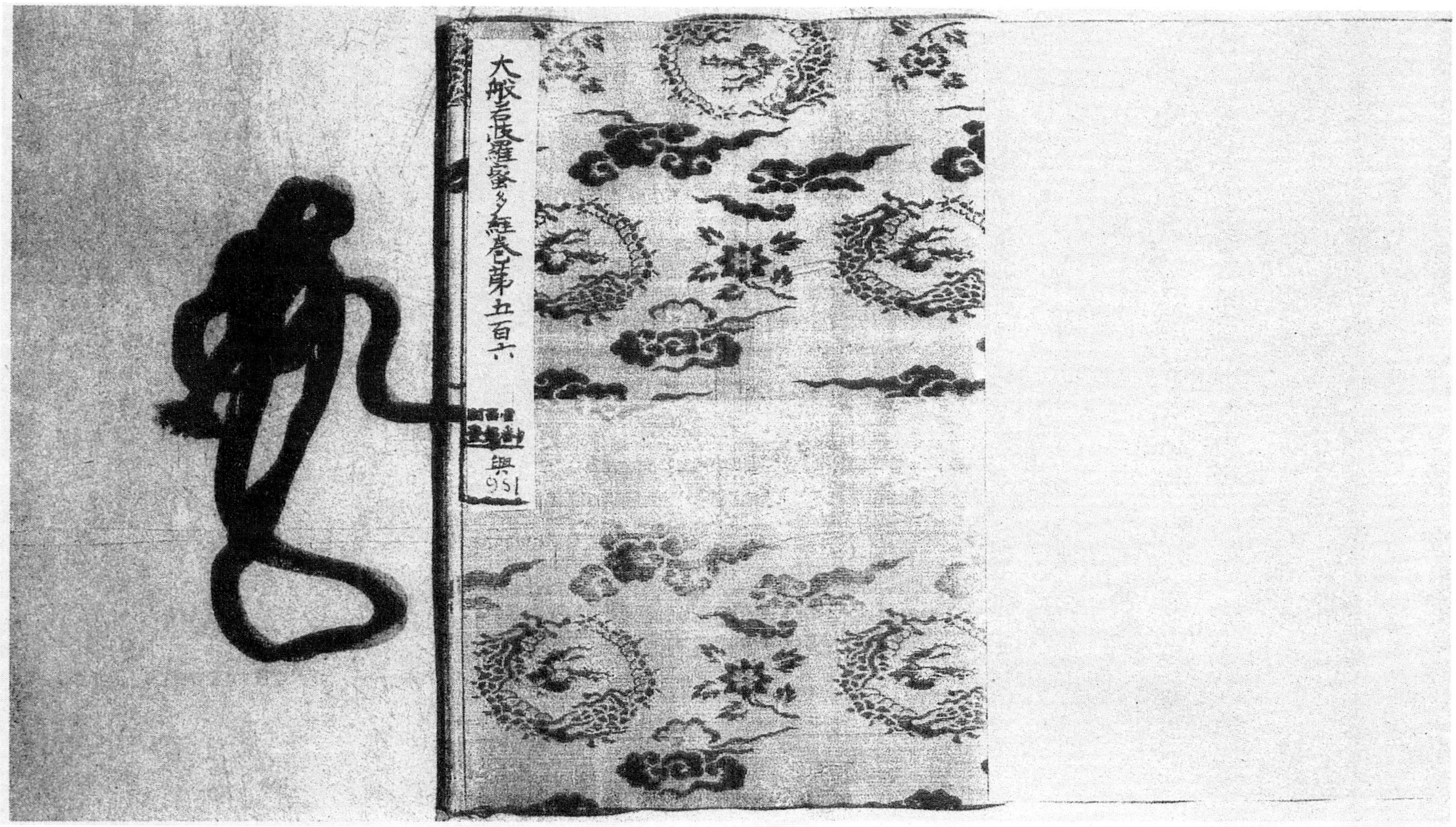

BD13998 號背　現代護首　　　　　　　　　　（1–1）

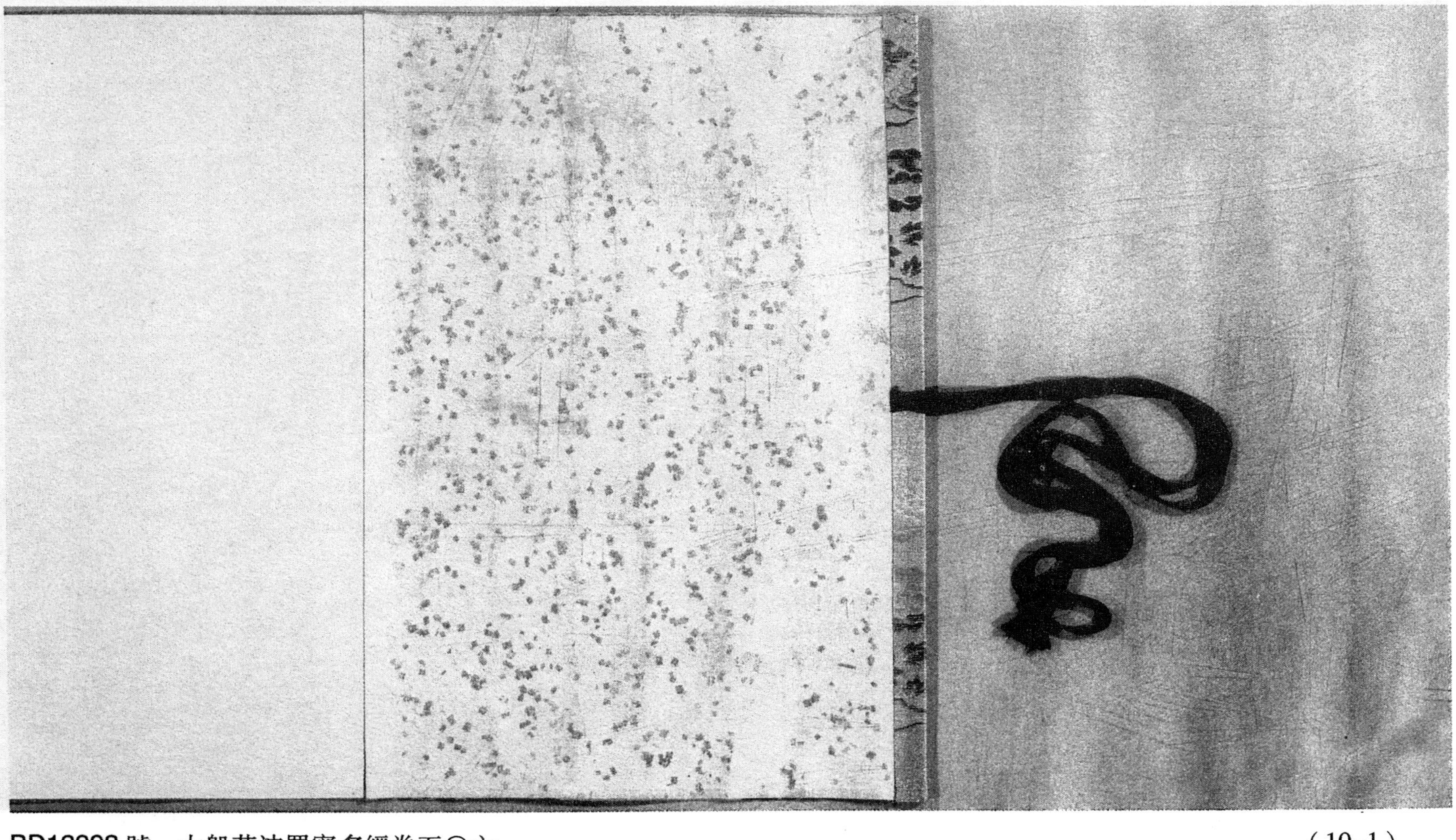

BD13998 號　大般若波羅蜜多經卷五〇六　　　　　　　　　　（10–1）

復次善現我乃至見者清淨即色清淨色清
淨即我乃至見者清淨何以故是我乃至見
者清淨與色清淨无二无二分无別无斷故
如是乃至我乃至見者清淨即一切相智清
淨一切相智清淨即我乃至見者清淨何以
故是我乃至見者清淨與一切相智清淨无
二无二分无別无斷故復次善現貪瞋癡清
淨即色清淨色清淨即貪瞋癡清淨何以故
是貪瞋癡清淨與色清淨无二无二分无別
无斷故如是乃至貪瞋癡清淨即一切相智
清淨一切相智清淨即貪瞋癡清淨何以故
是貪瞋癡清淨與一切相智清淨无二无二
分无別无斷故復次善現色清淨故受清淨

BD13998號　大般若波羅蜜多經卷五〇六　（10–2）

淨即色清淨色清淨即貪瞋癡清淨何以故
是貪瞋癡清淨與色清淨无二无二分无別
无斷故如是乃至貪瞋癡清淨即一切相智
清淨一切相智清淨即貪瞋癡清淨何以故
是貪瞋癡清淨與一切相智清淨无二无二
分无別无斷故復次善現色清淨故受清淨
受清淨故色清淨何以故是色清淨與受清
淨无二无二分无別无斷故如是色清淨故
想清淨想清淨故受清淨展轉乃至道相智
清淨故一切相智清淨一切相智清淨故道
相智清淨何以故是道相智清淨與一切相
智清淨无二无二分无別无斷故復次善現
般若波羅蜜多清淨故色清淨色清淨故一
切智智清淨何以故若般若波羅蜜多清淨
若色清淨若一切智智清淨无二无二分无
別无斷故如是乃至般若波羅蜜多清淨故
一切相智清淨一切相智清淨故一切智智
清淨何以故若般若波羅蜜多清淨若一切
相智清淨若一切智智清淨无二无二分无
別无斷故廣說乃至一切相智清淨故色清
淨色清淨故一切智智清淨何以故若一切
相智清淨若色清淨若一切智智清淨无二
无二分无別无斷故如是乃至一切相智清
淨故道相智清淨道相智清淨故一切智智
清淨何以故若一切相智清淨若道相智清
淨若一切智智清淨无二无二分无別无斷

BD13998號　大般若波羅蜜多經卷五〇六　（10–3）

相智清淨若色清淨若一切智智清淨无二
无二分无別无斷故如是乃至一切相智清
淨故道相智清淨道相智清淨故一切智智
清淨何以故若一切相智清淨若道相智清
淨若一切智智清淨无二无二分无別无斷
故復次善現一切智智清淨故色清淨色清
淨故般若波羅蜜多清淨何以故若一切智
智清淨若色清淨若般若波羅蜜多清淨无
二无二分无別无斷故如是乃至一切智智
清淨故一切相智清淨一切相智清淨故般
若波羅蜜多清淨何以故若一切智智清淨
若一切相智清淨若般若波羅蜜多清淨无
二无二分无別无斷故廣說乃至一切智智
清淨故色清淨色清淨故一切相智清淨何
以故若一切智智清淨若色清淨若一切相
智清淨无二无二分无別无斷故如是乃至
一切智智清淨故道相智清淨道相智清淨
故一切相智清淨何以故若一切智智清淨
若道相智清淨若一切相智清淨无二无二
分无別无斷故復次善現有為清淨故无為
清淨无為清淨故有為清淨何以故若有為
清淨若无為清淨无二无二分无別无斷故
復次善現過去清淨故未來現在清淨未來
清淨故過去現在清淨現在清淨故過去未
來清淨何以故若過去清淨若未來清淨若
現在清淨无二无二分无別无斷故

BD13998號　大般若波羅蜜多經卷五〇六　（10–4）

復次善現過去清淨故未來現在清淨未來
清淨故過去現在清淨現在清淨故過去未
來清淨何以故若過去清淨若未來清淨若
現在清淨无二无二分无別无斷故
弟三分歎淨品弟十一
尒時舍利子白佛言世尊如是清淨㝡為甚
深佛言如是畢竟淨故舍利子言何等法畢
竟淨故說是清淨㝡為甚深佛告舍利子色
畢竟淨故說是清淨㝡為甚深受想行識畢
竟淨故說是清淨㝡為甚深如是乃至一切
智畢竟淨故說是清淨㝡為甚深道相智一
切相智畢竟淨故說是清淨㝡為甚深時舍利
子復白佛言如是清淨甚為明了佛言如是
畢竟淨故舍利子言何等法畢竟淨故說是
清淨甚為明了佛告舍利子般若波羅蜜多
畢竟淨故說是清淨甚為明了乃至布施波
羅蜜多畢竟淨故說是清淨甚為明了如是
乃至一切智畢竟淨故說是清淨甚為明了
道相智一切相智畢竟淨故說是清淨甚為
明了時舍利子復白佛言如是清淨不轉不
續佛言如是畢竟淨故舍利子言何等法畢
竟淨故說是清淨不轉不續佛告舍利子色
不轉不續畢竟淨故說是清淨不轉不續如
是乃至一切相智不轉不續畢竟淨故說是
清淨不轉不續時舍利子復白白佛言如是清
淨本无雜染佛言如是畢竟淨故舍利子言

BD13998號　大般若波羅蜜多經卷五〇六　（10–5）

竟淨故說是清淨不轉不續佛告舍利子色
不轉不續畢竟淨故說是清淨不轉不續如
是乃至一切相智不轉不續畢竟淨故說是
清淨不轉不續時舍利子復白佛言如是清
淨本无雜染佛言如是畢竟淨故舍利子言
何等法畢竟淨故說是清淨本无雜染佛告
舍利子色畢竟淨故說是清淨本无雜染如
是乃至一切相智畢竟淨故說是清淨本无
雜染時舍利子復白佛言如是清淨本性光
潔佛言如是畢竟淨故舍利子言何等法畢
竟淨故說是清淨本性光潔佛告舍利子色
畢竟淨故說是清淨本性光潔如是乃至一
切相智畢竟淨故說是清淨本性光潔時舍
利子復白佛言如是清淨无得无現觀佛言
如是畢竟淨故舍利子言何等法畢竟淨故
說是清淨无得无現觀佛告舍利子色本性
空畢竟淨故說是清淨无得无現觀如是乃
至一切相智本性空畢竟淨故說是清淨无
得无現觀時舍利子復白佛言如是清淨无
生无出現佛言如是畢竟淨故舍利子言何
等法畢竟淨故說是清淨无生无出現佛告
舍利子色无生无顯畢竟淨故說是清淨无
生无出現如是乃至一切相智无生无顯畢
竟淨故說是清淨无生无出現時舍利子復
白佛言如是清淨不生欲界不生色界不生
无色界佛言如是畢竟淨故舍利子言云何
如是清淨不生欲界不生色界不生无色界

BD13998號　大般若波羅蜜多經卷五〇六　（10–6）

生无出現如是乃至一切相智无生无顯畢
竟淨故說是清淨无生无出現時舍利子復
白佛言如是清淨不生欲界不生色界不生
无色界佛言如是畢竟淨故舍利子言云何
如是清淨不生欲界不生色界不生无色界
佛告舍利子三界自性不可得故說是清淨
不生欲界不生色界不生无色界時舍利子
復白佛言如是清淨本性无知佛言如是畢
竟淨故舍利子言云何如是清淨本性无知
佛告舍利子以一切法本性鈍故如是清淨
本性无知舍利子言何等法本性无知故說
是清淨本性无知佛告舍利子色本性无知
自相空故說是清淨本性无知如是乃至一
切相智本性无知自相空故說是清淨本性
无知時舍利子復白佛言以一切法本性淨
故說是清淨佛言如是以一切法畢竟淨故
舍利子言云何一切法本性淨故說是清淨
佛告舍利子以一切法不可得故本性清淨
說是清淨時舍利子復白佛言如是般若波
羅蜜多於一切智智无益无損佛言如是畢
竟淨故舍利子言云何般若波羅蜜多於一
切智智无益无損佛告舍利子法界常住故
如是般若波羅蜜多於一切智智无益无損
時舍利子復白佛言如是般若波羅蜜多本
性清淨於一切法无所攝受佛言如是以一
切法畢竟淨故舍利子言云何般若波羅蜜

BD13998號　大般若波羅蜜多經卷五〇六　（10–7）

切智智无益无損佛告舍利子法界常住故
如是般若波羅蜜多於一切智智无益无損
時舍利子復白佛言如是般若波羅蜜多本
性清淨於一切法无所攝受佛言如是以一
切法畢竟淨故舍利子言云何般若波羅蜜
多本性清淨於一切法无所攝受佛告舍利
子法界湛然无動搖故如是般若波羅蜜多
本性清淨於一切法无所攝受
具壽善現亦白佛言我清淨故色受想行識
乃至无忘失法恒住捨性清淨佛言如是畢
竟淨故世尊何緣而說我清淨故色受想行
識乃至无忘失法恒住捨性清淨是畢竟淨
善現我无所有故受想行識乃至无忘失法
恒住捨性亦无所有是畢竟淨具壽善現復
白佛言我清淨故預流一來不還阿羅漢果
獨覺菩提一切菩薩摩訶薩行諸佛无上正
等菩提清淨佛言如是畢竟淨故世尊何緣
而說我清淨故預流果乃至諸佛无上正等
菩提清淨是畢竟淨善現我自相空故預流
果乃至諸佛无上正等菩提亦自相空是畢
竟淨具壽善現復白佛言我清淨故一切智
道相智一切相智清淨佛言如是畢竟淨故
世尊何緣而說我清淨故一切智道相智一
切相智清淨是畢竟淨善現我无相无得无
念无知故一切智道相智一切相智亦无相
无得无念无知是畢竟淨具壽善現復白佛
言二清淨故无得无現觀佛言如是畢竟淨

BD13998 號　大般若波羅蜜多經卷五〇六　（10–8）

切相智清淨是畢竟淨善現我无相无得无
念无知故一切智道相智一切相智亦无相
无得无念无知是畢竟淨具壽善現復白佛
言二清淨故无得无現觀佛言如是畢竟淨
故世尊何緣而說二清淨故无得无現觀是
畢竟淨善現顛倒所起染淨无故无得无現
觀是畢竟淨具壽善現復白佛言我无邊故
色受想行識乃至一切智道相智一切相智
亦无邊佛言如是畢竟淨故世尊何緣而說
我无邊故色受想行識乃至一切智道相智
一切相智亦无邊是畢竟淨善現以畢竟空
无際空故是畢竟淨具壽善現復白佛言若
菩薩摩訶薩能如是覺是為般若波羅蜜多
佛言如是畢竟淨故世尊何緣而說若菩薩
摩訶薩能如是覺是為般若波羅蜜多即畢
竟淨善現由此能成道相智故具壽善現復
白佛言若菩薩摩訶薩行深般若波羅蜜多
時不得彼岸不得此岸不得中流是為菩薩
摩訶薩甚深般若波羅蜜多佛言如是畢竟
淨故世尊何緣而說若菩薩摩訶薩行深般
若波羅蜜多時不得彼岸不得此岸不得中
流是為菩薩摩訶薩甚深般若波羅蜜多
即畢竟淨善現以三世法性平等故

大般若波羅蜜多經卷第五百六

BD13998 號　大般若波羅蜜多經卷五〇六　（10–9）

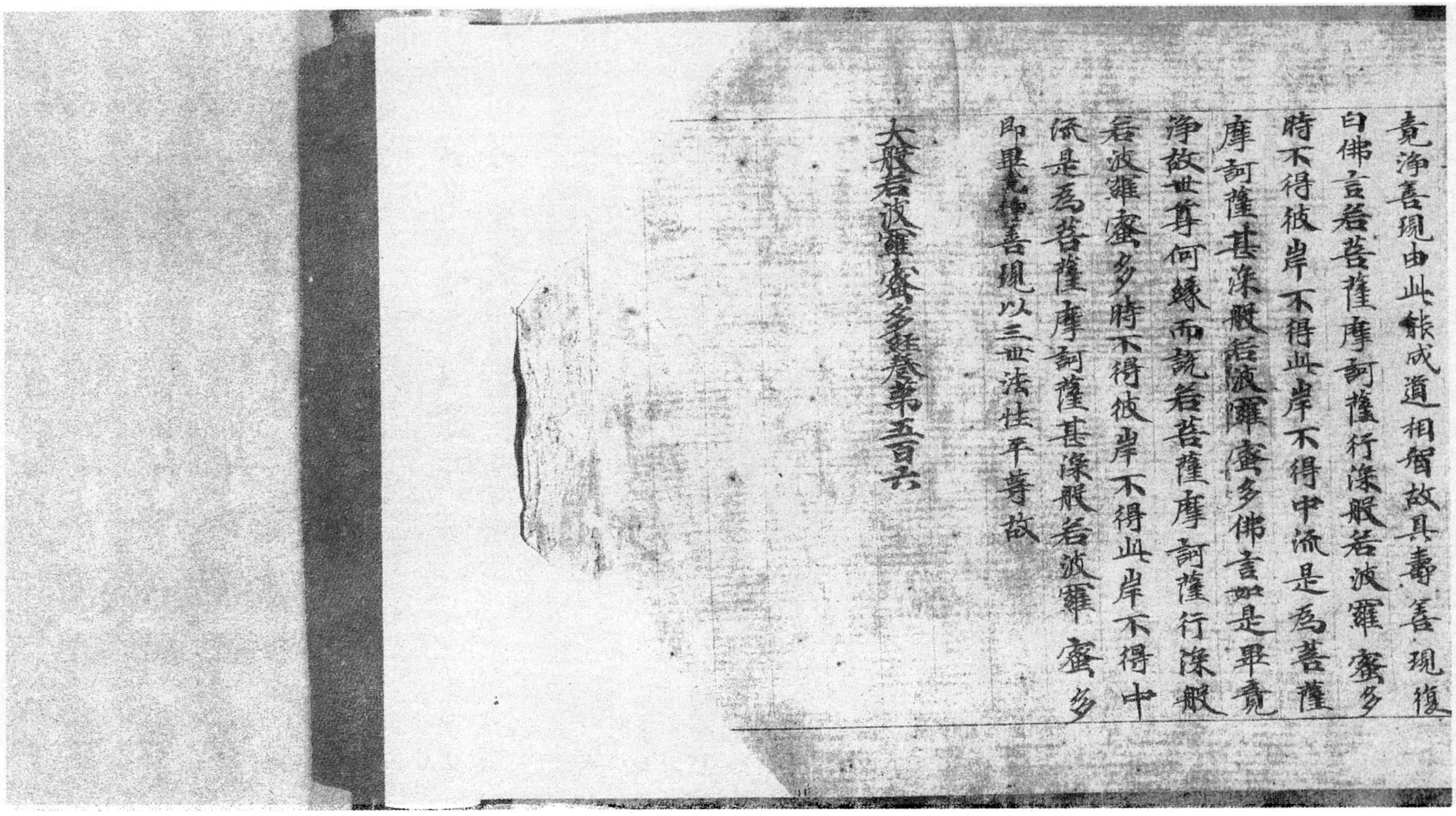
竟淨善現由此能成道相智故具壽善現復
白佛言若菩薩摩訶薩行深般若波羅蜜多
時不得彼岸不得此岸不得中流是爲菩薩
摩訶薩甚深般若波羅蜜多佛言如是畢竟
淨故世尊何緣而說若菩薩摩訶薩行深般
若波羅蜜多時不得彼岸不得此岸不得中
流是爲菩薩摩訶薩甚深般若波羅蜜多
即畢竟淨善現以三世法性平等故
大般若波羅蜜多經卷第五百六

BD13998 號　大般若波羅蜜多經卷五〇六　（10–10）

BD13999 號背　現代護首　（1–1）

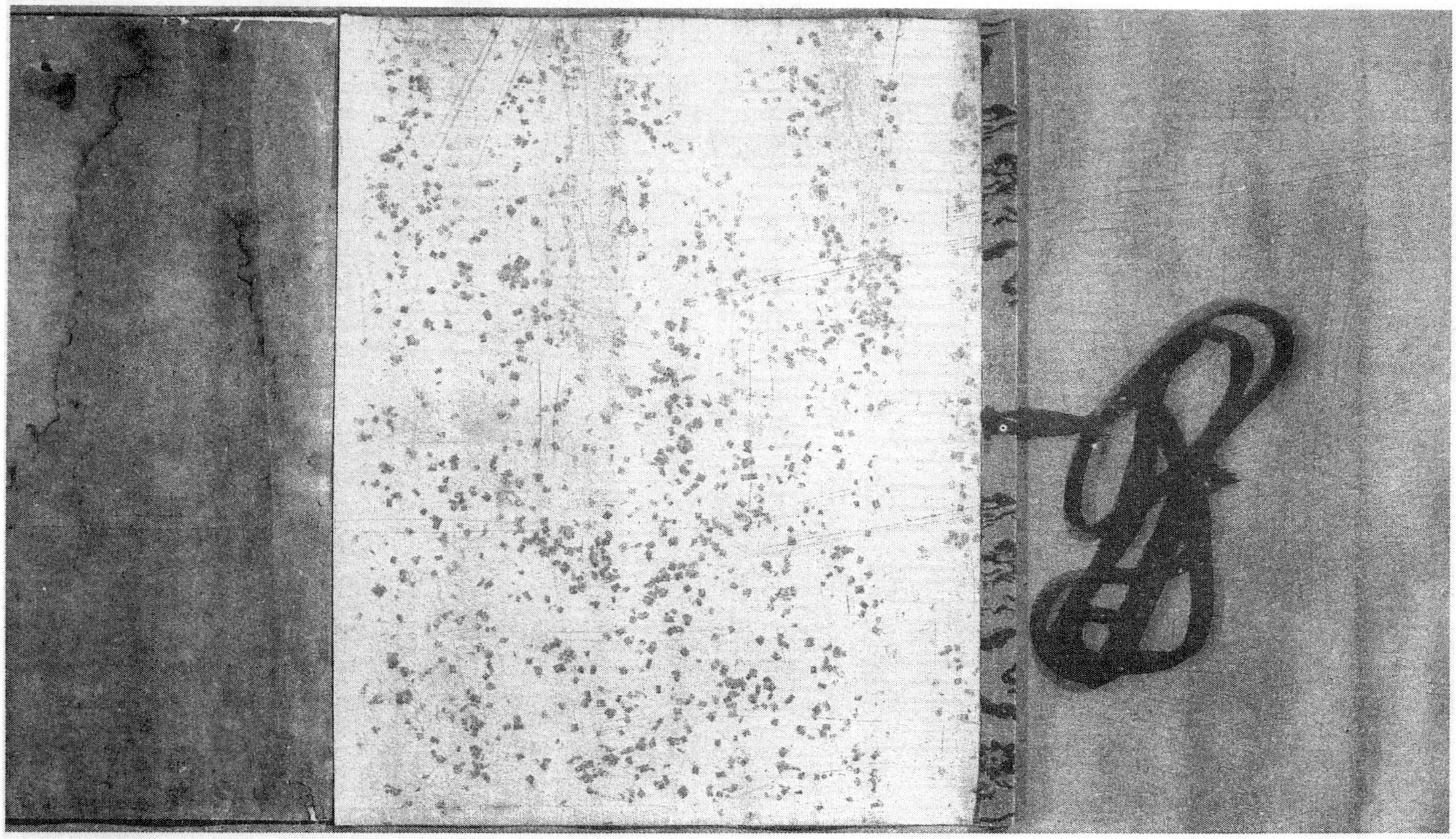

BD13999 號　大般若波羅蜜多經卷五〇七　（26–1）

大般若波羅蜜多經卷第五百七

第三分歎淨品第十二之二　三藏法師玄奘奉　詔譯

尒時具壽善現復白佛言世尊安住大乘諸
善男子善女人等若無方便善巧於深般若
波羅蜜多起般若波羅蜜多想是善男子善
女人等以有所得為方便故棄捨遠離甚深
般若波羅蜜多佛告善現善哉善哉如是如
是如汝所說彼善男子善女人等著名著相
是故於此甚深般若波羅蜜多棄捨遠離具
壽善現復白佛言世尊云何彼善男子善女
人等著名著相佛告善現彼善男子善女人
等於深般若波羅蜜多取名取相取名相已
耽著般若波羅蜜多而生憍慢不能證得實
相般若是故彼類於深般若波羅蜜多棄捨

BD13999 號　大般若波羅蜜多經卷五〇七　（26–2）

壽善現復白佛言世尊云何彼善男子善女
人等著名著相佛告善現彼善男子善女人
等於深般若波羅蜜多取名取相取名相已
耽著般若波羅蜜多而生憍慢不能證得實
相般若是故彼類於深般若波羅蜜多棄捨
遠離復次善現安住大乘諸善男子善女人
等若有方便善巧於深般若波羅蜜多不起
般若波羅蜜多想以無所得為方便故於深
般若波羅蜜多不取名相不起耽著不生憍
慢便能證得實相般若當知此類於深般若
波羅蜜多能不棄捨亦不遠離具壽善現即
白佛言甚奇世尊善為菩薩摩訶薩衆於深
般若波羅蜜多開示分別著不著相時舍利
子問善現言云何菩薩摩訶薩於深般若波
羅蜜多所起執著不執著相善現答言安住
大乘諸善男子善女人等若無方便善巧行
深般若波羅蜜多時於色謂空起空想著於
受想行識謂空起空想著如是乃至於一切
智謂空起空想著於道相智一切相智謂空
起空想著復次舍利子安住大乘諸善男子
善女人等若無方便善巧行深般若波羅蜜
多時於色謂色起色想著廣說乃至於一切
相智謂一切相智起一切相智想著於過去
法謂過去法起過去法想著於未來法謂未
來法起未來法想著於現在法謂現在法起
現在法想著復次舍利子若菩薩摩訶薩以
有所得而為方便從初發心於布施波羅蜜

BD13999 號　大般若波羅蜜多經卷五〇七　（26–3）

相智謂一切相智起一切相智想著於過去
法謂過去法起過去法想著於未來法謂未
來法起未來法想著於現在法謂現在法起
現在法想著復次舍利子若菩薩摩訶薩以
有所得而為方便從初發心於布施波羅蜜
多乃至一切相智起行想著舍利子諸菩薩
摩訶薩行深般若波羅蜜多時若無方便善
巧以有所得而為方便起如是等種種想著
名為著相復次舍利子先所問言云何菩薩
摩訶薩於深般若波羅蜜多不著相者若菩
薩摩訶薩行深般若波羅蜜多時有方便善
巧故於色不起空不空想於受想行識不起
空不空想廣說乃至於一切智不起空不空
想於道相智一切相智不起空不空想於過
去法不起空不空想於未來現在法不起空
不空想復次舍利子若菩薩摩訶薩行深般
若波羅蜜多時有方便善巧故不作是念我
能行施此所行施如是行施我能持戒此所
持戒如是持戒我能修忍此所修忍如是修
忍我能精進此是精進如是精進我能修定
此所修定如是修定我能修慧此所修慧如
是修慧我能植福此所植福如是植福我能
入菩薩正性離生我能嚴淨佛土我能成熟
有情我能證得一切智智舍利子是菩薩摩
訶薩行深般若波羅蜜多時有方便善巧故
無如是等一切分別由通達內空乃至無性

BD13999 號　大般若波羅蜜多經卷五〇七　（26–4）

入菩薩正性離生我能嚴淨佛土我能成熟
有情我能證得一切智智舍利子是菩薩摩
訶薩行深般若波羅蜜多時有方便善巧故
無如是等一切分別由通達內空乃至無性
自性空故舍利子是名菩薩摩訶薩於深般
若波羅蜜多不執著相
時天帝釋問善現善安住大乘諸善男子善
女人等行深般若波羅蜜多時云何知彼所
起著相善現答言安住大乘諸善男子善女
人等行深般若波羅蜜多時若無方便善巧
有所得為方便起自心想起布施想廣說乃
至起一切智智想起諸佛想起於佛所種善
根想起以如是所種善根合集稱量與諸有
情平等共有迴向無上正等覺想憍尸迦由
此應知安住大乘諸善男子善女人等行深
般若波羅蜜多時所起著相憍尸迦是善男
子善女人等由著相故不能脩行無著般若
波羅蜜多迴向無上正等菩提何以故憍尸
迦非色本性可能迴向廣說乃至非一切相
智本性可能迴向故復次憍尸迦若菩薩摩
訶薩欲於無上正等菩提示現勸導讚勵慶
喜他有情者應觀諸法平等實性隨此作意
示現勸導讚勵慶喜他諸有情謂作是言善
男子等行布施時不應分別我能行施廣說
乃至行一切相智時不應分別我能行一切
相智脩佛無上正等菩提時不應分別我能
[illegible]

BD13999 號　大般若波羅蜜多經卷五〇七　（26–5）

喜他有情者應觀諸法平等實性隨此作意
示現勸導讚勵慶喜他諸有情謂作是言善
男子等行布施時不應分別我能行施廣說
乃至行一切相智時不應分別我能行一切
相智脩佛無上正等菩提時不應分別我能
脩諸佛無上正等菩提憍尸迦諸菩薩摩訶
薩欲於無上正等菩提示現勸導讚勵慶喜
他有情者應作如是示現勸導讚勵慶喜他
諸有情若能如是於自無損亦不損他如諸
如來所應許可示現勸導讚勵慶喜諸有情
故憍尸迦安住大乘善男子等若能如是示
現勸導讚勵慶喜趣菩薩乘諸有情者便能
遠離一切執著爾時世尊讚善現曰善哉善
哉汝今善能為諸菩薩說執著相復有此餘
微細執著當為汝說汝應諦聽極善思惟善
現白言唯然願說我等樂聞佛告善現安住
大乘善男子等欲趣無上正等菩提若於如
來應正等覺取相憶念皆是執著若於三世
諸佛世尊從初發心乃至法住所有善根取
相憶念隨喜迴向無上菩提皆是執著若於
如來諸弟子等所脩善法取相憶念隨喜迴
向無上菩提皆是執著所以者何於諸如來
及弟子等功德善根不應取相憶念分別諸
取相者皆虛妄故爾時善現便白佛言如是
般若波羅蜜多最為甚深佛言如是以一切
法本性離故善現復言如是般若波羅蜜多
[illegible]

BD13999 號　大般若波羅蜜多經卷五〇七　（26–6）

取相者皆虛妄故尒時善現便白佛言如是
般若波羅蜜多最為甚深佛言如是以一切
法本性離故善現復言如是般若波羅蜜多
皆應礼敬佛言如是功德多故然此般若波
羅蜜多無造無作無能證者善現復言一切
法性不可證覺佛言如是以一切法一性非
二善現當知諸法一性即是無性諸法無性
即是一性如是諸法一性無性是本實性此
本實性無造無作若菩薩摩訶薩能如實知
一性無性無造無作即能遠離一切執著善
現復言如是般若波羅蜜多難可覺了佛言
如是以深般若波羅蜜多無能見聞覺知者
故善現復言如是般若波羅蜜多不可思議
佛言如是以深般若波羅蜜多不可以心取
離心相故不可以色取離色相故廣說乃至
不可以一切相智取離一切相智相故不可
以一切法取離一切法相故善現復言如是
般若波羅蜜多無所造作佛言如是以諸作
者不可得故善現當知色不可得故作者不
可得受想行識不可得故作者不可得廣說
乃至一切相智不可得故作者不可得一切
法不可得故作者不可得由諸作者及色等
法不可得故甚深般若波羅蜜多無造無作
尒時善現復白佛言云何菩薩摩訶薩應行
般若波羅蜜多佛告善現若菩薩摩訶薩不
行於色是行般若波羅蜜多不行受想行識

法不可得故作者不可得由諸作者及色等
法不可得故甚深般若波羅蜜多無造無作
尒時善現復白佛言云何菩薩摩訶薩應行
般若波羅蜜多佛告善現若菩薩摩訶薩不
行於色是行般若波羅蜜多不行受想行識
是行般若波羅蜜多廣說乃至不行一切智
是行般若波羅蜜多不行道相智一切相智
是行般若波羅蜜多復次善現若菩薩摩訶
薩不行色若常若無常若樂若苦若我若無
我若淨若不淨若遠離若不遠離若寂靜若
不寂靜是行般若波羅蜜多廣說乃至不行
一切相智若常若無常若樂若苦若我若無
我若淨若不淨若遠離若不遠離若寂靜若
不寂靜是行般若波羅蜜多何以故以色乃
至一切相智尚無所有況有常無常乃至寂
靜不寂靜復次善現若菩薩摩訶薩不行色
圓滿是行般若波羅蜜多不行色不圓滿是
行般若波羅蜜多廣說乃至不行一切相智
圓滿是行般若波羅蜜多不行一切相智不
圓滿是行般若波羅蜜多何以故若色圓滿
及不圓滿俱不名色亦不如是行是行般若
波羅蜜多廣說乃至若一切相智圓滿及不
圓滿俱不名一切相智亦不如是行是行般
若波羅蜜多具壽善現便白佛言甚奇如来
應正等覺善為菩薩宣說種種著不著相佛
告善現如是如是一切如来應正等覺善為

波羅蜜多廣說乃至若一切相智圓滿及不
圓滿俱不名一切相智亦不如是行是行般
若波羅蜜多具壽善現便白佛言甚奇如來
應正等覺善為菩薩宣說種種著不著相佛
告善現如是如是一切如來應正等覺善為
菩薩宣說種種著不著相令學般若波羅蜜
多速至究竟復次善現諸菩薩摩訶薩行深
般若波羅蜜多時若不行色著不著相是行
般若波羅蜜多不行受想行識著不著相是
行般若波羅蜜多廣說乃至若不行一切菩
薩摩訶薩行著不著相是行般若波羅蜜多
不行諸佛無上正等菩提著不著相是行般
若波羅蜜多尒時善現即白佛言甚奇世尊
甚深法性極為希有若說不說俱無增減佛
告善現如是如是甚深法性極為希有若說
不說俱無增減辟如虛空假使諸佛盡其壽
量或讚或毀而彼虛空無增無減甚深法性
亦復如是若說不說俱無增減又如幻士於
讚毀時無喜無憂不增不減甚深法性亦復
如是若說不說如本無異具壽善現復白佛
言諸菩薩摩訶薩行深般若波羅蜜多甚為
難事謂深般若波羅蜜多若脩不脩無增無
減無憂無喜無向無背而勤脩學甚深般若
波羅蜜多乃至無上正等菩提常無退轉所
以者何諸菩薩摩訶薩脩行般若波羅蜜多
如脩虛空都無所有如虛空中無色可了亦

BD13999 號　大般若波羅蜜多經卷五〇七　　（26–9）

難事謂深般若波羅蜜多若脩不脩無增無
減無憂無喜無向無背而勤脩學甚深般若
波羅蜜多乃至無上正等菩提常無退轉所
以者何諸菩薩摩訶薩脩行般若波羅蜜多
如脩虛空都無所有如虛空中無色可了亦
無受想行識可了廣說乃至無一切菩薩摩
訶薩行可了亦無諸佛無上正等菩提可了
所脩般若波羅蜜多亦復如是謂此般若波
羅蜜多甚深法中無色可得廣說乃至無諸
佛無上正等菩提可得此中雖無諸法可得
而諸菩薩能勤精進脩學般若波羅蜜多乃
至無上正等菩提常無退轉是故我說諸菩
薩摩訶薩行深般若波羅蜜多甚為難事
尒時具壽善現復白佛言世尊諸菩薩摩訶
薩能被如是大功德鎧我等有情皆應敬礼
世尊若菩薩摩訶薩為諸有情成熟解脫被
功德鎧勤精進者如為虛空成熟解脫被功
德鎧發勤精進若菩薩摩訶薩為一切法被
功德鎧勤精進者如為虛空被功德鎧發 勤
精進若菩薩摩訶薩為救有情出生死苦被
功德鎧勤精進者如為舉虛空置高勝處被功
德鎧發勤精進世尊諸菩薩摩訶薩得大精
進波羅蜜多為如虛空諸有情類獲大利樂
發趣無上正等菩提世尊諸菩薩摩訶薩得
不思議無等神力為如虛空諸法性海被功
德鎧發趣無上正等菩提世尊諸菩薩摩訶
薩最極勇健為如虛空諸佛無上正等菩 提

BD13999 號　大般若波羅蜜多經卷五〇七　　（26–10）

進波羅蜜多爲如虛空諸有情類獲大利樂
發趣無上正等菩提世尊諸菩薩摩訶薩得
不思議無等神力爲如虛空諸法性海被功
德鎧發趣無上正等菩提世尊諸菩薩摩訶
薩最極勇健爲如虛空諸佛無上正等菩提
被功德鎧發勤精進世尊諸菩薩摩訶薩爲
如虛空諸有情類勤脩苦行欲證無上正等
菩提甚爲希有所以者何假使三千大千世
界滿中如來應正等覺如竹麻葦甘蔗等林
住世一劫或一劫餘爲諸有情常說正法各
度無量無數有情令入涅槃究竟安樂而有
情界不增不減所以者何以諸有情皆無所
有性遠離故世尊假使十方一切世界滿中
如來應正等覺如竹麻葦甘蔗等林住世一
劫或一劫餘爲諸有情常說正法各度無量
無數有情令入涅槃究竟安樂而有情界不
增不減所以者何以諸有情皆無所有性遠
離故世尊由此因緣我作是說諸菩薩摩訶
薩爲如虛空諸有情類勤脩苦行欲證無上
正等菩提甚爲希有尒時衆中有一苾芻竊
作是念我應敬礼甚深般若波羅蜜多此中
雖無諸法生滅而有戒蘊定蘊慧蘊解脫蘊
解脫智見蘊施設可得亦有預流一來不還
阿羅漢果獨覺菩提一切菩薩摩訶薩行諸
佛無上正等菩提施設可得亦有佛寶法寶
僧寶轉妙法輪度有情衆施設可得佛知其
念便告彼言如是如是如汝所念甚深般若

BD13999 號　大般若波羅蜜多經卷五〇七　（26–11）

雖無諸法生滅而有戒蘊定蘊慧蘊解脫蘊
解脫智見蘊施設可得亦有預流一來不還
阿羅漢果獨覺菩提一切菩薩摩訶薩行諸
佛無上正等菩提施設可得亦有佛寶法寶
僧寶轉妙法輪度有情衆施設可得佛知其
念便告彼言如是如是如汝所念甚深般若
波羅蜜多微妙難測其中雖無諸法可得而
亦非無時天帝釋問善現言若菩薩摩訶薩
欲學般若波羅蜜多當如何學善現答言當
如虛空精勤脩學時天帝釋便白佛言若善
男子善女人等於深般若波羅蜜多至心聽
聞受持讀誦精勤脩學如理思惟書寫解說
廣令流布我當云何爲作守護具壽善現告
帝釋言汝見有法可守護不天帝釋言不也
大德我不見法是可守護善現告言若善男
子善女人等如佛所說住深般若波羅蜜多
即爲守護若善男子善女人等住深般若波
羅蜜多常不遠離當知一切人非人等伺求
其便欲爲損害終不能得憍尸迦若欲守護
住深般若波羅蜜多諸菩薩者不異有人發
勤精進守護虛空若欲守護行深般若波羅
蜜多諸菩薩者唐設劬勞都無所益憍尸迦
於意云何有能守護幻夢響像光影陽焰及
尋香城變化事不天帝釋言不也大德善現
言憍尸迦若欲守護行深般若波羅蜜多諸
菩薩者亦復如是唐設劬勞都無所益憍尸
迦於意云何有能守護如來及佛所化事不

BD13999 號　大般若波羅蜜多經卷五〇七　（26–12）

於意云何有能守護幻夢響像光景陽焰及
尋香城變化事不天帝釋言不也大德善現
言憍尸迦若欲守護行深般若波羅蜜多諸
菩薩者亦復如是唐設劬勞都無所益憍尸
迦於意云何有能守護如來及佛所化事不
天帝釋言不也大德善現言憍尸迦若欲守
護行深般若波羅蜜多諸菩薩者亦復如是
唐設劬勞都無所益憍尸迦於意云何有能
守護真如法界廣說乃至虛空界不思議界
不天帝釋言不也大德善現言憍尸迦若欲
守護行深般若波羅蜜多諸菩薩者亦復如
是唐設劬勞都無所益時天帝釋問善現言
云何菩薩摩訶薩行深般若波羅蜜多時雖
達諸法如幻如夢如響如像如光影如陽焰
如尋香城如變化事而是菩薩摩訶薩不執
是幻廣說乃至是變化事不執由幻廣說乃
至由變化事不執屬幻廣說乃至屬變化事
不執依幻廣說乃至依變化事善現荅言若
菩薩摩訶薩行深般若波羅蜜多時不執是
色廣說乃至一切相智不執由色廣說乃至
一切相智不執屬色廣說乃至一切相智不
執依色廣說乃至一切相智是菩薩摩訶薩
行深般若波羅蜜多時雖達諸法如幻乃至
如變化事而能不執是幻乃至是變化事亦
復不執由幻乃至由變化事亦復不執屬幻
乃至屬變化事亦復不執依幻乃至依變化
事乃至不執是相由相屬相依相
尒時世尊威神力故令此三千大千世界一

BD13999號　大般若波羅蜜多經卷五〇七　（26–13）

如變化事而能不執是幻乃至是變化事亦
復不執由幻乃至由變化事亦復不執屬幻
乃至屬變化事亦復不執依幻乃至依變化
事乃至不執是相由相屬相依相
尒時世尊威神力故令此三千大千世界一
切四大王衆天乃至色究竟天皆持天上栴
檀香末遙散世尊來詣佛所頂礼雙足却住
一面時諸天等佛神力故於十方面各見千
佛宣說般若波羅蜜多義品名字皆同於此
請說般若波羅蜜多苾芻衆首皆名善現問
難般若波羅蜜多諸天衆首皆名帝釋尒時
世尊告善現曰慈氏菩薩當證無上正等覺
時亦於此處宣說般若波羅蜜多此賢劫中
當來諸佛亦於此處宣說般若波羅蜜多具
壽善現即白佛言慈氏菩薩當證無上正等
覺時當以何法諸行相狀宣說般若波羅蜜
多佛告善現慈氏菩薩當證無上正等覺時
當以色受想行識非常非無常非樂非苦非
我非無我非淨非不淨非遠離非不遠離非
寂靜非不寂靜非縛非脫非有非空非過去
非未來非現在宣說般若波羅蜜多廣說乃
至當以一切智道相智一切相智非常非無
常非樂非苦非我非無我非淨非不淨非遠
離非不遠離非寂靜非不寂靜非縛非脫非
有非空非過去非未來非現在宣說般若波
羅蜜多具壽善現復白佛言慈氏菩薩當得
無上正等覺時證何等法說何等法佛告善

BD13999號　大般若波羅蜜多經卷五〇七　（26–14）

常非樂非苦非我非無我非淨非不淨非遠
離非不遠離非寂靜非不寂靜非縛非脫非
有非空非過去非未來非現在宣說般若波
羅蜜多具壽善現復白佛言慈氏菩薩當得
無上正等覺時證何等法說何等法佛告善
現慈氏菩薩當得無上正等覺時證色畢竟
淨說色畢竟淨廣說乃至證一切相智畢竟
淨說一切相智畢竟淨具壽善現復白佛言
甚深般若波羅蜜多云何清淨佛告善現色
清淨故甚深般若波羅蜜多清淨廣說乃至
一切相智清淨故甚深般若波羅蜜多清淨
具壽善現即白佛言云何色清淨故甚深般
若波羅蜜多清淨廣說乃至云何一切相智
清淨故甚深般若波羅蜜多清淨佛告善現
色無生無滅無染無淨故清淨色清淨故甚
深般若波羅蜜多清淨廣說乃至一切相智
無生無滅無染無淨故清淨一切相智清淨
故甚深般若波羅蜜多清淨復次善現虛空
清淨故甚深般若波羅蜜多清淨具壽善現
即白佛言云何虛空清淨故甚深般若波羅
蜜多清淨佛告善現虛空無生無滅無染無
淨故清淨虛空清淨故甚深般若波羅蜜多
清淨復次善現色無染行故甚深般若波羅
蜜多清淨廣說乃至一切相智無染汙故甚
深般若波羅蜜多清淨世尊云何色無染汙
故甚深般若波羅蜜多清淨廣說乃至一切

BD13999號　大般若波羅蜜多經卷五〇七　（26–15）

清淨復次善現色無染行故甚深般若波羅
蜜多清淨廣說乃至一切相智無染汙故甚
深般若波羅蜜多清淨世尊云何色無染汙
故甚深般若波羅蜜多清淨廣說乃至一切
相智無染汙故甚深般若波羅蜜多清淨善
現色不可取故無染汙色無染汙故甚深般
若波羅蜜多清淨廣說乃至一切相智不可
取故無染汙一切相智無染汙故甚深般若
波羅蜜多清淨復次善現虛空無染汙故甚
深般若波羅蜜多清淨世尊云何虛空無染
汙故甚深般若波羅蜜多清淨善現虛空不
可取故無染汙虛空無染汙故甚深般若波
羅蜜多清淨復次善現虛空唯假說故甚深
般若波羅蜜多清淨世尊云何虛空唯假說
故甚深般若波羅蜜多清淨善現如因虛空
二響聲現唯有假說唯假說故甚深般若波
羅蜜多清淨復次善現虛空不可說故甚深
般若波羅蜜多清淨世尊云何虛空不可說
故甚深般若波羅蜜多清淨善現虛空無可
說事故不可說不可說故甚深般若波羅蜜
多清淨復次善現虛空不可得故甚深般若
波羅蜜多清淨世尊云何虛空不可得故甚
深般若波羅蜜多清淨善現虛空無可得事
故不可得不可得故甚深般若波羅蜜多清
淨復次善現一切法無生無滅無染無淨故
甚深般若波羅蜜多清淨世尊云何一切法

BD13999號　大般若波羅蜜多經卷五〇七　（26–16）

波羅蜜多清淨世尊云何虛空不可得故甚
深般若波羅蜜多清淨善現虛空無可得事
故不可得不可得故甚深般若波羅蜜多清
淨復次善現一切法無生無滅無染無淨故
甚深般若波羅蜜多清淨世尊云何一切法
無生無滅無染無淨故甚深般若波羅蜜多
清淨善現以一切法畢竟淨故無生無滅無
染無淨無生滅染淨故甚深般若波羅蜜多
清淨
第三分讚德品第十三
尒時具壽善現白佛言世尊若善男子善女
人等能於般若波羅蜜多甚深經典至心聽
聞受持讀誦精勤修學如理思惟書寫解說
廣令流布是善男子善女人等諸根无病支
體具足身不衰耄亦不橫死常為無量百千
天神恭敬圍繞隨逐守護是善男子善女人
等於黑白月各第八日第十四日第十五日
讀誦宣說甚深般若波羅蜜多是時四大王
眾天乃至色究竟天皆來集會此法師所聽
受般若波羅蜜多甚深法義是善男子善女
人等由此因緣便獲無量無數無邊不可思
議希有功德佛告善現如是如是如汝所說
所以者何甚深般若波羅蜜多是大寶藏由
深般若波羅蜜多大寶藏故無量無數無邊
有情解脫地獄傍生鬼趣及人天中貧窮等
苦亦能施與無量無數無邊有情剎帝利大
族乃至居士大族富貴安樂亦能施與無量

BD13999號　大般若波羅蜜多經卷五〇七　（26–17）

深般若波羅蜜多大寶藏故無量無數無邊
有情解脫地獄傍生鬼趣及人天中貧窮等
苦亦能施與無量無數無邊有情剎帝利大
族乃至居士大族富貴安樂亦能施與無量
無數無邊有情四大王眾天乃至非想非非
想處天富貴安樂亦能施與無量無數無邊
有情預流一來不還阿羅漢果獨覺菩提無
上菩提自在安樂何以故甚深般若波羅蜜
多大寶藏中廣說開示十善業道四靜慮四
無量四無色定如是乃至一切相智無量無
數無邊有情於中修學得生剎帝利大族乃
至居士大族或生四大王眾天乃至非想非
非想處天或得預流果乃至獨覺菩提或入
菩薩正性離生修諸菩薩摩訶薩地證得無
上正等菩提由此因緣甚深般若波羅蜜多
名大寶藏世出世間功德珍寶無不依此而
出現故善現當知甚深般若波羅蜜多大寶
藏中不說少法有生有滅有染有淨有取有
捨所以者何此中無法可生可滅可染可淨
可取可捨善現當知甚深般若波羅蜜多大
寶藏中不說有法是善是非善是有漏是無
漏是有罪是無罪是雜染是清淨是世間是
出世間是有為是無為由此因緣甚深般若
波羅蜜多名無所得大法寶藏善現當知甚
深般若波羅蜜多大寶藏中不說少法是能
染汙及能清淨何以故此中無法可染淨故
由此因緣甚深般若波羅蜜多名無染淨大

BD13999號　大般若波羅蜜多經卷五〇七　（26–18）

出世間是有爲是無爲由此因緣甚深般若
波羅蜜多名無所得大法寶藏善現當知甚
深般若波羅蜜多大寶藏中不說少法是能
染汙及能清淨何以故此中無法可染淨故
由此因緣甚深般若波羅蜜多名無染淨大
法寶藏復次善現若菩薩摩訶薩行深般若
波羅蜜多時無如是想如是分別如是有得
如是戲論我能脩行甚深般若波羅蜜多是
菩薩摩訶薩如實脩行甚深般若波羅蜜多
亦能親近承事諸佛從一佛土趣一佛土供
養恭敬尊重讚歎諸佛世尊遊諸佛國善取
其相成熟有情嚴淨佛土脩諸菩薩摩訶薩
行速證無上正等菩提復次善現甚深般若
波羅蜜多於一切法不向不背不引不遣不
取不捨不生不滅不垢不淨不增不減甚深
般若波羅蜜多非過去非未來非現在不超
欲界不住欲界不超色界不住色界不超無
色界不住無色界於布施波羅蜜多不與不
捨廣說乃至於一切相智不與不捨於預流
果不與不捨廣說乃至於佛無上正等菩提
不與不捨不與諸聖法不捨異生法不與諸
佛法不捨二乘法不與無爲界不捨有爲界
所以者何如來出世若不出世如是諸法常
無變易安住法界一切如來現覺現觀既自
現覺自現觀已爲諸有情宣說開示分別顯
了令同悟入離諸妄想分別顚倒
尒時無量百千天子住虛空中歡喜踴躍各

所以者何如來出世若不出世如是諸法常
無變易安住法界一切如來現覺現觀既自
現覺自現觀已爲諸有情宣說開示分別顯
了令同悟入離諸妄想分別顚倒
尒時無量百千天子住虛空中歡喜踴躍各
持天上嗢鉢羅花鉢特摩花拘母陁花奔荼
利花微妙音花及諸香末而散佛上牙相慶
慰同聲唱言我等今者於贍部洲見佛第二
轉妙法輪此中無量百千天子聞說般若波
羅蜜多皆同證得無生法忍尒時世尊告善
現曰如是法輪非第一轉亦非第二所以者
何甚深般若波羅蜜多於一切法不爲轉故
不爲還故出現世間但以無性自性空故具
壽善現白言世尊以何無性自性空故甚深
般若波羅蜜多於一切法不爲轉不爲還
故出現世間佛告善現以深般若波羅蜜多
乃至布施波羅蜜多甚深般若乃至布施波
羅蜜多自性空故廣說乃至以一切智道相
智一切相智一切智道相智一切相智自性
空故以預流果預流果自性空故廣說乃至
以諸佛無上正等菩提諸佛無上正等菩提
自性空故善現當知以如是等諸法無性自
性空故甚深般若波羅蜜多於一切法不爲
轉故不爲還故出現世間具壽善現復白佛
言甚深般若波羅蜜多是大波羅蜜多達一
切法自性空故雖達諸法自性皆空而諸菩
薩摩訶薩依此般若波羅蜜多證得無上正
等菩提轉妙法輪度有情衆雖證菩提而無

性空故甚深般若波羅蜜多於一切法不為
轉故不為還故出現世間具壽善現復白佛
言甚深般若波羅蜜多是大波羅蜜多達一
切法自性空故雖達諸法自性皆空而諸菩
薩摩訶薩依此般若波羅蜜多證得無上正
等菩提轉妙法輪度有情衆雖證菩提而無
所證證不證法不可得故雖轉法輪而無所
轉轉法還法不可得故雖度有情而無所度
見不見法不可得故世尊於此大般若波羅
蜜多中轉法輪事都不可得以一切法永不
生故能轉所轉不可得故所以者何非空無
相無願法中可有能轉及能還法轉還性法
不可得故世尊於深般若波羅蜜多若能如
是宣說開示分別顯了令易悟入是名善淨
宣說般若波羅蜜多此中都無說者受者所
說受法既無說者受者及法諸能證者亦不
可得無證者故亦無有能得涅槃者甚深般
若波羅蜜多善說法中亦無福田施受施物
皆性空故福田無故福性亦空表示名言皆
不可得是故名大波羅蜜多
尒時具壽善現復白佛言世尊甚深般若波
羅蜜多是無邊波羅蜜多如是善現如大虛
空無邊際故世尊甚深般若波羅蜜多是平
等波羅蜜多如是善現以一切法性平等故
世尊甚深般若波羅蜜多是遠離波羅蜜多
如是善現畢竟空故世尊甚深般若波羅蜜
多是難屈伏波羅蜜多如是善現以一切法
不可得故世尊甚深般若波羅蜜多是無足

BD13999號　大般若波羅蜜多經卷五〇七　（26–21）

空無邊際故世尊甚深般若波羅蜜多是平
等波羅蜜多如是善現以一切法性平等故
世尊甚深般若波羅蜜多是遠離波羅蜜多
如是善現畢竟空故世尊甚深般若波羅蜜
多是難屈伏波羅蜜多如是善現以一切法
不可得故世尊甚深般若波羅蜜多是無足
跡波羅蜜多如是善現以一切法無名體故
世尊甚深般若波羅蜜多是虛空波羅蜜多
如是善現入息出息不可得故世尊甚深般
若波羅蜜多是不可說波羅蜜多如是善現
此中無尋亦無伺故世尊甚深般若波羅蜜
多是無名波羅蜜多如是善現受想行等不
可得故世尊甚深般若波羅蜜多是無轉波
羅蜜多如是善現以一切法無去來故世尊
甚深般若波羅蜜多是不可引波羅蜜多如
是善現以一切法不可取故世尊甚深般若
波羅蜜多是盡波羅蜜多如是善現以一切
法畢竟盡故世尊甚深般若波羅蜜多是無
生滅波羅蜜多如是善現以一切法無滅生
故世尊甚深般若波羅蜜多是無作波羅蜜
多如是善現以諸作者不可得故世尊甚深
般若波羅蜜多是無知波羅蜜多如是善現
以諸知者不可得故世尊甚深般若波羅蜜
多是無移動波羅蜜多如是善現以死生者
不可得故世尊甚深般若波羅蜜多是無調
伏波羅蜜多如是善現以一切法可調伏性
不可得故世尊甚深般若波羅蜜多是如夢

BD13999號　大般若波羅蜜多經卷五〇七　（26–22）

以諸知者不可得故世尊甚深般若波羅蜜
多是無移動波羅蜜多如是善現以死生者
不可得故世尊甚深般若波羅蜜多是無調
伏波羅蜜多如是善現以一切法可調伏性
不可得故世尊甚深般若波羅蜜多是如夢
如響如像如幻如光影如陽焰如尋香城如
變化事波羅蜜多如是善現以一切法如夢
所見廣說乃至如變化事不可得故世尊甚
深般若波羅蜜多是無染淨波羅蜜多如是
善現以染淨因不可得故世尊甚深般若波
羅蜜多是無塗染波羅蜜多如是善現彼所
依法不可得故世尊甚深般若波羅蜜多是
無戲論波羅蜜多如是善現諸戲論事永滅
除故世尊甚深般若波羅蜜多是無慢執波
羅蜜多如是善現破壞一切慢執事故世尊
甚深般若波羅蜜多是無動轉波羅蜜多如
是善現住法界故世尊甚深般若波羅蜜多
是離染著波羅蜜多如是善現覺一切法非
虛妄故世尊甚深般若波羅蜜多是無等起
波羅蜜多如是善現於一切法無分別故世
尊甚深般若波羅蜜多是寂靜波羅蜜多如
是善現於諸法相無所得故世尊甚深般若
波羅蜜多是無貪瞋癡波羅蜜多如是善現
除滅一切三毒事故世尊甚深般若波羅蜜
多是無煩惱波羅蜜多如是善現離分別故
世尊甚深般若波羅蜜多是離有情波羅蜜
多如是善現達諸有情無所有故世尊甚深
般若波羅蜜多是無斷壞波羅蜜多如是善

BD13999號　大般若波羅蜜多經卷五〇七　（26–23）

波羅蜜多是無貪瞋癡波羅蜜多如是善現
除滅一切三毒事故世尊甚深般若波羅蜜
多是無煩惱波羅蜜多如是善現離分別故
世尊甚深般若波羅蜜多是離有情波羅蜜
多如是善現達諸有情無所有故世尊甚深
般若波羅蜜多是無斷壞波羅蜜多如是善
現此能等起一切法故世尊甚深般若波羅
蜜多是無二邊波羅蜜多如是善現離二邊
故世尊甚深般若波羅蜜多是無雜壞波羅
蜜多如是善現以一切法不雜壞故世尊甚
深般若波羅蜜多是無取著波羅蜜多如是
善現超過聲聞獨覺地故世尊甚深般若波
羅蜜多是無分別波羅蜜多如是善現一切
分別不可得故世尊甚深般若波羅蜜多是
無分量波羅蜜多如是善現諸法分限不可
得故世尊甚深般若波羅蜜多是如虛空波
羅蜜多如是善現於一切法無滯礙故世尊
甚深般若波羅蜜多是無常苦無我波羅蜜
多如是善現於一切法滅壞逼遣無執著故
世尊甚深般若波羅蜜多是空無相無願波
羅蜜多如是善現達一切法都無所有遠離
諸相不可願故世尊甚深般若波羅蜜多是
內空乃至無性自性空波羅蜜多如是善現
知所空法不可得故世尊甚深般若波羅蜜
多是四念住乃至十八佛不共法波羅蜜多
如是善現知身受心法皆不可得廣說乃至
超諸聲聞獨覺法故世尊甚深般若波羅蜜
多是如來波羅蜜多如是善現能如實說一

BD13999號　大般若波羅蜜多經卷五〇七　（26–24）

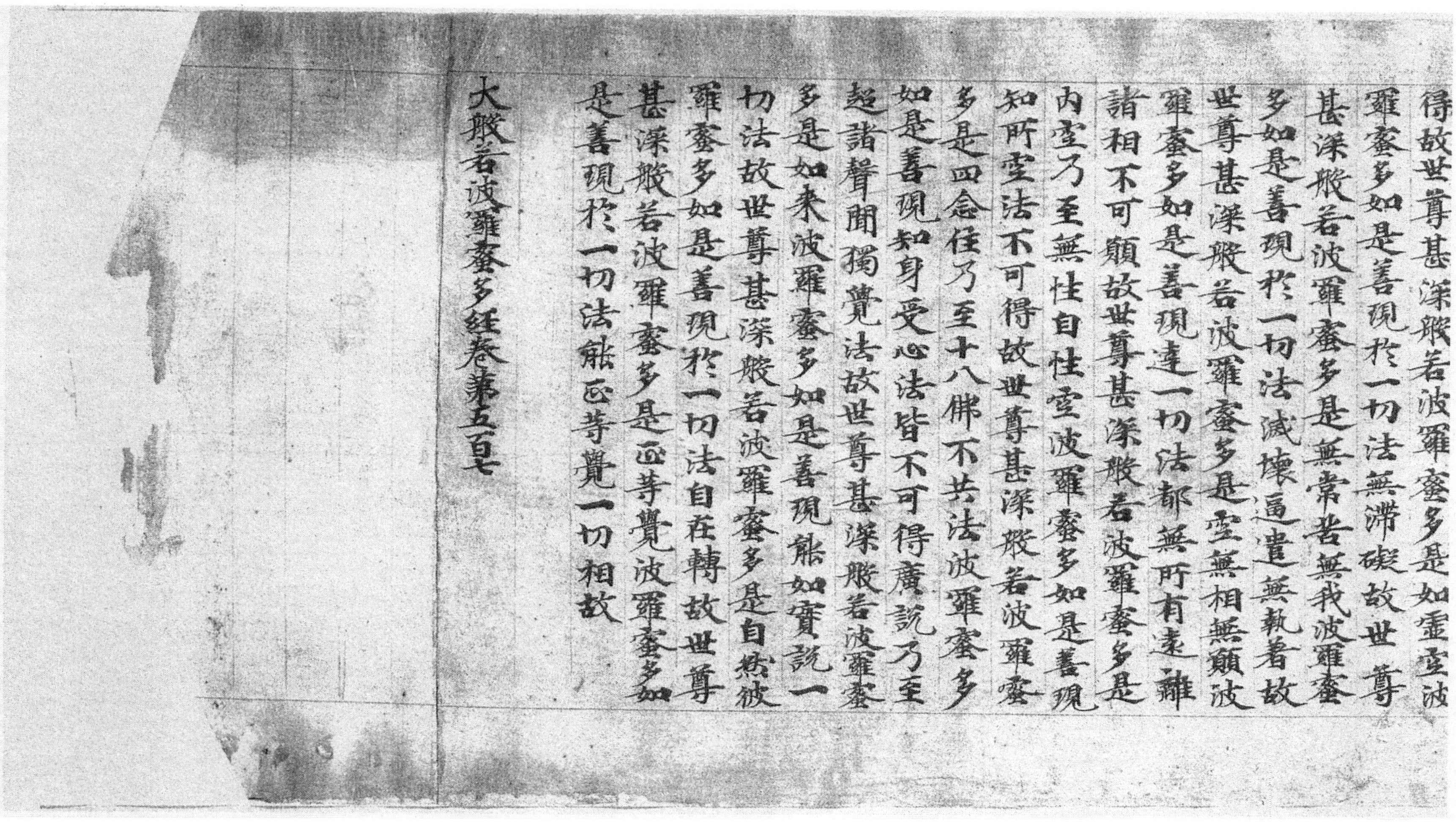
得故世尊甚深般若波羅蜜多是如虛空波
羅蜜多如是善現於一切法無滯礙故世尊
甚深般若波羅蜜多是無常苦無我波羅蜜
多如是善現於一切法滅壞遍遣無執著故
世尊甚深般若波羅蜜多是空無相無願波
羅蜜多如是善現達一切法都無所有遠離
諸相不可願故世尊甚深般若波羅蜜多是
內空乃至無性自性空波羅蜜多如是善現
知所空法不可得故世尊甚深般若波羅蜜
多是四念住乃至十八佛不共法波羅蜜多
如是善現知身受心法皆不可得廣說乃至
超諸聲聞獨覺法故世尊甚深般若波羅蜜
多是如來波羅蜜多如是善現能如實說一
切法故世尊甚深般若波羅蜜多是自然波
羅蜜多如是善現於一切法自在轉故世尊
甚深般若波羅蜜多是正等覺波羅蜜多如
是善現於一切法能正等覺一切相故

大般若波羅蜜多經卷第五百七

BD13999號　大般若波羅蜜多經卷五〇七　（26–25）

羅蜜多如是善現於一切法自在轉故世尊
甚深般若波羅蜜多是正等覺波羅蜜多如
是善現於一切法能正等覺一切相故

大般若波羅蜜多經卷第五百七

BD13999號　大般若波羅蜜多經卷五〇七　（26–26）

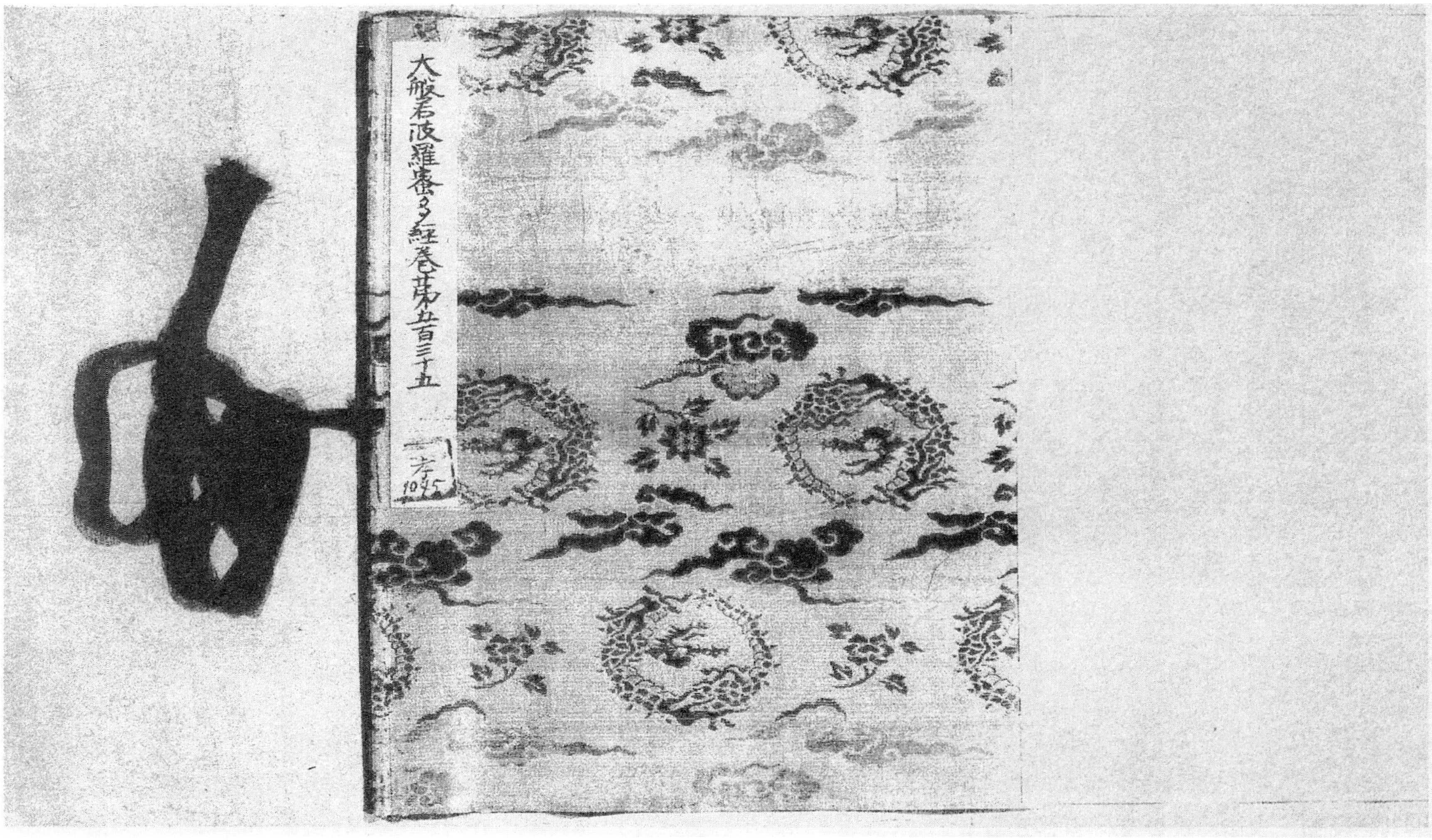

BD14000 號背　現代護首　　（1–1）

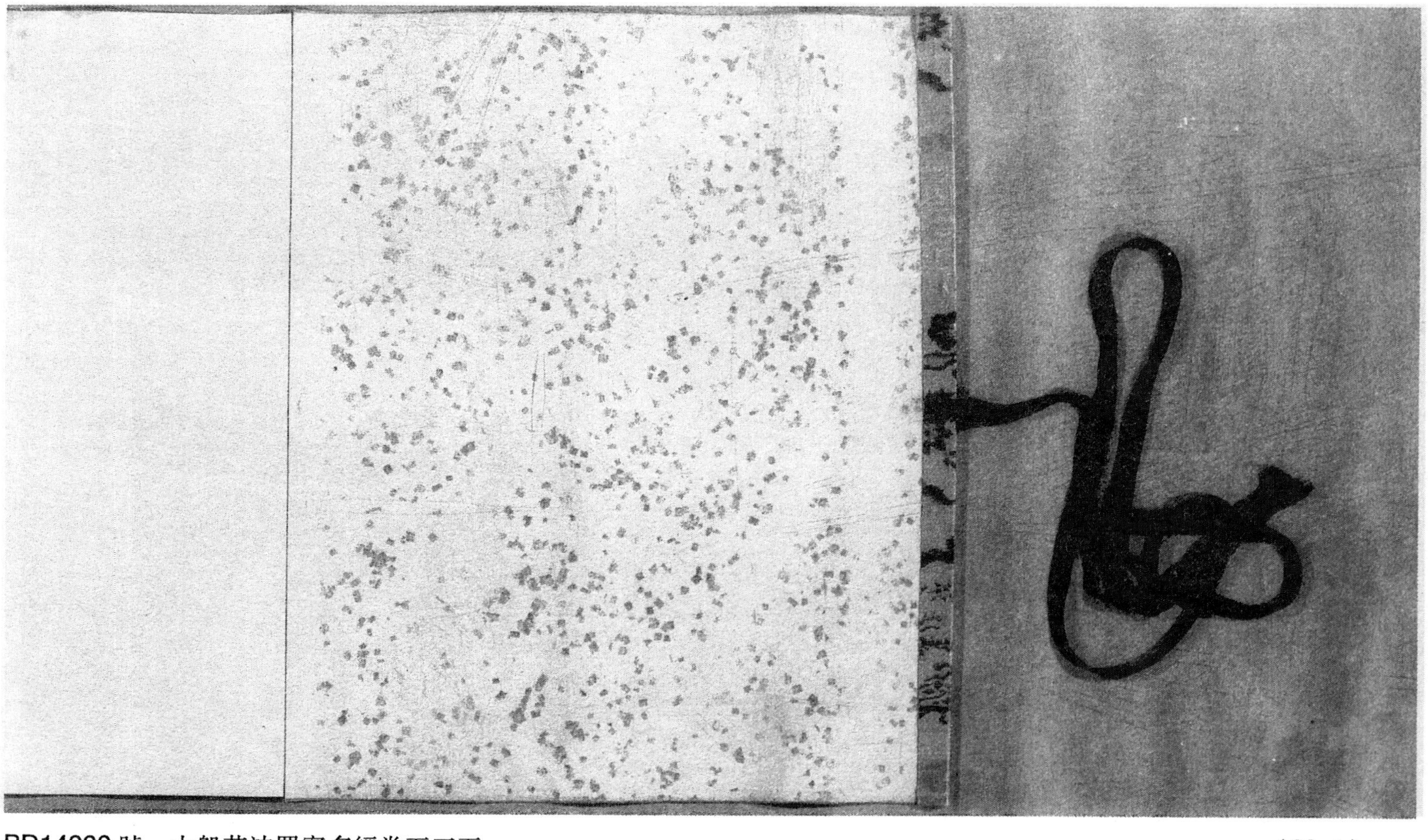

BD14000 號　大般若波羅蜜多經卷五三五　　（22–1）

大般若波羅蜜多經卷第五百三十五
第三分施等品第廿九之五　三藏法師玄奘奉　詔譯
善現當知諸菩薩摩訶薩常應如是脩行布
施波羅蜜多由此布施波羅蜜多從初發心
乃至究竟不墮惡趣貧賤邊鄙為欲利樂諸
有情故多生人趣作轉輪王富貴自在多所
饒益所以者何隨種威勢感如是果謂彼菩
薩作轉輪王見乞者來便作是念我為何事
流轉生死作轉輪王豈我不為利樂有情住
生死中受斯勝果不為餘事作是念已告乞
者言隨汝所須種種財寶吾當施汝取物
時如取己物莫作他想所以者何我為汝等
得安樂故而受此身積集財物故此財物是
汝等有隨汝自取若自受用若轉施他勿生
疑難是菩薩摩訶薩如是攝除諸有情時
無緣大悲速得圓滿由此大悲速圓滿故雖恒

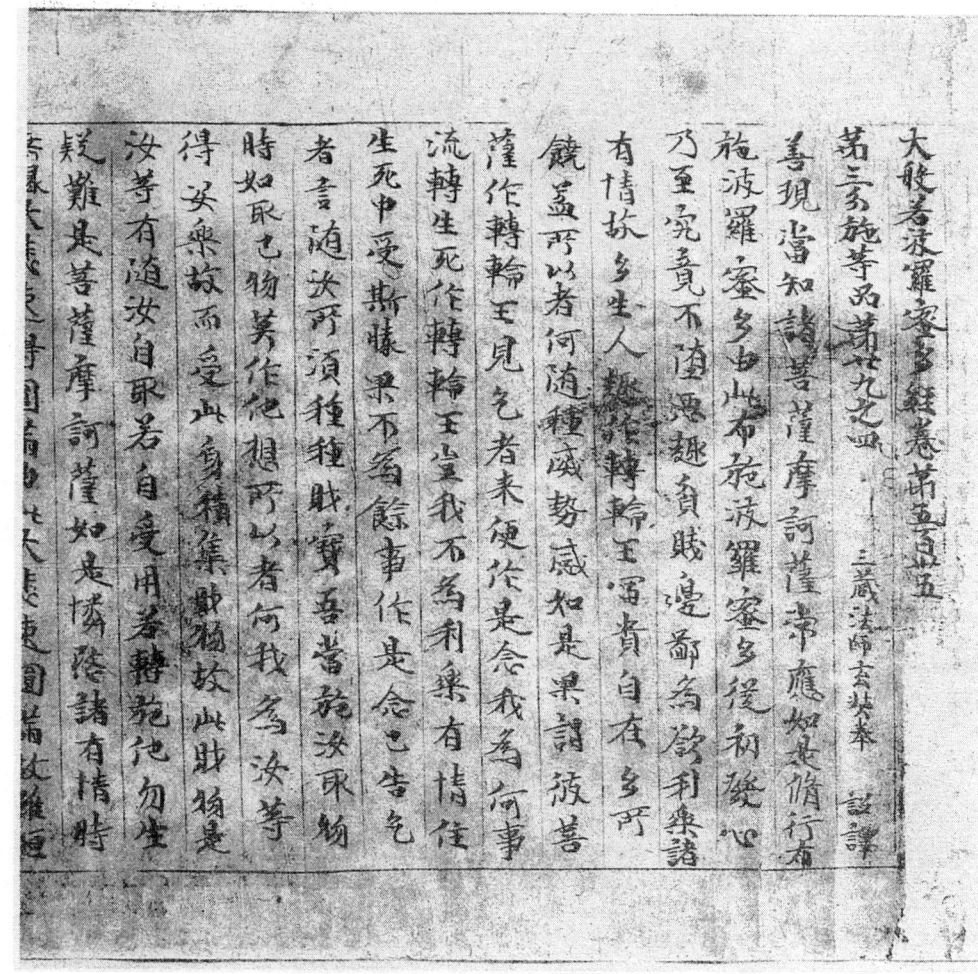

BD14000號　大般若波羅蜜多經卷五三五　（22–2）

者言隨汝所須種種財寶吾當施汝取物
時如取己物莫作他想所以者何我為汝等
得安樂故而受此身積集財物故此財物是
汝等有隨汝自取若自受用若轉施他勿生
疑難是菩薩摩訶薩如是攝除諸有情時
無緣大悲速得圓滿由此大悲速圓滿故雖恒
利樂無量有情而於有情都無所得亦復不
得所感勝果能如實知但由世俗言說施設
利樂種種諸有情事又如實知所施設事皆
如響像雖現似有而無真實由斯於法都無
所取善現當知諸菩薩摩訶薩常應如是脩
行布施波羅蜜多謂於有情無所顧戀乃至
能施自身骨肉況不能捨諸外資具謂諸資
具攝受有情令速解脫生老病死具壽善現
便白佛言何等資具攝受有情令速解脫生
老病死佛告善現謂脩布施乃至般若波羅
蜜多所有資具若住內空乃至無性自性空
所有資具若住真如乃至不思議界所有資
具若住苦集滅道聖諦所有資具若脩四念
住乃至八聖道支所有資具若脩四靜慮四無
量四無色定所有資具若脩空無相無願解
脫門所有資具若脩八解脫乃至十遍處所
有資具若脩淨觀地乃至如來地所有資具
若脩極喜地乃至法雲地所有資具若脩一切
陀羅尼門三摩地門所有資具若脩五眼
六神通所有資具若脩如來十力乃至十八
佛不共法所有資具若脩大慈大悲大喜大
捨所有資具若脩無忘失法恒住捨性所有
資具若脩一切智道相智一切相智所有資

BD14000號　大般若波羅蜜多經卷五三五　（22–3）

若脩極喜地乃至法雲地所有資具若脩一切
陁羅尼門三摩地門所有資具若脩五眼
六神通所有資具若脩如來十力乃至十八
佛不共法所有資具若脩大慈大悲大喜大
捨所有資具若脩無忘失法恒住捨性所有
資具若脩一切智道相智一切相智所有資
具若得預流果乃至獨覺菩提所有資具若
行菩薩摩訶薩行所有資具若證無上正等
菩提所有資具善現當知諸如是等善法資
具攝受有情令速解脫生老病死諸菩薩摩
訶薩常以如是種種資具方便善巧攝受有
情令速解脫生死衆苦
復次善現諸菩薩摩訶薩安住布施波羅蜜
多自行布施波羅蜜多勸諸有情行布施已
若見有情毀破淨戒深生憐愍而告之言汝
等皆應受持淨戒我當施汝種種資財令汝
長夜無所匱乏汝等由乏諸資生具毀破淨
戒作諸惡業我當隨汝所乏資具皆相給施
令無所乏汝等安住淨戒律儀漸次當能作
苦邊際依三乘法隨其所應出生死苦得涅
槃樂善現當知是菩薩摩訶薩安住布施波
羅蜜多自受持淨戒亦勸他受持淨戒恒正
稱揚受持淨戒法歡喜讚歎受持淨戒者如
是善現諸菩薩摩訶薩脩行布施波羅蜜多
勸諸有情安住淨戒脫生死苦得涅槃樂復
次善現諸菩薩摩訶薩安住布施波羅蜜多
見諸有情更相忿恚深生憐愍而告之言汝
等何緣更相忿恚汝等若為有所匱乏展轉
相於造諸惡者應從我索莫生疑難隨汝所

勸諸有情安住淨戒脫生死苦得涅槃樂復
次善現諸菩薩摩訶薩安住布施波羅蜜多
見諸有情更相忿恚深生憐愍而告之言汝
等何緣更相忿恚汝等若為有所匱乏展轉
相於造諸惡者應從我索莫生疑難隨汝所
須皆當施與汝等不應更相忿恚應脩安
忍共起慈心善現當知是菩薩摩訶薩安住布
施波羅蜜多勸諸有情脩安忍已欲令堅固
復告之言忿恚因緣都無定實皆從虛妄分
別所起以一切法本性空故汝等於中無實
法妄生忿恚更相毀損汝等莫因虛妄分
別更相忿恚造諸惡業當墮地獄傍生鬼界
及餘惡處受諸重苦其苦楚毒剛強猛利切
害身心宛[illegible]難忍汝等莫執非實有事妄相
忿恚作諸罪業由斯罪業下劣人身尚難可
得況生天趣或生人中值佛聞法深心信受
如說脩行汝等當知人身難得佛出難遇生
信復難聞法受行復難於是汝等今者既具
斯事勿由忿恚而失好時若失此時則難救
療是故汝等於諸有情莫生忿恚當脩安忍
善現當知是菩薩摩訶薩安住布施波羅蜜
多自行安忍亦勸他行安忍恒正稱揚行安
忍法歡喜讚歎行安忍者如是善現諸菩薩
摩訶薩安住布施波羅蜜多勸諸有情脩行
安忍諸有情類由此展轉漸依三乘而得出
離復次善現諸菩薩摩訶薩安住布施波羅
蜜多見諸有情身心懈怠深生憐愍而告之
言汝等何緣不勤精進脩諸善法而生懈怠

摩訶薩安住布施波羅蜜多者言不十修
安忍諸有情類由此展轉漸依三乘而得出
離復次善現諸菩薩摩訶薩安住布施波羅
蜜多見諸有情身心懈怠深生憐愍而告之
言汝等何緣不勤精進修諸善法而生懈怠
彼作是言我乏資具於諸善法不獲勤修菩
薩告言我能施汝所乏資具令汝充足汝應
勤修布施淨戒安忍精進靜慮般若時諸有
情得是菩薩所施資具無所乏少便能發起
身心精進修諸善法疾得圓滿依由諸善得
圓滿故漸次引生諸無漏法因無漏法有得
預流一來不還阿羅漢果或有獲得獨覺菩
提或入菩薩正性離生漸次修行諸菩薩地
當證無上正等菩提善現當知是菩薩摩訶
薩安住布施波羅蜜多自行精進亦勸他行
精進恒正稱揚行精進法歡喜讚歎行精進
者如是善現諸菩薩摩訶薩安住布施波羅
蜜多令諸有情遠離懈怠勤修諸善速得出
離復次善現諸菩薩摩訶薩安住布施波羅
蜜多見諸有情身心散亂深生憐愍而告之
言汝等何緣不修靜慮散亂失念生死輪迴
彼作是言我乏資具故於靜慮不能修習菩
薩告言我能施汝所乏資具皆令充足汝等
從今不應復起虛妄分別攀緣內外種種尋
伺擾亂自心時諸有情得是菩薩所施資具
無所乏少便能伏斷虛妄分別尋伺欲惡入
初靜慮漸次復入第二第三第四靜慮依諸
靜慮復能引發慈悲喜捨四種梵住靜慮
無量為所依心復能漸入四無色定靜慮無量

從今不應復起虛妄分別攀緣內外種種尋
伺擾亂自心時諸有情得是菩薩所施資具
無所乏少便能伏斷虛妄分別尋伺欲惡入
初靜慮漸次復入第二第三第四靜慮依諸
靜慮復能引發慈悲喜捨四種梵住靜慮
無量為所依心復能漸入四無色定靜慮無量
無色調心令柔軟已修四念住展轉乃至八
聖道支由此復能引空無相無願等法皆令
滿足隨其所應得三乘果善現當知是菩薩
摩訶薩安住布施波羅蜜多自修靜慮亦
勸他修靜慮恒正稱揚修靜慮法歡喜讚歎修
靜慮者如是善現諸菩薩摩訶薩安住布施
波羅蜜多勸諸有情遠離散亂修諸靜慮
獲大饒益復次善現諸菩薩摩訶薩安住布施
波羅蜜多見諸有情愚癡顛倒深生憐愍而
告之曰汝等何緣不修般若愚癡顛倒生死
輪迴彼作是言我乏資具故於般若不能修
習菩薩告言我能施汝所乏資具令皆充足
汝可受之先修布施淨戒安忍精進靜慮得
圓滿已應當觀察諸法實相修行般若波
羅蜜多謂於爾時應審觀察為有少法而可
得不謂我有情廣說乃至知者見者為可得不
色乃至識眼處乃至意處色處乃至法處眼
界乃至意界色界乃至法界眼識界乃至意
識界眼觸乃至意觸眼觸為緣所生諸受乃
至意觸為緣所生諸受地界乃至識界因緣
乃至增上緣從緣所生諸法無明乃至老死欲
界色界無色界布施乃至般若波羅蜜多
內空乃至無性自性空真如乃至不思議界

識界眼觸乃至意觸眼觸為緣所生諸受乃
至意觸為緣所生諸受地界乃至識界因緣
乃至增上緣從緣所生諸法無明乃至老死欲
界色界無色界布施乃至般若波羅蜜多
內空乃至無性自性空真如乃至不思議界
苦集滅道聖諦四念住乃至八聖道支四靜
慮四無量四無色定空無相無願解脫門八
解脫乃至十遍處淨觀地乃至如來地極喜
地乃至法雲地陀羅尼門三摩地門五眼六神
通如來十力乃至十八佛不共法大慈大悲大
喜大捨三十二大士相八十隨好無忘
失法恒住捨性一切智道相智一切相智預
流果乃至獨覺菩提一切菩薩摩訶薩行諸
佛無上正等菩提一一審察為可得不彼諸
有情既得資具無所匱乏依菩薩語先脩
布施淨戒安忍精進靜慮得圓滿已復審觀
察諸法實相脩行般若波羅蜜多審觀察時
如先所說諸法實性皆不可得不可得故無所執
著不執著故不見少法有生有滅有染有
淨彼於諸法無所得時於一切處不生分別
謂不分別此是地獄傍生鬼界若阿素洛若
人若天亦不分別持戒破戒亦不分別異生
聖者亦不分別此是預流乃至此是菩薩諸
佛亦不分別有為無為彼由如是無分別故
隨其所應漸次證得三乘聖果善現當知是
菩薩摩訶薩安住布施波羅蜜多自脩般若
亦勸他脩般若恒正稱揚脩般若法歡喜讚
歎脩般若者如是善現諸菩薩摩訶薩安住
布施波羅蜜多勸諸有情勤脩般若令獲殊

BD14000號　大般若波羅蜜多經卷五三五　（22–8）

隨其所應漸次證得三乘聖果善現當知是
菩薩摩訶薩安住布施波羅蜜多自脩般若
亦勸他脩般若恒正稱揚脩般若法歡喜讚
歎脩般若者如是善現諸菩薩摩訶薩安住
布施波羅蜜多勸諸有情勤脩般若令獲殊
勝果畢竟安樂復次善現諸菩薩摩訶薩安住
布施波羅蜜多自行布施乃至般若波羅蜜多
亦勸他行布施乃至般若波羅蜜多已復見
有情輪轉諸趣受生死苦未得解脫欲令
解脫生死苦故先以種種資具饒益後以出
世諸無漏法方便善巧而攝受之令諸有情
既得資具無所乏少身心勇猛能住內空乃
至無性自性空能住真如乃至不思議界能
住苦集滅道聖諦能脩四念住乃至八聖道
支能脩四靜慮四無量四無色定能脩空無相
無願解脫門能脩八解脫乃至十遍處能脩
淨觀地乃至如來地能脩極喜地乃至法雲
地能脩陀羅尼門三摩地門能脩五眼六神
通能脩如來十力乃至十八佛不共法能脩
大慈大悲大喜大捨能脩無忘失法恒住捨
性能脩一切智道相智一切相智能脩諸餘
無邊佛法彼諸有情由無漏法所攝受故解
脫生死得涅槃樂善現當知是菩薩摩訶薩
安住布施波羅蜜多自行種種勝無漏法亦
勸他行種種勝無漏法恒正稱揚行種種勝
無漏法歡喜讚歎行種種勝無漏法者如是
善現諸菩薩摩訶薩安住布施波羅蜜多以
無漏法攝受有情令脫生死得涅槃樂復次
善現諸菩薩摩訶薩安住布施波羅蜜多見

BD14000號　大般若波羅蜜多經卷五三五　（22–9）

安住布施波羅蜜多自行種種勝無漏法亦
勸他行種種勝無漏法恒正稱揚行種種勝
無漏法歡喜讚歎行種種勝無漏法者如是
善現諸菩薩摩訶薩安住布施波羅蜜多以
無漏法攝受有情令脫生死得涅槃樂復次
善現諸菩薩摩訶薩安住布施波羅蜜多見
諸有情無依無怙受諸苦惱資具匱乏深生
憐愍而安慰言我能為汝作所依怙令汝解
脫所受苦事汝等所須衣服飲食及餘資具
皆隨意索我當隨汝所索皆施令汝長夜利
益安樂汝等受我所施物時如取己物莫生
他想所以者何我於長夜積集財物但為汝
等得饒益故汝等今者以無難心於此財物
隨意受取受已先應自正受用脩諸善業後
以此物施諸有情亦令脩善謂令脩行布施
淨戒安忍精進靜慮般若波羅蜜多亦令安
住內空乃至無性自性空亦令安住真如乃
至不思議界亦令安住苦集滅道聖諦亦令
脩行三十七種菩提分法亦令脩行四靜慮四
無量四無色定亦令脩行三解脫門亦令脩
行八解脫乃至十遍處亦令脩行淨觀地乃
至如來地亦令脩行極喜地乃至法雲地亦
令脩行陀羅尼門三摩地門亦令脩行五眼
六神通亦令脩行如來十力乃至十八佛不
共法亦令脩行大慈大悲大喜大捨亦令脩
行無忘失法恒住捨性亦令脩行一切智道
相智一切相智亦令脩行諸餘無量無邊佛
法善現當知是菩薩摩訶薩如是教導諸有
情已隨其所應復令脩習諸無漏法住預流

BD14000號　大般若波羅蜜多經卷五三五　（22–10）

共法亦令脩行大慈大悲大喜大捨亦令脩
行無忘失法恒住捨性亦令脩行一切智道
相智一切相智亦令脩行諸餘無量無邊佛
法善現當知是菩薩摩訶薩如是教導諸有
情已隨其所應復令脩習諸無漏法住預流
果或一來果乃至或住獨覺菩提或住無上
正等菩提如是善現諸菩薩摩訶薩脩行
布施波羅蜜多方便善巧成熟有情令其解脫
惡趣生死如應證得三乘涅槃具壽善現復
白佛言云何菩薩摩訶薩脩行淨戒波羅蜜
多及餘菩薩大菩提道方便善巧成熟有情
佛告善現有菩薩摩訶薩脩行淨戒波羅蜜
多時方便善巧見諸有情貧財匱乏煩惱熾
盛不能脩善憐愍告言汝等若為貧財匱乏
不能脩善我當施汝種種資財汝等莫生煩
惱惡業應正脩學布施等善是菩薩摩訶薩
安住淨戒波羅蜜多如應攝受諸有情類有
慳貪者令脩布施於身命財無所意著有破
戒者令脩淨戒能正受行十善業道住律儀
戒不破不穿無穢無雜亦無執取有忿恚者
令脩安忍毀辱加害心無變易有懈怠者令
脩精進脩諸善法如救頭然有散亂者令脩
靜慮心恒寂定離諸散動有愚癡者令脩妙
慧執著法者令觀法空於餘功德有匱乏者
令勤精進脩餘功德如是善現諸菩薩摩訶
薩安住淨戒波羅蜜多成熟有情方便善巧或
令解脫諸惡趣苦或令證得三乘涅槃善現
當知有菩薩摩訶薩脩行餘四波羅蜜多
及餘菩薩大菩提道一一皆能方便善巧以

BD14000號　大般若波羅蜜多經卷五三五　（22–11）

令勤精進脩餘功德如是善現諸菩薩摩訶
薩安住淨戒波羅蜜多成熟有情方便善巧或
令解脫諸惡趣苦或令證得三乘涅槃善現
當知有菩薩摩訶薩脩行餘四波羅蜜多
及餘菩薩大菩提道一一皆能方便善巧以
一切善成熟有情或令解脫諸惡趣苦或令
證得三乘涅槃二一如前布施廣說
第三分佛國品第卅
尒時善現作是念言云何菩薩摩訶薩道諸
菩薩摩訶薩安住其中被功德鎧利益安樂
一切有情未能證得一切智智佛知其念告善
現曰善現當知布施淨戒安忍精進靜慮般
若波羅蜜多廣說乃至一切相智及餘無量
無邊佛法皆是菩薩摩訶薩道復次善現
摠一切法皆是菩薩摩訶薩道又復善現於
意云何頗有少法諸菩薩摩訶薩所不應學
諸菩薩摩訶薩不學此法頗能證得一切智智
善現對曰不也世尊佛告善現如是如是定
無少法諸菩薩摩訶薩所不應學諸菩薩
摩訶薩不學此法必不能得一切智智所以者何
若菩薩摩訶薩於一切法不能遍知不成
如來應正等覺具壽善現便白佛言若一切
法自性皆空云何菩薩摩訶薩衆學一切法
將無世尊於無戲論而興戲論謂有諸法是
此是彼由是為是此法是世間此法是出世
間此法是有漏此法是無漏此法是有為此
法是無為此是異生法此是預流法廣說乃
至此是菩薩法此是諸佛法佛告善現如是

BD14000號　大般若波羅蜜多經卷五三五　（22–12）

將無世尊於無戲論而興戲論謂有諸法是
此是彼由是為是此法是世間此法是出世
間此法是有漏此法是無漏此法是有為此
法是無為此是異生法此是預流法廣說乃
至此是菩薩法此是諸佛法佛告善現如是
如是諸所有法自性皆空若一切法自性不
空則諸菩薩摩訶薩應不能得一切智智以
一切法自性皆空是故菩薩摩訶薩定能證
得一切智智又汝所言若一切法自性皆空
云何菩薩摩訶薩衆學一切法廣說乃至此
是菩薩諸佛法者善現當知若諸有情知一
切法自性皆空則諸菩薩摩訶薩不應學
一切法亦不能得一切智智為諸有情宣說開
亦以諸有情不知諸法自性皆空是故菩薩
摩訶薩定應學一切法亦能證得一切智智
為諸有情宣說開示善現當知諸菩薩摩訶
薩於菩薩道初脩學時應審觀察諸法自
性皆不可得唯有虛妄分別所作我當審察諸
法自性皆畢竟空不應於中有所執著謂不
應執著色亦不應執著受想行識廣說乃至
不應執著一切菩薩摩訶薩行亦不應執著
諸佛無上正等菩提所以者何以一切法自性
皆空空性不應執著空性空中空性尚不
可得況有空性能執著空善現當知諸菩薩
摩訶薩如是觀察一切法時於諸法性雖不
執著而於諸法常勤脩學曾無厭倦是菩薩
摩訶薩住此學中觀諸有情心行差別謂審
觀察是諸有情心行何處既觀察已如實

BD14000號　大般若波羅蜜多經卷五三五　（22–13）

可得況有空性能執著空善現當知諸菩薩
摩訶薩如是觀察一切法時於諸法性雖不
執著而於諸法常勤修學曾無厭倦是菩薩
摩訶薩住此學中觀諸有情心行差別謂審
觀察是諸有情心行何處既觀察已如實
了知彼心但行虛妄分別所執著處爾時菩薩便
作是念彼心既行虛妄分別所執著處我令
解脫定不為難是菩薩摩訶薩作此念已
安住般若波羅蜜多方便善巧教授教誡諸
有情言汝等今者皆應遠離虛妄分別所執
著處趣入正法修諸善行復作是言汝等今
者應行布施當得資具無乏少無莫恃此
而生憍逸所以者何此中都無堅實可得汝
等今者應行淨戒安忍精進靜慮般若當得
種種功德具足然莫恃此而生憍逸所以者何
此中都無堅實可得廣說乃至汝等今者
應行預流果乃至無上正等菩提及餘無量
無邊佛法然莫恃此而生憍逸所以者何此
中都無堅實可得是菩薩摩訶薩安住般若
波羅蜜多方便善巧教授教誡諸有情時行
菩薩道無所執著所以者何一切法性不應
執著若能執著若所執著皆無自性以一切
法自性空故善現當知諸菩薩摩訶薩如是
修行菩薩道時於一切法都無所住以無所
住而為方便雖行布施乃至般若波羅蜜多
而於其中都無所住廣說乃至雖行菩薩摩
訶薩行諸佛無上正等菩提及餘無量無邊
佛法而於其中都無所住所以者何如是自
性行者行相一切皆空故於其中都無所住善

修行菩薩道時於一切法都無所住以無所
住而為方便雖行布施乃至般若波羅蜜多
而於其中都無所住廣說乃至雖行菩薩摩
訶薩行諸佛無上正等菩提及餘無量無邊
佛法而於其中都無所住所以者何如是自
性行者行相一切皆空故於其中都無所住善
現當知諸菩薩摩訶薩雖能得預流果廣說
乃至獨覺菩提而於其中不欲證住所以者何
何有二緣故云何為二一者彼果都無自性
能住所住俱不可得二者於彼不生喜足是
故於中不欲證住謂諸菩薩摩訶薩恒作
是念我定應得預流果乃至獨覺菩提不應
不得然於其中不應證住所以者何我從初
發無上正等菩提心來於一切時更無餘想
唯求無上正等菩提然我定當證得無上正
等菩提豈於中間應住餘果善現當知是菩
薩摩訶薩從初發心乃至趣入菩薩所得正
性離生曾無異想但求無上正等菩提善現
當知是菩薩摩訶薩從得初地展轉乃至得
第十地曾無異想但求無上正等菩提善現
當知是菩薩摩訶薩專求無上正等菩提於
一切時心無散亂諸有發起身語意業無不
皆與菩提心俱善現當知是菩薩摩訶薩住
菩提心起菩提道不為餘事擾亂其心具壽
善現便白佛言若一切法畢竟不生云何菩
薩摩訶薩眾起菩提道佛告善現如是如是
一切法皆不生此復云何諸無所作無所趣者
知一切法皆不生故具壽善現復白佛言
豈不諸佛出現世間若不出世諸法法性法

善現便白佛言若一切法畢竟不生云何善
薩摩訶薩衆起菩提道佛告善現知是如是
一切法皆不生此復云何諸無所作無所趣者
知一切法皆不生故具壽善現復白佛言
豈不諸佛出現世間若不出世諸法法性法
尒常住佛告善現如是如是然諸有情不能
解了諸法法性法尒常住輪迴生死受諸苦
惱諸菩薩摩訶薩為饒益彼起菩提道由菩
提道令諸有情畢竟解脫生死衆苦證得
常樂清淨涅槃
尒時具壽善現復白佛言世尊諸菩薩摩訶
薩為用生道得菩提耶佛言不尒世尊為用
不生道得菩提耶佛言不尒世尊為用生不
生道得菩提耶佛言不尒世尊為用非生非
不生道得菩提耶佛言不尒具壽善現便白
佛言若尒菩薩摩訶薩云何當得菩提耶佛
告善現菩提不由道非道得所以者何菩提
即道道即菩提是故不由道非道得具壽善
現復白佛言若菩提即道道即菩提者豈不
菩薩摩訶薩已得菩提道應已得菩提若尒
世尊何緣復為諸菩薩說如來十力四無所
畏四無礙解大慈大悲大喜大捨十八佛不
共法三十二相八十隨好及餘無量無邊佛法
令其脩證佛告善現於意云何汝豈謂佛得
菩提耶善現對曰不也世尊所以者何佛即菩
提菩提即佛故不應謂佛得菩提佛告善
現如是如是然汝所問豈不菩薩摩訶薩
已得菩提道應已得菩提者善現當知諸菩

BD14000 號　大般若波羅蜜多經卷五三五　(22–16)

令其脩證佛告善現於意云何汝豈謂佛得
菩提耶善現對曰不也世尊所以者何佛即菩
提菩提即佛故不應謂佛得菩提佛告善
現如是如是然汝所問豈不菩薩摩訶薩
已得菩提道應已得菩提者善現當知諸菩
薩摩訶薩脩菩提道未得圓滿云何可說已
得菩提善現當知諸菩薩摩訶薩若已圓滿
布施淨戒安忍精進靜慮般若波羅蜜多廣
說乃至一切相知及餘無量無邊佛法從此
無間用一刹那金剛喻定相應般若永斷一
切煩惱所知二障麁重習氣相續證得無上
正等菩提乃名如來應正等覺於一切法得大
自在具壽善現復白佛言云何菩薩摩訶
薩嚴淨佛土佛告善現諸菩薩摩訶薩從初
發心乃至究竟常自清淨身語意業三種麁
重亦清淨他身語意業三種麁重便能嚴淨
所居佛土具壽善現便白佛言何謂菩薩摩
訶薩身語意業三種麁重佛告善現若害生
命若不與取若欲邪行此三不善是名菩薩
身業麁重若虛誑語若離間語若麁惡語
若雜穢語此四不善是名菩薩語業麁重若貪
欲若瞋恚若邪見此三不善是名菩薩意業
麁重復次善現若菩薩摩訶薩所有慳貪破
戒忿恚懈怠散亂惡慧之心亦名麁重復次
善現若菩薩摩訶薩戒蘊定蘊慧蘊解脫
蘊解脫智見蘊皆不清淨亦名麁重復次善現
若菩薩摩訶薩遠離四念住四正斷四神足
五根五力七等覺支八聖道支廣說乃至一
切菩薩摩訶薩行諸佛無上正等菩提亦名

BD14000 號　大般若波羅蜜多經卷五三五　(22–17)

善現若菩薩摩訶薩戒蘊定蘊慧蘊解脫
蘊解脫智見蘊皆不清淨亦名麁重復次善現
若菩薩摩訶薩遠離四念住四正斷四神足
五根五力七等覺支八聖道支廣說乃至一
切菩薩摩訶薩行諸佛無上正等菩提亦名
麁重復次善現若菩薩摩訶薩貪著預流果
乃至獨覺菩提亦名麁重復次善現若菩薩
摩訶薩起色蘊想乃至識蘊想亦名麁重廣
說乃至起一切菩薩摩訶薩行想及諸佛無
上正等菩提想亦名麁重起異生想聲聞想
獨覺想菩薩想如來想亦名麁重起地獄想
傍生想鬼界想人想天想男想女想亦名麁
重起欲界想色界想無色界想亦名麁重起
善想非善想有漏想無漏想世間想出世間
想有為想無為想亦名麁重善現當知諸如
是等無量無邊執著諸法及諸有情虛妄分
別并所發起身語意業及彼種類無堪任性
皆名麁重諸菩薩摩訶薩於此麁重皆應遠
離復次善現諸菩薩摩訶薩行深般若波羅
蜜多遠離如是所說麁重自行布施波羅蜜
多亦勸他行布施波羅蜜多若諸有情須食
與食須飲與飲須餘資具與餘資具隨處
隨時隨所物須者皆施與如自所行種種布施勸
他亦爾如是施已持此善根與諸有情平等共
有迴向所居嚴淨佛土令速圓滿利樂有情
是菩薩摩訶薩自行淨戒乃至般若波羅
蜜多亦勸他行淨戒乃至般若波羅蜜多作
是事已持此善根與諸有情平等共有迴向

BD14000 號　大般若波羅蜜多經卷五三五　（22–18）

有迴向所居嚴淨佛土令速圓滿利樂有情
是菩薩摩訶薩自行淨戒乃至般若波羅
蜜多亦勸他行淨戒乃至般若波羅蜜多作
是事已持此善根與諸有情平等共有迴向
所居嚴淨佛土令速圓滿利樂有情復次善
現有菩薩摩訶薩以通願力盛滿三千大千
世界上妙七寶施佛法僧及佛制多施已勸
喜發弘誓願我持如是所種善根與諸有情
平等共有迴向所居嚴淨佛土當令我土七寶
莊嚴一切有情隨意受用種種珍寶而無貪
著復次善現有菩薩摩訶薩以通願力擊奏
無量天上人中諸妙伎樂供養三寶及佛制多
供已歡喜發弘誓願我持如是所種善根與
諸有情平等共有迴向所居嚴淨佛土當
令我土常奏如是諸妙伎樂有情聞者身心
悅豫而無貪著復次善現有菩薩摩訶薩
以通願力盛滿三千大千世界人中天上諸妙香
花供養三寶及佛制多供已歡喜發弘誓願
我持如是所種善根與諸有情平等共有迴
向所居嚴淨佛土當令我土常有如是諸
妙香花有情受用身心悅豫而無貪著復次
善現有菩薩摩訶薩以通願力營辦百味上
妙飲食供養諸佛獨覺聲聞及諸菩薩摩
訶薩衆供養已歡喜發弘誓願我持如是所種善
根與諸有情平等共有迴向所居嚴淨佛土
當得無上正等覺時令我土中諸有情類皆
食如是百味飲食資悅身心而無貪著復次

BD14000 號　大般若波羅蜜多經卷五三五　（22–19）

訶薩衆供養已歡喜發弘誓願我持如是所種善
根與諸有情平等共有迴向所居嚴淨佛土
當得無上正等覺時令我土中諸有情類皆
食如是百味飲食資悅身心而無貪著復次
善現有菩薩摩訶薩以通願力營辦種種天
上人中諸妙塗香細耎衣服奉施諸佛獨覺
聲聞及諸菩薩摩訶薩衆或復施法并佛制
多施已歡喜發弘誓願我持如是所種善根
與諸有情平等共有迴向所居嚴淨佛土當
得無上正等覺時令我土中諸有情類常得
如是衣服塗香隨意受用而無貪著復次善
現有菩薩摩訶薩以通願力營辦種種隨意
所生人中天上五妙欲境供養諸佛及佛制多
獨覺聲聞并諸菩薩摩訶薩衆施餘有情
施已歡喜發弘誓願我持如是所種善根與
諸有情平等共有迴向所居嚴淨佛土當得
無上正等覺時令我土中諸有情類隨心所
樂上妙色聲香味觸境隨念即至歡喜受用
而無貪著復次善現有菩薩摩訶薩行深般
若波羅蜜多勇猛正勤發弘誓願自住內空
乃至無性自性空亦勸他住內空乃至無性
自性空廣說乃至自脩無上正等菩提亦勸
他脩無上正等菩提作此事已復發願言
得無上正等覺時令我土中諸有情類常不
遠離諸如是等種種功德如是善現諸菩薩
摩訶薩行深般若波羅蜜多由此行願便能

BD14000 號　大般若波羅蜜多經卷五三五　（22–20）

施已歡喜發弘誓願我持如是所種善根與
諸有情平等共有迴向所居嚴淨佛土當得
無上正等覺時令我土中諸有情類隨心所
樂上妙色聲香味觸境隨念即至歡喜受用
而無貪著復次善現有菩薩摩訶薩行深般
若波羅蜜多勇猛正勤發弘誓願自住內空
乃至無性自性空亦勸他住內空乃至無性
自性空廣說乃至自脩無上正等菩提亦勸
他脩無上正等菩提作此事已復發願言
得無上正等覺時令我土中諸有情類常不
遠離諸如是等種種功德如是善現諸菩薩
摩訶薩行深般若波羅蜜多由此行願便能
嚴淨所居佛土善現當知是諸菩薩摩訶薩
衆隨尒所時行菩提道隨得圓滿所起行願
即尒所時精勤脩學由此因緣自能成熟一切
善法亦能令他漸次成熟一切善法自能
脩得殊勝好所莊嚴身亦能令他漸次脩
得殊勝相好所莊嚴身由廣大福所攝受
故善現當知是諸菩薩摩訶薩衆所脩行願
得圓滿已各於所居嚴淨佛土證得無上正等
覺時所化有情亦生彼土共受淨土大乘法樂

大般若波羅蜜多經卷第五百卅五

BD14000 號　大般若波羅蜜多經卷五三五　（22–21）

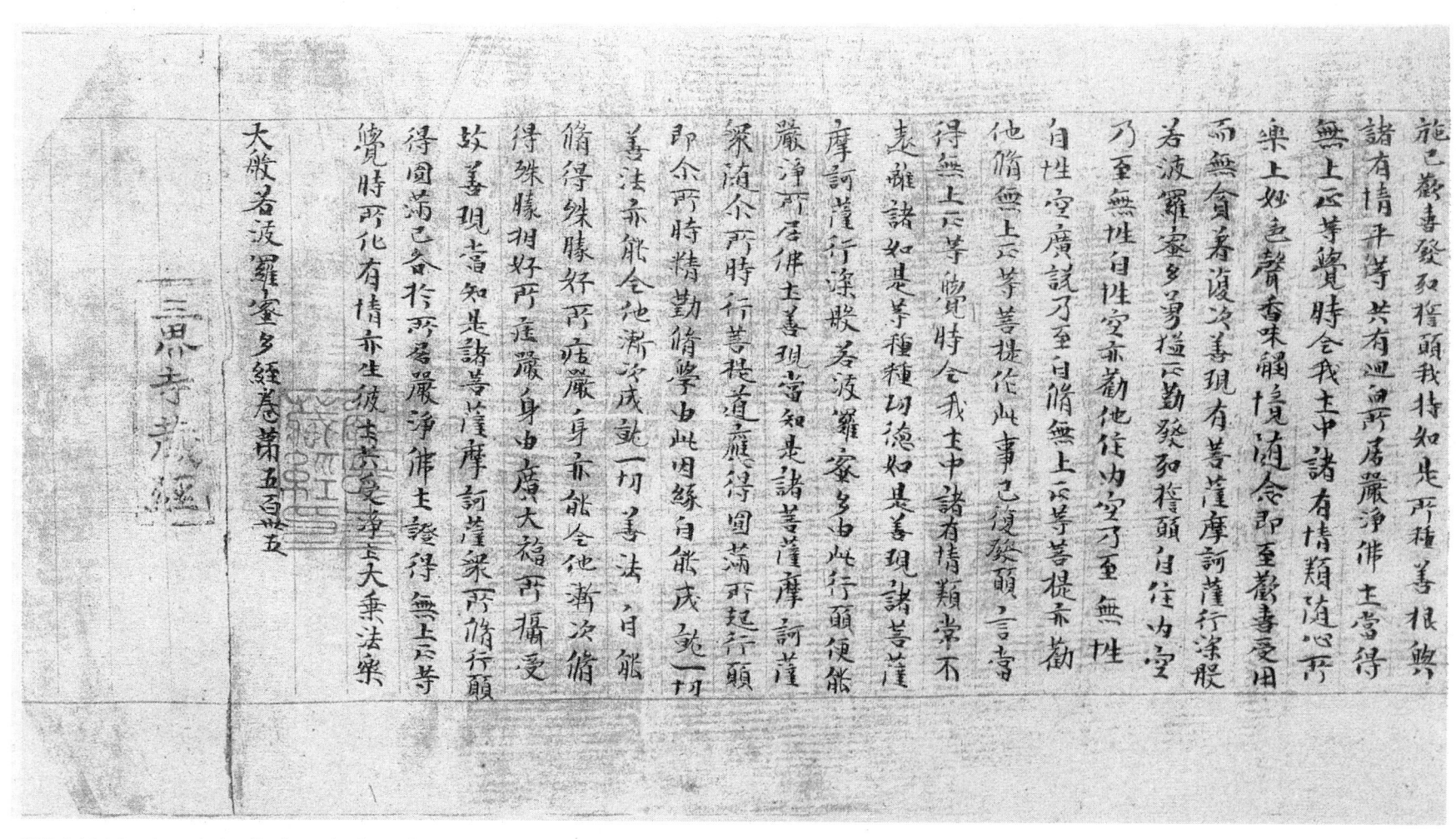

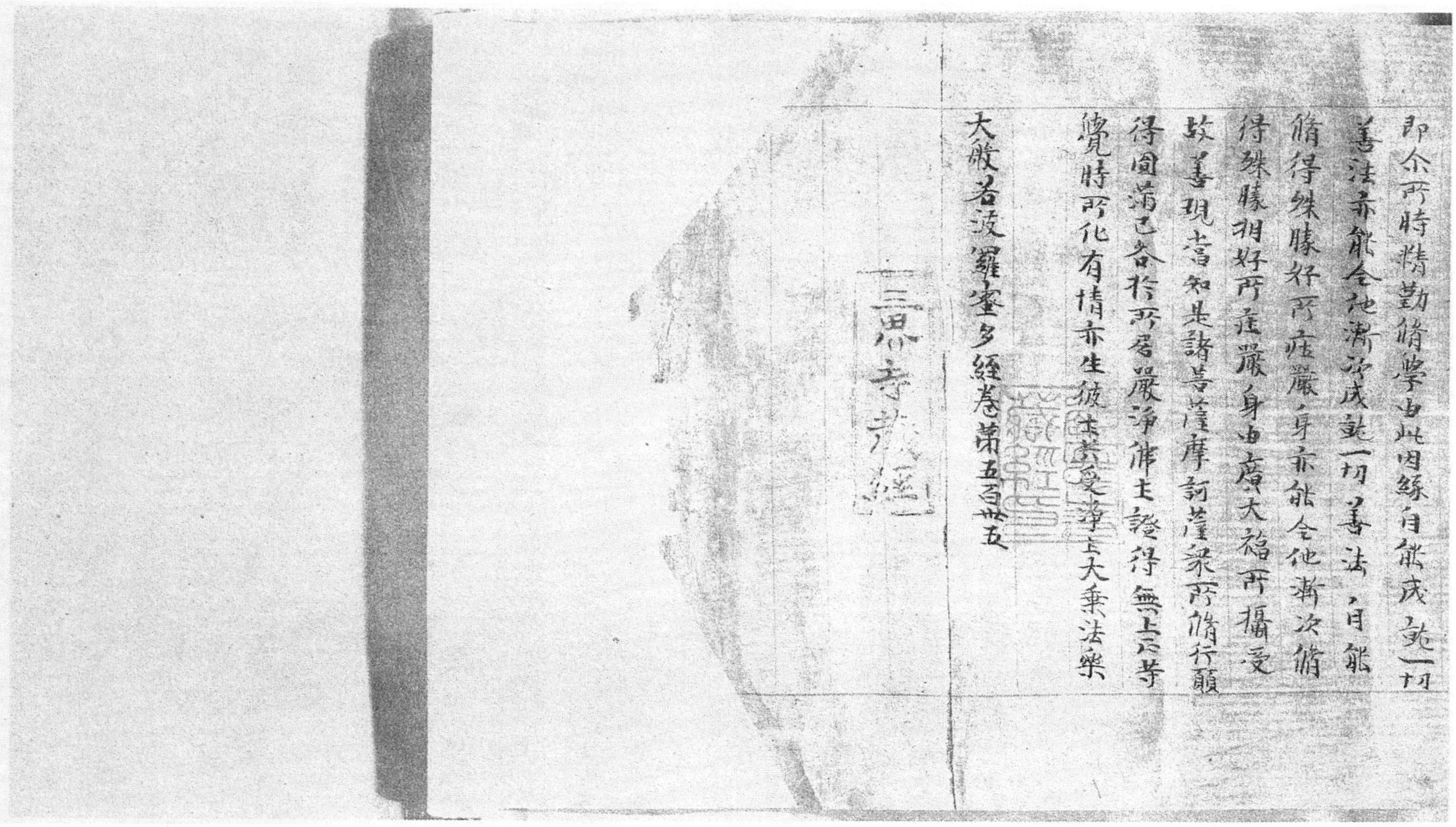

BD14000 號　大般若波羅蜜多經卷五三五　(22–22)

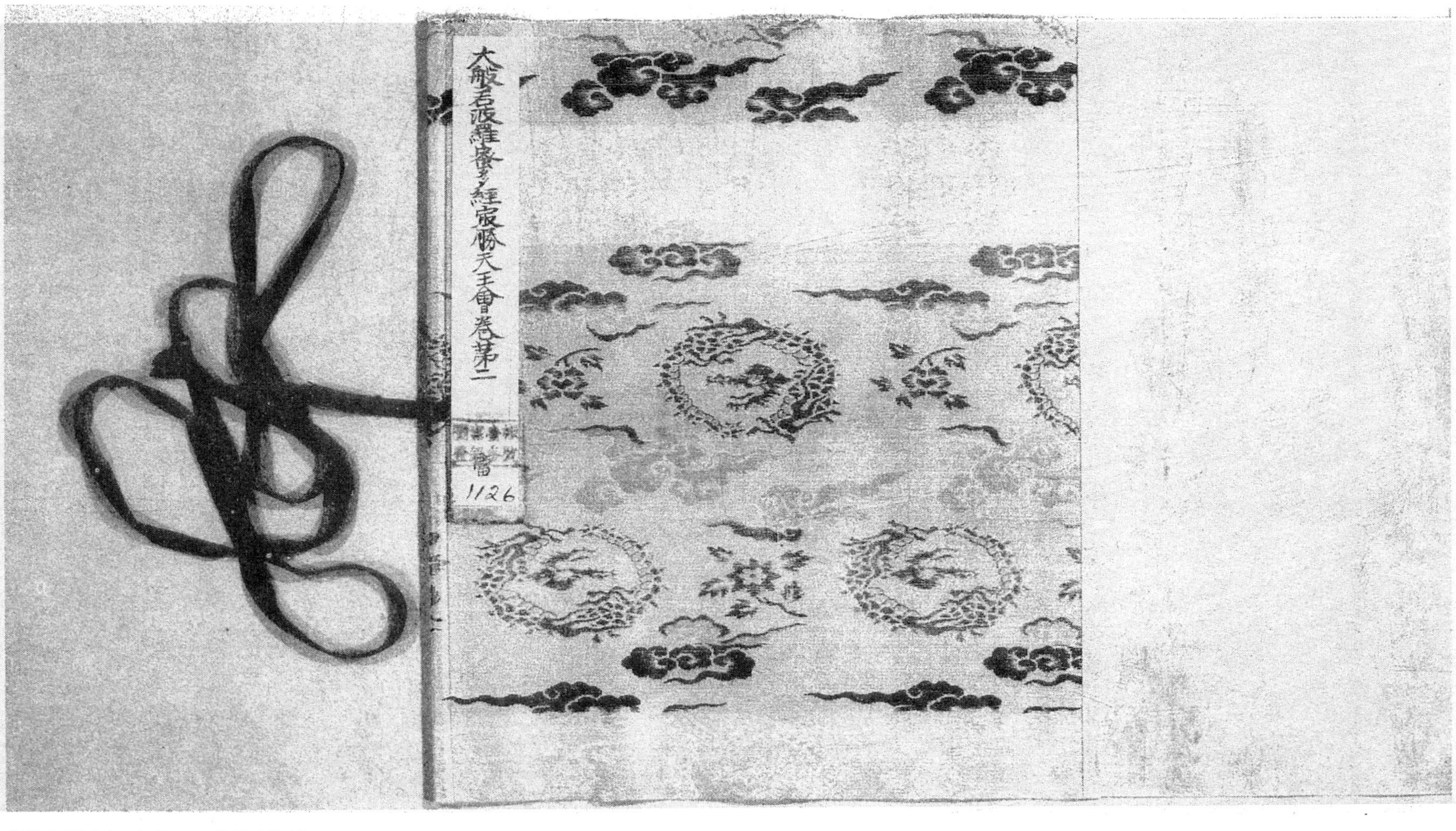

BD14001 號背　現代護首　(1–1)

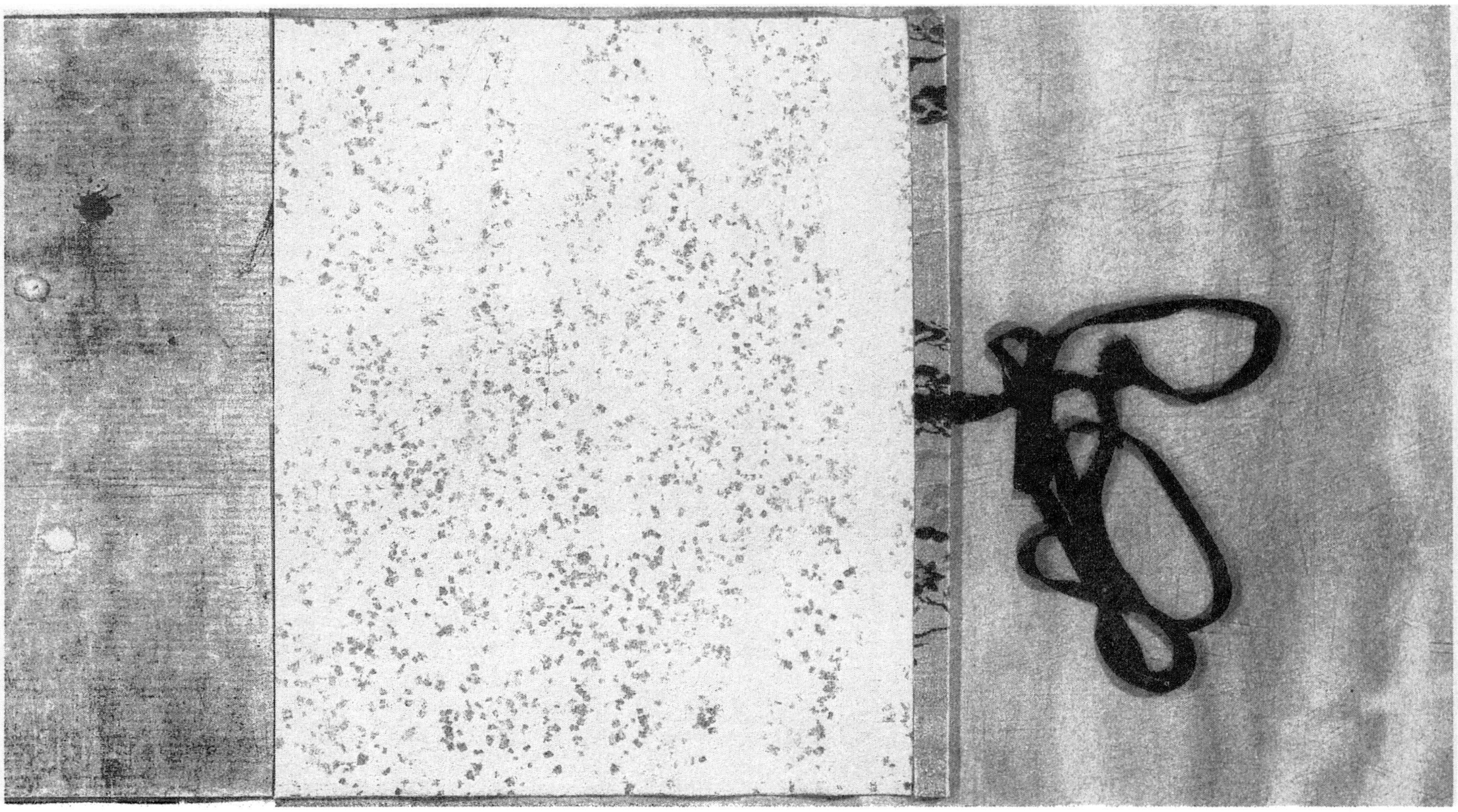

BD14001 號　大般若波羅蜜多經最勝天王會卷二　（24–1）

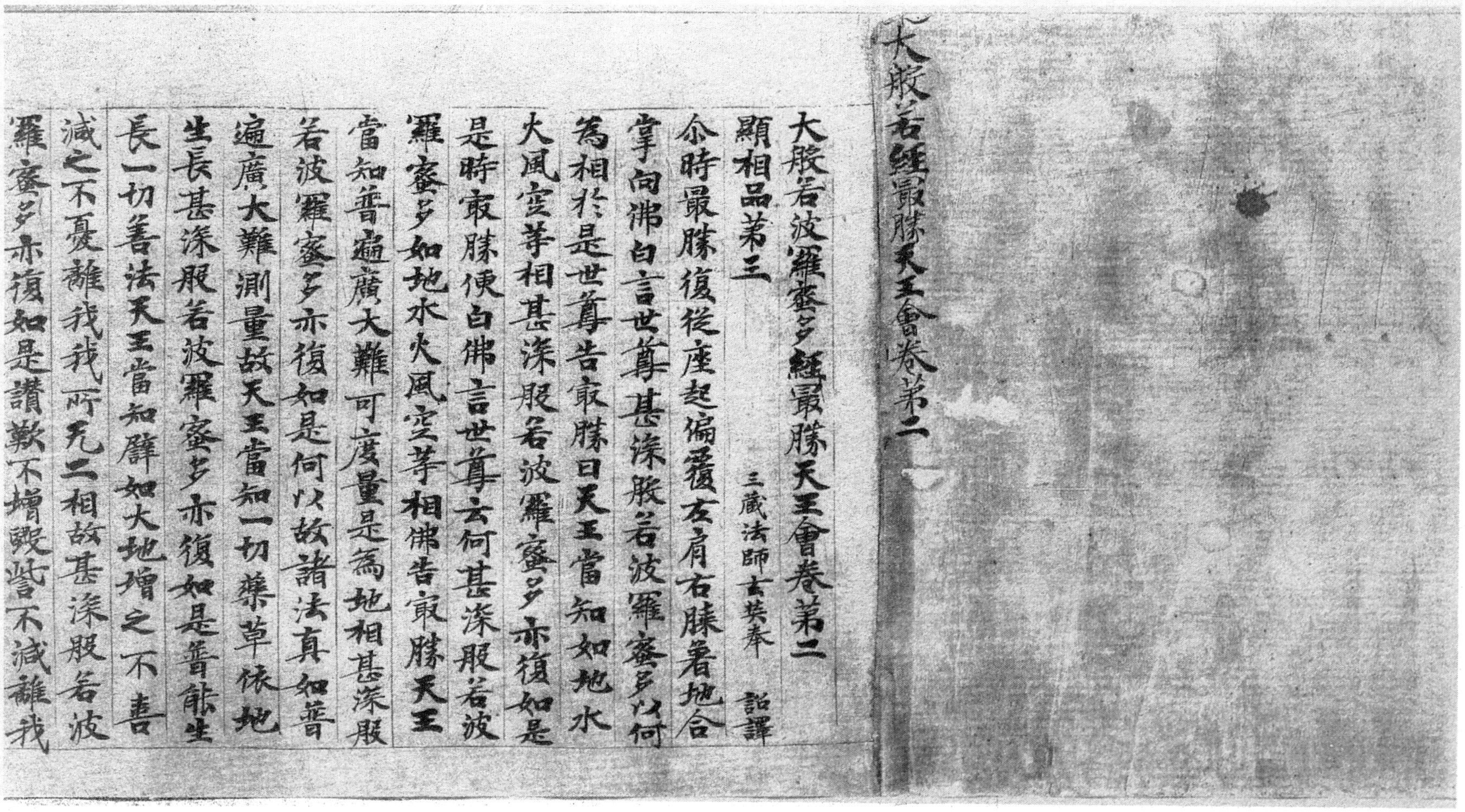

大般若經最勝天王會卷第二

大般若波羅蜜多經最勝天王會卷第二

顯相品第三　三藏法師玄奘奉　詔譯

尒時最勝復從座起偏覆左肩右膝著地合掌向佛白言世尊甚深般若波羅蜜多以何為相於是世尊告最勝曰天王當知如地水火風空等相甚深般若波羅蜜多亦復如是是時最勝便白佛言世尊云何甚深般若波羅蜜多如地水火風空等相佛告最勝天王當知普遍廣大難可度量是為地相甚深般若波羅蜜多亦復如是何以故諸法真如普遍廣大難測量故天王當知一切藥草依地生長甚深般若波羅蜜多亦復如是普能生長一切善法天王當知譬如大地增之不喜減之不憂離我我所无二相故甚深般若波羅蜜多亦復如是讚歎不增毀呰不減離我

BD14001 號　大般若波羅蜜多經最勝天王會卷二　（24–2）

遍廣大難測量故天王當知一切藥草依地
生長甚深般若波羅蜜多亦復如是普能生
長一切善法天王當知譬如大地增之不喜
減之不憂離我我所无二相故甚深般若波
羅蜜多亦復如是讚歎不增毀訾不減離我
我所无二相故又如大地世間往來舉足下足
无不依之甚深般若波羅蜜多亦復如是
若求善趣若向涅槃无不依止又如大地出
種種寶甚深般若波羅蜜多亦復如是出生
世間種種功德又如大地蟲蟻蚊虻種種皆
事不能傾動甚深般若波羅蜜多亦復如是
離我我所都无分別不可傾動又如大地若
聞師子龍為等聲終无驚怖甚深般若波
羅蜜多亦復如是一切天魔及外道等不能恐
懼何以故不見有我不見有法自性空故天
王當知譬如水大從高赴下水族所歸甚深
般若波羅蜜多亦復如是從真法界流趣世
間一切善法之所依止又如水大能潤草木
生於花菓甚深般若波羅蜜多亦復如是潤
諸等持生助道法成一切智得佛法果利益
安樂一切有情又如水大清草木根能使傾
拔隨流而去甚深般若波羅蜜多亦復如是
能滅一切見趣煩惱習氣根本永不復生又
如水大性本清潔无垢无濁甚深般若波羅
蜜多亦復如是體无煩惱故名清潔能離諸
惑故名无垢一相非異故名无濁如人夏熱

BD14001 號　大般若波羅蜜多經最勝天王會卷二　（24–3）

安樂一切有情又如水大清草木根能使傾
拔隨流而去甚深般若波羅蜜多亦復如是
能滅一切見趣煩惱習氣根本永不復生又
如水大性本清潔无垢无濁甚深般若波羅
蜜多亦復如是體无煩惱故名清潔能離諸
惑故名无垢一相非異故名无濁如人夏熱
遇水清涼熱惱有情得聞如是甚深般若波
羅蜜多必獲清涼離諸熱惱如人患渴得水
乃止求出世法得深般若波羅蜜多思願便
止又如泉池甚深難入如是般若波羅蜜多
諸佛境界甚深難入又如世間坑塪之處水
皆平等甚深般若波羅蜜多亦復如是於諸
獨覺聲聞異生皆悉平等又如淨水洗除垢
穢令得清淨如是菩薩通達般若波羅蜜多
離諸煩惱即得清淨何以故甚深般若波羅
蜜多自性清淨離諸惑故天王當知譬如火
大雖燒一切樹木藥草而不念言我能燒物
甚深般若波羅蜜多亦復如是雖能永滅一
切煩惱及諸習氣而不念言我能永滅又如
火大悉能成熟一切物類甚深般若波羅蜜
多亦復如是皆能成熟一切佛法又如火大
悉能枯竭諸濕物類甚深般若波羅蜜多
亦復如是皆能枯竭諸漏暴流令永不起又如
火聚在雪山頂雖能遠照一踰繕那乃至能
照十踰繕那而无是念我能照遠甚深般若
波羅蜜多亦復如是雖照聲聞獨覺菩薩而
亦不念我能照彼又如禽獸夜見火光恐怖

BD14001 號　大般若波羅蜜多經最勝天王會卷二　（24–4）

悲能枯竭諸濕物類甚深般若波羅蜜多
亦復如是皆能枯竭諸漏暴流令永不起又如
大聚在雪山頂雖能遠照一踰繕那乃至能
照十踰繕那而无是念我能照遠甚深般若
波羅蜜多亦復如是雖照聲聞獨覺菩薩而
亦不念我能照彼又如禽獸夜見火光恐怖
遠避薄福異生聲聞獨覺若聞般若波羅
蜜多恐懼捨離甚深般若波羅蜜多聞名尚
難況能脩學如夜遠涉迷失正路若見火光生
大歡喜知有聚落疾往趣之至便安隱永无
怖畏生死曠夜有福德人若聞般若波羅蜜
多生大歡喜受持讀誦永離煩惱心得安樂
如世間火貴賤皆同甚深般若波羅蜜多亦
復如是聖者異生平等皆有如婆羅門及
刹帝利咸供養火諸佛菩薩咸皆供養甚深
般若波羅蜜多又如小火能燒三千大千世界
甚深般若波羅蜜多亦復如是若聞一句則
能焚燒无量煩惱天王當知譬如風大能令
一切物類增長甚深般若波羅蜜多亦復如
是能令一切世出世間善法增長又如風大
若增盛時普能摧滅一切物類甚深般若波
羅蜜多亦復如是若脩增盛遍能摧滅盡无
煩惱又如風大能令熨熱皆得清涼甚深般
若波羅蜜多亦復如是能令煩惱熨熱有情
證得清涼涅槃常樂又如風大飄颯不停甚
深般若波羅蜜多亦復如是於一切法都无
所住天王當知甚深般若波羅蜜多離垢无

BD14001號　大般若波羅蜜多經最勝天王會卷二　（24-5）

羅蜜多亦復如是若脩增盛遍能摧滅盡无
煩惱又如風大能令熨熱皆得清涼甚深般
若波羅蜜多亦復如是能令煩惱熨熱有情
證得清涼涅槃常樂又如風大飄颯不停甚
深般若波羅蜜多亦復如是於一切法都无
所住天王當知甚深般若波羅蜜多離垢无
著寂靜无量无邊智慧平等通達諸法實
性如太虛空住无所住離境界相超尋伺等心
及心所都无分別无生无滅自性離故天王
當知諸菩薩摩訶薩行深般若波羅蜜多利
樂有情世間希有猶如日月一切受用謂如
涼月能除熱惱甚深般若波羅蜜多亦復如
是能除一切煩惱熱毒又如明月世間樂見
甚深般若波羅蜜多亦復如是一切聖賢之
所樂見又如白月日日增長諸菩薩衆行深
般若波羅蜜多從初發心乃至證得所求无
上正等菩提漸漸增長又如黑月日日減盡諸
菩薩衆行深般若波羅蜜多煩惱隨眠漸漸
減盡又如滿月諸婆羅門刹帝利等咸所讚
歎若善男子善女人等行深般若波羅蜜多
世間天人阿素洛等皆所讚歎又如月行遍
四洲界甚深般若波羅蜜多亦復如是於色
心等无處不遍又如淨月常自莊嚴甚深般
若波羅蜜多亦復如是性本清淨恒自莊嚴
何以故本性離深无生无滅遍一切法自性
離故譬如盛日雖破衆闇而不念言我能破
彼甚深般若波羅蜜多亦復如是雖破无始

BD14001號　大般若波羅蜜多經最勝天王會卷二　（24-6）

心等无處不遍又如淨月常自莊嚴甚深般
若波羅蜜多亦復如是性本清淨恒自莊嚴
何以故本性離染无生无滅遍一切法自性
離故譬如盛日雖破衆闇而不念言我能破
彼甚深般若波羅蜜多亦復如是雖破无始
一切隨眠而不念言我能破彼又如烈日雖
開蓮花而不念言我能開彼甚深般若波
羅蜜多亦復如是雖開菩薩摩訶薩心而不
念言我能開彼又如朧日雖照十方而不念言
我能遍照甚深般若波羅蜜多亦復如是雖
照无邊而无照相如見東方亦明相現則知
不久日輪當出若聞般若波羅蜜多當知是
人去佛不遠如瞻部洲諸善士女若見日出
生大忻慶若時世間有深般若波羅蜜多
名字出現一切聖賢皆大歡喜又如日出月及
星光皆悉不現若諸菩薩行深般若波羅
蜜多外道二乘所有功德皆悉不現又如日出
方見坑坎高下之處若諸菩薩行深般若波
羅蜜多世間乃知耶正之道何以故甚深般
若波羅蜜多自相平等无生无滅性遠離故
天王當知諸菩薩摩訶薩行深般若波羅蜜
多脩空行无所住著脩習明道滅除闇障
遠離惡友親近諸佛心心相續念佛无斷通
達平等隨順法界雖神通遊戲遍十方國而
身住本土都不動搖觀諸佛法猶如現見雖
在世間世法不染猶淤淫處所出蓮花如是
菩薩雖處生死甚深般若波羅蜜多巧便

遠離惡友親近諸佛心心相續念佛无斷通
達平等隨順法界雖神通遊戲遍十方國而
身住本土都不動搖觀諸佛法猶如現見雖
在世間世法不染猶淤淫處所出蓮花如是
菩薩雖處生死甚深般若波羅蜜多巧便
力故而不染著何以故甚深般若波羅蜜多
无生无滅自相平等不見不著性遠離故又如
蓮花不停水滴如是菩薩行深般若波羅蜜
多乃至少惡亦不暫住又如蓮花隨所在處
香氣氛馥如是菩薩行深般若波羅蜜多若
在人間或居天上城邑聚落悉具戒香又如
蓮花稟性清潔婆羅門等咸所寶愛如是
菩薩行深般若波羅蜜多天龍藥叉健達縛
等菩薩諸佛咸所愛敬又如蓮花初欲開發能
悅衆心如是菩薩行深般若波羅蜜多含咲
先言遠離嚬蹙令衆歡喜又如蓮花夢中見
者亦是吉相諸人天等乃至夢中聞見菩薩
行深般若波羅蜜多亦是吉祥況真聞見又
如蓮花初始生位人非人等咸所愛護如是
菩薩始學般若波羅蜜多諸佛菩薩釋梵
天等共所衛護天王當知諸菩薩摩訶薩行深
般若波羅蜜多興如是心我當如理通達一
切波羅蜜多教化有情圓滿佛法菩提樹下
坐金剛座證得无上正等菩提轉妙法輪具
十二種微妙行相世間沙門婆羅門等天魔
釋梵所不能轉化度十方无量无數无邊世
界一切有情從生死海平等濟拔安置般若

切波羅蜜多教化有情圓滿佛法菩提樹下
坐金剛座證得无上正等菩提轉妙法輪具
十二種微妙行相世間沙門婆羅門等天魔
釋梵所不能轉化度十方无量无數无邊世
界一切有情從生死海平等濟拔安置般若
波羅蜜多无歸依者為作歸依无救護者為
作救護欲見佛者令得見佛作師子吼遊戲
神通歎佛功德令衆渴仰其心清淨終不動
搖意无諂曲遠離邪念所謂不念二乘之法
盡諸隨眠无復煩惱身无偽行離邪威儀口
无詭言如實而說受恩常感輕恩重報心不
懷憾口恒柔語如是脩習清淨之心不見能
汙及所汙法无二無別自性離故天王當知
諸菩薩摩訶薩行深般若波羅蜜多信解如
來三種清淨謂諸菩薩作是思惟契經中說
如來身淨所謂法身寂靜身无等等身
无量身不共身金剛身於此決定心无疑惑是
名信解如來身淨復次思惟契經中說如來
語淨如為異生受記作佛亦為菩薩受作佛
記信如是語理不相違所以者何如來永離
一切過失盡諸隨眠无復煩惱寂靜清淨若
天魔梵及諸沙門婆羅門等能得如來語業
失者无有是處是名信解如來語淨復次思
惟契經中說如來意淨諸佛世尊心所思法
聲聞獨覺菩薩天人及餘有情无能知者何
以故如來之心甚深難入離諸尋伺非思量

BD14001號　大般若波羅蜜多經最勝天王會卷二　（24–9）

天魔梵及諸沙門婆羅門等能得如來語業
失者无有是處是名信解如來語淨復次思
惟契經中說如來意淨諸佛世尊心所思法
聲聞獨覺菩薩天人及餘有情无能知者何
以故如來之心甚深難入離諸尋伺非思量
境无量无邊同虛空界如是信知心不疑惑
是名信解如來意淨天王當知諸菩薩摩訶
薩行深般若波羅蜜多作是思惟如佛所說
諸菩薩摩訶薩為諸有情荷負重擔堅固无
退不怖不疲次第脩行布施淨戒安忍精進
靜慮般若方便善巧妙願力智波羅蜜多成
就佛法无障无礙无邊无等不共之法所言
決定其性勇猛成就如來廣大事業是諸
菩薩於彼事中无惑无疑深心信受天王當
知諸菩薩摩訶薩行深般若波羅蜜多作是
思惟如佛所說諸菩薩摩訶薩行深般若波
羅蜜多究竟安坐妙菩提座能得无礙清淨
天眼天耳他心宿住隨念漏盡智通於一念
頃以平等智通達三世如實觀察一切世間
如是有情具身惡行語惡行意惡行毀謗聖
賢由邪見造邪業身壞命終當墮惡趣如是
有情具身妙行語妙行意妙行稱讚聖賢
由正見造正業身壞命終當生善趣如實觀察
有情界已作是念言我昔發願行菩薩道自
覺覺他此願應滿是諸菩薩於彼事中无惑
无疑如實信受天王當知諸菩薩摩訶薩成
佛之所名為覺最法自覺故名為正覺能覺

BD14001號　大般若波羅蜜多經最勝天王會卷二　（24–10）

有情界已作是念言我昔發願行菩薩道自
覺覺他此願應滿是諸菩薩於彼事中无惑
无疑如實信受天王當知諸菩薩摩訶薩成
佛之所名為覺處能自覺故名為正覺能覺
有情名正遍覺天王當知是諸菩薩行深般
若波羅蜜多信知如來出興于世利益安樂
一切有情天王當知諸菩薩摩訶薩行深般
若波羅蜜多聞說一乘能深信受何以故諸
佛所說真實不虛種種餘乘皆佛乘出如贍
部洲雖有種種城邑聚落並屬此洲如是諸
乘雖有種種名相差別皆屬佛乘此諸菩薩
復作是念諸佛世尊方便善巧種種說法皆
實不虛何以故諸佛說法隨眾根性雖說三
乘而實一道此諸菩薩復作是念諸佛世尊
凡所說法音聲深遠真實不虛何以故釋梵
天等有少功德尚復能出深遠音聲何況如
來无量億劫積集功德聲不深遠此諸菩薩
復作是念如來說法不違眾根上中下品皆
使成就有情各謂獨為我說而佛本來无說
无示此諸菩薩於如是事无惑无疑深心信
解天王當知諸菩薩摩訶薩行深般若波羅
蜜多得微細心作如是念世間常有大火熾
然謂貪瞋癡為火煙暗云何當使一切有情
從此世間皆得出離若能通達諸法平等无
染著心名為出離如實知法如幻夢等善觀
因緣而不分別天王當知諸菩薩摩訶薩行

BD14001 號　大般若波羅蜜多經最勝天王會卷二　（24–11）

蜜多得微細心作如是念世間常有大火熾
然謂貪瞋癡為火煙暗云何當使一切有情
從此世間皆得出離若能通達諸法平等无
染著心名為出離如實知法如幻夢等善觀
因緣而不分別天王當知諸菩薩摩訶薩行
深般若波羅蜜多作是思惟諸法无本而有
業果諸佛菩薩凡所發言我應知意既知意
已即思量義思量義已即見真實見真實已
濟度有情天王當知諸菩薩摩訶薩行深般
若波羅蜜多方便善巧為眾說法謂說諸
法无我有情命者生者養者士夫補特伽羅意
生儒童作者受者知者見者如是諸法空无
所有非自在性虛妄分別因緣合故无生似生
天王當知若說諸法无我有情乃至見者
為稱理說若說諸法空无所有乃至似生亦
稱理說天王當知夫其說法隨順法相是名
稱理若諸所說不違法相與法相應能入平
等顯現義理名巧便說天王當知諸菩薩摩
訶薩行深般若波羅蜜多得无礙辯謂若无
著辯若无盡辯若相續辯若不斷辯不怯弱
辯不驚怖辯不共餘辯无邊際辯一切天人
所愛重辯天王當知諸菩薩摩訶薩行深般
若波羅蜜多得清淨辯謂不嘶喝辯不迷
亂辯不怖畏辯不憍慠辯義具足辯味具足
辯不拙澀辯應時分辯天王當知是菩薩摩
訶薩行深般若波羅蜜多遠離大眾威德畏故
辯不斷[illegible]明了[illegible]不忘失辯不迷亂善

BD14001 號　大般若波羅蜜多經最勝天王會卷二　（24–12）

所愛重辯天王當知諸菩薩摩訶薩行深般
若波羅蜜多得清淨辯謂不嘶喝辯不迷
乱辯不怖畏辯不憍慢辯義具足辯味具足
辯不拙澀辯應時分辯天王當知是菩薩摩
訶薩行深般若波羅蜜多遠離大衆威德畏故
辯不嘶喝堅住明了不怯智故辯不迷乱菩
薩處衆如師子王无恐懼故辯不怖畏離煩
惱故辯不憍慢不說無義契法相故辯義具
足善解書論知文字故辯味具足多劫積習
巧便語故辯不拙澀如是說法善順三時謂
熱雨寒說无差乱亦順三分謂初中後說不
交雜由斯故說辯應時分天王當知是菩薩
摩訶薩行深般若波羅蜜多所得諸辯令衆
歡悅謂隨所化多爲愛語令咲先言遠離嚬
蹙發詞有義能稱如實諸有所說不欺誑人
所言决定種種樂說以柔耎語令衆歡悅容
色寬和使他親附隨義而說聞者悟解爲利
益故稱法相說平等爲說心无偏黨離虛
妄言作决定說種種樂說隨衆根性由此因緣
令衆歡悅天王當知是菩薩摩訶薩行深般
若波羅蜜多成大威德所以者何非法器者
不得聞故尒時最勝便白佛言是諸菩薩甚
心平等云何不爲非器者說佛言天王甚深
般若波羅蜜多本性平等不見是器不見非
器不見能說不見所說有情虛妄見器非器
見說不說所以者何甚深般若波羅蜜多无
生无滅无分別相猶如虛空一切遍滿有情亦

不得聞故尒時最勝便白佛言是諸菩薩甚
心平等云何不爲非器者說佛言天王甚深
般若波羅蜜多本性平等不見是器不見非
器不見能說不見所說有情虛妄見器非器
見說不說所以者何甚深般若波羅蜜多无
生无滅无分別相猶如虛空一切遍滿有情亦
尒无生无滅聲聞獨覺菩薩如來亦復如
是无名字法假立名字謂是有情謂是般若
謂有能說謂有所說謂有聽者及所聽法勝
義諦中皆同一相所謂无相都无差別是諸
菩薩行深般若波羅蜜多威德重故雖常樂
說非器不聞天王當知甚深般若波羅蜜多
不爲非器諸有情說不爲外道惡見者說不
爲懈慢不信者說不爲求法貿易者說不爲
貪愛名利者說不爲嫉妬秘悋者說不爲生
盲聾瘂者說所以者何諸菩薩摩訶薩行深
般若波羅蜜多心无慳悋不秘深法於有情
類非无慈悲亦不棄捨諸有情類然有情類
宿殖善根得見如來及聞正法如來於法本
无說心亦不作意爲此爲彼但障重者雖近
如來而不見聞菩薩亦尒尒時最勝復白佛
言何等有情堪聞諸佛菩薩說法佛言天王
若具正信根性純熟堪爲法器於過去佛曾
種善根心无諂曲威儀齊整不求名利親近
善友利根聰明說文知義爲法精進不違聖
言此等有情堪聞諸佛菩薩說法天王當知
諸菩薩摩訶薩能作法師善巧說法云何巧

若具正信根性純熟堪為法器於過去佛曾
種善根心无諂曲威儀齊整不求名利親近
善友利根聰明説文知義為法精進不違聖
言此等有情堪聞諸佛菩薩説法天王當知
諸菩薩摩訶薩能作法師善巧説法云何巧
説謂為饒益諸有情故雖説佛法而説佛法
竟不可得雖説一切波羅蜜多而説一切波
羅蜜多竟不可得雖説菩提而説菩提竟不
可得雖説斷煩惱而説煩惱竟不可得雖説
證涅槃而説涅槃竟不可得雖説聲聞四向
四果而説聲聞四向四果竟不可得雖説獨
覺若向若果而説獨覺若向若果竟不可
得雖説斷我見而説我見竟不可得雖説有
業果而説業果竟不可得所以者何名字所得
皆非實法法非名字非言境界法不可思議
非心所量故名字非法法非名字但以世俗
虛妄假名而有所説无名字法説為名字名
字是空空无所有无所有者非真勝義非
勝義者即是虛妄愚夫之法天王當知是名
菩薩善巧説法諸菩薩摩訶薩行深般若波
羅蜜多以方便力得无㝵辯隨衆生根性宣
説如是甚深般若波羅蜜多令諸有情如實悟入

法界品第四

尒時最勝復從座起偏覆左肩右膝著地合
掌恭敬而白佛言世尊云何諸菩薩摩訶薩
學深般若波羅蜜多通達法界於是佛告最

BD14001號　大般若波羅蜜多經最勝天王會卷二　（24–15）

法界品第四

尒時最勝復從座起偏覆左肩右膝著地合
掌恭敬而白佛言世尊云何諸菩薩摩訶薩
學深般若波羅蜜多通達法界於是佛告最
勝天言善哉善哉諦聽諦聽極善作意吾
當為汝分別解説最勝天言唯然願説我等樂
聞佛告最勝天王當知諸菩薩摩訶薩學深
般若波羅蜜多有妙慧故親近善友發勤精
進離諸障惑心得清淨恭敬尊重樂習空行
遠離諸見脩如實道通達法界天王當知是
諸菩薩有妙慧故親近善友歡喜敬事如
真佛想以親近故離諸懈怠滅除一切惡不
善法生長善根既滅煩惱遠離障法身語
語業皆得清淨由清淨故便生敬重以敬重
心脩習空行脩空行故遠離諸見離諸見故
脩行正道脩正道故能見法界尒時最勝復白
佛言世尊云何名為法界佛告最勝天王當
知法界即是不虛妄性世尊云何不虛妄性
天王即是不變異性世尊云何不變異性天
王即是諸法真如世尊何謂諸法真如天王
當知真如深妙但可智知非言能説何以故
諸法真如過諸文字離語言境一切語業不
能行故離諸戲論絶諸分別无此无彼離相
无相遠離尋伺過尋伺境无想无相超過
二境遠離愚夫過愚夫境超諸魔事離諸
障惑非識所了住无所住寂靜聖智及无分別

BD14001號　大般若波羅蜜多經最勝天王會卷二　（24–16）

能行故離諸戲論絕諸分別无此无彼離相
无相遠離尋伺過尋伺境无想无相超過
二境遠離愚夫過愚夫境超諸魔事離諸
障惑非識所了住无所住寂静聖智及无分別
後得智境无我我所求不可得无取无捨无
染无著清淨離垢寂勝第一性常不變若佛
出世若不出世性相常住天王當知是爲法界
諸菩薩摩訶薩行深般若波羅蜜多脩證
法界多百千種難行苦行令諸有情皆得通
達天王是名實相般若波羅蜜多真如實際
无分別相不思議界亦名真空及一切智一切
相智不二法界尒時最勝便白佛言世尊云
何能證能得如是法界佛告最勝天王當知
出世般若波羅蜜多及後所得无分別智能
證能得世尊證得義有何異天王當知出世
般若波羅蜜多能如實見故名爲證後智通
達故名爲得尒時最勝復白佛言如佛所説
聞思脩慧豈不通達實相般若波羅蜜多而
復説有出世般若波羅蜜多及後所得无分
別智能證能得佛言不尒所以者何實相般
若波羅蜜多甚深微妙聞慧麁淺不能得
見是勝義故思不能量出世法故脩不能行天
王當知實相般若波羅蜜多甚深微妙異生
二乘所不能見何以故彼如生盲不見衆色
嬰兒七日不見日輪尚不能見況能證得天
王辟如夏熱有人西行在於曠野復有一人

BD14001 號　大般若波羅蜜多經最勝天王會卷二

（24–17）

見是勝義故思不能量出世法故脩不能行天
王當知實相般若波羅蜜多甚深微妙異生
二乘所不能見何以故彼如生盲不見衆色
嬰兒七日不見日輪尚不能見況能證得天
王辟如夏熱有人西行在於曠野復有一人
從西而至聞前人曰我今熱渴知何處有清水
樹蔭可見憂濟彼人荅曰從此東行當有二
路一左二右宜從右路漸次前行有清泉池
及涼蔭樹天王於意云何彼熱渴者雖聞如
是泉及樹名思惟往趣即除熱渴得清涼不
不也世尊彼至入池洗飲息樹方離熱渴乃
得清涼佛言天王如是如是聞思脩慧不能
通達實相般若波羅蜜多天王當知所言曠
野即喻生死人喻有情熱喻衆惑渴喻貪
愛東來人者喻諸菩薩左路即喻非正直道
右路喻於一切智道諸菩薩衆行深般若波
羅蜜多善知生死正直之路泉喻般若波羅蜜
多樹喻大悲諸菩薩摩訶薩行二法故遠離
異生及二乘道天王當知甚深般若波羅蜜
多雖无形相而巧說故令諸有情能證能得
天王當知諸菩薩摩訶薩行深般若波羅蜜
多能如實知力无所畏不共法空亦如實
知諸戒定慧解脫解脫智見蘊空亦如實知
內空外空及內外空空空大空勝義等空
雖知諸法无不皆空而知空相亦不可得不取
空相不起空見不執空相不依止空菩薩如

BD14001 號　大般若波羅蜜多經最勝天王會卷二

（24–18）

知諸弍定慧解脫解脫智見蘊空亦如實知
內空外空及內外空空空大空勝義等空
雖知諸法无不皆空而知空相亦不可得不取
空相不起空見不執空相不依止空菩薩如
是不取著故於空不墮天王當知諸菩薩摩
訶薩行深般若波羅蜜多遠離諸相謂都不
見內外諸相離戲論相離分別相離尋求相
離貪著相離境界相離攀緣相離諸能知
及所知相尒時最勝復白佛言若諸菩薩摩訶
薩衆行深般若波羅蜜多能如是觀諸法无
相佛薄伽梵復云何觀佛言天王諸佛境界
不可思議何以故離境界故一切有情思量佛
境心則狂亂不知此彼何以故同虛空性不
可思量求不可得離尋伺境諸菩薩衆行
深般若波羅蜜多尚不見有異生境等可得
思量況佛境界亦不依心一切妙願雖行種
種布施淨戒安忍精進靜慮般若波羅蜜多
而於彼果都无所著於諸功德乃至湼槃亦
不依著何以故離我我所无二无別自性離
故佛說如是甚深般若波羅蜜多大法門時
令此三千大千世界六種變動妙高山王日
真隣陁山大目真隣陁山金剛輪圍山大金
剛輪圍山香山寶山黑山大黑山皆悉振動
无量百千諸菩薩衆皆脫上服為佛敷座
其處高如妙高山无量百千釋梵護世諸天
王等合掌恭敬散衆妙花謂妙音花大妙

BD14001 號　大般若波羅蜜多經最勝天王會卷二　（24–19）

真隣陁山大目真隣陁山金剛輪圍山大金
剛輪圍山香山寶山黑山大黑山皆悉振動
无量百千諸菩薩衆皆脫上服為佛敷座
其處高如妙高山无量百千釋梵護世諸天
王等合掌恭敬散衆妙花謂妙音花大妙
音花及吉祥花大吉祥花青黃赤白紅紫蓮
花時鷲峯山縱廣四十踰繕那量積花遍滿
至如來膝无量天子住虛空中奏諸天樂唱如
是言再覩佛興世再聞轉法輪善哉贍部洲
一切有情類勤脩功德多種善根得聞如是
甚深般若波羅蜜多況復當來有能信者
當知如是一切有情悉行諸佛如來境界復有
无量百千龍王即以神力普興大雲降澍香
雨灑鷲峯山遍及三千大千世界諸聽法者
唯覺香潤不見霑濕无量龍女悉於佛前
合掌讚歎復有无量健達縛神以妙樂音而
供養佛諸藥叉衆散諸妙花阿素洛等供養
恭敬十方无量无邊佛土无數如來應正等
覺眉間毫相皆放光明照此三千大千世界幽
暗之處无不大明遍鷲峯山其光赫弈作斯
事已各還本界右繞三帀入佛頂中无量百
千婆羅門衆及刹帝利長者居士各以種種
塗香末香幢蓋幡花而供養佛尒時會中七
十二億菩薩摩訶薩得无生法忍无量百千
諸有情類遠塵離垢生淨法眼无量百千諸
有情類皆發无上正等覺心
尒時最勝復白佛言甚深般若波羅蜜多既

BD14001 號　大般若波羅蜜多經最勝天王會卷二　（24–20）

塗香抹香幢蓋幡花而供養佛尒時會中七
十二億菩薩摩訶薩得无生法忍无量百千
諸有情類遠塵離垢生淨法眼无量百千諸
有情類皆發无上正等覺心
尒時最勝復白佛言甚深般若波羅蜜多既
絶語言離諸文字云何菩薩摩訶薩行深般
若波羅蜜多為諸有情說如是法佛告最勝
天王當知諸菩薩摩訶薩行深般若波羅蜜
多為諸有情說如是法為修習佛法而諸佛
法畢竟不可得為成熟諸波羅蜜多而諸波
羅蜜多畢竟不可得為清淨佛菩提而佛
菩提畢竟不可得為離滅涅槃而離滅涅槃畢
竟不可得為四沙門果而四沙門果畢竟不
可得為獨覺菩提而獨覺菩提畢竟不可得
為斷除我取而我及取畢竟不可得是菩薩
摩訶薩行深般若波羅蜜多心不分別一切
法相我能分別及所分別皆不可得隨順般
若波羅蜜多不違生死雖在生死不違般若
波羅蜜多隨順法相尒時最勝便白佛言諸
菩薩摩訶薩云何隨順甚深法相不違世俗
佛言天王菩薩隨順甚深般若波羅蜜多不
遠離色受想行識不遠離欲界色界无色界
不遠離法而无取着隨順般若波羅蜜多不
遠離道何以故具大方便善巧力故於是最
勝復白佛言何謂菩薩方便善巧佛言天王
謂四无量諸菩薩摩訶薩具大慈悲喜捨

BD14001 號　大般若波羅蜜多經最勝天王會卷二

（24–21）

遠離色受想行識不遠離欲界色界无色界
不遠離法而无取着隨順般若波羅蜜多不
遠離道何以故具大方便善巧力故於是最
勝復白佛言何謂菩薩方便善巧佛言天王
謂四无量諸菩薩摩訶薩具大慈悲喜捨
故常能利樂所化有情是為菩薩方便善巧
世尊云何此名四大天王當知諸菩薩摩訶
薩行深般若波羅蜜多具无邊慈无分別慈
諸法性慈不休息慈无惱害慈廣饒益慈平
等性慈遍利樂慈出世間慈如是等類名為
大慈天王當知諸菩薩摩訶薩行深般若波
羅蜜多見諸有情具種種苦无歸依處為欲
濟拔發菩提心勤求正法既自得已為有情
說諸慳貪者教行布施无戒破戒教受持戒
性暴惡者教修忍辱懶惰懈怠教行精進散
亂心者教行靜慮諸愚癡者教學妙慧為
度有情雖遭種種極苦難事終不捨離大菩
提心如是等類名為大悲天王當知諸菩薩摩
訶薩行深般若波羅蜜多作是思惟三界熾
火我已出離故生歡喜久相纏繫生死之繩
我已斷截故生歡喜於生死海尋伺取相我
已永出故生歡喜无始所墜憍慢之幢我已
摧折故生歡喜以金剛智破煩惱山令永散
滅故生歡喜我自安隱復安隱他愚癡黑暗
貪瞋慢等煩惱繫縛久寐世間今始得覺
故生歡喜我今已免一切惡趣復能濟拔惡趣

BD14001 號　大般若波羅蜜多經最勝天王會卷二

（24–22）

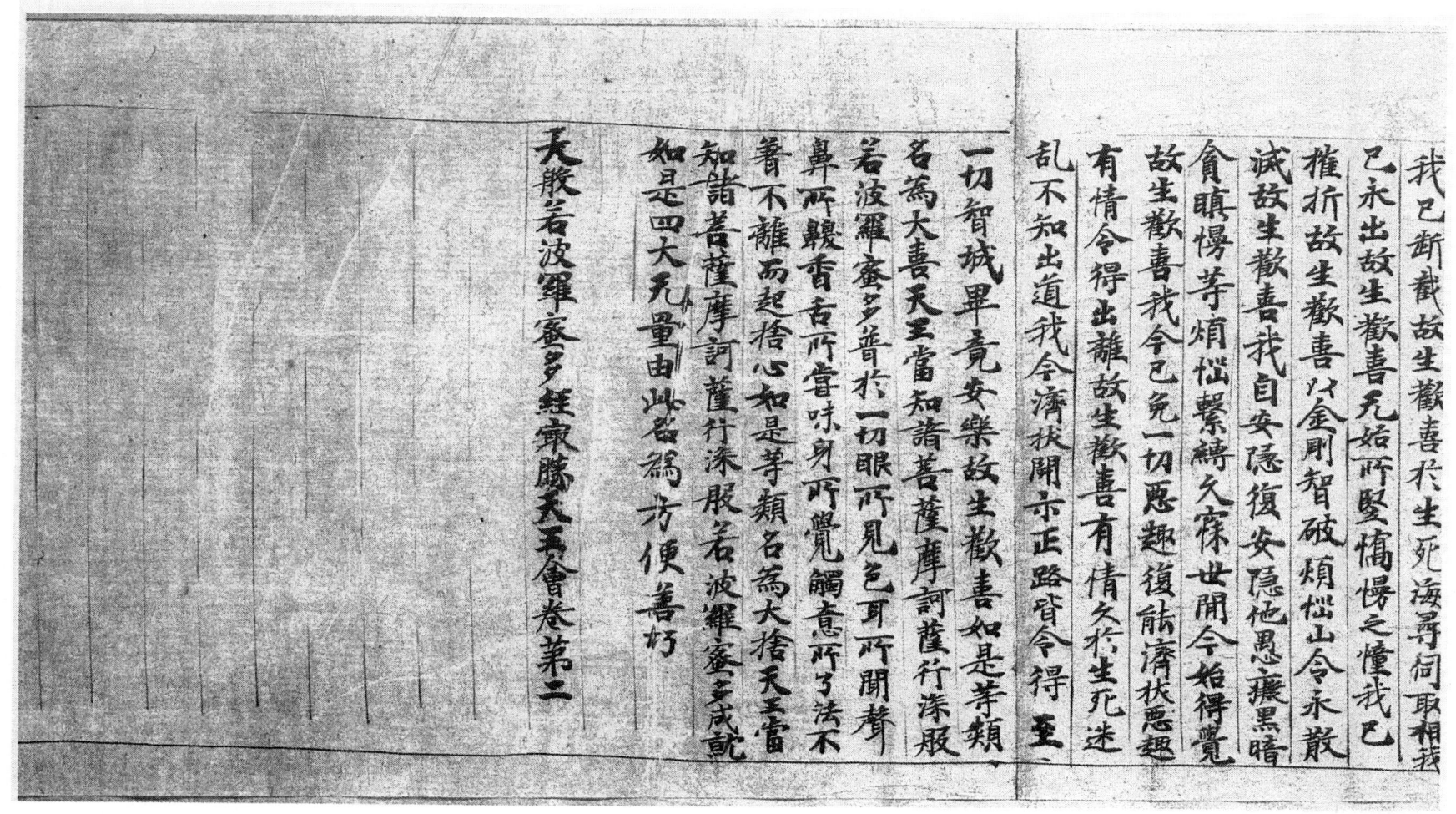

我已斷截故生歡喜於生死海尋伺取相我
已永出故生歡喜无始所堅憍慢之幢我已
摧折故生歡喜以金剛智破煩惱山令永散
滅故生歡喜我自安隱復安隱他愚癡黑暗
貪瞋慢等煩惱繫縛久寐世間今始得覺
故生歡喜我今已免一切惡趣復能濟拔惡趣
有情令得出離故生歡喜有情久於生死迷
亂不知出道我今濟拔開示正路皆令得至
一切智城畢竟安樂故生歡喜如是等類
名為大喜天王當知諸菩薩摩訶薩行深般
若波羅蜜多普於一切眼所見色耳所聞聲
鼻所齅香舌所嘗味身所覺觸意所了法不
著不離而起捨心如是等類名為大捨天王當
知諸菩薩摩訶薩行深般若波羅蜜多成就
如是四大无量由此名為方便善巧

大般若波羅蜜多經最勝天王會卷第二

BD14001 號　大般若波羅蜜多經最勝天王會卷二　（24–23）

知諸菩薩摩訶薩行深般若波羅蜜多成就
如是四大无量由此名為方便善巧

大般若波羅蜜多經最勝天王會卷第二

BD14001 號　大般若波羅蜜多經最勝天王會卷二　（24–24）

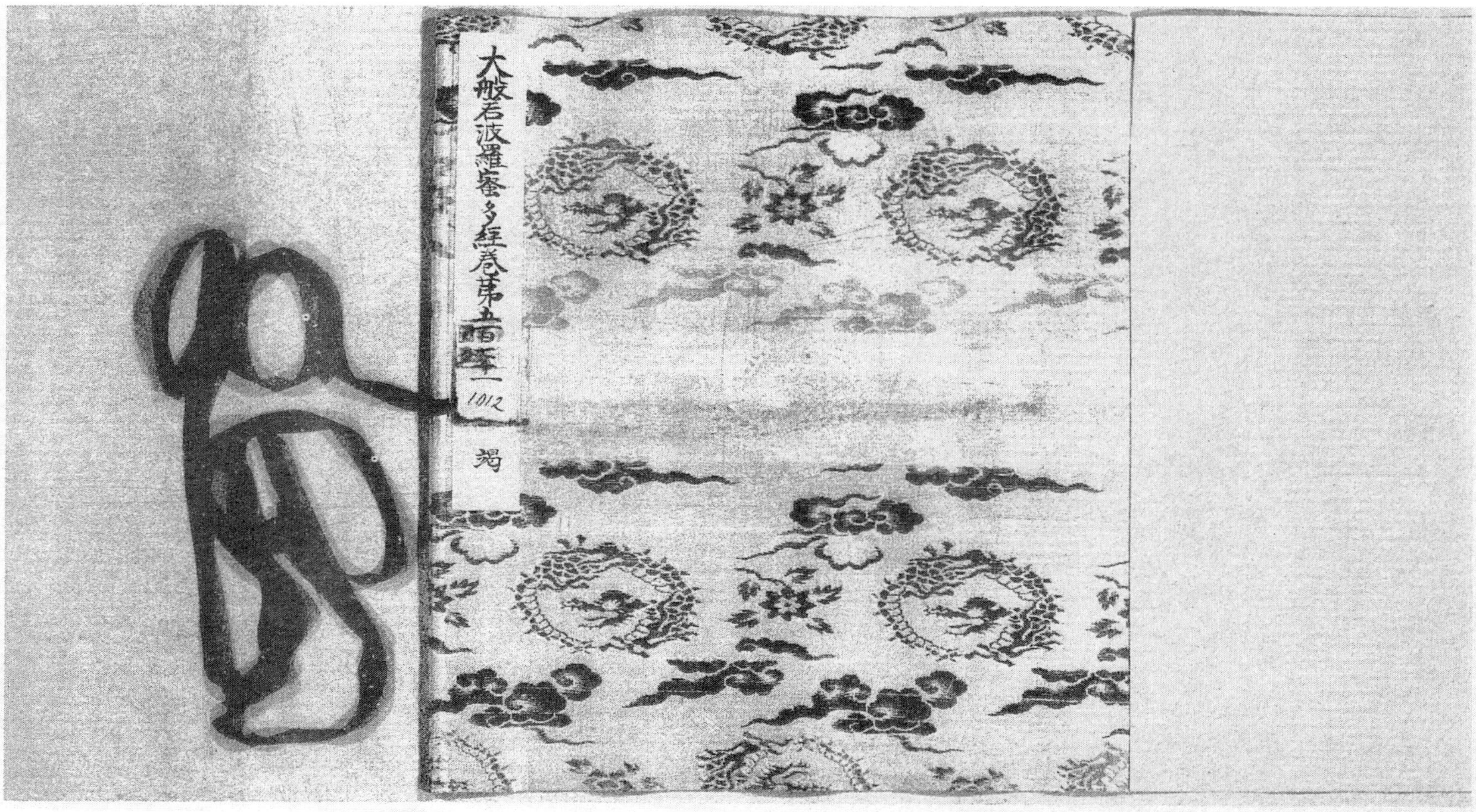

BD14002 號背　現代護首　　　　　　　　　　（1–1）

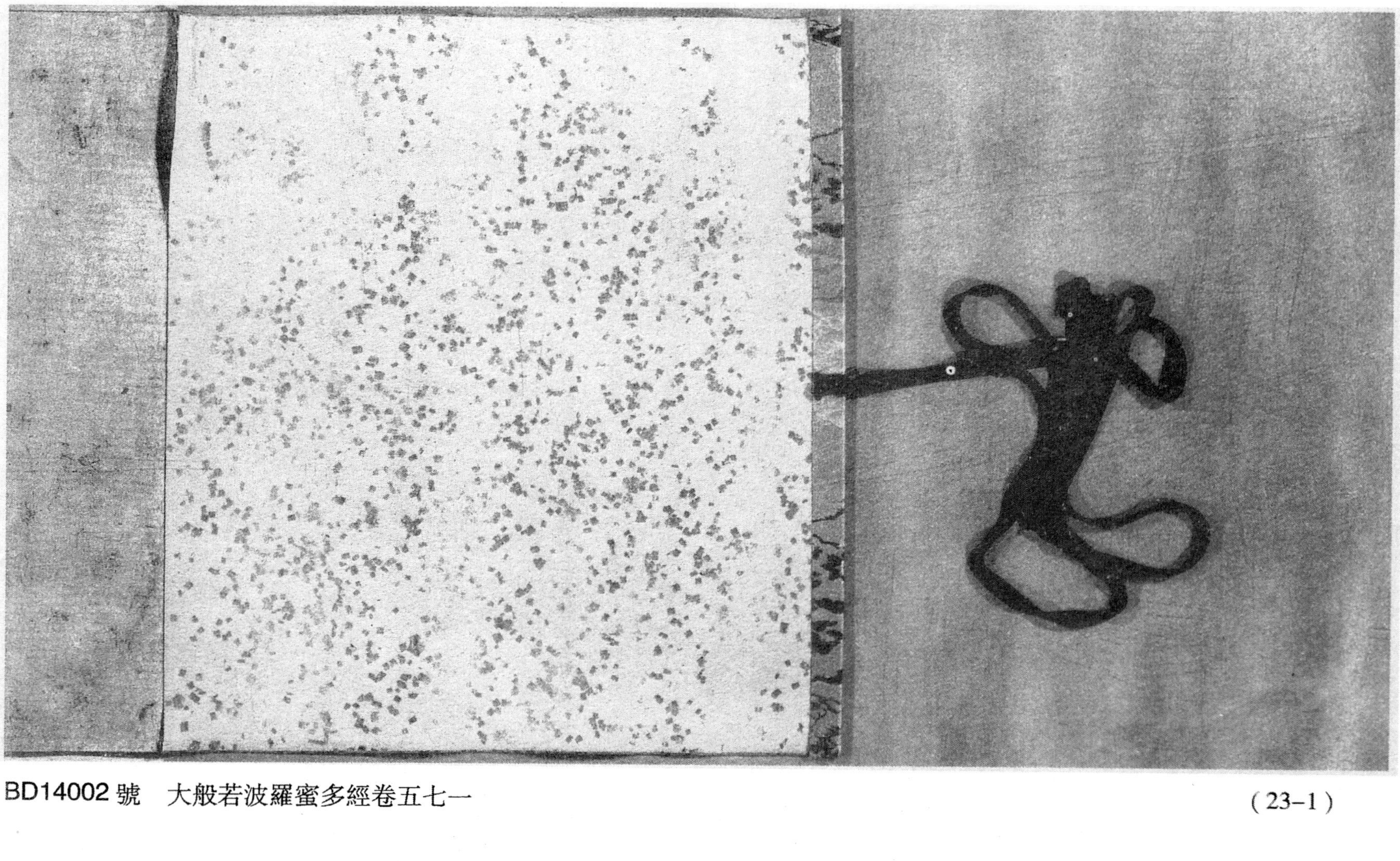

BD14002 號　大般若波羅蜜多經卷五七一　　　　　　　　　　（23–1）

大般若波羅蜜多經卷第五百七十一　五十八　恩

大般若波羅蜜多經卷第五百七十一
第六分無所得品第九　三藏法師玄奘奉　詔譯
尒時會中有菩薩摩訶薩名為善思問最勝
曰佛授天王菩提記耶最勝答曰我雖受記而
猶夢等尒時善思復問最勝天王受記為
何所得最勝答曰我雖受記而無所得善思
復言無所得者不得何法最勝報言無所得
者謂不得我不得有情乃至不得知者見者
不得諸蘊及諸界處若善若非善若雜染若清
淨若有漏若無漏若世間若出世間若有為
若無為若生死若涅槃於如是等皆無所得
善思又問若無所得用受記為最勝答言以

BD14002號　大般若波羅蜜多經卷五七一　（23–2）

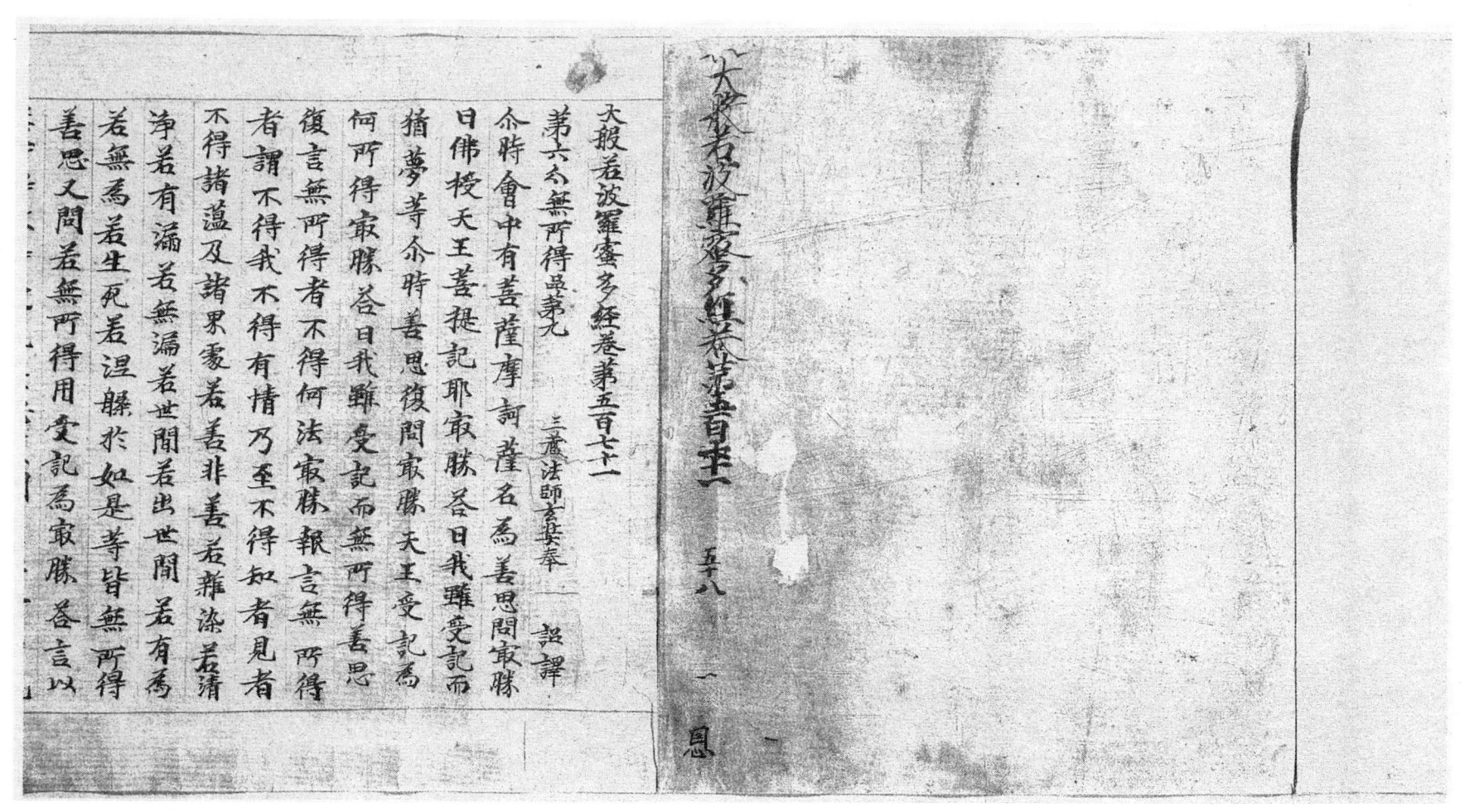

復言無所得者不得何法最勝報言無所得
者謂不得我不得有情乃至不得知者見者
不得諸蘊及諸界處若善若非善若雜染若清
淨若有漏若無漏若世間若出世間若有為
若無為若生死若涅槃於如是等皆無所得
善思又問若無所得用受記為最勝答言以
無所得故得受記善思復問若如天王所說
義者便有二智一無所得二得受記最勝答
言若有二者則無受記所以者何佛智無二
諸佛世尊以不二智授菩提記善思又言若
智不二云何而有授記受記最勝答言授記
受記其際無二善思復言無二際者云何有
記最勝答言達無二際即為有記善思復問
天王今者住何際中而得受記最勝答言我
住我際住有情際乃至知者見者際中而得
受記善思復問此我際等當於何求最勝答
言當於諸佛解脫際求善思又問佛解脫際
復於何求最勝答曰當於無明有愛際求善
思又問無明有愛復於何求最勝答曰當於
畢竟不生際求善思又問此不生際復於何
求最勝答曰此際當於無知際求善思又問
無知際者即無所知云何此際當於彼求最
勝答曰若有所知求不可得以無知故於彼
際求善思又問此際離言云何可求最勝答
曰以語言斷是故可求善思又問此語言云
何斷最勝答曰諸法依義不依語故善思又
問云何依義最勝答曰不見義相善思又問
云何不見最勝答曰不起分別義是所依我
為能依無此二事故名不見善思又問若不

BD14002號　大般若波羅蜜多經卷五七一　（23–3）

曰以語言斷是故可求善思又問此語言云
何斷最勝答曰諸法依義不依語故善思又
問云何依義最勝答曰不見義相善思又問
云何不見最勝答曰不起分別義是所依我
爲能依無此二事故名不見善思又問若不
見義此何所求最勝答曰無見無取故名爲
求善思又問法可求者即爲有求最勝答曰
是義不然夫求法者實無所求何以故若實
可求即爲非法善思又問何者是法最勝答
曰法無文字亦離語言善思又問離文言中
何者是法最勝答曰性離文言心行處滅是
名爲法一切法性皆不可說其不可說亦不
可說若有所說即是虛妄虛妄法中都無實
法善思又問諸佛菩薩常有言說皆虛妄耶
最勝答曰諸佛菩薩從始至終不說一字云
何虛妄善思又問若有所說當有何咎最勝
答曰有語言咎善思又問語言何咎最勝答
曰有思議咎善思又問何法無咎最勝答曰
有說無說不見二相是則無咎善思又問咎
何爲本最勝答曰能執爲本善思又問執何
爲本最勝答曰著心爲本善思又問著何爲
本最勝答曰虛妄分別爲本善思又問虛妄
分別以何爲本最勝答曰攀緣爲本善思又
問何所攀緣最勝答曰攀緣色聲香味觸法
善思又問云何無緣最勝答曰若離愛取則
無所緣以是義故如來常說諸法平等不可
攀緣說此法時五千苾芻遠塵離垢生淨法
眼復有一万二千菩薩得無生忍無量無邊

BD14002號　大般若波羅蜜多經卷五七一　（23-4）

問何所攀緣最勝答曰攀緣色聲香味觸法
善思又問云何無緣最勝答曰若離愛取則
無所緣以是義故如來常說諸法平等不可
攀緣說此法時五千苾芻遠塵離垢生淨法
眼復有一万二千菩薩得無生忍無量無邊
諸有情類俱發無上正等覺心
尒時最勝即從座起偏覆左肩右膝著地合
掌恭敬而白佛言諸善男子善女人等聞深
般若波羅蜜多云何未發菩提心者即能發
心皆悉成就得不退轉行常勝進而無退墮
佛言天王諦聽諦聽極善作意當爲汝說最
勝白言善哉大聖唯然願說我等樂聞佛告
最勝天王當知若善男子善女人等聞深般若
波羅蜜多以純淨意發菩提心正信具足
親近賢聖樂聞正法遠離嫉慳常脩寂靜好
行惠施心無限礙離諸穢濁正信業果心不
猶豫如實了知黑白業果設爲身命終不作
惡是善男子善女人等如是脩行甚深般若
波羅蜜多則能遠離十惡業道心常繫念十
善業道是善男子善女人等行深般若波羅
蜜多方便善巧若見沙門婆羅門等正行精
進戒品清潔多聞解義常起正念心性調柔
寂靜無亂恒爲愛語勤脩諸善遠離衆惡
於自不高於他不陵離麁惡語遠無義言不捨
念住其心調直能斷異流善抜毒箭於諸
重擔悉能棄捨超出無服越度後有是善男子
善女人等行深般若波羅蜜多方便善巧見
此菩薩則應親附依爲善友時此菩薩方便
善巧隨其所宜而爲說法汝等當知能行施

BD14002號　大般若波羅蜜多經卷五七一　（23-5）

於自不高於他不蔑離麤惡語遠無義言不捨
念住其心調直能斷異流善扶妻前於諸
重發慈能柔捨起出無眼越度後有是善男子
善女人等行深般若波羅蜜多方便善巧見
此菩薩則應親附依為善友時此菩薩方便
善巧隨其所宜而為說法汝等當知能行施
者當得富樂受持淨戒尊貴生天聽聞正法
獲大智慧復告之言此是布施此布施果此
是慳悋此慳悋果此是淨戒此淨戒果此是
犯戒此犯戒果此是安忍此安忍果此是忿
恚此忿恚果此是精進此精進果此是懈怠
此懈怠果此是靜慮此靜慮果此是散亂此
散亂果此是妙慧此妙慧果此是愚癡此愚
癡果此身善業此身善業果此身惡業此身
惡業果此語善業此語善業果此語惡業此
語惡業果此意善業此意善業果此意惡業
此意惡業果此法應作此法不應作若如是
脩感長夜樂不如是脩獲長夜苦是善男子
善女人等行深般若波羅蜜多方便善巧親
近善友得聞如是次第說法時此菩薩知是
法器則為宣說甚深般若波羅蜜多謂空無
相無願無作無生無滅無我有情廣說乃至
知者見者復為宣說甚深緣起謂因此法有
彼法生此法滅時彼法隨滅所謂無明緣行
行緣識識緣名色名色緣六處六處緣觸觸
緣受受緣愛愛緣取取緣有有緣生生緣老
死愁歎苦憂惱若無明滅則行滅乃至生滅
則老死愁歎苦憂惱滅時此菩薩行深般若
波羅蜜多方便善巧復作是說真實理中無

BD14002號　大般若波羅蜜多經卷五七一　（23–6）

彼法生此法滅時彼法隨滅所謂無明緣行
行緣識識緣名色名色緣六處六處緣觸觸
緣受受緣愛愛緣取取緣有有緣生生緣老
死愁歎苦憂惱若無明滅則行滅乃至生滅
則老死愁歎苦憂惱滅時此菩薩行深般若
波羅蜜多方便善巧復作是說真實理中無
有一法可生可滅何以故世間諸法皆因緣
生無我有情作者受者因緣和合說諸法生
因緣離散說諸法滅無一實法受生滅者虛
妄分別於三界中但有假名隨業煩惱受果
異熟若以般若波羅蜜多如實觀察則一
切法無生無滅無作無變若法無作是亦無行
則於諸法心無所著謂不著色受想行識不
著眼處乃至意處不著色處乃至法處不
著眼界乃至意界不著色界乃至法界不著眼
識界乃至意識界時此菩薩復作是說諸法
自性皆畢竟空寂靜遠離無取無著是善
男子善女人等因如是說行常勝進而無退墮
天王當知諸菩薩摩訶薩行深般若波羅蜜
多方便善巧樂見諸佛樂聞正法不墮卑賤
在所生處不離見佛聽受正法供養眾僧常
見諸佛勇猛精進志求正法不著有為妻子
僕使於資生具亦不貪著不染諸欲常依正
教脩佛隨念捨俗出家如教脩行傳為他說
雖為他說而不求報見聽法眾常起大慈於
有情類恒起大悲廣學多聞不惜身命常樂
遠離少欲喜足但採義理不滯言詞說法脩
行不專為己為有情類得無上樂謂佛菩提
大涅槃果天王當知諸菩薩摩訶薩行深般

BD14002號　大般若波羅蜜多經卷五七一　（23–7）

雖為他說而不求報見聽法眾常起大慈於
有情類恒起大悲廣學多聞不惜身命常樂
遠離少欲喜足但採義理不滯言詞說法脩
行不專為己為有情類得無上樂謂佛菩提
大涅槃界天王當知諸菩薩摩訶薩行深般
若波羅蜜多方便善巧如是脩行遠離放逸
勇猛精進攝護諸根若眼見色不著色相如
實觀察此色過患耳聲鼻香舌味身觸意
法亦尒若縱諸根名為放逸若能攝護名不放
逸是菩薩摩訶薩行深般若波羅蜜多方便
善巧調伏自心將護他意名不放逸遠離貪
欲心順善法尋伺瞋癡不善根本身語惡業
及二邪命一切不善皆悉遠離名不放逸是
菩薩摩訶薩行深般若波羅蜜多心常正念
名不放逸是菩薩摩訶薩知一切法信為上
首正信之人不墮惡趣心不行惡賢聖所讚
天王當知諸菩薩摩訶薩行深般若波羅蜜
多方便善巧如法脩行隨所生處常得值佛
遠離二乘安住正道得大自在成就大事謂
諸如來正智解脫是菩薩摩訶薩行深般若
波羅蜜多方便善巧欲求安樂常勤隨順一
切智道天王當知今此大眾得聞如是甚深
般若波羅蜜多已於過去無量大劫供養諸
佛脩集善根是故應當勤加精進勿令退失
若天人等能制諸根不著五欲遠離世間常
脩出世三業清淨習助道法名不放逸諸菩
薩摩訶薩行深般若波羅蜜多方便善巧正
信具足心不放逸勤脩精進令得勝法名不
放逸諸菩薩摩訶薩欲具正信心不放逸精

BD14002號　大般若波羅蜜多經卷五七一　（23–8）

佛脩集善根是故應當勤加精進勿令退失
若天人等能制諸根不著五欲遠離世間常
脩出世三業清淨習助道法名不放逸諸菩
薩摩訶薩行深般若波羅蜜多方便善巧正
信具足心不放逸勤脩精進令得勝法名不
放逸諸菩薩摩訶薩欲具正信心不放逸精
進正念當學般若波羅蜜多因是念智能疾
證得所求無上正等菩提諸菩薩摩訶薩行
深般若波羅蜜多方便善巧具足正信心不
放逸勤脩精進即得正念用是念智知有知
無云何有無若脩正行得正解脫是名為有若
脩邪行得正解脫是名為無眼等六根色等
六境世俗為有勝義為無精進菩薩能得菩
提是名為有懈怠菩薩得菩提者是名為無
說五取蘊皆從虛妄分別而生是名為有說
世俗法不由因緣自然而起是名為無說色無
常苦敗壞法是名為有若言常樂非敗壞
法是名為無受想行識亦復如是無明緣行
是名為有若離無明而行生者是名為無乃
至生緣老死愁歎苦憂惱亦復如是施得大
富是名為有得貧窮者是名為無受持淨戒
得生善趣是名為有生惡趣者是名為無乃
至脩慧能得成聖是名為有作愚夫者是名
為無若脩多聞能得大智是名為有得愚癡
者是名為無若脩正念能得出離是名為有
不得為無若行邪念不得出離是名為有能
得為無離我我所能得解脫是名為有執我
我所能得解脫是名為無若言虛空遍一切
處是名為有言五蘊中有真實我是名為無

BD14002號　大般若波羅蜜多經卷五七一　（23–9）

者是名為無若脩正念能得出離是名為有
不得為無若行邪念不得出離是名為有能
得為無離我我所能得解脫是名為有執我
我所能得解脫是名為無若言虛空遍一切
處是名為有言五蘊中有真實我是名為無
如實脩智能得解脫是名為有若著邪智能
得解脫是名為無離我等見能得空智是名
為有著我等見能得空智是名為無天王當
知諸菩薩摩訶薩行深般若波羅蜜多方
便善巧知世有無能脩平等了達諸法從因
緣生世俗故有不起常見知因緣法本性皆
空不生斷見於諸佛教如實通達天王當知
佛為菩薩略說四法謂世沙門婆羅門等及
長壽天多起常見為破彼執說行無常有諸
天人多貪著樂為破彼故說一切苦外道邪
見執身有我為破彼執說身無我增上慢者
謗真涅槃是故為說涅槃寂靜說無常者令
其志求究竟之法為說苦者令於生死遠離
願求說無我者為顯空門令其了達說寂靜
者令達無相離諸相執天王當知諸菩薩摩
訶薩行深般若波羅蜜多方便善巧如是脩
學於諸善法終無退墮速成無上正等菩提
尒時最勝復白佛言諸菩薩摩訶薩行深般
若波羅蜜多脩何等行護持正法佛告最勝
天王當知若菩薩摩訶薩行深般若波羅蜜
多行不違言尊重師長隨順正法心行調柔
志性純質諸根寂靜遠離一切惡不善法脩
勝善根名讚正法天王當知若菩薩摩訶薩
行深般若波羅蜜多脩身語意三業慈悲不

BD14002號　大般若波羅蜜多經卷五七一　（23-10）

若波羅蜜多脩何等行護持正法佛告最勝
天王當知若菩薩摩訶薩行深般若波羅蜜
多行不違言尊重師長隨順正法心行調柔
志性純質諸根寂靜遠離一切惡不善法脩
勝善根名讚正法天王當知若菩薩摩訶薩
行深般若波羅蜜多脩身語意三業慈悲不
徇利譽持戒清淨遠離諸見名讚正法天王
當知若菩薩摩訶薩行深般若波羅蜜多忍
不隨瞋恚癡怖行名讚正法脩習慚愧名讚
正法說法脩行皆如所聞名讚正法天王當知
三世諸佛為讚正法說陁羅尼擁護天王
及人王等令讚正法久住世間與諸有情作
大饒益陁羅尼曰
呾姪他何帝洛屬洛罰底（丁履反下悉同）帝剎
拏莎（去聲呼下悉同）窶荼者遮者遮析（丈熱反）尼
阿奈（去聲呼）若剎多剎多剎莲多剎也
莎訶陝赤尼羯洛鄔魯鄔魯罰底迦
羅跋底迦阿鞞奢底尼莎剎尼社闍
社闍赤底阿罰如尼罰尸罰多罰多
奴婆理尼鄔多奴悉沒栗底提罰多奴
悉沒栗底莎訶
天王當知此大神呪能令一切天龍藥叉健
達縛阿素洛揭路荼緊捺洛莫呼洛伽人非
人等一切有情皆得安樂此大神呪三世諸
佛為讚正法及護天王并人王等令得安樂
以方便力而宣說之是故天王及人王等為
令正法久住世故自身眷屬得安樂故國土
有情無災難故各應精勤至誠誦念如是則
令怨敵災難魔事法障皆悉銷滅由斯正法

BD14002號　大般若波羅蜜多經卷五七一　（23-11）

人等一切有情皆得安樂此大神呪三世諸
佛為讃正法及讃天王并人王等令得安樂
以方便力而宣說之是故天王及人王等為
令正法久住世故自身眷屬得安樂故國土
有情無災難故各應精勤至誠誦念如是則
令怨敵災難魔事法障皆悉銷滅由斯正法
久住世間與諸有情作大饒益說是般若波
羅蜜多大神呪時諸天宮殿山海大地皆悉
振動有八十千諸有情類俱發無上正等覺
心時最勝天踊躍歡喜以七寶網弥覆佛上
合掌恭敬復白佛言諸菩薩摩訶薩行深般
若波羅蜜多脩何等法能於無上正等菩提
心不移動佛告最勝天王當知若菩薩摩訶
薩行深般若波羅蜜多精勤脩習無礙大慈
無猒大悲成辦大事勤加精進學空等持亦
能精勤脩平等智方便善巧如實通達清淨
大智明了三世平等妙理無有障礙復三世
佛所行正道天王當知是菩薩摩訶薩行深
般若波羅蜜多脩如是法能於無上正等菩
提心不移動尒時最勝復白佛言諸菩薩摩
訶薩行深般若波羅蜜多脩何等法聞諸如
來不思議事不驚不怖亦不憂惱佛告最勝
天王當知若菩薩摩訶薩具足脩行妙慧妙
智親近善友樂聞深法了知諸法皆如幻等
悟世無常生必歸滅心無住著猶若虛空天
王當知是菩薩摩訶薩行深般若波羅蜜多
脩如是法聞諸如來不思議事不驚不怖亦
不憂惱尒時最勝復白佛言諸菩薩摩訶薩
行深般若波羅蜜多脩何等法於一切處能

BD14002號　大般若波羅蜜多經卷五七一　（23-12）

悟世無常生必歸滅心無住著猶若虛空天
王當知是菩薩摩訶薩行深般若波羅蜜多
脩如是法聞諸如來不思議事不驚不怖亦
不憂惱尒時最勝復白佛言諸菩薩摩訶薩
行深般若波羅蜜多脩何等法於一切處能
得自在佛告最勝天王當知若菩薩摩訶薩
行深般若波羅蜜多脩五神通具足無礙諸
解脫門靜慮無量方便般若波羅蜜多於一
切處能得自在尒時最勝復白佛言諸菩薩
摩訶薩行深般若波羅蜜多得何等門佛告
最勝天王當知若菩薩摩訶薩行深般若波
羅蜜多得妙智門則能悟入一切有情諸根
利鈍得妙慧門則能分別諸法句義得揔持
門了達一切語言音聲得無礙門能說諸法
畢竟無盡天王當知是菩薩摩訶薩行深般
若波羅蜜多得如是門尒時最勝復白佛言
諸菩薩摩訶薩行深般若波羅蜜多得何等
力佛告最勝天王當知若菩薩摩訶薩行深
般若波羅蜜多得寂靜力成就大悲故得精
進力成就不退故得多聞力成就大智故得
信樂力成就解脫故得脩行力成就出離故
得安忍力愛護有情故得菩提心力斷除我
見故得大悲力化導有情故得無生忍力成
就十力故天王當知是菩薩摩訶薩行深般
若波羅蜜多得如是等種種勝力說是法時
五百菩薩得無生忍八十千天子得不退轉一
万二千諸天子眾遠塵離垢生淨法眼四万
天人俱發無上正等覺心
第六分讚勸品第十

BD14002號　大般若波羅蜜多經卷五七一　（23-13）

身故得力慧不作導有情故得無生忍力成
就十力故天王當知是菩薩摩訶薩行深般
若波羅蜜多得如是等種種勝力說是法時
五百菩薩得無生忍八千天子得不退轉一
万二千諸天子衆遠塵離垢生淨法眼四万
天人俱發無上正等覺心

第六分證勸品第十

佛告最勝天王當知過去無量不可思議無
數大劫有佛名曰功德寶王十号圓滿國名
寶嚴劫名善觀其土豐樂無諸疾惱人天往
來不相限礙地平如掌無諸山陵堆阜瓦礫
荊棘毒刺遍生細草柔耎紺青如孔雀毛量
纔四指下足便靡舉步隨昇瞻博迦花悅意
花等及餘耎草周遍莊嚴不暑不寒四序調
適吠瑠璃寶以成其地時諸有情心性調善
三毒煩惱制伏不行彼佛世尊聲聞弟子一
万二千那庾多數菩薩弟子六十二億時人
壽三十六億那庾多歲或復中夭有城名
曰無垢莊嚴其城南北百二十八踰繕那量
東西八十踰繕那量城厚十六踰繕那量門
樓臺觀皆七寶成十千園苑以為嚴飾十千
小城周匝圍繞有四園苑妙花莊嚴悅意功
德孔雀遊戲於四時中歡娛適樂有四大池
七寶為岸縱廣正等半踰繕那純以紫金布
為階道其底遍布妙好金沙池中有水具八
功德寶花芬馥開列其中鳧鴈鴛鴦衆鳥遊
集岸列諸樹白檀赤檀尸利沙等上有鸚鵡
舍利衆鳥翔集遊戲有轉輪王名曰治世七
寶具足王四大洲已曾供養無量諸佛於諸

BD14002 號　大般若波羅蜜多經卷五七一　（23–14）

為階道其底遍布妙好金沙池中有水具八
功德寶花芬馥開列其中鳧鴈鴛鴦衆鳥遊
集岸列諸樹白檀赤檀尸利沙等上有鸚鵡
舍利衆鳥翔集遊戲有轉輪王名曰治世七
寶具足王四大洲已曾供養無量諸佛於諸
佛所深種善根大菩提心得不退轉內宮眷
屬七十千人形貌端嚴承事寶女咸發無上
正等覺心彼轉輪王具有千子大力勇健能
摧怨敵具二十八大丈夫相亦發無上正等
覺心尒時功德寶王如來將諸聲聞及菩薩
衆復與無量天龍藥叉健達縛阿素洛揭路
荼緊捺洛莫呼洛伽人非人等前後圍繞將
入無垢莊嚴大城時彼輪王七寶導從與其
千子內宮眷屬出城奉迎禮敬請入施設種
種微妙供養尒時世尊及諸眷屬受供養已
欲還本處治世輪王與七寶等出城奉送尋
即還宮時轉輪王忽自歎曰人身無常富貴如
夢諸根不缺正信尚難況值如來得聞妙
法不為希有如優曇花時彼千子知其父王
戀仰世尊樂聞正法即為營造牛頭栴檀廣
大妙臺七寶嚴飾其檀一兩直贍部洲此臺
南北長十三踰繕那東西復廣十踰繕那衆
寶莊嚴四角大柱於其臺下有千寶輪成已
共持奉獻其父時王受已而讚之言善哉善
哉快知我意欲詣佛所聽受正法千子尒時
復於臺內造師子座安處父王令諸宮人前
後圍繞其臺周帀垂妙金鈴懸繒幡蓋覆七
寶網復散種種珍異香花燒無價香香泥塗
飾時王千子各捧一輪猶若鵝王騰空詣佛

BD14002 號　大般若波羅蜜多經卷五七一　（23–15）

我快若我意欲詣佛所聽受正法千子從命
復於臺內造師子座安處父王令諸宮人前
後圍繞其臺周帀垂妙金鈴懸繒幡蓋寶七
寶網復散種種珎異香花燒無價香香泥塗
飾時王千子各捧一輪猶若鵝王騰空詣佛
安庠置地往如來所到已頂禮世尊雙足右
繞七匝退立一面時彼輪王內宮眷屬從寶
臺下王去寶冠及內眷屬皆脫寶履前詣佛
所頂禮雙足右繞七帀退坐一面尒時功德
寶王如來告治世言大王今者為聞正法來
至此耶時轉輪王即從座起整理裳服白言
世尊何等名為所聞正法佛讚王曰善哉善
哉汝今乃能為天人衆得利樂故問深正法
諦聽諦聽善思念之當為大王分別解說治
世白佛唯然願聞尒時世尊告彼王曰大王
當知諸菩薩摩訶薩行深般若波羅蜜多方
便善巧所達一切平等法性名為正法謂四
念住四正斷四神足五根五力七等覺支八
聖道支空無相無願等所達一切平等法性
名為正法尒時治世復白佛言世尊云何諸
菩薩摩訶薩行深般若波羅蜜多方便善巧
於大乘中恒得勝進而不退墮佛告治世天
王當知諸菩薩摩訶薩行深般若波羅蜜多
方便善巧因正信力而得勝進何者正信謂
知諸法不生不滅本性寂靜常能親近正行
之人不應作法終不造作心離亂聽受正
法不見彼說不見我聽勤脩正行疾行神通
有所堪能化有情類而終不見我有神通能
化有情彼受我化何以故諸菩薩摩訶薩行

知諸法不生不滅本性寂靜常能親近正行
之人不應作法終不造作心離亂聽受正
法不見彼說不見我聽勤脩正行疾行神通
有所堪能化有情類而終不見我有神通能
化有情彼受我化何以故諸菩薩摩訶薩行
深般若波羅蜜多方便善巧都不見我不見
有情二處平等則得勝進亦不退墮大王當
知諸菩薩摩訶薩行深般若波羅蜜多方便
善巧攝護諸根不令取著於資生具起無常
想知法寂靜命如假借大王當知如是菩薩
行深般若波羅蜜多於大乘中心不放逸大
王當知諸菩薩摩訶薩行深般若波羅蜜多
方便善巧於其夢中尚不忘失菩提之心化
諸有情令脩佛道持諸善根施有情類迴
向無上正等菩提見佛神力歡喜讚歎大王當
知如是菩薩行深般若波羅蜜多方便善巧
速成無上正等菩提是故大王當勤精進處
尊貴位莫生放逸若菩薩摩訶薩欲求法者
勿著五欲何以故一切異生於欲無猒得聖
智者則能捨之人身無常壽量短促大王今
者應善了知猒離世間求出世道大王應以
供養如來所獲善根迴向四事一者自在無
盡二者正法無盡三者妙智無盡四者辯才
無盡此四迴向與深般若波羅蜜多同皆無
盡大王當知諸菩薩摩訶薩行深般若波羅
蜜多方便善巧淨脩持身語意或何以故
為欲引發聞思脩故以方便力化諸有情以
般若力降伏衆魔成就願力行不退言時轉

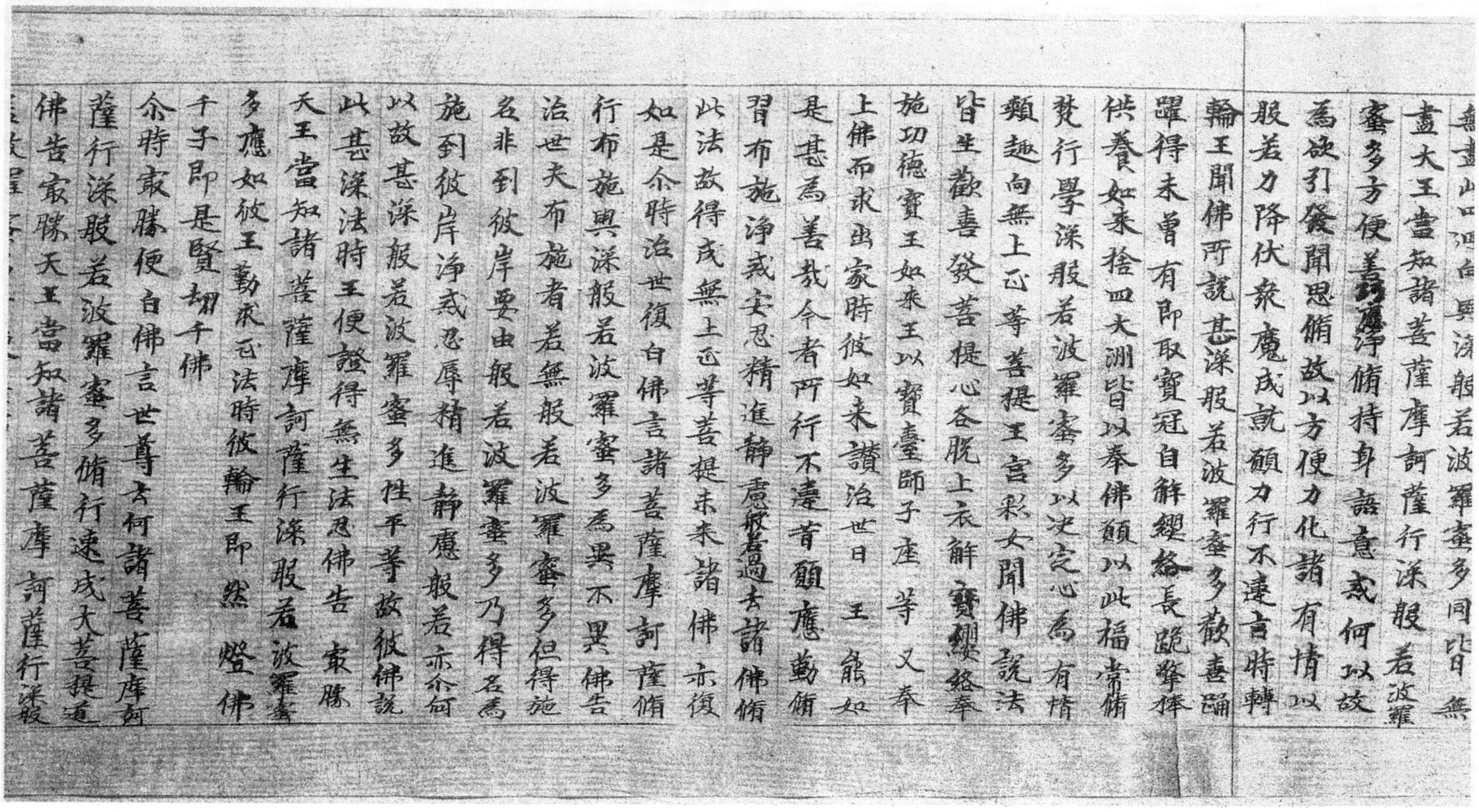

BD14002號　大般若波羅蜜多經卷五七一　（23–18）

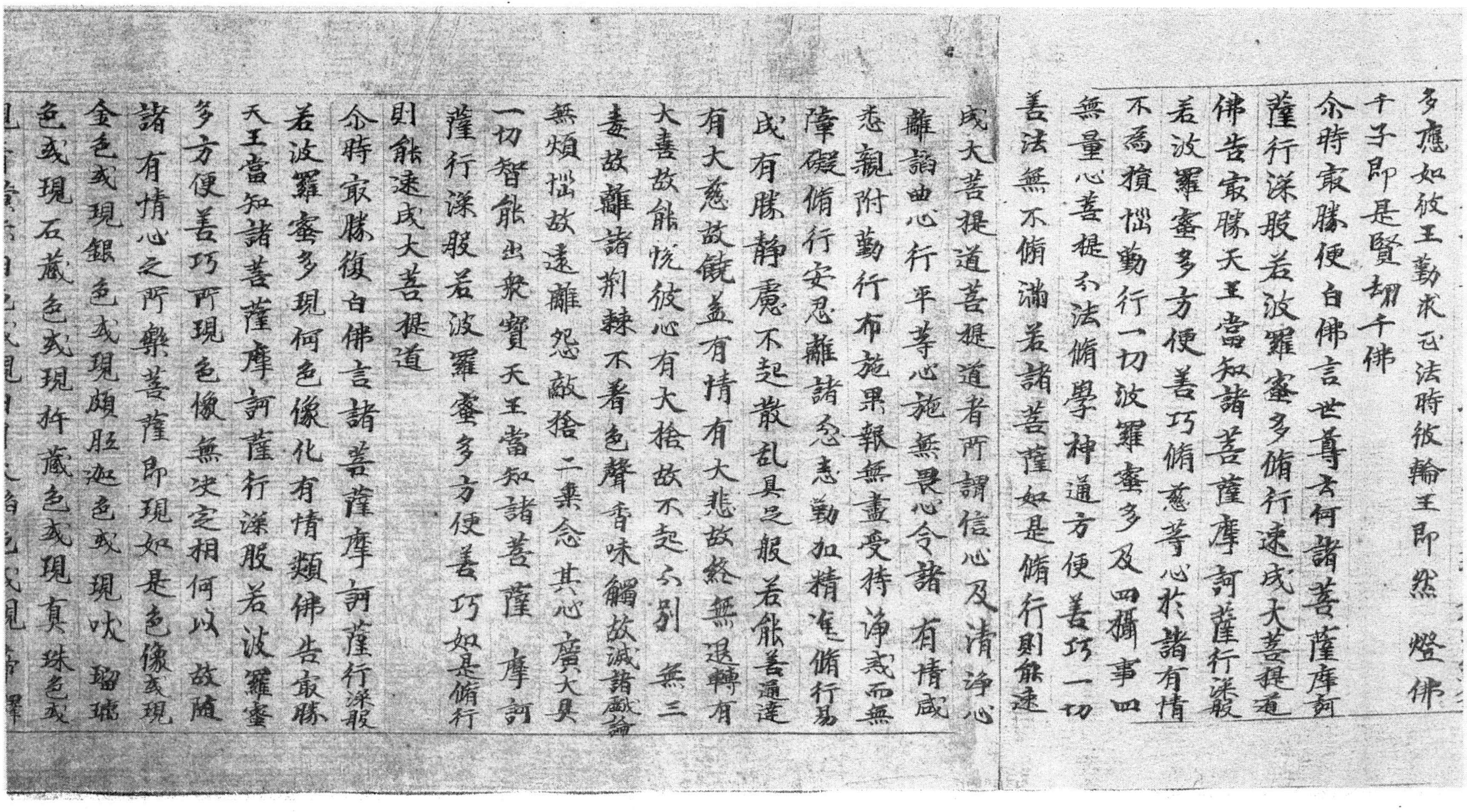

BD14002號　大般若波羅蜜多經卷五七一　（23–19）

天王當知諸菩薩摩訶薩行深般若波羅蜜
多方便善巧所現色像無決定相何以故隨
諸有情心之所樂菩薩即現如是色像或現
金色或現銀色或現頗胝迦色或現吠瑠璃
色或現石藏色或現杵藏色或現真珠色或
現青黃赤白色或現日月火焰色或現帝釋
色或現梵王色或現霜雪色或現雌黃色或
現朱丹色或現雨花色或現瞻博迦花色或
現蘇末那花色或現嗢鉢羅花色或現鉢特
摩花色或現拘某陁花色或現奔荼利花色
或現功德天色或現鵝孔雀色或現珊瑚寶
色或現如意珠色或現虛空界色隨人天等
各現彼類天王當知是菩薩摩訶薩隨十方
面殑伽沙等諸世界中一切有情色像差別
悉能示現何以故是菩薩摩訶薩行深般若
波羅蜜多方便善巧遍能攝化一切有情乃
至不捨一有情故何以故一切有情心行各
別是故菩薩種種示現所以者何是菩薩摩
訶薩於過去世有大願力隨諸有情樂見受
化即為示現所欲見身如明鏡中本無影像
隨質好醜種種悉現然此明鏡亦不分別我
體明淨能現衆色如是菩薩行深般若波羅
蜜多方便善巧無功用心隨樂示現而不分
別我能現身天王當知諸菩薩摩訶薩行深
般若波羅蜜多方便善巧於一坐中隨諸聽
衆心所樂見說法之身菩薩即能示現為說
謂或見佛或見菩薩或見獨覺或見聲聞或
見梵王或見帝釋或見大自在或見毗瑟笯
或見護世或見輪王或見沙門或見異道或

BD14002 號　大般若波羅蜜多經卷五七一　（23–20）

般若波羅蜜多方便善巧於一坐中隨諸聽
衆心所樂見說法之身菩薩即能示現為說
謂或見佛或見菩薩或見獨覺或見聲聞或
見梵王或見帝釋或見大自在或見毗瑟笯
或見護世或見輪王或見沙門或見異道或
見婆羅門或見剎帝利或見吠舍或見戍達羅
或見長者或見居士或見坐寶臺中或見坐
蓮華上或見在地或見騰空或見說法或見
寂定天王當知是菩薩摩訶薩行深般若波
羅蜜多方便善巧為度有情無一形類及一
威儀而不能現甚深般若波羅蜜多猶如虛
空無形無相遍十方界無處不有又如虛空
離諸戲論甚深般若波羅蜜多亦復如是過
諸語言又如虛空世所受用甚深般若波羅
蜜多一切聖凡皆共受用又如虛空離諸分
別甚深般若波羅蜜多亦復如是無分別心
又如虛空容受衆色甚深般若波羅蜜多亦
能容受一切佛法又如虛空能現衆色甚深
般若波羅蜜多亦復能現一切佛法又如虛空
一切草木叢藥花實依之增長甚深般若
波羅蜜多一切善根依之增長又如虛空非
常非斷非語言法甚深般若波羅蜜多亦復
如是非常非斷離諸語言世間沙門婆羅門
等乃至釋梵不能思測甚深般若波羅蜜多
天王當知甚深般若波羅蜜多無有一法可為
譬喻若善男子善女人等信受般若波羅蜜
多所獲功德不可思議若此功德有色形者
大虛空界所不能容何以故甚深般若波羅

BD14002 號　大般若波羅蜜多經卷五七一　（23–21）

常非斷非語言法甚深般若波羅蜜多亦復
如是非常非斷離諸語言世間沙門婆羅門
等乃至釋梵不能思測甚深般若波羅蜜多
天王當知甚深般若波羅蜜多無有一法可為
辟喻若善男子善女人等信受般若波羅蜜
多所獲功德不可思議若此功德有色形者
大虛空界所不能容何以故甚深般若波羅
蜜多生世出世一切善法若天人衆若天人
王四向四果及諸獨覺菩薩十地波羅蜜多
諸佛无上正等菩提一切種智力無所畏并
十八佛不共法等无不皆依甚深般若波羅
蜜多而得成辦說是法時五万菩薩得不退
轉一万五千諸天子衆得无生忍一万二千諸
天人衆遠塵離垢生淨法眼殑伽沙等諸
有情類俱發无上正等覺心諸天空中作衆
伎樂復散種種天妙香花供養如來及深般
若復有无量天龍藥叉健達縛阿素洛揭路
荼緊捺洛莫呼洛伽人非人等亦散種種花
及寶物供養如來及深般若時天龍等異口
同音合掌恭敬俱讚佛曰善哉善哉快說
如是甚深般若波羅蜜多

大般若波羅蜜多經卷第五百七十一

BD14002號　大般若波羅蜜多經卷五七一　（23–22）

天人衆遠塵離垢生淨法眼殑伽沙等諸
有情類俱發无上正等覺心諸天空中作衆
伎樂復散種種天妙香花供養如來及深般
若復有无量天龍藥叉健達縛阿素洛揭路
荼緊捺洛莫呼洛伽人非人等亦散種種花
及寶物供養如來及深般若時天龍等異口
同音合掌恭敬俱讚佛曰善哉善哉快說
如是甚深般若波羅蜜多

大般若波羅蜜多經卷第五百七十一

BD14002號　大般若波羅蜜多經卷五七一　（23–23）

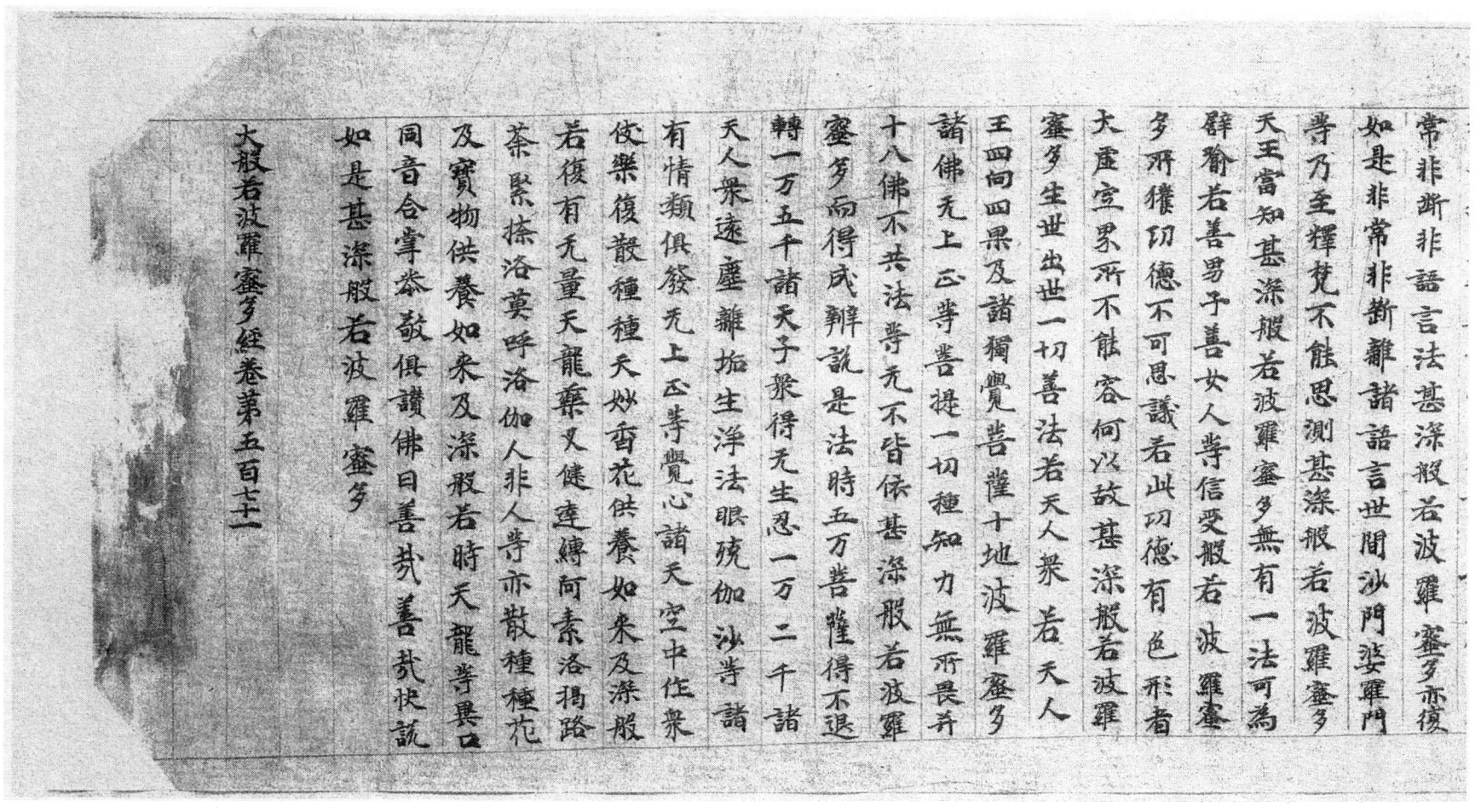

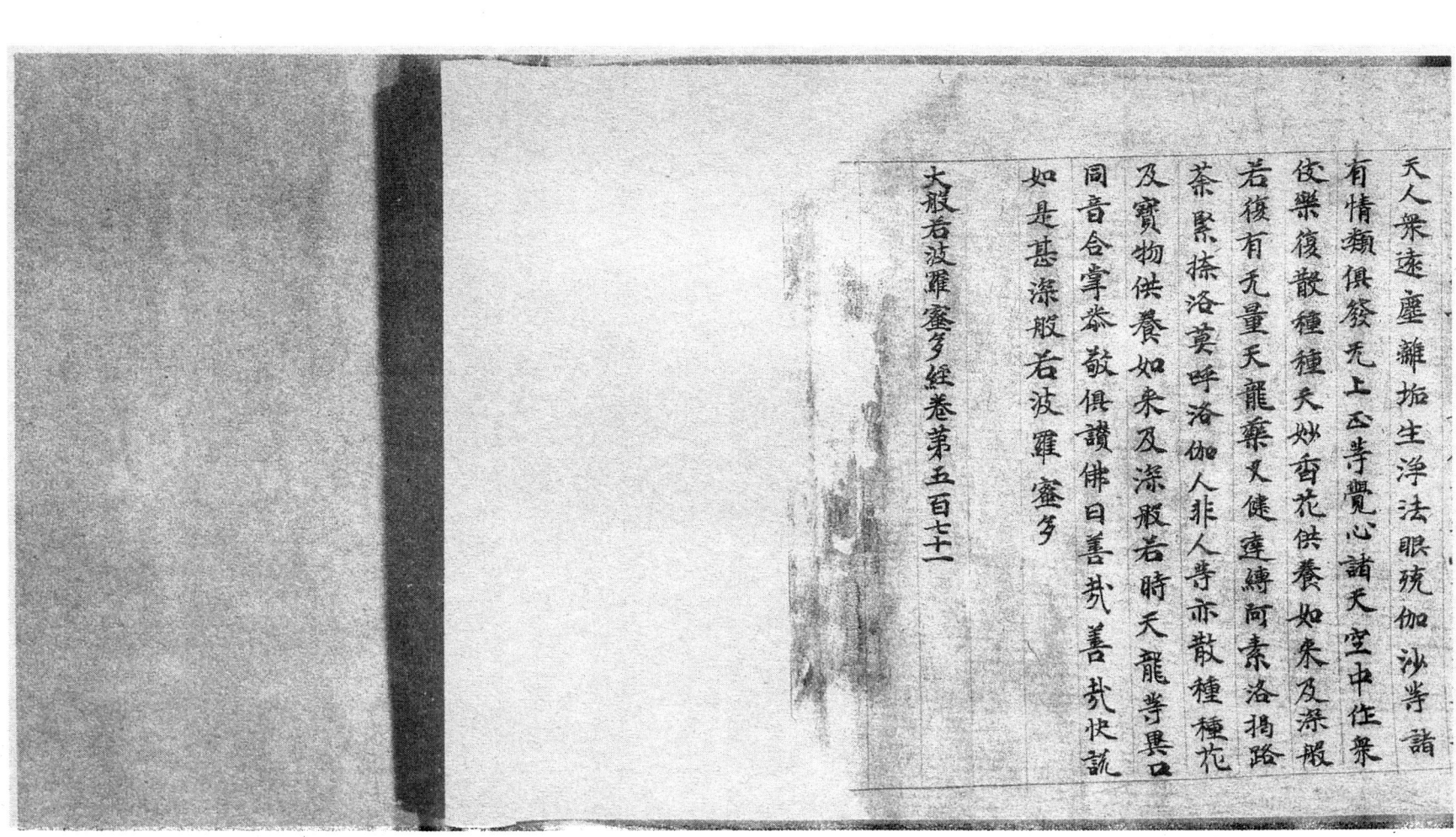

BD14003 號背　現代護首　　（1–1）

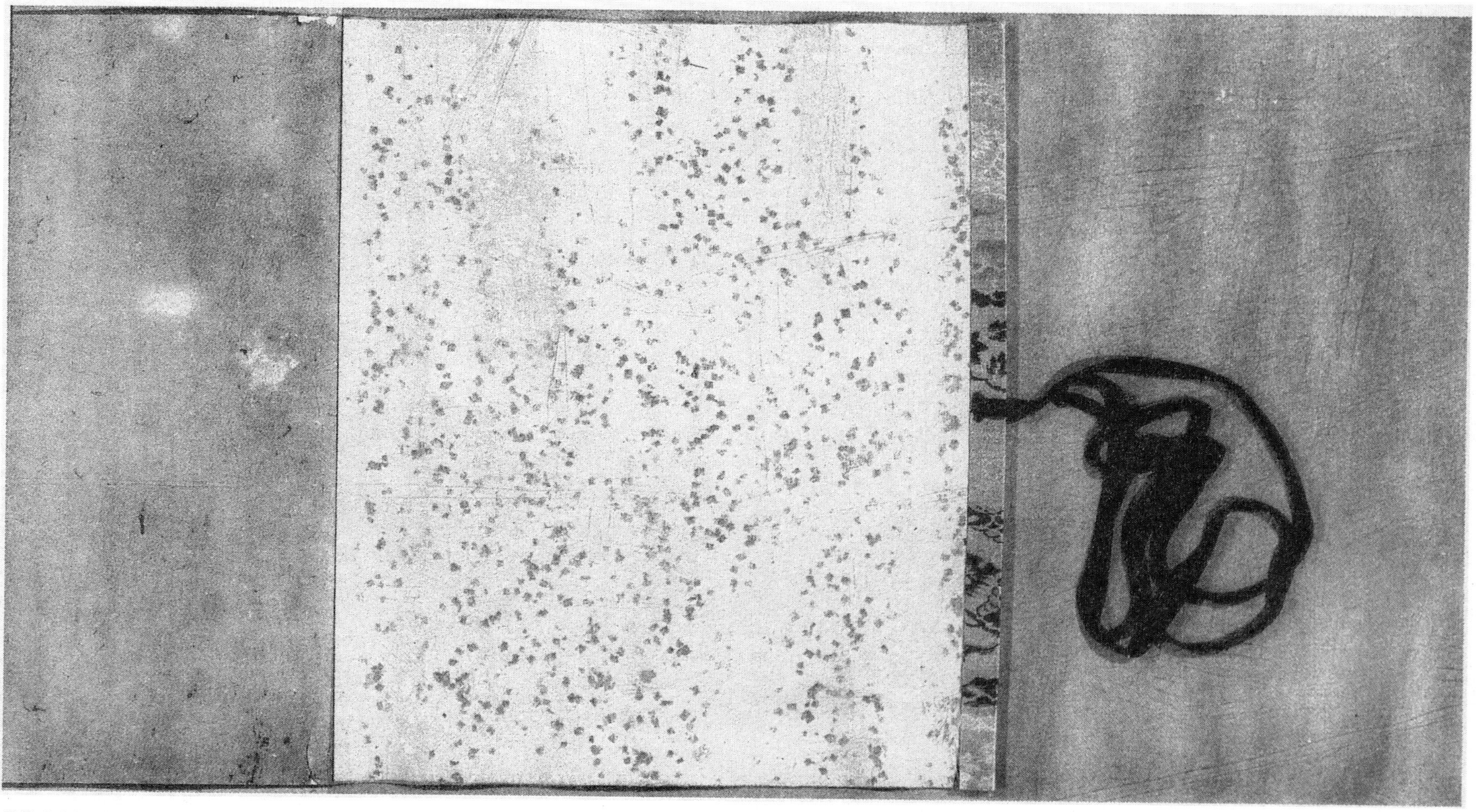

BD14003 號　大般若波羅蜜多經最勝天王會卷六　　（25–1）

大般若波羅蜜多經最勝天王會卷第六

無所得品第九　三藏法師玄奘奉　詔譯

尒時會中有菩薩摩訶薩名爲善思問最勝曰佛授天王菩提記耶最勝荅曰我雖受記而猶夢等尒時善思復問最勝天王受記爲何所得最勝荅曰我雖受記而无所得善思復言无所得者不得何法最勝報言无所得者謂不得我不得有情乃至不得知者見者不得諸蘊及諸界處若善非善若雜染若清淨若有漏若无漏若世間若出世間若有爲若无爲若生死若涅槃於如是等皆无所得善思又問若无所得用受記爲最勝荅言以无所得故得受記善思復問若如天王所說義者便有二智一无所得二得受記最勝荅

BD14003號　大般若波羅蜜多經最勝天王會卷六　（25–2）

清淨若有漏若无漏若世間若出世間若有爲若无爲若生死若涅槃於如是等皆无所得善思又問若无所得用受記爲最勝荅言以无所得故得受記善思復問若如天王所說義者便有二智一无所得二得受記最勝荅言若有二者則无受記所以者何佛智无二諸佛世尊以不二智授菩提記善思又言若智不二云何而有授記受記最勝荅言授記受記其際无二善思復言无二際者云何有記最勝荅言達无二際即爲有記善思復問天王今者住何際中而得受記最勝荅言我住我際住有情際乃至知者見者際中而得受記善思復問此我際等當於何求最勝荅言當於諸佛解脫際求善思又問佛解脫際復於何求最勝荅曰當於无明有愛際求善思又問无明有愛復於何求最勝荅曰當於畢竟不生際求善思又問此不生際復於何求最勝荅曰此際當於无知際求善思又問无知際者即无所知云何此際當於彼求最勝荅曰若有所知求不可得以无知故於彼際求善思又問此際離言云何可求最勝荅曰以語言斷是故可求善思又問此語言云何斷最勝荅曰諸法依義不依語故善思又問云何依義最勝荅曰不見義相善思又問云何不見最勝荅曰不起分別義是所依我爲能依无此二事故名不見善思又問若不見義此何所求最勝荅曰无見无取故名爲

BD14003號　大般若波羅蜜多經最勝天王會卷六　（25–3）

斷最勝答曰諸法依義不依語故善思又
問云何依義最勝答曰不見義相善思又問
云何不見最勝答曰不起分別義是所依我
爲能依无此二事故名不見善思又問若不
見義此何所求最勝答曰无見无取故名爲
求善思又問法可求者即爲有求最勝答曰
是義不然夫求法者實无所求何以故若實
可求即爲非法善思又問何者是法最勝答
曰法无文字亦離語言善思又問離文言中何
者是法最勝答曰性離文言心行處滅是
名爲法一切法性皆不可說其不可說亦不
可說若有所說即是虛妄虛妄法中都無實
法善思又問諸佛菩薩常有言說皆虛妄耶
最勝答曰諸佛菩薩從始至終不說一字云
何虛妄善思又問若有所說當有何咎最勝
答曰有語言咎善思又問語言何咎最勝答
曰有思議咎善思又問何法无咎最勝答曰
有說无說不見二相是則无咎善思又問咎何
爲本最勝答曰能執爲本善思又問執何爲
本最勝答曰著心爲本善思又問著何爲
本最勝答曰虛妄分別爲本善思又問虛妄
分別以何爲本最勝答曰攀緣爲本善思又
問何所攀緣最勝答曰攀緣色聲香味觸
法善思又問云何无緣最勝答曰若離愛取
則无所緣以是義故如來常說諸法平等不
可攀緣說此法時五千苾芻遠塵離垢生淨
法眼復有

BD14003號　大般若波羅蜜多經最勝天王會卷六　（25–4）

分別以何爲本最勝答曰攀緣爲本善思又
問何所攀緣最勝答曰攀緣色聲香味觸
法善思又問云何无緣最勝答曰若離愛取
則无所緣以是義故如來常說諸法平等不
可攀緣說此法時五千苾芻遠塵離垢生淨
法眼復有一万二千菩薩得无生忍无量无邊
諸有情類俱發无上正等覺心
尒時最勝即從座起偏覆左肩右膝著地合
掌恭敬而白佛言諸善男子善女人等聞深
般若波羅蜜多云何未發菩提心者即能發
心皆悉成就得不退轉行常勝進而无退墮
佛言天王諦聽諦聽極善作意當爲汝說最
勝白言善哉大聖唯然願說我等樂聞佛告
最勝天王當知若善男子善女人等聞深般
若波羅蜜多以純淨意發菩提心正信具足
親近賢聖樂聞正法遠離嫉慳常脩寂靜好
行惠施心无限礙離諸穢濁正信業果心不
猶豫如實了知黑白業果設爲身命終不作
惡是善男子善女人等如是脩行甚深般若
波羅蜜多則能遠離十惡業道心常繫念
十善業道是善男子善女人等行深般若波羅
蜜多方便善巧若見沙門婆羅門等正行精
進戒品清潔多聞解義常起正念心性調柔
寂靜无亂恒爲愛語勤脩諸善遠離衆惡
於自不高於他不蔑離麁惡語遠无義言不
捨念住其心調直能斷暴流善拔毒箭於諸

BD14003號　大般若波羅蜜多經最勝天王會卷六　（25–5）

進戒品清潔多聞解義常起正念心性調柔
寂靜无亂恒為愛語勤脩諸善遠離衆惡
於自不高於他不蔑離麁惡語遠无義言不
捨念住其心調直能斷暴流善於諸
重擔悲能柔捨超出无眼越度後有是善男
子善女人等行深般若波羅蜜多方便善巧見
此菩薩則應親附依為善友時此菩薩方便
善巧隨其所宜而為說法汝等當知能行施
者當得富樂受持淨戒尊貴生天聽聞正法
獲大智慧復告之言此是布施此布施果此
是慳悋此慳悋果此是淨戒此淨戒果此是
犯戒此犯戒果此是安忍此安忍果此是忿
恚此忿恚果此是精進此精進果此是懈怠
此懈怠果此是靜慮此靜慮果此是散亂此
散亂果此是妙慧此妙慧果此是愚癡此愚
癡果此身善業此身善業果此身惡業此身
惡業果此語善業此語善業果此語惡業此
語惡業果此意善業此意善業果此意惡業
此意惡業果此法應作此法不應作若如是脩
感長夜樂不如是脩獲長夜苦是善男子
善女人等行深般若波羅蜜多方便善巧親
近善友得聞如是次第說法時此菩薩知是
法器則為宣說甚深般若波羅蜜多謂空无
相無願無作无生无滅无我有情廣說乃至
知者見者復為宣說甚深緣起謂因此法有
彼法生此法滅時彼法隨滅所謂无明緣行

BD14003號　大般若波羅蜜多經最勝天王會卷六　（25–6）

近善友得聞如是次第說法時此菩薩知是
法器則為宣說甚深般若波羅蜜多謂空无
相無願無作无生无滅无我有情廣說乃至
知者見者復為宣說甚深緣起謂因此法有
彼法生此法滅時彼法隨滅所謂无明緣行
行緣識識緣名色名色緣六處六處緣觸觸
緣受受緣愛愛緣取取緣有有緣生生緣老
死愁歎苦憂惱若无明滅則行滅乃至生滅
則老死愁歎苦憂惱滅時此菩薩行深般若
波羅蜜多方便善巧復作是說真實理中无
有一法可生可滅何以故世間諸法皆因緣生
无我有情作者受者因緣和合說諸法生
因緣離散說諸法滅无一實法受生滅者虛
妄分別於三界中但有假名隨業煩惱受果
異熟若以般若波羅蜜多如實觀察則一切
法无生无滅无作无受若法无作是亦无行
則於諸法心无所著謂不著色受想行識不
著眼處乃至意處不著色處乃至法處不
著眼界乃至意界不著色界乃至法界不著眼
識界乃至意識界時此菩薩復作是說諸法
自性皆畢竟空寂靜遠離无取无著是善
男子善女人等因如是說行常勝進而无退墮
天王當知諸菩薩摩訶薩行深般若波羅蜜
多方便善巧樂見諸佛樂聞正法不墮卑賤
在所生處不離見佛聽受正法供養衆僧常
[illegible]精進志求正法不著有為妻子

BD14003號　大般若波羅蜜多經最勝天王會卷六　（25–7）

自性皆畢竟空寂靜遠離无取无著是善
男子善女人等因如是說行常勝進而无退墮
天王當知諸菩薩摩訶薩行深般若波羅蜜
多方便善巧樂見諸佛樂聞正法不隨卑賤
在所生處不離見佛聽受正法供養衆僧常
見諸佛勇猛精進志求正法不著有爲妻子
僕使於資生具亦不貪著不染諸欲常依正
教脩佛隨念捨俗出家如教脩行傳爲他說
雖爲他說而不求報見聽法衆常起大慈於
有情類恒起大悲廣學多聞不惜身命常樂
遠離少欲喜足恒樂義理不滯言詞說法脩
行不專爲己爲有情類得无上樂謂佛菩提
大涅槃界天王當知諸菩薩摩訶薩行深般
若波羅蜜多方便善巧如是脩行遠離放逸
勇猛精進攝護諸根若眼見色不著色相如
實觀察此色過患耳聲鼻香舌味身觸意
法亦尒若縱諸根名爲放逸若能攝護名不放
逸是菩薩摩訶薩行深般若波羅蜜多方便
善巧調伏自心將護他意名不放逸遠離貪
欲心順善法尋伺瞋癡不善根本身語惡業
及二邪命一切不善皆悉遠離名不放逸是
菩薩摩訶薩行深般若波羅蜜多心常正念
名不放逸是菩薩摩訶薩知一切法信爲上
首正信之人不墮惡趣心不行惡賢聖所讚
天王當知諸菩薩摩訶薩行深般若波羅蜜
多方便善巧如法脩行隨所生處常得值佛

名不放逸是菩薩摩訶薩知一切法信爲上
首正信之人不墮惡趣心不行惡賢聖所讚
天王當知諸菩薩摩訶薩行深般若波羅蜜
多方便善巧如法脩行隨所生處常得值佛
遠離二乘安住正道得大自在成就大事謂
諸如來正智解脫是菩薩摩訶薩行深般若
波羅蜜多方便善巧欲求安樂常勤隨順
一切智道天王當知令此大衆得聞如是甚
深般若波羅蜜多已於過去无量大劫供養諸
佛脩集善根是故應當勤加精進勿令退失
若天人等能制諸根不著五欲遠離世間常
脩出世三業清淨習助道法名不放逸諸菩
薩摩訶薩行深般若波羅蜜多方便善巧
正信具足心不放逸勤脩精進令得勝法名不
放逸諸菩薩摩訶薩欲具正信心不放逸精
進正念當學般若波羅蜜多因是念智能
疾證得所求无上正等菩提諸菩薩摩訶薩
行深般若波羅蜜多方便善巧具足正信心不
放逸勤脩精進即得正念用是念智知有
无云何有无若脩正行得正解脫是名爲有
若脩邪行得正解脫是名爲无眼等六根色
等六境世俗爲有勝義爲无精進菩薩能得
菩提是名爲有懈怠菩薩得菩提者是名爲
无說五取蘊皆從虛妄分別而生是名爲有說
世俗法不由因緣自然而起是名爲无說色
无常苦敗壞法是名爲有若言常樂非敗

菩提是名為有懈怠菩薩得菩提者是名為
无說五取蘊皆從虛妄分別而生是名為有說
世俗法不由因緣自然而起是名為无說色
无常苦敗壞法是名為有若言常樂非敗
壞法是名為无受想行識亦復如是无明緣行
是名為有若離无明而行生者是名為无乃
至生緣老死愁歎苦憂惱亦復如是施得大
富是名為有得貧窮者是名為无受持淨
戒得生善趣是名為有生惡趣者是名為无
乃至脩慧能得成聖是名為有作愚夫者是
名為无若脩多聞能得大智是名為有得愚癡
者是名為无若脩正念能得出離是名為有
不得為无若行邪念不得出離是名為有能
得為无離我我所能得解脫是名為有執我
我所能得解脫是名為无若言虛空遍一切
處是名為有言五蘊中有真實我是名為无
如實脩智能得解脫是名為有若著邪智能
得解脫是名為无離我等見能得空智是名
為有著我等見能得空智是名為无天王當
知諸菩薩摩訶薩行深般若波羅蜜多方
便善巧知世有无能脩平等了達諸法從因
緣生世俗故有不起常見知因緣法本性皆
空不生斷見於諸佛教如實通達天王當知
佛為菩薩略說四法謂世沙門婆羅門等及
長壽天多起常見為破彼執說行无常有諸
天人多貪著樂為破彼故說一切苦外道邪見

BD14003號　大般若波羅蜜多經最勝天王會卷六　（25–10）

緣生世俗故有不起常見知因緣法本性皆
空不生斷見於諸佛教如實通達天王當知
佛為菩薩略說四法謂世沙門婆羅門等及
長壽天多起常見為破彼執說行无常有諸
天人多貪著樂為破彼故說一切苦外道邪見
執身有我為破彼執說身无我增上慢者
謗真涅槃是故為說涅槃寂靜說无常者令
其志求究竟之法為說苦者令於生死遠離
願求說无我者為顯空門令其了達說寂靜
者令達无相離諸相執天王當知諸菩薩摩
訶薩行深般若波羅蜜多方便善巧如是脩
學於諸善法終无退墮速成无上正等菩提
尒時最勝復白佛言諸菩薩摩訶薩行深般
若波羅蜜多脩何等行護持正法佛告最勝
天王當知若菩薩摩訶薩行深般若波羅蜜
多行不違言尊重師長隨順正法心行調柔
志性純質諸根寂靜遠離一切惡不善法脩
勝善根名護正法天王當知若菩薩摩訶薩
行深般若波羅蜜多脩身語意三業慈悲
不徇利譽持戒清淨遠離諸見名護正法天王
當知若菩薩摩訶薩行深般若波羅蜜多心
不隨愛恚癡怖行名護正法脩習慚愧名護
正法說法脩行皆如所聞名護正法天王當知
三世諸佛為護正法說陀羅尼擁護天王及
人王等令護正法久住世間與諸有情作大
饒益陀羅尼曰

BD14003號　大般若波羅蜜多經最勝天王會卷六　（25–11）

正法說法脩行皆如所聞名護正法天王當知
三世諸佛為護正法說陀羅尼擁護天王及
人王等令護正法久住世間與諸有情作大
饒益陀羅尼曰
怛姪他 何虎洛屋洛罰底丁履反下悉同 虎剌拏莎
去聲呼下悉同 寠荼 者遮 者遮折丈熱反 尼
阿奈去聲呼 若剎多 剎多 剎逆多 剎 也
莎訶 陝末尼羯洛 郎魯 郎魯罰底迦
羅䟦底迦 阿鞞奮底尼 莎剌尼 杜闍
社闍末底 阿罰如尼 罰尸罰多 罰多
奴婆理尼 部多奴悉沒栗底提罰多奴
悉沒栗底 莎訶
天王當知此大神呪能令一切天龍藥叉健
達縛阿素洛揭路荼緊捺洛莫呼洛伽人非
人等一切有情皆得安樂此大神呪三世諸
佛為護正法及護天王并人王等令得安樂
以方便力而宣說之是故天王及人王等為
令正法久住世故自身眷屬得安樂故國土
有情无災難故各應精勤至誠誦念如是神
令怨敵災難魔事法障皆悉銷滅由斯正法
久住世間與諸有情作大饒益說是般若波
羅蜜多大神呪時諸天宮殿山海大地皆悉
振動有八十千諸有情類俱發无上正等覺
心時最勝天踊躍歡喜以七寶網弥覆佛上
合掌恭敬復白佛言諸菩薩摩訶薩行深般
若波羅蜜多脩何等法能於无上正等菩提

羅蜜多大神呪時諸天宮殿山海大地皆悉
振動有八十千諸有情類俱發无上正等覺
心時最勝天踊躍歡喜以七寶網弥覆佛上
合掌恭敬復白佛言諸菩薩摩訶薩行深般
若波羅蜜多脩何等法能於无上正等菩提
心不移動佛告最勝天王當知若菩薩摩訶
薩行深般若波羅蜜多精勤脩習无礙大慈
无猒大悲成辦大事勤加精進學空等持亦
能精勤脩平等習方便善巧如實通達清淨
大智明了三世平等妙理无有障礙履三世
佛所行正道天王當知是菩薩摩訶薩行深
般若波羅蜜多脩如是法能於无上正等菩
提心不移動尒時最勝復白佛言諸菩薩摩
訶薩行深般若波羅蜜多脩何等法聞諸如
來不思議事不驚不怖亦不憂惱佛告最勝
天王當知若菩薩摩訶薩具足脩行妙慧妙
智親近善友樂聞深法了知諸法皆如幻等
悟世无常生必歸滅心无住著猶若虛空天
王當知是菩薩摩訶薩行深般若波羅蜜
多脩如是法聞諸如來不思議事不驚不怖
亦不憂惱尒時最勝復白佛言諸菩薩摩訶
薩行深般若波羅蜜多脩何等法於一切處能
得自在佛告最勝天王當知若菩薩摩訶薩
行深般若波羅蜜多脩五神通具足无礙諸
解脫門靜慮无量方便般若波羅蜜多於一
切處能得自在尒時最勝復白佛言諸菩薩

亦不憂惱尒時最勝復白佛言諸菩薩摩訶
薩行深般若波羅蜜多脩何等法於一切處能
得自在佛告最勝天王當知若菩薩摩訶薩
行深般若波羅蜜多脩五神通具足无礙諸
解脫門靜慮无量方便般若波羅蜜多於一
切處能得自在尒時最勝復白佛言諸菩薩
摩訶薩行深般若波羅蜜多得何等門佛告
最勝天王當知若菩薩摩訶薩行深般若波
羅蜜多得妙智門則能悟入一切有情諸根
利鈍得妙慧門則能分別諸法句義得惣持
門了達一切語言音聲得无礙門能說諸法
畢竟无盡天王當知是菩薩摩訶薩行深般
若波羅蜜多得如是門尒時最勝復白佛言
諸菩薩摩訶薩行深般若波羅蜜多得何等
力佛告最勝天王當知若菩薩摩訶薩行深
般若波羅蜜多得寂靜力成就大悲故得精
進力成就不退故得多聞力成就大智故得
信樂力成就解脫故得脩行力成就出離故
得安忍力愛護有情故得菩提心力斷除我
見故得大悲力化導有情故得无生忍力成
就十力故天王當知是菩薩摩訶薩行深般
若波羅蜜多得如是等種種勝力說是法
時五百菩薩得无生忍八千天子得不退轉一
万二千諸天子眾遠塵離垢生淨法眼四万
天人俱發无上正等覺心

證勸品第十

時五百菩薩得无生忍八千天子得不退轉一
万二千諸天子眾遠塵離垢生淨法眼四万
天人俱發无上正等覺心

證勸品第十

佛告最勝天王當知過去无量不可思議無
數大劫有佛名曰功德寶王十号圓滿國名
寶嚴劫名善觀其土豐樂无諸疾惱人天往
來不相限礙地平如掌无諸山陵堆阜瓦礫
荊棘毒刺遍生細草柔耎紺青如孔雀毛量
纔四指下足便靡舉步隨昇瞻博迦花悅意
花等及餘耎草周遍莊嚴不暑不寒四序調
適吹瑠璃寶以成其地時諸有情心性調善
三毒煩惱制伏不行彼佛世尊聲聞弟子一
万二千那庾多數菩薩弟子六十二億時人
極壽三十六億那庾多歲或復中夭有城名
日无垢莊嚴其城南北百二十八踰繕那量
東西八十踰繕那量城厚十六踰繕那量門
樓櫓觀皆七寶成十千園苑以為嚴飾十千
小城周匝圍繞有四園苑妙花莊嚴悅意功
德孔雀遊戲於四時中歡娛適樂有四大池
七寶為岸縱廣正等半踰繕那紺以瑩金為
為階道其底遍布妙好金沙池中有水具八
功德寶花芬馥間列其中鳧鴈鴛鴦眾鳥
遊集岸列諸樹白檀赤檀尸利沙等上有鸚鵡
舍利眾鳥翔集遊戲有轉輪王名曰治世七
寶具足王四大洲已曾供養无量諸佛於諸

為階道其底遍布妙好金沙池中有水具八
功德寶花芬馥間列其中鳧鴈鴛鴦衆鳥
遊集岸列諸樹白檀赤檀尸利沙等上有鸚鵡
舍利衆鳥翔集遊戲有轉輪王名曰治世七
寶具足王四大洲已曾供養无量諸佛於諸
佛所深植善根大菩提心得不退轉內宮眷
屬七十千人形貌端嚴承事寶女咸發无上
正等覺心彼轉輪王具有千子大力勇健能
摧怨敵具二十八大丈夫相亦發無上正等
覺心尒時功德寶王如來將諸聲聞及菩薩
衆復與无量天龍藥叉健達縛阿素洛揭路
荼緊捺洛莫呼洛伽人非人等前後圍繞將
入無垢莊嚴大城時彼輪王七寶導從與其
千子內宮眷屬出城奉迎礼敬請入施設種
種微妙供養尒時世尊及諸眷屬受供養已
欲還本處治世輪王與七寶等出城奉送尋
即還宮時轉輪王忽自歎曰人身无常富貴如
夢諸根不缺正信尚難况值如來得聞妙
法不為希有如優曇花時彼千子知其父王
憙仰世尊樂聞正法即為營造牛頭栴檀廣
大妙臺七寶嚴飾其檀一兩直贍部洲其臺
南北長十三踰繕那東西復廣十踰繕那衆
寶莊嚴四角大柱於其臺下有千寶輪成已
共持奉獻其父時王受已而讚之言善哉善
哉快知我意欲詣佛所聽受正法千子尒時
復於臺內造師子座安處父王令諸宮人前
[illegible]

BD14003號　大般若波羅蜜多經最勝天王會卷六　（25–16）

南北長十三踰繕那東西復廣十踰繕那衆
寶莊嚴四角大柱於其臺下有千寶輪成已
共持奉獻其父時王受已而讚之言善哉善
哉快知我意欲詣佛所聽受正法千子尒時
復於臺內造師子座安處父王令諸宮人前
後圍繞其臺周帀垂妙金鈴懸繒幡蓋復七
寶網復散種種殊異香花燒无價香香泥塗
飾時王千子各捧一輪猶若鵝王騰空詣佛
安庠置地往如來所到已頂礼世尊雙足右
繞七匝退立一面時彼輪王內宮眷屬從寶
臺下王去寶冠及內眷屬皆脫寶履前詣佛
所頂礼雙足右繞七帀退坐一面尒時功德
寶王如來告治世言大王今者為聞正法來
至此耶時轉輪王即從座起整理裳服白言
世尊何等名為所聞正法佛讚王曰善哉善
哉汝今乃能為天人衆得利樂故問深正法
諦聽諦聽善思念之當為大王分別解說治
世白佛唯然願聞尒時世尊告彼王曰大王
當知諸菩薩摩訶薩行深般若波羅蜜多方
便善巧所達一切平等法性名為正法謂四
念住四正斷四神足五根五力七等覺支八
聖道支空无相无願等所達一切平等法性
名為正法尒時治世復白佛言世尊云何諸
菩薩摩訶薩行深般若波羅蜜多方便善
巧於大乘中恒得勝進而不退墮佛告治世大
王當知諸菩薩摩訶薩行深般若波羅蜜多

BD14003號　大般若波羅蜜多經最勝天王會卷六　（25–17）

聖道支空无相无願等所達一切平等法性
名為正法尒時治世復白佛言世尊云何諸
菩薩摩訶薩行深般若波羅蜜多方便善
巧於大乘中恒得勝進而不退墮佛告治世大
王當知諸菩薩摩訶薩行深般若波羅蜜多
方便善巧因正信力而得勝進何者正信謂
知諸法不生不滅本性寂靜常能親近正行
之人不應作法終不造作心離散亂聽受正
法不見彼說不見我聽勤脩正行疾得神通
有所堪能化有情類而終不見我有神通能
化有情彼受我化何以故諸菩薩摩訶薩行
深般若波羅蜜多方便善巧都不見我不見
有情二處平等則得勝進不不退墮大王當
知諸菩薩摩訶薩行深般若波羅蜜多方便
善巧攝護諸根不令取著於資生具起无常
想知法寂靜命如假借大王當知如是菩薩
行深般若波羅蜜多於大乘中心不放逸大
王當知諸菩薩摩訶薩行深般若波羅蜜多
方便善巧於其夢中尚不忘失菩提之心化
諸有情令脩佛道持諸善根施有情類迴
向无上正等菩提見佛神力歡喜讚歎大王
當知如是菩薩行深般若波羅蜜多方便善
巧速成无上正等菩提是故大王當勤精進處
尊貴位莫生放逸若善菩薩摩訶薩欲求法者
勿著五欲何以故一切異生於欲无猒得聖
智者則能捨之人身无常壽量短促大王今

BD14003號　大般若波羅蜜多經最勝天王會卷六　（25–18）

巧速成无上正等菩提是故大王當勤精進處
尊貴位莫生放逸若善菩薩摩訶薩欲求法者
勿著五欲何以故一切異生於欲无猒得聖
智者則能捨之人身无常壽量短促大王今
者應善了知猒離世間求出世道大王應以
供養如來所獲善根迴向四事一者自在无
盡二者正法无盡三者妙智无盡四者辯才
无盡以四迴向與深般若波羅蜜多同皆无
盡大王當知諸菩薩摩訶薩行深般若波羅
蜜多方便善巧應淨脩持身語意式何以故
為欲引發聞思脩故以方便力化諸有情以
般若力降伏衆魔成就願力行不違言時轉
輪王聞佛所說甚深般若波羅蜜多歡喜踊
躍得未曾有即取寶冠自解纓絡長跪擎捧
供養如來捨四大洲皆以奉佛願以此福常脩
梵行學深般若波羅蜜多以決定心為有情
類趣向无上正等菩提王宮綵女聞佛說法
皆生歡喜發菩提心各脫上衣解寶纓絡奉
施功德寶王如來王以寶臺師子座等又奉
上佛而求出家時彼如來讚治世曰王能如是
甚為善哉今者所行不違昔願應勤脩習
布施淨式安忍精進靜慮般若過去諸佛脩
此法故得成无上正等菩提未來諸佛亦復
如是尒時治世復白佛言諸菩薩摩訶薩脩
行布施與深般若波羅蜜多為異不異佛告
治世夫布施者若无般若波羅蜜多[illegible]

BD14003號　大般若波羅蜜多經最勝天王會卷六　（25–19）

此法故得成无上正等菩提未來諸佛亦復
如是尒時治世復白佛言諸菩薩摩訶薩脩
行布施與深般若波羅蜜多為異不異佛告
治世夫布施者著无般若般羅蜜多但得施
名非到彼岸要由般若波羅蜜多乃得名為
施到彼岸淨戒忍辱精進靜慮般若亦尒何
以故甚深般若波羅蜜多性平等故彼佛說
此甚深法時王便證得无生法忍佛告最勝
天王當知諸菩薩摩訶薩行深般若波羅蜜
多應如彼王勤求正法時彼輪王即然燈佛
千子即是賢劫千佛
尒時最勝便白佛言世尊云何諸菩薩摩訶
薩行深般若波羅蜜多脩行速成大菩提道
佛告最勝天王當知諸菩薩摩訶薩行深般
若波羅蜜多方便善巧脩慈等心於諸有情
不為損惱勤行一切波羅蜜多及四攝事四
无量心菩提分法脩學神通方便善巧一切
善法无不脩滿若諸菩薩如是脩行則能速
成大菩提道菩提道者所謂信心及清淨心
離諂曲心行平等心施无畏心令諸有情咸
悉親附勤行布施果報无盡受持淨戒而无
障礙脩行安忍離諸忿恚勤加精進脩行易
成有勝靜慮不起散亂具足般若能善通達
有大慈故饒益有情有大悲故終无退轉有
大喜故能悅彼心有大捨故不起分別无三

BD14003號　大般若波羅蜜多經最勝天王會卷六　（25–20）

障礙脩行安忍離諸忿恚勤加精進脩行易
成有勝靜慮不起散亂具足般若能善通達
有大慈故饒益有情有大悲故終无退轉有
大喜故能悅彼心有大捨故不起分別无三
毒故離諸荆棘不著色聲香味觸故滅諸戲
論无煩惱故遠離怨敵捨二乘念其心廣大具
一切智能出衆寶天王當知諸菩薩摩訶
薩行深般若波羅蜜多方便善巧如是脩行
則能速成大菩提道
尒時最勝復白佛言諸菩薩摩訶薩行深般
若波羅蜜多現何色像化有情類佛告最勝
天王當知諸菩薩摩訶薩行深般若波羅蜜
多方便善巧所現色像无決定相何以故隨
諸有情心之所樂菩薩即現如是色像或現
金色或現銀色或現頗胝迦色或現吠瑠璃
色或現石藏色或現杵藏色或現真珠色或
現青黃赤白色或現日月火焰色或現帝釋
色或現梵王色或現霜雪色或現雌黃色或
現朱丹色或現雨花色或現瞻博迦花色或現
蘇末那花色或現嗢鉢羅花色或現鉢特
摩花色或現拘某陁花色或現奔荼利花色
或現功德天色或現鵝孔雀色或現珊瑚寶
色或現如意珠色或現虛空界色隨人天等
各現彼類天王當知是菩薩摩訶薩隨十方
面殑伽沙等諸世界中一切有情色像差別
悉能示現何以故是菩薩摩訶薩行深般若

BD14003號　大般若波羅蜜多經最勝天王會卷六　（25–21）

色或現如意珠色或現虛空界色隨人天等
各現彼類天王當知是菩薩摩訶薩隨十方
面殑伽沙等諸世界中一切有情色像差別
悉能示現何以故是菩薩摩訶薩行深般若
波羅蜜多方便善巧遍能攝化一切有情乃
至不捨一有情故何以故一切有情心行各
別是故菩薩種種示現所以者何是菩薩
摩訶薩於過去世有大願力隨諸有情樂見
受化即為示現所欲見身如明鏡中本无影
像隨質好醜種種悉現然此明鏡亦不分別我
體明淨能現衆色如是菩薩行深般若波羅
蜜多方便善巧无功用心隨樂示現而不分
別我能現身天王當知諸菩薩摩訶薩行深
般若波羅蜜多方便善巧於一坐中隨諸聽
衆心所樂見說法之身菩薩即能示現為說
謂或見佛或見菩薩或見獨覺或見聲聞或
見梵王或見帝釋或見大自在或見毗瑟拏
或見護世或見輪王或見沙門或見異道或
見婆羅門或見刹帝利或見吠舍或見戍達羅
或見長者或見居士或見坐寶臺中或見坐
蓮華上或見在地或見騰空或見說法或見
寂定天王當知是菩薩摩訶薩行深般若波
羅蜜多方便善巧為度有情无一形類及一
威儀而不能現甚深般若波羅蜜多猶如虛
空无形无相遍十方界无處不有又如虛空
離諸戲論甚深般若波羅蜜多亦復如是過

BD14003 號　大般若波羅蜜多經最勝天王會卷六　（25–22）

寂定天王當知是菩薩摩訶薩行深般若波
羅蜜多方便善巧為度有情无一形類及一
威儀而不能現甚深般若波羅蜜多猶如虛
空无形无相遍十方界无處不有又如虛空
離諸戲論甚深般若波羅蜜多亦復如是過
諸語言又如虛空世所受用甚深般若波羅
蜜多一切聖凡皆共受用又如虛空離諸分
別甚深般若波羅蜜多亦復如是无分別心
又如虛空容受衆色甚深般若波羅蜜多亦
能容受一切佛法又如虛空能現衆色甚深
般若波羅蜜多亦復能現一切佛法又如虛
空一切草木藥花實依之增長甚深般
若波羅蜜多一切善根依之增長又如虛空非
常非斷非語言法甚深般若波羅蜜多亦復
如是非常非斷離諸語言世間沙門婆羅門
等乃至釋梵不能思測甚深般若波羅蜜
多天王當知甚深般若波羅蜜多无有一法可
為譬喻若善男子善女人等信受般若波羅蜜
多所獲功德不可思議若此功德有色形者太
虛空界所不能容何以故甚深般若波羅蜜
多生世出世一切善法若天人衆若天人
王四向四果及諸獨覺菩薩十地波羅蜜多
諸佛無上正等菩提一切種智力无所畏并
十八佛不共法等无不皆依甚深般若波羅
蜜多而得成辦說是法時五万菩薩得不退
轉一万五千諸天子衆得无生忍一万二千

BD14003 號　大般若波羅蜜多經最勝天王會卷六　（25–23）

如是非常非斷離諸語言世間沙門婆羅門
等乃至釋梵不能思測甚深般若波羅蜜
多天王當知甚深般若波羅蜜多无有一法可
為譬喻若善男子善女人等信受般若波羅蜜
多所獲功德不可思議若此功德有色形者太
虛空界所不能容何以故甚深般若波羅蜜
多生世出世一切善法若天人衆若天人
王四向四果及諸獨覺菩薩十地波羅蜜多
諸佛無上正等菩提一切種智力无所畏并
十八佛不共法等无不皆依甚深般若波羅
蜜多而得成辦說是法時五万菩薩得不退
轉一万五千諸天子衆得无生忍一万二千
諸天人衆遠塵離垢生淨法眼殑伽沙等諸
有情類俱發无上正等覺心諸天空中作衆
伎樂復散種種天妙香花供養如來及深般
若復有无量天龍藥叉健達縛阿素洛揭路
荼緊捺洛莫呼洛伽人非人等亦散種種花
及寶物供養如來及深般若時天龍等異口
同音合掌恭敬俱讚佛曰善哉善哉快說如
是甚深般若波羅蜜多

大般若波羅蜜多經最勝天王會卷第六

BD14003 號　大般若波羅蜜多經最勝天王會卷六　（25–24）

若復有无量天龍藥叉健達縛阿素洛揭路
荼緊捺洛莫呼洛伽人非人等亦散種種花
及寶物供養如來及深般若時天龍等異口
同音合掌恭敬俱讚佛曰善哉善哉快說如
是甚深般若波羅蜜多

大般若波羅蜜多經最勝天王會卷第六

BD14003 號　大般若波羅蜜多經最勝天王會卷六　（25–25）

BD14004 號背　現代護首　　　　（1–1）

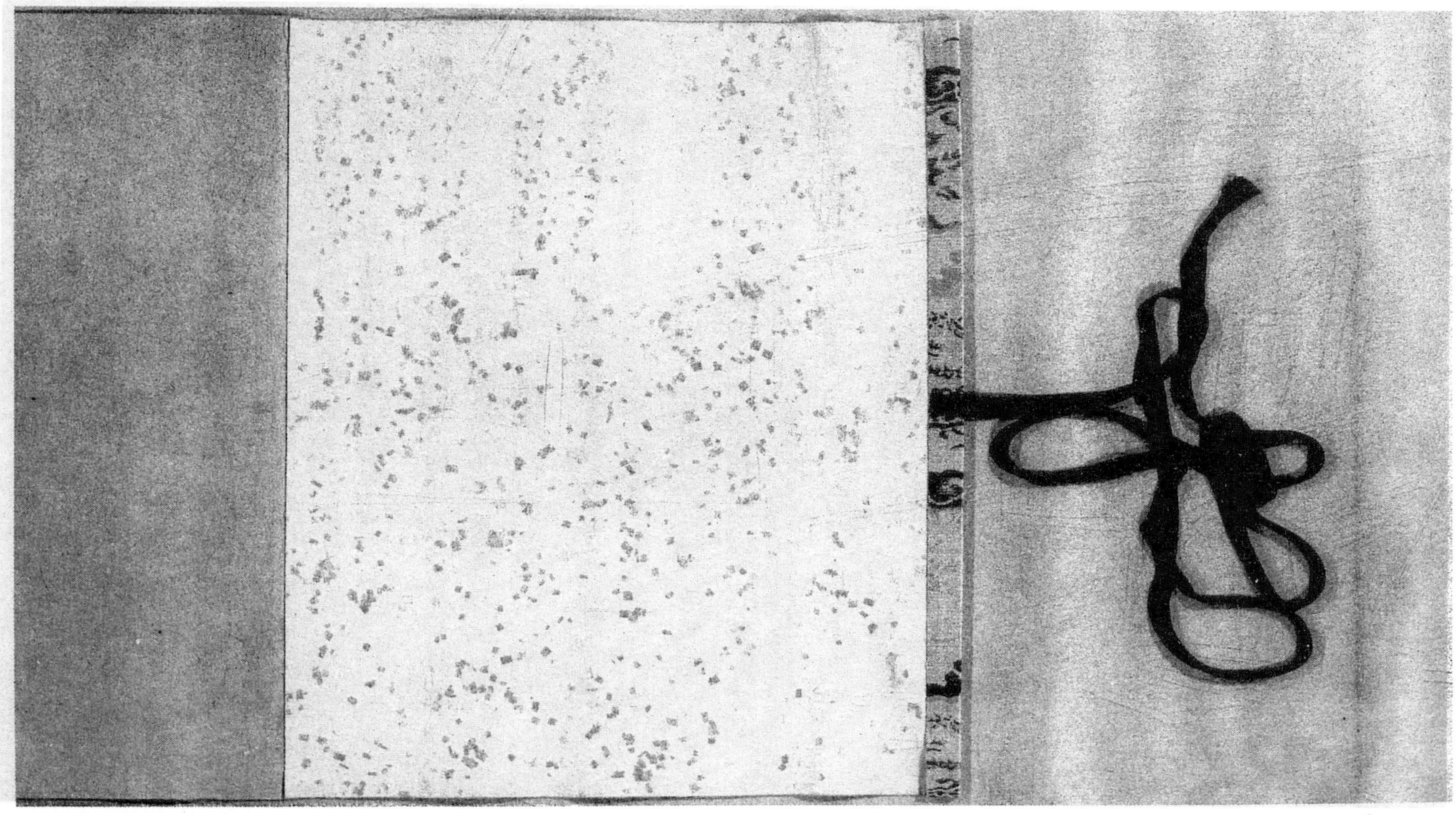

BD14004 號　大般若波羅蜜多經卷五七三　　　　（23–1）

大般若波羅蜜多經卷第五百七十三

五十八　三　恩

大般若波羅蜜多經卷第五百七十三

第六分勸誡品第十四之二　三藏法師玄奘奉　詔譯

佛告曼殊室利菩薩假使碎此三千大千世

界悉為極微一一極微為一聖者有善

男子善女人等盡彼聖衆壽量短長以諸世

間上妙飲食衣服臥具及醫藥等起殷淨

心奉施供養般涅槃後各收馱都起窣堵波嚴

飾供養或以七寶滿如前說尒所極微大千

世界上復積至色究竟天於彼聖者各別奉

施尒所大千世界七寶畢自壽量晝夜三十

年時果多相續不斷曼殊室利於意云何是

善男子善女人等由此因緣獲福多不曼殊

室利即白佛言甚多世尊甚多善逝前說施

BD14004號　大般若波羅蜜多經卷五七三　（23–2）

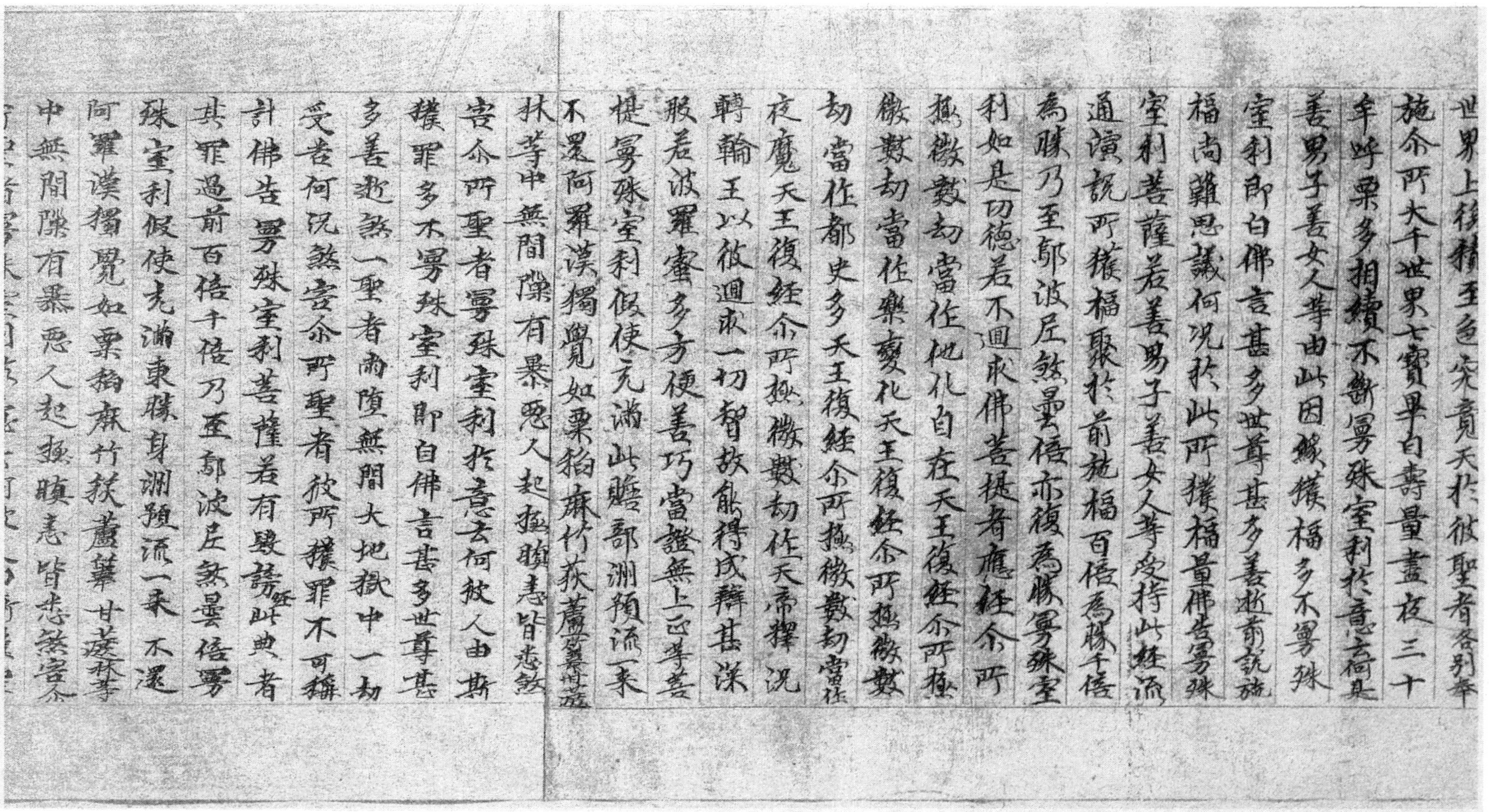

世界上復積至色究竟天於彼聖者各別奉

施尒所大千世界七寶畢自壽量晝夜三十

年時果多相續不斷曼殊室利於意云何是

善男子善女人等由此因緣獲福多不曼殊

室利即白佛言甚多世尊甚多善逝前說施

福尚難思議何況於此所獲福量佛告曼殊

室利若菩薩若善男子善女人等受持此經流

通演說所獲福聚於前施福百倍為勝千倍

為勝乃至鄔波尼殺曇倍亦復為勝曼殊室

利如是功德若不迴求佛菩提者應經尒所

極微數劫當作他化自在天王復經尒所極

微數劫當作樂變化天王復經尒所極微數

劫當作都史多天王復經尒所極微數劫當作

夜魔天王復經尒所極微數劫作天帝釋況

轉輪王以彼迴求一切智故能得成辦甚深

般若波羅蜜多方便善巧當證無上正等菩

提曼殊室利假使充滿此贍部洲預流一來

不還阿羅漢獨覺如粟稻麻竹荻蘆葦甘蔗

林等中無間隙有暴惡人起極瞋恚皆悉殺

害尒所聖者曼殊室利於意云何彼人由斯

獲罪多不曼殊室利即白佛言甚多世尊甚

多善逝殺一聖者尚墮無間大地獄中一劫

受苦何況殺害尒所聖者彼所獲罪不可稱

計佛告曼殊室利菩薩若有毀謗此經典者

其罪過前百倍千倍乃至鄔波尼殺曇倍曼

殊室利假使充滿東勝身洲預流一來不還

阿羅漢獨覺如粟稻麻竹荻蘆葦甘蔗林等

中無間隙有暴惡人起極瞋恚皆悉殺害尒

BD14004號　大般若波羅蜜多經卷五七三　（23–3）

言佛告曼殊室利菩薩若有毀謗此典者
其罪過前百倍千倍乃至鄔波尼殺曇倍曼
殊室利假使充滿東勝身洲預流一來不還
阿羅漢獨覺如粟稻麻竹荻蘆葦甘蔗林等
中無間隙有暴惡人起猛瞋恚皆悉煞害尒
所聖者曼殊室利於意云何彼人由斯獲罪
多不曼殊室利即白佛言甚多世尊甚多善
逝煞一聖者尚墮無間大地獄中一劫受苦
何況煞害尒所聖者彼所獲罪不可稱計佛
告曼殊室利菩薩若有毀謗此經典者其罪
過前百倍千倍乃至鄔波尼殺曇倍曼殊室
利假使充滿西牛貨洲預流一來不還阿羅
漢獨覺如粟稻麻竹荻蘆葦甘蔗林等中無
間隙有暴惡人起猛瞋恚皆悉煞害尒所聖
者曼殊室利於意云何彼人由斯獲罪多不
曼殊室利即白佛言甚多世尊甚多善逝煞
一聖者尚墮無間大地獄中一劫受苦何況
煞害尒所聖者彼所獲罪不可稱計佛告曼
殊室利菩薩若有毀謗此經典者其罪過前
百倍千倍乃至鄔波尼殺曇倍曼殊室利假
使充滿北俱盧洲預流一來不還阿羅漢獨
覺如粟稻麻竹荻蘆葦甘蔗林等中無間隙
有暴惡人起猛瞋恚皆悉煞害尒所聖者曼
殊室利於意云何彼人由斯獲罪多不曼殊
室利即白佛言甚多世尊甚多善逝煞一聖
者尚墮無間大地獄中一劫受苦何況煞害
尒所聖者彼所獲罪不可稱計佛告曼殊室
利菩薩若有毀謗此經典者其罪過前百倍

殊室利於意云何彼人由斯獲罪多不曼殊
室利即白佛言甚多世尊甚多善逝煞一聖
者尚墮無間大地獄中一劫受苦何況煞害
尒所聖者彼所獲罪不可稱計佛告曼殊室
利菩薩若有毀謗此經典者其罪過前百倍
千倍乃至鄔波尼殺曇倍曼殊室利假使碎
此四大洲界悉為極微二極微各為一佛
有一極惡邪見衆生起毒害心煞尒所佛劫
奪一切法財資財破滅世間法王法藥曼殊
室利於意云何彼惡衆生獲罪多不曼殊室
利即白佛言甚多世尊甚多善逝彼所獲罪
無量無邊不可思議不可稱計我於彼事尚
不忍聞況能說其獲罪多少若害一佛猶墮
無間大地獄中多劫受苦況煞尒所諸佛世
尊如是衆生定受無間大地獄苦無有出期
佛告曼殊室利菩薩若有毀謗障导此經不
令演說流通供養其罪過前百倍千倍乃至
鄔波尼殺曇倍曼殊室利假使三千大千世
界一切有情各經百千無數大劫備修種種諸
菩薩行皆證無上正等菩提彼惡衆生罪業
重故猶未能出大地獄若曼殊室利彼惡衆
生於十方界無間地獄無一不經多劫受苦
況餘獄傍生鬼界何以故彼愚癡者毀壞
十方三世諸佛法身並故說彼經前極微數
劫受重苦已出三惡趣來生人中得大惡疾
一切醫藥所不能救復經尒所極微數劫生
便無舌或無手等各經尒所極微數劫曼殊
室利設以神力至世一劫或一劫餘說彼衆

十方三世諸佛法身由此故說彼經前極微數
劫受重苦已出三惡趣來生人中得大惡疾
一切醫藥所不能救復經爾所極微數劫生
便無舌或無手等各經爾所極微數劫曼殊
室利我以神力住世一劫或一劫餘說彼衆
生毀謗障礙此經罪報亦不能盡曼殊室利
諸有智者欲得現在未來安樂勿於此經毀
謗障礙

第六分二行品第十五

佛告曼殊室利菩薩言善男子若菩薩摩訶
薩行深般若波羅蜜多宜應成就前後般若
波羅蜜多何以故諸菩薩摩訶薩有二種行
成就般若能導有情爾時曼殊室利菩薩便
白佛言世尊云何諸菩薩摩訶薩成就般若
化導有情佛告曼殊室利菩薩言善男子若
菩薩摩訶薩從初般若乃至後際離功用心
說法無盡中無間隙爲脫有情惡趣三有令
住善趣或令證得三乘聖果曼殊室利是名
菩薩摩訶薩衆行深般若波羅蜜多化導有
情曼殊室利若菩薩摩訶薩行深般若波羅
蜜多成就無邊無爲般若是名菩薩摩訶薩
衆自行般若何以故此能圓滿一切德故曼
殊室利復白佛言諸菩薩摩訶薩行深般若
波羅蜜多脩何法能與一切智相應佛告曼
殊室利菩薩言善男子若菩薩摩訶薩行深
般若波羅蜜多脩一切智真實之法遠離思
議微妙無相甚深理趣不可觀察超離通達

波羅蜜多脩何法能與一切智相應佛告曼
殊室利菩薩言善男子若菩薩摩訶薩行深
般若波羅蜜多脩一切智真實之法遠離思
議微妙無相甚深理趣不可觀察超離通達
常住寂靜清涼遍滿無有分別無著無礙隨
順正理不可執取極靜大寂一切法中無上
無等曼殊室利諸菩薩摩訶薩行深般若波
羅蜜多脩此法能與一切智相應曼殊室利
復白佛言諸菩薩摩訶薩於何境界行深般
若波羅蜜多佛告曼殊室利菩薩言善男子
諸菩薩摩訶薩決定應於甚深境界廣大境
界功德境界行深般若波羅蜜多曼殊室利
甚深境者體是無爲不著二邊亦不相離自
性清淨諸障解脫不可思議不可稱計不共
一切聲聞獨覺曼殊室利廣大境者諸佛如
來一切功德大悲般若二法爲性離分別相
無功用心利樂有情無時暫捨諸所說法皆
離彼意曼殊室利功德境者諸菩薩摩訶
薩行深般若波羅蜜多所與相應一切功德三
十二相八十隨好隨諸有情根欲性行所樂
種種形相差別佛威神力悉能示現所謂或
現昇覩史多或現從天下生贍部或現處胎
或現初生或現童子或現遊戲或現出家或
現苦行或現往詣菩提樹下或現證得無上
菩提或現轉法輪或現般涅槃如是示現諸
相差別皆爲有情解脫生死曼殊室利如是
名爲諸菩薩摩訶薩甚深般若波羅蜜多所

現善行或現往詣菩提樹下或現證得無上
菩提或現轉法輪或現般涅槃如是示現諸
相差別皆為有情解脫生死曼殊室利如是
名為諸菩薩摩訶薩甚深般若波羅蜜多所
行境界曼殊室利便白佛言希有世尊菩薩
如是甚深般若波羅蜜多是佛境界不可
思議佛告曼殊室利菩薩如是如是如汝所說
甚深般若波羅蜜多是不共法不可思議何
以故一切異生聲聞獨覺不能通達非其境
故除佛世尊無能得者何以故諸法真如義
甚深故自在不動無漏界攝令有情類利樂
圓滿是故名為諸佛境界過語言道勝義諦
攝遠離尋伺分別思議非世間法所能比喻
一切法中最為上品不在生死不住涅槃曼殊
室利諸菩薩摩訶薩行深般若波羅蜜多
凡有五事不可思議一者自性二者方處三者
諸住四者一異五者利樂曼殊室利云何
自性不可思議即色真如求不可得離色真
如求不可得受想行識亦復如是即眼真如
求不可得離眼真如求不可得耳鼻舌身意
亦如是即色真如求不可得離色真如求不可
得聲香味觸法亦如是即眼識真如求不
可得離眼識真如求不可得耳鼻舌身意識
亦尒即地界真如求不可得離地界真如求
不可得水火風空識界亦尒有法真如求不
可得無法真如求不可得是故自性不可思議
曼殊室利云何方處不可思議如是真如

BD14004號　大般若波羅蜜多經卷五七三　（23–8）

可得離眼識真如求不可得耳鼻舌身意識
亦尒即地界真如求不可得離地界真如求
不可得水火風空識界亦尒有法真如求不
可得無法真如求不可得是故自性不可思議
曼殊室利云何方處不可思議如是真如
若在欲界不可思議若離欲界不可思議色
無色界亦復如是若在東方不可思議若離
東方不可思議南西北方四維上下亦復如
是是故方處不可思議曼殊室利云何諸住
不可思議若安樂住不可思議若寂靜住不
可思議若有心住不可思議若無心住不可
思議是故諸住不可思議曼殊室利云何一
異不可思議三世如來同在一處自性清淨
無漏界攝若一若異不可思議是故一異不
可思議曼殊室利云何利樂不可思議智慧
神力同一法界般若方便二相平等能作有
情無量利樂不可宣說過語言境而順有情
根性差別作種種說種種示現三十二相八
十隨好隨有情心皆能示現曼殊室利白言
世尊何等名為三十二相八十隨好佛告曼
殊室利菩薩言善男子如來相好無量無邊
我若廣說不可窮盡但隨世間世樂略說三
十二相八十隨好曼殊室利云何名為三十
二相如來足下有平滿相妙善安住猶如奩
底地雖高下隨足所蹈皆悉坦然無不等觸
是為第一如來足下千輻輪文輞轂衆相無
不圓滿是為第二如來手足悉皆柔軟如覩
羅綿勝過一切是為第三如來手足指皆纖

BD14004號　大般若波羅蜜多經卷五七三　（23–9）

底地雖高下隨足所蹈皆悉坦然無不等觸
是為第一如來足下千輻輪文輞轂衆相無
不圓滿是為第二如來手足悉皆柔軟如覩
羅綿勝過一切是為第三如來手足指皆纖
長圓妙過人以表長壽是為第四如來手足
一一指間猶如鴈王咸有鞔網金色交絡文
同綺畫是為第五如來足跟廣長圓滿與趺
相稱勝餘有情是為第六如來足趺脩高充
滿柔軟妙好與跟相稱是為第七如來雙腨
漸次纖圓如瑿泥耶仙鹿王腨是為第八如
來雙臂脩直傭圓如象王鼻平立摩膝是
為第九如來陰相勢峯藏密其猶龍馬亦如
象王是為第十如來毛孔各一毛生柔潤紺青
右旋宛轉是第十一如來髮毛端皆上靡右
旋宛轉柔潤紺青嚴金色身甚可愛樂是第
十二如來身皮細薄潤滑塵垢水等皆所不
住是第十三如來身皮皆真金色光潔晃曜
如妙金臺衆寶莊嚴衆所樂見是第十四如
來兩足二手掌中頸及雙肩七處充滿光淨
柔耎甚可愛樂是第十五如來肩項圓滿殊
妙是第十六如來髆腋悉皆充實是第十七
如來容儀洪滿端直是第十八如來身相脩
廣端嚴是第十九如來體相縱廣量等周匝
圓滿如諾瞿陁是第二十如來頷臆并身上
半威容廣大如師子王是二十一如來身光
面各一尋是二十二如來齒相四十齊平淨
密根深白踰珂雪是二十三如來四牙鮮白

圓滿如諾瞿陁是第二十如來頷臆并身上
半威容廣大如師子王是二十一如來身光
面各一尋是二十二如來齒相四十齊平淨
密根深白踰珂雪是二十三如來四牙鮮白
鋒利是二十四如來常得味中上味喉脈直
故能引身中千支節脈所有上味是二十五
如來舌相薄淨廣長能覆面輪至耳髮際是
二十六如來梵音詞韻和雅隨衆多少無不
等聞其聲洪震猶如天鼓發言婉約如頻迦
音是二十七如來眼睫猶若牛王紺青齊整
不相雜亂是二十八如來眼睛紺青鮮白紅
環間飾皎潔分明是二十九如來面輪其猶
滿月眉相皎淨如天帝弓是第三十如來眉
間有白毫相右旋柔軟如覩羅綿鮮白光淨
踰珂雪等是三十一如來頂上烏瑟膩沙高
顯周圓猶如天蓋是三十二是名如來三十
二相云何名為八十隨好如來指
爪狹長薄潤光潔鮮淨如花赤銅是為第
一如來手足指圓纖長傭直柔軟節骨不現是
為第二如來手足各等無差於諸指間悉皆
充密是為第三如來手足圓滿如意軟淨光
澤色如蓮華是為第四如來筋脈盤結堅固
深隱不現是為第五如來兩踝俱隱不現是
為第六如來行步直進庠審如龍象王是為
第七如來行步威容齊肅如師子王是為第
八如來行步安平庠序不過不減猶若牛王
是為第九如來行步進止威儀譬如鵝王是

為第六如來行步直進庠審如龍象王是為
第七如來行步威容齊肅如師子王是為第
八如來行步安平庠序不過不減猶若牛王
是為第九如來行步進止威儀齊如鵝王是
為第十如來迴顧必皆右旋如龍象王舉身
隨轉是第十一如來支節漸次傭圓妙善安
布是第十二如來骨節交結無隙猶若龍盤
是第十三如來膝輪妙善安布堅固圓滿是
第十四如來隱處其文妙好威勢具足圓滿
清淨是第十五如來身支潤滑柔軟光悅鮮
淨塵垢不著是第十六如來身容敦肅無畏
常不怯弱是第十七如來身支堅固稠密善
相屬著是第十八如來身支安定敦重常不
搖動圓滿無壞是第十九如來身相猶若仙
王周匝端嚴光淨離翳是第二十如來身有
周匝圓光於行等時恒自照曜是二十一如
來腹形方正無欠柔軟不現衆相莊嚴是二
十二如來臍深右旋圓妙清淨光澤是二十
三如來臍厚不凹不凸周匝妙好是二十四
如來皮膚遠離疥癬亦無黶點疣贅等過
是二十五如來手掌充滿柔軟足下安平是二
十六如來手文深長明直潤澤無斷是二十
七如來脣色光潤丹暉如頻婆菓上下相稱
是二十八如來面門不長不短不大不小如
量端嚴是二十九如來舌相軟薄廣長如赤
銅色是第三十如來發聲威震深遠如象王
吼明朗清徹是三十一如來音韻美妙具足
如深谷響是三十二如來鼻高脩而且直其

量端嚴是二十九如來舌相軟薄廣長如赤
銅色是第三十如來發聲威震深遠如象王
吼明朗清徹是三十一如來音韻美妙具足
如深谷響是三十二如來鼻高脩而且直其
孔不現是三十三如來諸齒方整鮮白是三
十四如來諸牙圓白光潔漸次鋒利是三十
五如來眼淨青白分明是三十六如來眼相
脩廣譬如青蓮華葉甚可愛樂是三十七如
來眼睫上下齊整稠密不白是三十八如來
雙眉長而不白緻而細軟是三十九如來雙
眉綺靡順次紺瑠璃色是第四十如來雙眉
高顯光潤形如初月是四十一如來耳厚廣
大脩長輪埵成就是四十二如來兩耳綺麗
齊平離諸過失是四十三如來容儀能令見
者無損無染皆生愛敬是四十四如來額廣
圓滿平正形相殊妙是四十五如來身分上
半圓滿如師子王威嚴無對是四十六如來
首髮脩長紺青稠密不白是四十七如來首
髮香潔細軟潤澤旋轉是四十八如來首髮
齊整無亂亦不交雜是四十九如來首髮堅
固不斷永無褫落是第五十如來首髮光滑
殊妙塵垢不著是五十一如來身分堅固充
實踰那羅延是五十二如來身體長大端
直是五十三如來衆竅清淨圓好是五十四
如來身支勢力殊勝無與等者是五十五如
來身相衆所樂觀常無厭足是五十六如來
面輪脩廣得所皎潔光淨如秋滿月是五十七
如來顏貌舒泰光顯含笑先言唯向不背是

真是五十三如來衆竅清淨圓好是五十四
如來身支勢力殊勝無與等者是五十五如
來身相衆所樂觀常無猒足是五十六如來
面輪脩廣得所皎潔光淨如秋滿月是五十七
如來顏貌舒泰光顯含咲先言有向無背是
五十八如來面貌光澤熙怡遠離頻蹙青赤
等過是五十九如來身支清淨無垢常無
臭穢是第六十如來所有諸毛孔中常出如意
微妙之香是六十一如來面門常出最上殊
勝之香是六十二如來首相周圓妙好如末
達那亦猶天蓋是六十三如來身毛紺青光
淨如孔雀項紅暉綺飾色類赤銅是六十四
如來法音隨衆大小不增不減應理無著是
六十五如來頂相無能見者是六十六如來
手足指約分明莊嚴妙好如赤銅色是六十
七如來行時其足去地如四指量而現印文
是六十八如來自持不待他侍身無傾動亦
不逶迤是六十九如來威德遠震一切惡心
聞喜恐怖見安是第七十如來音聲不高不
下隨衆生意和悅與言是七十一如來能隨
諸有情類言音意樂而為說法是七十二如
來一音演說正法隨有情類各令得解是七
十三如來說法咸依次第必有因緣言無不
善是七十四如來等觀諸有情類讚善毀
惡而無愛憎是七十五如來所為先觀後作
軌範具足令識善淨是七十六如來相好一切
有情無能觀盡是七十七如來頂骨實圓

十三如來說法咸依次第必有因緣言無不
善是七十四如來等觀諸有情類讚善毀
惡而無愛憎是七十五如來所為先觀後作
軌範具足令識善淨是七十六如來相好一切
有情無能觀盡是七十七如來頂骨實圓
滿是七十八如來顏容常少不老好巡舊處
是七十九如來手足及胷臆前俱有吉祥
喜旋德相文同綺畫色類朱丹是第八十
是名如來八十隨好
第六分讚歎品第十六
爾時曼殊室利菩薩即從座起頂禮佛足偏
覆左肩右膝著地合掌恭敬而白佛言如來
功德希有無等不可思議過去未來現在諸
佛皆無有異若見如來或聞功德此有情類
亦難思議今重見佛轉大法輪得未曾有歡
喜踊躍作是語已即昇虛空七多羅樹合掌
讚曰
一切有情類　唯佛最為尊　尚無有等者　況復當有勝
我法二俱空　妙理無等等　唯我佛世尊　能等無等等
煩惱并習氣　俱盡永無餘　能知一切法　無不皆明了
若智若說法　無能及佛者　三千大千界　唯佛獨為尊
十方無畏等　定有非虛妄　帝釋與梵王　咸所不能得
世尊大悲德　普於諸有情　掌難思議　定無能及者
能以微妙慧　及方便善巧　化導諸有情　皆令得利樂
爾時會中有一天子名白妙色即從座起頂禮
佛足偏覆左肩右膝著地合掌向佛以頌
讚曰
有說世間等佛者　彼言非實為虛誑

世尊大威德　善淨諸有情　能事難思議　定無能及者
能發妙慧　及方便善巧　化導諸有情　皆令得利樂
尒時會中有一天子名曰妙色，即從座起頂禮
佛足偏覆左肩右膝著地合掌向佛以頌
讚曰：
有說世間等佛者　彼言非實為虛誑
若說法王最殊尊　此言非妄為諦語
人天之儔正問難　無有能折我大師
善逝降魔伏外道　將導世間至解脫
清淨四辯無窮說　甘露妙藥施有情
遍觀諸法智無礙　一切剎那不滅失
大悲平等觀有情　清淨之心世不染
若能了知根欲性　隨所樂聞而應說
煩惱差別非一種　為示無量對治門
唯佛巧說彼因緣　專為利樂有情故
值佛聞法不得聖　如是有情度殊難
如來大名應渴仰　若得見者無限益
佛智能令心清淨　得聞正教出生死
聞佛名號大吉祥　常念世尊恒喜樂
發心諮佛生慧解　如教勤脩成種智
戒品清淨無垢濁　靜慮第一心最明
智慧最勝難傾動　法海清淨如甘露
一切有情喜放逸　諸佛尊精離世間
等慈有情如一子　恩德深厚無能報
先說能破結賊法　久擁天魔所化軍
世尊已說三有過　廣示涅槃無量德
百千大劫甚難聞　故我至誠今讚禮
尒時會中有一天子名曰善名即從座起

等慈有情如一子　恩德深厚無能報
光說能破結賊法　久擁天魔所化軍
世尊已說三有過　廣示涅槃無量德
百千大劫甚難聞　故我至誠今讚禮
尒時會中有一天子名曰善名即從座起
頂禮佛足偏覆左肩右膝著地合掌向佛以
頌讚言：
如來平等行大慈　設可度者與他者
尚令天授最前得　況復其餘有情類
我今不恨為空過　脩持大行報佛恩
有唯自證無漏滅　彼於佛恩未為報
若有脩行佛深教　乃得名為佛真子
佛久勤苦為有情　無上大恩罕能報
大慈開顯真妙法　令眾脩行兼化他
若佛不出於世間　一切有情受大苦
則無人天唯惡趣　但聞種種苦音聲
諸趣受苦無能免　煩惱繫縛有情故
佛欲解他諸妄結　亦為大悲之所縈
如來是世大福田　依教正脩離惡趣
若違佛教不脩行　彼定不得生人天
有於佛所起惡心　或復不樂聞深法
是等有情甚可愍　決定永當處黑闇
如佛世尊自知智　其等如來乃能了
佛智非我所測量　稽首敬禮十方佛
無畏智力不共法　唯佛世尊獨圓備
相好莊嚴微妙香　觀者無厭起敬色
三種開教不暫息　清淨佛華我今禮
唯佛善知無上覺　能永出離諸險難
[illegible]

無畏智力不共法　唯佛世尊獨圓備
相好莊嚴微妙身　觀者無厭超眾色
三種開象不暫息　清淨佛華我今禮
唯佛善知無上覺　能永出離諸險難
佛為第一寂無上　稽首歸命兩足尊
佛以功德正法水　普能洗除諸垢穢
世尊本來內外淨　我今頂禮真淨身
爾時堪忍界主大梵天王即從座起頂禮佛
足偏覆左肩右膝著地合掌向佛以頌讚言
如來具足勝福慧　利樂有情無暫息
常雨甘露濟飢渴　我今稽首能利他
世間最勝可敬者　彼類猶未供養佛
諸惡斯盡眾善脩　我今稽首無等尊
普為濟拔諸有情　靡有一行不脩學
令度生死得安樂　我今稽首救世師
稽首微妙金色身　稽首所說甘露法
稽首清淨無垢智　稽首一切功德林
爾時佛告大梵天言善哉善哉汝如所讚如
來此事是實非虛何以故諸佛世尊於無量
劫脩集種種福德智慧由斯果位無不脩足
所以者何如來具足布施淨戒安忍精進靜
慮般若波羅蜜多身語意三無不清淨故能
通達真如實際住實際故所言不虛時大梵
王頂禮佛足合掌恭敬復白佛言唯願世尊
以神通力令此般若波羅蜜多久住世間利
樂一切爾時佛告大梵天王十方三世一切
如來以大神通咸共護念甚深般若波羅
蜜多久住世間利樂一切天魔梵志外道沙門

王頂禮佛足合掌恭敬復白佛言唯願世尊
以神通力令此般若波羅蜜多久住世間利
樂一切爾時佛告大梵天王十方三世一切
如來以大神通咸共護念甚深般若波羅
蜜多久住世間利樂一切天魔梵志外道沙門
皆無有能滅壞障礙何以故我念過去有佛
名曰寶月如來十号圓滿國名無毀劫名喜
讚彼佛有二苾芻弟子住大法師善說深法
一名智威二名歸授常隨彼佛轉正法輪經
一劫中宣說如是甚深般若波羅蜜多三千
大千百億魔眾悉皆受化發菩提心是故此
經諸天魔等皆無有力滅除障礙爾時寂靜
慧菩薩摩訶薩即從座起頂禮佛足偏覆
左肩右膝著地合掌恭敬白佛言寶月如來
住在何所為猶住世為已涅槃爾時世尊告
寂靜慧言善男子東方去此過十千億諸佛
世界有世界名曰無毀其中如來壽十千
劫彼佛世界常說如是甚深般若波羅蜜多
彼諸天魔及外道等於此經典不能障礙皆
發無上正等覺心智威苾芻即是今者曼殊
室利歸授苾芻即是今者最勝天王此二菩
薩方便善巧種種擁護甚深般若波羅蜜多
令久住世十方佛國若說如是甚深般若波
羅蜜多此二菩薩即往聽受如我今者說是
法門放大光明尋光來集

第六付囑品第十七

爾時佛告阿難陀言汝可受持甚深般若波
羅蜜多勿令忘失 [illegible]

羅蜜多此二菩薩即往聽受如我今者說是
法門放大光明尋光來集
第六付囑品第十七
尒時佛告阿難陁言汝可受持甚深般若波
羅蜜多勿令忘失時阿難陁即從座起頂禮
佛足偏覆左肩右膝著地合掌恭敬而白佛
言云何受持如是經典於是佛告阿難陁言
受持此經有十種法一者書寫二者供養三
者施他四者諦聽五者披讀六者受持七者
廣說八者諷誦九者思惟十者脩習依斯
十法受持此經譬如世間一切草木華葉藥等
皆依大地如是一切殊勝善法皆依般若波
羅蜜多如轉輪王若在在世七寶常現甚深
般若波羅蜜多亦復如是若在在世三寶不
滅尒時大眾瞻仰尊顏異口同音俱傷歎
曰如來滅後誰能荷擔如是世尊大法重擔
謂於無量無邊大劫脩集所得無上菩提尒時
眾中便有一万二千菩薩為護此法即從座
起頂禮佛足偏覆左肩右膝著地合掌恭敬
而說頌言
我等捨身命　不求未來福　護持佛所說　此甚深法要
尒時眾中五百天子賢王為首復從座起頂
禮佛足偏覆左肩右膝著地合掌恭敬而說
頌言
為度諸有情　成大悲願力　護持佛所說　此甚深法要
時天帝釋持髻梵王毗沙門王皆從座起頂
禮佛足偏覆左肩右膝著地合掌恭敬而說
頌言

頌言
為度諸有情　成大悲願力　護持佛所說　此甚深法要
時天帝釋持髻梵王毗沙門王皆從座起頂
禮佛足偏覆左肩右膝著地合掌恭敬而說
頌言
能療一切病　世尊今所說　般若微妙藥　我等頂戴持
執金剛神亦從座起頂禮佛足偏覆左肩右
膝著地合掌恭敬而說頌言
法本無名字　佛以名字說　大悲真教法　我今頂戴持
尒時佛告持髻梵言梵天當知佛讚三事最
為無上何等為三一者發菩提心二者護持
正法三者如教脩行如是三法最為無上能
脩行者真供養佛我若在世一劫或一劫餘
說此功德亦不能盡護持如來一四句頌所
獲功德尚不可量況能護持三世佛母甚深
般若波羅蜜多何以故三世諸佛皆因般若
波羅蜜多而得生故以法供養真供養佛若
以資財非真供養故法供養最為第一若有
護持佛正法者當知彼類二世安樂是故梵
天常應護持甚深般若波羅蜜多汝由護法
己當得見賢劫千佛悉為請主梵天當知於
此國土護持正法須臾之間勝淨土中若經
一劫或一劫餘所獲功德故應精勤護持正
法世尊復告天帝釋言憍尸迦甚深般若波
羅蜜多隨所在處當知即是如來生處得菩
提處轉法輪處入涅槃處何以故憍尸迦一
切菩薩一切善法一切如來皆從此生若有
[illegible]為宣說如是甚深般若波羅蜜多此地即

羅蜜多隨所在處當知即是如來生處得善
提處轉法輪處入涅槃處何以故憍尸迦一
切菩薩一切善法一切如來皆從此生若有
法師宣說如是甚深般若波羅蜜多此地即
為佛所行處諸有情類於法師所當生善友
尊重佛心恭敬歡喜供養讚歎若我住世一
劫或一劫餘說此法師流傳此經所獲功德
亦不能盡憍尸迦若此法師所行之處善男
子等有能刺血灑地供養未足為多何以故
無上法輪難受持故時天帝釋白言世尊未
來世中說此經處我及眷屬皆當擁護彼地
方所及說法師若見此經所在之處即生前
說四種處心尒時世尊讚天帝釋汝能如是
善哉善哉善以此經付囑於汝宜於來世擁
護流通時天帝釋即白佛言我等諸天得生
善趣皆由般若波羅蜜多發菩提心亦復由
此是故我等不顧身命擁護世尊如是深法
時佛復讚天帝釋言善哉善哉如說能作時
薄伽梵說是經已歡勝天王及十方眾諸大
菩薩一切聲聞天龍藥叉健達縛阿素洛揭
路荼緊捺洛莫呼洛伽人非人等聞佛所說
皆大歡喜信受奉行

大般若波羅蜜多經卷第五百七十三

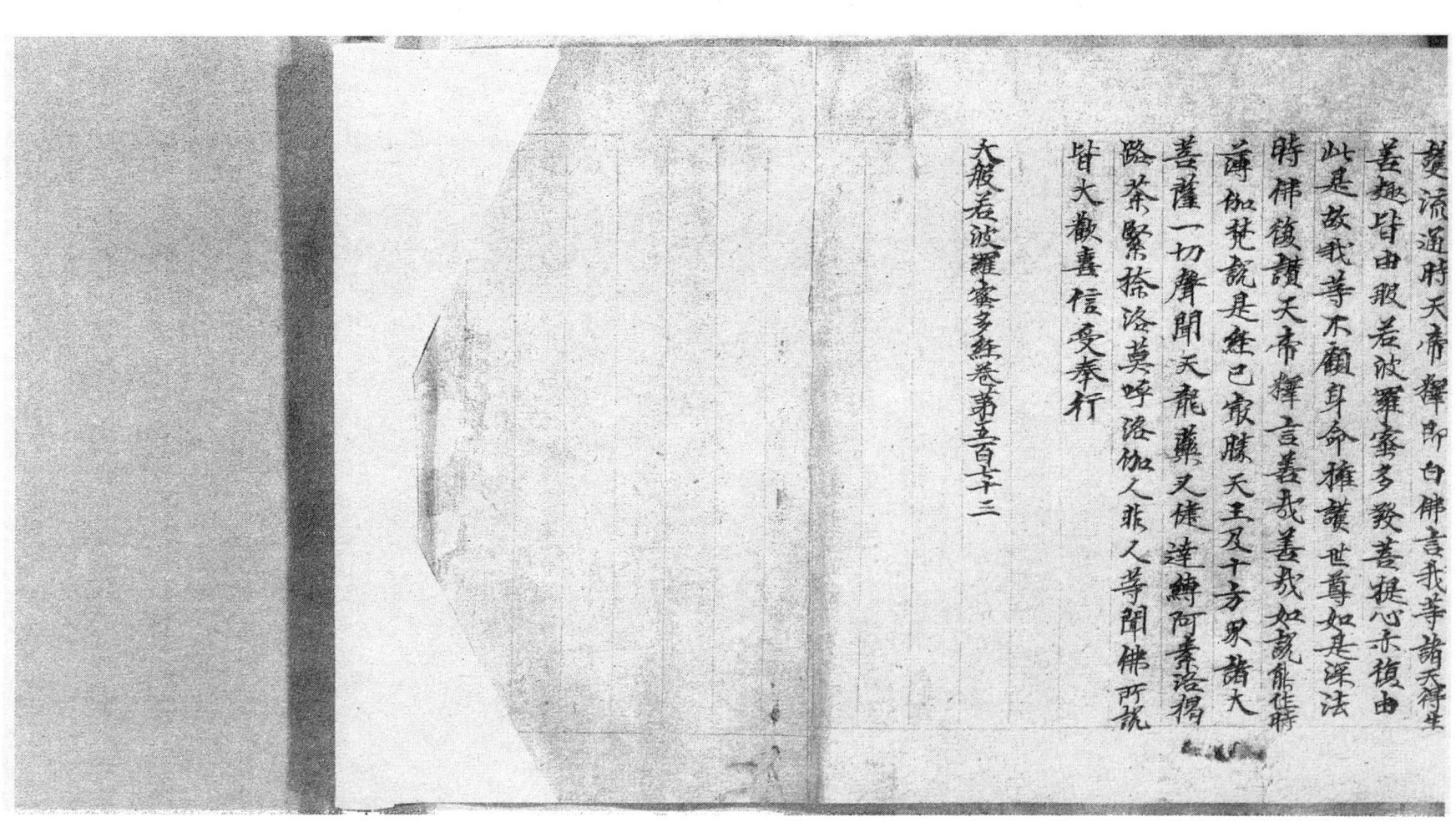

BD14004號　大般若波羅蜜多經卷五七三　（23–22）

護流通時天帝釋即白佛言我等諸天得生
善趣皆由般若波羅蜜多發菩提心亦復由
此是故我等不顧身命擁護世尊如是深法
時佛復讚天帝釋言善哉善哉如說能作時
薄伽梵說是經已歡勝天王及十方眾諸大
菩薩一切聲聞天龍藥叉健達縛阿素洛揭
路荼緊捺洛莫呼洛伽人非人等聞佛所說
皆大歡喜信受奉行

大般若波羅蜜多經卷第五百七十三

BD14004號　大般若波羅蜜多經卷五七三　（23–23）

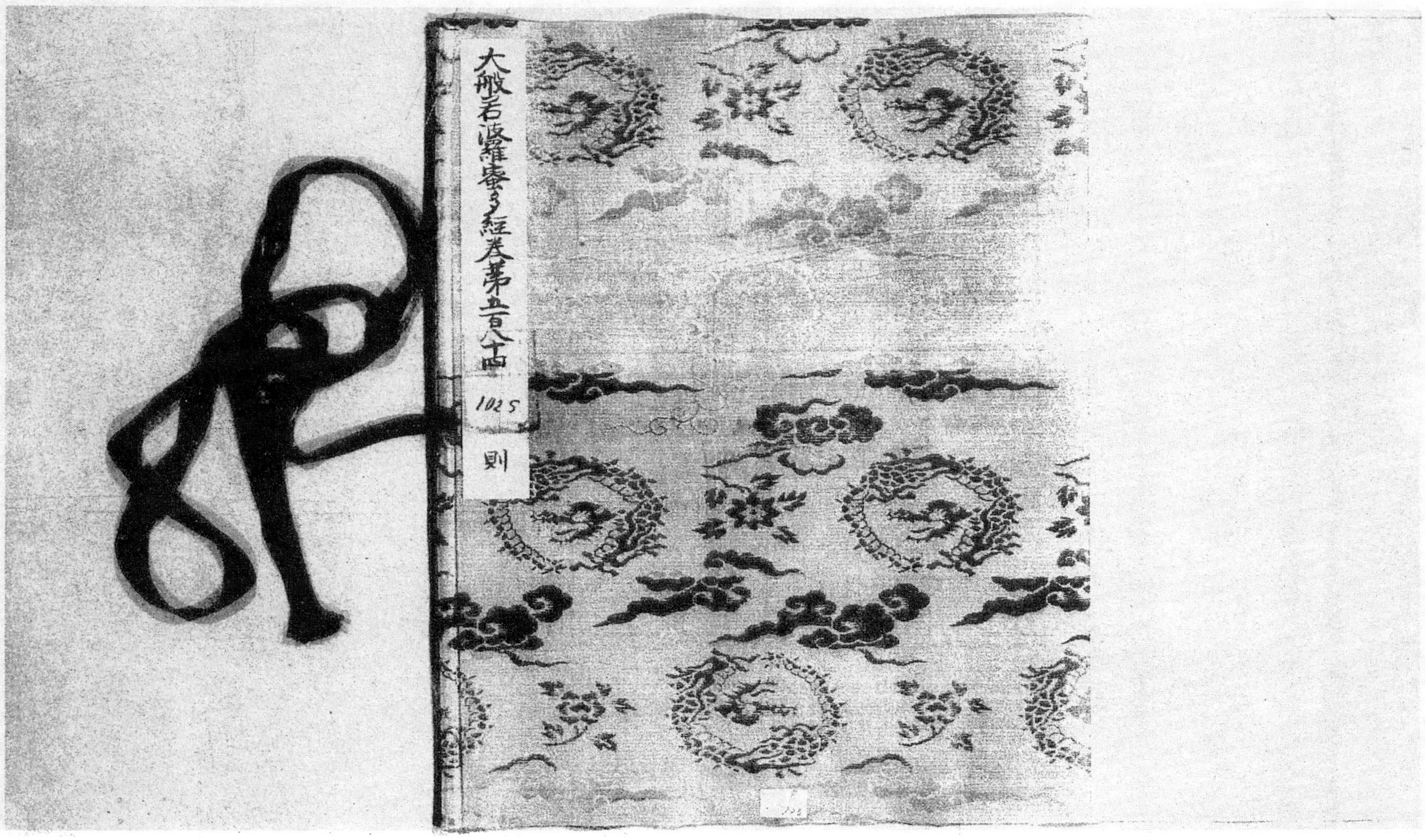

BD14005 號背　現代護首　　（1–1）

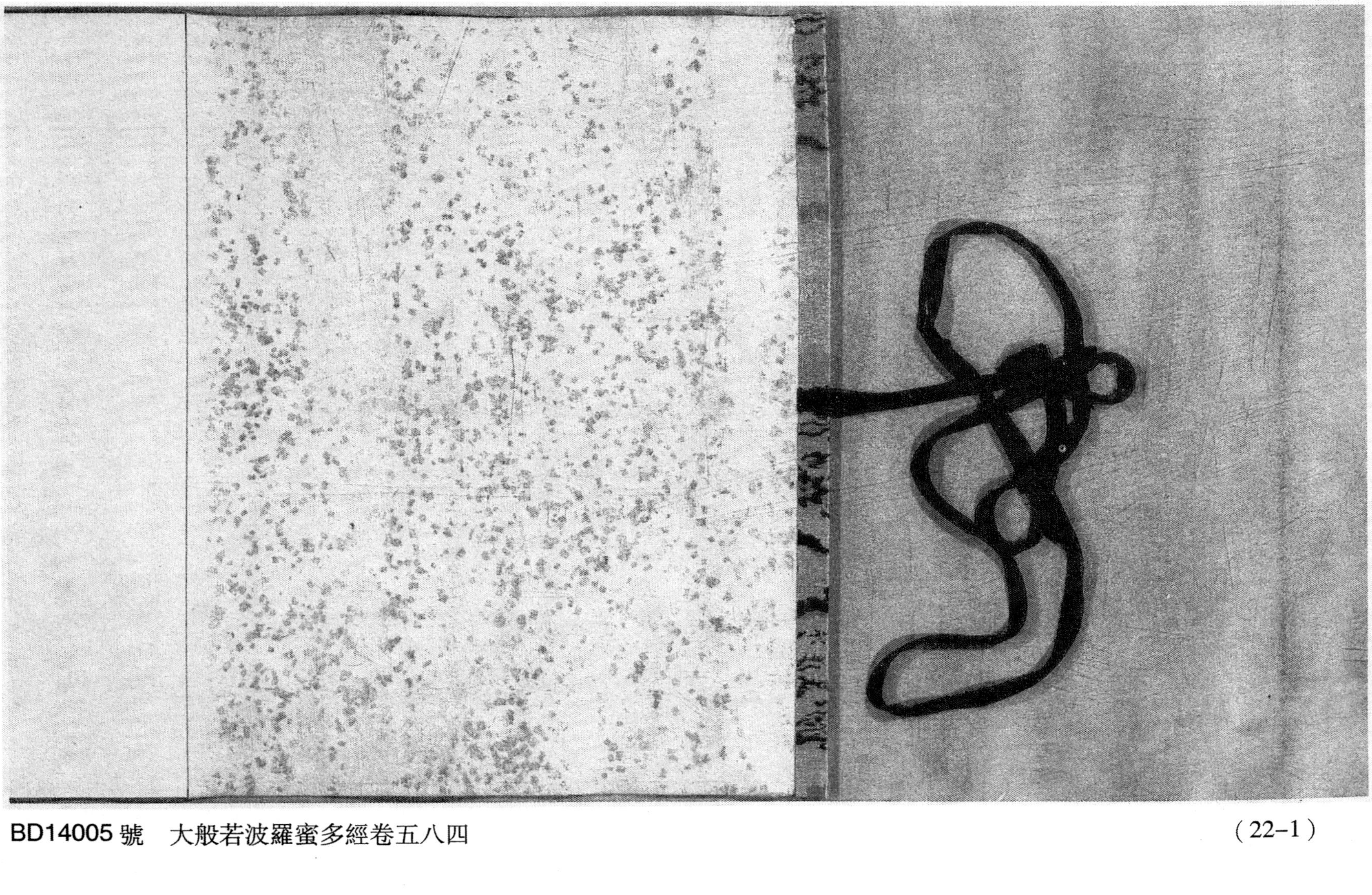

BD14005 號　大般若波羅蜜多經卷五八四　　（22–1）

大般若波羅蜜多經卷第五百八十四

第十二淨戒波羅蜜多分之一　三藏法師玄奘奉詔譯

如是我聞一時薄伽梵在室羅筏住誓多林
給孤獨園與大苾芻衆千二百五十人俱尒
時世尊告具壽舍利子汝今應為欲證無上
正等菩提諸菩薩摩訶薩宣說淨戒波羅
蜜多時舍利子承佛教勅承佛神力以淨戒
波羅蜜多教誡教受諸菩薩摩訶薩時滿慈
子便問具壽舍利言云何應知菩薩持戒
云何應知菩薩犯戒云何菩薩所應行處云
何菩薩非所行處時舍利子便答具壽滿慈
子言若諸菩薩安住聲聞獨覺作意是名菩
薩非所行處若諸菩薩安住此處應知是為
菩薩犯戒若諸菩薩行於非處是諸菩薩決
定不能攝受淨戒波羅蜜多若諸菩薩決定

BD14005 號　大般若波羅蜜多經卷五八四　（22–2）

何菩薩非所行處時舍利子便答具壽滿慈
子言若諸菩薩安住聲聞獨覺作意是名菩
薩非所行處若諸菩薩安住此處應知是為
菩薩犯戒若諸菩薩行於非處是諸菩薩決
定不能攝受淨戒波羅蜜多若諸菩薩決定
不能攝受淨戒波羅蜜多是諸菩薩捨本誓
願若諸菩薩捨本誓願應知是為菩薩犯戒
又滿慈子若諸菩薩脩行布施迴向聲聞或
獨覺地是名菩薩行於非處若諸菩薩行於
非處應知是為菩薩犯戒若諸菩薩安住居
家受妙五欲應知非為菩薩犯戒若諸菩薩
行布施時迴向聲聞或獨覺地不求無上正
等菩提應知是為菩薩犯戒譬如王子應受
父王所有教令應學王子所應學法謂諸王
子皆應善學諸工巧處及事業處所謂乘象
乘馬乘車及善持御弓弩槍穳刀矟劍輪索
走跳躑書印算數聲因論等及餘種種技
事業若諸王子能勤習學如是等類順益王
法雖受五欲種種嬉戲而不為王之所訶責
如是菩薩勤求無上正等菩提雖處居家受
妙五欲種種嬉戲而不遠逆一切智智若諸
菩薩行布施時迴向聲聞或獨覺是諸菩
薩行於非處於一切智便為非田若時若時於
一切智已成非田尒時尒時不能攝受　菩
薩淨戒波羅蜜多若時若時不能攝受菩薩
淨戒波羅蜜多尒時尒時遠離所求一切智智
若時若時遠離所求一切智智尒時尒時行
於非處若時若時行於非處尒時尒時　犯

BD14005 號　大般若波羅蜜多經卷五八四　（22–3）

一切智已成非正爾時爾時不能攝受菩
薩淨戒波羅蜜多若時若時不能攝受菩薩
淨戒波羅蜜多爾時爾時遠離所求一切智智
若時若時遠離所求一切智智爾時爾時行
於非處若時若時行於非處爾時爾時 犯
菩薩戒又滿慈子若諸菩薩雖復出家受持
淨戒而不迴向無上菩提是諸菩薩定不成
就菩薩淨戒若諸菩薩定不成就菩薩淨戒
是諸菩薩但有虛名都無實義應知彼類不
名菩薩若諸菩薩雖處居家而受三歸深信
三寶迴向無上正等菩提是諸菩薩雖復受
用五欲樂具而於菩薩所行淨戒波羅蜜多
常不遠離亦名真實持淨戒者亦名安住菩
薩淨戒若諸菩薩住菩薩戒是諸菩薩常不
遠離菩薩淨戒波羅蜜多若諸菩薩常不遠
離菩薩淨戒波羅蜜多是諸菩薩常不遠離
一切智智若諸菩薩雖多發起五欲相應非
理作意而起一念無上菩提相應之心即能
摧滅如多積集迦遮末尼一吠瑠璃能總映
奪吠瑠璃寶光彩價直映奪一切迦遮末尼
如是菩薩雖多發起五欲相應非理作意若
起一念無上菩提相應之心善能摧滅如迦
遮聚一吠瑠璃普能映奪失光彩
又滿慈子若諸菩薩執著諸相而行布施是
諸菩薩行於非處若諸菩薩行於非處是諸
菩薩應知名為犯菩薩戒菩薩不應執著諸
相而行布施亦復不應執著無上正等菩提
而行布施何以故滿慈子諸佛無上正等菩

BD14005號　大般若波羅蜜多經卷五八四　（22–4）

遮聚一吠瑠璃普能映奪失光彩
又滿慈子若諸菩薩執著諸相而行布施是
諸菩薩行於非處若諸菩薩行於非處是諸
菩薩應知名為犯菩薩戒菩薩不應執著諸
相而行布施亦復不應執著無上正等菩提
而行布施何以故滿慈子諸佛無上正等菩
提遠離眾相所以者何如來十力四無所畏
四無礙解大慈大悲大喜大捨及十八佛不
共法等無量無邊諸佛妙法皆離眾相如是
菩薩於所行施不應執著若諸菩薩於所行
施能無執著是諸菩薩則能攝受菩薩淨戒
波羅蜜多疾能證得一切智智時滿慈子便
問具壽舍利子言若諸菩薩求一切智智而
修行布施是諸菩薩豈不執著一切智智若
諸菩薩起心執著一切智智成戒禁取云何
名為持菩薩戒舍利子言一切智智遠離眾
相非方處攝一切智智非色蘊不離色蘊非
受想行識蘊不離受想行識蘊一切智智非
眼處不離眼處非耳鼻舌身意處不離耳鼻
舌身意處一切智智非色處不離色處非聲
香味觸法處不離聲香味觸法處一切智智
非眼界不離眼界非耳鼻舌身意界不離耳
鼻舌身意界一切智智非眼識界不離眼識
界非耳鼻舌身意識界不離耳鼻舌身意
識界一切智智非眼觸不離眼觸非耳鼻舌身
意觸不離耳鼻舌身意觸一切智智非眼觸
為緣所生諸受不離眼觸為緣所生諸受一
切智智非地界不離地界非水火風空識界

BD14005號　大般若波羅蜜多經卷五八四　（22–5）

界非耳鼻舌身意識界不離耳鼻舌身意
識界一切智智非眼觸不離眼觸非耳鼻舌身
意觸不離耳鼻舌身意觸一切智智非眼觸
為緣所生諸受不離眼觸為緣所生諸受一
切智智非地界不離地界非水火風空識界
不離水火風空識界一切智智非因緣不離
因緣非等無間緣所緣緣增上緣不離等無
間緣所緣緣增上緣一切智智非無明不離
無明非行識名色六處觸受愛取有生老死
不離行識名色六處觸受愛取有生老死一
切智智非布施波羅蜜多不離布施波羅蜜
多非淨戒安忍精進靜慮般若波羅蜜多
離淨戒安忍精進靜慮般若波羅蜜多一切
智智非內空不離內空非外空內外空空空
大空勝義空有為空無為空畢竟空無際空
散空無變異空本性空自相空共相空一切
法空不可得空無性空自性空無性自性空
不離外空內外空空空大空勝義空有為空
無為空畢竟空無際空散空無變異空本性
空自相空共相空一切法空不可得空無性空
自性空無性自性空一切智智非真如不離
真如非法界法性不虛妄性不變異性平等
性離生性法定法住實際虛空界不思議界
不離法界法性不虛妄性不變異性平等性
離生法定法住實際虛空界不思議界一
切智智非苦聖諦不離苦聖諦非集滅道
聖諦不離集滅道聖諦一切智智非四靜慮
不離四靜慮非四無量四無色定不離四

BD14005 號　大般若波羅蜜多經卷五八四　（22–6）

離生法定法住實際虛空界不思議界一
切智智非苦聖諦不離苦聖諦非集滅道
聖諦不離集滅道聖諦一切智智非四靜慮
不離四靜慮非四無量四無色定不離四
無量四無色定一切智智非四念住不離四
念住非四正斷四神足五根五力七等覺支
八聖道支不離四正斷四神足五根五力七
等覺支八聖道支一切智智非空解脫門不
離空解脫門非無相無願解脫門不離無相
無願解脫門一切智智非八解脫不離八解
脫非八勝處九次第定十遍處不離八勝處
九次第定十遍處一切智智非陀羅尼門不
離陀羅尼門非三摩地門不離三摩地門一
切智智非淨觀地不離淨觀地非種姓地第
八地具見地薄地離欲地已辦地獨覺地菩
薩地如來地不離種姓地第八地具見地薄
地離欲地已辦地獨覺地菩薩地如來地一
切智智非極喜地不離極喜地非離垢地發
光地焰慧地極難勝地現前地遠行地不動
地善慧地法雲地不離離垢地發光地焰慧
地極難勝地現前地遠行地不動地善慧地
法雲地一切智智非五眼不離五眼非六神
通不離六神通一切智智非佛十力不離佛
十力非四無所畏四無礙解大慈大悲大喜
大捨十八佛不共法不離四無所畏四無礙
解大慈大悲大喜大捨十八佛不共法一切
智智非三十二大士相不離三十二大士相

BD14005 號　大般若波羅蜜多經卷五八四　（22–7）

十力非四無所畏四無礙解大慈大悲大喜
大捨十八佛不共法不離四無所畏四無礙
解大慈大悲大喜大捨十八佛不共法一切
智智非三十二大士相不離三十二大士相
非八十隨好不離八十隨好一切智智非無
忘失法不離無忘失法非恒住捨性不離
恒住捨性一切智智非一切智不離一切智非
道相智一切相智不離道相智一切相智一
切智智非預流果不離預流果非一來果不
還果阿羅漢果獨覺菩提不離一來果不還
果阿羅漢果獨覺菩提一切智智非諸菩薩
摩訶薩行不離諸菩薩摩訶薩行非諸佛
無上正等菩提不離諸佛无上正等菩提一切
智智非有色法不離有色法非無色法不
離無色法一切智智非有見法不離有見
法非無見法不離無見法一切智智非有對
法不離有對法非無對法不離無對法一切
智智非有漏法不離有漏法非無漏法不離
無漏法一切智智非有為法不離有為法非
無為法不離無為法一切智智非有量法不
離有量法非無量法不離無量法一切智智
非過去法不離過去法非未來現在法不離
未來現在法一切智智非善法不離善法非
不善無記法不離不善無記法一切智智非
欲界繫法不離欲界繫法非色無色界繫法
不離色無色界繫法一切智智非見所斷法
不離見所斷法非脩所斷無斷法不離脩

未來現在法一切智智非善法不離善法非
不善無記法不離不善無記法一切智智非
欲界繫法不離欲界繫法非色無色界繫法
不離色無色界繫法一切智智非見所斷法
不離見所斷法非脩所斷無斷法不離脩
所斷無斷法一切智智非學法不離學法非
無學非學非無學法不離無學非學非無學法
一切智智遠離如是諸法相故不可執取一切
智智遠離衆相無法可得無所得故不可執
取一切智智既非有法亦非無法由此因緣
不可執取是故菩薩脩行布施受持淨戒迴
向無上正等菩提雖求證得一切智智而不
名為戒禁取攝若諸菩薩脩行布施受持淨
戒迴向聲聞或獨學地執取淨戒是諸菩薩
失菩薩戒應知名為犯戒菩薩
尒時滿慈子問舍利子言若諸菩薩脩行布
施受持淨戒迴向聲聞或獨覺地違犯菩薩
所受戒已是諸菩薩為有因緣何還淨不舍
利子言若彼菩薩迴向聲聞獨覺地已求見
聖諦未證實際或有因緣易可還淨若見
聖諦證實際已異見深重難可還淨時滿慈
子復問具壽舍利子言若諸菩薩求證無上
正等菩提不應令欲證實際耶舍利子言如是
如是若諸菩薩求證無上正等菩提不應令
彼證於實際滿慈子言何因緣故若諸菩薩
求證無上正等菩提不應令彼證於實際舍
利子言有諸菩薩求證無上正等菩提若速
令彼證於實際是諸菩薩或遇因緣住於聲

正等菩提不應令彼證實際爾舍利子言如是
如是若諸菩薩求證無上正等菩提不應令
彼證於實際滿慈子言何因緣故若諸菩薩
求證無上正等菩提不應令彼證於實際舍
利子言有諸菩薩求證無上正等菩提若速
令彼證於實際是諸菩薩或遇因緣住於聲
聞或獨覺地難可令起一切智心若遇如來
正法隱沒不求證得一切智智尒時便證獨
覺菩提入無餘依般涅槃界畢竟不證無上
菩提由此因緣若諸菩薩求趣無上正等菩
提不應令彼速證實際乃至未坐妙菩提座
不應令彼證於實際若時已坐妙菩提座將
證無上正等菩提乃至可令其證於實際斷
一切障證大菩提
又滿慈子若諸菩薩脩行淨戒波羅蜜多不
應受持二乘淨戒由彼淨戒不能攝受一
切智智不能引發一切智智不能攝受菩薩淨
戒波羅蜜多不能圓滿菩薩淨戒波羅蜜
多又滿慈子若諸菩薩心作分限饒益有情脩
行布施受持淨戒是諸菩薩不能攝受菩薩
淨戒波羅蜜多不能圓滿菩薩淨戒波羅
蜜多何以故滿慈子菩薩淨戒波羅蜜多無分
限故若諸菩薩心無分限饒益有情脩行布
施受持淨戒是諸菩薩乃能攝受菩薩淨
戒波羅蜜多亦能圓滿菩薩淨戒波羅蜜多
是諸菩薩由此因緣名為成就菩薩淨戒
尒時滿慈子問舍利子言云何名為菩薩持
戒舍利子言若諸菩薩隨所行施一切迴向

戒波羅蜜多亦能圓滿菩薩淨戒波羅蜜多
是諸菩薩由此因緣名為成就菩薩淨戒
尒時滿慈子問舍利子言云何名為菩薩持
戒舍利子言若諸菩薩隨所行施一切迴向
無上菩提與諸有情作大饒益窮未來際無
間無斷應知是為菩薩持戒若諸菩薩隨
所獲戒一切迴向無上菩提與諸有情作大饒
益窮未來際無間無斷應知是為菩薩持戒
若諸菩薩雖經殑伽沙數大劫脩行淨戒令
得圓滿而不迴向無上菩提與諸有情作大
饒益窮未來際無間無斷是諸菩薩不能攝
受菩薩淨戒波羅蜜多不能圓滿菩薩淨戒
波羅蜜多若諸菩薩雖經殑伽沙數大劫
脩行淨戒令得圓滿而心迴向聲聞獨覺是
諸菩薩不能攝受菩薩淨戒波羅蜜多不能
圓滿菩薩淨戒波羅蜜多若諸菩薩雖不受
持二乘淨戒而不名為犯淨戒者若諸菩薩
迴向聲聞或獨覺地雖多受持二乘淨戒而
可名為犯淨戒者何以故滿慈子若諸菩薩
迴而聲聞或獨覺地應知名為行於非處言
非處者非二乘地非諸菩薩所行處故
尒時滿慈子問舍利子言云何名為菩薩行
處舍利子言布施淨戒安忍精進靜慮般若
波羅蜜多相應作意應知是為菩薩行處又
滿慈子內空外空內外空空空大空勝義空
有為空無為空畢竟空無際空散空無變異
空本性空自相空共相空一切法空不可得
空無性空自性空無性自性空相應作意

波羅蜜多相應作意應知是為菩薩行處又
滿慈子內空外空空空大空勝義空
有為空無為空畢竟空無際空散空無變異
空本性空自相空共相空一切法空不可得
空無性空自性空無性自性空相應作意應
知是為菩薩行處又滿慈子真如法界法性
不虛妄性不變異性平等性離生性法定法
住實際虛空界不思議界相應作意應知是
為菩薩行處又滿慈子菩薩所學四靜慮四
無量四無色定相應作意應知是為菩薩行
處又滿慈子菩薩所學四念住四正斷四神
足五根五力七等覺支八聖道支相應作意
應知是為菩薩行處又滿慈子菩薩所學空
無相無願解脫門相應作意應知是為菩薩
行處又滿慈子菩薩所學八解脫八勝處九
次第定十遍處相應作意應知是為菩薩行
處又滿慈子極喜地離垢地發光地焰慧地
極難勝地現前地遠行地不動地善慧地法
雲地相應作意應知是為菩薩行處又滿慈
子一切陀羅尼門一切三摩地門相應作意
應知是為菩薩行處又滿慈子菩薩所學五
眼六神通相應作意應知是為菩薩處又
滿慈子如來十力四無所畏四無礙解大慈
大悲大喜大捨十八佛不共法乃至一切智
智相應作意應知是為菩薩行處若諸菩薩
諦故住故行此行處應知是為菩薩持戒又
滿慈子若諸菩薩雖經殑伽沙數大劫安處
居家受妙五欲而不發起趣向聲聞獨覺地

BD14005號　大般若波羅蜜多經卷五八四　（22–12）

大悲大喜大捨十八佛不共法乃至一切智
智相應作意應知是為菩薩行處若諸菩薩
諦故住故行此行處應知是為菩薩持戒又
滿慈子若諸菩薩雖經殑伽沙數大劫安處
居家受妙五欲而不發起趣向聲聞獨覺地
心是諸菩薩應知不名犯菩薩戒何以故滿
慈子是諸菩薩增上意樂無退壞故何等名
為增上意樂謂定趣求一切智智譬如有人
於他財物實不劫盜枉禁囚圄雖經多時而
與惡人同禁囹圄而不名賊如是菩薩
雖處居家經於殑伽沙數大劫妙五欲而
勝意樂常不退壞謂常趣求一切智智曾
不發起二乘之心是故不名犯菩薩戒若諸
菩薩雖經殑伽沙數大劫脩行梵行而起
迴向二乘地心應知不名持淨戒者何以
慈子被捨淨戒波羅蜜多安住聲聞獨覺
乘戒若諸菩薩安住聲聞獨覺乘戒不名
菩薩所以者何是諸菩薩遠離淨戒波羅蜜多
死心趣求一切智定不能證無上菩提又滿
慈子若諸菩薩起如是心我當精勤經尒所
劫流轉生死定當引起一切智智是諸菩
薩由起此心不能證行一切智智時滿慈子
便問具壽舍利子言若諸菩薩心作分限
我當精勤經尒所劫定當證得一切智智如
是期心有何過失而不能得一切智智舍利
子言是諸菩薩厭怖生死速求菩提由心速
故便作分限由作分限不能成熟殊勝善根

BD14005號　大般若波羅蜜多經卷五八四　（22–13）

便問具壽舍利子言若諸菩薩心作分限
我當精勤經舍所劫定當證得一切智智如
是期心有何過失而不能得一切智智舍利
子言是諸菩薩取怖生死速求菩提由心速
故便作分限由作分限不能成熟殊勝善根
由怖生死或求聲聞獨覺乘果非作分限
而能饒益无量有情非作限分而能圓滿
无量布施波羅蜜多非不圓无量布施波羅
蜜多而能證得一切智智若諸菩薩心作分限
設經殑伽沙數大劫脩行布施波羅蜜多而
亦不能圓滿布施波羅蜜多菩布施波羅
蜜多无邊際故一切智智亦无邊際若不圓
滿布施布施波羅蜜多而能證得一切智智
无有是處是故菩薩欲求无上正等菩提不
應起心定作分限速求證得一切智智又滿
慈子若諸菩薩求證无上正等菩提是諸菩
薩決定不應心作分限脩行布施乃至般若
波羅蜜多若時若時久處生死脩菩薩行尒
時尒時所脩布施乃至般若波羅蜜多漸善
成熟堪能證得一切智智如新凡器盛滿清
水置於日中如如多時水所滋潤如是如是器
轉緊牢如是菩薩若時若時久處生死脩菩
薩行尒時尒時所脩布施乃至般若波羅蜜
多漸善成熟堪能證得一切智智又滿慈子
如新凡瓶盛滿蘇油如如經久如是如是津
膩漸潤由斯堅密有所堪能如是菩薩若時
若時久處生死脩菩薩行尒時尒時漸遇多
佛及佛弟子信敬供養若時若時漸遇多佛

薩行尒時尒時所脩布施乃至般若波羅蜜
多漸善成熟堪能證得一切智智又滿慈子
如新凡瓶盛滿蘇油如如經久如是如是津
膩漸潤由斯堅密有所堪能如是菩薩若時
若時久處生死脩菩薩行尒時尒時漸遇多
佛及佛弟子信敬供養若時若時漸遇多佛
及佛弟子信敬供養尒時尒時漸蒙多佛
及佛子弟教誡教受若時若時漸蒙多佛
及佛弟子教誡教受尒時尒時漸得聞說布施
淨戒安忍精進靜慮般若波羅蜜多若時若時
漸得聞說布施淨戒安忍精進靜慮般若波
羅蜜多尒時尒時漸能脩習布施淨戒安忍
精進靜慮般若波羅蜜多若時若時漸能脩
習布施淨戒安忍精進靜慮般若波羅蜜
尒時尒時漸復圓滿布施淨戒安忍精進靜
慮般若波羅蜜多若時若時漸復圓滿布施
淨戒安忍精進靜慮般若波羅蜜多尒時尒
時漸得隣近一切智智若時若時漸得隣近
一切智智尒時尒時漸斷諸障得無上正
等菩提
又滿慈子諸菩薩摩訶薩若時若時起一切
智相應之心尒時尒時無容間起緣餘境心
若時若時無容間起緣餘境心尒時尒時布
施淨戒安忍精進靜慮般若波羅蜜多重心
相續漸得圓滿由心相續漸圓滿故名能引
發一切智心此心相續無間無斷乃至證得
一切智智如瓶蘇如如經久如是如是蘇
氣薰遍不受餘氣之所重著如是菩薩摩訶

施淨戒安忍精進靜慮般若波羅蜜多重心
相續漸得圓滿由心相續漸圓滿故名能引
發一切智心此心相續無間無斷乃至證得
一切智智如驕蘇瓶如如經久如是如是蘇
氣薰遍不受餘氣之所重著如是菩薩摩訶
薩衆起一切智相應之心緣餘境心不能間
雜由無間雜布施淨戒安忍精進靜慮般若
波羅蜜多重習圓滿諸惡魔軍欲伺其便終
不能得何以故滿慈子若於此境魔伺其便
是諸菩薩即於此境起一切智相應之心由
此惡魔不能得便如是菩薩若時若時久處
生死脩行布施乃至般若波羅蜜多尒時尒
時漸事多佛及諸弟子若時若時漸事多佛
及諸弟子尒時尒時聞說布施乃至般若波
羅蜜多若時若時聞說布施乃至般若波羅
蜜多尒時尒時能勤精進如理思惟所說布
施乃至般若波羅蜜多若時若時能勤精進
如理思惟所說布施乃至般若波羅蜜多尒
時尒時能勤精進無倒脩習所說布施乃至
般若波羅蜜多若時若時能勤精進無倒脩
習所說布施乃至般若波羅蜜多尒時尒時
於心相續布施淨戒安忍精進靜慮般若波
羅蜜多漸得圓滿若時若時於心相續布施
淨戒安忍精進靜慮般若波羅蜜多漸得圓
滿尒時尒時漸得隣近一切智智由斯速證
無上菩提與諸有情作大饒益
又滿慈子若諸菩薩欲勤導他受持淨戒是
諸菩薩先應自起淨戒相應心所法然後

淨戒安忍精進靜慮般若波羅蜜多漸得圓
滿尒時尒時漸得隣近一切智智由斯速證
無上菩提與諸有情作大饒益
又滿慈子若諸菩薩欲勤導他受持淨戒是
諸菩薩先應自起淨戒相應心所法然後
勸他受持淨戒既勸導他受持戒已復令迴
向一切智智如是菩薩自脩善根迴向所求
一切智智復能勸導他諸有情起諸淨心受
持淨戒受持戒已復令迴向一切智智乃可
名爲於善男子善女人等能善化導若諸菩
薩教誡教受趣聲聞乘補特伽羅令勤脩學
諸菩薩勝聲聞乘補特伽羅若聲聞人教
菩薩淨戒波羅蜜多迴向趣求一切智智是
誡教受趣菩薩乘補特伽羅令勤脩學菩薩
淨戒波羅蜜多迴向趣求一切智智是聲聞
人不勝菩薩補特伽羅乃爲菩薩轉勝於彼
如有男子買真金人遠適他國此真金人光
彩顏貌勝彼男子如是設有殑伽沙數聲聞
乘人教誡教受趣菩薩乘補特伽羅令勤脩
學菩薩淨戒波羅蜜多迴向趣求一切智智
此一菩薩勝彼一切聲聞乘人又知男子貿
頗胝迦人遠適他國此頗胝迦人光彩顏
貌勝彼男子如是三千大千世界殑伽沙數
聲聞乘人教誡教受趣菩薩乘補特伽羅令
勤脩學菩薩淨戒波羅蜜多迴向趣求一切
智智此一菩薩勝彼一切聲聞乘人何以故
滿慈子諸聲聞人若時若時教誡教受此一

類勝彼男子如是三千大千世界殑伽沙數
聲聞乘人教誡教授趣菩薩乘補特伽羅令
勤脩學菩薩淨戒波羅蜜多迴向趣求一切
智智此一菩薩勝彼一切聲聞乘人何以故
滿慈子諸聲聞人若時若時教誡教授此一
菩薩尒時尒時轉勝一切聲聞乘人諸經殑
伽沙數劫住諸聲聞人教誡教授此一菩薩
令勤脩學菩薩淨戒波羅蜜多迴向趣求一
切智智此一菩薩功德善根晝夜增長又滿
慈子譬如真金數數燒鍊光色轉盛菩薩亦
尒若時若時諸聲聞衆教誡教授令勤脩學
菩薩淨戒波羅蜜多迴向趣求一切智智尒
時尒時菩薩淨戒波羅蜜多轉得明淨若時
若時菩薩淨戒波羅蜜多轉得明淨尒時尒
時轉勝一切聲聞乘人所有功德由彼功德
迴向涅槃不能趣求一切智智又滿慈子如
吠瑠璃若時若時匠者瑩拭尒時尒時光色
轉淨如是菩薩若時若時諸聲聞衆教誡教
授令勤脩學菩薩淨戒波羅蜜多迴向趣求
一切智智尒時尒時菩薩淨戒波羅蜜多轉
得明淨若時若時菩薩淨戒波羅蜜多轉得
明淨尒時尒時轉勝一切聲聞乘人所有功
德由彼功德迴向涅槃不能趣求一切智智
又滿慈子如巧畫師以衆綵色畫作像如
先以一色作模於後後時填布衆綵若時
若時以衆綵色漸次填布尒時尒時容貌形
色展轉殊妙勝彼畫師百千百倍如是菩薩
[illegible]

BD14005號　大般若波羅蜜多經卷五八四　（22–18）

又滿慈子如巧畫師以衆綵色畫作像如
先以一色作模於後後時填布衆綵若時
若時以衆綵色漸次填布尒時尒時容貌形
色展轉殊妙勝彼畫師百千百倍如是菩薩
若時若時諸聲聞衆教誡教授令勤脩學菩
薩淨戒波羅蜜多迴向趣求一切智智尒時尒
時菩薩淨戒波羅蜜多轉得明淨若時若時
菩薩淨戒波羅蜜多轉得明淨尒時尒時轉
勝一切聲聞乘人所有功德由彼功德迴向
涅槃不能趣求一切智智而此菩薩由諸聲
聞教誡教授所脩種種功德善根晝夜增長
又滿慈子如人種樹隨時溉灌守護脩理若
時若時溉灌此樹守護脩理尒時尒時其樹
增長量漸高大如是菩薩無量聲聞教誡教
授令勤脩學菩薩淨戒波羅蜜多迴向趣求
一切智智而此菩薩若時若時無量聲聞教
誡教授令勤脩學菩薩淨戒波羅蜜多迴向
趣求一切智智尒時尒時菩薩淨戒波羅蜜
多漸次增長若時若時菩薩淨戒波羅蜜多
漸次增長尒時尒時普勝一切聲聞獨覺菩
薩淨戒波羅蜜多轉明轉盛漸次隣近本所
願求一切智智由斯普勝聲聞獨覺又滿慈
子譬如有人持小火燼燒乾草木若時若時
火依草木尒時尒時火漸增長若時若時火
漸增長尒時時大焰轉大展轉能照多踰
繕那多百多千乃至無量如是菩薩無量聲
聞教誡教授令勤脩學菩薩淨戒波羅蜜多

BD14005號　大般若波羅蜜多經卷五八四　（22–19）

子譬如有人持小火燼燒乾草木若時若時
火依草木尒時尒時火漸增長若時若時火
漸增長尒時時大焰轉大展轉能照多踰
繕那多百多千乃至無量如是菩薩無量聲
聞教誡教受令勤脩學菩薩淨戒波羅蜜多
迴向趣求一切智智而此菩薩若時若時無
量聲聞教誡教受令勤脩學菩薩淨戒波羅
蜜多迴向趣求一切智智尒時尒時菩 薩淨
戒波羅蜜多漸次明盛若時若時菩薩淨戒
波羅蜜多漸次明盛尒時時尒勝彼無量教
誡教受聲聞乘人所有功德由彼功德迴向
涅槃不能趣求一切智智又滿慈子譬如有
人銷礦出金出已轉賣所得價直貴賣彼人
多百千倍如是菩薩若時若時無量聲聞教
誡教受令勤脩學菩薩淨戒波羅蜜多迴向
趣求一切智智尒時尒時菩薩淨戒波羅蜜
多勝彼聲聞所有功德多百千倍由彼功德
迴向涅槃不能趣求一切智智菩薩淨戒波羅
蜜多決定趣求一切智智與有情類作大饒
益尒時滿慈子白舍利子言菩薩成就廣大妙
法謂諸菩薩教誡教受趣聲聞乘補特伽羅
戒諸菩薩由此因緣名為成就菩薩淨戒
尒時滿慈子問舍利子言云何名為菩 薩 特
令勤脩學菩薩淨戒波羅蜜多迴向趣求一切
智智是諸菩薩勝聲聞乘補特伽羅若
聲聞人教誡教受趣菩薩乘補特伽羅令勤
脩學菩薩淨戒波羅蜜多迴向趣求一切智
[illegible]

BD14005號　大般若波羅蜜多經卷五八四　（22–20）

涅槃不能趣求一切智智又滿慈子譬如有
人銷礦出金出已轉賣所得價直貴賣彼人
多百千倍如是菩薩若時若時無量聲聞教
誡教受令勤脩學菩薩淨戒波羅蜜多迴向
趣求一切智智尒時尒時菩薩淨戒波羅蜜
多勝彼聲聞所有功德多百千倍由彼功德
迴向涅槃不能趣求一切智智菩薩淨戒波羅
蜜多決定趣求一切智智與有情類作大饒
益尒時滿慈子白舍利子言菩薩成就廣大妙
法謂諸菩薩教誡教受趣聲聞乘補特伽羅
戒諸菩薩由此因緣名為成就菩薩淨戒
尒時滿慈子問舍利子言云何名為菩 薩 特
令勤脩學菩薩淨戒波羅蜜多迴向趣求一切
智智是諸菩薩勝聲聞乘補特伽羅若
聲聞人教誡教受趣菩薩乘補特伽羅令勤
脩學菩薩淨戒波羅蜜多迴向趣求一切智
智是聲聞人不勝菩薩補特伽羅及為菩
薩勝於彼時舍利子便即具壽滿慈子言如
是如是菩薩成就廣大妙法尊勝獨學及諸
聲聞

大般若波羅蜜多經卷第五百八十四

BD14005號　大般若波羅蜜多經卷五八四　（22–21）

BD14005 號　大般若波羅蜜多經卷五八四　　（22–22）

BD14006 號背　現代護首　　（1–1）

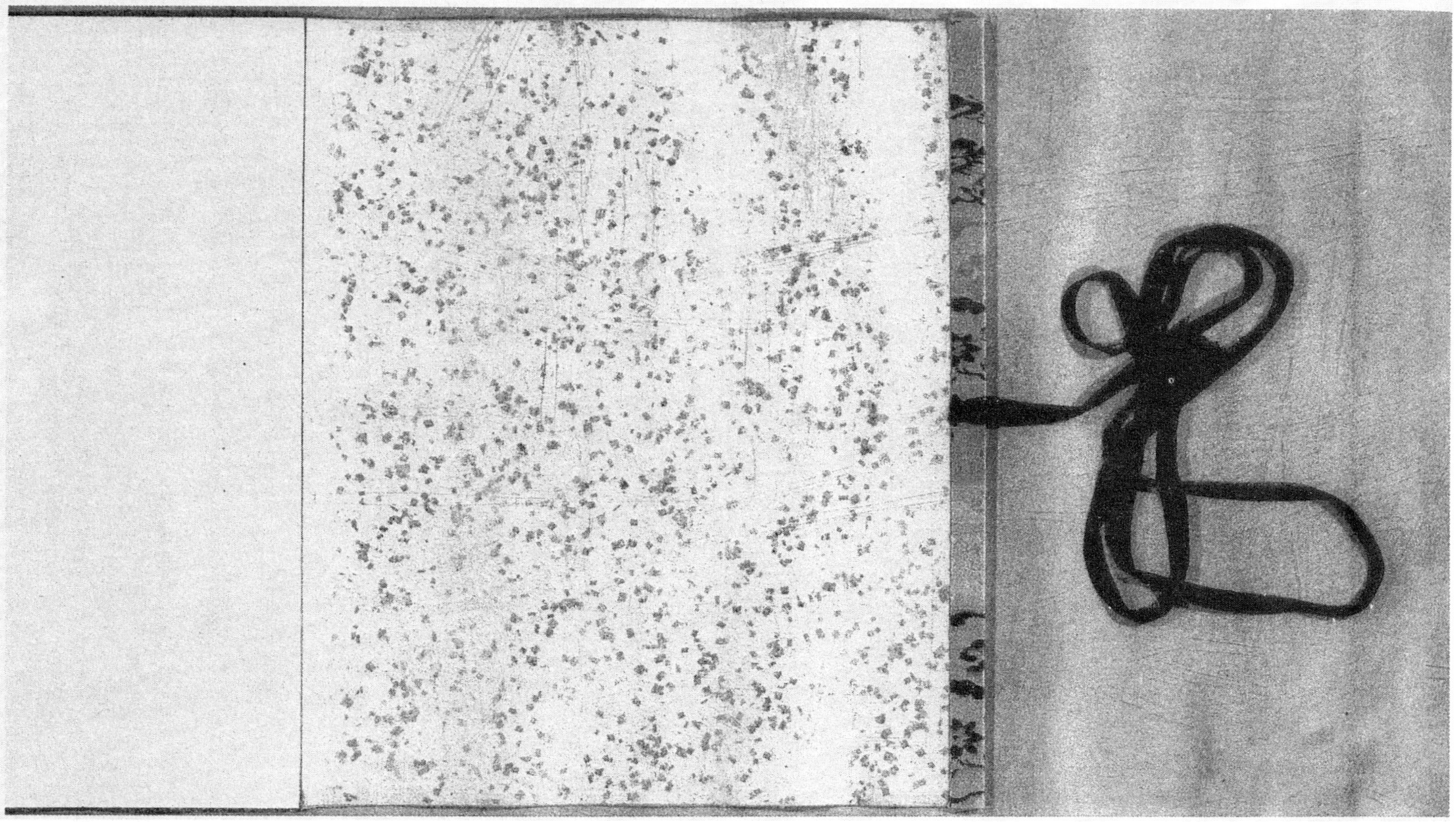

BD14006 號　大般若波羅蜜多經卷五九〇　　(23–1)

大般若波羅蜜多經卷第五百九十
第十四精進波羅蜜多分　三藏法師玄奘奉　詔譯
如是我聞一時薄伽梵在室羅筏住誓多林
給孤獨園與大苾芻衆千二百五十人俱尒
時具壽滿慈子白佛言世尊諸菩薩摩訶
薩欲證无上正等菩提云何方便安住精進波

BD14006 號　大般若波羅蜜多經卷五九〇　　(23–2)

大般若波羅蜜多經卷第五百九十

第十四精進波羅蜜多分　三藏法師玄奘奉　詔譯

如是我聞一時薄伽梵在室羅筏住誓多林
給孤獨園與大苾芻衆千二百五十人俱尒
時具壽滿慈子白佛言世尊若菩薩摩訶
薩欲證无上正等菩提去何方便安住精進波
羅蜜多尒時世尊告滿慈子若菩薩摩訶薩
欲證无上正等菩提初發心時應作是念我
諸所有若身若心先應為他作饒益事當令
一切所願滿足辟如僮僕應作是念行住坐
卧皆當任主不應自在而有所作欲往其舍
往市廛等先諮問主然後方出所須飲食許
乃受用諸有情為皆隨主欲如是菩薩摩訶
薩衆欲證无上正等菩提冣初發心應作是
念我之所有若身若心皆不應令自在而轉隨
他所有饒益事業一切皆當為其成辦如是
菩薩摩訶薩衆依止精進波羅蜜多不離
精進波羅蜜多攝為有情作所應作諸菩薩
摩訶薩皆於精進精進波羅蜜多應如是住
辟如馬寶若人乘御便作是念我令不應令
乘御人身支搖動疲倦勞苦或損嚴具鞍韉
去住遲速任人將護其人不令緣我起瞋忿
等種種過失如是菩薩摩訶薩衆欲行精進
波羅蜜多不隨己心而有所作隨他意樂為
作饒益仍將護彼令於我身不起一切煩惱
惡業彼於菩薩摩訶薩衆雖先无恩而諸菩
薩摩訶薩衆作報恩想為彼成辦種種事業

BD14006 號　大般若波羅蜜多經卷五九〇　（23–3）

波羅蜜多不隨己心而有所作隨他意樂為
作饒益仍將護彼令於我身不起一切煩惱
惡業彼於菩薩摩訶薩衆雖先无恩而諸菩
薩摩訶薩衆作報恩想為彼成辦種種事業
如是菩薩摩訶薩衆為成精進波羅蜜多將
護他心隨他意轉為作種種利益安樂如是
菩薩摩訶薩衆攝受精進波羅蜜多作諸有
情利益安樂如己事業常无厭倦是為菩薩
摩訶薩衆安住精進波羅蜜多
又滿慈子若菩薩摩訶薩為疾證得一切智
智與諸有情作大饒益常勤脩學布施淨戒
安忍精進靜慮般若波羅蜜多心无退轉是
菩薩摩訶薩安住精進波羅蜜多若菩薩摩
訶薩為疾證得一切智智與諸有情作大饒
益常勤脩學內空外空內外空空空大空勝
義空有為空无為空畢竟空无際空散空无
變異空本性空自相空共相空一切法空不
可得空无性空自性空无性自性空觀心无退
轉是菩薩摩訶薩安住精進波羅蜜多若
菩薩摩訶薩為疾證得一切智智與諸有情
作大饒益常勤脩學諸法真如法界法性不
虛妄性不變異性平等性離生性法定法住
實際虛空界不思議界觀心无退轉是菩
薩摩訶薩安住精進波羅蜜多若菩薩摩訶
薩為疾證得一切智智與諸有情作大饒益
常勤脩學无明緣行行緣識識緣名色名色緣

BD14006 號　大般若波羅蜜多經卷五九〇　（23–4）

實際虛空界不思議界觀心无退轉是菩
薩摩訶薩安住精進波羅蜜多若菩薩摩訶
薩為疾證得一切智智與諸有情作大饒益
常勤脩學无明緣行行緣識識緣名色名色緣
六處六處緣觸觸緣受受緣愛愛緣取取緣有
有緣生生緣老死愁嘆苦憂惱觀心无退轉
是菩薩摩訶薩安住精進波羅蜜多若菩薩
摩訶薩為疾證得一切智智與諸有情作
大饒益常勤脩學无明滅故行滅行滅故識
滅識滅故名色滅名色滅故六處滅六處滅
故觸滅觸滅故受滅受滅故愛滅愛滅故取
滅取滅故有滅有滅故生滅生滅故老死愁
歎苦憂惱滅觀心无退轉是菩薩摩訶薩安
住精進波羅蜜多若菩薩摩訶薩為疾證得
一切智智與諸有情作大饒益常勤脩學若
苦若无常若空若无我若苦聖諦觀若集
若生若緣集聖諦觀若滅若靜若妙若離滅
聖諦觀若道若如若行若出道聖諦觀心无
退轉是菩薩摩訶薩安住精進波羅蜜多若
菩薩摩訶薩為疾證得一切智智與諸有情
作大饒益常勤脩學四靜慮四无量四无色
定心无退轉是菩薩摩訶薩安住精進波羅
蜜多若菩薩摩訶薩為疾證得一切智智與
諸有情作大饒益常勤脩學四念住四正斷
四神足五根五力七等覺支八聖道支心无
退轉是菩薩摩訶薩安住精進波羅蜜多若
菩薩摩訶薩為疾證得一切智智與諸有情

BD14006 號　大般若波羅蜜多經卷五九〇　（23–5）

蜜多若菩薩摩訶薩為疾證得一切智智與
諸有情作大饒益常勤脩學四念住四正斷
四神足五根五力七等覺支八聖道支心无
退轉是菩薩摩訶薩安住精進波羅蜜多若
菩薩摩訶薩為疾證得一切智智與諸有情
作大饒益常勤脩學空无相无願解脫門心
无退轉是菩薩摩訶薩安住精進波羅蜜多
若菩薩摩訶薩為疾證一切智智與諸有
情作大饒益常勤脩學八解脫八勝處九次
第定十遍處心无退轉是菩薩摩訶薩安住
精進波羅蜜多若菩薩摩訶薩為疾證得一
切智智與諸有情作大饒益常勤脩學一切
陁羅尼門一切三摩地門心无退轉是菩薩
摩訶薩安住精進波羅蜜多若菩薩摩訶
薩為疾證得一切智智與諸有情作大饒益
常勤脩學淨觀地種姓地第八地具見地薄
地離欲地已辦地獨覺地菩薩地如來地智
心无退轉是菩薩摩訶薩安住精進波羅蜜
多若菩薩摩訶薩為疾證得一切智智與諸
有情作大饒益常勤脩學若勝解行地若極
喜地若離垢地若發光地若焰慧地若極難
勝地若現前地若遠行地若不動地若善慧
地若法雲地若等覺地心无退轉是菩薩摩
訶薩安住精進波羅蜜多若菩薩摩訶薩為
疾證得一切智智與諸有情作大饒益常勤
脩學清淨五眼六勝神通心无退轉是菩薩
摩訶薩安住精進波羅蜜多若菩薩摩訶薩

BD14006 號　大般若波羅蜜多經卷五九〇　（23–6）

地若法雲地若等覺地心无退轉是菩薩摩
訶薩安住精進波羅蜜多若菩薩摩訶薩為
疾證得一切智智與諸有情作大饒益常勤
脩學清淨五眼六勝神通心无退轉是菩薩
摩訶薩安住精進波羅蜜多若菩薩摩訶薩
為疾證得一切智智與諸有情作大饒益常
勤脩學如來十力四无所畏四无礙解大慈
大悲大喜大捨及十八佛不共法等无邊佛
法心无退轉是菩薩摩訶薩安住精進波羅
蜜多
又滿慈子若菩薩摩訶薩為令佛土最極嚴
淨久處生死脩諸功德心无退轉是菩薩摩
訶薩安住精進波羅蜜多若菩薩摩訶薩為
多成熟諸有情類久處生死脩諸功德心无
退轉是菩薩摩訶薩安住精進波羅蜜多若
菩薩摩訶薩初發无上正等覺心假使三千
大千世界諸有情類皆成菩薩或一生所繫或
二生所繫或三生所繫或四生所繫當得
成佛作如是言汝應精勤脩菩薩行先證无
上正等菩提然後我當證无上覺尒時菩薩
隨彼所言精勤勇猛心无怯懼是菩薩摩訶
薩安住精進波羅蜜多若菩薩摩訶薩或一
生所繫或二生所繫或三生所繫或四生所
繫當得成佛假使三千大千世界諸有情類
初發无上正等覺心作如是言汝當待我先證
无上正等菩提然後乃應證无上覺尒時
菩薩隨彼所言久住生死心无退屈是菩薩

生所繫或二生所繫或三生所繫或四生所
繫當得成佛假使三千大千世界諸有情類
初發无上正等覺心作如是言汝當待我先證
无上正等菩提然後乃應證无上覺尒時
菩薩隨彼所言久住生死心无退屈是菩薩
摩訶薩安住精進波羅蜜多若菩薩摩訶薩
見乞者來有所求索面不顰蹙眼无瞋相但
作是念如是有情順我所求一切智智速作
方便勤求施與是菩薩摩訶薩安住精進波
羅蜜多若菩薩摩訶薩為一有情得安樂故
或經一劫或一劫餘大地獄中受諸劇苦身
无動轉心不退屈是菩薩摩訶薩安住精進
波羅蜜多若菩薩摩訶薩假使晝夜量同大
劫積此晝夜復成大劫設經如是殑伽沙數
大劫時分處大地獄受諸劇苦由受斯苦令
一有情得出地獄生於善趣菩薩尒時歡喜
為受是菩薩摩訶薩安住精進波羅蜜多若
菩薩摩訶薩聞說是事踴躍歡喜皆能為受
心无退屈當知名為精進菩薩安住精進波
羅蜜多若菩薩摩訶薩聞如是事其心怯弱
不生歡喜欲受行心當知名為懈怠菩薩若
菩薩摩訶薩聞諸善事心心相續愛樂受行
當知名為精進菩薩安住精進波羅蜜多
若菩薩摩訶薩聞諸善事不能繫念相續
受行當知名為懈怠菩薩
又滿慈子若菩薩摩訶薩假使於此贍部洲
地從一處掃漸至餘方周帀掃已還至本處

當知名為精進菩薩安住精進波羅蜜多
若菩薩摩訶薩聞諸善事不能繫念相續
受行當知名為懈怠菩薩
又滿慈子若菩薩摩訶薩假使於此贍部洲
地從一處掃漸至餘方周帀掃已還至本處
若生是念我久離此當知名為懈怠菩薩若
菩薩摩訶薩為此事已作是念言我極速疾
還來至此當知名為精進菩薩安住精進波
羅蜜多若菩薩摩訶薩於窣堵波營構脩理
經一日已作是念言云何此日時極長久當
知名為懈怠菩薩若菩薩摩訶薩為此事
已作是念言云何此日如彈指頃當知名
為精進菩薩安住精進波羅蜜多若菩薩摩
訶薩於僧伽藍營構脩理經一日已作是念言
云何此日時極長久當知名為懈怠菩薩若
菩薩摩訶薩為此事已作是念言云何此日
如彈指頃當知名為精進菩薩安住精進波
羅蜜多若菩薩摩訶薩觀經半年所作事業
生長久想當知名為懈怠菩薩若菩薩摩訶
薩觀經半年所作事業謂如一日所作事業
當知名為精進菩薩安住精進波羅蜜多若
菩薩摩訶薩觀經一年所作事業生長久想
當知名為懈怠菩薩若菩薩摩訶薩觀經一年
所作事業謂如一日所作事業當知名為精
進菩薩安住精進波羅蜜多若菩薩摩訶薩
觀經半劫所作事業生長久想當知名為懈
怠菩薩若菩薩摩訶薩觀經半劫所作事業

BD14006號　大般若波羅蜜多經卷五九〇　（23–9）

所作事業謂如一日所作事業當知名為精
進菩薩安住精進波羅蜜多若菩薩摩訶薩
觀經半劫所作事業生長久想當知名為懈
怠菩薩若菩薩摩訶薩觀經半劫所作事業
謂如一日所作事業當知名為精進菩薩安
住精進波羅蜜多若菩薩摩訶薩觀經一劫
所作事業生長久想當知名為懈怠菩薩若
菩薩摩訶薩觀經一劫所作事業謂如一日
所作事業當知名為精進菩薩安住精進波
羅蜜多
又滿慈子諸菩薩摩訶薩脩菩提行不應思
惟劫數多少謂我經於尒所劫數當證无上
正等菩提若菩薩摩訶薩思惟劫數而作分
限精勤勇猛脩菩提行求證无上正等菩提
當知名為懈怠菩薩若菩薩摩訶薩作是思
惟設經无量无邊大劫精進勇猛脩菩提行
方證无上正等菩提我定不應心生退屈勤
求无上正等菩提當知名為精進菩薩安住
精進波羅蜜多脩行精進波羅蜜多令速圓
滿遠離生死疾能證得一切智智與諸有情
作大饒益若菩薩摩訶薩思惟劫數而作分
限雖極策猛常勤脩學布施淨戒安忍精進
靜慮般若波羅蜜多而亦名為懈怠菩薩若
菩薩摩訶薩作是思惟設經无量无邊大劫
最極勇猛常勤脩學布施淨戒安忍精進靜
慮般若波羅蜜多乃得圓滿方證无上正等

BD14006號　大般若波羅蜜多經卷五九〇　（23–10）

靜慮般若波羅蜜多而亦名為懈怠菩薩若
菩薩摩訶薩作是思惟設經无量无邊大劫
最極勇猛常勤脩學布施淨戒安忍精進靜
慮般若波羅蜜多乃得圓滿方證无上正等
菩提我定不應心生退屈當知名為精進菩
薩安住精進波羅蜜多疾能證得一切智智
若菩薩摩訶薩思惟劫數而作分限雖極勇
猛常勤脩學內空外空內外空空空大空勝
義空有為空无為空畢竟空无際空散空无
變異空本性空自相空共相空一切法空不
可得空无性空自性空无性自性空智而亦名
為懈怠菩薩若菩薩摩訶薩作是思惟設經
无量无邊大劫最極勇猛常勤脩學內空乃
至无性自性空智乃得圓滿方證无上正等
菩提我定不應心生退屈當知名為精進菩
薩安住精進波羅蜜多疾能證得一切智智
若菩薩摩訶薩思惟劫數而作分限雖極勇
猛常勤脩學諸法真如法界法性不虛妄性
不變異性平等性離生性法定法住實際虛
空界不思議界智而亦名為懈怠菩薩若菩
薩摩訶薩作是思惟設經无量无邊大劫最
極勇猛常勤脩學諸法真如乃至不思議界
智乃得圓滿方證无上正等菩提我定不應
心生退屈當知名為精進菩薩安住精進波
羅蜜多疾能證得一切智智若菩薩摩訶薩
思惟劫數而作分限雖極勇猛常勤脩學无
明緣行行緣識識緣名色名色緣六處六處

BD14006 號　大般若波羅蜜多經卷五九〇　（23–11）

智乃得圓滿方證无上正等菩提我定不應
心生退屈當知名為精進菩薩安住精進波
羅蜜多疾能證得一切智智若菩薩摩訶薩
思惟劫數而作分限雖極勇猛常勤脩學无
明緣行行緣識識緣名色名色緣六處六處
緣觸觸緣受受緣愛愛緣取取緣有有緣生生
緣老死智而亦名為懈怠菩薩若菩薩摩訶
薩作是思惟設經无量无邊大劫最極勇猛
常勤脩學无明緣行乃至生緣老死智乃得
圓滿方證无上正等菩提我定不應心生退
屈當知名為精進菩薩安住精進波羅蜜多
疾能證得一切智智若菩薩摩訶薩思惟劫
數而作分限雖極勇猛常勤脩學无明滅故
行滅行滅故識滅識滅故名色滅名色滅故
六處滅六處滅故觸滅觸滅故受滅受滅故
愛滅愛滅故取滅取滅故有滅有滅故生滅
生滅故老死滅智而亦名為懈怠菩薩若菩
薩摩訶薩作是思惟設經无量无邊大劫最
極勇猛常勤脩學无明滅故行滅乃至生滅
故老死滅智乃得圓滿方證无上正等菩提
我定不應心生退屈當知名為精進菩薩安
住精進波羅蜜多疾能證得一切智智若菩
薩摩訶薩思惟劫數而作分限雖極勇猛常
勤脩學若苦若无常若空若无我苦聖諦智
若因若集若生若緣集聖諦智若滅若靜若
妙若離滅聖諦智若道若如若行若出道聖
諦智而亦名為懈怠菩薩若菩薩摩訶薩作

BD14006 號　大般若波羅蜜多經卷五九〇　（23–12）

薩摩訶薩思惟劫數而作分限雖極勇猛常
勤脩學若苦若无常若空若无我苦聖諦智
若因若集若生若緣集聖諦智若滅若靜若
妙若離滅聖諦智若道若如若行若出道聖
諦智而亦名爲懈怠菩薩若菩薩摩訶薩作
是思惟設經无量无邊大劫冣極勇猛常勤
脩學若苦若无常若空若无我苦聖諦智乃
至若道若如若行若出道聖諦智乃得圓滿
方證无上正等菩提我定不應心生退屈當
知名爲精進菩薩安住精進波羅蜜多疾能
證得一切智智若菩薩摩訶薩思惟劫數而
作分限雖極勇猛常勤脩學四靜慮四无量四
无色定而亦名爲懈怠菩薩若菩薩摩訶薩
作是思惟設經无量无邊大劫冣極勇猛常
勤脩學四靜慮四无量四无色定乃得圓滿
方證无上正等菩提我定不應心生退屈當
知名爲精進菩薩安住精進波羅蜜多疾能
證得一切智智若菩薩摩訶薩思惟劫數而
作分限雖極勇猛常勤脩學四念住四正斷
四神足五根五力七等覺支八聖道支而亦
名爲懈怠菩薩若菩薩摩訶薩作是思惟設
經无量无邊大劫冣極勇猛常勤脩學四念
住乃至八聖道支乃得圓滿方證无上正等
菩提我定不應心生退屈當知名爲精進菩
薩安住精進波羅蜜多疾能證得一切智智
若菩薩摩訶薩思惟劫數而作分限雖極勇
猛常勤脩學三解脫門而亦名爲懈怠菩薩

BD14006號　大般若波羅蜜多經卷五九〇　　（23–13）

住乃至八聖道支乃得圓滿方證无上正等菩
菩提我定不應心生退屈當知名爲精進菩
薩安住精進波羅蜜多疾能證得一切智智
若菩薩摩訶薩思惟劫數而作分限雖極勇
猛常勤脩學三解脫門而亦名爲懈怠菩薩
若菩薩摩訶薩作是思惟設經无量无邊大
劫冣極勇猛常勤脩學三解脫門乃得圓滿
方證无上正等菩提我定不應心生退屈當
知名爲精進菩薩安住精進波羅蜜多疾能
證得一切智智若菩薩摩訶薩思惟劫數而
作分限雖極勇猛常勤脩學八解脫八勝處
九次第定十遍處而亦名爲懈怠菩薩若菩
薩摩訶薩作是思惟設經无量无邊大劫冣
極勇猛常勤脩學八解脫乃至十遍處乃得
圓滿方證无上正等菩提我定不應心生退
屈當知名爲精進菩薩安住精進波羅蜜多
疾能證得一切智智若菩薩摩訶薩思惟劫
數而作分限雖極勇猛常勤脩學陁羅尼
門三摩地門而亦名爲懈怠菩薩若菩薩摩
訶薩作是思惟設經无量无邊大劫冣極勇
猛常勤脩學陁羅尼門三摩地門乃得圓滿
方證无上正等菩提我定不應心生退屈當
知名爲精進菩薩安住精進波羅蜜多疾能
證得一切智智若菩薩摩訶薩思惟劫數而
作分限雖極勇猛常勤脩學諸菩薩地及諸
地智而亦名爲懈怠菩薩若菩薩摩訶薩作
是思惟設經无量无邊大劫冣極勇猛常勤

BD14006號　大般若波羅蜜多經卷五九〇　　（23–14）

知名為精進菩薩安住精進波羅蜜多疾能
證得一切智智若菩薩摩訶薩思惟劫數而
作分限雖極勇猛常勤脩學諸菩薩地及諸
地智而亦名為懈怠菩薩若菩薩摩訶薩作
是思惟設經无量无邊大劫冣極勇猛常勤
脩學諸菩薩地及諸地智乃得圓滿方證无
上正等菩提我定不應心生退屈當知名為
精進菩薩安住精進波羅蜜多疾能證得一
切智智若菩薩摩訶薩思惟劫數而作分限
雖極勇猛常勤脩學清淨五眼六勝神通而
亦名為懈怠菩薩若菩薩摩訶薩作是思
惟設經无量无邊大劫冣極勇猛常勤脩學
清淨五眼六勝神通乃得圓滿方證无上正等
菩提我定不應心生退屈當知名為精進菩
薩安住精進波羅蜜多疾能證得一切智智
若菩薩摩訶薩思惟劫數而作分限雖極勇
猛常勤脩學如來十力四無所畏四无礙解
而亦名為懈怠菩薩若菩薩摩訶薩作是思
惟設經无量无邊大劫冣極勇猛常勤脩學
如來十力四无所畏四无礙解乃得圓滿方
證无上正等菩提我定不應心生退屈當知
名為精進菩薩安住精進波羅蜜多疾能證
得一切智智若菩薩摩訶薩思惟劫數而作
分限雖極勇猛常勤脩學大慈大悲大喜大
捨十八佛不共法而亦名為懈怠菩薩若菩
薩摩訶薩作是思惟設經无量无邊大劫冣
極勇猛常勤脩學大慈大悲大喜大捨十八

BD14006號　大般若波羅蜜多經卷五九〇　（23–15）

名為精進菩薩安住精進波羅蜜多疾能證
得一切智智若菩薩摩訶薩思惟劫數而作
分限雖極勇猛常勤脩學大慈大悲大喜大
捨十八佛不共法而亦名為懈怠菩薩若菩
薩摩訶薩作是思惟設經无量无邊大劫冣
極勇猛常勤脩學大慈大悲大喜大捨十八
佛不共法乃得圓滿方證无上正等菩提我
定不應心生退屈當知名為精進菩薩安住
精進波羅蜜多疾能證得一切智智若菩薩
摩訶薩思惟劫數而作分限雖極勇猛常勤
脩學无忘失法恒住捨性而亦名為懈怠菩
薩若菩薩摩訶薩作是思惟設經无量无邊
大劫冣極勇猛常勤脩學无忘失法恒住捨
性乃得圓滿方證无上正等菩提我定不應
心生退屈當知名為精進菩薩安住精進波
羅蜜多疾能證得一切智智若菩薩摩訶薩
思惟劫數而作分限雖極勇猛常勤脩學一
切智道相智一切相智而亦名為懈怠菩薩
若菩薩摩訶薩作是思惟設經无量无邊大
劫冣極勇猛常勤脩學一切智道相智一切
相智乃得圓滿方證无上正等菩提我定不
應心生退屈當知名為精進菩薩安住精進
波羅蜜多疾能證得一切智智若菩薩摩訶
薩思惟劫數而作分限雖極勇猛常勤脩學
一切菩薩摩訶薩行而亦名為懈怠菩薩若
菩薩摩訶薩作是思惟設經无量无邊大劫
冣極勇猛常勤脩學一切菩薩摩訶薩行乃

BD14006號　大般若波羅蜜多經卷五九〇　（23–16）

波羅蜜多疾能證得一切智智若菩薩摩訶
薩思惟劫數而作分限雖懃勇猛常勤脩學
一切菩薩摩訶薩行而亦名為懈怠菩薩若
菩薩摩訶薩作是思惟設經无量无邊大劫
恒懃勇猛常勤脩學一切菩薩摩訶薩行乃
得圓滿方證无上正等菩提我亦不應心生
退屈當知名為精進菩薩安住精進波羅蜜
多疾能證得一切智智
又滿慈子若菩薩摩訶薩有勸請言汝當為
我一日折破妙高山王若及聞言山王何量
汝遣我折為幾分耶當知名為懈怠菩薩若
作是念妙高山王隨量大小我能一日為汝
折破量同芥子或如極微雖經多時乃能折
破而彼意謂如彈指頃當知名為精進菩薩
若菩薩摩訶薩作是思惟假使殑伽沙數大
劫為一晝夜積此晝夜復成大劫設經如是
无量大劫脩菩薩行乃證无上正等菩提我
於此中心尚无退況无是事而不勤求當知
名為精進菩薩若菩薩摩訶薩聞說如是精
進相時歡喜踊躍心无怯懼當知名為精進
菩薩若菩薩摩訶薩聞說如是精進相時其
心退沒深生恐怖當知名為懈怠菩薩不
能疾得一切智智若菩薩摩訶薩聞說精進
波羅蜜多作是思惟何時成就如是難證殊
勝功德當知名為懈怠菩薩若菩薩摩訶薩
聞說精進波羅蜜多作是思惟如是功德我
皆具有我定應脩令至彼岸當知名為精進

BD14006號　大般若波羅蜜多經卷五九〇　（23–17）

能疾得一切智智若菩薩摩訶薩聞說精進
波羅蜜多作是思惟何時成就如是難證殊
勝功德當知名為懈怠菩薩若菩薩摩訶薩
聞說精進波羅蜜多作是思惟如是功德我
皆具有我定應脩令至彼岸當知名為精進
菩薩若菩薩摩訶薩有來乞手或足或頭便
作是念我若施彼便為无手无足无頭當知
名為懈怠菩薩若菩薩摩訶薩有來乞手或
足或頭便作是念我捨與彼當得天人阿素
洛等无上微妙手足及頭當知名為精進菩
薩若菩薩摩訶薩有乞眼耳便作是念我施
與之便无眼耳當知名為懈怠菩薩若菩薩
摩訶薩有乞眼耳便作是念我施與彼當得
天人阿素洛等无上眼耳猶如勝智當知名
為精進菩薩遠離二乘近一切智若菩薩摩
訶薩有乞身分種種支節便作是念我若施
彼便闕身分種種支節當知名為懈怠菩薩
若菩薩摩訶薩有乞身分種種支節便作是
念我若施彼當得天人阿素洛等无上佛法
一切智法身分支節當知名為精進菩薩若
菩薩摩訶薩諸乞者來種種求索便作是念
乞者甚多如何皆令意願滿足當知名為懈
怠菩薩若菩薩摩訶薩諸乞者來種種求索
便作是念此來為多假使殑伽沙數世界諸
有情類於一日中俱至我所種種求索我當
方便求覓珍財普施與之皆令滿足況今尒
許而不能施當知名為精進菩薩所以者何

BD14006號　大般若波羅蜜多經卷五九〇　（23–18）

便作是念此未為多假使殑伽沙數世界諸
有情類於一日中俱至我所種種求索我當
方便求覓珎財普施與之皆令滿足況今尒
許而不能施當知名為精進菩薩所以者何
諸菩薩摩訶薩為欲引顯无量佛法一切智
法非以有量精進布施可能引顯无量佛法
一切智法要被无量精進布施廣大甲冑乃
能引顯无量佛法一切智法辟如有人欲度
大海要先被辨多踰繕那多百踰繕那多千
踰繕那多百千踰繕那種種資糧然後能度
如是菩薩摩訶薩眾欲證无上正等菩提要
經无量百千俱胝那庾多劫備集資糧然後
乃證若菩薩摩訶薩作是思惟我當有量有
邊大劫求證无上正等菩提當知名為懈怠
菩薩若菩薩摩訶薩作是思惟我當无量无
邊大劫求證无上正等菩提當知名為精進
菩薩
尒時滿慈子白佛言世尊諸菩薩摩訶薩如
是精進豈名為難世尊告言汝謂菩薩摩訶
薩眾如是精進非為難耶滿慈子言諸菩薩
摩訶薩如是精進我謂非難所以者何佛說
諸法皆如幻事樂受苦受及助受法既如幻
事菩薩已能通達如是諸法實性精進何難
尒時世尊告滿慈子當知菩薩摩訶薩眾雖
知諸法皆如幻事而能發起身心精進安住
精進波羅蜜多求大菩提常无萎歇由此菩
薩摩訶薩眾如是精進最極為難時滿慈子

BD14006號　大般若波羅蜜多經卷五九〇　（23–19）

事菩薩已能通達如是諸法實性精進何難
尒時世尊告滿慈子當知菩薩摩訶薩眾雖
知諸法皆如幻事而能發起身心精進安住
精進波羅蜜多求大菩提常无萎歇由此菩
薩摩訶薩眾如是精進最極為難時滿慈子
便白佛言甚奇世尊希有善逝善說菩薩摩
訶薩眾精進甚難當知菩薩摩訶薩眾能為
難事雖知諸法都无所有而求无上正等
菩提欲為无邊諸有情類說能永斷无智
正法然諸无智實无所有亦无實法能令无
智取之為我及為我所亦无有情能作是念
此是真實我及我所如是无智緣合故生而
實无生緣離故滅而實无滅若菩薩摩訶薩
雖如是知而心无退是菩薩摩訶薩安住精
進波羅蜜多當知名為精進菩薩若菩薩摩
訶薩作如是念諸法皆空我今何為發起精
進波羅蜜多當知名為懈怠菩薩若菩薩摩
訶薩作如是念以一切法畢竟空故我求无
上正等菩提覺諸法空為有情說令脫五趣
生死眾苦當知名為精進菩薩若菩薩摩訶
薩作如是念生死无際我豈能令皆得滅度
當知名為懈怠菩薩若菩薩摩訶薩作如是
念生死无始而容有終我寧不能皆令滅度
假使精進求大菩提如无始來所經劫數然
後乃證我尚應求況當不經尒所劫數復作
是念若諸菩薩愛樂修習一切智智相應作
意如發心頃已度晝夜半月一月時年雙年

BD14006號　大般若波羅蜜多經卷五九〇　（23–20）

當知名為懈怠菩薩若菩薩摩訶薩作如是
念生死无始而容有終我寧不能皆令滅度
假使精進求大菩提如无始來所經劫數然
後乃證我尚應求況當不經尒所劫數復作
是念若諸菩薩愛樂脩習一切智智相應作
意如發心頃已度晝夜半酉一月時年雙䒭
不覺不知若諸菩薩愛樂脩習布施淨戒安
忍精進靜慮般若波羅蜜多令心清淨都不
作意覺尒所時已度晝夜半月一月時年雙
䒭是故菩提求甚易得不應怖畏精進長時
當知名為精進菩薩辟如長者求多珎財晝
夜精勤思惟方便常作是念我於何時多獲
珎財遂本所願由斯无暇求諸飲食如是菩
薩摩訶薩衆欲令六種波羅蜜多心得清淨
精勤脩習一切智智相應作意如發心頃已
度晝夜半月一月時年雙〻䒭常作是念何時
當得一切智寶饒益有情
時滿慈子便白佛言諸菩薩衆能被如是大
精進甲勤求无上佛功德寶饒益有情實如
世尊常所宣說一切菩薩為難事尒時佛
告滿慈子言我觀世間天人等衆无有成就
希有功德如諸菩薩摩訶薩衆唯除如來應
正等覺時滿慈子便從座起偏覆左肩右膝
著地合掌恭敬作如是言東南西北四維上
下无邊世界住菩薩乘諸有情類未發无上
菩提心者願速發心已發无上菩提心者願
永不退若於无上正等菩提已不退者願速

BD14006 號　大般若波羅蜜多經卷五九〇　（23–21）

希有功德如諸菩薩摩訶薩衆唯除如來應
正等覺時滿慈子便從座起偏覆左肩右膝
著地合掌恭敬作如是言東南西北四維上
下无邊世界住菩薩乘諸有情類未發无上
菩提心者願速發心已發无上菩提心者願
永不退若於无上正等菩提已不退者願速
圓滿一切智智尒時佛告滿慈子言汝觀何
義願諸菩薩速當圓滿一切智智滿慈子言
若无菩薩則无諸佛出現世間若无諸佛出
現世間則无菩薩及聲聞衆要有菩薩脩菩
薩行乃有諸佛出現世間以有諸佛出現世
間便有菩薩及聲聞衆辟如大樹由有根莖
便有枝葉由有枝葉便有花菓由有花菓復
生大樹如是世間由有菩薩便有諸佛出現
世間由有諸佛出現世間便有菩薩及聲聞
衆由有菩薩脩菩薩行復有如來應正等覺
出現世間作大饒益尒時佛讚滿慈子言善
哉善哉如汝所說
尒時佛告阿難陁言汝應受持諸菩薩衆被
精進甲所脩精進波羅蜜多勿令忘失阿難
陁曰唯然世尊我已受持諸菩薩衆被精進
甲所脩精進波羅蜜多必不忘失時薄伽梵
說是經已具壽滿慈子具壽舍利子具壽阿
難陁及餘聲聞諸菩薩衆并餘一切天龍藥
叉阿素洛等聞佛所說皆大歡喜信受奉行

大般若波羅蜜多經卷第五百九十

BD14006 號　大般若波羅蜜多經卷五九〇　（23–22）

世間由有諸佛出現世間便有菩薩及聲聞
衆由有菩薩脩菩薩行復有如来應正等覺
出現世間作大饒益尒時佛讚滿慈子言善
哉善哉如汝所說
尒時佛告阿難陀言汝應受持諸菩薩衆被
精進甲所脩精進波羅蜜多勿令忘失阿難
陀白唯然世尊我已受持諸菩薩衆被精進
甲所脩精進波羅蜜多必不忘失時薄伽梵
說是經已具壽滿慈子具壽舍利子具壽阿
難陀及餘聲聞諸菩薩衆并餘一切天龍藥
叉阿素洛等聞佛所說皆大歡喜信受奉行
大般若波羅蜜多經卷第五百九十

BD14006 號　大般若波羅蜜多經卷五九〇　（23–23）

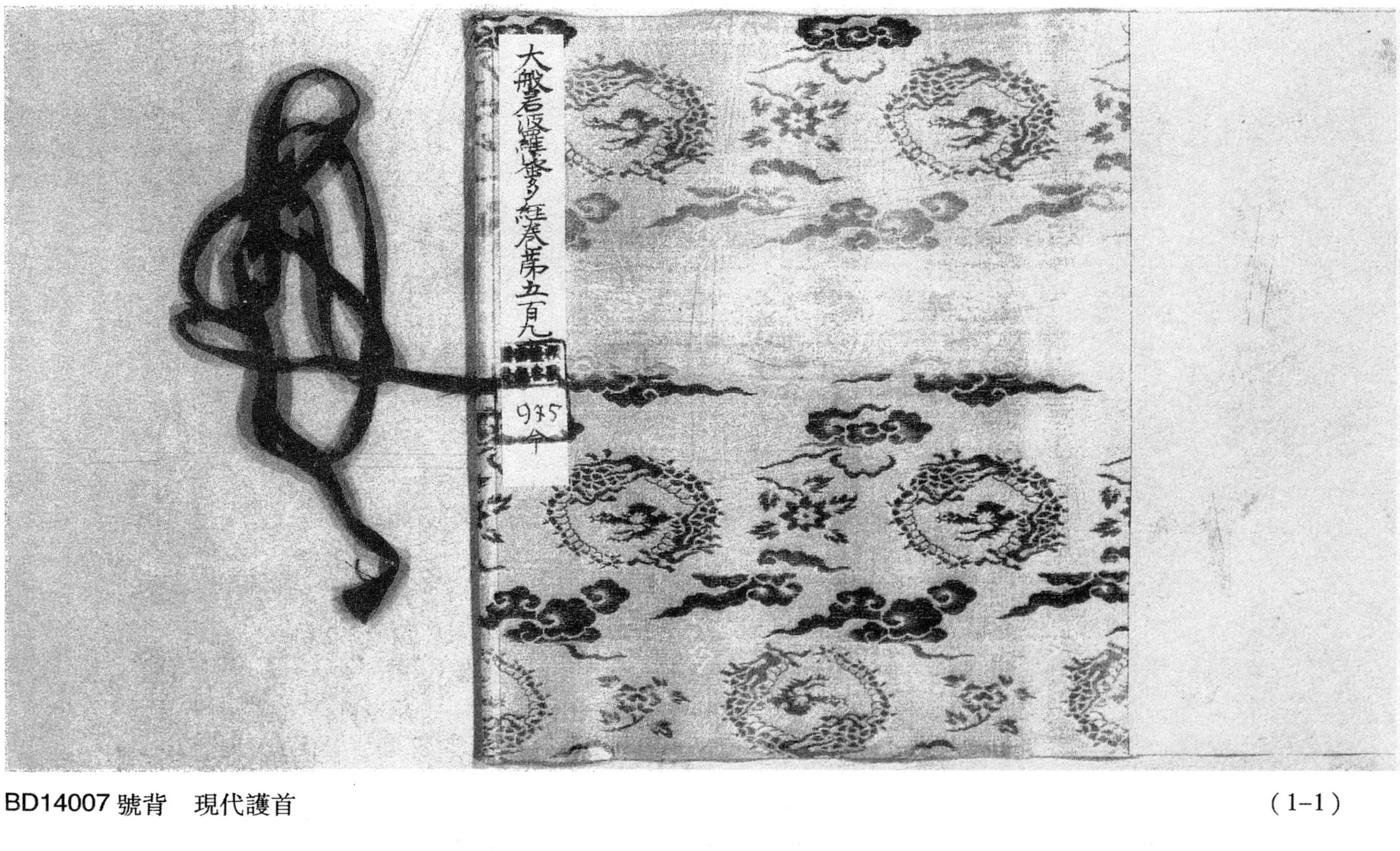

BD14007 號背　現代護首　（1–1）

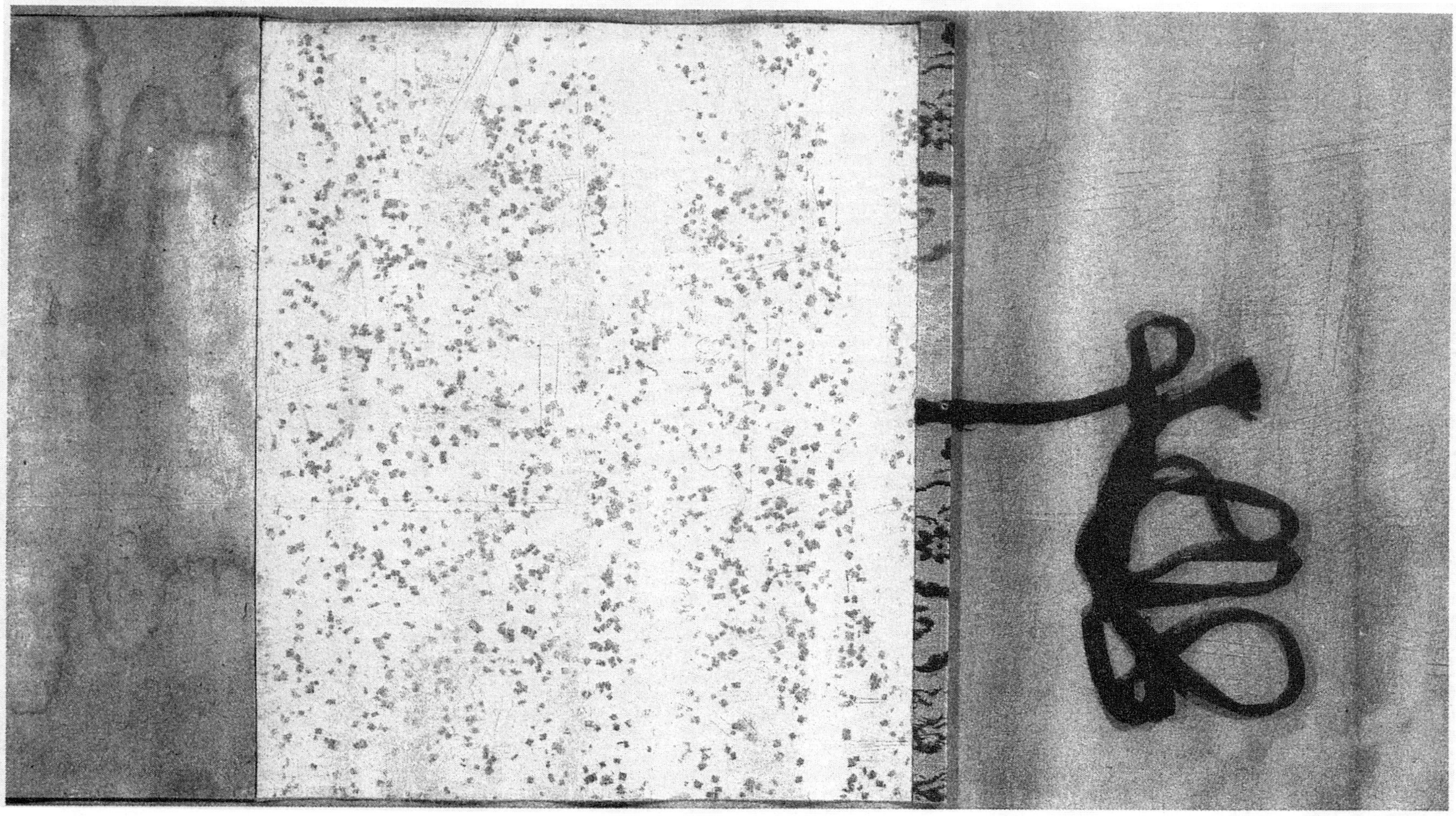

BD14007 號　大般若波羅蜜多經卷五九〇　（22–1）

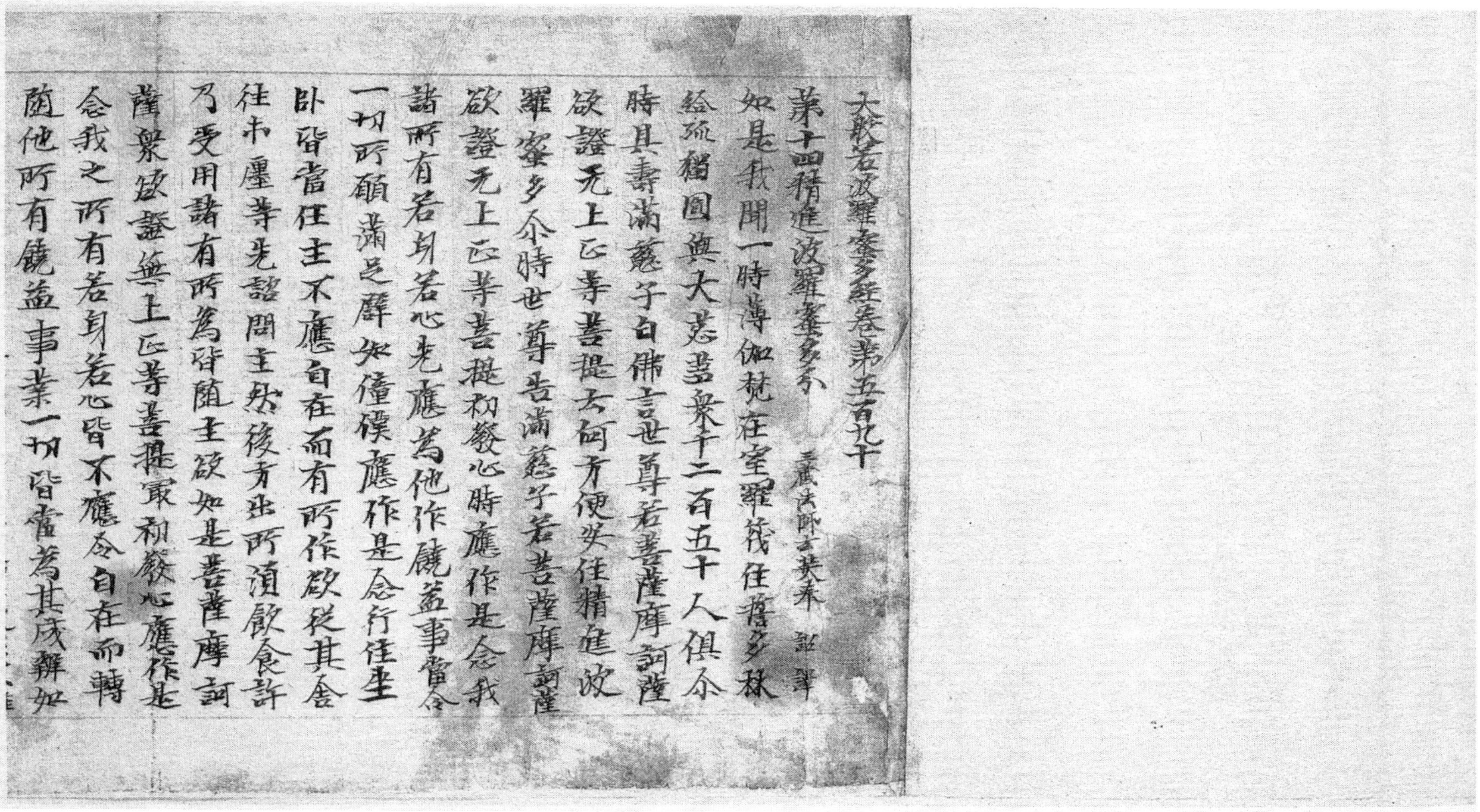

大般若波羅蜜多經卷第五百九十
第十四精進波羅蜜多分　三藏法師玄奘奉　詔譯
如是我聞一時薄伽梵在室羅筏住誓多林
給孤獨園與大苾芻衆千二百五十人俱尒
時具壽滿慈子白佛言世尊若菩薩摩訶薩
欲證无上正等菩提云何方便安住精進波
羅蜜多尒時世尊告滿慈子若菩薩摩訶薩
欲證无上正等菩提初發心時應作是念我
諸所有若身若心先應為他作饒益事當令
一切所願滿足譬如僮僕應作是念行住坐
卧皆當任主不應自在而有所作欲從其舍
往來廛等先請問主然後方去所須飲食許
乃受用諸有所為皆隨主欲如是菩薩摩訶
薩衆欲證無上正等菩提最初發心應作是
念我之所有若身若心皆不應令自在而轉
隨他所有饒益事業一切皆當為其成辦如

BD14007 號　大般若波羅蜜多經卷五九〇　（22–2）

[illegible]
往市廛等先詣門主然後方出所須飲食許
乃受用諸有所為皆隨主欲如是菩薩摩訶
薩衆欲證無上正等菩提最初發心應作是
念我之所有若身若心皆不應令自在而轉
隨他所有饒益事業一切皆當為其成辦如
是菩薩摩訶薩衆依心精進波羅蜜多不離
精進波羅蜜多捨為有情作所應作諸菩薩
摩訶薩皆於精進波羅蜜多應如是住譬
如馬寶若人乘御便作是念我今不應令
乘御人身支搖動疲倦勞苦或損嚴具鞍
迴去住遲速任人將導其人不令緣我起瞋恚
等種種過失如是菩薩摩訶薩衆欲行精進
波羅蜜多不隨己心而有所作隨他意樂為
作饒益仍將導彼令於我身不起一切煩惱
惡業彼於菩薩摩訶薩衆雖見无恩而護菩
薩摩訶薩衆作報恩想為彼成辦種種事業
如是菩薩摩訶薩衆為成精進波羅蜜多於
護他心隨他意轉為作種種利益安樂如是
菩薩摩訶薩衆攝受精進波羅蜜多作諸
有情利益安樂如己事業常无猒倦是為菩
薩摩訶薩衆安住精進波羅蜜多
又滿慈子若菩薩摩訶薩為疾證得一切智
智與諸有情作大饒益常勤脩學布施淨
戒安忍精進靜慮般若波羅蜜多心无退轉是
菩薩摩訶薩安住精進波羅蜜多若菩薩摩
訶薩為疾證得一切智智與諸有情作大饒
益常勤脩學內空外空內外空空空大空勝

BD14007 號　大般若波羅蜜多經卷五九〇　（22–3）

智與諸有情作大饒益常勤脩學布施淨
戒安忍精進靜慮般若波羅蜜多心无退轉是
菩薩摩訶薩安住精進波羅蜜多若菩薩摩
訶薩為疾證得一切智智與諸有情作大饒
益常勤脩學內空外空內外空空空大空勝
義空有為空无為空畢竟空无際空散空无
變異空本性空自相空共相空一切法空不
可得空无性空自性空无性自性空觀心无
退轉是菩薩摩訶薩安住精進波羅蜜多若
菩薩摩訶薩為疾證得一切智智與諸有
情作大饒益常勤脩學諸法真如法界法性不
虛妄性不變異性平等性離生性法定法住
實際虛空界不思議界觀心无退轉是菩薩
摩訶薩安住精進波羅蜜多若菩薩摩訶薩
為疾證得一切智智與諸有情作大饒益常
勤脩學无明緣行行緣識識緣名色名色緣
六處六處緣觸觸緣受受緣愛愛緣取取緣
有有緣生生緣老死愁歎苦憂惱觀心无退轉
是菩薩摩訶薩安住精進波羅蜜多若菩薩
摩訶薩為疾證得一切智智與諸 有情 作大
饒益常勤脩學无明滅故行滅行滅故識
滅識滅故名色滅名色滅故六處滅六處滅
故觸滅觸滅故受滅受滅故愛滅愛滅故取
滅取滅故有滅有滅故生滅生滅故老死愁
歎苦憂惱滅觀心无退轉是菩薩摩訶薩安
住精進波羅蜜多若菩薩摩訶薩為疾證得
一切智智與諸有情作大饒益常勤脩學若

BD14007 號　大般若波羅蜜多經卷五九〇　（22–4）

饒益常勤脩學无明滅故行滅行滅故識
滅識滅故名色滅名色滅故六處滅六處滅
故觸滅觸滅故受滅受滅故愛滅愛滅故取
滅取滅故有滅有滅故生滅生滅故老死愁
歎苦憂惱滅觀心无退轉是菩薩摩訶薩安
住精進波羅蜜多若菩薩摩訶薩爲疾證得
一切智智與諸有情作大饒益常勤脩學若
苦若无常若空若无我若聖諦觀若因若集
若生若緣集聖諦觀若滅若靜若妙若離滅
聖諦觀若道若如若行若出道聖諦觀心无
退轉是菩薩摩訶薩安住精進波羅蜜多若
菩薩摩訶薩爲疾證得一切智智與諸有情
作大饒益常勤脩學四靜慮四无量四无色
定心无退轉是菩薩摩訶薩安住精進波羅
蜜多若菩薩摩訶薩爲疾證得一切智智與
諸有情作大饒益常勤脩學四念住四正斷
四神足五根五力七等覺支八聖道支心无
退轉是菩薩摩訶薩安住精進波羅蜜多若
菩薩摩訶薩爲疾證得一切智智與諸有情
作大饒益常勤脩學空无相无願解脫門心
无退轉是菩薩摩訶薩安住精進波羅蜜多
若菩薩摩訶薩爲疾證得一切智智與諸有
情作大饒益常勤脩學八解脫八勝處九次
第定十遍處心无退轉是菩薩摩訶薩安住
精進波羅蜜多若菩薩摩訶薩爲疾證得一
切智智與諸有情作大饒益常勤脩學一切
陁羅尼門一切三摩地門心无退轉是菩薩

BD14007 號　大般若波羅蜜多經卷五九〇　（22–5）

若菩薩摩訶薩爲疾證得一切智智與諸有
情作大饒益常勤脩學八解脫八勝處九次
第定十遍處心无退轉是菩薩摩訶薩安住
精進波羅蜜多若菩薩摩訶薩爲疾證得一
切智智與諸有情作大饒益常勤脩學一切
陁羅尼門一切三摩地門心无退轉是菩薩
摩訶薩安住精進波羅蜜多若菩薩摩訶
薩爲疾證得一切智智與諸有情作大饒益
常勤脩學淨觀地種姓地第八地具見地薄
地離欲地已辦地獨覺地菩薩地如來地智
心无退轉是菩薩摩訶薩安住精進波羅蜜
多若菩薩摩訶薩爲疾證得一切智智與諸
有情作大饒益常勤脩學若勝解行地若極
喜地若離垢地若發光地若焰慧地若極難
勝地若現前地若遠行地若不動地若善慧
地若法雲地若等覺地心无退轉是菩薩摩
訶薩安住精進波羅蜜多若菩薩摩訶薩爲
疾證得一切智智與諸有情作大饒益常勤
脩學清淨五眼六神通心无退轉是菩薩
摩訶薩安住精進波羅蜜多若菩薩摩訶薩
爲疾證得一切智智與諸有情作大饒益常
勤脩學如來十力四无所畏四无礙解大慈
大悲大喜大捨及十八佛不共法等无邊佛
法心无退轉是菩薩摩訶薩安住精進波羅
蜜多
又滿慈子若菩薩摩訶薩爲令佛土最極嚴
淨及處生死脩諸功德心无退轉是菩薩摩

BD14007 號　大般若波羅蜜多經卷五九〇　（22–6）

勤脩學如來十力四无所畏四无礙解大慈
大悲大喜大捨及十八佛不共法等无量佛
法心无退轉是菩薩摩訶薩安住精進波羅
蜜多
又滿慈子若菩薩摩訶薩爲令佛土最極嚴
淨久處生死脩諸功德心无退轉是菩薩摩
訶薩安住精進波羅蜜多若菩薩摩訶薩爲
多成熟諸有情類久處生死脩諸功德心无
退轉是菩薩摩訶薩安住精進波羅蜜多若
菩薩摩訶薩初發无上正等覺心假使三千
大千世界諸有情類皆成菩薩或一生所繫或
二生所繫或三生所繫或四生所繫當得成
佛作如是言汝應精勤脩菩薩行先證得无
上正等菩提然後我當證无上覺尒時菩薩
隨彼所言精勤勇猛心无怯懼是菩薩摩訶
薩安住精進波羅蜜多若菩薩摩訶薩或一
生所繫或二生所繫或三生所繫或四生所
繫當得成佛假使三千大千世界諸有情類
初發无上等正覺心作如是言汝當待我先
證无上正等菩提然後乃應證无上覺尒時
菩薩隨彼所言久住生死心无退屈是菩薩
摩訶薩安住精進波羅蜜多若菩薩摩訶薩
見乞者來有所求索面不顰蹙眼无瞋相但
作是念如是有情順我所求一切智智速作
方便勤求施與是菩薩摩訶薩安住精進波
羅蜜多若菩薩摩訶薩爲一有情得安樂故
或經一劫或一劫餘大地獄中受諸劇苦身

見乞者來有所求索面不顰蹙眼无瞋相但
作是念如是有情順我所求一切智智速作
方便勤求施與是菩薩摩訶薩安住精進波
羅蜜多若菩薩摩訶薩爲一有情得安樂故
或經一劫或一劫餘大地獄中受諸劇苦身
无動轉心不退屈是菩薩摩訶薩安住精進
波羅蜜多若菩薩摩訶薩假使晝夜量同
大劫積此晝夜復成大劫設經如是殑伽沙數
大劫時分處大地獄受諸劇苦由受斯苦令
一有情得出地獄生於善趣菩薩尒時歡喜
爲受是菩薩摩訶薩安住精進波羅蜜多若
菩薩摩訶薩聞說是事踊躍歡喜謂能爲
受心無退屈當知名爲精進菩薩安住精進波
羅蜜多若菩薩摩訶薩聞如是事其心怯弱
不生歡喜欣受行心當知名爲懈怠菩薩若
菩薩摩訶薩聞諸善事心心相續愛樂受行
當知名爲精進菩薩安住精進波羅蜜多
若菩薩摩訶薩聞諸善事不能繫念相續
受行當知名爲懈怠菩薩
又滿慈子若菩薩摩訶薩假使於此贍部洲
地從一處掃漸至餘方周帀掃已還至本處
若生是念我久離此當知名爲懈怠菩薩若
菩薩摩訶薩爲此事已作是念言我極速疾
還來至此當知名爲精進菩薩安住精進波
羅蜜多若菩薩摩訶薩於窣堵波營攝脩理
經一日已作是念言云何此日時極長久當
知名爲懈怠菩薩若菩薩摩訶薩爲此事

菩薩摩訶薩為此事已作是念言我極速疾
還來至此當知名為精進菩薩安住精進波
羅蜜多若菩薩摩訶薩於窣堵波營攝脩理
經一日已作是念言云何此日時極長久當
知名為懈怠菩薩若菩薩摩訶薩為此事
已作是念言云何此日如彈指頃當知名為
精進菩薩安住精進波羅蜜多若菩薩摩
訶薩於僧伽藍營攝脩理經一日已作是念言
云何此日時極長久當知名為懈怠菩薩若
菩薩摩訶薩為此事已作是念言云何此日
如彈指頃當知名為精進菩薩安住精進波
羅蜜多若菩薩摩訶薩觀經半年所作事業
生長久想當知名為懈怠菩薩若菩薩摩訶
薩觀經半年所作事業謂如一日所作事業
當知名為精進菩薩安住精進波羅蜜多若
菩薩摩訶薩觀經一年所作事業生長久想
當知名為懈怠菩薩若菩薩摩訶薩觀經一
年所作事業謂如一日所作事業當知名為精
進菩薩安住精進波羅蜜多若菩薩摩訶薩
觀經半劫所作事業生長久想當知名為懈
怠菩薩若菩薩摩訶薩觀經半劫所作事業
謂如一日所作事業當知名為精進菩薩安
住精進波羅蜜多若菩薩摩訶薩觀經一劫
所作事業生長久想當知名為懈怠菩薩若
菩薩摩訶薩觀經一劫所作事業謂如一日
所作事業當知名為精進菩薩安住精進波
羅蜜多

BD14007 號　大般若波羅蜜多經卷五九〇　（22–9）

住精進波羅蜜多若菩薩摩訶薩觀經一劫
所作事業生長久想當知名為懈怠菩薩若
菩薩摩訶薩觀經一劫所作事業謂如一日
所作事業當知名為精進菩薩安住精進波
羅蜜多
又滿慈子諸菩薩摩訶薩脩菩提行不應思
惟劫數多少謂我經於爾所劫數當證无上
正等菩提若菩薩摩訶薩思惟劫數而作分
思
限精勤勇猛脩菩提行求證无上正等菩提
當知名為懈怠菩薩若菩薩摩訶薩作是思
惟設經無量無邊大劫精進勇猛脩菩提
行方證無上正等菩提我定不應心生退屈勤
求無上正等菩提當知名為精進菩薩安住
精進波羅蜜多脩行精進波羅蜜多令速圓
滿遠離生死疾能證得一切智智與諸有情
作大饒益若菩薩摩訶薩思惟劫數而作分
限雖極勇猛常勤脩學布施淨戒安忍精進
靜慮般若波羅蜜多而亦名為懈怠菩薩若
菩薩摩訶薩作是思惟設經無量無邊大劫
要極勇猛常勤脩學布施淨戒安忍精進
靜慮般若波羅蜜多乃得圓滿方證無上正等
菩提我定不應心生退屈當知名為精進菩
薩安住精進波羅蜜多疾能證得一切智智
若菩薩摩訶薩思惟劫數而作分限雖極勇
猛常勤脩學內空外空內外空空空大空勝
義空有為空无為空畢竟空无際空散空无
變異空本性空自相空共相空一切法空不

BD14007 號　大般若波羅蜜多經卷五九〇　（22–10）

若菩薩摩訶薩思惟劫數而作分限雖極勇
猛常勤脩學内空外空内外空空空大空勝
義空有為空无為空畢竟空无際空散空无
變異空本性空自相空共相空一切法空不
可得空無性空自性空无性自性空智而亦名
為懈怠菩薩若菩薩摩訶薩作是思惟設經
无量无邊大劫最極勇猛常勤脩學内空乃
至无性自性空智乃得圓滿方證无上正等
菩提我定不應心生退屈當知名為精進菩
薩安住精進波羅蜜多疾能證得一切智智
若菩薩摩訶薩思惟劫數而作分限雖極
勇猛常勤脩學諸法真如法界法性不虛妄性
不變異性平等性離生性法定法住實際虛
空界不思議界智而亦名為懈怠菩薩若菩
薩摩訶薩作是思惟設經无量无邊大劫最
極勇猛常勤脩學諸法真如乃至不思議
界智乃至得圓滿方證无上正等菩提我定不
應心生退屈當知名為精進菩薩安住精進波
羅蜜多疾能證得一切智智若菩薩摩訶薩
思惟劫數而作分限雖極勇猛常勤脩學无
明緣行行緣識識緣名色名色緣六處六處
緣觸觸緣受受緣愛愛緣取取緣有有緣生
生緣老死智而亦名為懈怠菩薩若菩薩摩訶
薩作是思惟設經无量无邊大劫最極勇猛
常勤脩學無明緣行乃至生緣老死智乃得
圓滿方證无上正等菩提我定不應心生退
屈當知名為精進菩薩安住精進波羅蜜多
疾能證得一切智智若菩薩摩訶薩思惟劫

BD14007 號　大般若波羅蜜多經卷五九〇　（22–11）

生緣老死智而亦名為懈怠菩薩若菩薩摩訶
薩作是思惟設經无量无邊大劫最極勇猛
常勤脩學無明緣行乃至生緣老死智乃得
圓滿方證无上正等菩提我定不應心生退
屈當知名為精進菩薩安住精進波羅蜜多
疾能證得一切智智若菩薩摩訶薩思惟劫
數而作分限雖極勇猛常勤脩學无明滅故
行滅行滅故識滅識滅故名色滅名色滅故
六處滅六處滅故觸滅觸滅故受滅受滅故
愛滅愛滅故取滅取滅故有滅有滅故生滅
生滅故老死滅智而亦名為懈怠菩薩若菩
薩摩訶薩作是思惟設經無量無邊大劫最
極勇猛常勤脩學無明滅故行滅乃至生
滅故老死滅智乃得圓滿方證無上正等菩
提我定不應心生退屈當知名為精進菩薩安
住精進波羅蜜多疾能證得一切智智若菩
薩摩訶薩思惟劫數而作分限雖極勇猛
常勤脩學若苦若無常若空若無我苦聖諦
智若因若集若生若緣集聖諦智若滅若靜若
妙若離滅聖諦智若道若如若行若出道聖
諦而智亦名為懈怠菩薩若菩薩摩訶薩作
是思惟設經无量无邊大劫最極勇猛常勤
脩學若苦若無常若空若無我苦聖諦智乃
至若道若如若行若出道聖諦智乃得圓滿
方證无上正等菩提我定不應心生退屈當
知名為精進菩薩安住精進波羅蜜多疾能
證得一切智智若菩薩摩訶薩思惟劫數而
作分限雖極勇猛常勤脩學四靜慮四无量四

BD14007 號　大般若波羅蜜多經卷五九〇　（22–12）

至若道若如若行若出道聖諦智乃得圓滿
方證无上正等菩提我定不應心生退屈當
知名為精進菩薩安住精進波羅蜜多疾能
證得一切智智若菩薩摩訶薩思惟劫數而
作分限雖極勇猛常勤脩學四静慮四无量四
无色定而亦名為懈怠菩薩若菩薩摩訶薩
作是思惟設經无量无邊大劫最極勇猛常
勤脩學四静慮四无量四无色定乃得圓滿
方證无上正等菩提我定不應心生退屈當
知名為精進菩薩安住精進波羅蜜多疾能
證得一切智智若菩薩摩訶薩思惟劫數而
作分限雖極勇猛常勤脩學四念住四正斷
四神足五根五力七等覺支八聖道支而亦
名為懈怠菩薩若菩薩摩訶薩作是思惟設
經无量无邊大劫最極勇猛常勤脩學四念
住乃至八聖道支乃得圓滿方證无上正等
菩提我定不應心生退屈當知名為精進菩
薩安住精進波羅蜜多疾能證得一切智智
若菩薩摩訶薩思惟劫數而作分限雖極勇
猛常勤脩學三解脫門而亦名為懈怠菩薩
若菩薩摩訶薩作念思惟設經无量无邊大
劫最極勇猛常勤脩學三解脫門乃得圓
滿方證无上正等菩提我定不應心生退屈當
知名為精進菩薩安住精進波羅蜜多疾能
證得一切智智若菩薩摩訶薩思惟劫數而
作分限雖極勇猛常勤脩學八解脫八勝處
九次第定十遍處而亦名為懈怠菩薩若菩

滿方證无上正等菩提我定不應心生退屈當
知名為精進菩薩安住精進波羅蜜多疾能
證得一切智智若菩薩摩訶薩思惟劫數而
作分限雖極勇猛常勤脩學八解脫八勝處
九次第定十遍處而亦名為懈怠菩薩若菩
薩摩訶薩作是思惟設經无量无邊大劫
最極勇猛常勤脩學八解脫乃至十遍處乃得
圓滿方證无上正等菩提我定不應心生退
屈當知名為精進菩薩安住精進波羅蜜多
疾能證得一切智智若菩薩摩訶薩思惟劫
數而作分限雖極勇猛常勤脩學陁羅尼
門三摩地門而亦名為懈怠菩薩若菩薩摩
訶薩作是思惟設經无量无邊大劫最極勇
猛常勤脩學陁羅尼門三摩地門乃得圓
滿方證无上正等菩提我定不應心生退屈當
知名為精進菩薩安住精進波羅蜜多疾能
證得一切智智若菩薩摩訶薩思惟劫數而
作分限雖極勇猛常勤脩學諸菩薩地及諸
地智而亦名為懈怠菩薩若菩薩摩訶薩
作是思惟設經无量无邊大劫最極勇猛常勤
脩學諸菩薩地及諸地智乃得圓滿方證无
上正等菩提我定不應心生退屈當知名為
精進菩薩安住精進波羅蜜多疾能證得一
切智智若菩薩摩訶薩思惟劫數而作分限
雖極勇猛常勤脩學清淨五眼六勝神通而
亦名為懈怠菩薩若菩薩摩訶薩作是思惟
設經无量无邊大劫最極勇猛常勤脩學

精進菩薩安住精進波羅蜜多疾能證得一
切智智若菩薩摩訶薩思惟劫數而作分限
雖極勇猛常勤脩學清淨五眼六賸神通而
亦名為懈怠菩薩若菩薩摩訶薩作是思惟
設經无量无邊大劫冣極勇猛常勤脩學
清淨五眼六賸神通乃得圓滿方證无上正等
菩提我定不應心生退屈當知名為精進菩
薩安住精進波羅蜜多疾能證得一切智智
若菩薩摩訶薩思惟劫數而作分限雖極勇
猛常勤脩學如來十力四无所畏四无礙解
而亦名為懈怠菩薩若菩薩摩訶薩作是思
惟設經无量无邊大劫冣極勇猛常勤脩學
如來十力四无所畏四无礙解乃得圓滿方證
无上正等菩提我定不應心生退屈當知名
為精進菩薩安住精進波羅蜜多疾能證
得一切智智若菩薩摩訶薩思惟劫數而作
分限雖極勇猛常勤脩學大慈大悲大喜大
捨十八佛不共法而亦名為懈怠菩薩若菩
薩摩訶薩作是思惟設經无量无邊大劫冣
極勇猛常勤脩學大慈大悲大喜大捨十八
佛不共法乃得圓滿方證无上正等菩提我
定不應心生退屈當知名為精進菩薩安住
精進波羅蜜多疾能證得一切智智若菩薩
摩訶薩思惟劫數而作分限雖極勇猛常勤
脩學无忘失法恒住捨性而亦名為懈怠菩
薩若菩薩摩訶薩作是思惟設經无量无
邊大劫冣極勇猛常勤脩學无忘失法恒住

精進波羅蜜多疾能證得一切智智若菩薩
摩訶薩思惟劫數而作分限雖極勇猛常勤
脩學无忘失法恒住捨性而亦名為懈怠菩
薩若菩薩摩訶薩作是思惟設經无量无
邊大劫冣極勇猛常勤脩學无忘失法恒住
捨性乃至圓滿方證无上正等菩提我定不應
心生退屈當知名為精進菩薩安住精進波
羅蜜多疾能證得一切智智若菩薩摩訶薩
思惟劫數而作分限雖極勇猛常勤脩學一
切智道相智一切相智而亦名為懈怠菩薩
若菩薩摩訶薩作是思惟設經无量无邊大
劫冣極勇猛常勤脩學一切智道相智一切
相智乃得圓滿方證无上正等菩提我定不
應心生退屈當知名為精進菩薩安住精進
波羅蜜多疾能證得一切智智若菩薩摩訶
薩思惟劫數而作分限雖極勇猛常勤脩學
一切菩薩摩訶薩行而亦名為懈怠菩薩若
菩薩摩訶薩作是思惟設經无量无邊大劫
冣極勇猛常勤脩學一切菩薩摩訶薩行乃
得圓滿方證无上正等菩提我亦不應心生
退屈當知名為精進菩薩安住精進波羅蜜
多疾能證得一切智智
又滿慈子若菩薩摩訶薩有勸請言汝當為
我一日折破妙高山王若復問言山王何量
汝還我折為幾分邪當知名為懈怠菩薩若
作是念妙高山王隨量大小我能一日為汝
折破量同芥子或如極微雖經多時乃能折
破而彼意謂如彈指頃當知名為精進菩薩

芥

我一日折破妙高山王若交問言山王何量
汝遣我折爲幾分耶當知名爲懈怠菩薩若
住是念妙高山王隨量大小我能一日爲汝
折破量同芥子或如極微雖經多時乃能折
芥
破而彼意謂如彈指頃當知名爲精進菩薩
若菩薩摩訶薩作是思惟假使殑伽沙數大
劫爲一晝夜積此晝夜復成大劫設經如是
无量大劫脩菩薩行乃證无上正等菩提我
於此中心尚无退況无是事而不勤求當知
名爲精進菩薩若菩薩摩訶薩聞說如是精
進相時歡喜踊躍心无怯懼當知名爲精進
菩薩若菩薩摩訶薩聞說如是精進相時其
心退沒深生怖畏當知名爲懈怠菩薩不
能疾得一切智智若菩薩摩訶薩聞說精
進波羅蜜多作是思惟何時成就如是難證殊
勝功德當知名爲懈怠菩薩若菩薩摩訶薩
聞說精進波羅蜜多作是思惟如是功德我
皆具有我定應脩會至彼岸當知名爲精進
令
菩薩若菩薩摩訶薩有來乞手或足或頭便
住是念我若施彼便爲无手无足无頭當知
名爲懈怠菩薩若菩薩摩訶薩有來乞手
或足或頭便作是念我捨與彼當得天人阿素
洛等无上微妙手足及頭當知名爲精進菩
薩若菩薩摩訶薩有乞眼耳便作是念我施
與之便无眼耳當知名爲懈怠菩薩若菩薩
摩訶薩有乞眼耳便作是念我施與彼當得
天人阿素洛等无上眼耳猶如勝智當知名

洛等无上微妙手足及頭當知名爲精進菩
薩若菩薩摩訶薩有乞眼耳便作是念我施
與之便无眼耳當知名爲懈怠菩薩若菩薩
摩訶薩有乞眼耳便作是念我施與彼當得
天人阿素洛等无上眼耳猶如勝智當知名
爲精進菩薩遠離二乘近一切智若菩薩摩
訶薩有乞身分種種支節便作是念我若施
彼便闕身分種種支節當知名爲懈怠菩薩
若菩薩摩訶薩有乞身分種種支節便作是
念我若施彼當得天人阿素洛等无上佛法
一切智法身分支節當知名爲精進菩薩若
菩薩摩訶薩諸乞者來種種求索便作是
念乞者甚多如何皆令意願滿足當知名爲懈
怠菩薩若菩薩摩訶薩諸乞者來種種求索
便作是念此來爲多假使殑伽沙數世界諸
有情類於一日中俱至我所種種求索我當
方便求覓珍財普施與之皆令滿足況今來
許而不能施當知名爲精進菩薩所以者何
諸菩薩摩訶薩爲欲引顯无量佛法一切智
法非以有量精進布施可能引顯无量佛法
一切智法要被无量精進布施廣大甲胄乃
能引顯无量佛法一切智法譬如有人欲度大
海要先被辦多踰繕那多百踰繕那多千
踰繕那多百千踰繕那種種資糧然後能度
如是菩薩摩訶薩衆欲證无上正等菩提要
經无量百千俱胝那庾多劫脩集資糧然後乃
證若菩薩摩訶薩作是思惟我當有量有

能引發无量種法一切智法[illegible]如有人欲度大
海要先積辦多踰繕那多千
踰繕那多百千踰繕那種種資糧然後能度
如是菩薩摩訶薩衆欲證无上正等菩提要
經无量百千俱胝那庾多劫脩集資糧然後乃
證若菩薩摩訶薩作是思惟我當有量有
邊大劫求證无上正等菩提當知名為懈怠
菩薩若菩薩摩訶薩作是思惟我當无量无
邊大劫求證无上正等菩提當知名為精進
菩薩
尒時滿慈子白佛言世尊諸菩薩摩訶薩如
是精進豈名為難世尊告言汝謂菩薩摩訶
薩衆如是精進非為難耶滿慈子言諸菩薩
摩訶薩如是精進我謂非難所以者何佛說
諸法皆如幻事樂受苦受及助受法既如幻
事菩薩已能通達如是諸法實性精進何難
尒時世尊告滿慈子當知菩薩摩訶薩衆雖
知諸法皆如幻事而能發起身心精進安住精
進波羅蜜多求大菩提常无萎歇由此菩
薩摩訶薩衆如是精進最極為難時滿慈子
便白佛言甚奇世尊希有善逝善說菩薩摩
訶薩衆精進甚難當知菩薩摩訶薩衆能為
難事雖知諸法都无所有而求无上正等菩
提欲為无邊諸有情類說能永斷无　智
正法然諸无智實无所有亦无實法能令无
智取之為我及為我所亦无有情能作是念
此是真實我及我所如是无智緣合故生而

BD14007 號　大般若波羅蜜多經卷五九〇　（22–19）

提欲為无邊諸有情類說能永斷无　智
正法然諸无智實无所有亦无實法能令无
智取之為我及為我所亦无有情能作是念
此是真實我及我所如是无智緣合故生而
實无生緣離故滅而實无滅若菩薩摩訶薩
雖如是知而心无退是菩薩摩訶薩安住精
進波羅蜜多當知名為精進菩薩若菩薩摩
訶薩作如是念諸法皆空我今何為發起精
進波羅蜜多當知名為懈怠菩薩若菩薩摩
訶薩作如是念以一切法畢竟空故我求无
上正等菩提覺諸法空為有情說令五趣
生死衆苦當知名為精進菩薩若菩薩摩訶
薩作如是念生死无際我豈能令皆得滅度
當知名為懈怠菩薩若菩薩摩訶薩作如是
念生死无始而亦有終我寧不能皆令滅度
假使精進求大菩提如无始來所經劫數然
後乃證我尚應求況當不經尒所劫數復作
是念若諸菩薩受樂脩習一切智智相應作
意如發心頃已度晝夜半月一月時年雙年
不覺不知若諸菩薩受樂脩習布施淨戒
安忍精進靜慮般若波羅蜜多令心清淨都不
作意覺尒所時已度晝夜半月一月時年
雙年等是故菩提求甚易得不應怖畏精進長
時當知名為精進菩薩譬如長者求多珎財
晝夜精勤思惟方便常作是念我於何時多積
珎財遂本所願由斯无暇求諸飲食如是菩
薩摩訶薩衆欲令六種波羅蜜多心得清淨

BD14007 號　大般若波羅蜜多經卷五九〇　（22–20）

時常知念精進菩薩如長者求多珍財
晝夜精勤思惟方便常作是念我於何時多獲
珍財遂本所願由斯无暇求諸飲食如是菩
薩摩訶薩衆欲令六種波羅蜜多心得清淨
精勤脩習一切智智相應作意如發心頂已
夜晝夜半月一月時年雙等常作是念何時
當得一切智寶饒益有情
時滿慈子便白佛言諸菩薩衆能被如是大
精進甲勤求无上佛功德寶饒益有情實
如世尊常所宣說一切菩薩能為難事尒時佛
告滿慈子言我觀世間天人等衆无有成就
弟有功德如諸菩薩摩訶薩衆唯除如來應
正等覺時滿慈子便從座起偏覆左肩右膝
著地合掌恭敬作如是言東南西北四維上
下無邊世界住菩薩乘諸有情類未發无上
菩提心者願速發心已發无上菩提心者願
永不退若於无上正等菩提已不退者願速
圓滿一切智智尒時佛告滿慈子言汝觀何義
願諸菩薩求常圓滿一切智智滿慈子言
若无菩薩則無諸佛出現世間若无諸佛出
現世間則无菩薩及聲聞衆要有菩薩脩菩
薩行乃有諸佛出現世間以有諸佛出現世
間便有菩薩及聲聞衆聲如大樹由有根莖
便有枝葉由有枝葉便有花菓由有花菓復
生大樹如是世間由有菩薩便有諸佛出現
世間由有諸佛出現世間便有菩薩及聲聞
衆由有菩薩脩菩薩行復有如來應正等覺
出現世間作大饒益尒時佛讚滿慈子言善

BD14007 號　大般若波羅蜜多經卷五九〇　（22–21）

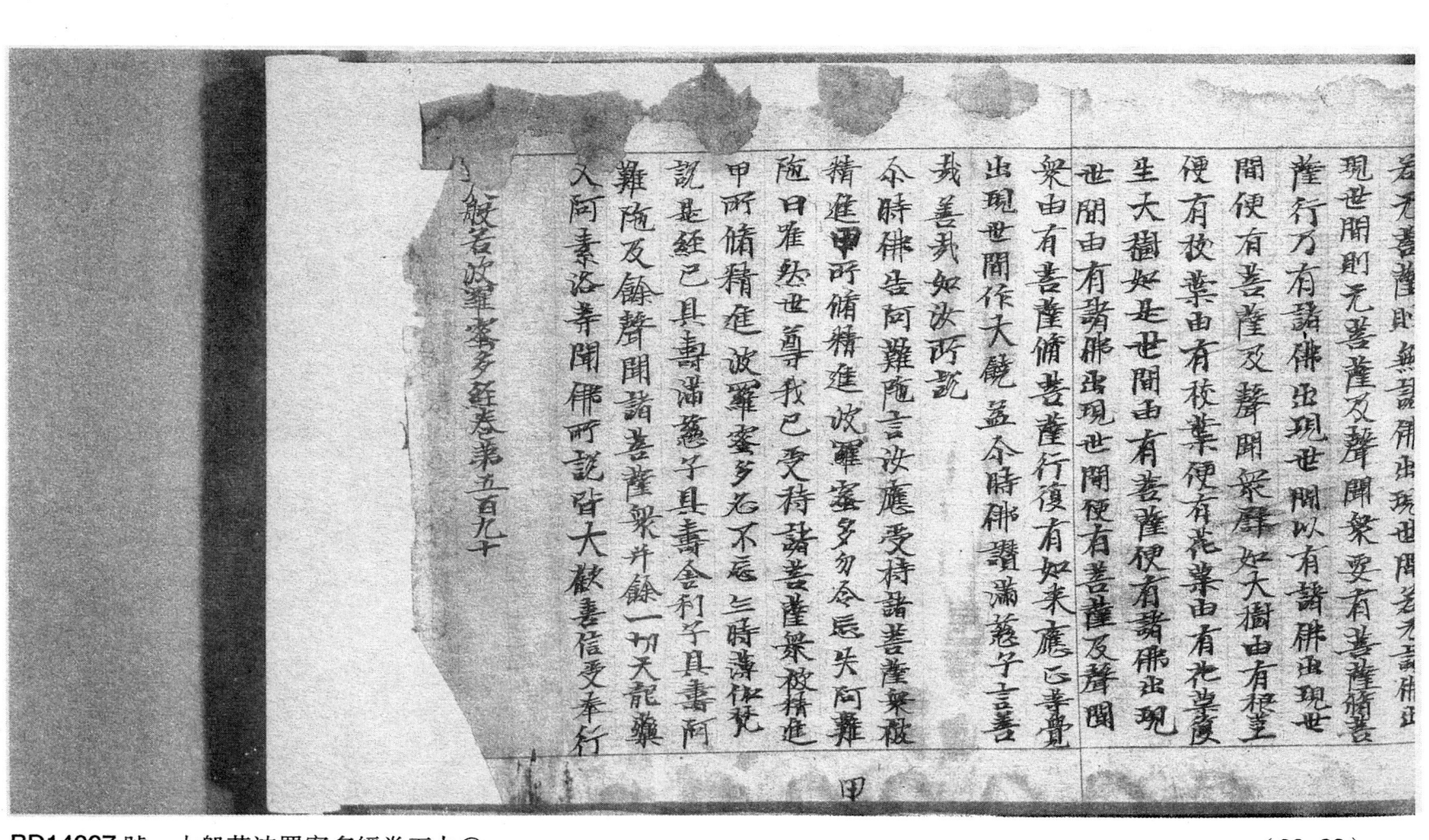

若无菩薩則無諸佛出現世間若无諸佛出
現世間則无菩薩及聲聞衆要有菩薩脩菩
薩行乃有諸佛出現世間以有諸佛出現世
間便有菩薩及聲聞衆聲如大樹由有根莖
便有枝葉由有枝葉便有花菓由有花菓復
生大樹如是世間由有菩薩便有諸佛出現
世間由有諸佛出現世間便有菩薩及聲聞
衆由有菩薩脩菩薩行復有如來應正等覺
出現世間作大饒益尒時佛讚滿慈子言善
哉善哉如汝所說
尒時佛告阿難陀言汝應受持諸菩薩衆被
精進甲所脩精進波羅蜜多勿令忘失阿難
陀曰唯然世尊我已受持諸菩薩衆被精進
甲所脩精進波羅蜜多不忘時薄伽梵
說是經已具壽滿慈子具壽舍利子具壽阿
難陀及餘聲聞諸菩薩衆并餘一切天龍藥
叉阿素洛等聞佛所說皆大歡喜信受奉行
大般若波羅蜜多經卷第五百九十

甲

BD14007 號　大般若波羅蜜多經卷五九〇　（22–22）

BD14008 號背　現代護首　　（1–1）

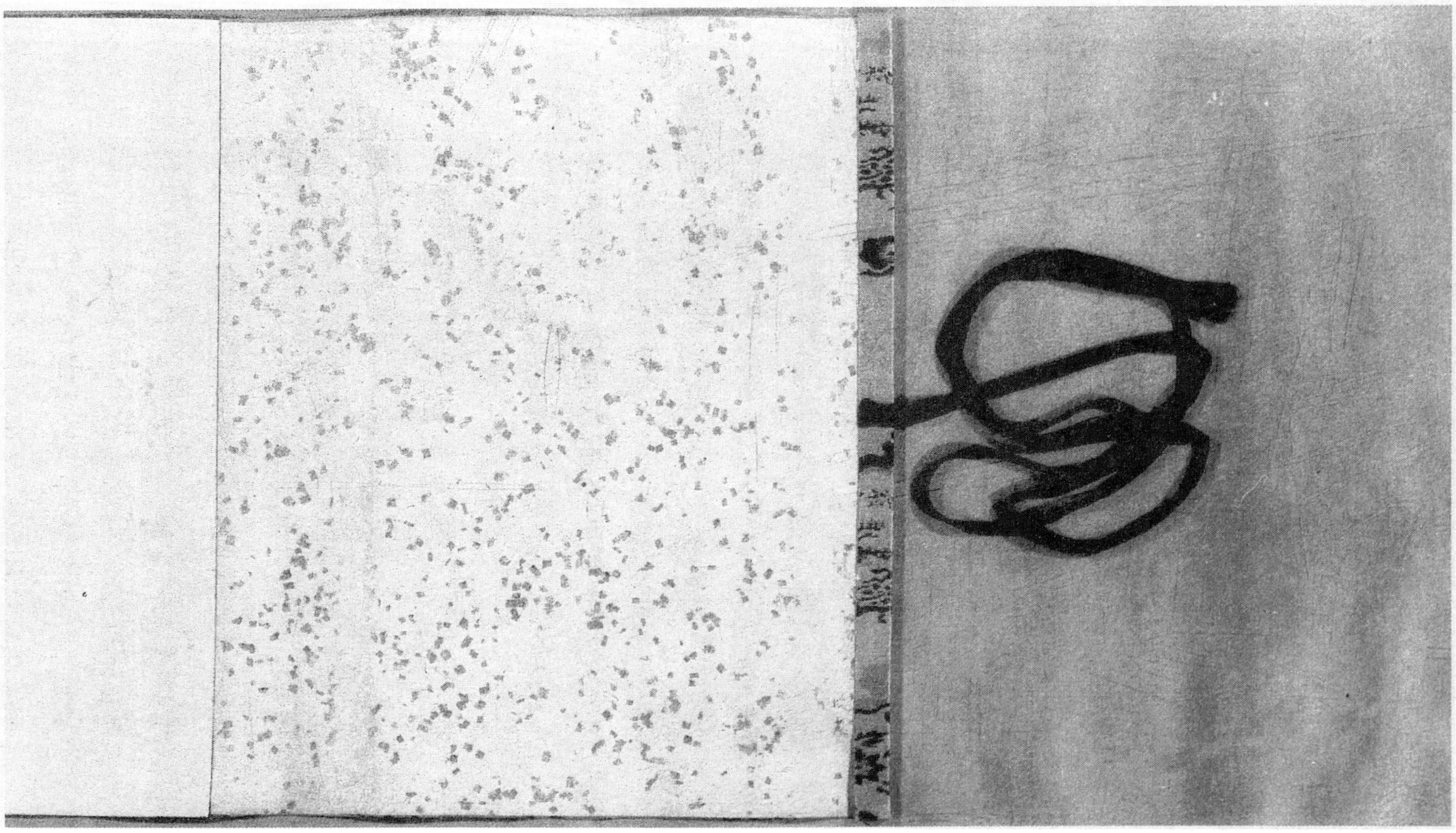

BD14008 號　大般若波羅蜜多經卷八一　　（22–1）

大般若波羅蜜多經卷第八十一
初分天帝品第二十二之五　三藏法師玄奘奉　詔譯
善現如來之心不住布施波羅蜜多不住淨
戒安忍精進靜慮般若波羅蜜多何以故以
布施波羅蜜多等不可得故善現如來之心
不住四靜慮不住四无量四无色定何以故
以四靜慮等不可得故善現如來之心不住
八解脫不住八勝處九次第定十遍處何以
故以八解脫等不可得故善現如來之心不
住四念住不住四正斷四神足五根五力七
等覺支八聖道支何以故以四念住等不可
得故善現如來之心不住空解脫門不住无

BD14008號　大般若波羅蜜多經卷八一　（22–2）

以四靜慮等不可得故善現如來之心不住
八解脫不住八勝處九次第定十遍處何以
故以八解脫等不可得故善現如來之心不
住四念住不住四正斷四神足五根五力七
等覺支八聖道支何以故以四念住等不可
得故善現如來之心不住空解脫門不住无
相无願解脫門何以故以空解脫門等不可
得故善現如來之心不住五眼不住六神通
何以故以五眼等不可得故善現如來之心
不住佛十力不住四无所畏四无礙解大慈
大悲大喜大捨十八佛不共法何以故以佛
十力等不可得故善現如來之心不住无忘
失法不住恒住捨性何以故以无忘失法等
不可得故善現如來之心不住一切陁羅尼
門不住一切三摩地門何以故以一切陁羅
尼門等不可得故善現如來之心不住一切
智不住道相智一切相智何以故以一切智
等不可得故善現如來之心不住聲聞乘不
住獨覺乘无上乘何以故以聲聞乘等不可
得故善現如來之心不住預流及預流向果
不住一來不還阿羅漢及一來不還阿羅漢
向果何以故以預流等不可得故善現如來
之心不住獨覺及獨覺菩提不住菩薩如來
及菩薩如來法何以故以獨覺等不可得故
善現如來之心不住極喜地不住離垢
地發光地焰慧地極難勝地現前地遠行地
不動地善慧地法雲地及法何以故以極喜
地等不可得故善現如來之心不住異生地
及法不住種姓地第八地具見地薄地離欲

BD14008號　大般若波羅蜜多經卷八一　（22–3）

善現如来之心不住極喜地及法不住離垢
地發光地焰慧地極難勝地現前地遠行地
不動地善慧地法雲地及法何以故以極喜
地等不可得故善現如来之心不住異生地
及法不住種性地第八地具見地薄地離欲
地已辦地獨覺地菩薩地如来地及法何以
故以異生地等不可得故如是善現如来之
心於一切法都无所住亦非不住
時具壽善現謂舍利子言如是菩薩摩訶薩
雖住般若波羅蜜多而同如来於一切法都
无所住亦非不住所以者何舍利子菩薩摩
訶薩雖住般若波羅蜜多而於色非住非不
住於受想行識亦非住非不住何以故以色
蘊等无二相故舍利子菩薩摩訶薩雖住般
若波羅蜜多而於眼處非住非不住於耳鼻
舌身意處亦非住非不住何以故以眼處等
无二相故舍利子菩薩摩訶薩雖住般若波
羅蜜多而於色處非住非不住於聲香味觸
法處亦非住非不住何以故以色處等无二
相故舍利子菩薩摩訶薩雖住般若波羅蜜
多而於眼界非住非不住於色界眼識界及
眼觸眼觸為緣所生諸受亦非住非不住何
以故以眼界等无二相故舍利子菩薩摩訶
薩雖住般若波羅蜜多而於耳界非住非不
住於聲界耳識界及耳觸耳觸為緣所生
諸受亦非住非不住何以故以耳界等无二
相故舍利子菩薩摩訶薩雖住般若波羅蜜
多而於鼻界非住非不住於香界鼻識界

BD14008 號　大般若波羅蜜多經卷八一　（22–4）

住於聲界耳識界及耳觸耳觸為緣所生
諸受亦非住非不住何以故以耳界等无二
相故舍利子菩薩摩訶薩雖住般若波羅蜜
多而於鼻界非住非不住於香界鼻識界
及鼻觸鼻觸為緣所生諸受亦非住非不住何
以故以鼻界等无二相故舍利子菩薩摩訶薩
雖住般若波羅蜜多而於舌界非住非不住
於味界舌識界及舌觸舌觸為緣所生諸受
亦非住非不住何以故以舌界等无二相故舍
利子菩薩摩訶薩雖住般若波羅蜜多而
於身界非住非不住於觸界身識界及身觸
身觸為緣所生諸受亦非住非不住何以故以
身界等无二相故舍利子菩薩摩訶薩雖
住般若波羅蜜多而於意界非住非不住於
法界意識界及意觸意觸為緣所生諸受亦
非住非不住何以故以意界等无二相故舍利
子菩薩摩訶薩雖住般若波羅蜜多而於地
界非住非不住於水火風空識界亦非住非
不住何以故以地界等无二相故舍利子菩
薩摩訶薩雖住般若波羅蜜多而於苦聖
諦非住非不住於集滅道聖諦亦非住非不
住何以故以苦聖諦等无二相故舍利子菩
薩摩訶薩雖住般若波羅蜜多而於无明非
住非不住於行識名色六處觸受愛取有生
老死愁歎苦憂惱亦非住非不住何以故以无
明等无二相故舍利子菩薩摩訶薩雖住
般若波羅蜜多而於內空非住非不住於外
空內外空空空大空勝義空有為空无為空
畢竟空无際空散空无變異空本性空自相

BD14008 號　大般若波羅蜜多經卷八一　（22–5）

明等无二相故舍利子菩薩摩訶薩雖住
般若波羅蜜多而於內空非住非不住於外
空內外空空空大空勝義空有為空无為空
畢竟空无際空散空无變異空本性空自相
空共相空一切法空不可得空无性空自性
空无性自性空亦非住非不住何以故以內
空等无二相故舍利子菩薩摩訶薩雖住般
若波羅蜜多而於真如非住非不住於法界
法性不虛妄性不變異性平等性離生性法
定法住實際虛空界不思議界亦非住非不
住何以故以真如等无二相故
舍利子菩薩摩訶薩雖住般若波羅蜜多而
於布施波羅蜜多非住非不住於淨戒安忍
精進靜慮般若波羅蜜多亦非住非不住何
以故以布施波羅蜜多等无二相故舍利子
菩薩摩訶薩雖住般若波羅蜜多而於四靜
慮非住非不住於四无量四无色定亦非住
非不住何以故以四靜慮等无二相故舍利
子菩薩摩訶薩雖住般若波羅蜜多而於八
解脫非住非不住於八勝處九次第定十遍
處亦非住非不住何以故以八解脫等无二
相故舍利子菩薩摩訶薩雖住般若波羅蜜
多而於四念住非住非不住於四正斷四神
足五根五力七等覺支八聖道支亦非住非
不住何以故以四念住等无二相故舍利子
菩薩摩訶薩雖住般若波羅蜜多而於空解
脫門非住非不住於无相无願解脫門亦非
住非不住何以故以空解脫門等无二相故
舍利子菩薩摩訶薩雖住般若波羅蜜多而

BD14008號　大般若波羅蜜多經卷八一　（22–6）

不住何以故以四念住等无二相故舍利子
菩薩摩訶薩雖住般若波羅蜜多而於空解
脫門非住非不住於无相无願解脫門亦非
住非不住何以故以空解脫門等无二相故
舍利子菩薩摩訶薩雖住般若波羅蜜多而
於五眼非住非不住於六神通亦非住非不
住何以故以五眼等无二相故舍利子菩薩
摩訶薩雖住般若波羅蜜多而於佛十力非
住非不住於四无所畏四无礙解大慈大悲
大喜大捨十八佛不共法亦非住非不住何
以故以佛十力等无二相故舍利子菩薩摩
訶薩雖住般若波羅蜜多而於无忘失法非
住非不住於恒住捨性亦非住非不住何以故
以无忘失法等无二相故舍利子菩薩摩
訶薩雖住般若波羅蜜多而於一切陀羅尼
門非住非不住於一切三摩地門亦非住非
不住何以故以一切陀羅尼門等无二相故
舍利子菩薩摩訶薩雖住般若波羅蜜多而
於一切智非住非不住於道相智一切相智
亦非住非不住何以故以一切智等无二相
故舍利子菩薩摩訶薩雖住般若波羅蜜多
而於聲聞乘非住非不住於獨覺乘无上乘
亦非住非不住何以故以聲聞乘等无二相
故舍利子菩薩摩訶薩雖住般若波羅蜜多
而於預流及預流向果非住非不住於一來
不還阿羅漢及一來不還阿羅漢向果亦非
住非不住何以故以預流等无二相故舍利
子菩薩摩訶薩雖住般若波羅蜜多而於獨
[illegible]

BD14008號　大般若波羅蜜多經卷八一　（22–7）

而非預流及預流向果非住非不住於一來
不還阿羅漢及一來不還阿羅漢向果亦非
住非不住何以故以預流等无二相故舍利
子菩薩摩訶薩雖住般若波羅蜜多而於獨
覺及獨覺菩提非住非不住於菩薩如來及
菩薩如來法亦非住非不住何以故以獨覺
等无二相故舍利子菩薩摩訶薩雖住般若
波羅蜜多而於極喜地及法非住非不住於
離垢地發光地焰慧地極難勝地現前地遠
行地不動地善慧地法雲地及法亦非住非不
住何以故以極喜地等无二相故舍利子
菩薩摩訶薩雖住般若波羅蜜多而於異生
地及法非住非不住於種姓地第八地具見
地薄地離欲地已辦地獨覺地菩薩地如來
地及法亦非住非不住何以故以異生地等
无二相故舍利子菩薩摩訶薩於般若波羅
蜜多隨非住非不住以无所得為方便應如
是學
初分諸天子品第二十三
尒時會中有諸天子竊作是念諸藥叉等言
詞呪句雖復隱密而上可知尊者善現於此
般若波羅蜜多雖以種種言詞顯示而我等
輩竟不能解善現知彼心之所念便告之言
汝等天子於我所說不能解耶諸天子言如
是如是具壽善現復告彼言我曾於此不說
一字汝亦不聞當何所解何以故甚深般若
波羅蜜多文字言說皆遠離故由此於中說
者聽者及能解者皆不可得一切如來應正

BD14008號　大般若波羅蜜多經卷八一　　(22–8)

是如是具壽善現復告彼言我曾於此不說
一字汝亦不聞當何所解何以故甚深般若
波羅蜜多文字言說皆遠離故由此於中說
者聽者及能解者皆不可得一切如來應正
等覺所證无上正等菩提其相甚深亦復如
是天子當知如佛化身化作无量苾芻苾芻
尼鄔波索迦鄔波斯迦俱來集會復化作一
能說法人於此衆中宣揚妙法於意云何是
中有實能說能聽能解者不諸天子言不也
大德善現告言如是天子一切法皆如化故
般若中說者聽者及能解者都不可得天子
當知如在夢中夢見有佛教誡教授菩薩聲
聞於意云何是中有實能說能聽能解者不
諸天子言不也大德善現告言如是天子一
切法皆如夢故般若中說者聽者及能解者
都不可得天子當知如有二人處一山谷各
住一面讚佛法僧俱時發響於意云何此二
響聲能互相聞互相解不諸天子言不也大
德善現告言如是天子一切法皆如響故般
若中說者聽者及能解者都不可得天子當
知如巧幻師或彼弟子於四衢道幻作四衆
及一佛身處中說法於意云何是中有實能
說能聽能解者不諸天子言不也大德善現
告言如是天子一切法皆如幻故般若中說
者聽者及能解者都不可得
時諸天子復作是念尊者善現於此般若波
羅蜜多雖復種種方便顯說欲令易解而其
意趣甚深轉甚深微細更微細難可測度善
[illegible]

BD14008號　大般若波羅蜜多經卷八一　　(22–9)

者驚者不能解者都不可測
時諸天子復作是念尊者善現於此般若波
羅蜜多雖復種種方便顯說欲令易解而其
意趣甚深轉甚深微細更微細難可測度善
現知彼心之所念便告之曰天子當知色非甚
深非微細受想行識亦非甚深非微細何
以故色深細性不可得故受想行識深細性
亦不可得故天子當知眼處非甚深非微細
耳鼻舌身意處亦非甚深非微細何以故眼
處深細性不可得故耳鼻舌身意處深細性
亦不可得故天子當知色處非甚深非微細
聲香味觸法處亦非甚深非微細何以故色
處深細性不可得故聲香味觸法處深細性
亦不可得故天子當知眼界非甚深非微細
色界眼識界及眼觸眼觸為緣所生諸受亦
非甚深非微細何以故眼界深細性不可得
故色界乃至眼觸為緣所生諸受深細性亦
不可得故天子當知耳界非甚深非微細聲
界耳識界及耳觸耳觸為緣所生諸受亦非
甚深非微細何以故耳界深細性不可得故
聲界乃至耳觸為緣所生諸受深細性亦不
可得故天子當知鼻界非甚深非微細香界
鼻識界及鼻觸鼻觸為緣所生諸受亦非甚
深非微細何以故鼻界深細性不可得故香
界乃至鼻觸為緣所生諸受深細性亦不可
得故天子當知舌界非甚深非微細味界舌
識界及舌觸舌觸為緣所生諸受亦非甚深
非微細何以故舌界深細性不可得故味界
乃至舌觸為緣所生諸受深細性亦不可得

BD14008號　大般若波羅蜜多經卷八一　（22–10）

深非微細何以故鼻界深細性不可得故香
界乃至鼻觸為緣所生諸受深細性亦不可
得故天子當知舌界非甚深非微細味界舌
識界及舌觸舌觸為緣所生諸受亦非甚深
非微細何以故舌界深細性不可得故味界
乃至舌觸為緣所生諸受深細性亦不可得
故天子當知身界非甚深非微細觸界身識
界及身觸身觸為緣所生諸受亦非甚深非
微細何以故身界深細性不可得故觸界乃
至身觸為緣所生諸受深細性亦不可得故
天子當知意界非甚深非微細法界意識界
及意觸意觸為緣所生諸受亦非甚深非微
細何以故意界深細性不可得故法界乃至
意觸為緣所生諸受深細性亦不可得故天
子當知地界非甚深非微細水火風空識界
亦非甚深非微細何以故地界深細性不可
得故水火風空識界深細性亦不可得故天
子當知苦聖諦非甚深非微細集滅道聖諦
亦非甚深非微細何以故苦聖諦深細性不可
得故集滅道聖諦深細性亦不可得故天子
當知无明非甚深非微細行識名色六處觸
受愛取有生老死愁歎苦憂惱亦非甚深非
微細何以故无明深細性不可得故行乃至
老死愁歎苦憂惱深細性亦不可得故天子
當知內空非甚深非微細外空內外空空空
大空勝義空有為空无為空畢竟空无際空
散空无變異空本性空自相空共相空一切法
空不可得空无性空自性空无性自性空亦
非甚深非微細何以故內空深細性不可得

BD14008號　大般若波羅蜜多經卷八一　（22–11）

大空勝義空有為空无為空畢竟空无際空
散空无變異空本性空自相空共相空一切法
空不可得空无性空自性空无性自性空亦
非甚深非微細何以故内空深細性不可得
故外空乃至无性自性空深細性亦不可得
故天子當知真如非甚深非微細法界法性
不虚妄性不變異性平等性離生性法定法
住實際虚空界不思議界亦非甚深非微細
何以故真如深細性不可得故法界乃至不
可思議界深細性亦不可得故
天子當知布施波羅蜜多非甚深非微細淨
戒安忍精進靜慮般若波羅蜜多亦非甚深
非微細何以故布施波羅蜜多深細性不可
得故淨戒乃至般若波羅蜜多深細性亦不
可得故天子當知四靜慮非甚深非微細四
无量四无色定亦非甚深非微細何以故四
靜慮深細性不可得故四无量四无色定深
細性亦不可得故天子當知八解脫非甚深
非微細八勝處九次第定十遍處亦非甚深
非微細何以故八解脫深細性不可得故八
勝處九次第定十遍處深細性亦不可得故
天子當知四念住非甚深非微細四正斷四
神足五根五力七等覺支八聖道支亦非甚
深非微細何以故四念住深細性不可得故
四正斷乃至八聖道支深細性亦不可得故
天子當知五眼非甚深非微細六神通亦非
甚深非微細何以故五眼深細性不可得故
六神通深細性亦不可得故天子當知佛十

BD14008 號　大般若波羅蜜多經卷八一　（22–12）

深非微細何以故四念住深細性不可得故
四正斷乃至八聖道支深細性亦不可得故
天子當知五眼非甚深非微細六神通亦非
甚深非微細何以故五眼深細性不可得故
六神通深細性亦不可得故天子當知佛十
力非甚深非微細四无所畏四无礙解大慈
大悲大喜大捨十八佛不共法亦非甚深非
微細何以故佛十力深細性不可得故四无
所畏乃至十八佛不共法深細性亦不可得
故天子當知无忘失法非甚深非微細恒住
捨性亦非甚深非微細何以故无忘失法深
細性不可得故恒住捨性深細性亦不可得
故天子當知一切陁羅尼門非甚深非微細
一切三摩地門亦非甚深非微細何以故一
切陁羅尼門深細性不可得故一切三摩地
門深細性亦不可得故天子當知一切智非
甚深非微細道相智一切相智亦非甚深非
微細何以故一切智深細性不可得故道相
智一切相智深細性亦不可得故天子當知
聲聞乘非甚深非微細獨覺乘无上乘亦非
甚深非微細何以故聲聞乘深細性不可得
故獨覺乘无上乘深細性亦不可得故天子
當知預流非甚深非微細一來不還阿羅漢
亦非甚深非微細何以故預流深細性不可
得故一來不還阿羅漢深細性亦不可得故
天子當知預流向預流果非甚深非微細一
來向一來果不還向不還果阿羅漢向阿羅
漢果亦非甚深非微細何以故預流向預流
果深細性不可得故一來向一來果乃至阿

BD14008 號　大般若波羅蜜多經卷八一　（22–13）

得故一来不還阿羅漢深細性亦不可得故
天子當知預流向預流果非甚深非微細一
来向一来果不還向不還果阿羅漢向阿羅
漢果亦非甚深非微細何以故預流向預流
果深細性不可得故一来向一来果乃至阿
羅漢向阿羅漢果深細性亦不可得故天子
當知獨覺非甚深非微細獨覺向獨覺果
亦非甚深非微細何以故獨覺深細性不可得
故獨覺向獨覺果深細性亦不可得故天子當
知菩薩摩訶薩非甚深非微細三藐三佛陁
亦非甚深非微細何以故菩薩摩訶薩深細
性不可得故三藐三佛陁深細性亦不可得
故天子當知菩薩摩訶薩法非甚深非微細
无上正等菩提亦非甚深非微細何以故菩
薩摩訶薩法深細性不可得故无上正等菩
提深細性亦不可得故天子當知極喜地非
甚深非微細離垢地發光地焰慧地極難勝
地現前地遠行地不動地善慧地法雲地亦
非甚深非微細何以故極喜地深細性不可
得故離垢地乃至法雲地深細性亦不可得
故天子當知極喜地法非甚深非微細離垢
地法發光地法焰慧地法極難勝地法現前
地法遠行地法不動地法善慧地法法雲地
法亦非甚深非微細何以故極喜地法深細
性不可得故離垢地法乃至法雲地法深細
性亦不可得故天子當知異生地非甚深非
微細種姓地第八地具見地薄地離欲地已
辦地獨覺地菩薩地如来地亦非甚深非微

法亦非甚深非微細何以故極喜地法深細
性不可得故離垢地法乃至法雲地法深細
性亦不可得故天子當知異生地非甚深非
微細種姓地第八地具見地薄地離欲地已
辦地獨覺地菩薩地如来地亦非甚深非微
細何以故異生地深細性不可得故種姓地
乃至如来地深細性亦不可得故天子當知
異生地法非甚深非微細種姓地法第八地
法具見地法薄地法離欲地法已辦地法獨
覺地法菩薩地法如来地法亦非甚深非微
細何以故異生地法深細性不可得故種姓
地法乃至如来地法深細性亦不可得故
時諸天子復作是念尊者善現所說法中不
施設色不施設受想行識何以故色蘊性等
不可說故尊者善現所說法中不施設眼處
不施設耳鼻舌身意處何以故眼處性等不
可說故尊者善現所說法中不施設色處不
施設聲香味觸法處何以故色處性等不可
說故尊者善現所說法中不施設眼界不施
設色界眼識界及眼觸眼觸為緣所生諸受
何以故眼界性等不可說故尊者善現所說
法中不施設耳界不施設聲界耳識界及耳
觸耳觸為緣所生諸受何以故耳界性等不
可說故尊者善現所說法中不施設鼻界不
施設香界鼻識界及鼻觸鼻觸為緣所生
諸受何以故鼻界性等不可說故尊者善現
所說法中不施設舌界不施設味界舌識界及
舌觸舌觸為緣所生諸受何以故舌界性等
不可說故尊者善現所說法中不施設身界

施設香界鼻識界及鼻觸鼻觸為緣所生
諸受何以故鼻界性等不可說故尊者善現
所說法中不施設舌界不施設味界舌識界及
舌觸舌觸為緣所生諸受何以故舌界性等
不可說故尊者善現所說法中不施設身界
不施設觸界身識界及身觸身觸為緣所生
諸受何以故身界性等不可說故尊者善
現所說法中不施設意界不施設法界意識界
及意觸意觸為緣所生諸受何以故意界性
等不可說故尊者善現所說法中不施設地
界不施設水火風空識界何以故地界性等
不可說故尊者善現所說法中不施設苦聖
諦不施設集滅道聖諦何以故苦聖諦性等
不可說故尊者善現所說法中不施設无明
不施設行識名色六處觸受愛取有生老死
愁歎苦憂惱何以故无明性等不可說故尊
者善現所說法中不施設內空不施設外空
內外空空空大空勝義空有為空无為空
畢竟空无際空散空无變異空本性空自相空
共相空一切法空不可得空无性空自性空
无性自性空何以故內空性等不可說故尊
者善現所說法中不施設真如不施設法界
法性不虛妄性不變異性平等性離生性法
定法住實際虛空界不思議界何以故真如
性等不可說故
尊者善現所說法中不施設布施波羅蜜多
不施設淨戒安忍精進靜慮般若波羅蜜多
何以故布施波羅蜜多性等不可說故尊者
善現所說法中不施設四靜慮不施設四无

BD14008 號　大般若波羅蜜多經卷八一　（22–16）

性等不可說故
尊者善現所說法中不施設布施波羅蜜多
不施設淨戒安忍精進靜慮般若波羅蜜多
何以故布施波羅蜜多性等不可說故尊者
善現所說法中不施設四靜慮不施設四无
量四无色定何以故四靜慮性等不可說故
尊者善現所說法中不施設八解脫不施設
八勝處九次第定十遍處何以故八解脫性
等不可說故尊者善現所說法中不施設四
念住不施設四正斷四神足五根五力七等
覺支八聖道支何以故四念住性等不可說
故尊者善現所說法中不施設空解脫門不
施設无相无願解脫門何以故空解脫門性
等不可說故尊者善現所說法中不施設五
眼不施設六神通何以故五眼性等不可說
故尊者善現所說法中不施設佛十力不施
設四无所畏四无礙解大慈大悲大喜大捨
十八佛不共法何以故佛十力性等不可說
故尊者善現所說法中不施設无忘失法不
施設恒住捨性何以故无忘失法性等不可
說故尊者善現所說法中不施設一切陀羅
尼門不施設一切三摩地門何以故一切陀
羅尼門性等不可說故尊者善現所說法
中不施設一切智不施設道智一切相智何
以故一切智性等不可說故尊者善現所說
法中不施設聲聞乘不施設獨覺乘无上乘
何以故聲聞乘性等不可說故尊者善現所
說法中不施設預流不施設一來不還阿羅
漢何以故預流性等不可說故尊者善現所

BD14008 號　大般若波羅蜜多經卷八一　（22–17）

以故一切智性等不可說故尊者善現所說
法中不施設聲聞乘不施設獨覺乘无上乘
何以故聲聞乘性等不可說故尊者善現所
說法中不施設預流不施設一來不還阿羅
漢何以故預流性等不可說故尊者善現所
說法中不施設預流向預流果不施設一來
向一來果不還向不還果阿羅漢向阿羅漢
果何以故預流向預流果性等不可說故尊
者善現所說法中不施設獨覺不施設獨覺
向獨覺果何以故獨覺性等不可說故尊者
善現所說法中不施設菩薩摩訶薩不施設
三藐三佛陀何以故菩薩摩訶薩性等不可
說故尊者善現所說法中不施設菩薩摩訶
薩法不施設无上正等菩提何以故菩薩摩
訶薩法性等不可說故尊者善現所說法中
不施設極喜地不施設離垢地發光地焰慧
地極難勝地現前地遠行地不動地善慧地
法雲地何以故極喜地性等不可說故尊者
善現所說法中不施設極喜地法不施設離
垢地法發光地法焰慧地法極難勝地法現
前地法遠行地法不動地法善慧地法法雲
地法何以故極喜地法性等不可說故尊者
善現所說法中不施設異生地不施設種姓
地第八地具見地薄地離欲地已辦地獨覺
地菩薩地如來地何以故異生地性等不可
說故尊者善現所說法中不施設異生地法
不施設種姓地法第八地法具見地法薄地
法離欲地法已辦地法獨覺地法菩薩地法

BD14008號　大般若波羅蜜多經卷八一　（22–18）

地第八地具見地薄地離欲地已辦地獨覺
地菩薩地如來地何以故異生地性等不可
說故尊者善現所說法中不施設異生地法
不施設種姓地法第八地法具見地法薄地
法離欲地法已辦地法獨覺地法菩薩地法
如來地法何以故異生地法性等不可說故
尊者善現所說法中亦不施設文字語言何
以故文字語言性等不可說故
尒時善現知諸天子心所念法便告之言如
是如是如汝所念諸法乃至无上菩提文字
語言皆所不及故於般若波羅蜜多无說无
聽亦无解者是故汝等於諸法中應隨所說
脩堅固忍諸有欲證預流一來不還阿
羅漢果亦依此忍而得究竟諸有欲住欲證
獨覺所得菩提亦依此忍而得究竟諸有欲
住欲證无上正等菩提要依此忍而得究竟
如是諸天子諸菩薩摩訶薩從初發心乃至
究竟應住无說无聽无解甚深般若波羅蜜
多常勤修學不應捨離
時諸天子心復念言尊者善現於今欲為何
等有情說何等法善現尒時知諸天子心所
念事便告之曰天子當知我今欲為如幻如
化如夢有情說如幻如化如夢之法何以故
如是聽者於所說中无聞无解无所證故時
諸天子即復問言能說能聽及所說法皆如
幻如化如夢事耶善現答言如是如是如汝
所說如幻有情為如幻者說如幻法如化有
情為如化者說如化法如夢有情為如夢者

BD14008號　大般若波羅蜜多經卷八一　（22–19）

如是聽者於所說中无聞无解无所證
諸天子即復問言能說能聽及所說法皆如
幻如化如夢事邪善現荅言如是如是如汝
所說如幻有情為如幻者說如幻法如化有
情為如化者說如化法如夢有情為如夢者
說如夢法天子當知我如幻如化如夢所見
有情命者生者養者士夫補特伽羅意生
儒童作者受者知者見者如幻如化如夢所見
何以故以我等自性空故天子當知色如幻
如化如夢所見受想行識如幻如化如夢所
見何以故以色蘊等自性空故天子當知眼
處如幻如化如夢所見耳鼻舌身意處如幻
如化如夢所見何以故以眼處等自性空故
天子當知色處如幻如化如夢所見聲香味
觸法處如幻如化如夢所見何以故以色處
等自性空故天子當知眼界如幻如化如夢
所見色界眼識界及眼觸眼觸為緣所生諸
受如幻如化如夢所見何以故以眼界等自
性空故天子當知耳界如幻如化如夢所見
聲界耳識界及耳觸耳觸為緣所生諸受如
幻如化如夢所見何以故以耳界等自性空
故天子當知鼻界如幻如化如夢所見香界
鼻識界及鼻觸鼻觸為緣所生諸受如幻
如化如夢所見何以故以鼻界等自性空故天
子當知舌界如幻如化如夢所見味界舌識
界及舌觸舌觸為緣所生諸受如幻如化如
夢所見何以故以舌界等自性空故天子當
知身界如幻如化如夢所見觸界身識界及
身觸身觸為緣所生諸受如幻如化如夢所

BD14008 號　大般若波羅蜜多經卷八一　（22–20）

子當知舌界如幻如化如夢所見味界舌識
界及舌觸舌觸為緣所生諸受如幻如化如
夢所見何以故以舌界等自性空故天子當
知身界如幻如化如夢所見觸界身識界及
身觸身觸為緣所生諸受如幻如化如夢所
見何以故以身界等自性空故天子當知意
界如幻如化如夢所見法界意識界及意觸
意觸為緣所生諸受如幻如化如夢所見何
以故以意界等自性空故天子當知地界如
幻如化如夢所見水火風空識界如幻如化
如夢所見何以故以地界等自性空故天子當
知苦聖諦如幻如化如夢所見集滅道聖諦
如幻如化如夢所見何以故以苦聖諦等自
性空故天子當知无明如幻如化如夢所見
行識名色六處觸受愛取有生老死愁歎苦
憂惱如幻如化如夢所見何以故以无明等
自性空故天子當知內空如幻如化如夢所
見外空內外空空空大空勝義空有為空无
為空畢竟空无際空散空无變異空本性空
自相空共相空一切法空不可得空无性空
自性空无性自性空如幻如化如夢所見何
以故以內空等自性空故天子當知真如如
幻如化如夢所見法界法性不虛妄性不變
異性平等性離生性法定法住實際虛空
界不思議界如幻如化如夢所見何以故以真
如等自性空故

大般若波羅蜜多經卷第八十一

BD14008 號　大般若波羅蜜多經卷八一　（22–21）

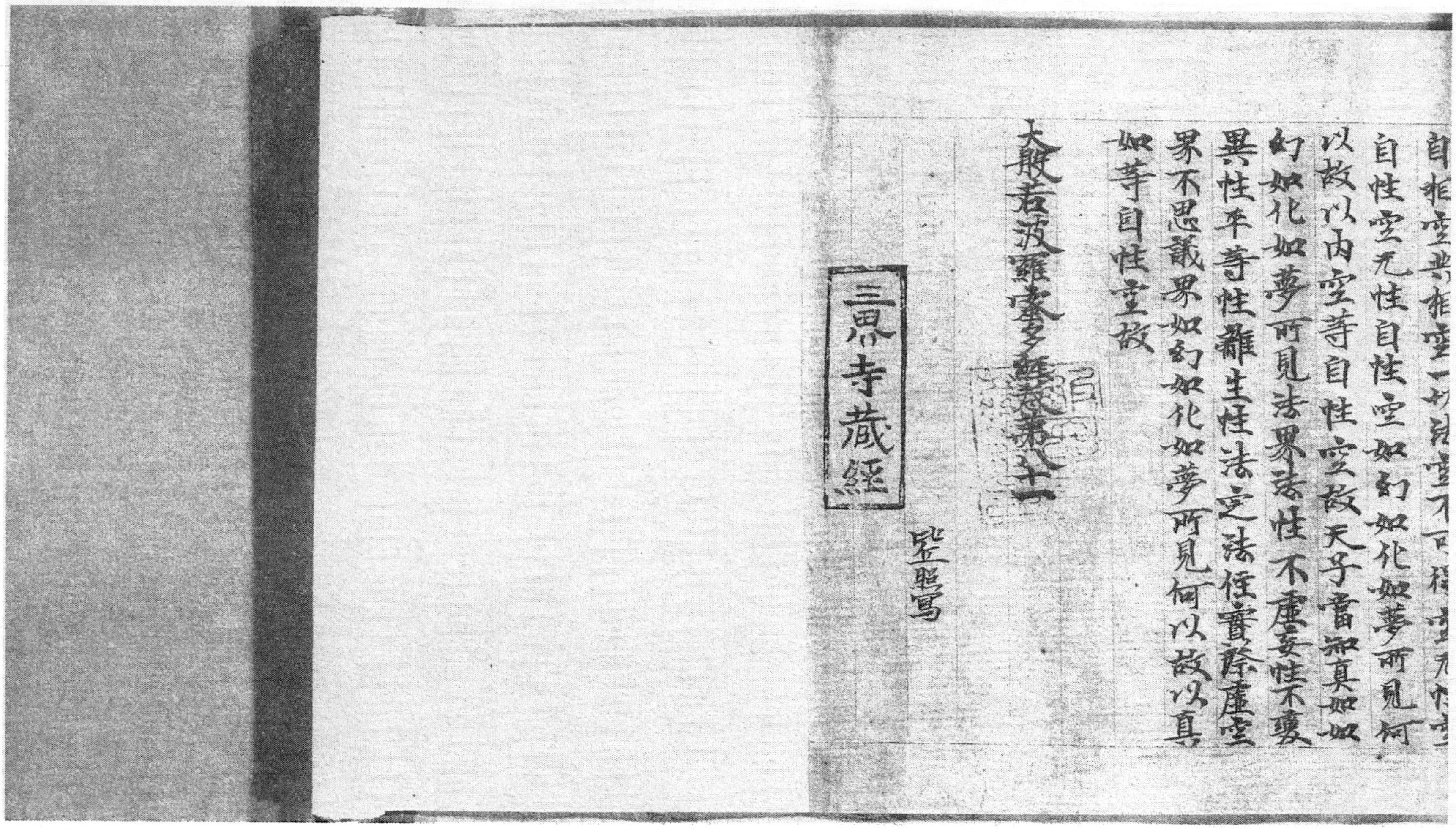

BD14008 號　大般若波羅蜜多經卷八一　（22–22）

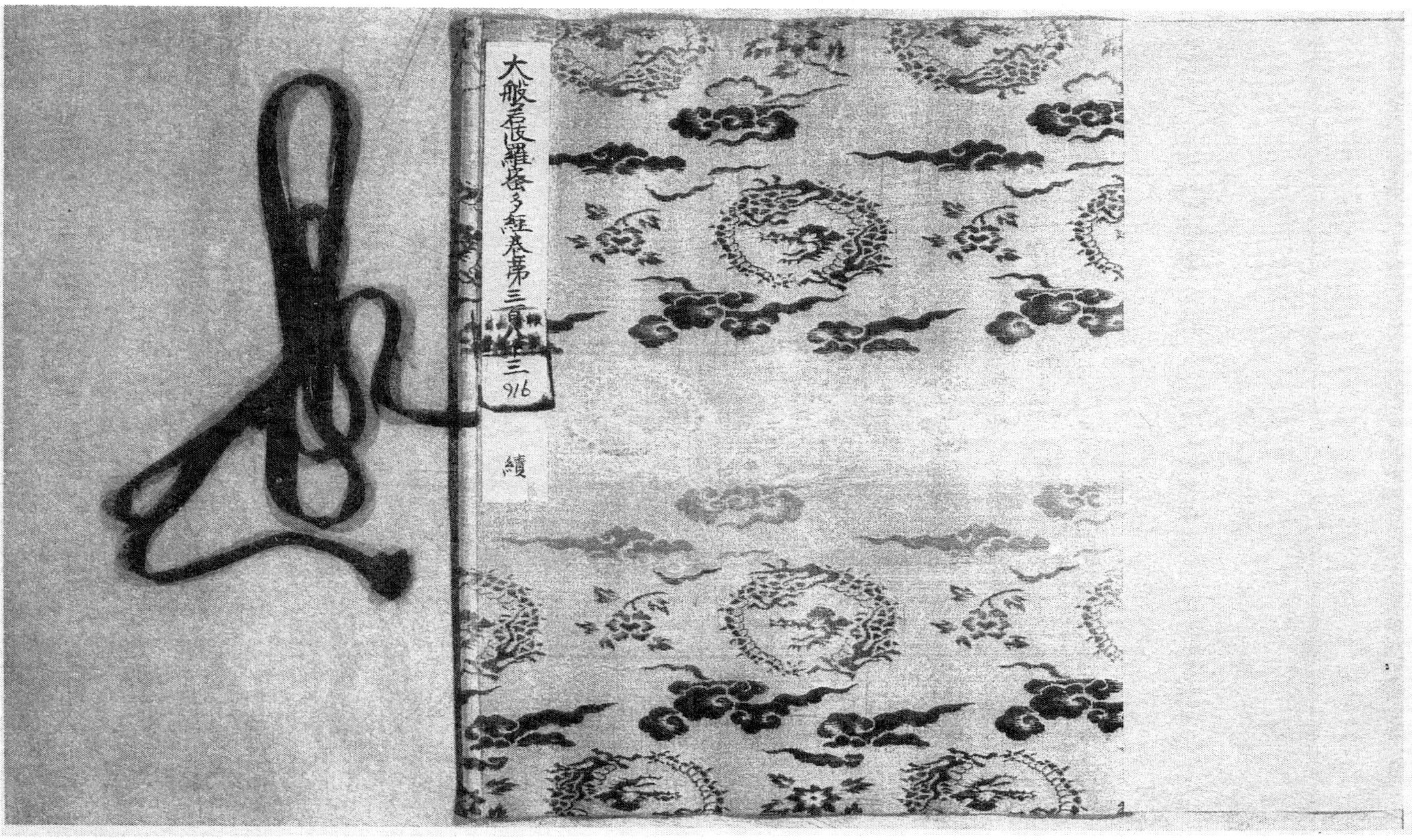

BD14009 號背　現代護首　（1–1）

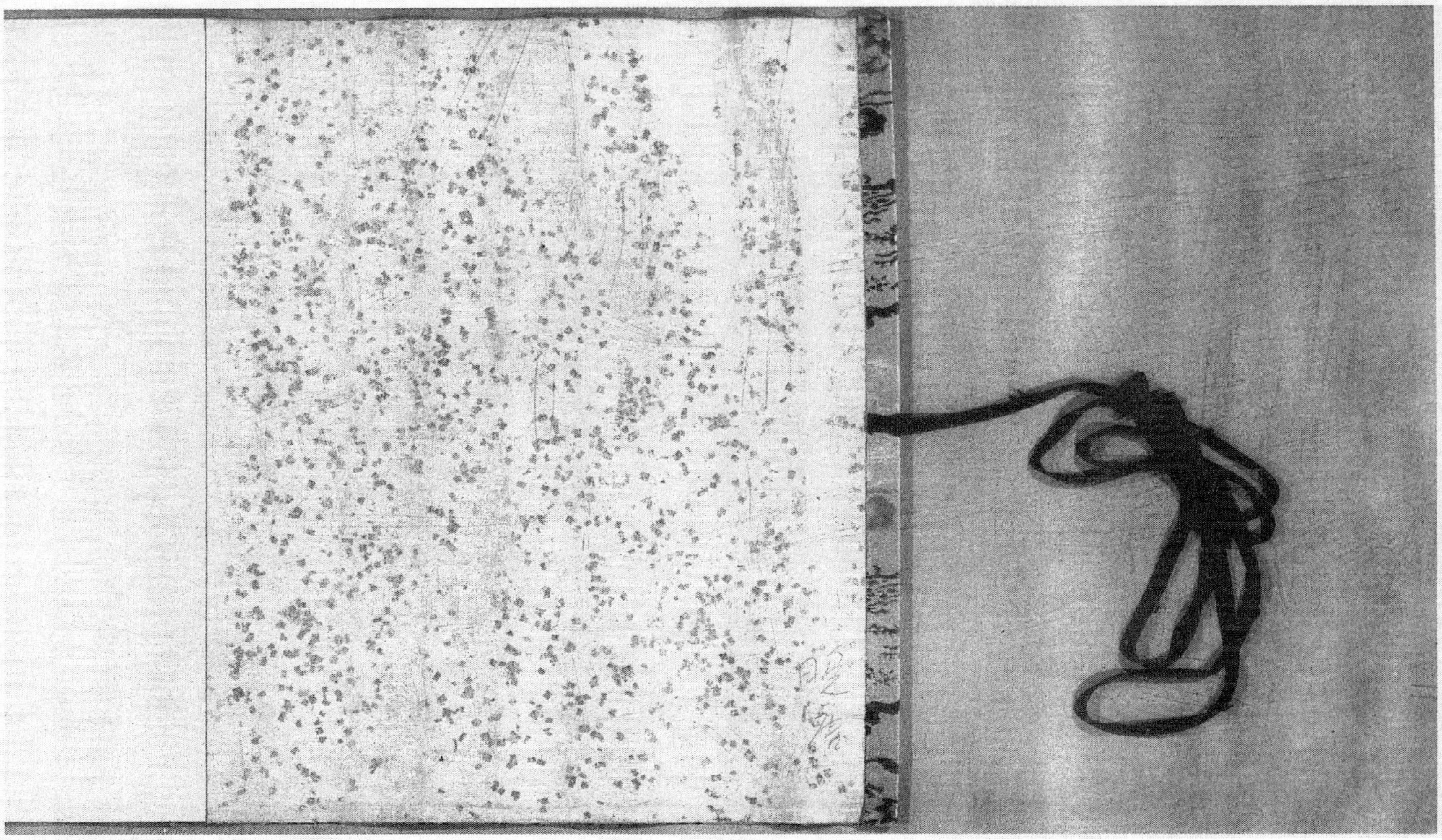

BD14009 號　大般若波羅蜜多經卷三八三　（23–1）

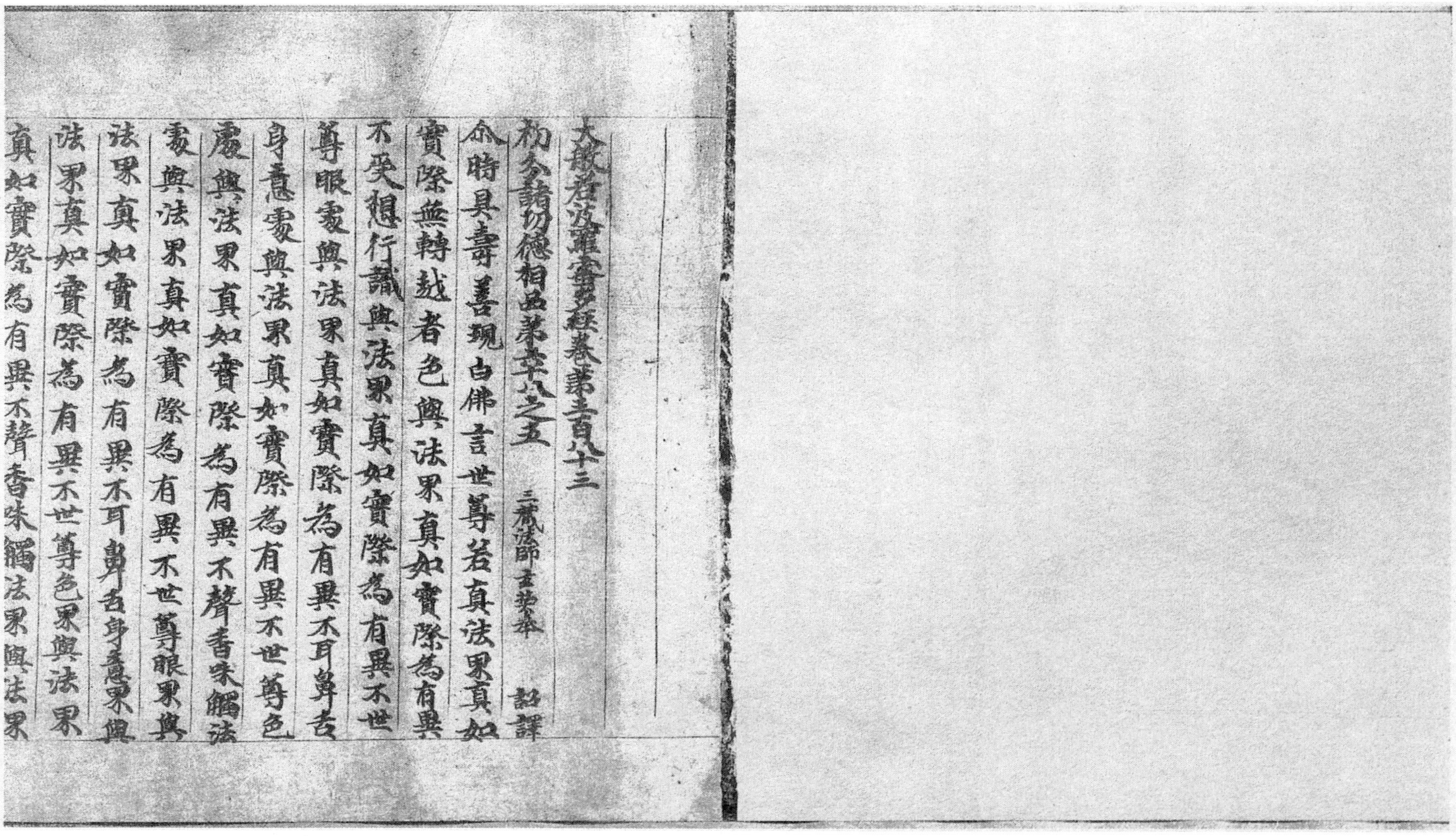

大般若波羅蜜多經卷第三百八十三

初分諸功德相品第六十八之五　三藏法師玄奘奉　詔譯

尒時具壽善現白佛言世尊若真法界真如
實際無轉越者色與法界真如實際為有異
不受想行識與法界真如實際為有異不世
尊眼處與法界真如實際為有異不耳鼻舌
身意處與法界真如實際為有異不世尊色
處與法界真如實際為有異不聲香味觸法
處與法界真如實際為有異不世尊眼界與
法界真如實際為有異不耳鼻舌身意界與
法界真如實際為有異不世尊色界與法界
真如實際為有異不聲香味觸法界與法界

BD14009 號　大般若波羅蜜多經卷三八三　（23–2）

處與法界真如實際為有異不世尊眼界與
法界真如實際為有異不耳鼻舌身意界與
法界真如實際為有異不世尊色界與法界
真如實際為有異不聲香味觸法界與法界
真如實際為有異不世尊眼識界與法界真
如實際為有異不耳鼻舌身意識界與法界
真如實際為有異不世尊眼觸與法界真如
實際為有異不耳鼻舌身意觸與法界真如
實際為有異不世尊眼觸為緣所生諸受與
法界真如實際為有異不耳鼻舌身意觸為
緣所生諸受與法界真如實際為有異不世
尊地界與法界真如實際為有異不水火風
空識界與法界真如實際為有異不世尊因
緣與法界真如實際為有異不等無閒緣所
緣緣增上緣與法界真如實際為有異不世
尊從諸緣所生法與法界真如實際為有異
不世尊無明與法界真如實際為有異不行
識名色六處觸受愛取有生老死愁歎苦
憂惱與法界真如實際為有異不世尊布施
波羅蜜多與法界真如實際為有異不淨戒安
忍精進靜慮般若波羅蜜多與法界真如實
際為有異不世尊四靜慮與法界真如實際
為有異不四無量四無色定與法界真如實
際為有異不世尊四念住與法界真如實際
為有異不四正斷四神足五根五力七等覺
支八聖道支與法界真如實際為有異不世
尊空解脫門與法界真如實際為有異不無
相無願解脫門與法界真如實際為有異不

BD14009號　大般若波羅蜜多經卷三八三　（23–3）

際為有異不世尊四念住與法界真如實際
為有異不四正斷四神足五根五力七等覺
支八聖道支與法界真如實際為有異不世
尊空解脫門與法界真如實際為有異不無
相無願解脫門與法界真如實際為有異不
世尊內空與法界真如實際為有異不外空
內外空空空大空勝義空有為空無為空畢
竟空無際空散空無變異空本性空自相空
共相空一切法空不可得空無性空自性空
無性自性空與法界真如實際為有異不世
尊苦聖諦與法界真如實際為有異不集滅
道聖諦與法界真如實際為有異不世尊
八解脫與法界真如實際為有異不八勝處九
次第定十遍處與法界真如實際為有異不
世尊一切陁羅尼門與法界真如實際為有
異不一切三摩地門與法界真如實際為有
異不世尊極喜地與法界真如實際為有異
不離垢地發光地焰慧地極難勝地現前地
遠行地不動地善慧地法雲地與法界真如
實際為有異不世尊五眼與法界真如實際
為有異不六神通與法界真如實際為有異
不世尊佛十力與法界真如實際為有異不
四無所畏四無礙解十八佛不共法與法界
真如實際為有異不世尊大慈與法界真如
實際為有異不大悲大喜大捨與法界真如
實際為有異不世尊無忘失法與法界真如
實際為有異不恒住捨性與法界真如實際
為有異不世尊一切智與法界真如實際為

BD14009號　大般若波羅蜜多經卷三八三　（23–4）

真如實際為有異不世尊大慈與法界真如
實際為有異不大悲大喜大捨與法界真如
實際為有異不世尊無忘失法與法界真如
實際為有異不恒住捨性與法界真如實際
為有異不世尊一切智與法界真如實際為
有異不道相智一切相智與法界真如實際
為有異不世尊三十二大士相與法界真如
實際為有異不八十隨好與法界真如實際
為有異不世尊預流果與法界真如實際為
有異不一來不還阿羅漢果獨覺菩提與法
界真如實際為有異不世尊一切菩薩摩訶
薩行與法界真如實際為有異不諸佛無上
正等菩提與法界真如實際為有異不世
尊世間法與法界真如實際為有異不出世間
法與法界真如實際為有異不世尊有漏法
與法界真如實際為有異不無漏法與法界
真如實際為有異不世尊有為法與法界真
如實際為有異不無為法與法界真如實際
為有異不
佛言不也善現色不異法界真如實際受想
行識亦不異法界真如實際善現眼處不異
法界真如實際耳鼻舌身意處亦不異法界
真如實際善現色處不異法界真如實際聲
香味觸法處亦不異法界真如實際善現眼
界不異法界真如實際耳鼻舌身意界亦不
異法界真如實際善現色界不異法界真如
實際聲香味觸法界亦不異法界真如實際
善現眼識界不異法界真如實際耳鼻舌身

BD14009 號　大般若波羅蜜多經卷三八三　（23–5）

界不異法界真如實際耳鼻舌身意界亦不
異法界真如實際善現色界不異法界真如
實際聲香味觸法界亦不異法界真如實際
善現眼識界不異法界真如實際耳鼻舌身
意識界亦不異法界真如實際善現眼觸不
異法界真如實際耳鼻舌身意觸亦不異法
界真如實際善現眼觸為緣所生諸受不異
法界真如實際耳鼻舌身意觸為緣所生諸
受亦不異法界真如實際善現地界不異法
界真如實際水火風空識界亦不異法界真
如實際善現因緣不異法界真如實際等無
間緣所緣緣增上緣亦不異法界真如實際
善現從諸緣所生法不異法界真如實際善
現無明不異法界真如實際行識名色六處
觸受愛取有生老死愁歎苦憂惱亦不異法
界真如實際善現布施波羅蜜多不異法界
真如實際淨戒安忍精進靜慮般若波羅
蜜多亦不異法界真如實際善現四靜慮不異
法界真如實際四無量四無色定亦不異法
界真如實際善現四念住不異法界真如實
際四正斷四神足五根五力七等覺支八聖
道支亦不異法界真如實際善現空解脫門
不異法界真如實際無相無願解脫門亦不
異法界真如實際善現內空不異法界真如
實際外空內外空空空大空勝義空有為空
無為空畢竟空無際空散空無變異空本性
空自相空共相空一切法空不可得空無性
空自性空無性自性空亦不異法界真如實

BD14009 號　大般若波羅蜜多經卷三八三　（23–6）

實際外空內外空空空大空勝義空有為空
無為空畢竟空無際空散空無變異空本性
空自相空共相空一切法空不可得空無性
空自性空無性自性空亦不異法界真如實
際善現苦聖諦不異法界真如實際集滅道
聖諦亦不異法界真如實際善現八解脫不
異法界真如實際八勝處九次第定十遍處
亦不異法界真如實際善現一切陁羅尼門
不異法界真如實際一切三摩地門亦不異
法界真如實際善現極喜地不異法界真如
實際離垢地發光地焰慧地極難勝地現前
地遠行地不動地善慧地法雲地亦不異法
界真如實際善現五眼不異法界真如實際
六神通亦不異法界真如實際善現佛十力
不異法界真如實際四無所畏四無礙解十
八佛不共法亦不異法界真如實際善現大
慈不異法界真如實際大悲大喜大捨亦不
異法界真如實際善現無忘失法不異法界
真如實際恒住捨性亦不異法界真如實際
善現一切智不異法界真如實際道相智一
切相智亦不異法界真如實際善現三十二
大士相不異法界真如實際八十隨好亦不
異法界真如實際善現預流果不異法界真
如實際一來不還阿羅漢果獨覺菩提亦不
異法界真如實際善現一切菩薩摩訶薩行
不異法界真如實際諸佛無上正等菩提亦
不異法界真如實際善現世間法不異法界

如實際一來不還阿羅漢果獨覺菩提亦不
異法界真如實際善現一切菩薩摩訶薩行
不異法界真如實際諸佛無上正等菩提亦
不異法界真如實際善現世間法不異法界
真如實際出世間法亦不異法界真如實際
善現有漏法不異法界真如實際無漏法亦
不異法界真如實際善現有為法不異法界
真如實際無為法亦不異法界真如實際
時具壽善現復白佛言世尊若色不異法界
真如實際受想行識亦不異法界真如實際
世尊若眼處不異法界真如實際耳鼻舌身
意處亦不異法界真如實際世尊若色處不
異法界真如實際聲香味觸法處亦不異法
界真如實際世尊若眼界不異法界真如實
際耳鼻舌身意界亦不異法界真如實際世
尊若色界不異法界真如實際聲香味觸法
界亦不異法界真如實際世尊若眼識界不
異法界真如實際耳鼻舌身意識界亦不異
法界真如實際世尊若眼觸不異法界真如
實際耳鼻舌身意觸亦不異法界真如實際
世尊若眼觸為緣所生諸受不異法界真如
實際耳鼻舌身意觸為緣所生諸受亦不
異法界真如實際世尊若地界不異法界真如
實際水火風空識界亦不異法界真如實際
世尊若因緣不異法界真如實際等無間緣
所緣緣增上緣亦不異法界真如實際世尊
若從諸緣所生法不異法界真如實際世尊

實際水火風空識界亦不異法界真如實際
世尊若因緣不異法界真如實際等無間緣
所緣緣增上緣亦不異法界真如實際世尊
若從諸緣所生法不異法界真如實際世尊
若無明不異法界真如實際行識名色六處
觸受愛取有生老死愁歎苦憂惱亦不異法
界真如實際世尊若布施波羅蜜多不異法
界真如實際淨戒安忍精進靜慮般若波羅
蜜多亦不異法界真如實際世尊若四靜慮
不異法界真如實際四無量四無色定亦不
異法界真如實際世尊若四念住不異法界
真如實際四正斷四神足五根五力七等覺
支八聖道支亦不異法界真如實際世尊若
空解脫門不異法界真如實際無相無願解
脫門亦不異法界真如實際世尊若內空不
異法界真如實際外空內外空空空大空勝
義空有為空無為空畢竟空無際空散空
無變異空本性空自相空共相空一切法空不
可得空無性空自性空無性自性空亦不
異法界真如實際世尊若苦聖諦不異法界
真如實際集滅道聖諦亦不異法界真如實
際世尊若八解脫不異法界真如實際八勝
處九次第定十遍處亦不異法界真如實際
世尊若一切陀羅尼門不異法界真如實際
一切三摩地門亦不異法界真如實際世尊
若極喜地不異法界真如實際離垢地發光
地焰慧地極難勝地現前地遠行地不動地
善慧地法雲地亦不異法界真如實際世尊

BD14009號　大般若波羅蜜多經卷三八三　（23–9）

世尊若一切陀羅尼門不異法界真如實際
一切三摩地門亦不異法界真如實際世尊
若極喜地不異法界真如實際離垢地發光
地焰慧地極難勝地現前地遠行地不動地
善慧地法雲地亦不異法界真如實際世尊
若五眼不異法界真如實際六神通亦不異
法界真如實際世尊若佛十力不異法界真
如實際四無所畏四無礙解十八佛不共法
亦不異法界真如實際世尊若大慈不異法
界真如實際大悲大喜大捨亦不異法界真
如實際世尊若無忘失法不異法界真如實
際恒住捨性亦不異法界真如實際世尊若
一切智不異法界真如實際道相智一切相
智亦不異法界真如實際世尊若三十二大
士相不異法界真如實際八十隨好亦不異
法界真如實際世尊若預流果不異法界真
如實際一來不還阿羅漢果獨覺菩提亦不
異法界真如實際世尊若一切菩薩摩訶薩
行不異法界真如實際諸佛無上正等菩提
亦不異法界真如實際世尊若世間法不異
法界真如實際出世間法亦不異法界真如
實際世尊若有漏法不異法界真如實際無
漏法亦不異法界真如實際世尊若有為法
不異法界真如實際無為法亦不異法界真
如實際者云何世尊安立黑法感黑異熟所
謂地獄傍生鬼界安立白法感白異熟所謂
人天安立黑白法感黑白異熟所謂一分傍
生鬼界及一分人安立非黑非白法感非黑

BD14009號　大般若波羅蜜多經卷三八三　（23–10）

如實際者云何世尊安立黑法感黑異熟所
謂地獄傍生鬼界安立白法感白異熟所謂
人天安立黑白法感黑白異熟所謂一分傍
生鬼界及一分人安立非黑非白法感非黑
非白異熟所謂預流果或一來果或不還果
或阿羅漢果或獨覺菩提或復無上正等
菩提
佛言善現依世俗諦安立如是因果差別不
依勝義勝義諦中不可說有因果差別所以
者何善現勝義諦中一切法性不可分別無
說無示云何當有因果差別善現勝義諦
中色無生無滅無染無淨受想行識亦無生
無滅無染無淨以畢竟空無際空故善現勝
義諦中眼處無生無滅無染無淨耳鼻舌身
意處亦無生無滅無染無淨以畢竟空無際
空故善現勝義諦中色處無生無滅無染無淨
聲香味觸法處亦無生無滅無染無淨以畢
竟空無際空故善現勝義諦中眼界無生無
滅無染無淨耳鼻舌身意界亦無生無滅無
染無淨以畢竟空無際空故善現勝義諦中
色界無生無滅無染無淨聲香味觸法界亦
無生無滅無染無淨以畢竟空無際空故善
現勝義諦中眼識界無生無滅無染無淨耳
鼻舌身意識界亦無生無滅無染無淨以畢
竟空無際空故善現勝義諦中眼觸無生無
滅無染無淨耳鼻舌身意觸亦無生無滅無
染無淨以畢竟空無際空故善現勝義諦中
眼觸為緣所生諸受無生無滅無染無淨耳

BD14009 號　大般若波羅蜜多經卷三八三　（23–11）

竟空無際空故善現勝義諦中眼觸無生無
滅無染無淨耳鼻舌身意觸亦無生無滅無
染無淨以畢竟空無際空故善現勝義諦中
眼觸為緣所生諸受無生無滅無染無淨耳
鼻舌身意觸為緣所生諸受亦無生無滅無
染無淨以畢竟空無際空故善現勝義諦中
地界無生無滅無染無淨水火風空識界亦
無生無滅無染無淨以畢竟空無際空故善
現勝義諦中因緣無生無滅無染無淨等無
間緣所緣緣增上緣亦無生無滅無染無淨
以畢竟空無際空故善現勝義諦中從諸緣
所生法無生無滅無染無淨以畢竟空無際
空故善現勝義諦中無明無生無滅無染無
淨行識名色六處觸受愛取有生老死愁歎
苦憂惱亦無生無滅無染無淨以畢竟空無
際空故善現勝義諦中布施波羅蜜多無生
無滅無染無淨淨戒安忍精進靜慮般若波
羅蜜多亦無生無滅無染無淨以畢竟空無
際空故善現勝義諦中四靜慮無生無滅無
染無淨四無量四無色定亦無生無滅無染
無淨以畢竟空無際空故善現勝義諦中四
念住無生無滅無染無淨四正斷四神足五
根五力七等覺支八聖道支亦無生無滅無
染無淨以畢竟空無際空故善現勝義諦中
空解脫門無生無滅無染無淨無相無願解
脫門亦無生無滅無染無淨以畢竟空無際
空故善現勝義諦中內空無生無滅無染無

BD14009 號　大般若波羅蜜多經卷三八三　（23–12）

根五力七等覺支八聖道支亦無生無滅無
染無淨以畢竟空無際空故善現勝義諦中
空解脫門無生無滅無染無淨無相無願解
脫門亦無生無滅無染無淨以畢竟空無際
空故善現勝義諦中內空無生無滅無染無
淨外空內外空空空大空勝義空有為空無
為空畢竟空無際空散空無變異空本性空
自相空共相空一切法空不可得空無性空
自性空無性自性空亦無生無滅無染無淨
以畢竟空無際空故善現勝義諦中苦聖諦
無生無滅無染無淨集滅道聖諦亦無生無
滅無染無淨以畢竟空無際空故善現勝義
諦中八解脫無生無滅無染無淨八勝處九
次第定十遍處亦無生無滅無染無淨以畢
竟空無際空故善現勝義諦中一切陁羅尼
門無生無滅無染無淨一切三摩地門亦無
生無滅無染無淨以畢竟空無際空故善現
勝義諦中極喜地無生無滅無染無淨離垢
地發光地焰慧地極難勝地現前地遠行地
不動地善慧地法雲地亦無生無滅無染無
淨以畢竟空無際空故善現勝義諦中五眼
無生無滅無染無淨六神通亦無生無滅無
染無淨以畢竟空無際空故善現勝義諦中
佛十力無生無滅無染無淨四無所畏四無
礙解十八佛不共法亦無生無滅無染無淨以
畢竟空無際空故善現勝義諦中大慈無
生無滅無染無淨大悲大喜大捨亦無生無
滅無染無淨以畢竟空無際空故善現勝義

礙解十八佛不共法亦無生無滅無染無淨以
畢竟空無際空故善現勝義諦中大慈無
生無滅無染無淨大悲大喜大捨亦無生無
滅無染無淨以畢竟空無際空故善現勝義
諦中無忘失法無生無滅無染無淨恒住捨
性亦無生無滅無染無淨以畢竟空無際空
故善現勝義諦中一切智無生無滅無染無
淨道相智一切相智亦無生無滅無染無淨
以畢竟空無際空故善現勝義諦中三十二
大士相無生無滅無染無淨八十隨好亦無
生無滅無染無淨以畢竟空無際空故善現
勝義諦中預流果無生無滅無染無淨來不
還阿羅漢果獨覺菩提亦無生無滅無染無淨
以畢竟空無際空故善現勝義諦中一切菩
薩摩訶薩行無生無滅無染無淨諸佛無上
正等菩提亦無生無滅無染無淨以畢竟空
無際空故善現勝義諦中世間法無生無滅
無染無淨出世間法亦無生無滅無染無淨
以畢竟空無際空故善現勝義諦中有漏法
無生無滅無染無淨無漏法亦無生無滅無
染無淨以畢竟空無際空故善現勝義諦
中有為法無生無滅無染無淨無為法亦無生
無滅無染無淨以畢竟空無際空故
時具壽善現復白佛言世尊若依世俗諦故
安立因果差別不依勝義諦者則一切愚夫
異生皆應有預流果或應有一來果或應有
不還果或應有阿羅漢果或應有獨覺菩

時具壽善現復白佛言世尊若依世俗諦故
安立四果差別不依勝義諦者則一切愚夫
異生皆應有預流果或應有一來果或應有
不還果或應有阿羅漢果或應有獨覺菩
提或應有阿耨多羅三藐三菩提佛告善現於
汝意云何一切愚夫異生為如實知世俗諦
及勝義諦不若如實知彼應有預流果或應
有一來果或應有不還果或應有阿羅漢果
或應有獨覺菩提或應有阿耨多羅三藐三
菩提然諸愚夫異生不如實知世俗諦及勝
義諦無聖道無修聖道彼云何有聖果差別
唯諸聖者能如實知世俗諦及勝義諦有聖
道有修聖道是故得有聖果差別具壽善現
白佛言世尊若修聖道得聖果不佛言不也
善現非修聖道能得聖果亦非不修聖道能
得聖果非離聖道能得聖果亦非住聖道中
能得聖果何以故善現勝義諦中道及道果
不可得故如是善現菩薩摩訶薩行深般若
波羅蜜多時雖為有情安立聖果種種差別
而不分別如是聖果在有為界或無為界安
立差別
爾時具壽善現白佛言世尊若不分別如是
聖果在有為界或無為界安立差別云何世
尊說斷三結名預流果薄欲貪瞋名一來果
斷順下分五結永盡名不還果斷順上分五
結永盡名阿羅漢果令所有集法皆成滅法
名獨覺菩提永斷一切習氣相續名為無上
正等菩提世尊我云何知佛所說義謂不分

尊說斷三結名預流果薄欲貪瞋名一來果
斷順下分五結永盡名不還果斷順上分五
結永盡名阿羅漢果令所有集法皆成滅法
名獨覺菩提永斷一切習氣相續名為無上
正等菩提世尊我云何知佛所說義謂不分
別如是聖果在有為界或無為界安立差別
佛告善現汝意云何所說預流一來不還阿
羅漢果獨覺菩提諸佛無上正等菩提如是
聖果為是有為為是無為善現答言如是聖
果皆是無為非是有為佛告善現無為法中
有分別不善現答言不也世尊不也善逝佛
告善現汝意云何若善男子善女人等通達
一切有為無為皆同一相所謂無相是善男
子善女人等當於爾時頗於諸法有所分別
此是有為或無為不善現答言不也世尊不
也善逝佛告善現菩薩摩訶薩亦復如是行
深般若波羅蜜多時雖為有情宣說諸法而
不分別所說法相謂內空故或外空故或內
外空空空故或大空故或勝義空故或
有為空故或無為空故或畢竟空故或無際
空故或散空故或無變異空故或本性空故
或自相空故或共相空故或一切法空故或
不可得空故或無性空故或自性空故或無
性自性空故
善現是菩薩摩訶薩自於諸法無所執著亦
能教他於諸法中無所執著謂於布施淨戒
安忍精進靜慮般若波羅蜜多若於四靜慮
四無量四無色定若於四念住四正斷四神

性自性空故
善現是菩薩摩訶薩自於諸法無所執着亦
能教他於諸法中無所執着謂於布施淨戒
安忍精進靜慮般若波羅蜜多若於四靜慮
四無量四無色定若於四念住四正斷四神
足五根五力七等覺支八聖道支若於內空
外空內外空空空大空勝義空有為空無為
空畢竟空無際空散空無變異空本性空自
相空共相空一切法空不可得空無性空自
性空無性自性空若於真如乃至不思議界
若於苦集滅道聖諦若於空無相無願解脫
門若於八解脫八勝處九次第定十遍處若
於一切陁羅尼門三摩地門若於菩薩十地
若於五眼六神通若於佛十力四無所畏四
無礙解大慈大悲大喜大捨十八佛不共法
若於無忘失法恒住捨性若於一切智道相
智一切相智等皆無執著無執著故於一切
處皆得無礙如諸如來應正等覺所變化者
雖行布施淨戒安忍精進靜慮般若波羅蜜
多而於彼果不受不着唯為有情般涅槃故
雖行四靜慮四無量四無色定而於彼果不
受不着唯為有情般涅槃故雖行四念住四
正斷四神足五根五力七等覺支八聖道支
而於彼果不受不着唯為有情般涅槃故雖
行內空外空內外空空空大空勝義空有為
空無為空畢竟空無際空散空無變異空本
性空自相空共相空一切法空不可得空無
性空自性空無性自性空而於彼果不受不

行內空外空內外空空空大空勝義空有為
空無為空畢竟空無際空散空無變異空本
性空自相空共相空一切法空不可得空無
性空自性空無性自性空而於彼果不受不
着唯為有情般涅槃故雖行真如乃至不思
議界而於彼果不受不着唯為有情般涅槃
故雖行苦集滅道聖諦而於行果不受不着
唯為有情般涅槃故雖行空無相無願解脫
門而於彼果不受不着唯為有情般涅槃故
雖行八解脫八勝處九次第定十遍處而於
彼果不受不着唯為有情般涅槃故雖行一
切陁羅尼門一切三摩地門而於彼果不受
不着唯為有情般涅槃故雖行菩薩十地而
於彼果不受不着唯為有情般涅槃故雖行
五眼六神通而於彼果不受不着唯為有情
般涅槃故雖行佛十力四無所畏四無礙解
大慈大悲大喜大捨十八佛不共法而於彼
果不受不着唯為有情般涅槃故雖行無忘
失法恒住捨性而於彼果不受不着唯為有
情般涅槃故雖行一切智道相智一切相智
等而於彼果不受不着唯為有情般涅槃
故善現菩薩摩訶薩亦復如是行深般若波羅
蜜多時於一切法若世間若出世間若有漏
若無漏若有為若無為皆無所住亦無所礙
何以故善達諸法如實相故
初分諸法平等品第六十九
尒時具壽善現白佛言世尊云何菩薩摩訶
薩行深般若波羅蜜多時於一切法善達實

若無漏若有為若無為皆無所住亦無所礙
何以故善達諸法如實相故
初分諸法平等品第六十九
尒時具壽善現白佛言世尊云何菩薩摩訶
薩行深般若波羅蜜多時於一切法善達實
相佛言善現如諸如來應正等覺所變化者
不行於貪不行於瞋不行於癡不行於色亦
不行於受想行識不行於眼處亦不行於耳
鼻舌身意處不行於色處亦不行於聲香味
觸法處不行於眼界亦不行於耳鼻舌身意
界不行於眼識界亦不行於耳鼻舌身意識
界不行於眼觸亦不行於耳鼻舌身意觸不
行於眼觸為緣所生諸受亦不行於耳鼻舌
身意觸為緣所生諸受不行於地界亦不行
於水火風空識界不行於因緣亦不行於等
無間緣所緣緣增上緣不行於從諸緣所生
法不行於無明亦不行於行識名色六處觸
受愛取有生老死愁歎苦憂惱不行於布施
波羅蜜多亦不行於淨戒安忍精進靜慮般
若波羅蜜多不行於四靜慮亦不行於四無
量四無色定不行於四念住亦不行於四正
斷四神足五根五力七等覺支八聖道支不
行於空解脫門亦不行於無相無願解脫門
不行於內空亦不行於外空內外空空空大
空勝義空有為空無為空畢竟空無際空散
空無變異空本性空自相空共相空一切法
空不可得空無性空自性空無性自性空不
行於真如乃至不思議界不行於苦聖諦亦

BD14009 號　大般若波羅蜜多經卷三八三　（23–19）

不行於內空亦不行於外空內外空空空大
空勝義空有為空無為空畢竟空無際空散
空無變異空本性空自相空共相空一切法
空不可得空無性空自性空無性自性空不
行於真如乃至不思議界不行於苦聖諦亦
不行於集滅道聖諦不行於八解脫亦不行
於八勝處九次第定十遍處不行於一切陁羅
尼門亦不行於一切三摩地門不行於極喜
地亦不行於離垢地發光地焰慧地極難勝
地現前地遠行地不動地善慧地法雲地不
行於五眼亦不行於六神通不行於佛十力
亦不行於四無所畏四無礙解十八佛不共
法不行於大慈亦不行於大悲大喜大捨不
行於無忘失法亦不行於恒住捨性不行於
一切智亦不行於道相智一切相智不行於
三十二大士相亦不行於八十隨好不行於
預流果亦不行於一來不還阿羅漢果獨覺
菩提不行於一切菩薩摩訶薩行亦不行於
諸佛無上正等菩提不行於內法亦不行於
外法不行於隨眠亦不行於纏不行於世間
法亦不行於出世法不行於有漏法亦不行
於無漏法不行於有為法亦不行於無為法
不行於道亦不行於道果善現菩薩摩訶薩
行深般若波羅蜜多時亦復如是於一切法
都無所行是為善達諸法實相謂於法性無
所分別
時具壽善現復白佛言世尊云何如來應正
等覺所變化者現脩聖道佛告善現彼諸如
來應正等覺所變化者永脩聖道不染不淨

BD14009 號　大般若波羅蜜多經卷三八三　（23–20）

都無所行是為善達諸法實相於諸法相
所分別
時具壽善現復白佛言世尊云何如來應正
等覺所變化者現脩聖道佛告善現彼諸如
來應正等覺所變化者依脩聖道不染不淨
亦不輪迴五趣生死具壽善現復白佛言世
尊云何菩薩摩訶薩行深般若波羅蜜多時
諸如來應正等覺所變化者為有實事依彼
通達諸法皆無實事佛告善現於意云何彼
斯實事有染有淨及有輪迴五趣事不善現荅
言不也世尊不也善逝非諸如來應正等覺
所變化者有少實事非依彼事有染有淨亦
無輪迴五趣生死佛言善現菩薩摩訶薩行
深般若波羅蜜多時於一切法善達實相亦
復如是通達諸法都無實事
尒時具壽善現白佛言世尊為一切色皆如
化不一切受想行識亦如化不一切眼處皆
如化不一切耳鼻舌身意處亦如化不一切
色處皆如化不一切聲香味觸法處亦如化
不一切眼界皆如化不一切耳鼻舌身意界
亦如化不一切色界皆如化不一切聲香味
觸法界亦如化不一切眼識界皆如化不一
切耳鼻舌身意識界亦如化不一切眼觸皆
如化不一切耳鼻舌身意觸亦如化不一切
眼觸為緣所生諸受皆如化不一切耳鼻舌
身意觸為緣所生諸受亦如化不一切地界
皆如化不一切水火風空識界亦如化不一
切因緣皆如化不一切等無間緣所緣緣增
上緣亦如化不一切從緣所生諸法皆如化

BD14009號　大般若波羅蜜多經卷三八三　（23–21）

復如是通達諸法都無實事
尒時具壽善現白佛言世尊為一切色皆如
化不一切受想行識亦如化不一切眼處皆
如化不一切耳鼻舌身意處亦如化不一切
色處皆如化不一切聲香味觸法處亦如化
不一切眼界皆如化不一切耳鼻舌身意界
亦如化不一切色界皆如化不一切聲香味
觸法界亦如化不一切眼識界皆如化不一
切耳鼻舌身意識界亦如化不一切眼觸皆
如化不一切耳鼻舌身意觸亦如化不一切
眼觸為緣所生諸受皆如化不一切耳鼻舌
身意觸為緣所生諸受亦如化不一切地界
皆如化不一切水火風空識界亦如化不一
切因緣皆如化不一切等無間緣所緣緣增
上緣亦如化不一切從緣所生諸法皆如化
不一切無明皆如化不一切行識名色六處
觸受愛取有生老死愁歎苦憂惱亦如化不
如是乃至一切世間法皆如化不一切出世
法亦如化不一切有漏法皆如化不一切無
漏法亦如化不一切有為法皆如化不一切
無為法亦如化不佛告善現如是如是如汝
所說一切法皆如化
大般若波羅蜜多經卷第三百八十三

BD14009號　大般若波羅蜜多經卷三八三　（23–22）

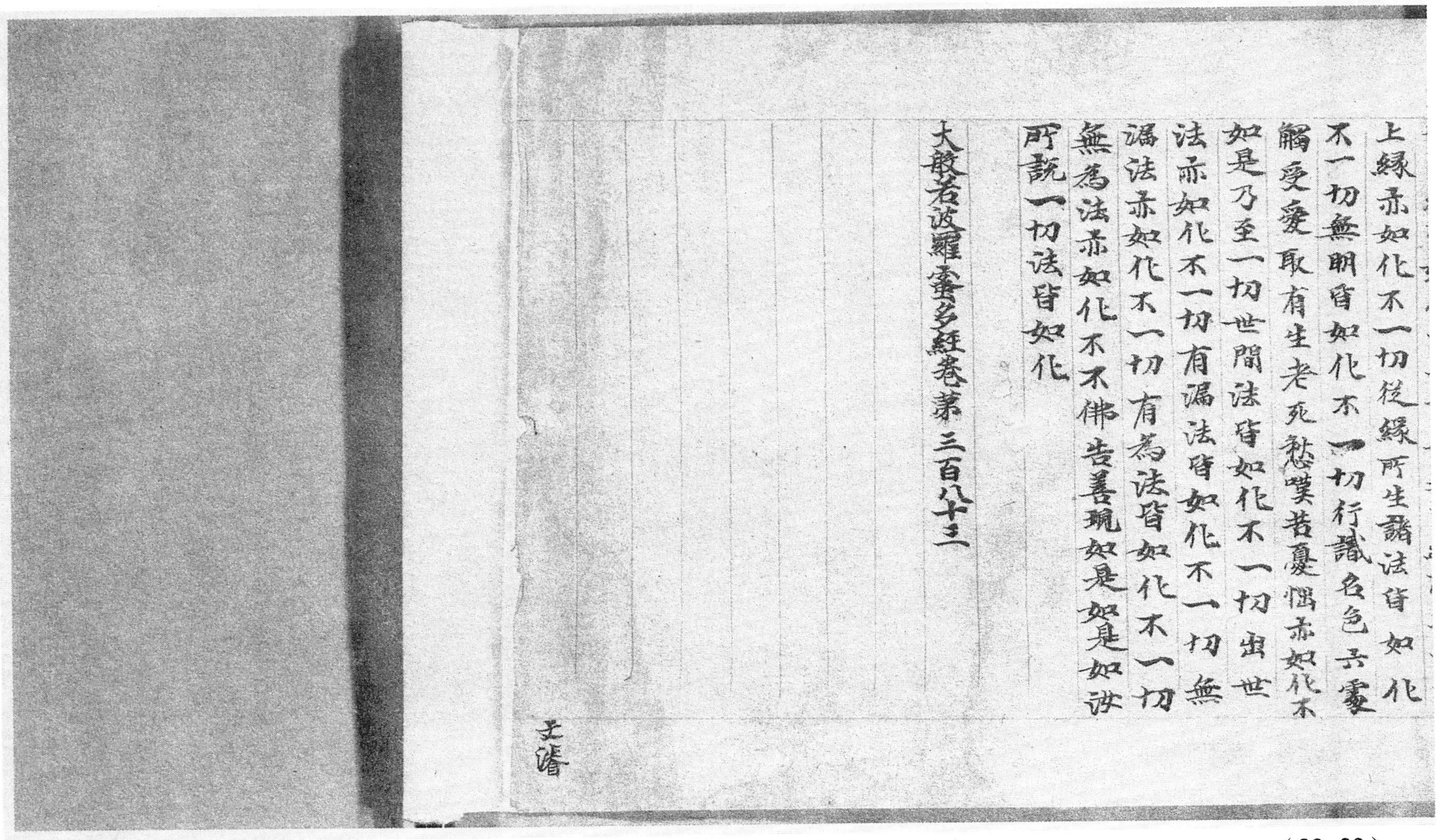
上緣亦如化不一切從緣所生諸法皆如化
不一切無明皆如化不一切行識名色六處
觸受愛取有生老死愁嘆苦憂惱亦如化不
如是乃至一切世間法皆如化不一切出世
法亦如化不一切有漏法皆如化不一切無
漏法亦如化不一切有為法皆如化不一切
無為法亦如化不不佛告善現如是如是如汝
所說一切法皆如化

大般若波羅蜜多經卷第三百八十三

王濬

BD14009 號　大般若波羅蜜多經卷三八三　（23–23）

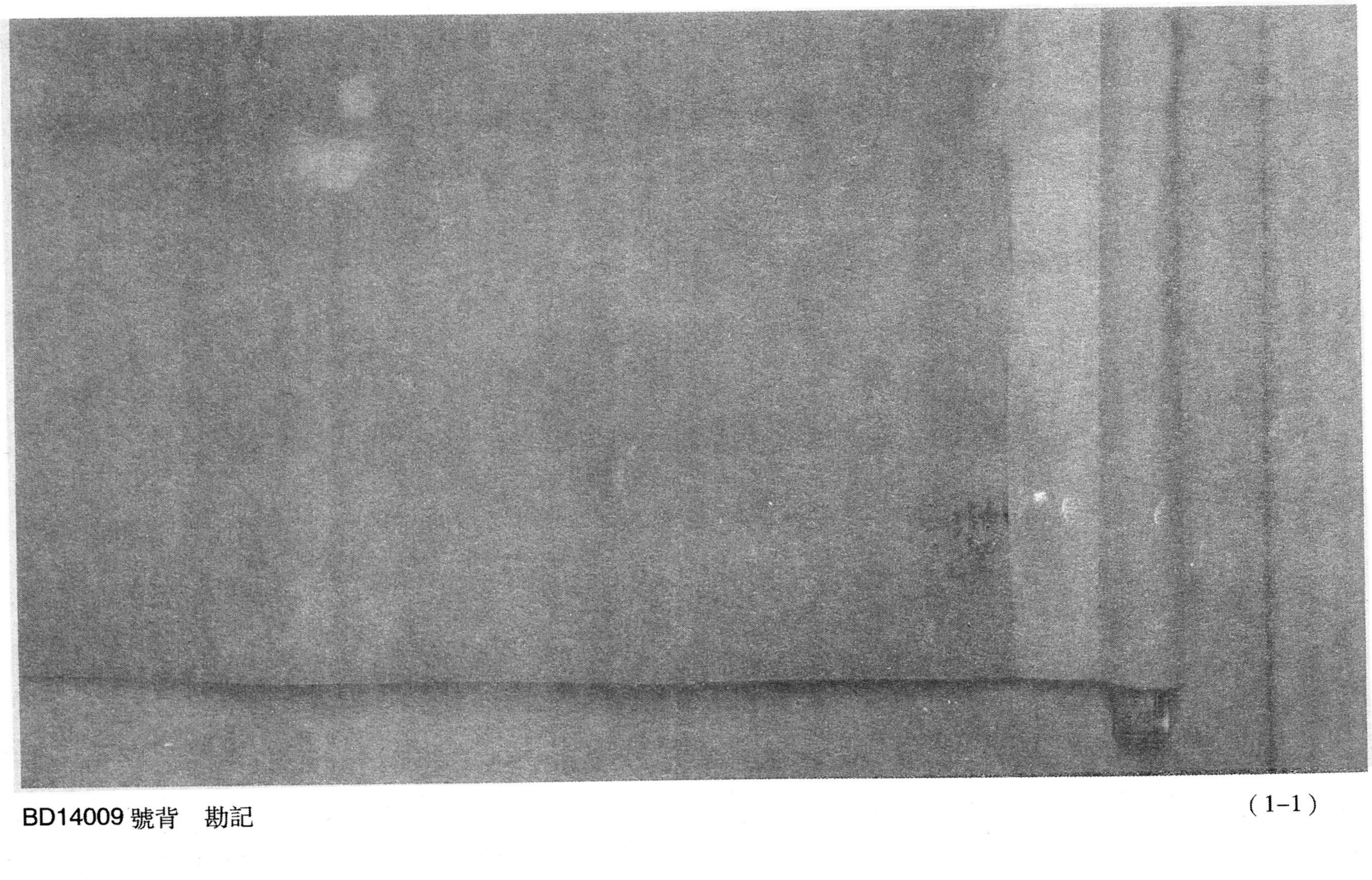

BD14009 號背　勘記　（1–1）

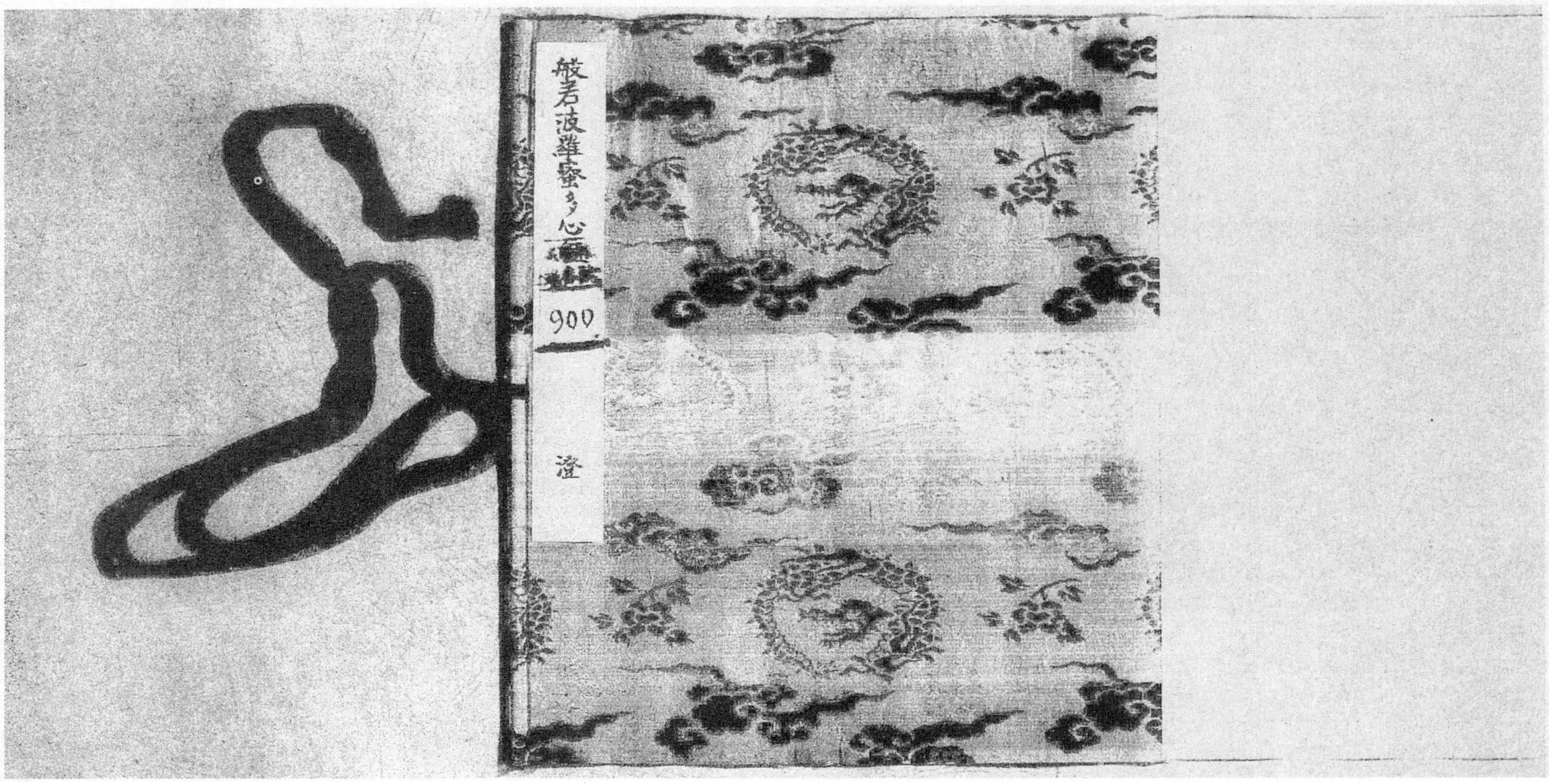

BD14010 號背　現代護首　　（1–1）

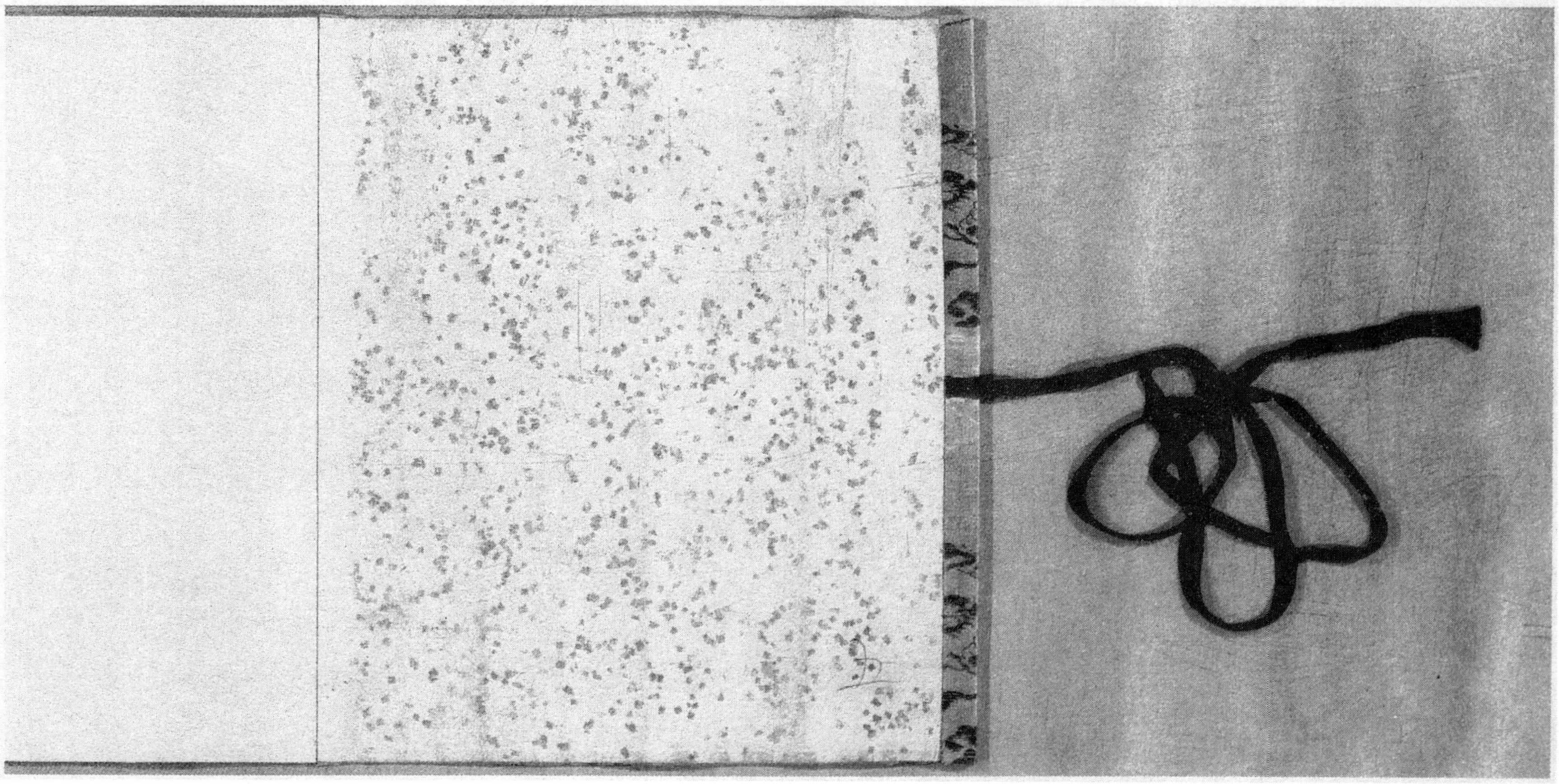

BD14010 號　般若波羅蜜多心經　　（3–1）

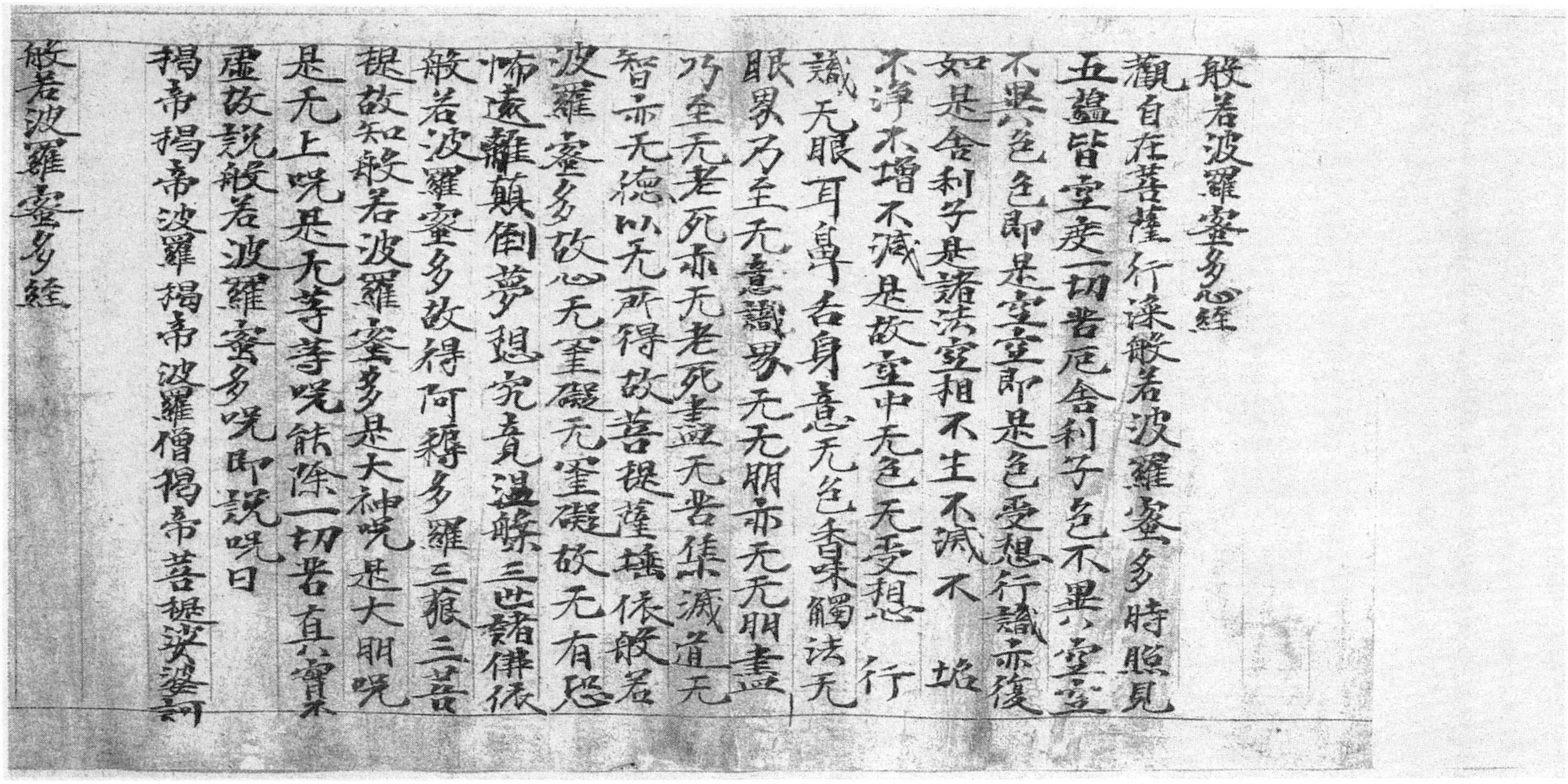

般若波羅蜜多心經
觀自在菩薩行深般若波羅蜜多時照見
五蘊皆空度一切苦厄舍利子色不異空空
不異色色即是空空即是色受想行識亦復
如是舍利子是諸法空相不生不滅不 垢
不淨不增不減是故空中无色无受想 行
識无眼耳鼻舌身意无色香味觸法无
眼界乃至无意識界无无明亦无无明盡
乃至无老死亦无老死盡无苦集滅道无
智亦无德以无所得故菩提薩埵依般若
波羅蜜多故心无罣礙无罣礙故无有恐
怖遠離顛倒夢想究竟涅槃三世諸佛依
般若波羅蜜多故得阿耨多羅三藐三菩
提故知般若波羅蜜多是大神呪是大明呪
是无上呪是无等等呪能除一切苦真實不
虛故說般若波羅蜜多呪即說呪曰
揭帝揭帝波羅揭帝波羅僧揭帝菩提莎婆訶
般若波羅蜜多經

BD14010 號　般若波羅蜜多心經　（3–2）

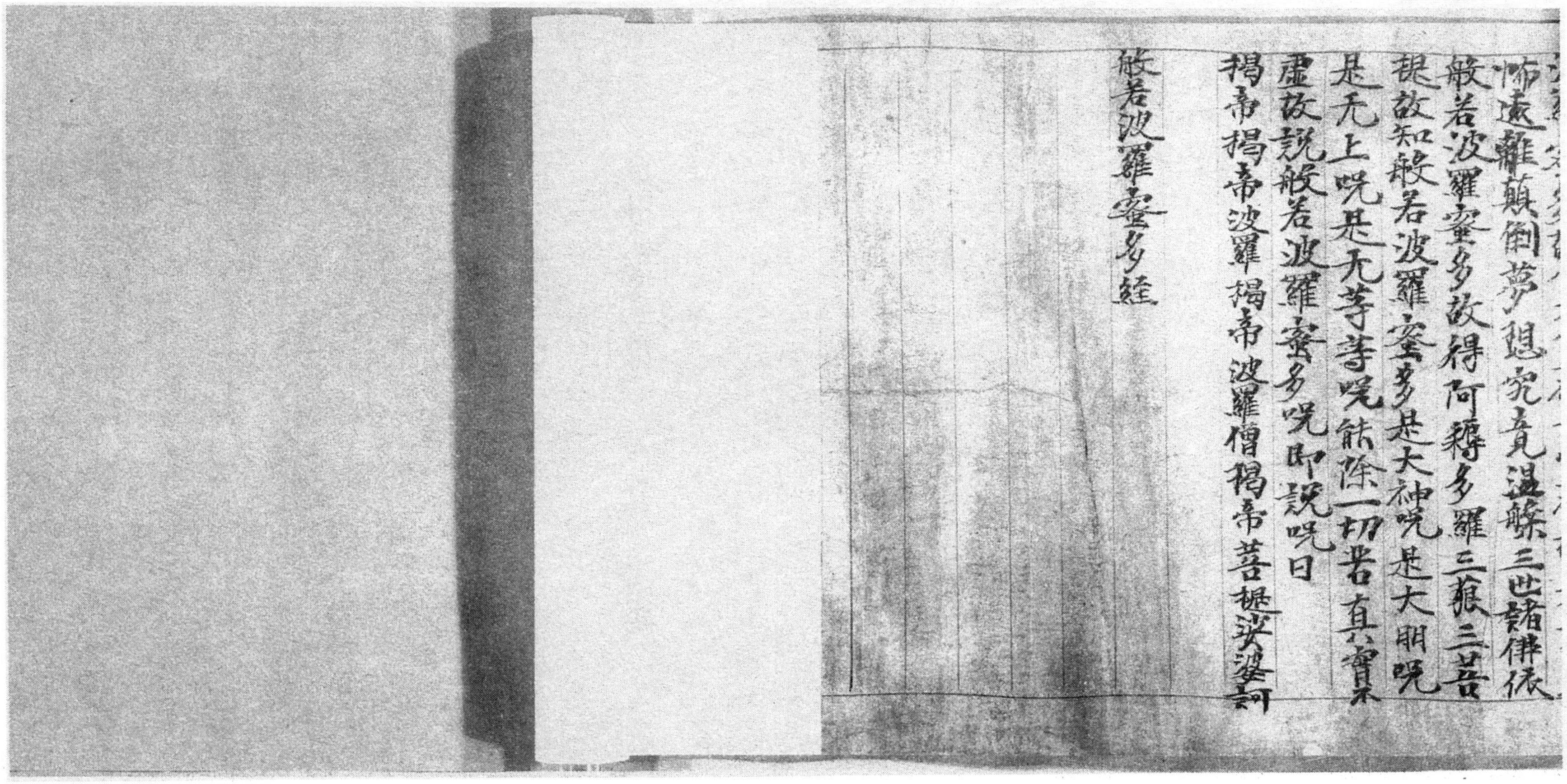

怖遠離顛倒夢想究竟涅槃三世諸佛依
般若波羅蜜多故得阿耨多羅三藐三菩
提故知般若波羅蜜多是大神呪是大明呪
是无上呪是无等等呪能除一切苦真實不
虛故說般若波羅蜜多呪即說呪曰
揭帝揭帝波羅揭帝波羅僧揭帝菩提莎婆訶
般若波羅蜜多經

BD14010 號　般若波羅蜜多心經　（3–3）

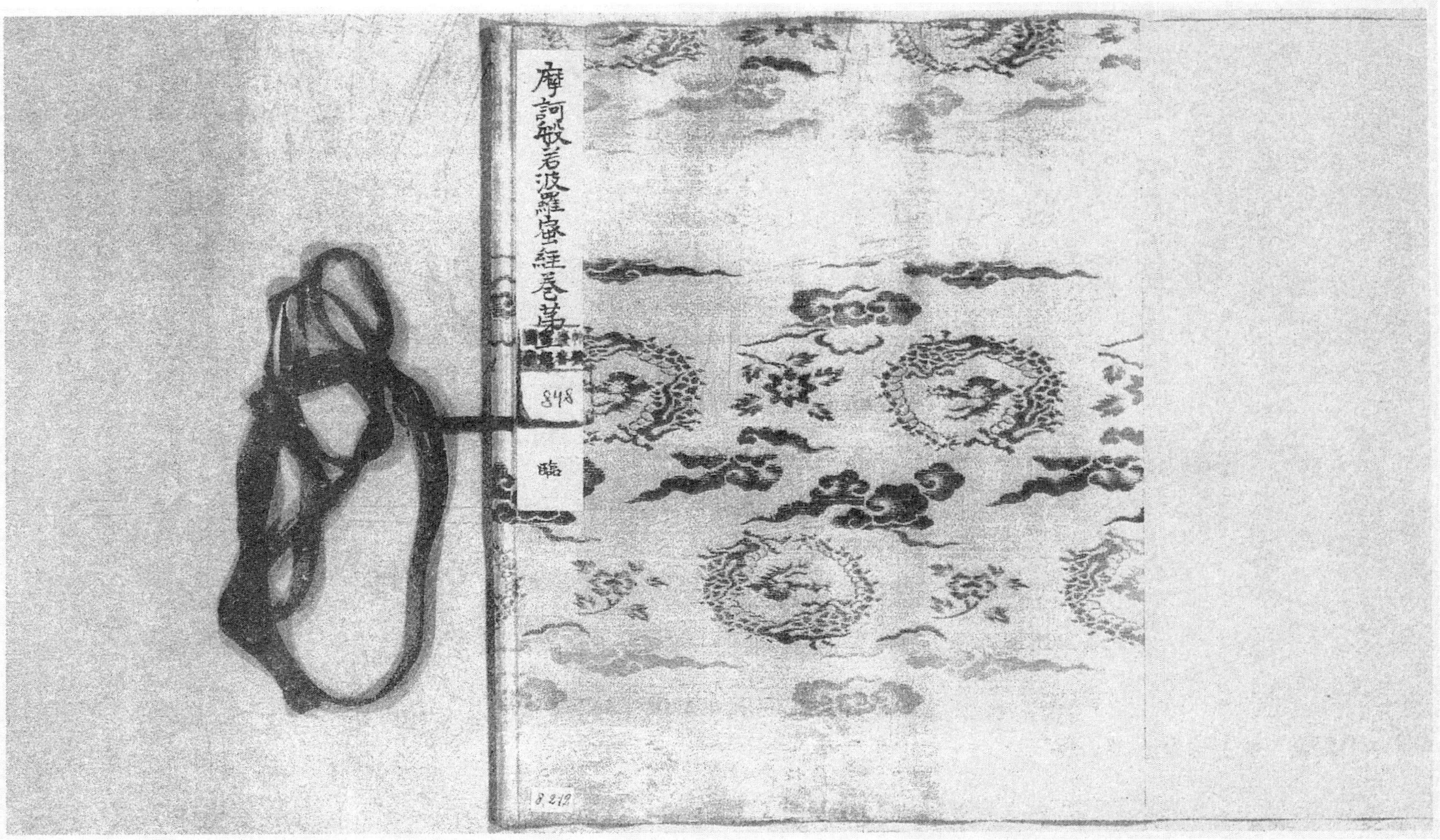

BD14011 號背　現代護首　（1–1）

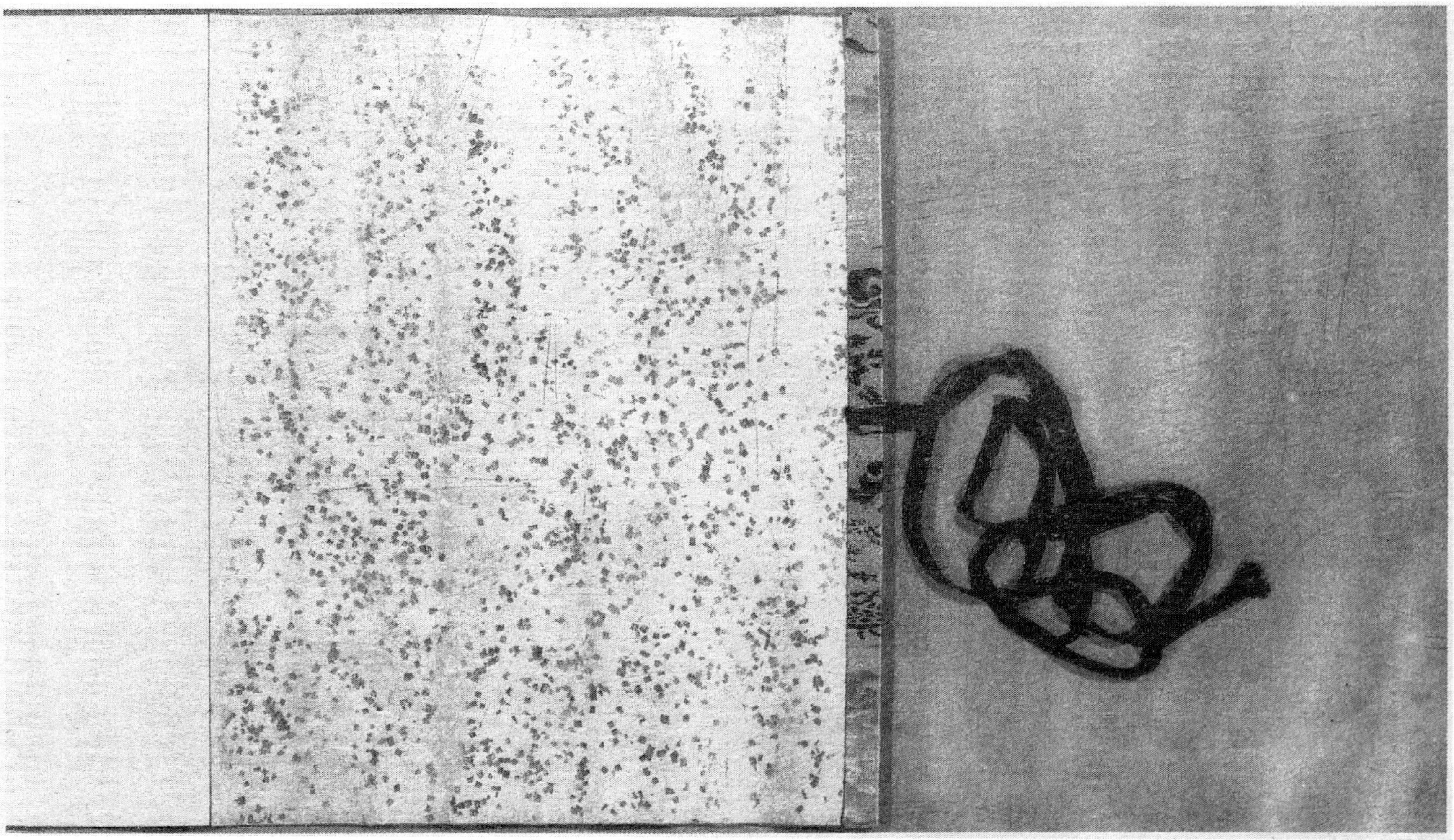

BD14011 號　摩訶般若波羅蜜經（四十卷本）卷六　（22–1）

〻提如幻人眼有
須菩提如幻人色无有義
觸乃至意觸因緣生受无有
〻行般若波羅蜜時菩薩句義
〻亦如是須菩提如幻人行内空時
乃至行无法有法空无有義菩薩〻
〻〻行般若波羅蜜時菩薩句義无所有亦
如是須菩提如幻人行四念處乃至十八不共
法无有義菩薩摩訶薩行般若波羅蜜時
菩薩句義无所有亦如是須菩提如多陁阿
伽度阿羅訶三藐三佛陁色无有義是色无
有故菩薩摩訶薩行般若波羅蜜時菩薩句
義无所有亦如是須菩提如多陁阿伽度阿
羅訶三藐三佛陁受想行識无有義是識无
有故菩薩摩訶薩行般若波羅蜜時菩薩句
義无所有亦如是須菩提如佛眼无處所乃
至意无處所色乃至法无處所眼觸乃至意
觸因緣生受无處所菩薩摩訶薩行般若波
羅蜜時菩薩句義无所有亦如是須菩提如

BD14011號　摩訶般若波羅蜜經（四十卷本）卷六　　（22–2）

有故菩薩摩訶薩行般若波羅蜜時菩薩句
義无所有亦如是須菩提如佛眼无處所乃
至意无處所色乃至法无處所眼觸乃至意
觸因緣生受无處所菩薩摩訶薩行般若波
羅蜜時菩薩句義无所有亦如是須菩提如
佛内空无處所乃至无法有法空无處所菩
薩摩訶薩行〻〻羅蜜時菩薩句義无所
有亦如是　如佛四念處无處所乃至
十八不共　所菩薩摩訶薩行般若波
羅蜜時菩薩句義无所有亦如是須菩提如
有為性中无无為性義无為性中无有為性
義菩薩摩訶薩行般若波羅蜜時菩薩句
義无所有亦如是須菩提如不生不滅義无處
所菩薩摩訶薩行般若波羅蜜時菩薩句義无
所有亦如是須菩提如不作不出不得不垢
不淨无處所菩薩句義无所有亦如是須菩
提白佛言何法不生不滅故无處所何法不
作不出不得不垢不淨故无處所佛告須菩
提色不生不滅故无處所受想行識不生不
滅故无處所乃至不垢不淨亦如是入眾　不
生不滅故无處所乃至不垢不淨亦如是四念
處不生不滅故无處所乃至不垢不淨亦如是
乃至十八不共法不生不滅故无處所乃至
不垢不淨亦如是須菩提菩薩摩訶薩　行
般若波羅蜜時菩薩句義无所有亦如是須
菩提如四念處淨義畢竟不可得須菩提菩
薩摩訶薩行般若波羅蜜時菩薩句義无

BD14011號　摩訶般若波羅蜜經（四十卷本）卷六　　（22–3）

乃至十八不共法不生不滅故无處所乃至
不垢不淨亦如是須菩提菩薩摩訶薩行
般若波羅蜜時菩薩句義无所有亦如是須
菩提如四念處淨義畢竟不可得須菩提菩
薩摩訶薩行般若波羅蜜時菩薩句義无
所有亦如是須菩提如四正懃乃至十八不共
法淨義畢竟不可得菩薩摩訶薩行般若
波羅蜜時菩薩句義无所有亦如是須菩提
如淨中我不可得我无所有故乃至淨中知
者見者不可得知見无所有故須菩提菩薩
摩訶薩行般若波羅蜜時菩薩句義无所有
亦如是須菩提譬如日出時无有黑闇菩薩
摩訶薩行般若波羅蜜時菩薩句義无所
有亦如是須菩提譬如劫燒時无一切物菩薩
摩訶薩行般若波羅蜜時菩薩句義无所
有亦如是須菩提佛戒中无破戒須菩提菩
薩摩訶薩行般若波羅蜜時菩薩句義无
所有亦如是須菩提如佛定中无亂心佛慧
中无愚癡佛解脫中无不解脫解脫知見中
无不解脫知見須菩提菩薩摩訶薩行般若
波羅蜜時菩薩句義无所有亦如是須菩提
譬如佛光中日月光不現佛光中四天王天
卅三天夜摩天兜率天化樂天他化自在天梵
衆天乃至阿迦尼吒天光不現須菩提菩薩
摩訶薩行般若波羅蜜時菩薩句義无所
有亦如是何以故是阿耨多羅三藐三菩提
菩薩菩薩句義是一切法皆不合不散无色

BD14011 號　摩訶般若波羅蜜經（四十卷本）卷六　（22–4）

衆天乃至阿迦尼吒天光不現須菩提菩薩
摩訶薩行般若波羅蜜時菩薩句義无所
有亦如是何以故是阿耨多羅三藐三菩提
菩薩菩薩句義是一切法皆不合不散无色
无形无對一相所謂无相如是須菩提菩薩
摩訶薩一切法无礙相中應當學亦應當知
須菩提白佛言世尊何等是一切法云何一切
法中无礙相應學應知佛告須菩提一切法
者善法不善法記法无記法世間法出世間法
有漏法无漏法有爲法无爲法共法不共法須
菩提是名爲一切法菩薩摩訶薩是一切法
无礙相中應學應知須菩提白佛言世尊何
等名世間善法佛告須菩提世間善法者
孝順父母供養沙門婆羅門敬事尊長布施
福處持戒福處脩定福處勸導福事方便
生福德世間十善道九相脹相血相壞相膿
爛相青相噉相散相骨相燒相四禪四无量心
四无色定念佛念法念僧念戒念捨念天念
善念安般念身念死是名世間善法何等不
善法奪他命不與取邪婬妄語兩舌惡口非
時語貪惱害邪見是十不善道等是名不善
法何等記法若善法若不善法是名記法何
等无記法无記身業口業意業无記四大无記
五陰十二入十八界无記報是名无記法何
等名世間法世間法者五陰十二入十八界
十善道四禪四无量心四无色定是名世間

BD14011 號　摩訶般若波羅蜜經（四十卷本）卷六　（22–5）

法何等記法若善法若不善法是名記法何
等无記法无記身業口業意業无記四大无記
五陰十二入十八界无記報是名无記法何
等名世間法世間法者五陰十二入十八界
十善道四禪四无量心四无色定是名世間
法何等名出世間法四念處四正懃四如意
是五根五力七覺分八聖道分空解脫門无
相解脫門无作解脫門三无漏根未知欲知
根知根知已根三三昧有覺有觀三昧无覺
有觀三昧无覺无觀三昧明解脫念慧正憶
八背捨何等八色觀色是初背捨內无色相
外觀色是二背捨淨背捨身作證是三背捨
過一切色相故滅有對相故一切異相不念故
入无邊虛空處是四背捨過一切无邊虛空
處入一切无邊識處是五背捨過一切无邊
識處入无所有處是六背捨過一切无所有
處入非有想非无想處是七背捨過一切
非有想非无想處入滅受想定是八背捨九
次第定何等九離欲離惡不善法有覺有
觀離生喜樂入初禪滅諸覺觀內清淨故一
心无覺无觀定生喜樂入第二禪離喜故行
捨受身樂聖人能說能捨念行樂入第三禪
斷苦樂故先滅憂喜故不苦不樂捨念淨
入第四禪過一切色相故滅有對相故一切
異相不念故入无邊虛空處過一切无邊虛
空處入无邊識處過一切无邊識處入无所

BD14011號　摩訶般若波羅蜜經（四十卷本）卷六　（22–6）

捨受身樂聖人能說能捨念行樂入第三禪
斷苦樂故先滅憂喜故不苦不樂捨念淨
入第四禪過一切色相故滅有對相故一切
異相不念故入无邊虛空處過一切无邊虛
空處入无邊識處過一切无邊識處入无所
有處過一切无所有處入非有想非无想處過
一切非有想非无想處入滅受想定復有出世
間法內空乃至无法有法空佛十力四无所
畏四无导智十八不共法一切智是名出世
間法何等為有漏法五受陰十二入十八界
六種六觸六受四禪乃至四无色定是名有
漏法何等為无漏法四念處乃至十八不共
法及一切種智是名无漏法何等為有為法
若法生住滅欲界色界无色界五陰乃至意
觸因緣生受四念處乃至十八不共法及一
切智是名有為法何等為无為法不生不住
不滅若染盡瞋盡癡盡如不異法相法性
法住實際是名无為法何等為共法四禪四
无量心四无色定如是等是名共法何等名
不共法四念處乃至十八不共法是名不共法
菩薩摩訶薩於是自相空法中不應著不動
故菩薩亦應如一切法不二相不動故是名
為菩薩義

摩訶般若波羅蜜經摩訶薩品第十三

尒時須菩提白佛言世尊何以故名為摩訶
薩佛告須菩提是菩薩於必定衆中為上首
是故名摩訶薩須菩提白佛言世尊何等為

BD14011號　摩訶般若波羅蜜經（四十卷本）卷六　（22–7）

為菩薩義
摩訶般若波羅蜜經摩訶薩品第十三
尒時須菩提白佛言世尊何以故名為摩訶
薩佛告須菩提是菩薩於必定衆中為上首
是故名摩訶薩須菩提白佛言世尊何等為
必定衆是菩薩摩訶薩而為上首佛告須菩
提必定衆者性地人八人須陁洹斯陁含阿
那含阿羅漢辟支佛初發心菩薩乃至阿鞞
跋致地菩薩須菩提是為必定衆菩薩為上
首菩薩摩訶薩於是中生大心不可壞如金
剛當為必定衆作上首須菩提白佛言世尊
何等是菩薩摩訶薩生大心不可壞如金剛
佛告須菩提菩薩摩訶薩應生如是心我
當於无量生死中大莊嚴我應當捨一切所有
我應當等心於一切衆生我應當以三乘度
脫一切衆生令入无餘涅槃我度一切衆生
已无有乃至一人入涅槃者我應當解一切
諸法不生相我應當純以薩婆若心行六波
羅蜜我應當學智慧了達一切法我應當
了達諸法一相智門我應當了達乃至无量相
智門須菩提是名菩薩摩訶薩生大心不可
壞如金剛是菩薩摩訶薩住是心中於諸必
定衆而為上首是法用无所得故須菩提菩
薩摩訶薩應生如是心我當代十方一切衆
生若地獄衆生若畜生衆生若餓鬼衆生受
苦痛為一一衆生无量百千億劫代受地獄
中苦乃至是衆生入无餘涅槃以是法故[illegible]

BD14011號　摩訶般若波羅蜜經（四十卷本）卷六　（22-8）

定衆而為上首是法用无所得故須菩提菩
薩摩訶薩應生如是心我當代十方一切衆
生若地獄衆生若畜生衆生若餓鬼衆生受
苦痛為一一衆生无量百千億劫代受地獄
中苦乃至是衆生入无餘涅槃以是法故為
後自種善根无量百千億阿僧祇劫當得阿
耨多羅三藐三菩提須菩提是為菩薩摩
訶薩心不可壞如金剛住是心中為必定衆
作上首復次須菩提菩薩摩訶薩生大快心
住是大快心中為必定衆作上首須菩提白
佛言世尊何等是菩薩摩訶薩大快心佛言
菩薩摩訶薩從初發意乃至阿耨多羅三藐
三菩提不生染心瞋恚心愚癡心不生惱心不
生聲聞辟支佛心是名菩薩摩訶薩大快
心住是心中為必定衆作上首亦不念有是
心復次須菩提菩薩摩訶薩應生不動心須
菩提白佛言云何名不動心佛言常念一切
種智心亦不念有是心是名菩薩摩訶薩不
動心復次須菩提菩薩摩訶薩於一切衆生
中應生利益安樂心云何名利益安樂心救
濟一切衆生不捨一切衆生是事亦不念有
是心是名菩薩摩訶薩於一切衆生中生
利益安樂心如是須菩提是菩薩摩訶薩行
般若波羅蜜於必定衆中最為上首復次
須菩提菩薩摩訶薩應當行欲法喜法樂
法心何等是法所謂不破諸法實相是名為
[illegible]

BD14011號　摩訶般若波羅蜜經（四十卷本）卷六　（22-9）

利益安樂心如是須菩提是菩薩摩訶薩行
般若波羅蜜於必定衆中最爲上首復次
須菩提菩薩摩訶薩應當行欲法善法樂
法心何等是法所謂不破諸法實相是名爲
法何等名欲法善法信法忍法受法是名欲
法善法何等名樂法常修行是法是名樂法
如是須菩提菩薩摩訶薩行般若波羅蜜
於必定衆中能爲上首是法用无所得故復
次須菩提菩薩摩訶薩行般若波羅蜜時
住內空乃至无法有法空能爲必定衆作上
首是法用无所得故復次須菩提菩薩摩訶
薩行般若波羅蜜時住四念處中乃至住十
八不共法中能爲必定衆作上首是法用无
所得故復次須菩提菩薩摩訶薩行般若
波羅蜜時住如金剛三昧乃至離著虛空
不染三昧中住於必定衆作上首是法用
无所得故如是須菩提菩薩摩訶薩住
是諸法中能爲必定衆作上首以是因緣
故名爲摩訶薩尒時慧命舍利弗白佛言世
尊我亦欲說所以爲摩訶薩佛告舍利弗
便說舍利弗言我見衆生見壽見命見生見
養育見衆數見人見作見使作見起見使起
見受見使受見知者見見者見斷見常見有
見无見陰見入見界見諦見因緣見四念處
見乃至十八不共法見佛道見成就衆生見
淨佛土見佛見轉法輪見爲斷如是諸見故

養育見衆數見人見作見使作見起見使起
見受見使受見知者見見者見斷見常見有
見无見陰見入見界見諦見因緣見四念處
見乃至十八不共法見佛道見成就衆生見
淨佛土見佛見轉法輪見爲斷如是諸見故
而爲說法是名摩訶薩須菩提語舍利弗言何
因緣故色是見何因緣故受想行識乃至轉
法輪見是名爲見舍利弗語須菩提菩薩摩
訶薩行般若波羅蜜時无方便故得色生見
用有所得故得受想行識乃至轉法輪生見
用有所得故是中菩薩摩訶薩行般若波羅
蜜以方便力故斷諸見故而爲說法用无所
得故尒時須菩提白佛言世尊我亦欲說所
以爲摩訶薩佛言便說須菩提言世尊是阿
耨多羅三藐三菩提心无等等心不共聲聞
辟支佛心何以故是一切智心无漏不繫故
是一切智心无漏不繫中亦不着以是因緣
故名摩訶薩舍利弗語須菩提何等爲菩薩
摩訶薩无等等心不共聲聞辟支佛心須菩
提言菩薩摩訶薩從初發意已來不見法有
生有滅有增有減有垢有淨舍利弗若法
无生无滅乃至无垢无淨是中无聲聞心
无辟支佛心无阿耨多羅三藐三菩提心无
佛心舍利弗是名菩薩摩訶薩无等等心不
共聲聞辟支佛心舍利弗語須菩提如須菩提
說一切智心无漏心不繫心中不着須菩提色

无辟支佛心无阿耨多羅三藐三菩提心无
佛心舍利弗是名菩薩摩訶薩无等等心不
共聲聞辟支佛心舍利弗語須菩提如須菩提
說一切智心无漏心不繫心中不着須菩提色
亦不着受想行識亦不着四念處亦不着乃至
十八不共法亦不着何以但說是心不着須菩
提言如是如是舍利弗色亦不着乃至十八
不共法亦不着舍利弗語須菩提凡夫人心
亦无漏不繫性空故諸聲聞辟支佛心諸佛
心亦无漏不繫性空故須菩提言如是舍利
弗言須菩提若色亦无漏不繫性空故受想
行識无漏不繫性空故乃至意觸因緣生受
亦无漏无繫性空故須菩提言尒舍利弗言
四念處亦无漏不繫性空故乃至十八不共法
亦无漏不繫性空故須菩提言尒如舍利弗
所言凡夫人心亦无漏不繫性空故乃至十八
不共法亦无漏不繫性空故舍利弗語須菩
提如須菩提所說空无心故不着是心須菩
提色无故不着色受想行識乃至意觸因緣
生受受无故不着受四念處无故不着四念
處乃至十八不共法无故不着十八不共法須
菩提言如是舍利弗色无故色中不着乃至
十八不共法无故十八不共法中不着如
是舍利弗菩薩摩訶薩行般若波羅蜜時
以阿耨多羅三藐三菩提心无等等心不共聲
聞辟支佛心不念有是心亦不着是心用一

十八不共法无故十八不共法中不着如
是舍利弗菩薩摩訶薩行般若波羅蜜時
以阿耨多羅三藐三菩提心无等等心不共聲
聞辟支佛心不念有是心亦不着是心用一
切法无所得故以是故名摩訶薩

摩訶般若波羅蜜經富樓那品第十四

尒時富樓那弥多羅尼子白佛言世尊我
亦樂說所以為摩訶薩佛言便說富樓那弥
多羅尼子言是菩薩大誓莊嚴是菩薩發趣
大乘是菩薩乘於大乘以是故是菩薩名摩
訶薩舍利弗語富樓那言云何名菩薩摩訶
薩大誓莊嚴富樓那語舍利弗菩薩摩訶薩
不分别為尒所人故住檀那波羅蜜行檀那
波羅蜜為一切衆生故住檀那波羅蜜行檀
那波羅蜜不為尒所人故住尸羅波羅蜜行尸
羅波羅蜜羼提波羅蜜毗梨耶波羅蜜禪那
波羅蜜般若波羅蜜為一切衆生故住般若
波羅蜜行般若波羅蜜菩薩摩訶薩大誓莊
嚴不齊限衆生我當度若干人不度餘人不
言我令若干人至阿耨多羅三藐三菩提餘
人不至是菩薩摩訶薩普為一切衆生故大
誓莊嚴復作是念我當自具足檀那波羅蜜
亦令一切衆生行檀那波羅蜜自具足尸羅波
羅蜜羼提波羅蜜毗梨耶波羅蜜禪那波羅蜜
自具足般若波羅蜜亦令一切衆生行般若波
羅蜜復次舍利弗菩薩摩訶薩行檀那波羅

亦令一切衆生行檀那波羅蜜自具足尸羅波
羅蜜羼提波羅蜜毗梨耶波羅蜜禪那波羅蜜
自具足般若波羅蜜亦令一切衆生行般若波
羅蜜復次舍利弗菩薩摩訶薩行檀那波羅
蜜時所有布施應薩婆若心共一切衆生迴
向阿耨多羅三藐三菩提舍利弗是名菩薩
摩訶薩行檀那波羅蜜時檀那波羅蜜大
誓莊嚴復次舍利弗菩薩摩訶薩行檀那波
羅蜜時應薩婆若心布施不向聲聞辟支佛
地舍利弗是名菩薩摩訶薩行檀那波羅蜜
時尸羅波羅蜜大誓莊嚴復次舍利弗菩薩
摩訶薩行檀那波羅蜜時應薩婆若心布施
是諸施法信忍欲是名行檀那波羅蜜時羼
提波羅蜜大誓莊嚴復次舍利弗菩薩摩訶
薩行檀那波羅蜜時應薩婆若心布施懃脩
不息是名行檀那波羅蜜時毗梨耶波羅蜜
大誓莊嚴復次舍利弗菩薩摩訶薩行檀那
波羅蜜時應薩婆若心布施攝心不起聲聞
辟支佛意是名行檀那波羅蜜時禪波羅蜜大
誓莊嚴復次舍利弗菩薩摩訶薩行檀那波
羅蜜時應薩婆若心布施觀諸法如幻不得
施者不得所施物不得受者是名行檀那波
羅蜜時般若波羅蜜大誓莊嚴如是舍利弗
是菩薩摩訶薩應薩婆若心不取不得諸波
羅蜜相當知是菩薩摩訶薩大誓莊嚴復次
舍利弗菩薩摩訶薩行尸羅波羅蜜時應薩

BD14011 號　摩訶般若波羅蜜經（四十卷本）卷六　（22–14）

羅蜜時應薩婆若心布施觀諸法如幻不得
施者不得所施物不得受者是名行檀那波
羅蜜時般若波羅蜜大誓莊嚴如是舍利弗
是菩薩摩訶薩應薩婆若心不取不得諸波
羅蜜相當知是菩薩摩訶薩大誓莊嚴復次
舍利弗菩薩摩訶薩行尸羅波羅蜜時應薩
婆若心布施共一切衆生迴向阿耨多羅三藐
三菩提是名菩薩摩訶薩行尸羅波羅蜜時
檀波羅蜜復次舍利弗菩薩摩訶薩行尸羅
波羅蜜時是諸法信忍欲是名菩薩摩訶薩
行尸波羅蜜時羼提波羅蜜復次舍利弗菩
薩摩訶薩行尸羅波羅蜜時懃脩不息是
名菩薩摩訶薩行尸羅波羅蜜時毗梨耶波
羅蜜復次舍利弗菩薩摩訶薩行尸羅波羅
蜜時不受聲聞辟支佛心是名菩薩摩訶薩
行尸羅波羅蜜時禪波羅蜜復次舍利弗菩
薩摩訶薩行尸羅波羅蜜時觀一切法如幻
亦不念有是戒用无所得故是名菩薩摩訶
薩行尸羅波羅蜜時般若波羅蜜如是舍利
弗菩薩摩訶薩行尸羅波羅蜜時攝諸波
羅蜜以是故名大誓莊嚴復次舍利弗菩薩
摩訶薩行羼提波羅蜜時應薩婆若心布施
共一切衆生迴向阿耨多羅三藐三菩提是爲
菩薩摩訶薩行羼提波羅蜜時檀波羅蜜
復次舍利弗菩薩摩訶薩行羼提波羅蜜時
不受聲聞辟支佛心但受薩婆若心是名菩

BD14011 號　摩訶般若波羅蜜經（四十卷本）卷六　（22–15）

摩訶薩行羼提波羅蜜時應薩婆若心布施
共一切衆生迴向阿耨多羅三藐三菩提是為
菩薩摩訶薩行羼提波羅蜜時檀波羅蜜
復次舍利弗菩薩摩訶薩行羼提波羅蜜時
不受聲聞辟支佛心但受薩婆若心是名菩
薩摩訶薩行羼提波羅蜜時尸波羅蜜復次
舍利弗菩薩摩訶薩行羼提波羅蜜時應薩
婆若心身心精進不休不息是名菩薩摩訶薩
行羼提波羅蜜時毗梨耶波羅蜜復次舍利
弗菩薩摩訶薩行羼提波羅蜜時攝心一處
雖有苦事心不散乱是名菩薩摩訶薩行羼
提波羅蜜時禪波羅蜜復次舍利弗菩薩摩
訶薩行羼提波羅蜜時應薩婆若心觀諸法
空无作者无受者若有訶罵割截者心如幻
如夢是名菩薩摩訶薩行羼提波羅蜜時
般若波羅蜜復次舍利弗菩薩摩訶薩行毗
梨耶波羅蜜時應薩婆若心布施時不令身
心懈怠是名菩薩摩訶薩行毗梨耶波羅蜜
時檀波羅蜜復次舍利弗菩薩摩訶薩行毗
梨耶波羅蜜時應薩婆若心始終具足清淨持
戒是名菩薩摩訶薩行毗梨耶波羅蜜時尸
羅波羅蜜復次舍利弗菩薩摩訶薩行毗梨
耶波羅蜜時應薩婆若心脩行忍辱是名菩
薩摩訶薩行毗梨耶波羅蜜時羼提波羅
蜜復次舍利弗菩薩摩訶薩行毗梨耶波羅
蜜時應薩婆若心攝心離欲入諸禪定是名
菩薩摩訶薩行毗梨耶波羅蜜時禪波羅

BD14011號　摩訶般若波羅蜜經（四十卷本）卷六　（22–16）

羅波羅蜜復次舍利弗菩薩摩訶薩行毗梨
耶波羅蜜時應薩婆若心脩行忍辱是名菩
薩摩訶薩行毗梨耶波羅蜜時羼提波羅
蜜復次舍利弗菩薩摩訶薩行毗梨耶波羅
蜜時應薩婆若心攝心離欲入諸禪定是名
菩薩摩訶薩行毗梨耶波羅蜜時禪波羅
蜜復次舍利弗若菩薩摩訶薩行毗梨耶波
羅蜜時應薩婆若心不取一切諸法相於不取
相亦不著是名菩薩摩訶薩行毗梨耶波羅
蜜時般若波羅蜜如是舍利弗菩薩摩訶薩
行毗梨耶波羅蜜時攝諸波羅蜜復次舍利
弗菩薩摩訶薩行禪波羅蜜時應薩婆若心
定心布施不令心乱是名菩薩摩訶薩行禪
波羅蜜時檀波羅蜜復次舍利弗菩薩摩訶
薩行禪波羅蜜時應薩婆若心持戒禪定力故
破戒諸法不令得入是名菩薩摩訶薩行禪
波羅蜜時尸羅波羅蜜復次舍利弗菩薩摩
訶薩行禪波羅蜜時應薩婆若心慈悲定故
忍諸惱害是名菩薩摩訶薩行禪波羅蜜時
羼提波羅蜜復次舍利弗菩薩摩訶薩行禪
波羅蜜時應薩婆若心於禪不味不著常
求增進從一禪至一禪是名菩薩摩訶薩行
禪波羅蜜時毗梨耶波羅蜜復次舍利弗菩
薩摩訶薩行禪波羅蜜時應薩婆若心於一
切法无所依止亦不隨禪生是名菩薩摩訶薩
行禪波羅蜜時般若波羅蜜如是舍利弗菩
薩摩訶薩行禪波羅蜜時攝諸波羅蜜復次

BD14011號　摩訶般若波羅蜜經（四十卷本）卷六　（22–17）

禪波羅蜜時毗梨耶波羅蜜復次舍利弗菩
薩摩訶薩行禪波羅蜜時應薩婆若心於一
切法无所依止亦不隨禪生是名菩薩摩訶薩
行禪波羅蜜時般若波羅蜜如是舍利弗菩
薩摩訶薩行禪波羅蜜時攝諸波羅蜜復次
舍利弗菩薩摩訶薩行般若波羅蜜時應薩
婆若心布施内外所有无所悋惜不見與者
受者及以財物是名菩薩摩訶薩行般若波
羅蜜時檀波羅蜜復次舍利弗菩薩摩訶薩
行般若波羅蜜時應薩婆若心持戒破戒二
事不見故是名菩薩摩訶薩行般若波羅蜜
時尸波羅蜜復次舍利弗菩薩摩訶薩行般
若波羅蜜時應薩婆若心不見訶者罵者打
者殺者亦不見用是空能忍辱是名菩薩摩
訶薩行般若波羅蜜時羼提波羅蜜復次
舍利弗菩薩摩訶薩行般若波羅蜜時應薩
婆若心觀諸法畢竟空以大悲心故行諸善
法是名菩薩摩訶薩行般若波羅蜜時毗梨
耶波羅蜜復次舍利弗菩薩摩訶薩行般
若波羅蜜時應薩婆若心入禪定觀諸禪離
相空相无相相无作相是名菩薩摩訶薩行
般若波羅蜜時禪波羅蜜如是舍利弗菩薩
摩訶薩行般若波羅蜜時攝諸波羅蜜舍利
弗如是名為菩薩摩訶薩大誓莊嚴是大誓
莊嚴菩薩十方諸佛歡喜於大衆中稱名讃
嘆某國土某菩薩摩訶薩大誓莊嚴成就衆

般若波羅蜜時禪波羅蜜如是舍利弗菩薩
摩訶薩行般若波羅蜜時攝諸波羅蜜舍利
弗如是名為菩薩摩訶薩大誓莊嚴是大誓
莊嚴菩薩十方諸佛歡喜於大衆中稱名讃
嘆某國土某菩薩摩訶薩大誓莊嚴成就衆
生淨佛國土慧命舍利弗問富樓那彌多羅
尼子云何菩薩摩訶薩發趣大乘富樓那語舍
利弗菩薩摩訶薩行六波羅蜜時離諸欲離
諸惡不善法有覺有觀離生喜樂入初禪乃
至入第四禪中以慈廣大无二无量无怨无恨
无惱心行遍滿一方二三四方四維上下遍一
切世間悲喜捨心亦如是是菩薩入禪時起
時諸禪无量心及枝共一切衆生迴向薩婆
若是名菩薩摩訶薩禪波羅蜜發趣大乘
是菩薩摩訶薩住禪无量心作是念我當得
一切種智為斷一切衆生煩惱故當說法是
名菩薩摩訶薩行禪波羅蜜時檀波羅蜜
若菩薩摩訶薩應薩婆若心脩初禪住初禪
二三四禪亦如是不受餘心所謂聲聞辟支
佛心是名菩薩摩訶薩行禪波羅蜜時尸羅
波羅蜜若菩薩摩訶薩應薩婆若心入諸禪
作是念我為斷一切衆生煩惱故當說法是
諸心欲樂忍是名菩薩摩訶薩行禪波羅蜜
時羼提波羅蜜若菩薩摩訶薩應薩婆若
心入諸禪諸善根皆迴向薩婆若懃脩不息
是名菩薩摩訶薩行禪波羅蜜時毗梨耶
波羅蜜若菩薩摩訶薩應薩婆若心入禪

作是念我爲斷一切衆生煩惱故當說法是
諸心欲樂忍是名菩薩摩訶薩行禪波羅蜜
時羼提波羅蜜若菩薩摩訶薩應薩婆若
心入諸禪諸善根皆迴向薩婆若懃脩不息
是名菩薩摩訶薩行禪波羅蜜時毗梨耶
波羅蜜若菩薩摩訶薩應薩婆若心入四禪
及枝觀无常相苦相无我相空相无相无作相
共一切衆生迴向薩婆若是名菩薩摩訶薩
行禪波羅蜜時般若波羅蜜舍利弗是名
菩薩摩訶薩發趣大乘復次菩薩摩訶薩摩
訶行行慈心作是念我當安樂一切衆生入
悲心我當救濟一切衆生入喜心我當度一切
衆生入捨心我當令一切衆生得諸漏盡是
名菩薩摩訶薩行无量心時檀波羅蜜復次菩
薩摩訶薩是諸禪无量心不向聲聞辟支佛
地但迴向薩婆若是名菩薩摩訶薩行无量
心時尸羅波羅蜜復次舍利弗菩薩摩訶薩
行四无量心不貪聲聞辟支佛地但忍樂欲薩
婆若是名菩薩摩訶薩行无量心時羼提
波羅蜜若菩薩摩訶薩應薩婆若行四无量
心但行清淨行是名菩薩摩訶薩行无量心時
毗梨耶波羅蜜復次菩薩摩訶薩入禪入无量
心時亦不隨禪无量心生是名菩薩摩訶薩
行无量心時方便般若波羅蜜舍利弗是名
菩薩摩訶薩發趣大乘復次舍利弗菩薩摩
訶薩發趣大乘一切種脩四念處乃至一切

BD14011號　摩訶般若波羅蜜經（四十卷本）卷六　（22–20）

婆若是名菩薩摩訶薩行无量心時羼提
波羅蜜若菩薩摩訶薩應薩婆若行四无量
心但行清淨行是名菩薩摩訶薩行无量心時
毗梨耶波羅蜜復次菩薩摩訶薩入禪入无量
心時亦不隨禪无量心生是名菩薩摩訶薩
行无量心時方便般若波羅蜜舍利弗是名
菩薩摩訶薩發趣大乘復次舍利弗菩薩摩
訶薩發趣大乘一切種脩四念處乃至一切
種脩八聖道分一切種脩三解脫門乃至十
八不共法是名菩薩摩訶薩發趣大乘復次
舍利弗菩薩摩訶薩內空中智慧用无所得故
乃至无法有法空中智慧用无所得故是名
菩薩摩訶薩發趣大乘復次舍利弗菩薩摩
訶薩發趣大乘復次舍利弗菩薩摩訶薩
發趣大乘非常非无常智慧非樂非苦非實
非空非我非无我智慧是名菩薩摩訶薩發
趣大乘用无所得故復次舍利弗菩薩摩訶
薩智不行過去世不行未來世不行現在世
亦非不知三世是名菩薩摩訶薩發趣大乘
用无所得故復次舍利弗菩薩摩訶薩發趣
大乘智不行欲界不行色界不行无色界亦
非不知欲界色界无色界用无所得故舍利
弗是名菩薩摩訶薩發趣大乘復次菩薩摩
訶薩發趣大乘智不行世間法不行出世間法
不行有爲法不行无爲法不行有漏法不行无
漏法亦非不知世間法出世間法有爲无爲有

BD14011號　摩訶般若波羅蜜經（四十卷本）卷六　（22–21）

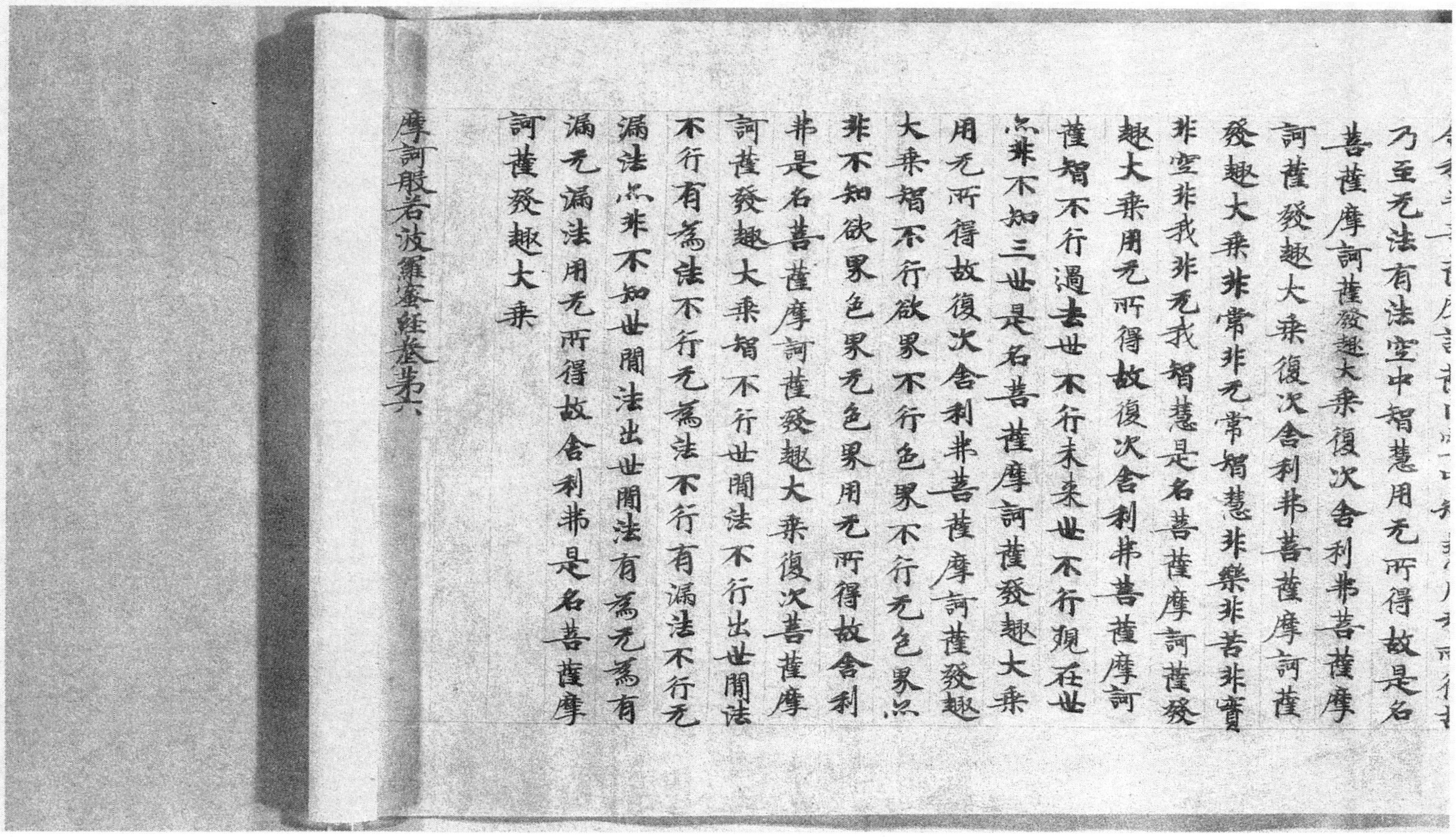

BD14011 號　摩訶般若波羅蜜經（四十卷本）卷六　　（22–22）

BD14012 號背　現代護首　　（1–1）

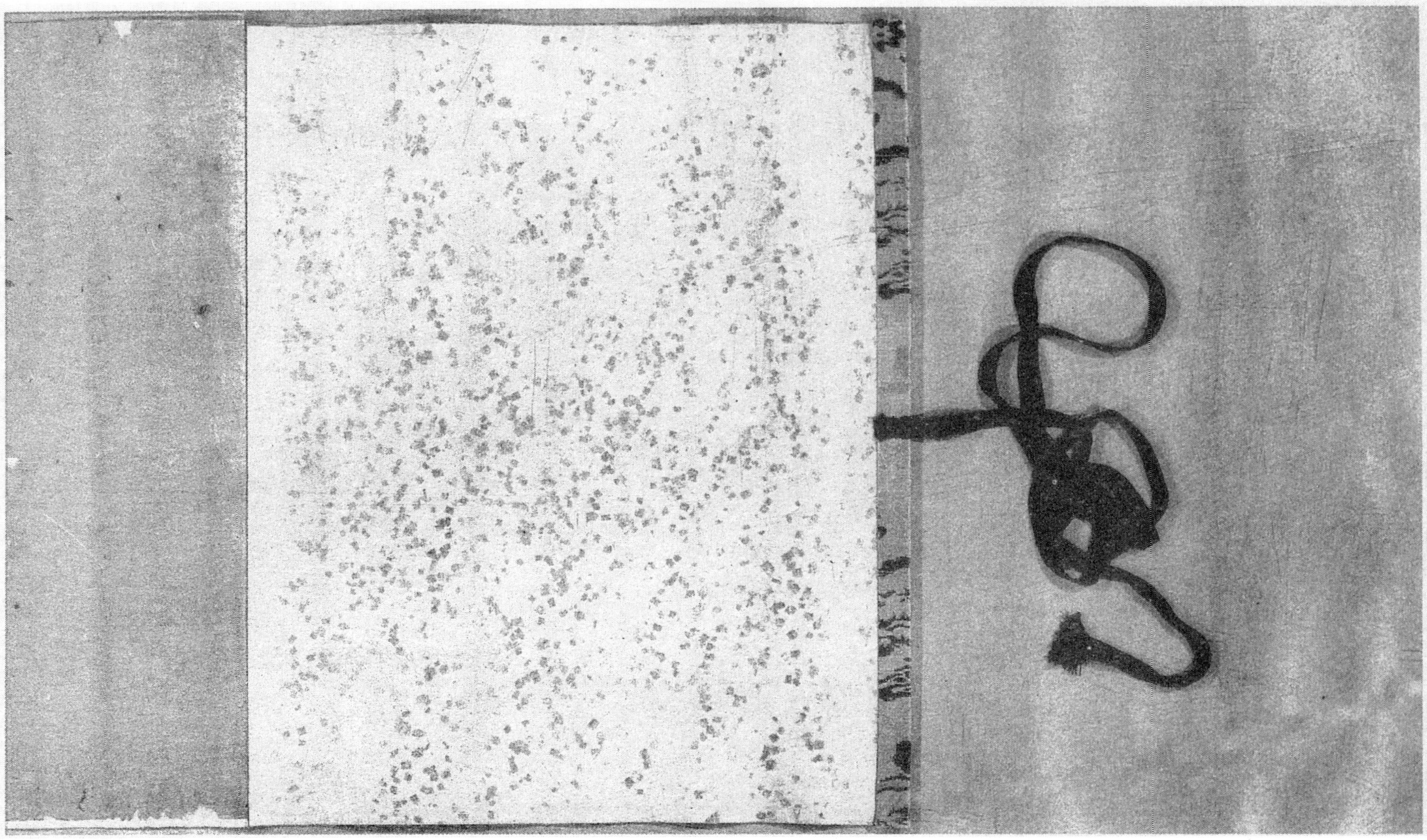

BD14012 號　摩訶般若波羅蜜經（四十卷本）卷八　　　　（20–1）

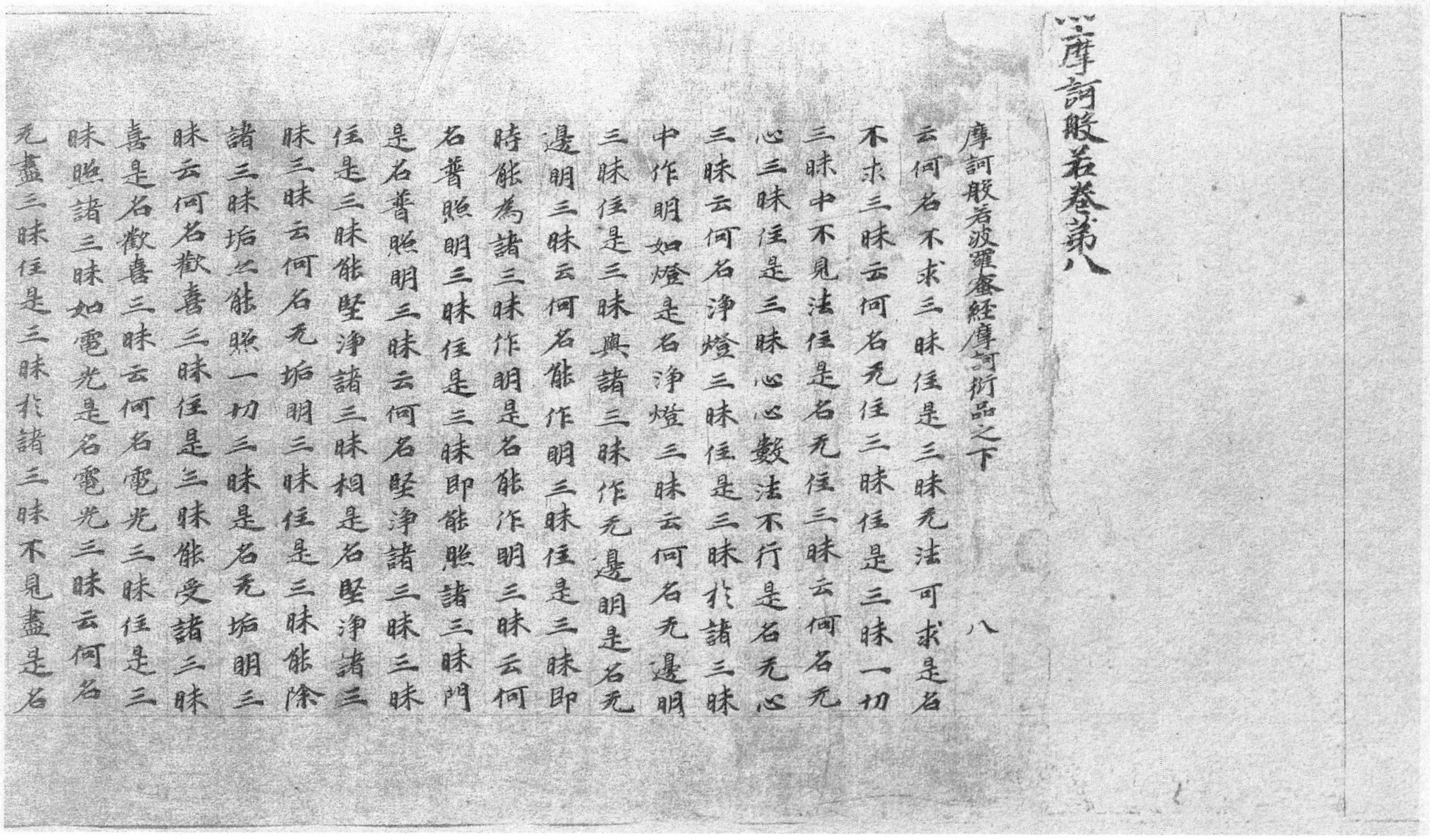

摩訶般若卷第八

摩訶般若波羅蜜經摩訶衍品之下　　八
云何名不求三昧住是三昧无法可求是名
不求三昧云何名无住三昧住是三昧一切
三昧中不見法住是名无住三昧云何名无
心三昧住是三昧心心數法不行是名无心
三昧云何名淨燈三昧住是三昧於諸三昧
中作明如燈是名淨燈三昧云何名无邊明
三昧住是三昧與諸三昧作无邊明是名无
邊明三昧云何名能作明三昧住是三昧即
時能為諸三昧作明是名能作明三昧云何
名普照明三昧住是三昧即能照諸三昧門
是名普照明三昧云何名堅淨諸三昧三昧
住是三昧能堅淨諸三昧相是名堅淨諸三
昧三昧云何名无垢明三昧住是三昧能除
諸三昧垢亦能照一切三昧是名无垢明三
昧云何名歡喜三昧住是三昧能受諸三昧
喜是名歡喜三昧云何名電光三昧住是三
昧照諸三昧如電光是名電光三昧云何名
无盡三昧住是三昧於諸三昧不見盡是名

BD14012 號　摩訶般若波羅蜜經（四十卷本）卷八　　　　（20–2）

諸三昧垢亦能照一切三昧是名无垢明三
昧云何名歡喜三昧住是三昧能受諸三昧
喜是名歡喜三昧云何名電光三昧住是三
昧照諸三昧如電光是名電光三昧云何名
无盡三昧住是三昧於諸三昧不見盡是名
无盡三昧云何名威德三昧住是三昧於諸
三昧威德照燃是名威德三昧云何名離盡
三昧住是三昧不見諸三昧盡是名離盡三
昧云何名不動三昧住是三昧令諸三昧不
動不戲是名不動三昧云何名不退三昧住
是三昧能不見諸三昧退是名不退三昧云何
名日燈三昧住是三昧能放光照諸三昧門
是名日燈三昧云何名月淨三昧住是三昧能
除諸三昧闇是名月淨三昧云何名淨明三
昧住是三昧於諸三昧得四无导智是名淨
明三昧云何名能作明三昧住是三昧於諸
三昧門能作明是名能作明三昧云何名作
行三昧住是三昧能令諸三昧各有所作是
名作行三昧云何名知相三昧住是三昧見
諸三昧知相是名知相三昧云何名如金剛
三昧住是三昧能貫達諸法亦不見達是名
如金剛三昧云何名心住三昧住是三昧心
不動不轉不惱亦不念有是心是名心住三
昧云何名普明三昧住是三昧普見諸三昧
明是名普明三昧云何名安立三昧住是三
昧於諸三昧安立不動是名安立三昧云何
名寶聚三昧住是三昧普見諸三昧如見寶
聚是名寶聚三昧云何名妙法印三昧住是

BD14012號　摩訶般若波羅蜜經（四十卷本）卷八　（20-3）

不動不轉不惱亦不念有是心是名心住三
昧云何名普明三昧住是三昧普見諸三昧
明是名普明三昧云何名安立三昧住是三
昧於諸三昧安立不動是名安立三昧云何
名寶聚三昧住是三昧普見諸三昧如見寶
聚是名寶聚三昧云何名妙法印三昧住是
三昧能印諸三昧以无印印故是名妙法印
三昧云何名法等三昧住是三昧觀諸法等
无法不等是名法等三昧云何名斷喜三昧
住是三昧斷一切法中喜是名斷喜三昧云
何名到法頂三昧住是三昧滅諸法闇亦在
諸三昧上是名到法頂三昧云何名能散三
昧住是三昧中能破散諸法是名能散三昧
云何名分別諸法句三昧住是三昧分別諸
三昧諸法句是名分別諸法句三昧云何名
字等相三昧住是三昧得諸三昧字等是名
字等相三昧云何名離字三昧住是三昧諸
三昧中乃至不見一字是名離字三昧云何
名斷緣三昧住是三昧斷諸三昧緣是名斷
緣三昧云何名不壞三昧住是三昧不得諸
法變異是名不壞三昧云何名无種相三昧
住是三昧不見諸法種種是名无種相三昧
云何名无處行三昧住是三昧不見諸三昧
處是名无處行三昧云何名離曚昧三昧住
是三昧離諸三昧微闇是名離曚昧三昧云
何名无去三昧住是三昧不見一切三昧去
相是名无去三昧云何名不變異三昧住是

BD14012號　摩訶般若波羅蜜經（四十卷本）卷八　（20-4）

云何名无處行三昧住是三昧不見諸三昧
處是名无處行三昧云何名離朦昧三昧住
是三昧離諸三昧微闇是名離朦昧三昧云
何名无去三昧住是三昧不見一切三昧去
相是名无去三昧云何名不變異三昧住是
三昧不見諸三昧變異相是名不變異三昧
云何名度緣三昧住是三昧度一切三昧緣
境界是名度緣三昧云何名集諸功德三昧
住是三昧集諸三昧功德是名集諸功德三
昧云何名住无心三昧住是三昧於諸三昧
心不入是名住无心三昧云何名淨妙華三
昧住是三昧令諸三昧得淨妙如華是名淨
妙華三昧云何名覺意三昧住是三昧諸三
昧中得七覺分是名覺意三昧云何名无量
辯三昧住是三昧於諸法中得无量辯是名
无量辯三昧云何名无等等三昧住是三昧
諸三昧中得无等等相是名无等等三昧云
何名度諸法三昧住是三昧度一切三界是
名度諸法三昧云何名分別諸法三昧住是
三昧諸三昧及諸法分別見是名分別諸法
三昧云何名散疑三昧住是三昧得散諸法
疑是名散疑三昧云何名无住處三昧住是
三昧不見諸法住處是名无住處三昧云何
名一莊嚴三昧住是三昧終不見諸法二相
是名一莊嚴三昧云何名生行三昧住是三
昧不見諸法行生是名生行三昧云何名一
行三昧住是三昧不見諸三昧此岸彼岸是

BD14012 號　摩訶般若波羅蜜經（四十卷本）卷八　（20–5）

三昧不見諸法住處是名无住處三昧云何
名一莊嚴三昧住是三昧終不見諸法二相
是名一莊嚴三昧云何名生行三昧住是三
昧不見諸法行生是名生行三昧云何名一
行三昧住是三昧不見諸三昧此岸彼岸是
名一行三昧云何名不一行三昧住是三昧
不見諸三昧一相是名不一行三昧云何名
妙行三昧住是三昧不見諸三昧二相是名
妙行三昧云何名達一切有底散三昧住是
三昧入一切有一切三昧智慧通達亦无所
達是名達一切有底散三昧云何名入名語
三昧住是三昧入一切三昧名語是名入名
語三昧云何名離音聲字語三昧住是三昧
不見諸三昧音聲字語是名離音聲字語
三昧云何名燃炬三昧住是三昧威德照明
如炬是名燃炬三昧云何名淨相三昧住是
三昧淨諸三昧相是名淨相三昧云何名破
相三昧住是三昧不見諸三昧相是名破相
三昧云何名一切種妙足三昧住是三昧一
切諸三昧種皆具足是名一切種妙足三昧
云何名不喜苦樂三昧住是三昧不見諸三
昧苦樂是名不喜苦樂三昧云何名无盡相
三昧住是三昧不見諸三昧盡是名无盡相
三昧云何名陁隣尼三昧住是三昧能持諸
三昧是名陁隣尼三昧云何名攝諸邪正相
三昧住是三昧於諸三昧不見邪正相是
名攝諸邪正相三昧云何名滅增愛三昧住

BD14012 號　摩訶般若波羅蜜經（四十卷本）卷八　（20–6）

三昧云何名陁隣尼三昧住是三昧能持諸
三昧是名陁隣尼三昧云何名攝諸邪正相
三昧住是三昧於諸三昧不見邪正相是
名攝諸邪正相三昧云何名滅增愛三昧住
是三昧不見諸三昧增愛是名滅增愛三昧
云何名違順三昧住是三昧不見諸法諸三
昧違順是名違順三昧云何名淨光三昧住
是三昧不得諸三昧明垢是名淨光三昧云
何名堅固三昧住是三昧不得諸三昧不堅
固是名堅固三昧云何名滿月淨光三昧住
是三昧諸三昧滿足如月十五日是名滿月
淨光三昧云何名大莊嚴三昧住是三昧大
莊嚴成就諸三昧是名大莊嚴三昧云何名
能照一切世三昧住是三昧諸三昧及一切
法能照是名能照一切世三昧云何名三昧
等三昧住是三昧於諸三昧不得定乱相是
名三昧等三昧云何名攝一切有諍无諍三
昧住是三昧能使諸三昧不分別有諍无諍
是名攝一切有諍无諍三昧云何名不樂一
切住處三昧住是三昧不見諸三昧依處是
名不樂一切住處三昧云何名如住定三昧
住是三昧不過諸三昧如相是名如住定三
昧云何名壞身衰三昧住是三昧不得身相
是名壞身衰三昧云何名壞語如虛空三昧
住是三昧不見諸三昧語業如虛空是名壞
語如虛空三昧云何名離著虛空不染三昧
住是三昧見諸法如虛空无㝵亦不染是名

BD14012號　摩訶般若波羅蜜經（四十卷本）卷八　（20–7）

住是三昧不過諸三昧如相是名如住定三
昧云何名壞身衰三昧住是三昧不得身相
是名壞身衰三昧云何名壞語如虛空三昧
住是三昧不見諸三昧語業如虛空是名壞
語如虛空三昧云何名離著虛空不染三昧
住是三昧見諸法如虛空无㝵亦不染是名
離著虛空不染三昧須菩提是名菩薩摩訶
薩摩訶衍

摩訶般若波羅蜜經四念處品第十八

佛告須菩提菩薩摩訶薩摩訶衍所謂四念
處何等四須菩提菩薩摩訶薩內身中循身
觀亦无身覺以不可得故外身中內外身中
循身觀亦无身覺以不可得故懃精進一心
除世間貪憂內受內心內法外受外心外法
內外受內外心內外法循身觀亦无法覺以不可
得故懃精進一心除世間貪憂須菩提是菩薩
摩訶薩云何內身中循身觀須菩提若菩薩
摩訶薩行時知行住時知住坐時知坐卧時
知卧如身所行如是知須菩提菩薩摩訶薩
如是內身中循身觀懃精進一心除世間貪
憂以不可得故復次須菩提菩薩摩訶薩若
來若去視占一心屈申俯仰服僧伽梨執持
衣鉢飲食卧息坐立睡覺語嘿入禪出禪亦
常一心如是須菩提菩薩摩訶薩行般若波
羅蜜內身中循身觀以不可得故復次須菩
提菩薩摩訶薩內身中循身觀時一心念入
息時知入息出息時知出息入息長時知入

BD14012號　摩訶般若波羅蜜經（四十卷本）卷八　（20–8）

常一心如是須菩提菩薩摩訶薩行般若波
羅蜜内身中循身觀以不可得故復次須菩
提菩薩摩訶薩内身中循身觀時一心念入
息時知入息出息時知出息入息長時知入
息長出息長時知出息長入息短時知入息
短出息短時知出息短譬如旋師若旋師弟
子繩長知長繩短知短菩薩摩訶薩亦如是
一心念入息時知入息出息時知出息入息
長時知入息長出息長時知出息長入息短
時知入息短出息短時知出息短如是須菩
提菩薩摩訶薩内身中循身觀懃精進一心
除世間貪憂以不可得故復次須菩提菩薩
摩訶薩觀身四大作是念身中有地大水大
火大風大譬如屠牛師若屠牛弟子以刀煞
牛分作四分作四分已若立若坐觀此四分
菩薩摩訶薩亦如是行般若波羅蜜時觀身
四大地大水大火大風大如是須菩提菩薩
摩訶薩内身中循身觀以不可得故復次須
菩提菩薩摩訶薩觀内身從足至頂周匝薄
皮種種不淨充滿身中作是念身中有髮毛
爪齒薄皮厚皮筋肉骨髓脾腎心膽肝肺小腸
大腸胃胞屎尿垢汗淚涕涎唾膿血黄白痰飲
肪𦙁腦膜譬如田夫蒼中隨盛雜穀種種充
滿稻麻黍粟豆麦明眼之人開蒼即知是麻
是黍是稻是粟是麦是豆分別悉知菩薩摩
訶薩亦如是觀是身倉從足至頂周匝薄皮
種種不淨充滿身中髮毛爪齒乃至腦膜如

肪𦙁腦膜譬如田夫蒼中隨盛雜穀種種充
滿稻麻黍粟豆麦明眼之人開蒼即知是麻
是黍是稻是粟是麦是豆分別悉知菩薩摩
訶薩亦如是觀是身倉從足至頂周匝薄皮
種種不淨充滿身中髮毛爪齒乃至腦膜如
是須菩提菩薩摩訶薩觀内身懃精進一心
除世間貪憂以不可得故復次須菩提菩薩
摩訶薩若見棄死人身一日二日至于五日膖
脹青瘀膿汁流出自念我身亦如是相如是法
未脫此法如是須菩提菩薩摩訶薩内身中
循身觀懃精進一心除世間貪憂以不可得
故復次須菩提菩薩摩訶薩若見棄死人身
若六日若七日鳥鵄鵰鷲豺狼狐狗如是等
種種禽獸攫裂食之自念我身如是相如是
法未脫此法如是須菩提菩薩摩訶薩内身
中循身觀懃精進一心除世間貪憂以不可
得故復次須菩提菩薩若見棄死人身禽狩
食已不淨爛臭自念我身如是相如是法未
脫此法乃至除世間貪憂復次須菩提菩薩
摩訶薩若見是棄死人身骨璅血肉塗染筋
骨相連自念我身如是相如是法未脫此法
乃至除世間貪憂復次須菩提菩薩摩訶薩
若見是棄死人身骨璅血肉已離筋骨相連
自念我身如是相如是法未脫此法乃至除
世間貪憂復次須菩提菩薩摩訶薩若見是
棄死人身骨璅已散在地自念我身如是相
如是法未脫此法如是須菩提菩薩摩訶薩

若見是棄死人身骨瑣血肉已離筋骨相連
自念我身如是相如是法未脫此法乃至除
世間貪憂復次須菩提菩薩摩訶薩若見是
棄死人身骨瑣已散在地自念我身如是相
如是法未脫此法如是須菩提菩薩摩訶薩
觀內身乃至除世間貪憂復次須菩提菩薩
摩訶薩若見是棄死人身骨散在地脚骨異
處膞骨髀骨腰骨肋骨脊骨手骨項骨髑髏
各各異處自念我身如是相如是法未脫此
法如是須菩提菩薩摩訶薩觀內身乃至除
世間貪憂復次須菩提菩薩摩訶薩見是棄
死人骨在地歲久風吹日暴色白如貝自念
我身如是相如是法未脫此法如是須菩提
菩薩摩訶薩觀內身乃至除世間貪憂以不
可得故復次須菩提菩薩摩訶薩見是棄死
人骨在地歲久其色如鴿腐朽爛壞與土共
合自念我身如是相如是法未脫此法如是
須菩提菩薩摩訶薩內身中循身觀懃精進
一心除世間貪憂以不可得故外身內外身
亦如是受念處心念處法念處亦應如是廣
說須菩提是名菩薩摩訶薩摩訶衍復次須
菩提菩薩摩訶薩摩訶衍所謂四正懃何等
四須菩提菩薩摩訶薩未生諸惡不善法為
不生故欲生懃精進攝心行道已生諸惡不
善法為斷故欲生懃精進攝心行道未生諸
善法為生故欲生懃精進攝心行道已生諸
善法為住不失循滿增廣故欲生懃精進攝

BD14012號　摩訶般若波羅蜜經（四十卷本）卷八　（20–11）

四須菩提菩薩摩訶薩未生諸惡不善法為
不生故欲生懃精進攝心行道已生諸惡不
善法為斷故欲生懃精進攝心行道未生諸
善法為生故欲生懃精進攝心行道已生諸
善法為住不失循滿增廣故欲生懃精進攝
心行道以不可得故須菩提是名菩薩摩訶
薩摩訶衍復次須菩提菩薩摩訶薩摩訶衍
所謂四如意分何等四欲定斷行成就循如
意分心定斷行成就循如意分精進定斷行
成就循如意分思惟定斷行成就循如意分以
不可得故須菩提是名菩薩摩訶薩摩訶衍
復次須菩提菩薩摩訶薩摩訶衍所謂五根
何等五信根精進根念根定根慧根是名菩
薩摩訶薩摩訶衍以不可得故復次須菩提
菩薩摩訶薩摩訶衍所謂五力何等五信力
精進力念力定力慧力是名菩薩摩訶薩摩
訶衍以不可得故復次須菩提菩薩摩訶薩
摩訶衍所謂七覺分何等七覺菩薩摩訶薩
循念覺分依離依无染向涅槃擇法覺意分
精進覺分喜覺分除覺分定覺分捨覺分依
離依无染向涅槃以不可得故是名菩薩摩
訶薩摩訶衍復次須菩提菩薩摩訶薩摩訶
衍所謂八聖道分何等八正見正思惟正語
正業正命正精進正念正定是名菩薩摩訶
薩摩訶衍以不可得故復次須菩提菩薩摩
訶薩摩訶衍所謂三三昧何等三空无相无作
三昧空三昧名諸法自相空是為空解脫門

BD14012號　摩訶般若波羅蜜經（四十卷本）卷八　（20–12）

行所謂八聖道分何等八正見正思惟正語
正業正命正精進正念正定是名菩薩摩訶
薩摩訶衍以不可得故復次須菩提菩薩摩
訶薩摩訶衍所謂三三昧何等三空无相无作
三昧空三昧名諸法自相空是為空解脫門
无相名壞諸法相不憶不念是為无相解脫門
无作名諸法中不作願是為无作解脫門是
名菩薩摩訶薩摩訶衍以不可得故復次須
菩提菩薩摩訶薩摩訶衍所謂十一智苦智集
智滅智道智盡智无生智法智比智世智
他心智如實智云何名苦智知苦不生是名苦
智云何名集智知集應斷是名集智云何名滅
智知苦滅是名滅智云何名道智知八聖道分
是名道智云何名盡智知諸法婬怒癡盡是名
盡智云何名无生智知諸有中无生是名无
生智云何名法智知五陰本事是名法智云
何名比智知眼无常乃至意觸因緣生受无
常是名比智云何名世智知因緣名字是名
世智云何名他心智知他衆生心是名他心
智云何名如實智諸佛一切種智是名如實
智須菩提是名菩薩摩訶薩摩訶衍以不可
得故復次須菩提菩薩摩訶薩摩訶衍所謂
三根未知欲知根知根知者根云何名未知
欲知根諸學人未得果信根精進根念根定
根慧根是名未知欲知根云何名知根諸學
人得果信根乃至慧根是名知根云何名知
者根諸无學人若阿羅漢若辟支佛諸佛信

BD14012 號　摩訶般若波羅蜜經（四十卷本）卷八　（20–13）

得故復次須菩提菩薩摩訶薩摩訶衍所謂
三根未知欲知根知根知者根云何名未知
欲知根諸學人未得果信根精進根念根定
根慧根是名未知欲知根云何名知根諸學
人得果信根乃至慧根是名知根云何名知
者根諸无學人若阿羅漢若辟支佛諸佛信
根乃至慧根是名知者根須菩提是名菩薩
摩訶薩摩訶衍以不可得故復次須菩提菩
薩摩訶薩摩訶衍所謂三三昧何等三有覺
有觀三昧无覺有觀三昧无覺无觀三昧云
何名有覺有觀三昧離諸欲離惡不善法有
覺有觀離生喜樂入初禪是名有覺有觀三
昧云何名无覺有觀三昧初禪二禪中間是
名无覺有觀三昧云何名无覺无觀三昧從
二禪乃至非有想非无想定是名无覺无觀
三昧是名菩薩摩訶薩摩訶衍以不可得故
復次須菩提菩薩摩訶薩摩訶衍所謂十念
何等十念佛念法念僧念戒念捨念天念善
念出入息念身念死以不可得故須菩提是
名菩薩摩訶薩摩訶衍復次須菩提菩薩摩
訶薩摩訶衍所謂四禪四无量心四无色定
八背捨九次第定須菩提是名菩薩摩訶
薩摩訶衍以不可得故復次須菩提菩薩摩
訶薩摩訶衍所謂佛十力何等十佛如實知
一切法是處不是處相一力也如實知他衆
生過去未來現在諸業諸受法知造業處知
因緣知報二力也如實知諸禪解脫三昧定

BD14012 號　摩訶般若波羅蜜經（四十卷本）卷八　（20–14）

薩摩訶衍以不可得故復次須菩提菩薩摩
訶薩摩訶衍所謂佛十力何等十佛如實知
一切法是處不是處相一力也如實知他衆
生過去未來現在諸業諸受法知造業處知
因緣知報二力也如實知諸禪解脫三昧定
垢淨分別相三力也如實知他衆生諸根上
下相四力也如實知他衆生種種欲解五力
也如實知世間種種无數性六力也如實知
一切至處道七力也知種種宿命有相有因緣
一世二世乃至百千世劫初劫盡我在彼衆
生中生如是姓如是名如是飲食苦樂壽命
長短彼中死是間生是間死還生是間此間
生名姓飲食苦樂壽命長短亦如是八力也
佛天眼淨過諸人眼見衆生死時生時端正
醜陋若大若小若墮惡道若墮善道如是業
因緣受報是諸衆生惡身業成就惡口業成
就惡意業成就謗毀聖人受邪見因緣故身
壞死時入惡道生地獄中是諸衆生善身業
成就善口業成就善意業成就不謗聖人
受正見因緣故身壞死時入善道生天上九
力也佛如實知諸漏盡故无漏心解脫无漏
慧解脫現在法中自識知入是法所謂我生
已盡梵行已作從今世不復見後世十力也
須菩提是名菩薩摩訶薩摩訶衍以不可得
故復次須菩提菩薩摩訶薩摩訶衍所謂四
无所畏何等四佛作誠言我是一切正智人

BD14012號　摩訶般若波羅蜜經（四十卷本）卷八　（20–15）

慧解脫現在法中自識知入是法所謂我生
已盡梵行已作從今世不復見後世十力也
須菩提是名菩薩摩訶薩摩訶衍以不可得
故復次須菩提菩薩摩訶薩摩訶衍所謂四
无所畏何等四佛作誠言我是一切正智人
若有沙門婆羅門若天若魔若梵若復餘衆
如實難言是法不知乃至不見是微畏相以
是故我得安隱得无所畏安住聖主處在大
衆中師子吼能轉梵輪諸沙門婆羅門若天
若魔若梵若復餘衆實不能轉一无畏也佛作
誠言我一切漏盡若有沙門婆羅門若天若
魔若梵若復餘衆如實難言是漏不盡乃
至不見是微畏相以是故我得安隱得无所
畏安住聖主處在大衆中師子吼能轉梵輪
諸沙門婆羅門若天若魔若梵若復餘衆實
不能轉二无畏也佛作誠言我說鄣法若有
沙門婆羅門若天若魔若梵若復餘衆如實
難言受是法不鄣道乃至不見是微畏相以
是故我得安隱得无所畏安住聖主處在大
衆中師子吼能轉梵輪諸沙門婆羅門若天
若魔若梵若復有餘衆實不能轉三无畏也
佛作誠言我所說聖道能出世間隨是行能
盡苦若有沙門婆羅門若天若魔若梵若復
餘衆如實難言行是道不能出世間不能盡
苦乃至不見是微畏相以是故我得安隱得
无所畏安住聖主處在大衆中師子吼能轉
梵輪諸沙門婆羅門若天若魔若梵若復餘

BD14012號　摩訶般若波羅蜜經（四十卷本）卷八　（20–16）

餘衆如實難言行是道不能出世間不能盡
苦乃至不見是微畏相以是故我得安隱得
无所畏安住聖主處在大衆中師子吼能轉
梵輪諸沙門婆羅門若天若魔若梵若復餘
衆實不能轉四无畏也須菩提是名菩薩摩
訶薩摩訶衍以不可得故復次須菩提菩薩
摩訶薩摩訶衍所謂四无㝵智何等四義无
㝵法无㝵辭无㝵樂說无㝵須菩提是名菩
薩摩訶薩摩訶衍以不可得故復次須菩提
菩薩摩訶薩摩訶衍所謂十八不共法何等
十八一諸佛身无失二口无失三念无失四
无異想五无不定心六无不知已捨心七欲无減
八精進无減九念无減十慧无減十一解脫
无減十二解脫知見无減十三一切身業隨
智慧行十四一切口業隨智慧行十五一切
意業隨智慧行十六智慧知見過去世无㝵
无鄣十七智慧知見未來世无㝵无鄣十八
智慧知見現在世无㝵无鄣須菩提是名菩
薩摩訶薩摩訶衍以不可得故復次須菩提
菩薩摩訶薩摩訶衍所謂字等語等諸字入
門何等為字等語等諸字入門阿字門一切
法初不生故羅字門一切法離垢故波字門
一切法第一義故遮字門一切法終不可得
故諸法不終不生故那字門諸法離名性相
不得不失故邏字門諸法度世間故亦愛枝
因緣滅故陁字門諸法善心生故亦施相故
婆字門諸法婆字離故荼字門諸法荼字淨

BD14012 號　摩訶般若波羅蜜經（四十卷本）卷八　（20–17）

一切法第一義故遮字門一切法終不可得
故諸法不終不生故那字門諸法離名性相
不得不失故邏字門諸法度世間故亦愛枝
因緣滅故陁字門諸法善心生故亦施相故
婆字門諸法婆字離故荼字門諸法荼字淨
故沙字門諸法六自在王性清淨故和字門
入諸法語言道斷故多字門入諸法如相不
動故夜字門入諸法如實不生故吒字門入
諸法制伏不可得故迦字門入諸法作者不
可得故娑字門入諸法時不可得故諸法時
來轉故磨字門入諸法我所不可得故伽字
門入諸法去者不可得故他字門入諸法處
不可得故闍字門入諸法生不可得故赧字
門入諸法赧字不可得故馱字門入諸法性
不可得故賖字門入諸法定不可得故呿字
門入諸法虛空不可得故叉字門入諸法盡
不可得故哆字門入諸法有不可得故若字
門入諸法智不可得故他字門入諸法他字
不可得故婆字門入諸法破壞不可得故車
字門入諸法欲不可得故如影五陰亦不可
得故魔字門入諸法魔字不可得故火字門入
諸法喚不可得故嗟字門入諸法嗟字不可
得故伽字門入諸法厚不可得故他（土荼反）字門
入諸法處不可得故孥字門入諸法不來不
去不立不坐不卧故頗字門入諸法遍不可
得故歌字門入諸法聚不可得故醝字門入
諸法醝字不可得故遮字門入諸法行不可

BD14012 號　摩訶般若波羅蜜經（四十卷本）卷八　（20–18）

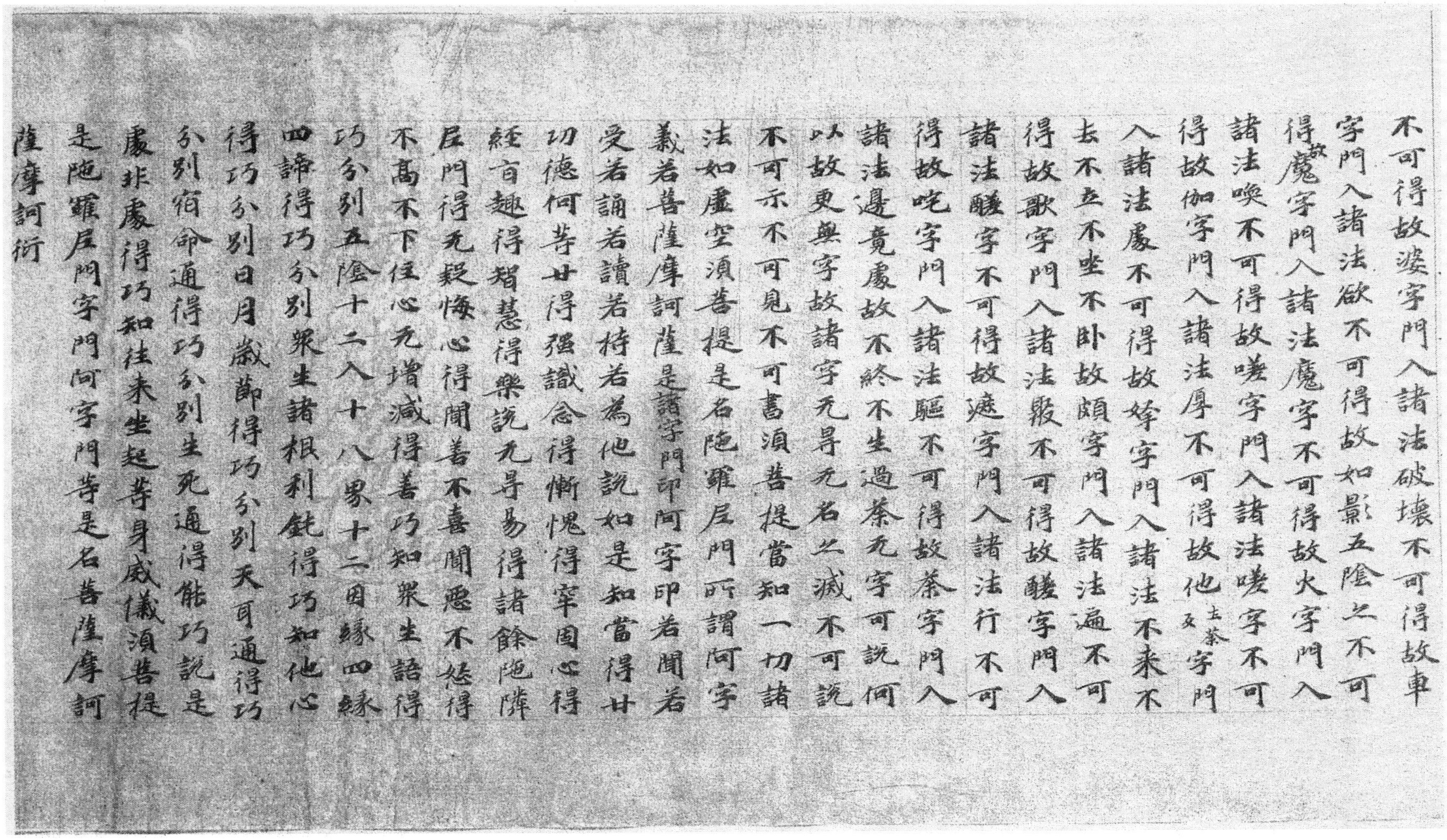
不可得故婆字門入諸法破壞不可得故車
字門入諸法欲不可得故如影五陰亦不可
得故魔字門入諸法魔字不可得故火字門入
諸法喚不可得故嗟字門入諸法嗟字不可
得故伽字門入諸法厚不可得故他字門
入諸法處不可得故拏字門入諸法不來不
去不立不坐不臥故頗字門入諸法遍不可
得故歌字門入諸法聚不可得故醝字門入
諸法醝字不可得故遮字門入諸法行不可
得故吒字門入諸法驅不可得故荼字門入
諸法邊竟處故不終不生過荼无字可說何
以故更無字故諸字无㝵无名亦滅不可說
不可示不可見不可書須菩提當知一切諸
法如虛空須菩提是名陁羅尼門所謂阿字
義若菩薩摩訶薩是諸字門印阿字印若聞若
受若誦若讀若持若為他說如是知當得廿
功德何等廿得強識念得慚愧得牢固心得
經旨趣得智慧得樂說无㝵易得諸餘陁隣
尼門得无疑悔心得聞善不喜聞惡不恚得
不高不下住心无增減得善巧知衆生語得
巧分別五陰十二入十八界十二因緣四緣
四諦得巧分別衆生諸根利鈍得巧知他心
得巧分別日月歲節得巧分別天耳通得巧
分別宿命通得巧分別生死通得能巧說是
處非處得巧知往來坐起等身威儀須菩提
是陁羅尼門字門阿字門等是名菩薩摩訶
薩摩訶衍

BD14012號　摩訶般若波羅蜜經（四十卷本）卷八　（20–19）

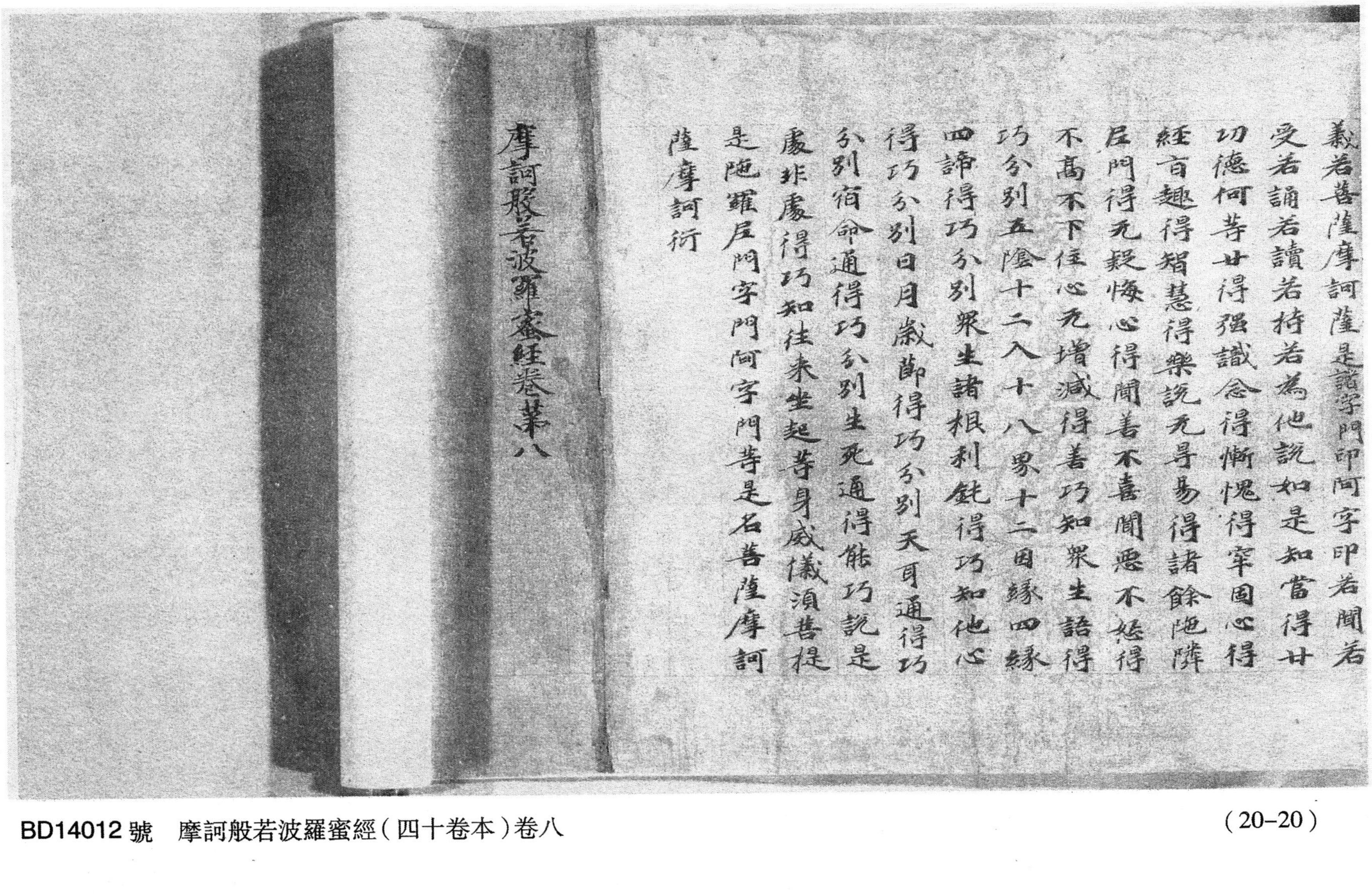
義若菩薩摩訶薩是諸字門印阿字印若聞若
受若誦若讀若持若為他說如是知當得廿
功德何等廿得強識念得慚愧得牢固心得
經旨趣得智慧得樂說无㝵易得諸餘陁隣
尼門得无疑悔心得聞善不喜聞惡不恚得
不高不下住心无增減得善巧知衆生語得
巧分別五陰十二入十八界十二因緣四緣
四諦得巧分別衆生諸根利鈍得巧知他心
得巧分別日月歲節得巧分別天耳通得巧
分別宿命通得巧分別生死通得能巧說是
處非處得巧知往來坐起等身威儀須菩提
是陁羅尼門字門阿字門等是名菩薩摩訶
薩摩訶衍

摩訶般若波羅蜜經卷第八

BD14012號　摩訶般若波羅蜜經（四十卷本）卷八　（20–20）

BD14013 號背　現代護首　　（1–1）

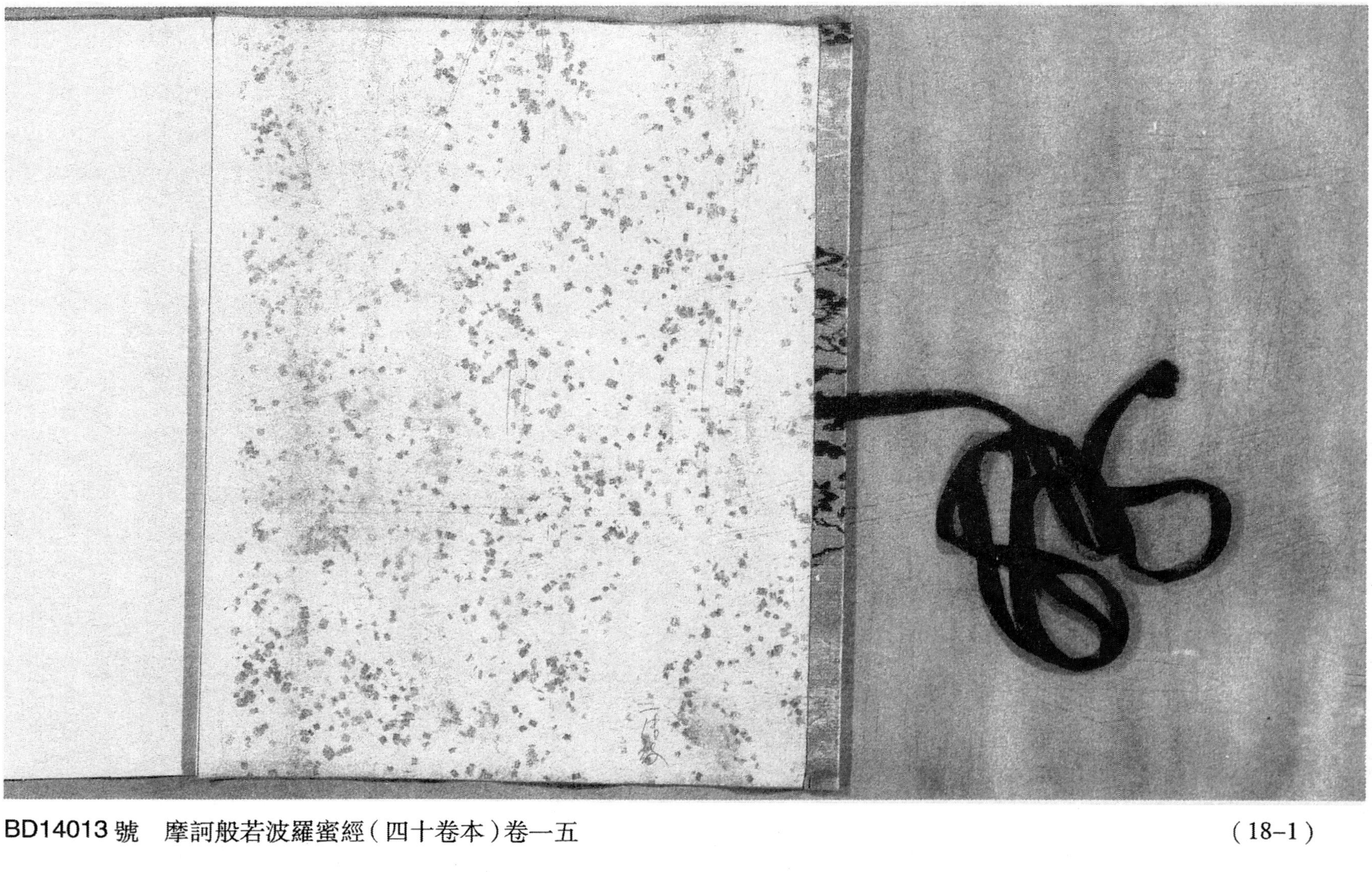

BD14013 號　摩訶般若波羅蜜經（四十卷本）卷一五　　（18–1）

善男子善女人受持般若波羅蜜乃至正憶
念時不沒不畏不怖何以故是善男子善女
人不見是法沒者恐怖者憍尸迦善男子善
女人受持般若波羅蜜乃至正憶念華香供
養乃至幡蓋亦得是今世功德復次憍尸迦
善男子善女人受持般若波羅蜜乃至正憶
念書持經卷華香供養乃至幡蓋是人爲父
母所愛宗親知識所念諸沙門婆羅門所敬
十方諸佛及菩薩摩訶薩辟支佛阿羅漢乃
至須陁洹所愛敬一切世間若天若魔若梵
及阿脩羅等皆亦愛敬是人行檀波羅蜜檀
波羅蜜无有斷絶時尸羅波羅蜜羼提波
羅蜜毗梨耶波羅蜜禪波羅蜜般若波羅蜜
亦无有斷絶時脩內空不斷乃至脩无法有
法空不斷脩四念處不斷乃至脩十八不共法
不斷脩諸三昧門不斷脩諸陁羅尼門不斷
脩諸菩薩神通不斷成就衆生淨佛國土不
斷乃至脩一切種智不斷是人亦能降伏難
論毀謗善男子善女人受持般若波羅蜜乃
至正憶念不離薩婆若心書持經卷華香供

BD14013號　摩訶般若波羅蜜經（四十卷本）卷一五　（18-2）

法空不斷脩四念處不斷乃至脩十八不共法
不斷脩諸三昧門不斷脩諸陁羅尼門不斷
脩諸菩薩神通不斷成就衆生淨佛國土不
斷乃至脩一切種智不斷是人亦能降伏難
論毀謗善男子善女人受持般若波羅蜜乃
至正憶念不離薩婆若心書持經卷華香供
養乃至幡蓋亦得是今世後世功德復次憍
尸迦善男子善女人書持經卷在所處三千
大千國土中所有諸四天王天發阿耨多羅
三藐三菩提心者皆來到是處見般若波羅
蜜受讀誦說供養礼拜還去世三天夜摩天
兜率陁天化樂天他化自在天梵衆天梵輔
天梵會天大梵天光天少光天无量光天光
音天淨天少淨天无量淨天遍淨天无陰行天
福德天廣果天發阿耨多羅三藐三菩提心者
皆來到是處見般若波羅蜜受讀誦說供養
礼拜還去淨居諸天所謂无誑天无熱天妙
見天憙見天色究竟天皆來到是處見是般
若波羅蜜受讀誦說供養礼拜還去復次憍
尸迦十方國土中諸四天王天乃至廣果天
發阿耨多羅三藐三菩提心及淨居天并餘
諸天龍鬼神揵闥婆阿脩羅伽樓羅緊陁羅
摩睺羅伽亦來見般若波羅蜜受讀誦說供
養礼拜還去是善男子善女人應作是念十
方國土中諸四天王天乃至廣果天發阿耨
多羅三藐三菩提心及淨居天并餘諸天龍
鬼神揵闥婆阿脩羅伽樓羅緊陁羅摩睺羅
伽來見般若波羅蜜受讀誦說供養礼拜

BD14013號　摩訶般若波羅蜜經（四十卷本）卷一五　（18-3）

養礼拜還去是善男子善女人應作是念十
方國土中諸四天王天乃至廣果天發阿耨
多羅三藐三菩提心及淨居天并餘諸天龍
鬼神揵闥婆阿脩羅伽摟羅緊陁羅摩睺羅
伽来見般若波羅蜜受讀誦說供養礼拜
我則法施已憍尸迦三千大千國土中所有諸
四天王天乃至阿迦尼吒天及十方國土中諸
四天王天乃至阿迦居吒天發阿耨多羅三
藐三菩提心者護持是善男子善女人諸惡
不能得便除其宿命業重罪憍尸迦是善男
子善女人亦得是今世功德所謂諸天子發
阿耨多羅三藐三菩提心皆来到是處何以
故憍尸迦諸天子發阿耨多羅三藐三菩提
心者欲救護一切衆生不捨一切衆生安樂
一切衆生故尒時釋提桓因白佛言世尊善
男子善女人云何當知諸四天王天乃至阿
迦居吒天来及十方國土中諸四天王天乃至
阿迦居吒天来見般若波羅蜜受讀誦說供
養礼拜時佛告釋提桓因憍尸迦若善男子
善女人見大淨光明必知有大德諸天来見
般若波羅蜜受讀誦說供養礼拜時復次
憍尸迦善男子善女人若聞異妙香必知有
大德諸天来見般若波羅蜜受讀誦說供養
礼拜時復次憍尸迦善男子善女人行淨潔
故諸天来到其處見般若波羅蜜受讀誦說
供養歡喜礼拜是中有小鬼輩即時出去不能
堪任是大德諸天威德故以是大德諸天来

BD14013號　摩訶般若波羅蜜經（四十卷本）卷一五　（18-4）

大德諸天来見般若波羅蜜受讀誦說供養
礼拜時復次憍尸迦善男子善女人行淨潔
故諸天来到其處見般若波羅蜜受讀誦說
供養歡喜礼拜是中有小鬼輩即時出去不能
堪任是大德諸天威德故以是大德諸天来
故是善男子善女人生大心以是故般若波
羅蜜所住處四面不應有諸不淨應燒衆名
香散衆名華衆香塗地衆蓋幢幡種種嚴餝
復次憍尸迦善男子善女人說法時終无疲極
自覺身輕心樂隨法偃息卧覺安隱无諸惡
夢夢中見諸佛卅二相八十隨形好比丘僧
恭敬圍遶而為說法在諸佛邊聽受法教所
謂六波羅蜜四念處乃至十八不共法分別
六波羅蜜義分別四念處乃至十八不共法
義亦見菩提樹莊嚴見諸菩薩趣菩提樹得
阿耨多羅三藐三菩提見諸佛成已轉法輪
見百千万菩薩共集法論義應如是求薩婆
若應如是成就衆生應如是淨佛國土亦見
十方无數百千万億諸佛亦聞其名号某方
某國某佛若干百千万菩薩若千百千万
聲聞恭敬圍遶說法復見十方无數百千万
億諸佛般涅槃復見无數百千万万億諸佛
七寶塔見供養諸塔恭敬尊重讚歎華香乃
至幡蓋憍尸迦是善男子善女人見如是善
夢卧安覺安諸天益其氣力自覺身體輕
便不大貪着飲食衣服卧具湯藥於此四供
養其心輕微譬如比丘坐禪從禪定起心與

BD14013號　摩訶般若波羅蜜經（四十卷本）卷一五　（18-5）

至幡盖憍尸迦是善男子善女人[illegible]
夢卧安覺安諸天益其氣力自覺身體輕
便不大貪着飲食衣服卧具湯藥於此四供
養其心輕微譬如比丘坐禪從禪定起心與
定合不貪着食其心輕微何以故憍尸迦諸
天法應以諸味之精益其氣力故十方諸佛及
天龍鬼神阿脩羅揵闥婆伽樓羅緊那羅摩
睺羅伽亦益其氣力如是憍尸迦善男子善女
人欲得今世如是功德應當受持般若波羅
蜜親近讀誦說正憶念亦不離薩婆若心
憍尸迦善男子善女人雖不能受持乃至正
憶念應當書持經卷恭敬供養尊重讚歎華
香瓔珞乃至幡盖憍尸迦若善男子善女人
聞是般若波羅蜜受持讀誦說正憶念書經
卷恭敬供養尊重讚歎華香乃至幡盖是善
男子善女人功德甚多勝於供養十方諸佛
及弟子恭敬尊重讚歎衣服飲食卧具湯
藥諸佛及弟子般涅槃後起七寶塔恭敬供
養尊重讚歎華香乃至幡盖

摩訶般若波羅蜜經校舍利品第卅

佛告釋提桓因言憍尸迦若滿閻浮提佛舍
利作一分復有人書般若波羅蜜經卷作一
分二分之中汝取何所釋提桓因白佛言世
尊若滿閻浮提佛舍利作一分般若波羅蜜
經卷作一分二分之中我寧取般若波羅蜜
經卷何以故世尊我於佛舍利非不恭敬非不
尊重世尊以舍利從般若波羅蜜中生般若
波羅蜜偹薰故是舍利得供養恭敬尊重讚

分二分之中汝取何所釋提桓因白佛言世
尊若滿閻浮提佛舍利作一分般若波羅蜜
經卷作一分二分之中我寧取般若波羅蜜
經卷何以故世尊我於佛舍利非不恭敬非不
尊重世尊以舍利從般若波羅蜜中生般若
波羅蜜偹薰故是舍利得供養恭敬尊重讚
歎尒時舍利弗問釋提桓因憍尸迦是般若
波羅蜜不可取無色無形無對一相所謂無
相汝云何欲取何以故是般若波羅蜜不為
取故出不為捨故出不為增減聚散損益垢
淨故出是般若波羅蜜不與諸佛法不捨
凡人法不與辟支佛法阿羅漢法學法不捨
凡人法不與无為性不捨有為性不與內空
乃至无法有法空不與四念處乃至一切種
知不捨凡人法釋提桓因語舍利弗如是如
是舍利弗若有人知是般若波羅蜜不與諸
佛法不捨凡人法乃至不與一切種智不捨
凡人法是菩薩摩訶薩能行般若波羅蜜能
偹般若波羅蜜何以故般若波羅蜜不行二
法故不二法相是般若波羅蜜不二法相是
禪波羅蜜乃至檀波羅蜜尒時佛讚釋提桓
因言善哉善哉憍尸迦如汝所說般若波羅
蜜不行二法相故不二法相是般若波羅蜜不
二法相是禪波羅蜜乃至檀波羅蜜憍尸迦
若人欲得法性二相者是人為欲得般若波
羅蜜二相何以故憍尸迦法性般若波羅蜜
无二无別乃至檀波羅蜜亦如是若人欲得

二法相是禪波羅蜜乃至檀波羅蜜憍尸迦
若人欲得法性二相者是人爲欲得般若波
羅蜜二相何以故憍尸迦法性般若波羅蜜
无二无別乃至檀波羅蜜亦如是若人欲得
實際不可思議性二相者是人爲欲得般若
波羅蜜二相何以故般若波羅蜜不可思議
性无二无別釋提桓因白佛言世尊一切世
間人及諸天阿脩羅應礼拜供養般若波羅
蜜何以故諸菩薩摩訶薩般若波羅蜜中學
得阿耨多羅三藐三菩提世尊我常在善法
法堂上坐我若不在坐時諸天子來供養我
故爲我坐處作礼遶竟還去諸天子作是念
釋提桓因在是處坐爲諸三十三天說法故
如是世尊在所處書是般若波羅蜜經卷受
持讀誦爲他演說是處十方國土中諸天龍
夜叉揵闥婆阿脩羅伽樓羅緊陁羅摩睺
羅伽皆來礼拜般若波羅蜜供養已去何以故
是般若波羅蜜中生諸佛及生一切衆生樂具
故諸佛舍利亦是一切種智住處因緣以是
故世尊二分中我取般若波羅蜜復次世尊
我若受持讀誦般若波羅蜜深心入法中我
是時不見怖畏相何以故世尊是般若波羅
蜜无相无貌无言无說世尊无相无貌无言
无說是般若波羅蜜乃至是一切種智世尊
般若波羅蜜若當有相非无相者諸佛不應
知一切法无相无貌无言无說得阿耨多羅
三藐三菩提爲弟子說諸法无相无貌无言

是時不見怖畏相何以故世尊是般若波羅
蜜无相无貌无言无說世尊无相无貌无言
无說是般若波羅蜜乃至是一切種智世尊
般若波羅蜜若當有相非无相者諸佛不應
知一切法无相无貌无言无說得阿耨多羅
三藐三菩提爲弟子說諸法无相无貌无言
无說世尊用般若波羅蜜實是无相无貌无
言无說故諸佛知一切諸法无相无貌无言
无說得阿耨多羅三藐三菩提爲弟子說諸
法亦无相无貌无言无說是故世尊是般若
波羅蜜一切世間諸天人阿脩羅應恭敬供
養尊重讚歎華香瓔珞乃至幡蓋復次世尊
若有人受持般若波羅蜜親近讀誦說正憶
念及書供養華香乃至幡蓋是人不墮地獄
畜生餓鬼道中不墮聲聞辟支佛地乃至得
阿耨多羅三藐三菩提常見諸佛從一佛國
至一佛國供養諸佛恭敬尊重讚歎華香
乃至幡蓋復次世尊滿三千大千世界佛舍
利作一分書般若波羅蜜經卷作一分是二分
中我故取般若波羅蜜何以故世尊是般若
波羅蜜中生諸佛舍利以是故舍利得供養
恭敬尊重讚歎是善男子善女人供養恭敬
舍利故受天上人中福樂常不墮三惡道如
所願漸以三乘法入涅槃是故世尊若有見
現在佛若見般若波羅蜜經卷等无異何以
故世尊是般若波羅蜜與佛无二无別故復
次世尊如佛住三事示現說十二部經脩多

舍利故受天上人中福樂常不墮三惡道如
所爾漸以三乘法入涅槃是故世尊若有見
現在佛若見般若波羅蜜經卷等无異何以
故世尊是般若波羅蜜與佛无二无別故復
次世尊如佛住三事示現說十二部經脩多
羅乃至憂波提舍復有善男子善女人受持讀
誦說是般若波羅蜜等无異何以故世尊是
般若波羅蜜中生三事示現及十二部經脩
多羅乃至憂波提舍故復次世尊十方諸佛
住三事示現說十二部經脩多羅乃至憂波
提舍復有人受般若波羅蜜爲他人說等无
異何以故般若波羅蜜中生諸佛亦生十二
部經脩多羅乃至憂波提舍復次世尊若有
供養十方如恒河沙等國土中諸佛恭敬尊重
讚歎華香乃至幡蓋復有人書般若波羅蜜
經卷恭敬尊重讚歎香華乃至幡蓋其福
正等何以故十方諸佛皆從般若波羅蜜中
生復次世尊善男子善女人聞是般若波羅
蜜受持讀誦正憶念亦爲他人說是人不墮
地獄道畜生餓鬼道亦不墮聲聞辟支佛地
何以故當知是善男子善女人正住阿鞞跋
致地中故是般若波羅蜜遠離一切苦惱衰
病復次世尊若有善男子善女人書是般若
波羅蜜經卷受持親近供養恭敬尊重讚歎
是人離諸恐怖世尊譬如負債人親近國王
供給左右債主反更供養恭敬是人是人不
復畏怖何以故世尊此人依近於王憑恃有

BD14013號　摩訶般若波羅蜜經（四十卷本）卷一五　（18–10）

病復次世尊若有善男子善女人書是般若
波羅蜜經卷受持親近供養恭敬尊重讚歎
是人離諸恐怖世尊譬如負債人親近國王
供給左右債主反更供養恭敬是人是人不
復畏怖何以故世尊此人依近於王憑恃有
力故如是世尊諸佛舍利般若波羅蜜脩熏
故得供養恭敬世尊當知般若波羅蜜如王
舍利如負債人負債人依王故得供養舍利
亦依般若波羅蜜脩熏故得供養世尊當知
諸佛一切種智亦以般若波羅蜜脩熏故得
成就以是故世尊二分中我取般若波羅蜜
何以故世尊般若波羅蜜中生諸佛舍利卅
二相般若波羅蜜中亦生佛十力四无所畏
四无导智十八不共法大慈大悲世尊般若
波羅蜜中生五波羅蜜使得波羅蜜名字般
若波羅蜜中生諸佛一切種智
復次世尊所在三千大千國土中若有受持
供養恭敬尊重讚歎般若波羅蜜是處若人
若非人不能得其便是人漸漸得入涅槃世
尊般若波羅蜜爲大利益如是於三千大千
國土中能作佛事世尊在所處有般若波羅
蜜則爲有佛世尊譬如无價摩尼寶在所住
處非人不得其便若男子女人有熱病以是
珠著身上熱病即時除若有風病若有冷病
若有雜熱風冷病以珠著身上皆悉除愈若
闇中是寶能令明熱時能令涼寒時能令溫
珠所住處其地不寒不熱時節和適其處亦

BD14013號　摩訶般若波羅蜜經（四十卷本）卷一五　（18–11）

處非人不得其便若男子女人有熱病以是
珠著身上熱病即時除若有風病若有冷病
若有雜熱風冷病以珠著身上皆悉除愈若
闇中是寶能令明熱時能令涼寒時能令溫
珠所住處其地不寒不熱時節和適其處亦
无諸餘毒螫若男子女人為毒虵所螫以珠
示之毒即除滅復次世尊若男子女人眼痛
膚翳盲瞽以珠示之即時除愈若有癩瘡惡
腫以珠著其身上病即除愈復次世尊是摩
尼寶珠所在水中水隨作一色若以青物裹
著水中水色則為青若黃赤白紅縹物裹著
水中水隨作黃赤白紅縹色如是等種種色
物裹著水中水隨作種種色世尊若水濁以
珠著中水即為清是珠其德如是尒時阿難
問釋提桓因言憍尸迦是摩尼寶為是天上
寶為是閻浮提寶釋提桓因語阿難言是天
上寶閻浮提人亦有是寶但功德相少不具足
天上寶清淨輕妙不可以譬喻為比復次世尊
是摩尼寶若著篋中舉珠出其功德熏篋
故人皆愛敬如是世尊在所處有書般若
波羅蜜經卷是處則无衆惱之患亦如摩
尼寶所著處則无衆難世尊佛般涅槃後舍
利得供養皆般若波羅蜜力禪波羅蜜乃至
檀波羅蜜內空乃至无法有法空四念處乃
至十八不共法一切智法相法住法位法性實
際不可思議性一切種智是諸功德力善男
子善女人作是念是佛舍利一切智一切種
智大慈大悲斷一切結使及習常捨行不

BD14013號　摩訶般若波羅蜜經（四十卷本）卷一五　（18–12）

利得供養皆般若波羅蜜力禪波羅蜜乃至
檀波羅蜜內空乃至无法有法空四念處乃
至十八不共法一切智法相法住法位法性實
際不可思議性一切種智是諸功德力善男
子善女人作是念是佛舍利一切智一切種
智大慈大悲斷一切結使及習常捨行不
錯謬法等諸佛功德住處以是故舍利得供
養世尊舍利是諸功德寶波羅蜜住處不垢
不淨波羅蜜住處不生不滅波羅蜜不入不
出波羅蜜不增不損波羅蜜不來不去不住
波羅蜜是佛舍利是諸法相波羅蜜住處以
是諸法相波羅蜜熏脩故舍利得供養復次
世尊置三千大千世界滿中舍利如恒河沙
等諸世界滿其中舍利作一分有人書般若波
羅蜜經卷作一分二分之中我取般若波羅
蜜何以故是般若波羅蜜中生諸佛舍利是
般若波羅蜜脩熏故舍利得供養世尊若善
男子善女人供養舍利恭敬尊重讚歎其功
德報不可得邊受人中天上福樂所謂刹利
大姓婆羅門大姓居士大家四天王天處乃
至他化自在天中受福樂亦以是福德因緣
故當得盡苦若受是般若波羅蜜讀誦說正
憶念是人能具足禪波羅蜜乃至能具足檀
波羅蜜能具足四念處乃至能具足十八不共
法過聲聞辟支佛地住菩薩位住菩薩位已
得菩薩神通從一佛國至一佛國是菩薩為
衆生故受身隨其所應成就衆生若作轉輪

BD14013號　摩訶般若波羅蜜經（四十卷本）卷一五　（18–13）

憶念是人能具足禪波羅蜜乃至能具足檀
波羅蜜能具足四念處乃至能具足十八不共
法過聲聞辟支佛地住菩薩位住菩薩位已
得菩薩神通從一佛國至一佛國是菩薩爲
衆生故受身隨其所應成就衆生若作轉輪
聖王若作刹利大姓若作婆羅門大姓成就衆
生以是故世尊我不爲輕慢不恭敬故不取
舍利以善男子善女人供養般若波羅蜜則
爲供養舍利故復次世尊有人欲見十方无量
阿僧祇諸世界中現在佛法身色身是人應
聞受持般若波羅蜜讀誦正憶念爲他人
廣說如是善男子善女人當見十方无量阿
僧祇國土中諸佛法身色身是善男子善女
人行般若波羅蜜亦應以法相脩念佛三昧
復次善男子善女人欲見現在諸佛應當受
是般若波羅蜜乃至正憶念復次世尊有二
種法相有爲諸法相无爲諸法相云何有爲
諸法相所謂内空中智慧乃至无法有法空
中智慧四念處中智慧乃至八聖道分中智
慧佛十力四无所畏四无㝵智十八不共法中
智慧善法中不善法中有漏法中无漏法中
世間法中出世間法中智慧是名有爲諸〻
法法相云何名无爲諸法法相若法无生无滅
无住无異无垢无淨无增无減諸法自性〻
云何名諸法自性諸法无所有性是諸法自
性是名无爲諸法相尒時佛告釋提桓因如
是如是憍尸迦過去諸佛因是般若波羅蜜
得阿耨多羅三藐三菩提過去佛諸弟子亦

BD14013號　摩訶般若波羅蜜經（四十卷本）卷一五　（18–14）

法法相云何名无爲諸法法相若法无生无滅
无住无異无垢无淨无增无減諸法自性〻
云何名諸法自性諸法无所有性是諸法自
性是名无爲諸法相尒時佛告釋提桓因如
是如是憍尸迦過去諸佛因是般若波羅蜜
得阿耨多羅三藐三菩提過去佛諸弟子亦
因般若波羅蜜得須陁洹道乃至阿羅漢辟
支佛道未來現在世十方无量阿僧祇諸佛
因是般若波羅蜜得阿耨多羅三藐三菩提
未來現在諸佛弟子亦因般若波羅蜜得須
陁洹道乃至辟支佛道何以故般若波羅蜜
中廣說三乘義以无相法故无生无滅法故
无垢无淨法故无作无起不入不出不增不
損不取不捨法故以俗法故非以第一義何
以故是般若波羅蜜非此非彼非高非下非
等非不等非相非无相非世間非出世間非
有漏非无漏非有爲非无爲非善非不善非過
去非未來非現在何以故憍尸迦般若波羅
蜜不取聲聞辟支佛法亦不捨凡人法釋提
桓因白佛言世尊菩薩摩訶薩行般若波羅
蜜知一切衆生心亦不得衆生乃至知者見
者亦不得是菩薩不得色不得受想行識不
得眼乃至意不得色乃至法不得眼觸因緣
生受乃至意觸因緣生受不得四念處乃至
十八不共法不得阿耨多羅三藐三菩提不
得諸佛法不得佛何以故般若波羅蜜不爲
得法故出何以故般若波羅蜜性无所有不

BD14013號　摩訶般若波羅蜜經（四十卷本）卷一五　（18–15）

生受乃至意觸因緣生受不得四念處乃至
十八不共法不得阿耨多羅三藐三菩提不
得諸佛法不得佛何以故般若波羅蜜不為
得法故出何以故般若波羅蜜性无所有不
可得所用法不可得處亦不可得佛告釋
提桓因如是如是憍尸迦如汝所說菩薩摩訶
薩長夜行般若波羅蜜阿耨多羅三藐三
菩提不可得何況菩薩及菩薩法尒時釋提
桓因白佛言世尊菩薩摩訶薩但行般若波
羅蜜不行餘波羅蜜耶佛告釋提桓因言憍
尸迦菩薩盡行六波羅蜜法以无所得故行
檀波羅蜜不得施者不得受者不得財物行
尸波羅蜜不得戒不得持戒人不得破戒人
乃至行般若波羅蜜不得智慧不得智慧人
不得无智慧人憍尸迦菩薩摩訶薩行布施
時般若波羅蜜為作明導能具足檀波羅蜜
菩薩摩訶薩行持戒時般若波羅蜜為作明
導能具足尸羅波羅蜜菩薩摩訶薩行忍辱
時般若波羅蜜為作明導能具足羼提波羅
蜜菩薩摩訶薩行精進時般若波羅蜜為作
明導能具足毗梨耶波羅蜜菩薩摩訶薩行
禪波羅蜜時般若波羅蜜為作明導能具足
禪波羅蜜菩薩摩訶薩觀諸法時般若波羅
蜜為作明導能具足般若波羅蜜一切法以
无所得故所謂色乃至一切種智憍尸迦譬
如閻浮提諸樹種種葉種種華種種菓種種
色其陰无差別諸波羅蜜入般若波羅蜜中

BD14013 號　摩訶般若波羅蜜經（四十卷本）卷一五　（18–16）

禪波羅蜜菩薩摩訶薩觀諸法時般若波羅
蜜為作明導能具足般若波羅蜜一切法以
无所得故所謂色乃至一切種智憍尸迦譬
如閻浮提諸樹種種葉種種華種種菓種種
色其陰无差別諸波羅蜜入般若波羅蜜中
至薩婆若无差別亦如是以无所得故釋提
桓因白佛言世尊般若波羅蜜大功德成就
世尊般若波羅蜜一切功德成就世尊般若
波羅蜜无量功德成就无邊功德成就无邊
功德成就世尊若有善男子善女人書是般
若波羅蜜經卷恭敬供養尊重讚歎華香乃
至幡蓋如般若波羅蜜所說正憶念復有善
男子善女人書般若波羅蜜經卷與他人其
福何所為多佛告釋提桓因憍尸迦我還問
汝隨汝意報我若有善男子善女人供養諸
佛舍利恭敬尊重讚歎華香乃至幡蓋若復
有人分舍利如芥子許與他人令供養恭敬
尊重讚歎華香乃至幡蓋其福何所為多釋
提桓因白佛言世尊如我從佛聞法中義有
善男子善女人自供養舍利乃至幡蓋若復
有人分舍利如芥子許與他人令供養其福
多世尊佛見是福利衆生故入金剛三昧中
碎金剛身作末舍利何以故有人佛滅度後供
養佛舍利乃至如芥子許其福報无邊乃至
苦盡佛告釋提桓因如是如是憍尸迦若善
男子善女人書般若波羅蜜經卷供養恭
敬華香乃至幡蓋若復有人書般若波羅蜜

BD14013 號　摩訶般若波羅蜜經（四十卷本）卷一五　（18–17）

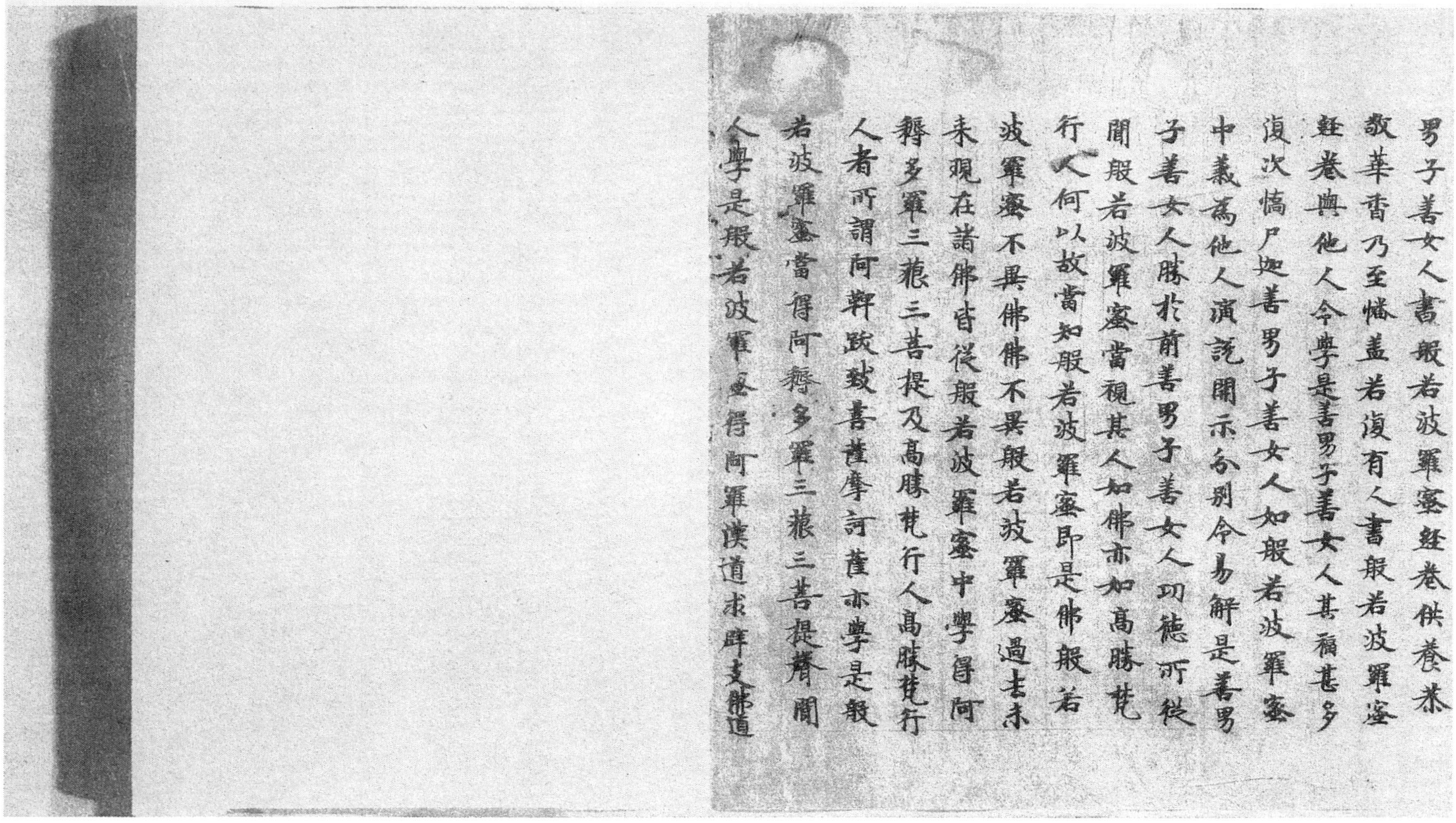
男子善女人書般若波羅蜜經卷供養恭
敬華香乃至幡蓋若復有人書般若波羅蜜
經卷與他人令學是善男子善女人其福甚多
復次憍尸迦善男子善女人如般若波羅蜜
中義爲他人演說開示分別令易解是善男
子善女人勝於前善男子善女人功德所從
聞般若波羅蜜當視其人如佛亦如高勝梵
行人何以故當知般若波羅蜜即是佛般若
波羅蜜不異佛佛不異般若波羅蜜過去未
來現在諸佛皆從般若波羅蜜中學得阿
耨多羅三藐三菩提及高勝梵行人高勝梵行
人者所謂阿鞞跋致菩薩摩訶薩亦學是般
若波羅蜜當得阿耨多羅三藐三菩提聲聞
人學是般若波羅蜜得阿羅漢道求辟支佛道

BD14013 號　摩訶般若波羅蜜經（四十卷本）卷一五　　（18–18）

BD14014 號背　現代護首　　（1–1）

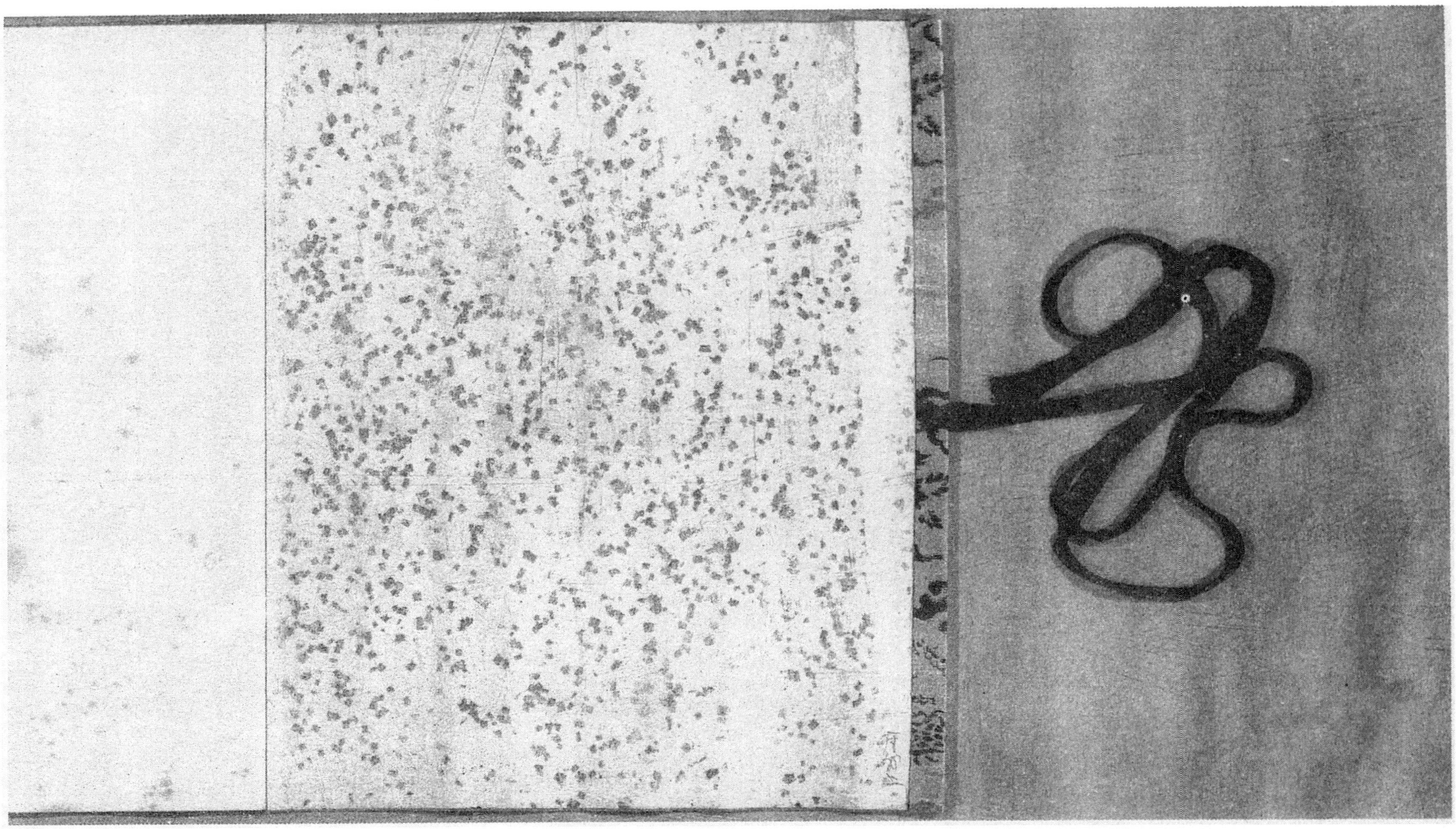

BD14014 號　摩訶般若波羅蜜經（四十卷本）卷一〇　　（23–1）

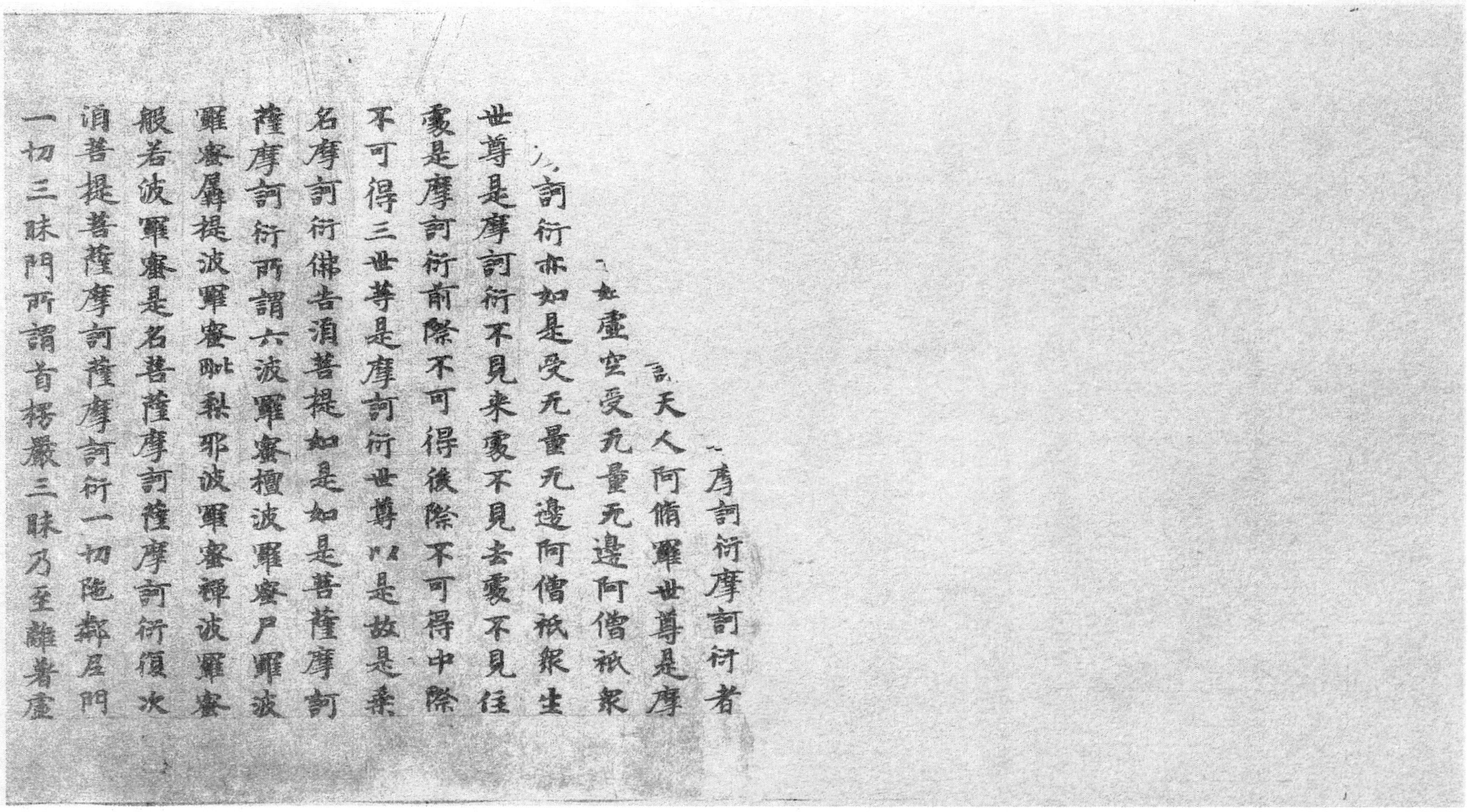

摩訶衍摩訶衍者
天人阿脩羅世尊是摩
虛空受无量无邊阿僧祇衆
訶衍亦如是受无量无邊阿僧祇衆生
世尊是摩訶衍不見来處不見去處不見住
處是摩訶衍前際不可得後際不可得中際
不可得三世等是摩訶衍世尊以是故是乘
名摩訶衍佛告須菩提如是如是菩薩摩訶
薩摩訶衍所謂六波羅蜜檀波羅蜜尸羅波
羅蜜羼提波羅蜜毗梨耶波羅蜜禪波羅蜜
般若波羅蜜是名菩薩摩訶薩摩訶衍復次
須菩提菩薩摩訶薩摩訶衍一切陁鄰尼門
一切三昧門所謂首楞嚴三昧乃至離著虛

BD14014 號　摩訶般若波羅蜜經（四十卷本）卷一〇　　（23–2）

羅蜜羼提波羅蜜毗梨耶波羅蜜禪波羅蜜
般若波羅蜜是名菩薩摩訶薩摩訶衍復次
須菩提菩薩摩訶薩摩訶衍一切陁鄰尼門
一切三昧門所謂首楞嚴三昧乃至離著虛
空不染三昧是名菩薩摩訶薩摩訶衍復次
須菩提菩薩摩訶薩摩訶衍所謂內空乃至
无法有法空是名菩薩摩訶薩摩訶衍復次
須菩提菩薩摩訶薩摩訶衍所謂四念處乃
至十八不共法是名菩薩摩訶薩摩訶衍如
須菩提所言是摩訶衍勝出一切世間及諸
天人阿脩羅須菩提若欲界有實不虛妄不
異諦不顛倒有常不壞相非无法者是摩訶
衍不能勝出一切世間及諸天人阿脩羅須
菩提以欲界虛妄憶想分別和合名字等有
一切无常相无法以是故摩訶衍勝出一切
世間及諸天人阿脩羅須菩提色界无色界
若當實有不虛妄不異諦不顛倒有常不壞
相非无法者是摩訶衍不能勝出一切世間
及諸天人阿脩羅須菩提以色界无色界虛
妄憶想分別和合名字等有一切无常破壞
相无法以是故摩訶衍勝出一切世間及諸
天人阿脩羅須菩提若色當實有不虛妄不
異諦不顛倒有常不壞相非无法者是摩訶
衍不能勝出一切世間及諸天人阿脩羅須
菩提以色虛妄憶想分別和合名字等有一

BD14014 號　摩訶般若波羅蜜經（四十卷本）卷一〇　（23-3）

天人阿脩羅須菩提若色當實有不虛妄不
異諦不顛倒有常不壞相非无法者是摩訶
衍不能勝出一切世間及諸天人阿脩羅須
菩提以色虛妄憶想分別和合名字等有一
切无常破壞相无法以是故是摩訶衍勝出
一切世間及諸天人阿脩羅受想行識亦如
是須菩提若眼乃至意色乃至法眼識乃至
意識眼觸乃至意觸眼觸因緣生受乃至意
觸因緣生受若當實有不虛妄不異諦不顛倒
有常不壞相非无法者是摩訶衍不能勝出
一切世間及諸天人阿脩羅須菩提以眼乃
至意觸因緣生受虛妄憶想分別和合名字
等有一切无常破壞相无法以是故摩訶衍
勝出一切世間及諸天人阿脩羅須菩提若
法性是有法非无法者是摩訶衍不能勝
出一切世間及諸天人阿脩羅須菩提以法
性无法非法以是故摩訶衍勝出一切世間
及諸天人阿脩羅須菩提若如實際不可思
議性是有法非无法者是摩訶衍不能勝出
一切世間及諸天人阿脩羅須菩提以如實
際不可思議性无法非法以是故摩訶衍勝
出一切世間及諸天人阿脩羅須菩提若檀
波羅蜜是有法非无法者是摩訶衍不能勝
出一切世間及諸天人阿脩羅以檀波羅蜜
无法非法以是故摩訶衍勝出一切世間及

BD14014 號　摩訶般若波羅蜜經（四十卷本）卷一〇　（23-4）

出一切世間及諸天人阿脩羅須菩提若檀
波羅蜜是有法非无法者是摩訶衍不能勝
出一切世間及諸天人阿脩羅以檀波羅蜜
无法非法以是故摩訶衍勝出一切世間及
諸天人阿脩羅若尸羅波羅蜜羼提波羅蜜
毗梨耶波羅蜜禪波羅蜜般若波羅蜜是
有法非无法者是摩訶衍不能勝出一切世
間及諸天人阿脩羅以尸羅波羅蜜乃至般
若波羅蜜无法非法以是故摩訶衍勝出一
切世間及諸天人阿脩羅須菩提若內空乃
至无法有法空是有法非无法者是摩訶衍
不能勝出一切世間及諸天人阿脩羅以內
空乃至无法有法空无法非法以是故摩訶
衍勝出一切世間及諸天人阿脩羅須菩提
若四念處乃至十八不共法是有法非无法
者是摩訶衍不能勝出一切世間及諸天人
阿脩羅以四念處乃至十八不共法无法非
法以是故摩訶衍勝出一切世間及諸天人
阿脩羅須菩提若性人法是有法非无法
者是摩訶衍不能勝出一切世間及諸天人
阿脩羅以性人法无法非法以是故摩訶衍
勝出一切世間及諸天人阿脩羅須菩提若
八人法若須陁洹法斯陁含法阿那含法阿
羅漢法辟支佛法佛法是有法非无法者是
摩訶衍不能勝出一切世間及諸天人阿脩

BD14014 號　摩訶般若波羅蜜經（四十卷本）卷一〇　（23–5）

阿脩羅以性人法无法非法以是故摩訶衍
勝出一切世間及諸天人阿脩羅須菩提若
八人法若須陁洹法斯陁含法阿那含法阿
羅漢法辟支佛法佛法是有法非无法者是
摩訶衍不能勝出一切世間及諸天人阿脩
羅以八人法乃至佛法无法非法以是故摩
訶衍勝出一切世間及諸天人阿脩羅須菩
提若性地人是有法非无法者是摩訶衍不
能勝出一切世間及諸天人阿脩羅以性地
人无法非法以是故摩訶衍勝出一切世間
及諸天人阿脩羅須菩提若八人須陁洹乃
至佛是有法非无法者是摩訶衍不能勝出
一切世間及諸天人阿脩羅以八人乃至佛
无法非法以是故摩訶衍勝出一切世間及
諸天人阿脩羅須菩提若一切世間及諸天
人阿脩羅是有法非无法者是摩訶衍不能
勝出一切世間及諸天人阿脩羅以一切世
間及諸天人阿脩羅无法非法以是故摩訶
衍勝出一切世間及諸天人阿脩羅須菩提
若菩薩摩訶薩從初發心乃至道場於其中
間諸心若當是有法非无法者是摩訶衍不
能勝出一切世間及諸天人阿脩羅以菩薩
從初發心乃至道場於其中間諸心无法非
法以是故摩訶衍勝出一切世間及諸天人
阿脩羅須菩提若菩薩摩訶薩如金剛慧若

BD14014 號　摩訶般若波羅蜜經（四十卷本）卷一〇　（23–6）

聞諸心若當是有法非无法者是摩訶衍不
能勝出一切世間及諸天人阿脩羅以菩薩
從初發心乃至道場於其中間諸心无法非
法以是故摩訶衍勝出一切世間及諸天人
阿脩羅須菩提若菩薩摩訶薩如金剛慧若
是有法非无法者是菩薩摩訶薩不能知一切結
使及習无法非法得一切種智須菩提以菩薩摩
訶薩如金剛慧无法非法是故菩薩知一切結
使及習无法非法得一切種智以是故摩訶
衍勝出一切世間及諸天人阿脩羅須菩提
若諸佛卅二相是有法非无法者諸佛威德
不能照然勝出一切世間及諸天人阿脩羅
須菩提以諸佛卅二相无法非法以是故諸
佛威德照然勝出一切世間及諸天人阿脩
羅須菩提若諸佛光明是有法非无法者諸
佛光明不能普照恒河沙等國土須菩提以
諸佛光明无法非法以是故諸佛能以光明
普照恒河沙等國土須菩提若諸佛六十種
莊嚴音聲是有法非无法者諸佛不能以六
十種莊嚴音聲遍至十方无量阿僧祇國土
須菩提以諸佛六十種莊嚴音聲无法非法
以是故諸佛能以六十種莊嚴音聲遍至十
方无量阿僧祇國土須菩提諸佛法輪若是
有法非无法者諸佛不能轉法輪諸沙門婆
羅門若天若魔若梵及世間餘衆所不能如
法轉者須菩提以諸佛法輪无法非法以是

以是故諸佛能以六十種莊嚴音聲遍至十
方无量阿僧祇國土須菩提諸佛法輪若是
有法非无法者諸佛不能轉法輪諸沙門婆
羅門若天若魔若梵及世間餘衆所不能如
法轉者須菩提以諸佛法輪无法非法以是
故諸佛轉法輪諸沙門婆羅門若天若魔若
梵及世間餘衆不能如法轉者須菩提諸佛
為衆生轉法輪是衆生若實有法非无法者
不能令是衆生於无餘涅槃而般涅槃須菩
提以諸佛為衆生轉法輪是衆生无法非法
以是故能令衆生於无餘涅槃中已滅今滅
當滅

摩訶般若波羅蜜經會受品第廿二

佛告須菩提汝所言衍與空等如是如是須
菩提摩訶衍與空等須菩提如虛空无東方
无南方西方北方四維上下須菩提摩訶衍
亦如是无東方无南方西方北方四維上下
須菩提如虛空非長非短非方非圓須菩提
摩訶衍亦如是非長非短非方非圓須菩提
如虛空非青非黃非赤非白非黑摩訶衍亦如
是非青非黃非赤非白非黑以是故說摩訶衍
與空等須菩提如虛空非過去非未來非現在
摩訶衍亦如是非過去非未來非現在以是故
說摩訶衍與空等須菩提如虛空不增不減
摩訶衍亦如是亦不增不減須菩提如虛空

摩訶衍亦如是非過去非未來非現在以是故
說摩訶衍與空等須菩提如虛空不增不減
摩訶衍亦如是亦不增不減須菩提如虛空
无垢无淨摩訶衍亦如是无垢无淨須菩
提如虛空无生无滅无住无異摩訶衍亦如
是无生无滅无住无異須菩提如虛空非善
非不善非記非无記摩訶衍亦如是非善非
不善非記非无記以是故說摩訶衍與空等
如虛空无見无聞无覺无識摩訶衍亦如是
无見无聞无覺无識如虛空不可知不可識
不可見不可斷不可證不可脩摩訶衍亦如
是不可知不可識不可見不可斷不可證不
可脩以是故說摩訶衍與空等如虛空非染
相非離相摩訶衍亦如是非染相非離相如
虛空不繫欲界不繫色界不繫无色界摩訶
衍亦如是不繫欲界不繫色界不繫无色界
如虛空无初發心亦无二三四五六七八九
第十心摩訶衍亦如是无初發心乃至无第
十心如虛空无乾慧地性人地八人地見地
薄地離欲地已作地摩訶衍亦如是无乾慧
地乃至无已作地如虛空无須陁洹果无斯
陁含果无阿那含果无阿羅漢果摩訶衍亦
如是无須陁洹果乃至无阿羅漢果如虛空
无聲聞地无辟支佛地无佛地摩訶衍亦如
是无聲聞地乃至无佛地以是故說摩訶衍

BD14014 號　摩訶般若波羅蜜經（四十卷本）卷一〇　（23–9）

地乃至无已作地如虛空无須陁洹果无斯
陁含果无阿那含果无阿羅漢果摩訶衍亦
如是无須陁洹果乃至无阿羅漢果如虛空
无聲聞地无辟支佛地无佛地摩訶衍亦如
是无聲聞地乃至无佛地以是故說摩訶衍
與空等如虛空非色非不色非可見非不可
見非有對非无對非合非散摩訶衍亦如是
非色非不色非可見非不可見非有對非无
對非合非散以是故說摩訶衍與空等須菩
提如虛空非常非无常非樂非苦非我非无
我摩訶衍亦如是非常非无常非樂非苦非我
非无我以是故說摩訶衍與空等須菩提如虛空
非空非不空非相非无相非作非无作摩訶衍亦
如是非空非不空非相非无相非作非无作以是
故說摩訶衍與空等須菩提如虛空非寂滅非
不寂滅非離非不離摩訶衍亦如是非寂滅非
不寂滅非離非不離以是故說摩訶衍與空等
須菩提如虛空非闇非明摩訶衍亦如是非
闇非明以是故說摩訶衍與空等須菩提如虛
空非可得非不可得摩訶衍亦如是非可得非
不可得以是故說摩訶衍與空等須菩提如
虛空非可說非不可說摩訶衍亦如是非可
說非不可說以是故說摩訶衍與空等須菩
提以是諸因緣故說摩訶衍與空等須菩提
如汝所言如虛空受无量无邊阿僧祇衆生
摩訶衍亦受无量无邊阿僧祇衆生如是如是

BD14014 號　摩訶般若波羅蜜經（四十卷本）卷一〇　（23–10）

虛空非可說非不可說摩訶衍亦如是非可
說非不可說以是故說摩訶衍與空等須菩
提以是諸因緣故說摩訶衍與空等須菩提
如汝所言如虛空受无量无邊阿僧祇衆生
摩訶衍亦受无量无邊阿僧祇衆生如是如是
須菩提衆生无有故當知虛空无有虛空无
有故當知摩訶衍亦无有以是因緣故摩訶
衍受无量无邊阿僧祇衆生何以故是衆生
虛空摩訶衍是法皆不可得故復次須菩提
摩訶衍无所有故當知阿僧祇无所有阿僧
祇无所有故當知无量无所有无量无所有故當
知无邊无所有无邊无所有故當知一切諸
法无所有以是因緣故須菩提是摩訶衍受
无量无邊阿僧祇衆生何以故是衆生虛空
摩訶衍阿僧祇无量无邊是一切法不可得
故復次須菩提我无所有乃至知者見者无
所有故當知如法性實際无所有如法性實
際无所有故當知乃至无量无邊阿僧祇无
所有无量无邊阿僧祇无所有故當知一切法
无所有以是因緣故須菩提摩訶衍受无量
无邊阿僧祇衆生何以故是衆生乃至知者見
者實際乃至无量无邊阿僧祇是一切法不可
得故復次須菩提我无所有乃至知者見者
无所有故當知不可思議性无所有不可思
議性无所有故當知色受想行識无所有色

BD14014 號　摩訶般若波羅蜜經（四十卷本）卷一〇　（23–11）

得故復次須菩提我无所有乃至知者見者
无所有故當知不可思議性无所有不可思
議性无所有故當知色受想行識无所有色
受想行識无所有故當知虛空无所有虛空
无所有故當知摩訶衍无所有摩訶衍无所
有故當知阿僧祇无所有阿僧祇无所有故
當知无量无所有无量无所有故當知无邊
无所有无邊无所有故當知一切諸法无所
有以是因緣故須菩提當知是摩訶衍受无
量无邊阿僧祇衆生何以故須菩提我乃至
知者見者等一切法皆不可得故復次須菩
提我无所有乃至知者見者无所有故當知
眼无所有耳鼻舌身意无所有眼乃至意无
所有故當知虛空无所有虛空无所有故當
知摩訶衍无所有摩訶衍无所有故當知阿
僧祇无所有阿僧祇无所有故當知无量无
所有无量无所有故當知无邊无所有无邊
无所有故當知一切諸法无所有以是因緣
故須菩提摩訶衍受无量无邊阿僧祇衆生
何以故須菩提我乃至一切諸法皆不可得故
復次須菩提我无所有乃至知者見者无所
有故當知檀波羅蜜无所有尸羅波羅蜜羼
提波羅蜜毗梨耶波羅蜜禪波羅蜜般若波
羅蜜无所有般若波羅蜜无所有故當知虛
空无所有虛空无所有故當知摩訶衍无所

BD14014 號　摩訶般若波羅蜜經（四十卷本）卷一〇　（23–12）

有故當知檀波羅蜜无所有尸羅波羅蜜羼
提波羅蜜毗梨耶波羅蜜禪波羅蜜般若波
羅蜜无所有般若波羅蜜无所有故當知虛
空无所有虛空无所有故當知摩訶衍无所
有摩訶衍无所有故當知无量无邊阿僧祇
无所有无量无邊阿僧祇无所有故當知一切諸
法无所有以是因緣故須菩提摩訶衍受无量
无邊阿僧祇衆生何以故我衆生乃至一切諸法
皆不可得故復次須菩提我无所有乃至知
者見者无所有故當知內空无所有乃至无
法有法空无所有无法有法空无所有故當
知虛空无所有虛空无所有故當知摩訶衍
无所有摩訶衍无所有故當知阿僧祇无量
无邊无所有阿僧祇无量无邊无所有故當
知一切諸法无所有以是因緣故須菩提是
摩訶衍受无量无邊阿僧祇衆生何以故我
衆生乃至一切諸法皆不可得故復次須菩
提我衆生乃至知者見者无所有故當知四
念處无所有四念處无所有故乃至十八不
共法无所有十八不共法无所有故當知虛
空无所有虛空无所有故當知摩訶衍无所
有摩訶衍无所有故當知阿僧祇无量无邊
无所有阿僧祇无量无邊无所有故當知一
切諸法无所有以是因緣故須菩提是摩訶
衍受无量无邊阿僧祇衆生何以故我衆生

BD14014號　摩訶般若波羅蜜經（四十卷本）卷一〇　（23–13）

空无所有虛空无所有故當知摩訶衍无所
有摩訶衍无所有故當知阿僧祇无量无邊
无所有阿僧祇无量无邊无所有故當知一
切諸法无所有以是因緣故須菩提是摩訶
衍受无量无邊阿僧祇衆生何以故我衆生
乃至一切諸法皆不可得故復次須菩提我
衆生无所有乃至知者見者无所有故當知
性地法无所有乃至已作地无所有已作地
无所有故當知虛空无所有虛空无所有故
當知摩訶衍无所有摩訶衍无所有故當知
阿僧祇无量无邊无所有阿僧祇无量无邊
无所有故當知一切諸法无所有以是因緣故
是摩訶衍受无量无邊阿僧祇衆生何以故
我衆生乃至一切諸法皆不可得故復次須
菩提我衆生乃至知者見者无所有故當知
須陁洹无所有須陁洹无所有故當知斯陁
含无所有斯陁含无所有故當知阿那含无
所有阿那含无所有故當知阿羅漢无所有
阿羅漢无所有故當知乃至一切諸法无所
有以是因緣故須菩提是摩訶衍受无量无
邊阿僧祇衆生何以故須菩提我乃至一切
諸法皆不可得故復次須菩提我乃至知者
見者无所有故當知聲聞乘无所有聲聞乘
无所有故當知辟支佛乘无所有辟支佛乘
无所有故當知佛乘无所有佛乘无所有故
當知聲聞人无所有聲聞人无所有故當知

BD14014號　摩訶般若波羅蜜經（四十卷本）卷一〇　（23–14）

諸法皆不可得故復次須菩提我乃至知者
見者无所有故當知聲聞乘无所有聲聞乘
无所有故當知辟支佛乘无所有辟支佛乘
无所有故當知佛乘无所有佛乘无所有故
當知聲聞人无所有聲聞人无所有故當知
須陁洹无所有須陁洹无所有故乃至佛无
所有佛无所有故當知一切種智无所有一
切種智无所有故當知虛空无所有虛空无
所有故當知摩訶衍无所有摩訶衍无所有
故當知乃至一切諸法无所有以是因緣故
摩訶衍受无量无邊阿僧祇衆生何以故我
乃至一切諸法皆不可得故須菩提辟如涅
槃性中受无量无邊阿僧祇衆生是摩訶衍
亦受无量无邊阿僧祇衆生以是因緣故須
菩提如虛空受无量无邊阿僧祇衆生是摩
訶衍亦如是受无量无邊阿僧祇衆生復次
須菩提汝所言是摩訶衍不見來處不見去
處不見住處如是如是須菩提是摩訶衍不
見來處不見去處不見住處何以故須菩提
一切諸法不動相故是法无來處无去處无
住處何以故須菩提色无所從來亦无所去亦
无所住受想行識无所從來亦无所去亦无
所住須菩提色法无所從來亦无所去亦无
所住受想行識法无所從來亦无所去亦无
所住須菩提色如无所從來亦无所去亦无
所住受想行識如无所從來亦无所去亦无

BD14014號　摩訶般若波羅蜜經（四十卷本）卷一〇　（23–15）

无所住受想行識无所從來亦无所去亦无
所住須菩提色法无所從來亦无所去亦无
所住受想行識法无所從來亦无所去亦无
所住須菩提色如无所從來亦无所去亦无
所住受想行識如无所從來亦无所去亦无
所住須菩提色性无所從來亦无所去亦无
所住受想行識性无所從來亦无所去亦无
所住須菩提色相无所從來亦无所去亦无
所住受想行識相无所從來亦无所去亦无所
住須菩提眼眼法眼如眼性眼相无所從來亦
无所去亦无所住耳鼻舌身意意法意如意
性意相无所從來亦无所去亦无所住色聲
香味觸法亦如是須菩提地種地種法地種
如地種性地種相无所從來亦无所去亦无
所住水火風空識種識種法識種如識種性
識種相亦如是須菩提如如法如如如性如
相无所從來亦无所去亦无所住須菩提實
際實際法實際如實際性實際相无所從來亦
无所去亦无所住須菩提不可思議不可思
議法不可思議如不可思議性不可思議相
无所從來亦无所去亦无所住須菩提檀波
羅蜜檀波羅蜜法檀波羅蜜如檀波羅蜜性
檀波羅蜜相无所從來亦无所去亦无所住
尸羅波羅蜜羼提波羅蜜毗梨耶波羅蜜禪
波羅蜜般若波羅蜜般若波羅蜜法般若波
羅蜜如般若波羅蜜性般若波羅蜜相无所

BD14014號　摩訶般若波羅蜜經（四十卷本）卷一〇　（23–16）

羅蜜相波羅蜜法相波羅蜜如相波羅蜜性
檀波羅蜜相无所從来亦无所去亦无所住
尸羅波羅蜜羼提波羅蜜毗梨耶波羅蜜禪
波羅蜜般若波羅蜜般若波羅蜜法般若波
羅蜜如般若波羅蜜性般若波羅蜜相无所
從来亦无所去亦无所住須菩提四念處四
念處法四念處如四念處性四念處相无所
從来亦无所去亦无所住乃至十八不共法
亦如是須菩提菩薩菩薩法菩薩如菩薩性
菩薩相无所從来亦无所去亦无所住佛佛
法佛如佛性佛相无所從来亦无所去亦无
所住阿耨多羅三藐三菩提阿耨多羅三藐三
菩提法如性相无所從来亦无所去亦无所住
須菩提有為法有為法法有為法如有為法性
有為法相无所從来亦无所去亦无所住須
菩提无為法无為法法无為法如无為法性
无為法相无所從来亦无所去亦无所住
以是因緣故須菩提是摩訶衍不見来處不
見去處不見住處須菩提汝所言是摩訶衍
前際不可得後際不可得中際不可得是衍
名三世等以是故説名摩訶衍如是如是須
菩提是摩訶衍前際不可得後際不可得中
際不可得是衍名三世等以是故説名摩訶
衍何以故須菩提過去世過去世空未来世
未来世空現在世現在世空三世等三世等
空摩訶衍摩訶衍空菩薩菩薩空何以故須

際不可得是衍名三世等以是故説名摩訶
衍何以故須菩提過去世過去世空未来世
未来世空現在世現在世空三世等三世等
空摩訶衍摩訶衍空菩薩菩薩空何以故須
菩提是空非一非二非三非四非五非異以
是故説名三世等是菩薩摩訶薩摩訶衍是
衍中等不等相不可得染不染不可得瞋
不瞋不可得癡不癡不可得憍不憍不可得
乃至一切善法不善法不可得是衍中常不
可得无常不可得樂不可得苦不可得實不
可得空不可得我不可得无我不可得欲界
不可得色界不可得无色界不可得度欲界
不可得度色界不可得度无色界不可得何
以故是摩訶衍自法不可得故須菩提過去
色過去色空未来現在色未来現在色空過
去受想行識過去受想行識空未来現在受
想行識未来現在受想行識空空中過去色
不可得何以故空中空亦不可得何況空
中過去色可得空中未来現在色不可得何
以故空中空亦不可得何況空中未来現在
色可得空中過去受想行識不可得何以故
空中空亦不可得何況空中過去受想行識
可得空中未来現在受想行識不可得何以
故空中空亦不可得何況空中未来現在受
想行識可得須菩提過去檀波羅蜜不可得

空中空亦不可得何況空中過去受想行識
可得空中未来現在受想行識不可得何以
故空中空亦不可得何況空中未来現在受
想行識可得須菩提過去檀波羅蜜不可得
未来檀波羅蜜不可得現在檀波羅蜜不可
得三世等中檀波羅蜜亦不可得何以故等
中過去世不可得未来世不可得現在世不
可得等中等亦不可得何況等中過去世未
来世現在世可得尸羅波羅蜜羼提波羅蜜
毗梨耶波羅蜜禪波羅蜜般若波羅蜜亦如
是復次須菩提過去世中四念處不可得乃
至過去世中十八不共法不可得未来世現
在世亦如是復次須菩提三世等中四念處
不可得三世等中乃至十八不共法亦不可
得何以故等中過去世四念處不可得等中
未来世四念處不可得等中現在世四念處
不可得等中等亦不可得何況等中過去世
四念處未来現在世四念處可得等中等亦
不可得何況等中過去世乃至十八不共法可
得未来現在世亦如是復次須菩提過去世
凡夫人不可得未来世現在世中凡人不可
得三世等中凡人亦不可得何以故衆生不
可得乃至知者見者不可得故過去世中聲
聞辟支佛菩薩佛不可得未来現在世聲聞
辟支佛菩薩佛不可得三世等中聲聞辟支

BD14014號　摩訶般若波羅蜜經（四十卷本）卷一〇　（23–19）

可得乃至知者見者不可得故過去世中聲
聞辟支佛菩薩佛不可得未来現在世聲聞
辟支佛菩薩佛不可得三世等中聲聞辟支
佛菩薩佛不可得何以故衆生不可得乃至
知者見者不可得故如是須菩提菩薩摩訶
薩住般若波羅蜜中學三世等相當具足一
切種智是名菩薩摩訶薩摩訶衍所謂三世
等相菩薩摩訶薩住是衍中勝一切世間及
諸天人阿脩羅成就薩婆若尒時須菩提白
佛言世尊善哉善哉是菩薩摩訶薩摩訶衍
何以故過去諸菩薩是衍中學得一切種智
未来世諸菩薩摩訶薩亦是衍中學當得一
切種智世尊今十方无量阿僧祇國土中諸
菩薩摩訶薩亦是衍中學得一切種智以是
故世尊是衍實是菩薩摩訶薩摩訶衍佛告
須菩提如是如是過去未来現在諸佛是摩
訶衍中學已得一切種智當得今得
摩訶般若波羅蜜經會宗品第廿三
尒時慧命富樓那弥多羅尼子白佛言世尊
佛使須菩提為諸菩薩摩訶薩說般若波羅
蜜今乃說摩訶衍為須菩提白佛言世尊我
說摩訶衍將无離般若波羅蜜耶佛言不也須
菩提汝說摩訶衍隨般若波羅蜜不離何
以故一切所有善法助道法若聲聞法若辟
支佛法若菩薩法若佛法是一切法皆攝入

BD14014號　摩訶般若波羅蜜經（四十卷本）卷一〇　（23–20）

蜜今乃說摩訶衍為須菩提白佛言世尊我
說摩訶衍將无離般若波羅蜜耶佛言不也須
菩提汝說摩訶衍隨般若波羅蜜不離何
以故一切所有善法助道法若聲聞法若辟
支佛法若菩薩法若佛法是一切法皆攝入
般若波羅蜜中須菩提白佛言世尊何等諸
善法助道法聲聞法辟支佛法菩薩法佛法
皆攝入般若波羅蜜中佛告須菩提所謂檀
波羅蜜尸波羅蜜羼提波羅蜜毗梨耶波羅
蜜禪波羅蜜般若波羅蜜四念處四正勤四如
意足五根五力七覺分八聖道分空无相无
作解脫門佛十力四无所畏四无礙智大慈
大悲十八不共法无錯謬相常捨行須菩提
是諸餘善法助道法若聲聞法若辟支佛法
若菩薩法若佛法皆攝入般若波羅蜜中須
菩提若摩訶衍若般若波羅蜜禪波羅蜜毗
梨耶波羅蜜羼提波羅蜜尸羅波羅蜜檀波
羅蜜若色受想行識眼色眼識眼觸眼觸因
緣生諸受乃至意法意識意觸意觸因緣生
諸受地種乃至識種四念處乃至八聖道分
空无相无作解脫門及諸善法若有漏若无
漏若有為若无為若苦諦集諦滅諦道諦若
欲界若色界若无色界若內空乃至无法有
法空諸三昧門諸陁鄰尼門佛十力乃至十
八不共法若佛法佛法性如實際不可思議

BD14014 號　摩訶般若波羅蜜經（四十卷本）卷一〇　（23–21）

作解脫門佛十力四无所畏四无礙智大慈
大悲十八不共法无錯謬相常捨行須菩提
是諸餘善法助道法若聲聞法若辟支佛法
若菩薩法若佛法皆攝入般若波羅蜜中須
菩提若摩訶衍若般若波羅蜜禪波羅蜜毗
梨耶波羅蜜羼提波羅蜜尸羅波羅蜜檀波
羅蜜若色受想行識眼色眼識眼觸眼觸因
緣生諸受乃至意法意識意觸意觸因緣生
諸受地種乃至識種四念處乃至八聖道分
空无相无作解脫門及諸善法若有漏若无
漏若有為若无為若苦諦集諦滅諦道諦若
欲界若色界若无色界若內空乃至无法有
法空諸三昧門諸陁鄰尼門佛十力乃至十
八不共法若佛法佛法性如實際不可思議
性涅槃是一切諸法皆不合不散无色无形
无對一相所謂无相須菩提以是因緣故汝
所說摩訶衍隨順般若波羅蜜何以故須菩
提摩訶衍不異般若波羅蜜般若波羅蜜不
異摩訶衍般若波羅蜜摩訶衍无二无別檀
波羅蜜不異摩訶衍摩訶衍不異檀波羅蜜
檀波羅蜜摩訶衍无二无別乃至禪波羅蜜
亦如是須菩提四念處不異摩訶衍摩訶衍
不異四念處四念處摩訶衍无二无別乃
至十八不共法不異摩訶衍摩訶衍不異十
八不共法十八不共法摩訶衍无二无別以

BD14014 號　摩訶般若波羅蜜經（四十卷本）卷一〇　（23–22）

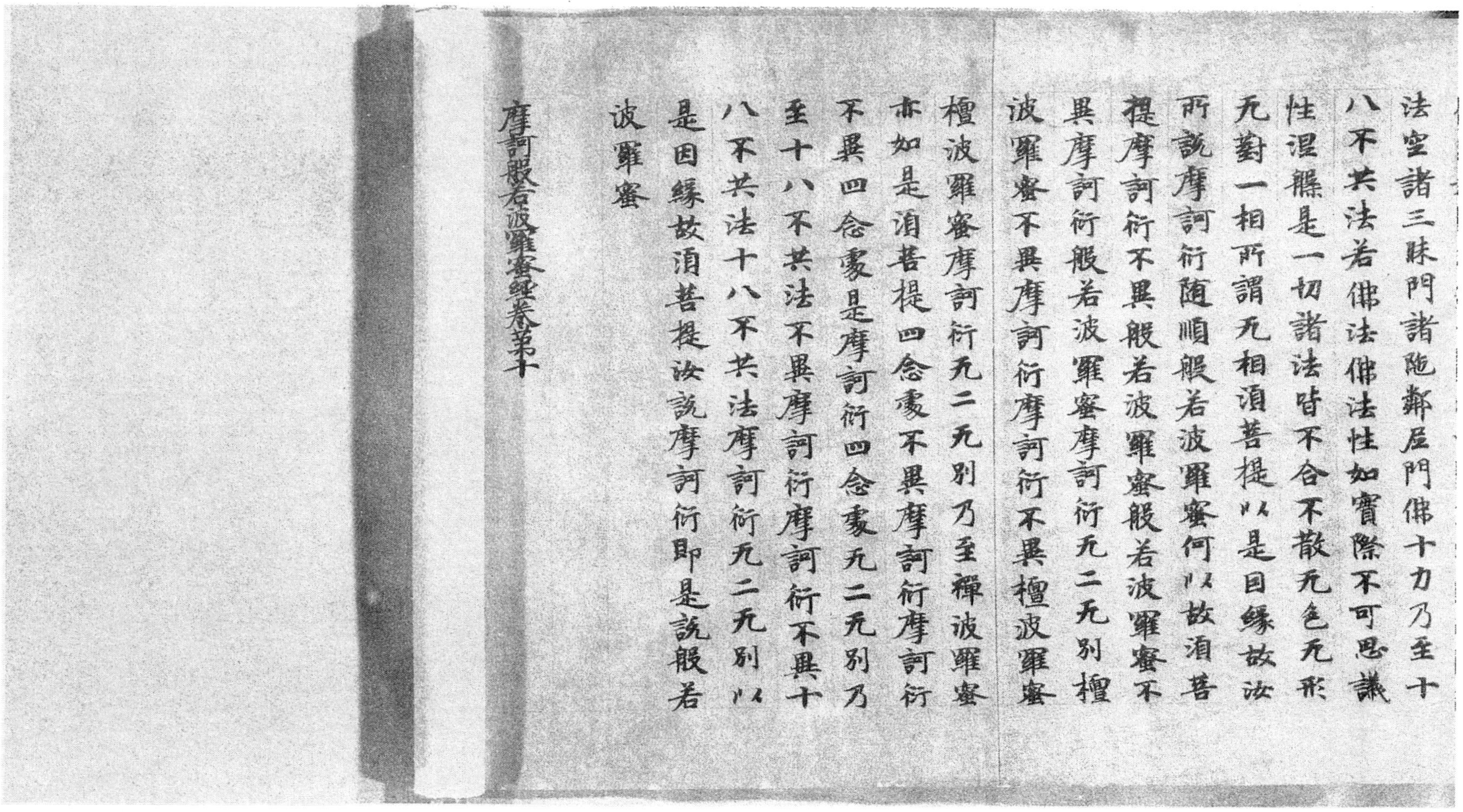

法空諸三昧門諸陁鄰尼門佛十力乃至十
八不共法若佛法佛法性如實際不可思議
性涅槃是一切諸法皆不合不散无色无形
无對一相所謂无相須菩提以是因緣故汝
所說摩訶衍隨順般若波羅蜜何以故須菩
提摩訶衍不異般若波羅蜜般若波羅蜜不
異摩訶衍般若波羅蜜摩訶衍无二无別檀
波羅蜜不異摩訶衍摩訶衍不異檀波羅蜜
檀波羅蜜摩訶衍无二无別乃至禪波羅蜜
亦如是須菩提四念處不異摩訶衍摩訶衍
不異四念處是摩訶衍四念處无二无別乃
至十八不共法不異摩訶衍摩訶衍不異十
八不共法十八不共法摩訶衍无二无別以
是因緣故須菩提汝說摩訶衍即是說般若
波羅蜜

摩訶般若波羅蜜經卷第十

BD14014 號　摩訶般若波羅蜜經（四十卷本）卷一〇　（23–23）

BD14015 號背　現代護首　（1–1）

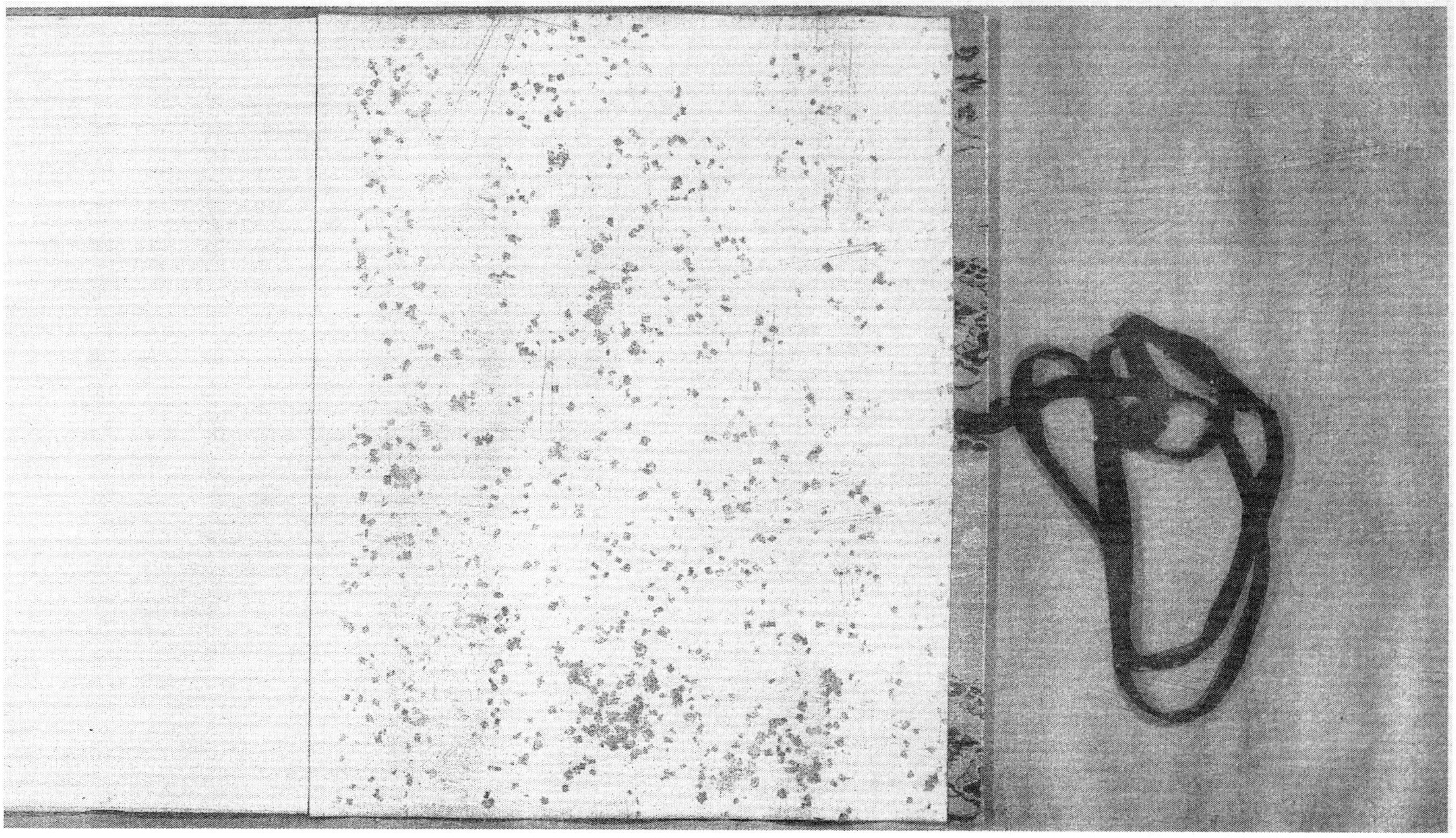

BD14015號　摩訶般若波羅蜜經（四十卷本）卷一二　（18–1）

卷第

子白佛言

佛使須菩提爲諸菩薩摩訶薩說般若波羅
蜜今乃說摩訶衍爲須菩提白佛言世尊我
說摩訶衍將无離般若波羅蜜佛言不也須
菩提汝說摩訶衍隨般若波羅蜜不離何以
故一切所有善法助道法若聲聞法若辟支
佛法若菩薩法若佛法是一切法皆攝入般
若波羅蜜中須菩提白佛言世尊何等諸善
助道法聲聞法辟支佛法菩薩法佛法皆攝
入般若波羅蜜中佛告須菩提所謂檀波羅
蜜尸羅波羅蜜羼提波羅蜜毗梨耶波羅蜜

BD14015號　摩訶般若波羅蜜經（四十卷本）卷一二　（18–2）

若波羅蜜中須菩提白佛言世尊何等諸善
助道法聲聞法辟支佛法菩薩法佛法皆攝
入般若波羅蜜中佛告須菩提所謂檀波羅
蜜尸羅波羅蜜羼提波羅蜜毗梨耶波羅蜜
禪波羅蜜般若波羅蜜四念處四正懃四如
意足五根五力七覺分八聖道分空无相无
作解脫門佛十力四无所畏四无㝵智大慈
大悲十八不共法无錯謬相常捨行須菩提
是諸餘善法助道法若聲聞法若辟支佛法
若菩薩法若佛法皆攝入般若波羅蜜中須
菩提若摩訶衍若般若波羅蜜禪波羅蜜毗
梨耶波羅蜜羼提波羅蜜尸羅波羅蜜檀波
羅蜜若色受想行識眼色眼識眼觸眼觸因
緣生諸受乃至意法意識意觸意觸因緣生
諸受地種乃至識種四念處乃至八聖道分
空无相无作解脫門及諸善法若有漏若无
漏若有為若无為若苦諦集諦滅諦道諦若
欲界若色界若无色界若內空乃至无法有
法空諸三昧門諸陀羅尼門佛十力乃至十
八不共法若佛法佛法性如實際不可思議
性涅槃是一切諸法皆不合不散无色无形
无對一相所謂无相須菩提以是因緣故汝
所說摩訶衍隨順般若波羅蜜何以故須菩
提摩訶衍不異般若波羅蜜般若波羅蜜不
異摩訶衍般若波羅蜜摩訶衍无二无別檀
波羅蜜不異摩訶衍摩訶衍不異檀波羅蜜

BD14015號　摩訶般若波羅蜜經（四十卷本）卷一二　（18-3）

无對一相所謂无相須菩提以是因緣故汝
所說摩訶衍隨順般若波羅蜜何以故須菩
提摩訶衍不異般若波羅蜜般若波羅蜜不
異摩訶衍般若波羅蜜摩訶衍无二无別檀
波羅蜜不異摩訶衍摩訶衍不異檀波羅蜜
檀波羅蜜摩訶衍无二无別乃至禪波羅蜜
亦如是須菩提四念處不異摩訶衍摩訶衍
不異四念處四念處摩訶衍无二无別乃至
十八不共法不異摩訶衍摩訶衍不異十八
不共法十八不共法摩訶衍无二无別以是
因緣故須菩提汝說摩訶衍即是說般若波
羅蜜

摩訶般若波羅蜜三際品第廿五

慧命須菩提白佛言世尊菩薩摩訶薩前際
不可得後際不可得中際不可得色无邊故
當知菩薩摩訶薩亦无邊受想行識无邊故
當知菩薩摩訶薩亦无邊色是菩薩摩訶薩
是亦不可得受想行識是菩薩摩訶薩是亦
不可得如是世尊於一切種一切處求菩薩
不可得世尊我當教何等菩薩摩訶薩般若
波羅蜜世尊菩薩摩訶薩但有名字如說我
名字我畢竟不生如我諸法亦如是无自性
何等色畢竟不生何等受想行識畢竟不生
世尊是畢竟不生不名為色是畢竟不生不
名為受想行識世尊若畢竟不生法當教是
般若波羅蜜都離畢竟不生亦无菩薩行阿

BD14015號　摩訶般若波羅蜜經（四十卷本）卷一二　（18-4）

名字我畢竟不生如我諸法亦如是无自性
何等色畢竟不生何等受想行識畢竟不生
世尊是畢竟不生不名為色是畢竟不生不
名為受想行識世尊若畢竟不生法當教是
般若波羅蜜耶離畢竟不生亦无菩薩行阿
耨多羅三藐三菩提若菩薩聞作是說心不
沒不悔不驚不怖不畏當知是菩薩摩訶薩
能行般若波羅蜜舍利弗問須菩提何因緣
故言菩薩摩訶薩前際不可得後際不可得
中際不可得須菩提何因緣故言色无邊故
當知菩薩亦无邊受想行識无邊故當知菩
薩亦无邊須菩提何因緣故言色是菩薩是
亦不可得受想行識是菩薩是亦不可得須
菩提何因緣故言於一切種一切處菩薩不
可得當教何等菩薩般若波羅蜜須菩提何
因緣故言菩薩摩訶薩但有名字須菩提何
因緣故言如說我名字我畢竟不生如我諸
法亦如是无自性何等色畢竟不生何等受
想行識畢竟不生須菩提何因緣故言畢竟
不生不名為色畢竟不生不名為受想行識
須菩提何因緣故言若畢竟不生法當教般
若波羅蜜耶須菩提何因緣故言離畢竟不
生亦无菩薩行阿耨多羅三藐三菩提須菩
提何因緣故言若菩薩聞作是說心不沒不
悔不驚不怖不畏若能如是行是名菩薩摩

BD14015號　摩訶般若波羅蜜經（四十卷本）卷一二　（18-5）

生亦无菩薩行阿耨多羅三藐三菩提須菩
提何因緣故言若菩薩聞作是說心不沒不
悔不驚不怖不畏若能如是行是名菩薩摩
訶薩行般若波羅蜜尒時須菩提報舍利弗
言衆生无所有故菩薩前際不可得衆生空
故菩薩前際不可得衆生離故菩薩前際不
可得舍利弗色无有故菩薩前際不可得受
想行識无有故菩薩前際不可得色空故菩
薩前際不可得受想行識空故菩薩前際不
可得色離故菩薩前際不可得受想行識離
故菩薩前際不可得舍利弗色性无故菩薩
前際不可得受想行識性无故菩薩前際不
可得舍利弗檀波羅蜜无有故菩薩前際不
可得尸羅波羅蜜羼提波羅蜜毗梨耶波羅
蜜禪波羅蜜般若波羅蜜无有故菩薩前際
不可得何以故舍利弗空中前際不可得後
際不可得中際不可得空不異菩薩菩薩不
異前際舍利弗空菩薩前際是諸法无二无
別以是因緣故舍利弗菩薩前際不可得舍
利弗檀波羅蜜空故檀波羅蜜離故檀波羅
蜜性无故菩薩前際不可得尸羅波羅蜜羼
提波羅蜜毗梨耶波羅蜜禪波羅蜜般若波
羅蜜空故般若波羅蜜離故般若波羅蜜性
无故菩薩前際不可得何以故舍利弗空中
前際不可得後際不可得中際不可得空不

BD14015號　摩訶般若波羅蜜經（四十卷本）卷一二　（18-6）

蜜性无故菩薩前際不可得尸羅波羅蜜羼
提波羅蜜毗梨耶波羅蜜禪波羅蜜般若波
羅蜜空故般若波羅蜜離故般若波羅蜜性
无故菩薩前際不可得何以故舍利弗空中
前際不可得後際不可得中際不可得空不
異菩薩〻〻不異前際舍利弗空菩薩前際无
二无別以是因緣故舍利弗菩薩前際不可
得復次舍利弗內空无所有故菩薩前際不
可得乃至无法有法空无所有故菩薩前際
不可得內空空故內空離故內空性无故乃
至无法有法空空故離故性无故菩薩前際
不可得餘如上說復次舍利弗四念處无所
有故菩薩前際不可得四念處空故離故性
无故菩薩前際不可得乃至十八不共法无
所有故菩薩前際不可得十八不共法空故
離故性无故菩薩前際不可得餘如上說以
是因緣故舍利弗菩薩前際不可得復次舍
利弗一切三昧門一切陀羅尼門无有故菩
薩前際不可得三昧門陀羅尼門空故離故
性无故菩薩前際不可得餘如上說復次舍
利弗法性无有故菩薩前際不可得法性空
故離故性无故菩薩前際不可得餘如上說
復次舍利弗如无有故空故離故性无故實
際无有故空故離故性无故不可思議性无
有故空故離故性无故菩薩前際不可得餘
如上說復次舍利弗聲聞无有故菩薩前際

BD14015號　摩訶般若波羅蜜經（四十卷本）卷一二　（18–7）

故離故性无故菩薩前際不可得餘如上說
復次舍利弗如无有故空故離故性无故實
際无有故空故離故性无故不可思議性无
有故空故離故性无故菩薩前際不可得餘
如上說復次舍利弗聲聞无有故菩薩前際
不可得聲聞空故離故性无故菩薩前際不
可得辟支佛无有故空故離故性无故菩薩
前際不可得佛无有故空故離故性无故菩
薩前際不可得阿耨多羅三藐三菩提无有
故乃至性无故菩薩前際不可得復次一切
種智无有故乃至性无故菩薩前際可不得
何以故舍利弗空前際不可得後際不可得
中際不可得菩薩不可得舍利弗空不異菩
薩〻〻不異前際空菩薩前際是諸法无二无
別以是因緣故舍利弗菩薩前際不可得後
際中際〻〻如是如舍利弗言色无邊故當知
菩薩〻〻无邊受想行識无邊故當知菩薩〻〻
无邊舍利弗色如虛空受想行識如虛空何
以故舍利弗如虛空邊不可得中不可得无
邊无中故但說名虛空如是舍利弗色邊不
可得中不可得是色空故空中〻〻无邊〻〻无
中受想行識邊不可得中不可得識空故空
中〻〻无邊〻〻无中以是因緣故舍利弗色无
邊故當知菩薩〻〻无邊受想行識无邊故當
知菩薩〻〻无邊乃至十八不共法〻〻如是如

BD14015號　摩訶般若波羅蜜經（四十卷本）卷一二　（18–8）

可得中不可得是色空故空中々无遍々无
中受想行識遍不可得中不可得識空故空
中々无遍々无中以是因緣故舍利弗色无
遍故當知菩薩々々无遍受想行識无遍故當
知菩薩々无遍乃至十八不共法々如是知
舍利弗言色是菩薩是々不可得受想行識
是菩薩是々不可得舍利弗色色相空受想
行識相識空檀波羅蜜檀波羅蜜相空乃至
般若波羅蜜々如是内空内空相空乃至无
法有法空无法有法空相空四念處四念處
相空乃至十八不共法十八不共法相空如
法性實際不可思議性不可思議性相空三
眛門三眛門相空陁羅尼門陁羅尼門相空
一切智一切智相空道智道智相空一切種
智一切種智相空聲聞乘聲聞乘相空辟支
佛乘辟支佛乘相空佛乘佛乘相空聲聞人
聲聞人相空辟支佛辟支佛相空佛佛相空
空中色不可得受想行識不可得以是因緣
故舍利弗色是菩薩是々不可得受想行識
是菩薩是々不可得如舍利弗言何因緣故
一切種一切處菩薩不可得當教何等菩薩
般若波羅蜜舍利弗色色中不可得色受中
不可得受受中不可得受色中不可得受想
中不可得想想中不可得想色受中不可得
想行中不可得行行中不可得行色受想中

一切種一切處菩薩不可得當教何等菩薩
般若波羅蜜舍利弗色色中不可得色受中
不可得受受中不可得受色中不可得受想
中不可得想想中不可得想色受中不可得
想行中不可得行行中不可得行色受想中
不可得行識中不可得識識中不可得識色
受想行中不可得舍利弗眼眼中不可得眼
耳中不可得耳耳中不可得耳眼中不可得
耳鼻中不可得鼻鼻中不可得鼻眼耳中不
可得鼻舌中不可得舌舌中不可得舌眼耳
鼻中不可得舌身中不可得身身中不可得
身眼耳鼻舌中不可得身意中不可得意意
中不可得意眼耳鼻舌身中不可得六入六
識六觸六觸因緣生受々如是檀波羅蜜乃
至般若波羅蜜内空乃至无法有法空四念
處乃至十八不共法一切三昧門一切陁羅
尼門性法乃至辟支佛法初地乃至第十地
一切智道種智一切種智々如是須陁洹乃
至阿羅漢辟支佛菩薩佛々如是菩薩菩薩
中不可得菩薩般若波羅蜜中不可得般若
波羅蜜般若波羅蜜中不可得般若波羅蜜
菩薩中不可得般若波羅蜜中教化无所有
不可得教化中教化无所有不可得教化中
菩薩及般若波羅蜜无所有不可得舍利弗
如是一切法无所有不可得以是因緣故一
切種一切處菩薩不可得當教何等菩薩般

不可得教化中教化无所有不可得教化中
菩薩及般若波羅蜜无所有不可得舍利弗
如是一切法无所有不可得以是因緣故一
切種一切處菩薩奇得當教何等菩薩般
若波羅蜜如舍利弗言何因緣故說菩薩摩
訶薩但有假名舍利弗色是假名受想行識
是假名色名非色受想行識名非識何以故
名名相空若空則非菩薩以是因緣故舍利
弗菩薩但有假名復次舍利弗檀波羅蜜但
有名字名字中非有檀波羅蜜檀波羅蜜中
非有名字以是故菩薩但有假名尸羅波羅
蜜羼提波羅蜜毗梨耶波羅蜜禪波羅蜜般
若波羅蜜但有名字名字中无有般若波羅
蜜般若波羅蜜中无有名字以是因緣故菩
薩但有假名舍利弗內空但有名字乃至无
法有法空但有名字名字中无內空內空中
无名字何以故名字內空俱不可得乃至无
法有法空亦如是以是因緣故舍利弗菩薩
但有假名舍利弗四念處但有名字乃至十
八不共法但有名字一切三昧門一切陁羅
尼門乃至一切種智亦如是以是因緣故舍
利弗我說菩薩但有假名如舍利弗言何因
緣故說我名字畢竟不生舍利弗我畢竟不
可得云何當有生乃至知者見者畢竟不可

BD14015號　摩訶般若波羅蜜經（四十卷本）卷一二　（18–11）

尼門乃至一切種智亦如是以是因緣故舍
利弗我說菩薩但有假名如舍利弗言何因
緣故說我名字畢竟不生舍利弗我畢竟不
可得云何當有生乃至知者見者畢竟不可
得云何當有生舍利弗色畢竟不可得云何
當有生受想行識畢竟不可得云何當有生
眼畢竟不可得乃至意觸因緣生受畢竟不
可得云何當有生檀波羅蜜畢竟不可得乃
至般若波羅蜜畢竟不可得云何當有生內
空畢竟不可得乃至无法有法空畢竟不可
得云何當有生四念處畢竟不可得乃至十
八不共法畢竟不可得云何當有生諸三昧
門諸陁羅尼門畢竟不可得云何當有生聲
聞乃至佛畢竟不可得云何當有生以是因
緣故舍利弗我說如我名字我我畢竟不生
如舍利弗所言如我諸法亦如是无自性舍
利弗諸法和合生故无自性舍利弗何等和
合生无自性舍利弗色和合生无自性受想
行識和合生无自性眼和合生无自性乃至
意和合生无自性色乃至法眼界乃至法界
地種乃至識種眼觸乃至意觸眼觸因緣生
受乃至意觸因緣生受和合生无自性種故
羅蜜乃至般若波羅蜜和合生无自性四念
處乃至十八不共法和合生无自性復次舍

BD14015號　摩訶般若波羅蜜經（四十卷本）卷一二　（18–12）

地種乃至識種眼觸乃至意觸眼觸因緣生
受乃至意觸因緣生受和合生无自性檀波
羅蜜乃至般若波羅蜜和合生无自性四念
處乃至十八不共法和合生无自性復次舍
利弗一切法无常二不失舍利弗問須菩提
何等法无常二不失須菩提言色无常二不失
受想行識无常二不失何以故法无常即是
動相即是空相以是因緣故舍利弗一切有
為法无常二不失若有漏法若无漏法若有
記法若无記法何以故若法无常即是動相
即是空相以是因緣故舍利弗一切作法无
常二不失復次舍利弗一切法非常非滅舍
利弗言何等法非常非滅須菩提言色非常
非滅何以故性自介受想行識非常非滅何
以故性自介乃至觸意因緣生受非常非滅
何以故性自介以是因緣故舍利弗諸法和
合生无自性如舍利弗所言何因緣故色畢
竟不生受想行識畢竟不生須菩提言色非
作法受想行識非作法何以故作者不可得
故舍利弗眼非作法何以故作者不可得故
乃至意二如是眼界乃至意觸因緣生受二
如是復次舍利弗一切諸法皆非起非作何
以故作者不可得故以是因緣故舍利弗色
畢竟不生受想行識畢竟不生如舍利弗所

BD14015號　摩訶般若波羅蜜經（四十卷本）卷一二　（18–13）

如是復次舍利弗一切諸法皆非起非作何
以故作者不可得故以是因緣故舍利弗色
畢竟不生受想行識畢竟不生如舍利弗所
言何因緣故畢竟不生是不名為色畢竟不
生是不名受想行識須菩提言色性空是空
无生无滅无住異受想行識性空是空无生
无滅无住異眼乃至一切有為法性空是空
无生无滅无住異以是因因緣故舍利弗畢竟
不生不名色畢竟不生不名受想行識如舍
利弗所言何因緣故畢竟不生法當教般若
波羅蜜那須菩提言畢竟不生即是般若波
羅蜜般若波羅蜜即是畢竟不生般若波羅
蜜畢竟不生无二无別以是因緣故舍利弗
我說畢竟不生當教是般若波羅蜜那如舍
利弗所言何因緣故離畢竟不生无菩薩行
阿耨多羅三藐三菩提須菩提言菩薩摩訶
薩行般若波羅蜜時不見畢竟不生異般若
波羅蜜二不見畢竟不生異菩薩畢竟不生
及菩薩无二无別不見畢竟不生異色何以
故是畢竟不生及色无二无別不見畢竟不
生異受想行識何以故畢竟不生受想行識
无二无別乃至一切種智二如是以是因緣
故舍利弗離畢竟不生无菩薩行阿耨多羅
三藐三菩提如舍利弗所言何因緣故菩薩
聞作是說心不沒不悔不驚不怖不畏是名

BD14015號　摩訶般若波羅蜜經（四十卷本）卷一二　（18–14）

无二无別乃至一切種智々如是以是因緣
故舍利弗離畢竟不生无菩薩行阿耨多羅
三藐三菩提如舍利弗所言何因緣故菩薩
聞作是說心不沒不悔不驚不怖不畏是名
菩薩行般若波羅蜜須菩提言菩薩摩訶薩
不見諸法有覺知想見一切諸法夢如如幻
如炎如影如化舍利弗以是因緣故菩薩聞
作是說心不沒不悔不驚不怖不畏須菩提
白佛言世尊菩薩摩訶薩行般若波羅蜜如
是觀諸法是時菩薩摩訶薩不受色不示色
不住色不著色不言是色受想行識々不受
不示不住不著々不言是受想行識眼不受
不示不住不著々不言是眼耳鼻舌身意不
受不示不住不著々不言是意檀波羅蜜不
受不示不住不著々不言是檀波羅蜜尸羅
波羅蜜羼提波羅蜜毗梨耶波羅蜜禪波羅
蜜般若波羅蜜不受不示不住不著々不言
是般若波羅蜜內空不受不示不住不著々
不言是內空乃至无法有法空々如是復次
世尊菩薩摩訶薩行般若波羅蜜時四念處
不受不示不住不著々不言是四念處乃至
十八不共法不受不示不住不著々不言是
十八不共法一切三昧門一切陀羅尼門乃
至一切種智不受不示不住不著々不言是
一切種智復次世尊菩薩摩訶薩行般若波

不受不示不住不著々不言是四念處乃至
十八不共法不受不示不住不著々不言是
十八不共法一切三昧門一切陀羅尼門乃
至一切種智不受不示不住不著々不言是
一切種智復次世尊菩薩摩訶薩行般若波
羅蜜時不見色乃至不見一切種智何以故
色不生是非色受想行識不生是非識眼不
生是非眼耳鼻舌身意不生是非意檀波羅
蜜不生是非檀波羅蜜乃至般若波羅蜜不
生是非般若波羅蜜何以故色不生不二不
別乃至般若波羅蜜不生不二不別內空不
生是非內空乃至无法有法空不生是非无
法有法空何以故內空乃至无法有法空不
生不二不別世尊四念處不生非四念處何
以故四念處不生不二不別何以故世尊是
不生法非一非二非三非異以是故四念處
不生不二不別乃至十八不共法不生非十
八不共法何以故十八不共法不生不二不
別何以故世尊是不生法非一非二非三非
異以是故十八不共法非十八不共法
世尊如不生是非如乃至不可思議性不生
是非不可思議性世尊是阿耨多羅三藐三
菩提不生一切智一切種智不生是非一切
種智何以故是阿耨多羅三藐三菩提乃至
一切種智不生不二不別何以故世尊是不
[illegible]非[illegible]非[illegible]非異以是故乃至一切種

法有法空何以故内空乃至无法有法空不
生不二不别世尊四念處不生非四念處何
以故四念處不生不二不别何以故世尊是
不生法非一非二非三非異以是故四念處
不生不二不别乃至十八不共法不生非十
八不共法何以故十八不共法不生不二不
别何以故世尊是不生法非一非二非三非
異以是故十八不共法不生非十八不共法
世尊如不生是非如乃至不可思議性不生
是非不可思議性世尊是阿耨多羅三藐三
菩提不生一切智一切種智不生是非一切
種智何以故是阿耨多羅三藐三菩提乃至
一切種智不生不二不别何以故世尊是不
生非一非二非三非異以是故乃至一切種
智不生非一切種智世尊色不滅相是非色
何以故色及不滅相不二不别何以故世尊
是不滅法非一非二非三非異以是故色不
滅相是非色受想行識不滅相是非識何以
故識不滅不二不别何以故世尊是不滅法
非識檀波羅蜜乃至般若波羅蜜内空乃至
无法有法空四念處乃至十八不共法亦如
是世尊以是故色入无二法數受想行識入
无二法數乃至一切種智入无二法數

摩訶般若波羅蜜經卷第十二

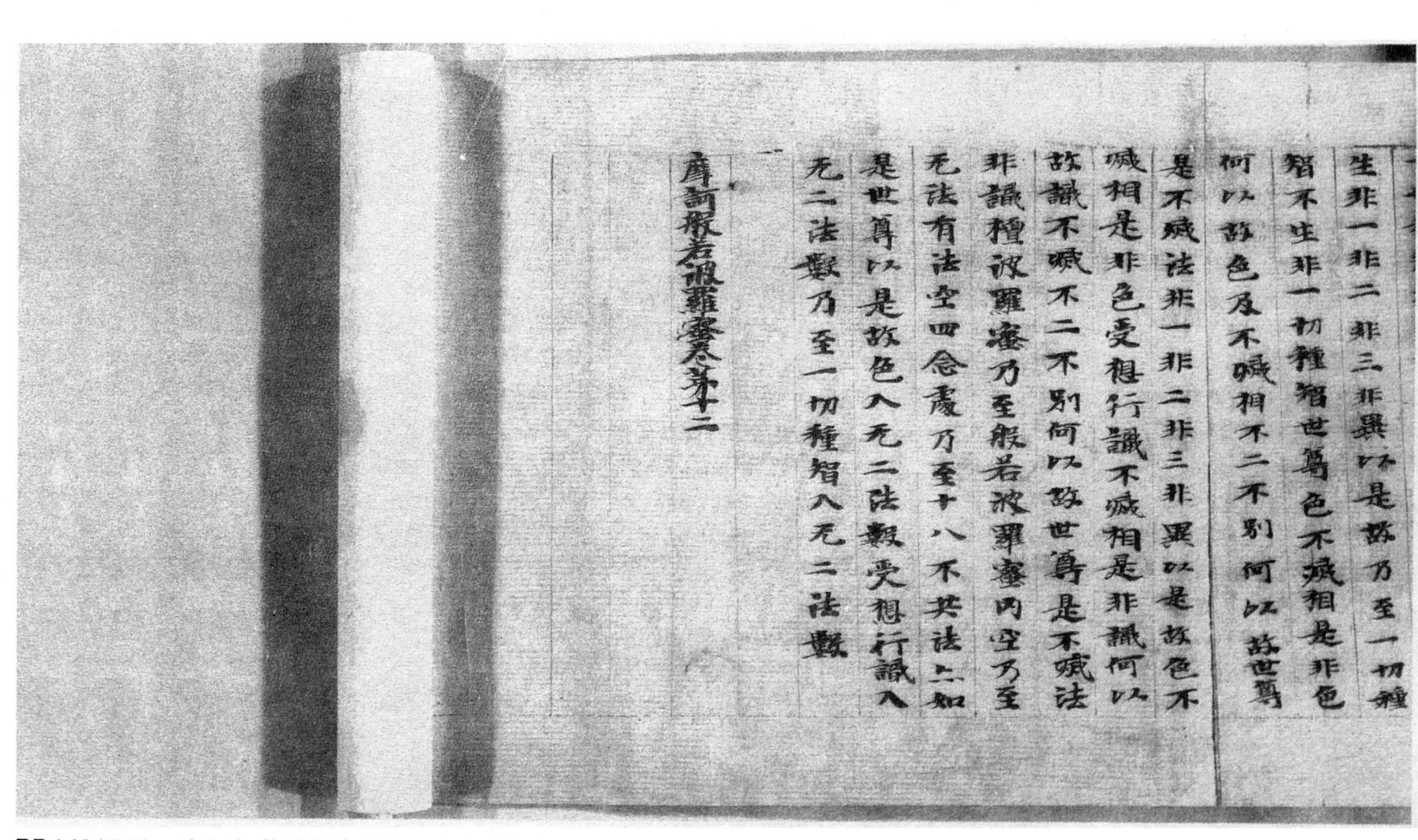

BD14015號　摩訶般若波羅蜜經（四十卷本）卷一二　（18–17）

生非一非二非三非異以是故乃至一切種
智不生非一切種智世尊色不滅相是非色
何以故色及不滅相不二不别何以故世尊
是不滅法非一非二非三非異以是故色不
滅相是非色受想行識不滅相是非識何以
故識不滅不二不别何以故世尊是不滅法
非識檀波羅蜜乃至般若波羅蜜内空乃至
无法有法空四念處乃至十八不共法亦如
是世尊以是故色入无二法數受想行識入
无二法數乃至一切種智入无二法數

摩訶般若波羅蜜經卷第十二

BD14015號　摩訶般若波羅蜜經（四十卷本）卷一二　（18–18）

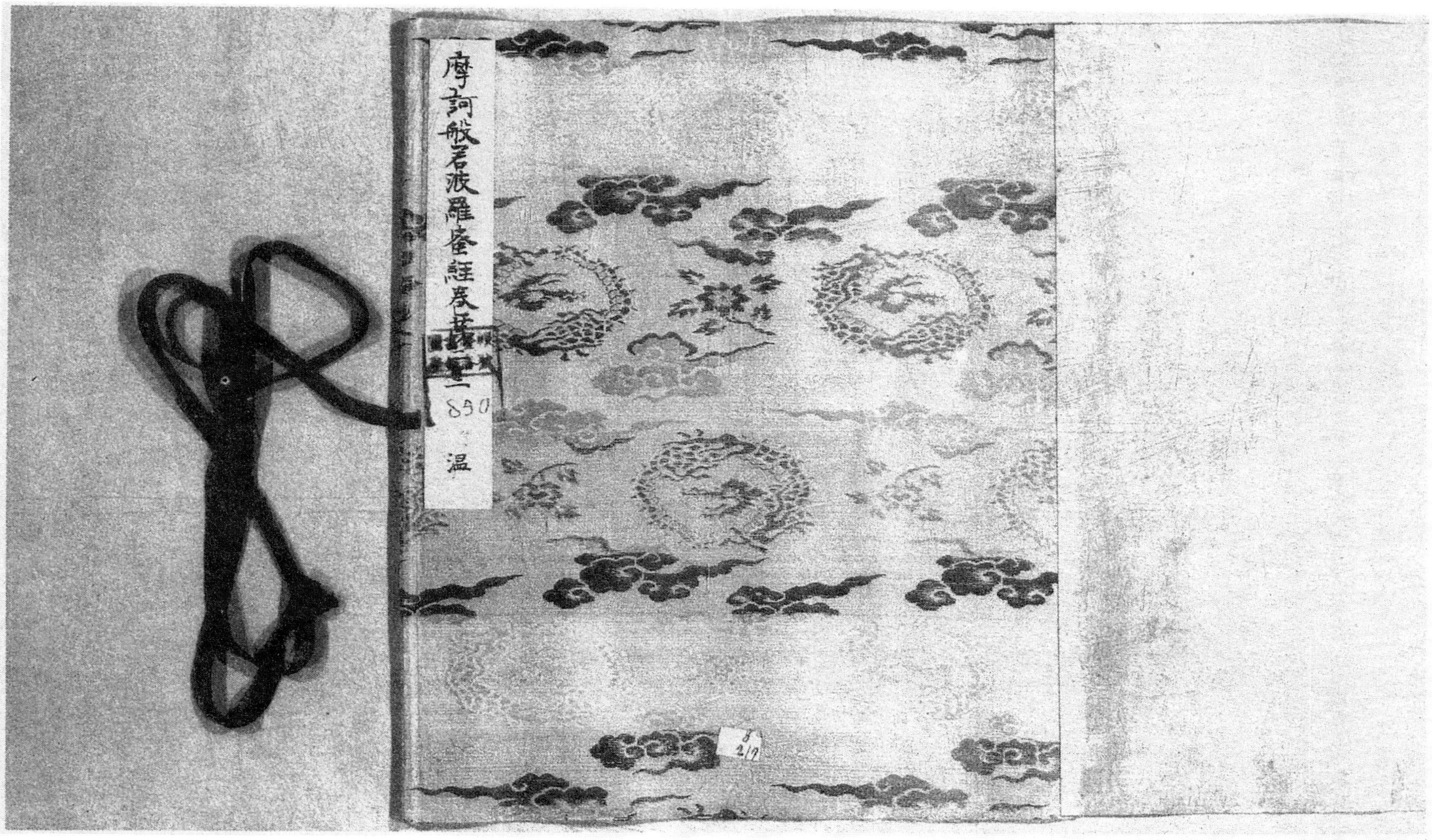

BD14016 號背　現代護首　　（1–1）

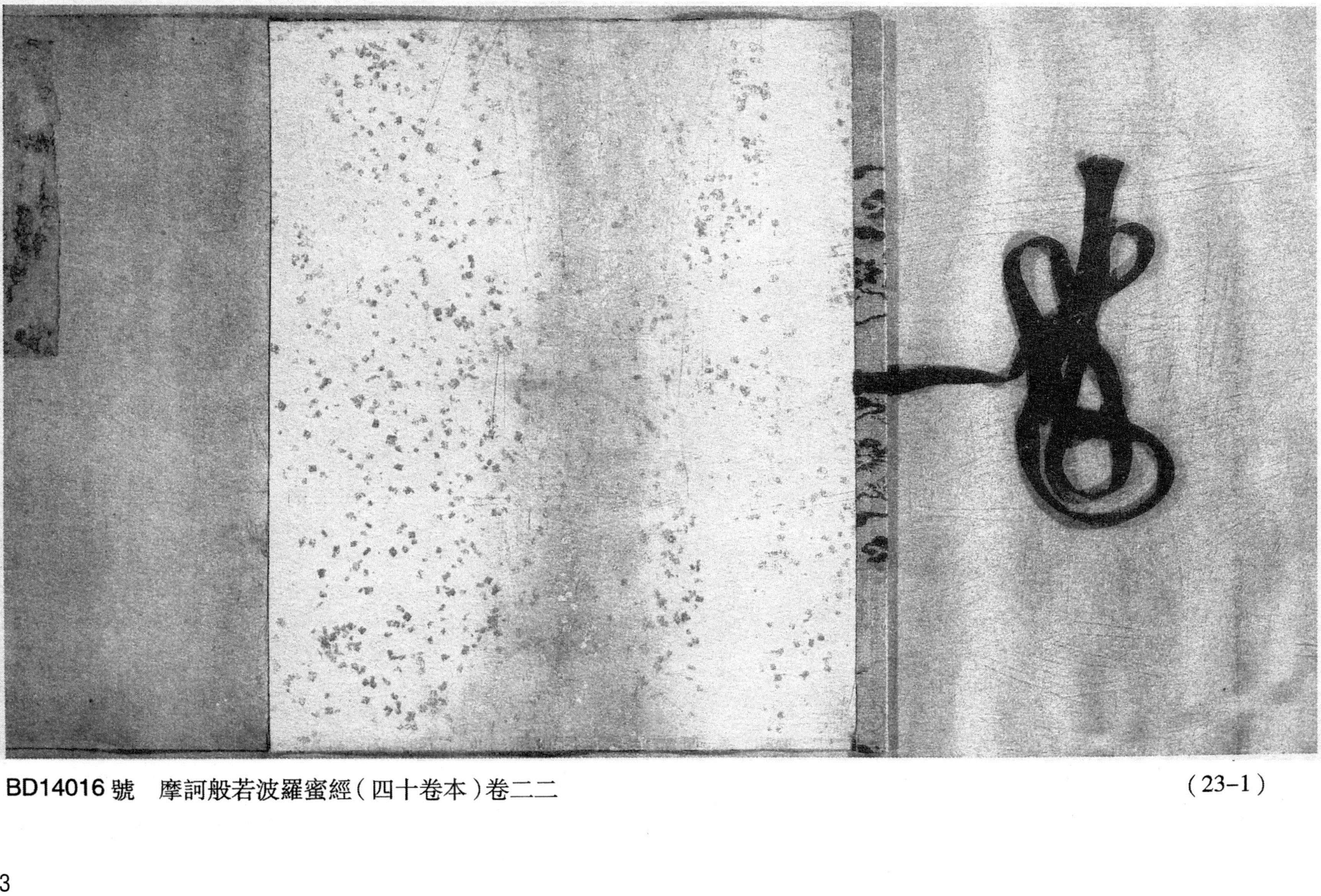

BD14016 號　摩訶般若波羅蜜經（四十卷本）卷二二　　（23–1）

摩訶般若波羅蜜經問相品第卌八　廿
尒時三千大千世界中所有欲界天子色界
天子遥散香華来至佛所頂礼佛足却一面
住白佛言世尊所說般若波羅蜜甚深何等
是深般若波羅蜜相佛告欲界色界諸天子
諸天子空相是深般若波羅蜜相无相无作无
起无生无滅无垢无淨无所有法无相无所依
止虛空相是深般若波羅蜜相諸天子如是
等相是深般若波羅蜜相佛為衆生用世
間法故說非第一義諸天子如是諸相一切
世間天人阿脩羅不能破壞何以故是一切
世間天人阿脩羅亦是相故諸天子相不能
破相相不能知相相不能知无相无相不能知
相是相是无相相无相皆无所識知相知者
知法皆不可得故何以故諸天子是諸相非
色作非受想行識作非檀波羅蜜作非尸
羅波羅蜜作非羼提波羅蜜毗梨耶波羅蜜
禪波羅蜜般若波羅蜜作非內空作非外空作
非內外空作非无法空作非有法空作非无法

BD14016 號　摩訶般若波羅蜜經（四十卷本）卷二二　（23–2）

知法皆不可得故何以故諸天子是諸相非
色作非受想行識作非檀波羅蜜作非尸
羅波羅蜜作非羼提波羅蜜毗梨耶波羅蜜
禪波羅蜜般若波羅蜜作非內空作非外空作
非內外空作非无法空作非有法空作非无法
有法空作非四念處作乃至非一切種智作
諸天子是相非人所有非非人所有非世間非
出世間非有漏非无漏非有為非无為佛復
告諸天子譬如有人問何等是虛空相此人
為正問不諸天子言世尊此不正問何以故
世尊是虛空无相可說虛空无為无起故佛
告欲界色界諸天子有佛无佛相性常住佛
得如實相性故名為如来諸天子白佛言世
尊世尊所得諸相性甚深得是相故得无㝵
智住是相中以般若波羅蜜集諸法自相空諸
天子言希有世尊是深般若波羅蜜是諸佛
常所行處行是道得阿耨多羅三藐三菩提
得阿耨多羅三藐三菩提已通達一切法相
若色相若受想行識相乃至一切種智相佛
言如是如是諸天子惱壞相是色相佛得是
无相覺者受相取者想相起作者行相了別
者識相佛得是无相能捨者檀波羅蜜相无
熱惱者尸波羅蜜相不變異者羼提波羅蜜
相不可伏者毗梨耶波羅蜜相攝心者禪波羅
蜜相捨離者般若波羅蜜相佛得是无相
心无所嬈惱者是四禪四无量心四无色定相
佛得是无相出世間者三十七品相佛得是

BD14016 號　摩訶般若波羅蜜經（四十卷本）卷二二　（23–3）

惱者人波羅蜜相不壞異者屬相波羅蜜
相不可伏者毗梨耶波羅蜜相攝心者禪波羅
蜜相捨離者般若波羅蜜相佛得是无相
心无所嬈惱者是四禪四无量心四无色定相
佛得是无相出世間者三十七品相佛得是
无相苦者无作脫門相離者空脫門相寂滅
者无相脫門相佛得是无相勝者十力相不
恐怖者无所畏相遍知者四无㝵智相餘人
无得者十八不共法相佛得是无相慇念衆
生者大慈大悲相實者无錯謬相无所取者
常捨相現了知者一切種智相佛得是无
相如是諸天子佛得一切諸法无相以是因
緣故佛名无㝵智尒時佛告須菩提般若波
羅蜜是諸佛母般若波羅蜜能示世間相是
故佛依止是法住供養恭敬尊重讚歎是法
何等是法所謂般若波羅蜜諸佛依止般若
波羅蜜住恭敬供養尊重讚歎是般若波羅
蜜何以故是般若波羅蜜出生諸佛佛知作
人若人正問知作人者正荅无過於佛何以
故須菩提佛知作人故佛所乘來法佛所從
來道得阿耨多羅三藐三菩提是乘是道佛
還恭敬供養尊重讚歎受持守護須菩提是名
佛知作人復次須菩提佛知一切法无作相作
者无所有故一切法无起相形事不可得故
須菩提佛因般若波羅蜜知一切法无作相
亦以是因緣故佛知作人復次須菩提佛因
般若波羅蜜得一切法不生以无所得故以
是因緣故[illegible]

BD14016 號　摩訶般若波羅蜜經（四十卷本）卷二二　（23–4）

者无所有故一切法无起相形事不可得故
須菩提佛因般若波羅蜜知一切法无作相
亦以是因緣故佛知作人復次須菩提佛因
般若波羅蜜得一切法不生以无所得故以
是因緣故般若波羅蜜能生諸佛亦能示
世間相須菩提言世尊若一切法无知者无
見者云何般若波羅蜜能生諸佛能示世間相
佛告須菩提如是如是一切法實无知者无
見者云何无知者无見者一切法空虛誑不堅
固是故一切法无知者无見者復次須菩提
一切法云何无知者无見者一切法无依止
无所繫以是故一切法无知者无見者如是須
菩提般若波羅蜜能生諸佛能示世間相不
見色故示世間相不見受想行識故示世間相
乃至不見一切種智故示世間相如是須菩
提般若波羅蜜能生諸佛能示世間相須菩
提言世尊云何不見色故般若波羅蜜示世
間相不見受想行識乃至一切種智故示世
間相佛告須菩提若不緣色生識是名不見
色相故示不緣受想行識生識乃至不緣一
切種智生識是名不見一切種智相故示如
是須菩提是深般若波羅蜜能生諸佛能
示世間相復次須菩提般若波羅蜜云何能
生諸佛能示世間相須菩提般若波羅蜜示
世間空云何示世間空示五衆世間空示十
二入世間空示十八界世間空示十二因緣
世間空示我見根本六十二見世間空示十

BD14016 號　摩訶般若波羅蜜經（四十卷本）卷二二　（23–5）

示世間相復次須菩提般若波羅蜜云何能
生諸佛能示世間相須菩提般若波羅蜜示
世間空云何示世間空示五衆世間空示十
二入世間空示十八界世間空示十二因緣
世間空示我見根本六十二見世間空示十
善道世間空示四禪四无量心四无色定世
間空示三十七品世間空示六波羅蜜世間
空示內空世間空示外空世間空示內外空
世間空示无法空世間空示有法空世間空
示无法有法空世間空示有為性世間空示
无為性世間空示佛十力世間空示十八不
共法世間空乃至示一切種智世間空如是
須菩提般若波羅蜜能生諸佛能示世間
相復次須菩提佛因是般若波羅蜜示世
間空知世間空覺世間空思惟世間空分別
世間空如是須菩提般若波羅蜜能生諸佛能
示世間相復次須菩提般若波羅蜜示佛世間
空云何示佛世間空示五陰世間空乃至示一
切種智世間空如是須菩提般若波羅蜜能生
諸佛能示世間相復次須菩提般若波羅蜜
示佛世間不可思議云何示世間不可思議
示五衆世間不可思議乃至示一切種智世
間不可思議復次須菩提般若波羅蜜示佛
世間離云何示世間離示五衆世間離乃至
示一切種智世間離如是須菩提般若波羅
蜜示佛世間離復次須菩提般若波羅蜜示
佛世間寂滅云何示世間寂滅示五衆世間

BD14016號　摩訶般若波羅蜜經（四十卷本）卷二二　（23–6）

間不可思議復次須菩提般若波羅蜜示佛
世間離云何示世間離示五衆世間離乃至
示一切種智世間離如是須菩提般若波羅
蜜示佛世間離復次須菩提般若波羅蜜示
佛世間寂滅云何示世間寂滅示五衆世間
寂滅乃至示一切種智世間寂滅復次須菩
提般若波羅蜜示佛世間畢竟空云何示世
間畢竟空示五衆世間畢竟空乃至示一
切種智世間畢竟空復次須菩提般若波
羅蜜示佛世間性空云何示世間性空示五衆
世間性空乃至示一切種智世間性空復次
須菩提般若波羅蜜示佛世間无法空云何
示世間无法空示五衆世間无法空乃至示一
切種智世間无法空復次須菩提般若波羅
蜜示佛世間无法有法空云何示世間无法
有法空示五衆世間无法有法空乃至示一
切種智世間无法有法空復次須菩提般若
波羅蜜示佛世間獨空云何示世間獨空示
五衆世間獨空乃至示一切種智世間獨空
如是須菩提般若波羅蜜能生諸佛能示世
間相須菩提是深般若波羅蜜示世間相所
謂不生今世後世相何以故諸法无可用生今
世後世相故須菩提白佛言世尊是般若波
羅蜜為大事故起世尊是般若波羅蜜為
不可思議事故起世尊是般若波羅蜜為
不可稱事故起世尊是般若波羅蜜為无量
事故起世尊是般若波羅蜜為无等等事故

BD14016號　摩訶般若波羅蜜經（四十卷本）卷二二　（23–7）

羅蜜為大事故起世尊是般若波羅蜜為
不可思議事故起世尊是般若波羅蜜為无量
事故起世尊是般若波羅蜜為无等等事故
起佛言如是如是須菩提般若波羅蜜為大
事故起為不可思議事起為不可稱事起為无
量事起為无等等事起須菩提云何是般若
波羅蜜為大事故起須菩提諸佛大事者所
謂救一切衆生不捨一切衆生須菩提不可
思議者所謂諸佛法如來法自然人法一切
智人法以是故須菩提諸佛般若波羅蜜為
不可思議事起須菩提云何般若波羅蜜為
不可稱事起須菩提一切衆生中无有能思
惟稱量佛法如來法自然人法一切智人法以
是故須菩提般若波羅蜜為不可稱事起
須菩提云何般若波羅蜜為无量事起須菩
提一切衆生中无有能量佛法如來法自然人法
一切智人法以是故須菩提般若波羅蜜為
不可量事起須菩提云何般若波羅蜜為无
等等事起須菩提一切衆生中无有能與佛
等者何况過以是故須菩提般若波羅蜜為
无等等事起須菩提白佛言世尊但佛法如
來法自然人法一切智人法不可思議不可稱
无有量无等等事起耶佛告須菩提如是如
是佛法如來法自然人法一切智人法不可思
議不可稱无有量无等等色亦不可思議不

BD14016號　摩訶般若波羅蜜經（四十卷本）卷二二　（23–8）

來法自然人法一切智人法不可思議不可稱
无有量无等等事起耶佛告須菩提如是如
是佛法如來法自然人法一切智人法不可思
議不可稱无有量无等等色亦不可思議不
可稱无有量无等等受想行識亦不可思
議不可稱无有量无等等乃至一切種智法
性法相不可思議不可稱无有量无等等是
十心心數法不可得復次須菩提色不可思
議是亦不可得乃至色无等等是亦不可得
受想行識乃至一切種智无等等是亦不可
得須菩提白佛言世尊何因緣色不可思議
乃至无等等是亦不可得受想行識乃至一
切種智无等等是亦不可得佛告須菩提色
量不可得故受想行識量不可得故乃至
一切種智量不可得故須菩提白佛言世尊
何因緣色量不可得乃至一切種智量不可
得佛告須菩提色不可思議故乃至色无等
等故量不可得乃至一切種智不可思議故
乃至一切種智无等等故量不可得須菩提
於汝意云何不可思議乃至无等等寧可
得色受想行識乃至一切種智可得不須菩
提言世尊不可得以是故須菩提一切法不可
思議乃至无等等如是須菩提諸佛法不可
思議不可稱无有量无等等須菩提是名諸
佛法不可思議乃至无等等須菩提是諸佛
法不可思議過思議故不可稱過稱故无有
量過量故无等等過等等故須菩提是因緣

BD14016號　摩訶般若波羅蜜經（四十卷本）卷二二　（23–9）

思議不可稱无有量无等等須菩提是名諸
佛法不可思議乃至无等等須菩提是諸佛
法不可思議過思議故不可稱過稱故无有
量過量故无等等過等等故須菩提是因緣
故一切法亦不可思議相乃至无等等須菩
提不可思議名是義不可思議不可稱名是
義不可稱无有量名是義不可量无等等名
是義无等等須菩提是諸佛法不可思議乃
至无等等不可思議如虛空不可思議不可
稱如虛空不可稱无有量如虛空无有量无
等等如虛空无等等須菩提是亦名諸佛法
不可思議乃至无等等佛法如是无有量一
切世間天及人阿脩羅无能思議籌量者說
是諸佛法不可思議不可稱无有量无等等
品時五百比丘一切法不受故漏盡心解脫
得阿羅漢廿比丘尼亦不受一切法故漏盡
得阿羅漢六万優婆塞三万優婆夷諸法
中遠塵離垢諸法中法眼生廿菩薩摩訶薩
得无生法忍於是賢劫中當受記

摩訶般若波羅蜜經輕毛品第卅九

尒時須菩提白佛言世尊是深般若波羅蜜
為大事故起不可思議事故起不可稱事故
起无有量事故起世尊是深般若波羅蜜无
等等事故起佛告須菩提如是如是是深
般若波羅蜜為大事故起乃至无等等事故
起何以故般若波羅蜜中含受五波羅蜜般若

BD14016號　摩訶般若波羅蜜經（四十卷本）卷二二

（23–10）

等等事故起佛告須菩提如是如是是深
般若波羅蜜為大事故起乃至无等等事故
起何以故般若波羅蜜中含受五波羅蜜般若
波羅蜜中含受內空乃至无法有法空含受四
念處乃至八聖道分是深般若波羅蜜中含受
佛十力乃至一切種智辟如灌頂王國土中
尊諸有官事皆委大臣國王安樂无事如是
須菩提所有聲聞辟支佛法若菩薩法若
佛法一切皆在般若波羅蜜中般若波羅蜜
能成辦其事以是故須菩提般若波羅蜜為
大事故起乃至无等等事故起復次須菩提
是般若波羅蜜不取色不着色故能成辦受
想行識不取不着故能成辦乃至一切種智
不取不着故能成辦須陁洹果乃至阿羅
漢果辟支佛道乃至阿耨多羅三藐三菩提
不取不着故能成辦須菩提白佛言云何色不
取不着故般若波羅蜜能成辦云何受想行
識乃至阿耨多羅三藐三菩提不取不着故
般若波羅蜜能成辦佛告須菩提於汝意
云何頗見是色可取可着不須菩提言不也
世尊須菩提於汝意云何頗見受想行識乃至
阿耨多羅三藐三菩提可取可着不須菩提
言不也世尊佛言善哉善哉須菩提我亦不見
是色可取可着不見故不取不取故不着我
亦不見受想行識乃至阿耨多羅三藐三菩提
及一切種智可取可着不見故不取不取
故不着須菩提我亦不見佛法如来法自

BD14016號　摩訶般若波羅蜜經（四十卷本）卷二二

（23–11）

是色可取可著不見故不取不取故不著我
亦不見受想行識乃至阿耨多羅三藐三菩提
及一切種智可取可著不見故不取不取
故不著須菩提我亦不見佛法如來法自
然人法一切智人法不見故不取不取故不著
以是故須菩提諸菩薩摩訶薩色亦不應取
亦不應著受想行識乃至佛法如來法自然
人法一切智人法亦不應取亦不應著尒時欲
色界諸天子白佛言世尊是般若波羅蜜甚
深難見難解不可思惟比類知微妙善巧
智慧寂滅者可知能信是般若波羅蜜者當
知是菩薩多供養諸佛多種善根與善知識
相隨能信解深般若波羅蜜世尊若三千
大千世界中所有衆生皆作信行法行人八
人須陁洹斯陁含阿那含阿羅漢辟支佛
若智若斷不如是菩薩一日行深般若波羅蜜
忍欲思惟籌量何以故是信行法行人八人
須陁洹斯陁含阿那含阿羅漢辟支佛若智
若斷即是菩薩摩訶薩无生法忍佛告欲色
界諸天子如是如是諸天子若信行法行人
八人須陁洹乃至阿羅漢辟支佛即是菩薩
摩訶薩无生法忍諸天子若善男子善女人
聞是深般若波羅蜜書持受讀誦說正憶念
是善男子善女人疾得涅槃勝求聲聞辟支
佛乘善男子善女人遠離深般若波羅蜜行
餘經若一劫若減一劫何以故是深般若波

聞是深般若波羅蜜書持受讀誦說正憶念
是善男子善女人疾得涅槃勝求聲聞辟支
佛乘善男子善女人遠離深般若波羅蜜行
餘經若一劫若減一劫何以故是深般若波
羅蜜中廣說上妙法是信行法行人八人須
陁洹斯陁含阿那含阿羅漢辟支佛所應
學菩薩摩訶薩亦所應學學已得阿耨多羅
三藐三菩提是時欲色界諸天子俱發聲言世
尊是般若波羅蜜名摩訶波羅蜜世尊是般
若波羅蜜名不可思議不可稱无有量无
等等波羅蜜信行法行人八人學是深般
若波羅蜜得成諸須陁洹斯陁含阿那含阿羅
漢辟支佛學是深般若波羅蜜得成菩薩摩訶
薩是深般若波羅蜜中學得阿耨多羅三藐三
菩提是深般若波羅蜜亦不增亦不減是時
諸欲色界天子頂礼佛足遶佛而去去是不
遠忽然不現各還本處須菩提白佛言世
尊若菩薩摩訶薩聞是般若波羅蜜即時
信解者從何處終來生是間佛告須菩提
若菩薩摩訶薩聞是深般若波羅蜜即時
信解不沒不却不難不疑不悔歡喜樂聽
已憶念不遠離是深般若波羅蜜若行
住若坐若卧終不廢忘常隨法師辟如新
生犢子不離其母菩薩摩訶薩亦如是爲聞
深般若波羅蜜經故終不遠離法師乃至
得是深般若波羅蜜口誦心解正見通達須菩
提當知是菩薩從人道中終還生是間人中

住若坐若卧終不癈忘常隨法師譬如新
生犢子不離其母菩薩摩訶薩亦如是為聞
深般若波羅蜜經故終不遠離法師乃至
得是深般若波羅蜜口誦心解正見通達須菩
提當知是菩薩從人道中終還生是間人中
何以故是求佛道者前世時聞是深般若波
羅蜜書受恭敬尊重讚歎香華乃至幡蓋供
養以是因緣故人中命終還生人中聞是深
般若波羅蜜即時信解須菩提白佛言世
尊頗有菩薩摩訶薩如是功德成就他方國
土供養諸佛於彼命終來生是間聞深般若
波羅蜜即時信解書持讀誦正憶念有是者
不佛言有菩薩如是功德成就他方國土供養
諸佛於彼命終來生是間聞是深般若波羅
蜜即時信解書持讀誦正憶念何以故是菩
薩摩訶薩從他方諸佛所聞是深般若波羅
蜜信解書持讀誦說正憶念於彼閒終來生此
間當知是人是先世功德成就復次須菩提
有菩薩從弥勒菩薩摩訶薩聞是深般若
波羅蜜以是善根因緣故來生此間須菩
提復有菩薩摩訶薩前世時雖聞深般若波
羅蜜不問中事來生人中聞是深般若波羅
蜜心有疑悔難悟須菩提如是菩薩當知先
世雖聞是般若波羅蜜不問故今續疑悔難
悟須菩提若菩薩先世雖聞禪波羅蜜不問
中事今世聞般若波羅蜜時不問故續生疑悔
須菩提若菩薩先世雖聞此毗梨耶波羅蜜不

BD14016 號　摩訶般若波羅蜜經（四十卷本）卷二二　（23–14）

羅蜜不問中事來生人中聞是深般若波羅
蜜心有疑悔難悟須菩提如是菩薩當知先
世雖聞是般若波羅蜜不問故今續疑悔難
悟須菩提若菩薩先世雖聞禪波羅蜜不問
中事今世聞般若波羅蜜時不問故續生疑悔
須菩提若菩薩先世雖聞毗梨耶波羅蜜不
問中事今世聞般若波羅蜜不問故續復疑
悔須菩提若菩薩先世雖聞羼提波羅蜜不
問中事今世聞般若波羅蜜不問故續復疑
悔須菩提若菩薩先世雖聞尸波羅蜜不問
中事今世聞般若波羅蜜不聞故續復疑悔
須菩提若菩薩先世雖聞檀波羅蜜不問
中事今世聞般若波羅蜜不問故續復疑悔
復次須菩提菩薩摩訶薩先世雖聞內空外
空內外空乃至无法有法空不問中事來生
人中聞是深般若波羅蜜不問故續復疑悔
難悟復次須菩提菩薩摩訶薩先世雖聞四
念處乃至八聖道分四禪四无量心四无色定
五神通佛十力乃至一切種智不問中事來
生人中聞是深般若波羅蜜不問故續復疑
悔難悟復次須菩提菩薩摩訶薩先世聞
深般若波羅蜜問中事而不行捨身生時聞
是深般若波羅蜜若一日二日三日四日五日
其心堅固无能壞者若離所聞時便退失
何以故先世聞是深般若波羅蜜時雖問中
事不如說行是人或時欲聞或時不欲聞心
輕不固志亂不定譬如輕毛隨風東西須菩

BD14016 號　摩訶般若波羅蜜經（四十卷本）卷二二　（23–15）

其心堅固无能壞者若離所聞時便退失
何以故先世聞是深般若波羅蜜時雖問中
事不如說行是人或時欲聞或時不欲聞心
輕不固志亂不定譬如輕毛隨風東西須菩
提當知是善薩發意不久不與善知識相隨
不多供養諸佛先世不書是深般若波羅蜜
不讀不誦不正憶念不學般若波羅蜜不學
禪波羅蜜不學毗梨耶波羅蜜不學羼提波
羅蜜不學尸波羅蜜不學檀波羅蜜不學內
空乃至无法有法空不學四念處乃至八聖
道分不學四禪四无量心五神通佛十力乃
至不學一切種智如是須善提當知是善薩
摩訶薩新發大乘意少信少樂故不能書是
深般若波羅蜜不能受持讀誦說正憶念須
善提若求佛道善男子善女人不書是深般
若波羅蜜不受持讀誦不說不正憶念不
為深般若波羅蜜所護乃至不為一切種智
所護是人亦不如說行深般若波羅蜜乃至
不如說行一切種智是人或墮二地若聲聞
地若辟支佛地何以故是善男子善女人
不書是深般若波羅蜜不讀不誦不說不正
憶念是人亦不為深般若波羅蜜所護亦不
如說行以是故是善男子善女人於二地中
當墮一地

摩訶般若波羅蜜經譬喻品第五十
佛告須善提譬如大海中船破壞其中人若

BD14016 號　摩訶般若波羅蜜經（四十卷本）卷二二　（23-16）

如說行以是故是善男子善女人於二地中
當墮一地

摩訶般若波羅蜜經譬喻品第五十
佛告須善提譬如大海中船破壞其中人若
不取木不取器物不取浮囊不取死尸須
善提當知是人不到彼岸沒海中死須善提
若船破時其中人取木取器物浮囊死尸當
知是人終不沒死安隱无㝵得到彼岸須善
提求佛道善男子善女人亦復如是若但有
信樂不依深般若波羅蜜不書不讀不誦不
正憶念不依禪波羅蜜毗梨耶波羅蜜羼提
波羅蜜尸羅波羅蜜檀波羅蜜不書不讀不
誦不正憶念乃至不依一切種智不書不讀
不誦不正憶念須善提當知是善男子中道
衰耗是人未到一切種智於聲聞辟支佛地取
證須善提若有求佛道善男子善女人為阿
耨多羅三藐三善提故有信有忍有淨心有
深心有欲有解有捨有精進是人依深般若
波羅蜜書持讀誦說正憶念是善男子善女
人為阿耨多羅三藐三善提故有諸信忍淨
心深心欲解捨精進為深般若波羅蜜所護
乃至一切種智所護為深般若波羅蜜守護
故乃至一切種智守護故終不中道衰耗過
聲聞辟支佛地淨佛國土成就衆生當得
阿耨多羅三藐三善提須善提譬如男子女
人持坏瓶取水當知是瓶不久爛壞何以故
是瓶未燒故還歸於地如是須善提善男

BD14016 號　摩訶般若波羅蜜經（四十卷本）卷二二　（23-17）

故乃至一切種智守護故終不中道衰耗過
聲聞辟支佛地淨佛國土成就衆生當得
阿耨多羅三藐三菩提須菩提譬如男子女
人持坏瓶取水當知是瓶不久爛壞何以故
是瓶未熟故還歸於地如是須菩提善男
子善女人雖有爲阿耨多羅三藐三菩提心有
信有忍有淨心有深心有欲有解有捨有精
進不爲般若波羅蜜方便力所守護不爲禪
波羅蜜毗梨耶波羅蜜羼提波羅蜜尸羅波
羅蜜檀波羅蜜所守護不爲內空乃至无法
有法空四念處乃至八聖道分佛十力乃至
一切種智所守護須菩提當知是人中道衰
耗墮聲聞辟支佛地須菩提譬如男子女人
持熟瓶取水若河若井若池若泉當知是瓶
持水安隱何以故是瓶成熟故如是須菩提
善男子善女人求阿耨多羅三藐三菩提有諸
信忍淨心深心欲解捨精進爲般若波羅
蜜方便力所護爲禪精進忍戒施乃至一切
種智所護故須菩提當知是人不中道衰耗
過聲聞辟支佛地淨佛國土成就衆生得
阿耨多羅三藐三菩提須菩提譬如大海邊船未莊
治便持財物著上須菩提當知是船中道壞
沒人船與財物各在一處是估客无方便力
故亡其重寶如是須菩提求佛道善男
子善女人雖有爲阿耨多羅三藐三菩提心
有信忍淨心深心欲解捨精進不爲般若波
羅蜜方便力所守護故乃至不爲一切種智

沒人船與財物各在一處是估客无方便力
故亡其重寶如是須菩提是求佛道善男
子善女人雖有爲阿耨多羅三藐三菩提心
有信忍淨心深心欲解捨精進不爲般若波
羅蜜方便力所守護故乃至不爲一切種智
所守護故當知是人中道衰耗失大珎寶
大珎寶者所謂一切種智衰耗者墮聲聞辟
支佛地須菩提譬如人有智方便莊治海邊
大船然後推著水中持財物著上而去當知
是船不中道沒壞必得安隱到所至處如
是須菩提善男子善女人爲阿耨多羅三藐
三菩提有信忍淨心深心欲解捨精進爲般若
波羅蜜方便力所護爲禪精進忍戒施乃
至一切種智所護故當知是菩薩得到阿耨
多羅三藐三菩提不中道墮聲聞辟支佛地
須菩提譬如有人年百廿歲年耆根熟又有風
冷熱病若雜病須菩提於汝意云何是人能
從床起不須菩提言不能佛言是人或能起
者云何須菩提言是人雖能起不能遠行若
十里若廿里以其老病故如是須菩提善男子
善女人雖有爲阿耨多羅三藐三菩提心有
信忍淨心深心欲解捨精進不爲般若波羅
蜜无方便力所守護乃至不爲一切種智所
守護故當知是人中道墮聲聞辟支佛地
何以故不爲般若波羅蜜方便力所守護故
須菩提如向老人百廿歲年耆根熟又有風
冷熱病若雜病是人欲起行有兩健人各扶一

蜜无方便力所守護乃至不為一切種智所
守護故當知是人中道墮聲聞辟支佛地
何以故不為般若波羅蜜方便力所守護故
須菩提如向老人百廿歲年耆根熟又有風
冷熱病若雜病是人欲起行有兩健人各扶一
掖語老人言莫有所難隨所欲至我等二人
終不相捨如是須菩提若善男子善女人為
阿耨多羅三藐三菩提有信忍淨心深心欲
解捨精進為般若波羅蜜方便力所護乃至
為一切種智所護當知是人不中道墮聲聞
辟支佛地能到是處所謂阿耨多羅三藐三
菩提尒時佛讚須菩提言善哉善哉汝為諸
菩薩摩訶薩問佛是事須菩提若有求佛道
善男子善女人從初發意已來以我我所心布
施持戒忍辱精進禪定智慧是善男子善女
人布施時作是念我是施主我施是人我
以是物施我持戒我脩忍我精進我入禪我
脩智慧是善男子善女人念有是施是我施
乃至念有是慧是我慧何以故檀波羅蜜
中无如是分別遠離此彼岸是檀波羅蜜相
尸羅波羅蜜羼提波羅蜜毗梨耶波羅蜜禪
波羅蜜般若波羅蜜中无如是分別何以故遠
離此彼岸是般若波羅蜜相是人不知此岸
不知彼岸是人不為檀波羅蜜乃至不為
一切種智所護故墮聲聞辟支佛地不能
到薩婆若須菩提云何求佛道之无方便須
菩提求佛道人從初發心已來无方便行布

BD14016 號　摩訶般若波羅蜜經（四十卷本）卷二二　（23–20）

離此彼岸是般若波羅蜜相是人不知此岸
不知彼岸是人不為檀波羅蜜乃至不為
一切種智所護故墮聲聞辟支佛地不能
到薩婆若須菩提云何求佛道之无方便須
菩提求佛道人從初發心已來无方便行布
施持戒忍辱精進禪定脩智慧是人作如是
念我布施施是人以是物施我持戒脩忍辱
勤精進入禪定脩智慧如是脩智慧是人念
有是施是我施以是施自高念有是戒是我戒
以是戒自高念有是忍是我忍以是忍自高念
有是精進是我精進以是精進自高念有是禪
是我禪以是禪自高念有是慧是我慧以是
慧自高何以故檀波羅蜜中无如是分別遠
離此彼岸是檀波羅蜜相遠離此彼岸是尸
羅波羅蜜相遠離此彼岸是羼提波羅蜜相
遠離此彼岸是毗梨耶波羅蜜相遠離此彼
岸是禪波羅蜜相遠離此彼岸是般若波羅
蜜相何以故般若波羅蜜中无是憶念分別
是求佛道善男子善女人不知此岸不知彼
岸是人不為檀波羅蜜所護不為尸波羅蜜
羼提波羅蜜毗梨耶波羅蜜禪波羅蜜般若
波羅蜜所護乃至不為一切種智所守護故
或墮聲聞道中或墮辟支佛道中不能得
到薩婆若如是須菩提菩薩摩訶薩不為般
若波羅蜜方便力所守護故或墮聲聞地或
墮辟支佛道中須菩提云何菩薩摩訶薩為
般若波羅蜜方便力所護故不墮聲聞辟支

BD14016 號　摩訶般若波羅蜜經（四十卷本）卷二二　（23–21）

或隨聲聞道中或隨辟支佛道中不能得
到薩婆若如是須菩提菩薩摩訶薩不為般
若波羅蜜方便力所守護故或隨聲聞地或
隨辟支佛道中須菩提云何菩薩摩訶薩為
般若波羅蜜方便力所護故不隨聲聞辟支
佛道中疾得阿耨多羅三藐三菩提須菩提
菩薩從初已來以方便力布施无我我所心
布施乃至无我我所心脩智慧是人不作是念
我有是施是我施不以是施自高乃至般若
波羅蜜亦如是是菩薩不念我布施不念我
施是人用是物施不念我持戒有是戒不念
我忍辱有是忍辱不念我精進有是精進不
念我禪定有是禪定不念我脩智慧有是
智慧何以故是檀波羅蜜中无如是分別遠
離此彼岸是檀波羅蜜相遠離此彼岸是
尸羅波羅蜜相遠離此彼岸是羼提波羅
蜜相遠離此彼岸是毗梨耶波羅蜜相遠離
此彼岸是禪波羅蜜相遠離此彼岸是般若
波羅蜜相何以故是般若波羅蜜中无如是憶
念分別是菩薩摩訶薩知此岸知彼岸是人為
檀波羅蜜所護為尸波羅蜜所護為羼提波
羅蜜所護為毗梨耶波羅蜜所護為禪波羅
蜜所護為般若波羅蜜所護乃至為一切種
智所護故不隨聲聞辟支佛地得到薩婆
若如是須菩提菩薩摩訶薩為般若波羅蜜
方便力所護故不隨聲聞辟支佛地疾得阿
耨多羅三藐三菩提

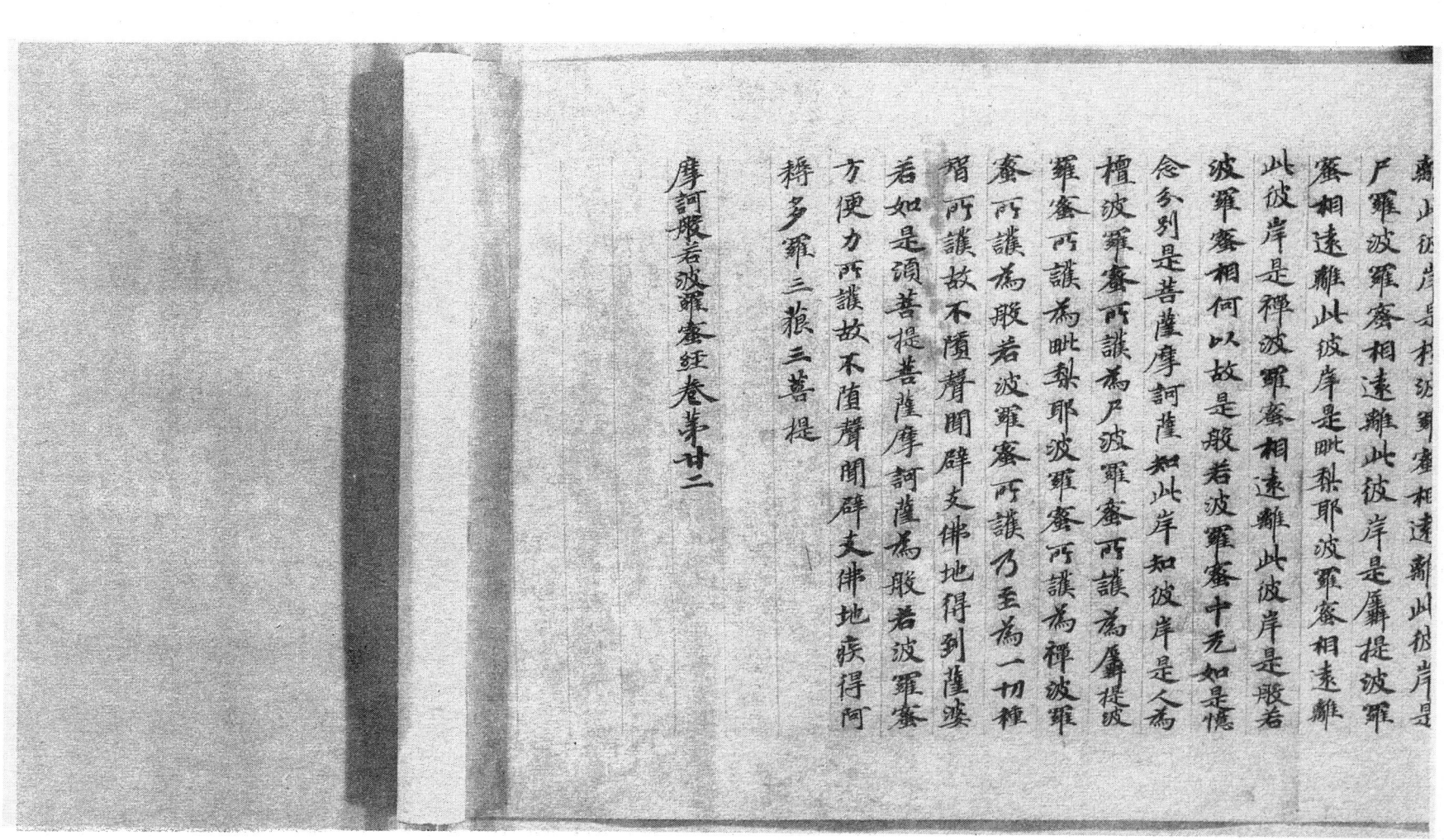

BD14016 號　摩訶般若波羅蜜經（四十卷本）卷二二　（23–22）

離此彼岸是檀波羅蜜相遠離此彼岸是
尸羅波羅蜜相遠離此彼岸是羼提波羅
蜜相遠離此彼岸是毗梨耶波羅蜜相遠離
此彼岸是禪波羅蜜相遠離此彼岸是般若
波羅蜜相何以故是般若波羅蜜中无如是憶
念分別是菩薩摩訶薩知此岸知彼岸是人為
檀波羅蜜所護為尸波羅蜜所護為羼提波
羅蜜所護為毗梨耶波羅蜜所護為禪波羅
蜜所護為般若波羅蜜所護乃至為一切種
智所護故不隨聲聞辟支佛地得到薩婆
若如是須菩提菩薩摩訶薩為般若波羅蜜
方便力所護故不隨聲聞辟支佛地疾得阿
耨多羅三藐三菩提

摩訶般若波羅蜜經卷苐廿二

BD14016 號　摩訶般若波羅蜜經（四十卷本）卷二二　（23–23）

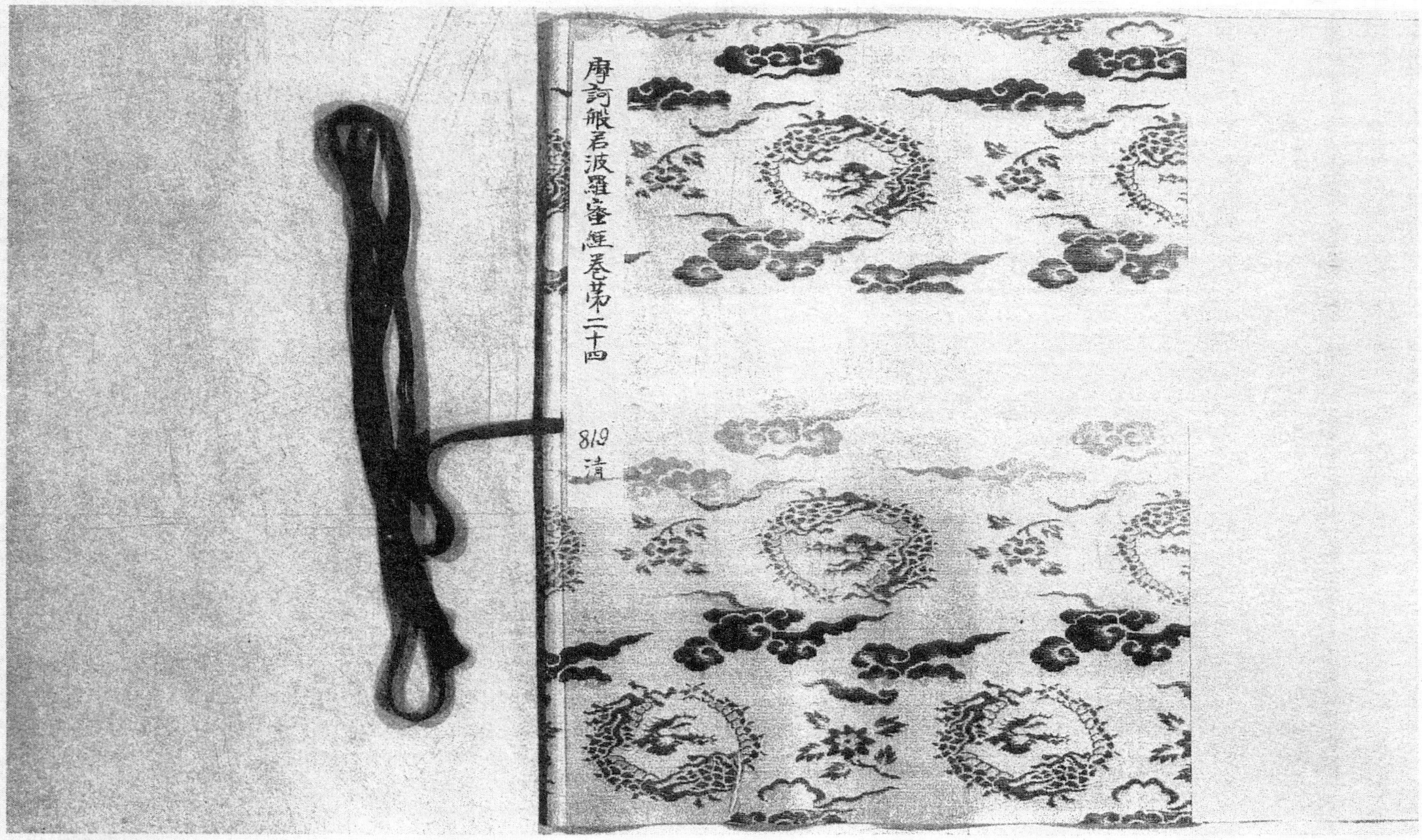

BD14017 號背　現代護首　（1–1）

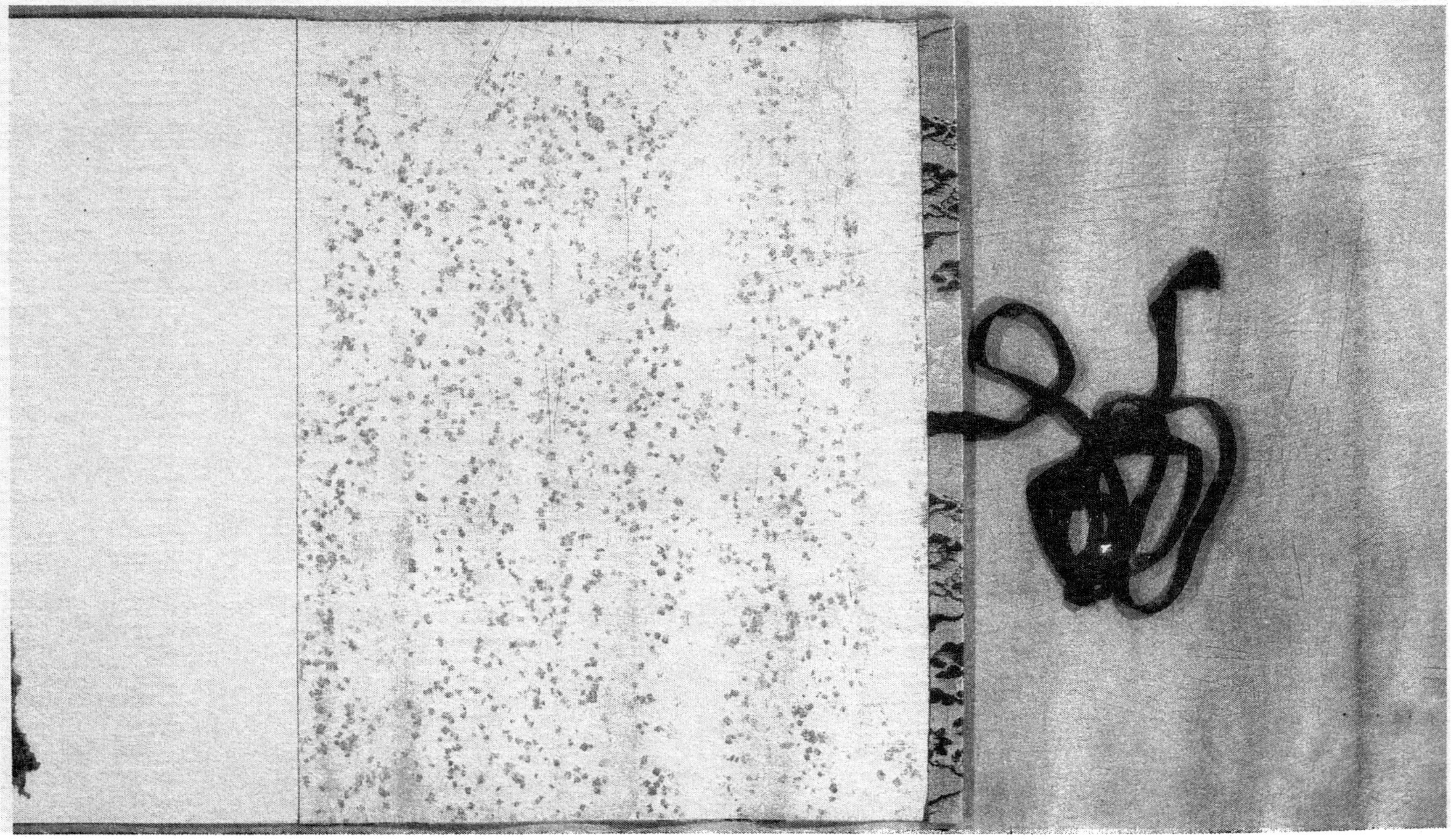

BD14017 號　摩訶般若波羅蜜經（四十卷本）卷二四　（20–1）

卷第廿四
故俱行空无相
作證取聲聞乘
法有方便力
故得阿耨多羅三藐三菩提舍利弗有
菩薩遠離薩婆若心脩空无相无作法无方
便力故取聲聞乘舍利弗須有菩薩摩訶薩
不遠離薩婆若心脩空无相无作法有方便
力故入菩薩位得阿耨多羅三藐三菩提舍
利弗譬如有鳥身長百由旬若二百三百由
旬而无有翅從卅三天自投閻浮提舍利弗
於汝意云何是鳥中道作是念欲還上卅三
天能得還不不得也世尊舍利弗是鳥復作
是願到閻浮提欲使身不痛不惱舍利弗於
汝意云何是鳥得不痛不惱不舍利弗言不
得也世尊是鳥到地若痛若惱若死若死等
苦何以故世尊是鳥身大而无翅故舍利弗
菩薩摩訶薩亦如是雖如恒河沙等劫脩布
施持戒忍辱精進禪定發大事生大心為得

BD14017 號　摩訶般若波羅蜜經（四十卷本）卷二四　（20–2）

汝意云何是鳥得不痛不惱不[illegible]
得也世尊是鳥到地若痛若惱若死若死等
苦何以故世尊是鳥身大而无翅故舍利弗
菩薩摩訶薩亦如是雖如恒河沙等劫脩布
施持戒忍辱精進禪定發大事生大心為得
阿耨多羅三藐三菩提故受无量願是菩薩
遠離般若波羅蜜方便力故若墮阿羅漢若
墮辟支佛道何以故是菩薩遠離薩婆若心
布施持戒忍辱精進禪定无般若波羅蜜无
方便力故墮聲聞地若辟支佛道中舍利弗
菩薩摩訶薩雖念過去未來現在諸佛持戒
禪定智慧解脫解脫知見取相受持是人不
知不解諸佛戒定慧解脫解脫知見但聞空无
相无作名字聲而取名字聲迴向阿耨多羅三
藐三菩提菩薩摩訶薩若如是迴向住聲聞
辟支佛地中不能得過何以故遠離般若波
羅蜜方便力持諸善根迴向阿耨多羅三藐
三菩提故舍利弗有菩薩摩訶薩從初發意
已來不遠離薩婆若心行布施持戒忍辱精
進禪定不遠離般若波羅蜜方便力故不取
相於過去未來現在諸佛戒定慧解脫解脫
知見不取空解脫門相不取无相无作解脫
門相舍利弗當知是菩薩摩訶薩不墮聲聞
辟支佛道直至阿耨多羅三藐三菩提何以
故是菩薩摩訶薩從初發心已來行布施不
取相持戒忍辱精進禪定不取相過去未來
現在諸佛戒定慧解脫解脫知見不取相舍

BD14017 號　摩訶般若波羅蜜經（四十卷本）卷二四　（20–3）

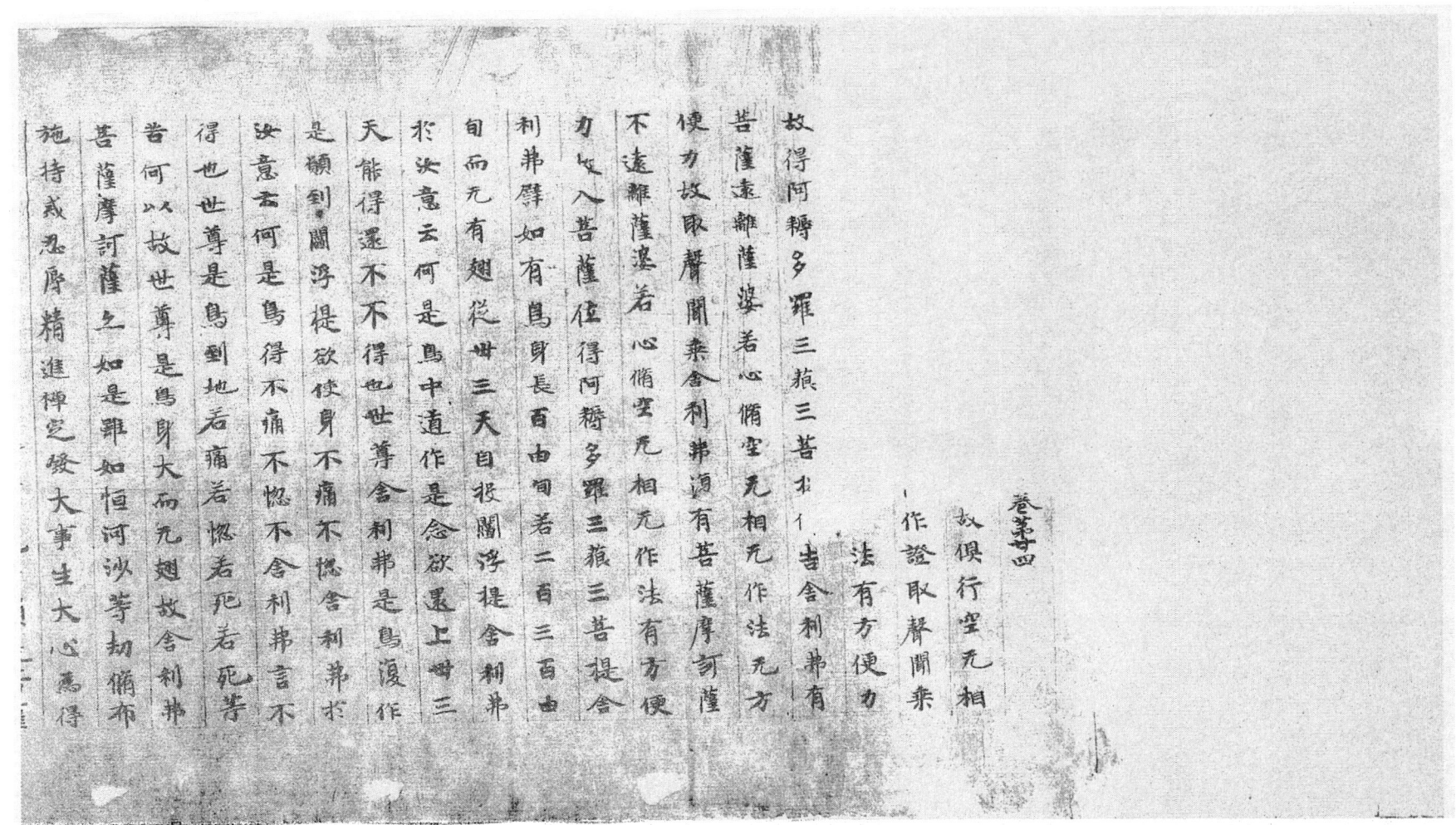

已如佛道直至阿耨多羅三藐三菩提何以
故是菩薩摩訶薩從初發心已來行布施不
取相持戒忍辱精進禪定不取相過去未來
現在諸佛戒定慧解脫解脫知見不取相舍
利弗是名菩薩方便力以離相心行布施持
戒忍辱精進禪定乃至離相心行一切種智
舍利弗白佛言世尊如我解佛所說義若菩
薩摩訶薩不遠離般若波羅蜜方便力當知
是菩薩近阿耨多羅三藐三菩提何以故是
菩薩摩訶薩從初發心已來无法可知若色
若受想行識乃至一切種智世尊有求菩薩
道善男子善女人遠離般若波羅蜜及方便
力當知是人於阿耨多羅三藐三菩提或得或
不得何以故世尊是求菩薩道善男子善女
人所有布施皆取相所有持戒忍辱精進禪
定皆取相是故善男子善女人於阿耨多羅三
藐三菩提不定世尊以是因緣故菩薩摩訶
薩欲得阿耨多羅三藐三菩提不應遠離般
若波羅蜜方便力是菩薩摩訶薩住般若波
羅蜜方便力中以无得无相心應脩布施持
戒忍辱精進禪定乃至以无得无相心應
脩一切種智尒時欲色界諸天子白佛言世
尊阿耨多羅三藐三菩提難得何以故是菩
薩摩訶薩應知一切諸法已得阿耨多羅三
藐三菩提是法亦不可得佛言如是如是諸
天子阿耨多羅三藐三菩提難得我亦得一
切法一切種智已得阿耨多羅三藐三菩提

BD14017號　摩訶般若波羅蜜經（四十卷本）卷二四　（20–4）

尊阿耨多羅三藐三菩提難得何以故是菩
薩摩訶薩應知一切諸法已得阿耨多羅三
藐三菩提是法亦不可得佛言如是如是諸
天子阿耨多羅三藐三菩提難得我亦得一
切法一切種智已得阿耨多羅三藐三菩提
亦无所得无能知无可知无知者何以故諸
法畢竟淨故須菩提白佛言世尊如佛所說
阿耨多羅三藐三菩提難得如我解佛所說
義我心思惟是阿耨多羅三藐三菩提易得
何以故无有得阿耨多羅三藐三菩提者亦
无可得法一切法一切法相空无法可得无
能得者何以故一切法空故亦无法可增亦
无法可減所謂布施持戒忍辱精進禪定乃
至一切種智是法皆无可得者无能得者世
尊以是因緣故我意謂阿耨多羅三藐三菩
提為易得何以故世尊色色相空受想行識
識相空乃至一切種智一切種智相空舍利
弗語須菩提若一切法空如虛空虛空不作
是念我當得阿耨多羅三藐三菩提若菩薩
摩訶薩信解一切法空如虛空是阿耨多羅
三藐三菩提易得者今恒河沙等諸菩薩摩
訶薩求阿耨多羅三藐三菩提何以故退還
須菩提以是故知阿耨多羅三藐三菩提不
易得須菩提語舍利弗於意云何色於阿耨
多羅三藐三菩提退還不舍利弗言不受想
行識於阿耨多羅三藐三菩提退還不舍利
弗言不乃至一切種智於阿耨多羅三藐三

BD14017號　摩訶般若波羅蜜經（四十卷本）卷二四　（20–5）

易得須菩提語舍利弗於意云何色於阿耨
多羅三藐三菩提退還不舍利弗言不受想
行識於阿耨多羅三藐三菩提退還不舍利
弗言不乃至一切種智於阿耨多羅三藐三
菩提退還不舍利弗言不離色有法於阿耨
多羅三藐三菩提退還不舍利弗言不離受
想行識有法於阿耨多羅三藐三菩提退還
不舍利弗言不乃至離一切種智有法於阿
耨多羅三藐三菩提退還不舍利弗言不舍
利弗於意云何色如相於阿耨多羅三藐三
菩提退還不舍利弗言不受想行識如相乃
至一切種智如相於阿耨多羅三藐三菩提
退還不舍利弗言不離色如相有法於阿耨
多羅三藐三菩提退還不舍利弗言不離受
想行識如相乃至離一切種智如相有法於
阿耨多羅三藐三菩提退還不舍利弗言不
舍利弗於意云何如於阿耨多羅三藐三菩
提退還不舍利弗言不法性法住法位實際
不可思議性於阿耨多羅三藐三菩提退還
不舍利弗言不舍利弗於意云何離如有法
於阿耨多羅三藐三菩提退還不舍利弗言
不離法性法住法位實際不可思議性有法
於阿耨多羅三藐三菩提退還不舍利弗言
不須菩提語舍利弗若諸法畢竟不可得何
等法於阿耨多羅三藐三菩提退還舍利弗
語須菩提如須菩提所說是法忍中无有菩

BD14017 號　摩訶般若波羅蜜經（四十卷本）卷二四　（20–6）

不離法性法住法位實際不可思議性有法
於阿耨多羅三藐三菩提退還不舍利弗言
不須菩提語舍利弗若諸法畢竟不可得何
等法於阿耨多羅三藐三菩提退還舍利弗
語須菩提如須菩提所說是法忍中无有菩
薩於阿耨多羅三藐三菩提退還者若不退
還佛說求道者有三種阿羅漢道辟支佛道
佛道是三種為无分別如須菩提說獨有一
菩薩求佛道是時富樓那弥多羅尼子語舍
利弗應當問須菩提為有一菩薩乘不尒時
舍利弗問須菩提須菩提為欲說有一菩薩
乘須菩提語舍利弗於諸法如中欲使有三
種人聲聞乘辟支佛乘佛乘耶舍利弗言不
也舍利弗三乘分別中有如可得不舍利弗
言不也舍利弗是如有若一相若二相若三
相不舍利弗言不也舍利弗汝欲於如中乃
至有一菩薩不舍利弗言不也如是四種中
三乘人不可得舍利弗云何作是念是求聲
聞乘人是求辟支佛乘人是求佛乘人舍利
弗菩薩摩訶薩聞是諸法如相心不驚不没
不悔不疑是名菩薩摩訶薩能成就阿耨多
羅三藐三菩提尒時佛讚須菩提言善哉善
哉須菩提汝所說者皆是佛力須菩提若菩
薩摩訶薩聞說是如无有諸法別異心不驚
不怖不畏不難不没不悔當知是菩薩能成
就阿耨多羅三藐三菩提舍利弗白佛言世

BD14017 號　摩訶般若波羅蜜經（四十卷本）卷二四　（20–7）

我須菩提汝所說者皆是佛力須菩提若菩
薩摩訶薩聞說是如无有諸法別異心不驚
不怖不畏不難不沒不悔當知是菩薩能成
就阿耨多羅三藐三菩提舍利弗白佛言世
尊成就何等菩提佛言成就佛阿耨多羅三
藐三菩提須菩提白佛言世尊若菩薩摩訶
薩欲成就阿耨多羅三藐三菩提應云何行
佛言應起等心於一切衆生〻等心與語无
有偏黨於一切衆生中起大慈心〻以大慈心
與語於一切衆生中下意〻以下意與語
於一切衆生中安隱心〻以安隱心與
語於一切衆生中應生无㝵心〻以无㝵心
與語於一切衆生中應生无惱心〻以无惱
心與語於一切衆生中應生愛敬心如父如
母如兄如弟如姉如妹如兒子如親族知識
〻以愛敬心與語是菩薩摩訶薩應自不
煞生〻教人不煞生讚不煞生法歡喜讚歎諸
不煞者乃至自行不耶見〻教他人不行耶見
讚歎不耶見法歡喜讚歎不耶見者如是須
菩提菩薩摩訶薩欲成就阿耨多羅三藐三
菩提當如是行復次須菩提菩薩摩訶薩欲
成就阿耨多羅三藐三菩提應自行初禪〻
教他人行初禪讚歎行初禪法歡喜讚歎行
初禪者二禪三禪四禪〻如是復次須菩提
菩薩摩訶薩欲成就阿耨多羅三藐三菩提
應自行慈心〻教人行慈心讚歎行慈心法
歡喜讚歎行慈心者悲喜捨心〻如是自行

BD14017 號　摩訶般若波羅蜜經（四十卷本）卷二四　　（20–8）

教他人行初禪讚歎行初禪法歡喜讚歎行
初禪者二禪三禪四禪〻如是復次須菩提
菩薩摩訶薩欲成就阿耨多羅三藐三菩提
應自行慈心〻教人行慈心讚歎行慈心法
歡喜讚歎行慈心者悲喜捨心〻如是自行
虛空處〻教人行虛空處讚歎行虛空法歡
喜讚歎行虛空處者識處无所有處非有想
非无想處〻如是自具足檀波羅蜜〻教人
具足檀波羅蜜讚歎具足檀法歡喜讚歎具
足檀波羅蜜者尸波羅蜜羼提毗梨耶禪般
若波羅蜜〻如是復次菩薩摩訶薩成就阿
耨多羅三藐三菩提自行內空〻教人行內
空讚歎行內空法歡喜讚歎行內空者乃至
无法有法空〻如是自行四念處〻教人行
四念處讚歎行四念處法歡喜讚歎行四念
處者乃至八聖道分〻如是自脩空三昧无
相无作三昧〻教人脩空无相无作三昧讚
歎脩空无相无作三昧法歡喜讚歎脩空无
相无作三昧者自行八背捨〻教人行八背
捨讚歎行八背捨法歡喜讚歎行八背捨者
自行九次第定亦教人行九次第定讚歎行
九次第定法歡喜讚歎行九次第定者自具
足佛十力〻教人具足佛十力讚歎具足佛
十力法歡喜讚歎具佛十力者自行四无所
畏四无㝵智十八不共法大慈大悲〻教人
行四无所畏乃至大慈大悲讚歎行四无所
畏乃至大慈大悲法歡喜讚歎行四无所畏

BD14017 號　摩訶般若波羅蜜經（四十卷本）卷二四　　（20–9）

足佛十力之教人具足佛十力讚歎具足佛
十力法歡喜讚歎具佛十力者自行四无所
畏四无㝵智十八不共法大慈大悲之教人
行四无所畏乃至大慈大悲讚歎行四无所
畏乃至大慈大悲法歡喜讚歎行四无所畏
乃至大慈大悲者自逆順觀十二因緣之教
人逆順觀十二因緣讚歎逆順觀十二因緣
法歡喜讚歎逆順觀十二因緣者須菩提菩
薩摩訶薩欲成就阿耨多羅三藐三菩提應
如是行復次須菩提菩薩摩訶薩欲成就阿
耨多羅三藐三菩提自應知苦斷集滅證脩
道之教人知苦斷集滅證脩道讚歎知苦斷
集滅證脩道法歡喜讚歎知苦斷集滅證脩
道者自生須陁洹果證智而不證實際之教
人著須陁洹果中讚歎須陁洹果法歡喜讚
歎得須陁洹果者斯陁含果阿那含果阿羅
漢果之如是自生辟支佛道證智而不證辟
支佛道之教人著辟支佛道中讚歎辟支佛
道法歡喜讚歎得辟支佛道者自入菩薩位
之教人入菩薩位讚歎入菩薩位法歡喜讚
歎入菩薩位者自淨佛國土成就衆生之教
人淨佛國土成就衆生讚歎淨佛國土成就
衆生法歡喜讚歎淨佛國土成就衆生者自
起菩薩神通之教人起菩薩神通讚歎菩薩
神通法歡喜讚歎起菩薩神通者自生一切
種智之教人生一切種智讚歎生一切種智
法歡喜讚歎生一切種智者自斷一切結使

BD14017 號　摩訶般若波羅蜜經（四十卷本）卷二四　（20–10）

衆生法歡喜讚歎淨佛國土成就衆生者自
起菩薩神通之教人起菩薩神通讚歎菩薩
神通法歡喜讚歎起菩薩神通者自生一切
種智之教人生一切種智讚歎生一切種智
法歡喜讚歎生一切種智者自斷一切結使
習之教人斷一切結使習讚歎斷一切結使
習法歡喜讚歎斷一切結使習者須菩提菩
薩摩訶薩欲成就阿耨多羅三藐三菩提應
如是行復次須菩提菩薩摩訶薩欲成就阿
耨多羅三藐三菩提自取壽命成就亦教人
取壽命成就讚歎壽命成就法歡喜讚歎取
壽命成就者自成就法住亦教人成就法住
讚歎成就法住法歡喜讚歎成就法住者須
菩提菩薩摩訶薩欲成就阿耨多羅三藐三
菩提應如是行亦應如是學般若波羅蜜方
便力是菩薩如是學如是行時當得无㝵色
得无㝵受想行識乃至得无㝵法住何以故
是菩薩摩訶薩從本已來不受色不受受想
行識乃至不受一切種智何以故色不受者
為非色乃至一切種智不受者為非一切種
智說是菩薩行品時二千菩薩得无生法忍

摩訶般若波羅蜜阿鞞跋致品第五十五

須菩提白佛言世尊以何等行何等類何等
相貌知是阿鞞跋致菩薩摩訶薩佛告須菩
提菩薩摩訶薩能知凡夫地聲聞地辟支佛
地佛地是諸地如相中无二无別之不念之
不分別入是如中間是事直過无疑何以故

BD14017 號　摩訶般若波羅蜜經（四十卷本）卷二四　（20–11）

須菩提白佛言世尊以何等行何等類何等
相貌知是阿鞞跋致菩薩摩訶薩佛告須菩
提菩薩摩訶薩能知凡夫地聲聞地辟支佛
地佛地是諸地如相中无二无別亦不念亦
不分別入是如中聞是事直過无疑何以故
作无益語但說利益相應語不觀他人長短
須菩提以是行類相貌知是阿鞞跋致菩薩
摩訶薩須菩提言世尊復以何行類相貌知
是阿鞞跋致菩薩摩訶薩佛告須菩提若菩
是阿鞞跋致菩薩摩訶薩佛告須菩提若菩
薩摩訶薩能觀一切法无行无類无相貌當
知是名阿鞞跋致菩薩摩訶薩須菩提白佛
言世尊若一切法无行无類无相貌菩薩於
何等法轉名不轉佛言若菩薩摩訶薩色中
轉受想行識中轉是名菩薩不轉復次須菩
提菩薩摩訶薩檀波羅蜜中轉乃至般若波
羅蜜中轉內空中乃至无法有法空中轉四
念處中乃至十八不共法中轉聲聞辟支佛
地中轉乃至阿耨多羅三藐三菩提中轉當
知是名菩薩摩訶薩不轉何以故須菩提色
性无是菩薩何所住乃至阿耨多羅三藐三
菩提性无是菩薩何所住復次須菩提菩薩
摩訶薩不觀外道沙門婆羅門面類言語不
作是念是諸外道若沙門婆羅門實知實見
若說正見无有是事復次菩薩不生疑不著
戒取不墮邪見亦不求世俗吉事以為清淨
不以華香瓔珞幡蓋伎樂礼拜供養餘天須

BD14017 號　摩訶般若波羅蜜經（四十卷本）卷二四　（20–12）

摩訶薩不觀外道沙門婆羅門面類言語不
作是念是諸外道若沙門婆羅門實知實見
若說正見无有是事復次菩薩不生疑不著
戒取不墮邪見亦不求世俗吉事以為清淨
不以華香瓔珞幡蓋伎樂礼拜供養餘天須
菩提以是行類相貌當知是名阿鞞跋致菩
薩摩訶薩復次須菩提菩薩摩訶薩常不生
下賤家乃至不生八難之處常不受女人身
須菩提以是行類相貌當知是名阿鞞跋致
菩薩摩訶薩復次須菩提菩薩摩訶薩常行
十善道自不煞生不教人煞生讚歎不煞生
法歡喜讚歎不煞生者乃至自不邪見不教
人邪見不讚歎邪見法不歡喜讚歎行邪見
者須菩提以是行類相貌當知是名阿鞞跋
致菩薩摩訶薩復次須菩提菩薩摩訶薩乃
至夢中亦不行十不善道以是行類相貌當
知是名阿鞞跋致菩薩摩訶薩復次須菩提
菩薩摩訶薩為益一切眾生故行檀波羅蜜
乃至為益一切眾生故行般若波羅蜜須菩
提以是行類相貌當知是名阿鞞跋致菩薩
摩訶薩復次須菩提菩薩摩訶薩所有諸法
受誦讀說正憶念所謂脩妬路乃至優波提
舍是菩薩法施時作是念是法施因緣故滿
一切眾生意願以是法施功德與一切眾生
共之迴向阿耨多羅三藐三菩提須菩提以
是行類相貌當知是名阿鞞跋致菩薩摩訶
薩復次須菩提菩薩摩訶薩於甚深法中不

BD14017 號　摩訶般若波羅蜜經（四十卷本）卷二四　（20–13）

舍是菩薩法施時作是念是法施因緣故滿
一切衆生意願以是法施功德與一切衆生
共之迴向阿耨多羅三藐三菩提須菩提以
是行類相貌當知是名阿鞞跋致菩薩摩訶
薩復次須菩提菩薩摩訶薩於甚深法中不
疑不悔須菩提言世尊菩薩於甚深法中何
因緣故不疑不悔佛言是阿鞞跋致菩薩都
不見有法可生疑處若色受想行識乃至阿
耨多羅三藐三菩提不見是法可生疑處悔
處須菩提以是行類相貌當知是名阿鞞跋
致菩薩摩訶薩復次須菩提菩薩摩訶薩身
口意業柔濡須菩提以是行類相貌當知是
名阿鞞跋致菩薩摩訶薩復次須菩提菩薩
摩訶薩以慈身口意業成就須菩提以是行
類相貌當知是名阿鞞跋致菩薩摩訶薩復
次須菩提菩薩摩訶薩不與五蓋俱婬欲瞋
恚睡眠掉悔疑須菩提以是行類相貌當
是名阿鞞跋致菩薩摩訶薩復次須菩提菩
薩摩訶薩一切處无所愛著須菩提以是行
類相貌當知是名阿鞞跋致菩薩摩訶薩復
次須菩提菩薩摩訶薩不亂心出入去來坐
卧行住常念一心出入去來坐卧行住舉之
下之安隱詳序常念一心視地而行須菩提
以是行類相貌當知是名阿鞞跋致菩薩摩
訶薩復次須菩提菩薩摩訶薩所著衣服及
諸卧具人不德穢好樂淨潔少於疾病須菩
提以是行類相貌當知是名阿鞞跋致菩薩

BD14017號　摩訶般若波羅蜜經（四十卷本）卷二四　（20–14）

下之安隱詳序常念一心視地而行須菩提
以是行類相貌當知是名阿鞞跋致菩薩摩
訶薩復次須菩提菩薩摩訶薩所著衣服及
諸卧具人不德穢好樂淨潔少於疾病須菩
提以是行類相貌當知是名阿鞞跋致菩薩
摩訶薩復次須菩提常人身中有八万戶虫
侵食其身是阿鞞跋致菩薩摩訶薩身无是
虫何以故是菩薩功德過出世間以是故是
菩薩无是虫戶是菩薩功德增益隨其功德
得是清淨得心清淨須菩提以是行類相貌
當知是名阿鞞跋致菩薩摩訶薩須菩提白
佛言世尊云何菩薩摩訶薩得身清淨心清
淨佛言菩薩摩訶薩隨其所得增益善根滅
除心曲心邪須菩提是名菩薩摩訶薩身清
淨心清淨以是身心清淨故能過聲聞辟支
佛地入菩薩位中須菩提以是行類相貌當
知是名阿鞞跋致菩薩摩訶薩復次須菩提
菩薩摩訶薩不貴利養雖行十二頭陁不貴
阿蘭若法乃至不貴但受三衣法須菩提以是
行類相貌當知是名阿鞞跋致菩薩摩訶薩
復次須菩提菩薩摩訶薩常不生慳貪心不
生破戒心瞋動心懈怠心散亂心不生愚癡
心不生嫉妬心須菩提以是行類相貌當知
是名阿鞞跋致菩薩摩訶薩復次須菩提菩
薩摩訶薩心住不動智慧深入一心聽受所
從聞法及世間事皆與般若波羅蜜合是菩
薩摩訶薩不見塵業之事不入法性者是事

BD14017號　摩訶般若波羅蜜經（四十卷本）卷二四　（20–15）

心不生嫉妬心須菩提以是行類相貌當知
是名阿鞞跋致菩薩摩訶薩復次須菩提菩
薩摩訶薩心住不動智慧深入一心聽受所
從聞法及世間事皆與般若波羅蜜合是菩
薩摩訶薩不見產業之事不入法性者是事
一切法皆見與般若波羅蜜合以是因緣須菩提
是名阿鞞跋致菩薩摩訶薩相貌復次須菩
提若惡魔於阿鞞跋致菩薩前化作八大地
獄一一地獄中有千億万菩薩皆被燒煮
受諸苦毒語菩薩言是諸菩薩皆是阿鞞跋
致佛所授記墮大地獄中汝若為佛授阿鞞
跋致記者當入是大地獄中佛為授汝地獄
記汝不如還捨菩薩心可得不墮地獄得生
天上須菩提若是菩薩見是事聞是事心不
動不疑不驚作是念阿鞞跋致菩薩若墮地
地畜生餓鬼中終无是處須菩提以是行類
相貌當知是名阿鞞跋致菩薩摩訶薩復次
須菩提惡魔作比丘被服來至菩薩所語菩
薩言汝先聞應如是淨脩六波羅蜜乃至應如是
淨脩得阿耨多羅三藐三菩提是事汝疾悔
捨汝先於過去未來現在諸佛所從初發心
乃至法住於其中間所作善根隨喜迴向阿
耨多羅三藐三菩提是事汝亦疾放捨若汝
疾捨我當語汝真佛法汝先所聞皆非佛
法非佛教皆是文飾合集作耳我所說是真
佛法若是菩薩聞作是說心驚疑悔當知是
菩薩未得諸佛受記未定住阿鞞跋致性中

疾捨我當語汝真佛法汝先所聞皆非佛
法非佛教皆是文飾合集作耳我所說是真
佛法若是菩薩聞作是說心驚疑悔當知是
菩薩未得諸佛受記未定住阿鞞跋致性中
若是菩薩心不動不驚不疑不悔隨順依止
无作无生法不信他語不隨他行行六波羅
蜜時不隨他語乃至行阿耨多羅三藐三菩
提時亦不隨他語須菩提譬如漏盡阿羅漢
不信他語不隨他行現見諸法實相惡魔不
能轉如是須菩提阿鞞跋致菩薩摩訶薩亦
如是求聲聞道辟支佛道人不能破壞不能
折伏其心須菩提是菩薩摩訶薩必定住阿
鞞跋致地中不隨他語乃至佛語不直信取
何況求聲聞辟支佛人及惡魔外道梵志語
終无是處何以故是菩薩不見有法可隨信
者所謂若色若受想行識若色如乃至識如
乃至不見阿耨多羅三藐三菩提阿耨多羅
三藐三菩提如須菩提以是行類相貌當知
是名阿鞞跋致菩薩摩訶薩復次須菩提魔
作比丘身來到菩薩所語菩薩言汝所行者
是生死法非薩婆若道汝今身取苦盡證是
時惡魔為菩薩用世間行說似道法此似道
法是三界繫所謂骨相若初禪乃至非有想
非无想語善男子用是道用是行當得須陁
洹果乃至當得阿羅漢果汝用是道令世苦
盡汝用受生死中種種苦惱為今是四大身

法是三界繫所謂骨相若初禪乃至非有想
非无想語善男子用是道用是行當得須陁
洹果乃至當得阿羅漢果汝用是道今世苦
盡汝用受生死中種種苦惱為今是四大身
尚不用受何況當更受未身須菩提若是菩
薩摩訶薩心不驚不疑不悔作是念是比丘
益我不少為我說似道法行是似道法不至
須陁洹果證不得至阿羅漢辟支佛道證何
況得至阿耨多羅三藐三菩提是菩薩摩訶
薩益復歡喜作是念是比丘益我不少為我
說遠道法我知是遠道法是遠學三乘道是
時惡魔知菩薩歡喜作是言善男子汝欲見
是菩薩摩訶薩供養如恒河沙等諸佛衣被
飲食卧具醫藥資生所須之於如恒河沙等
諸佛所行檀波羅蜜尸波羅蜜羼提波羅蜜
毗梨耶波羅蜜禪波羅蜜般若波羅蜜之親
近如恒河沙等諸佛諮問菩薩摩訶薩道世
尊菩薩摩訶薩云何住菩薩摩訶薩乘云何
行檀波羅蜜尸波羅蜜羼提波羅蜜毗梨耶
波羅蜜禪波羅蜜般若波羅蜜四念處乃至
大慈大悲是菩薩摩訶薩如佛所教如是住
如是行如是脩是菩薩摩訶薩如是教如是
學尚不得阿耨多羅三藐三菩提不得薩婆
若何況汝當得阿耨多羅三藐三菩提若菩
薩摩訶薩聞是事心不異不驚益復歡喜作
是念是比丘益我不少為我說鄣道法是鄣

BD14017號　摩訶般若波羅蜜經（四十卷本）卷二四　（20–18）

如是行如是脩是菩薩摩訶薩如是教如是
學尚不得阿耨多羅三藐三菩提不得薩婆
若何況汝當得阿耨多羅三藐三菩提若菩
薩摩訶薩聞是事心不異不驚益復歡喜作
是念是比丘益我不少為我說鄣道法是鄣
道法不得須陁洹道乃至不得阿羅漢辟支
佛道何況得阿耨多羅三藐三菩提是時惡
魔知是菩薩心不没不驚不疑即於是處化
作比丘語菩薩言此皆是發意求佛道菩薩
今皆住阿羅漢地是輩尚不得阿耨多羅三
三菩提汝云何能得若菩薩摩訶薩即作是念
此是惡魔說相似道法菩薩摩訶薩行般若
波羅蜜不應轉阿耨多羅三藐三菩提心之
不應隨聲聞辟支佛道中復作是念行檀波
羅蜜尸波羅蜜羼提波羅蜜毗梨耶波羅蜜
禪波羅蜜般若波羅蜜乃至一切種智不得
阿耨多羅三藐三菩提无有是處須菩提以
是行類相貌當知是名阿鞞跋致菩薩摩訶
薩復次須菩提菩薩摩訶薩作是念若菩薩
能如佛所說不遠離般若波羅蜜心乃至一
切種智是菩薩終不退阿耨多羅三藐三菩
提若菩薩覺知魔事之不失阿耨多羅三藐
三菩提以是行類相貌當知是阿鞞跋致菩
薩摩訶薩相須菩提白佛言世尊於何法轉
名為不轉佛言於色相轉於受想行識相轉
於十二入相十八界相婬欲瞋恚愚癡相耶
見相四念處相乃至聲聞辟支佛相乃至佛

BD14017號　摩訶般若波羅蜜經（四十卷本）卷二四　（20–19）

BD14017 號　摩訶般若波羅蜜經（四十卷本）卷二四　　（20–20）

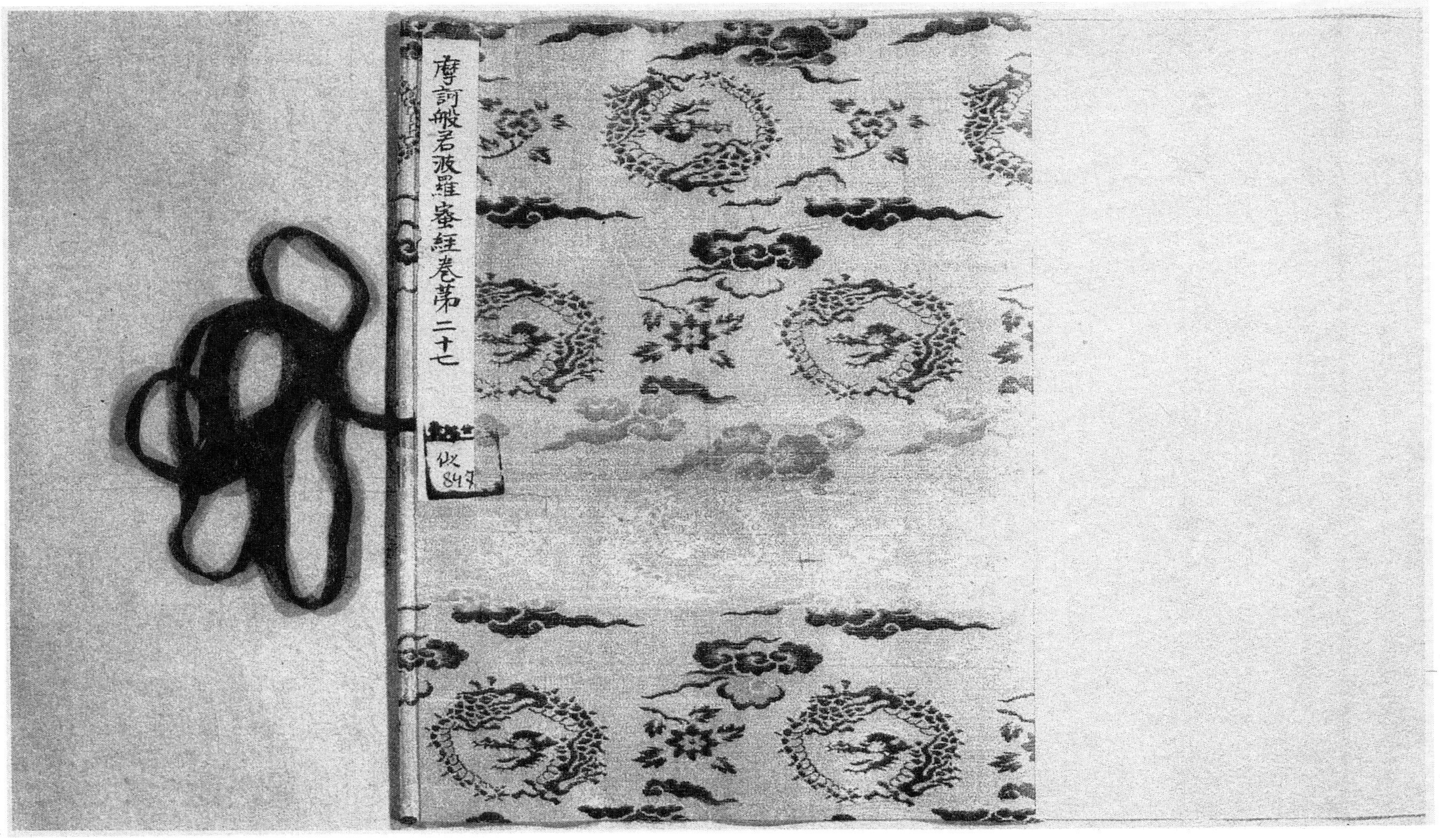

BD14018 號背　現代護首　　（1–1）

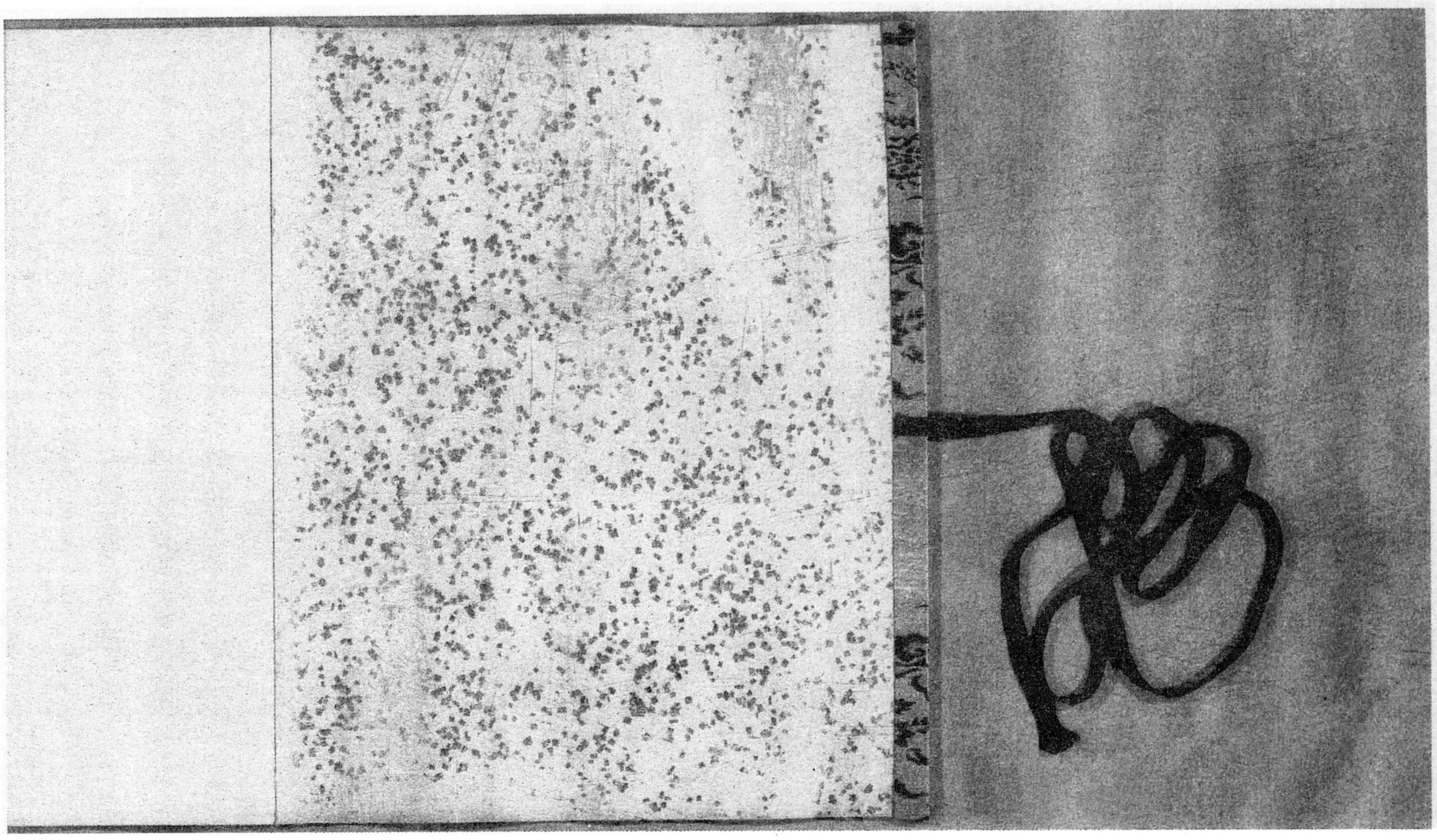

BD14018 號　摩訶般若波羅蜜經（四十卷本）卷二七　（23–1）

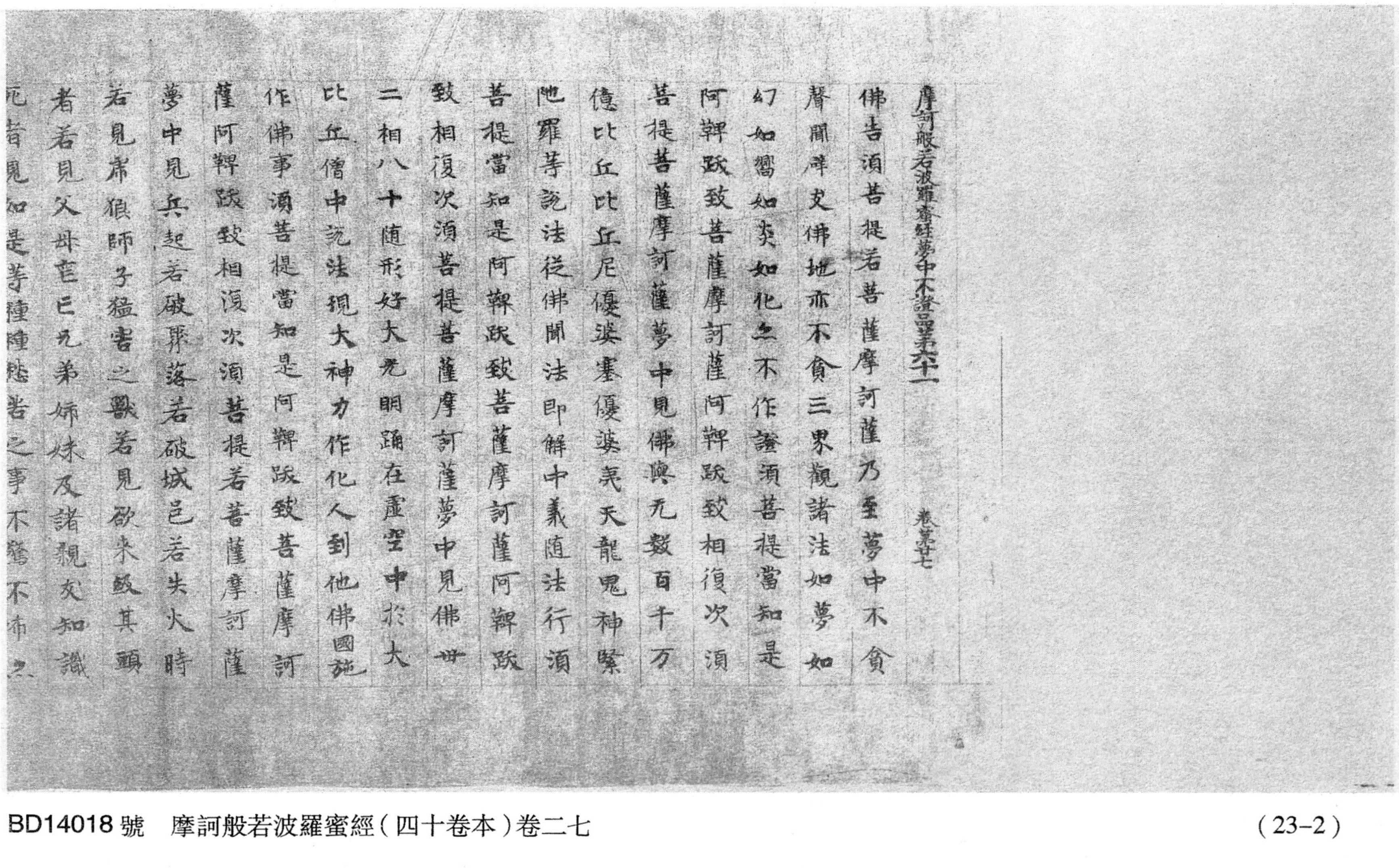

摩訶般若波羅蜜經夢中不證品第六十一　卷第廿七
佛告須菩提若菩薩摩訶薩乃至夢中不貪
聲聞辟支佛地亦不貪三界觀諸法如夢如
幻如響如炎如化亦不作證須菩提當知是
阿鞞跋致菩薩摩訶薩阿鞞跋致相復次須
菩提菩薩摩訶薩夢中見佛與无數百千万
億比丘比丘尼優婆塞優婆夷天龍鬼神緊
他羅等說法從佛聞法即解中義隨法行須
菩提當知是阿鞞跋致菩薩摩訶薩阿鞞跋
致相復次須菩提菩薩摩訶薩夢中見佛卅
二相八十隨形好大光明踊在虛空中於大
比丘僧中說法現大神力作化人到他佛國施
作佛事須菩提當知是阿鞞跋致菩薩摩訶
薩阿鞞跋致相復次須菩提若菩薩摩訶薩
夢中見兵起若破聚落若破城邑若失火時
若見虎狼師子猛害之獸若見欲來截其頭
者若見父母喪亡兄弟姊妹及諸親友知識
死者見如是等種種愁苦之事不驚不怖亦

BD14018 號　摩訶般若波羅蜜經（四十卷本）卷二七　（23–2）

比丘僧中說法現大神力作化人至他方國
作佛事須菩提當知是阿鞞跋致菩薩摩訶
薩阿鞞跋致相復次須菩提若菩薩摩訶薩
夢中見兵起若破聚落若破城邑若失火時
若見虎狼師子猛害之獸若見欲來斷其頭
者若見父母官已无弟姊妹及諸親友知識
死者若見如是等種種愁苦之事不驚不怖亦
不憂惱從夢覺已即時思惟三界虛妄皆如
夢耳我得阿耨多羅三藐三菩提時亦當為
衆生說三界如夢須菩提當知是阿鞞跋致
菩薩摩訶薩阿鞞跋致相復次須菩提云何
當知是阿鞞跋致菩薩摩訶薩得阿耨多羅三
藐三菩提時國中无三惡道須菩提菩薩
摩訶薩若夢中見地獄畜生餓鬼作是念我
當懃精進得阿耨多羅三藐三菩提時令我
國中无一切三惡道何以故是夢及諸法无
二无別須菩提當知是阿鞞跋致菩薩摩訶
薩阿鞞跋致相復次須菩提菩薩摩訶薩夢
中見地獄火燒衆生作是誓若我實是阿鞞
跋致者是火當滅是火即滅若地獄火即滅
是阿鞞跋致相復次若菩薩晝日見城郭火
起作是念我夢中見阿鞞跋致行類相貌我
今實有是者自立誓言是火當滅若火滅者
當知是菩薩得受阿耨多羅三藐三菩提記
住阿鞞跋致地若火不燒燒一家置一家燒
一里置一里須菩提當知被燒家破法業因

BD14018號　摩訶般若波羅蜜經（四十卷本）卷二七　（23–3）

今實有是者自立誓言是火當滅若火滅者
當知是菩薩得受阿耨多羅三藐三菩提記
住阿鞞跋致地若火不燒燒一家置一家燒
一里置一里須菩提當知被燒家破法業因
緣厚集以是故燒一家置一家是諸衆生今
世受破法餘殃故被燒須菩提以是因緣故
當知是阿鞞跋致菩薩摩訶薩阿鞞跋致相
佛告須菩提今當更為汝說阿鞞跋致行類
相貌須菩提若男子女人為非人所持是時
菩薩摩訶薩作是念若我為過去諸佛所受
記我心清淨求阿耨多羅三藐三菩提行清
淨正道遠離聲聞辟支佛心遠離聲聞辟支
佛念應當成阿耨多羅三藐三菩提我必得
阿耨多羅三藐三菩提非不得十方國土中
現在无量諸佛无所不知无所不見无所不
解无所不證諸佛知我深心審定必當得阿
耨多羅三藐三菩提以是至誠誓故是男子
女人為非人所持為非人所惱是非人當遠
去須菩提是菩薩摩訶薩如是誓若非人不
去者當知是菩薩摩訶薩未從過去諸佛受
阿耨多羅三藐三菩提記須菩提若菩薩摩
訶薩如是誓若非人去者當知是菩薩摩訶
薩已從過去諸佛受阿耨多羅三藐三菩提
記須菩提以是行類相貌當知是阿鞞跋致
菩薩摩訶薩阿鞞跋致相復次須菩提菩薩
摩訶薩遠離六波羅蜜及方便力不久行四

BD14018號　摩訶般若波羅蜜經（四十卷本）卷二七　（23–4）

訶薩知是習若非人去者當知是菩薩摩訶
薩已從過去諸佛受阿耨多羅三藐三菩提
記須菩提以是行類相貌當知是阿鞞跋致
菩薩摩訶薩阿鞞跋致相復次須菩提菩薩
摩訶薩遠離六波羅蜜及方便力不久行四
念處及至不久行空无相无作三昧未入菩
薩位是菩薩為惡魔所嬈菩薩作是習若我
實從諸佛受記者是非人當去是時惡魔即
作方便勑非人令去惡魔有威力勝諸非人
故非人即去是時菩薩作是念以我習力故
非人去不知是惡魔力恃是證故輕扸毀蔑
諸餘菩薩作是言我已從諸佛受記汝等未
得用是空習无方便力故生增上慢以是事
故遠離薩婆若遠離阿耨多羅三藐三菩提
須菩提當知是人墮於二地若聲聞地若辟
支佛地以是習因緣故起於魔事是人以不
親近依止善知識不問阿鞞跋致相故為魔
所縛益復堅固所以者何是菩薩不久行六波
羅蜜无方便力故須菩提當知是為菩薩魔
事須菩提云何菩薩摩訶薩不久行六波羅
蜜乃至未入菩薩位為惡魔所嬈須菩提惡
魔變化作種種身語菩薩言汝於諸佛所
得受阿耨多羅三藐三菩提記汝字某汝父
字某汝母字某汝兄弟姊妹字某汝七世父
母名字如是汝在某方某國某城某聚落中

BD14018號　摩訶般若波羅蜜經（四十卷本）卷二七　（23–5）

魔變化作種種身語菩薩言汝於諸佛所
得受阿耨多羅三藐三菩提記汝字某汝父
字某汝母字某汝兄弟姊妹字某汝七世父
母名字如是汝在某方某國某城某聚落中
生若見菩薩性行和柔語菩薩言汝先世亦
復柔和若見急性卒暴便語言汝先世亦尒
若見菩薩阿蘭若行語言汝先世亦修阿蘭
若行若見菩薩乞食納衣中後不飲漿一坐
食一鉢他食死屍間住露地住樹下心常坐
不臥如教坐但受三衣若少欲若知足若遠
離住若不塗脚若少言語便言汝先世亦有
是行何以故汝今有此頭陁功德汝先世亦
有是功德是菩薩聞是先世事及名姓聞今
讚頭陁功德即歡喜生憍慢心是時惡魔語
菩薩言汝有如是功德如是相汝實從諸佛
受阿耨多羅三藐三菩提記須菩提惡魔或
作比丘被服或作居士形或作父母身來到
菩薩所如是言汝已得受阿耨多羅三藐三
菩提記何以故是阿鞞跋致功德相汝盡具
足有須菩提我所說實阿鞞跋致行類相貌
是人永无須菩提當知是菩薩摩訶薩為魔
所持何以故是阿鞞跋致行類相貌是人永
无以聞是名字故生憍慢心輕扸毀蔑餘人
須菩提是名菩薩摩訶薩為魔所持當知是
為菩薩魔事復次須菩提菩薩摩訶薩不久

BD14018號　摩訶般若波羅蜜經（四十卷本）卷二七　（23–6）

是人永无須菩提當知是菩薩摩訶薩魔
所持何以故是阿鞞跋致行類相貌是人永
无以聞是名字故生憍慢心輕抂毀蔑餘人
須菩提是名菩薩摩訶薩為魔所持當知是
為菩薩魔事復次須菩提菩薩摩訶薩不久
行六波羅蜜不知名字相不知色相不知受
想行識相惡魔来語言汝當来世得阿耨多
羅三藐三菩提有如是名字隨其本念說其
名号是无知无方便菩薩作是念我先亦有
是成佛名号念是人如我所念說是人所說
合我本念我必為諸佛所受記須菩提我所
說阿鞞跋致行類相貌是人永无但以空名
字輕抂毀蔑餘人以是事故遠離阿耨多羅
三藐三菩提是菩薩摩訶薩遠離般若波羅
蜜无方便力遠離善知識與惡知識相得故
墮二地聲聞辟支佛地若有即是身悔過久
久注来生死中然後還依止般若波羅蜜若
值善知識常隨逐親近故得阿耨多羅三藐
三菩提是人於是身若不即悔當墮二地若
阿羅漢地若辟支佛地須菩提辟如比丘於
四重禁法若犯一事非沙門非釋子是人現
身不得四沙門果須菩提是著空名字菩薩
心〃如是輕抂毀蔑餘人故當知是罪重於比
丘四禁須菩提置是重罪其罪過於五逆以
受是名字故生高心輕抂毀蔑餘人若生是
心〃當知其罪甚重如是名字等微細魔事菩

BD14018號　摩訶般若波羅蜜經（四十卷本）卷二七　（23–7）

身不得四沙門果須菩提是著空名字菩薩
心〃如是輕抂毀蔑餘人故當知是罪重於比
丘四禁須菩提置是重罪其罪過於五逆以
受是名字故生高心輕抂毀蔑餘人若生是
心〃當知其罪甚重如是名字等微細魔事菩
薩當覺知復次須菩提菩薩在空閑山澤曠
遠之處魔来到菩薩所讚嘆遠離法作是言
善男子汝所行者是佛所稱譽遠離法須菩
提我不讚是遠離但在空閑山澤曠遠之處
名為遠離須菩提言世尊若空閑山澤曠遠
之處非離法云何更有異遠離佛告須菩提
若菩薩摩訶薩遠離聲聞辟支佛心住空閑
山澤曠遠之處是佛所許遠離法須菩提如
是遠離法菩薩摩訶薩應所脩行晝夜行是
遠離法是名遠離行菩薩須菩提若惡魔所
說遠離法空閑山澤曠遠之處是菩薩心在
憒閙所謂不遠聲聞辟支佛心不懃脩般若
波羅蜜是菩薩摩訶薩不能具足一切種智
是菩薩行惡魔所說遠離法心不清淨而輕
餘菩薩城傍心淨无聲聞辟支佛憒閙心〃
无諸餘雜惡心具足禪定解脫智慧神通者
是離般若波羅蜜无方便菩薩摩訶薩雖在
絕曠百由旬外禽獸鬼神羅剎所住之處若
一歲百千万億歲若過万億歲不知是菩薩
遠離法所謂諸菩薩以是遠離法染心發阿

BD14018號　摩訶般若波羅蜜經（四十卷本）卷二七　（23–8）

是離般若波羅蜜无方便菩薩摩訶薩雖在
絶曠百由旬外禽獸鬼神羅刹所住之處若
一歲百千万億歲若過万億歲不知是菩薩
遠離法所謂諸菩薩以是遠離法深心發阿
耨多羅三藐三菩提不離行是菩薩憒閙行
而依受著是遠離是人所行佛所不許須菩
提我所說實遠離法是菩薩不在是中亦不
見是遠離相何以故但行是空遠離故尒時
惡魔來在虛空中住讚言善哉善哉善男子
此是佛所說真遠離法汝行是遠離疾得阿
耨多羅三藐三菩提是菩薩摩訶薩念著是
遠離而輕易諸餘求佛道清淨比丘以為憒
閙以憒閙為不憒閙以不憒閙為憒閙應恭
敬而不恭敬不應恭敬而恭敬是菩薩作是
言非人念我來稱讚我所行者是真遠離住
城傍者誰當稱美汝以是因緣故輕餘菩薩
摩訶薩須菩提當知是名菩薩栴陁羅汙染
諸菩薩是人似像菩薩實是天上人中之大
賊亦是沙門被服中賊知是人諸求佛道者
所不應親近不應供養恭敬何以故須菩提
當知是人墮增上慢以是故若菩薩摩訶薩
欲不捨一切智欲得阿耨多羅三藐三菩提
一心欲求阿耨多羅三藐三菩提欲利益一
切衆生不應親近是人恭敬供養菩薩摩訶
薩法常應懃求自利猒患世間心常遠離三

BD14018 號　摩訶般若波羅蜜經（四十卷本）卷二七　　（23–9）

當知是人墮增上慢以是故若菩薩摩訶薩
欲不捨一切智欲得阿耨多羅三藐三菩提
一心欲求阿耨多羅三藐三菩提欲利益一
切衆生不應親近是人恭敬供養菩薩摩訶
薩法常應懃求自利猒患世間心常遠離三
界於是人當起慈悲喜捨心我行菩薩道不
應生如是罪過若生當疾滅須菩提菩薩摩
訶薩當善覺是事是事中善自勉出復次須
菩提菩薩摩訶薩深心欲得阿耨多羅三藐
三菩提者當親近恭敬供養善知識須菩提
白佛言世尊何等是菩薩摩訶薩善知識佛
告須菩提諸佛是菩薩摩訶薩善知識諸菩
薩摩訶薩亦是菩薩善知識須菩提阿羅漢
亦是菩薩善知識是為菩薩摩訶薩善知識
復次須菩提六波羅蜜亦是菩薩善知識四
念處乃至十八不共法亦是菩薩善知識須
菩提如實際法性亦是菩薩善知識須菩提
六波羅蜜是世尊六波羅蜜是道六波羅蜜
是大明六波羅蜜是炬六波羅蜜是智六波
羅蜜是慧六波羅蜜是救六波羅蜜是歸六
波羅蜜是洲六波羅蜜是究竟道六波羅蜜
是父是母四念處乃至一切種智亦如是何
以故六波羅蜜及卅七道法亦是過去諸佛
父母六波羅蜜及卅七道法亦是未來現在
十方諸佛父母何以故須菩提六波羅蜜卅
七道法中生過去未來現在十方諸佛故以

BD14018 號　摩訶般若波羅蜜經（四十卷本）卷二七　　（23–10）

波羅蜜是洲六波羅蜜是究竟道六波羅蜜
是父是母四念處乃至一切種智亦如是何
以故六波羅蜜及卅七道法亦是過去諸佛
父母六波羅蜜及卅七道法亦是未來現在
十方諸佛父母何以故須菩提六波羅蜜卅
七道法中生過去未來現在十方諸佛故以
是故須菩提菩薩摩訶薩欲得阿耨多羅三
藐三菩提淨佛國土成就衆生當學六波羅
蜜卅及七道法及四攝法攝取衆生何等四
布施愛語利益同事須菩提以是利益故我
言六波羅蜜及卅七道法是諸菩薩摩訶薩世
尊是道是大明是炬是智是慧是救是歸是
洲是究竟道是父是母須菩提以是故菩薩
摩訶薩欲不隨他人教住欲斷一切衆生疑
欲淨佛國土成就衆生當學是般若波羅蜜
所以者何是般若波羅蜜中廣說諸法是菩
薩摩訶薩所應學處尒時須菩提白佛言世
尊何等是般若波羅蜜相佛告須菩提如虛
空相是般若波羅蜜相須菩提般若波羅蜜
无所有相須菩提白佛言世尊頗有因緣如
般若波羅蜜相諸法相亦如是佛告須菩提
如是如是如般若波羅蜜相諸法相亦如是
何以故須菩提一切法離相性空相以是因緣
故須菩提如般若波羅蜜相諸法相亦如是
所謂離相空相須菩提白佛言世尊若一切
法一切法離一切法一切法空云何知衆生

BD14018號　摩訶般若波羅蜜經（四十卷本）卷二七　（23–11）

如是如是如般若波羅蜜相諸法相亦如是
何以故須菩提一切法離相性空相以是因緣
故須菩提如般若波羅蜜相諸法相亦如是
所謂離相空相須菩提白佛言世尊若一切
法一切法離一切法一切法空云何知衆生
若垢若淨世尊離相法无垢无淨空相法无
垢无淨離相空相法不能得阿耨多羅三藐
三菩提離相空相无法可得世尊離相中空
相中无有菩薩得阿耨多羅三藐三菩提者
世尊我云何當知佛所說義佛告須菩提於
汝意云何是衆生長夜行我我所心不如是
世尊衆生長夜行我我所心於汝意云何是
我我所心離相不空相不須菩提言世尊我
我所心離相空相於汝意云何以此我我所
心衆生往來生死中不如是世尊以此我我
所心衆生往來生死中如是須菩提衆生往
來生死中故知有垢惱須菩提若衆生无我
我所心无著心是衆生不復往來生死中若
不往來生死中則无垢惱如是須菩提衆生
有淨須菩提白佛言世尊若菩薩摩訶薩如
是行為不行色不行受想行識為不行四念
處乃至八聖道分為不行內空乃至无法有
法空為不行佛十力乃至一切種智何以故
是法不可得亦无行者亦无行處亦无行法
世尊菩薩摩訶薩如是行一切世間諸天人
阿脩羅不能伏是菩薩摩訶薩一切聲聞

BD14018號　摩訶般若波羅蜜經（四十卷本）卷二七　（23–12）

處乃至八聖道分為不行內空乃至无法有
法空為不行佛十力乃至一切種智何以故
是法不可得亦无行者亦无行處亦无行法
世尊菩薩摩訶薩如是行一切世間諸天人
阿脩羅不能降伏是菩薩摩訶薩一切聲聞
辟支佛所不能及何以故所住處无能及故
所謂菩薩位世尊是菩薩摩訶薩行應薩婆
若心无能及者須菩提菩薩摩訶薩如是行
疾近薩婆若須菩提於汝意云何若閻浮提
衆生盡得人身得人身已皆得阿耨多羅三
藐三菩提若有善男子善女人盡其形壽供
養恭敬尊重讚嘆持是善根迴向阿耨多羅
三藐三菩提是人以是因緣得福多不須菩
提言甚多世尊佛言不如是善男子善女人
於大衆中說是般若波羅蜜出亦分別照明
開演亦應般若波羅蜜行正憶念其福多乃
至三千大千國土中衆生亦如是須菩提於
汝意云何閻浮提中衆生一時皆得人身得
人身已若善男子善女人教行十善道四禪
四无量心四无色定教令得須陁洹道乃至阿
羅漢辟支佛道教令得阿耨多羅三藐三菩
提持是善根迴向阿耨多羅三藐三菩提須
菩提於汝意云何是善男子善女人得福多
不須菩提言甚多世尊佛言不如是善男子
善女人以是甚深般若波羅蜜為衆生說出
亦分別照明開演亦不離薩婆若得福多乃

提持是善根迴向阿耨多羅三藐三菩提須
菩提於汝意云何是善男子善女人得福多
不須菩提言甚多世尊佛言不如是善男子
善女人以是甚深般若波羅蜜為衆生說出
亦分別照明開演亦不離薩婆若得福多乃
至三千大千國土亦如是菩薩摩訶薩不遠
離薩婆若心則到一切福田邊何以故除
諸佛无有餘法如菩薩摩訶薩勢力何以故
諸菩薩摩訶薩行般若波羅蜜時於一切衆
生中起大慈心見諸衆生趣死地故而起大
悲行是道時歡悅而生大喜不與想俱便得
大捨須菩提是為菩薩摩訶薩大智光明大
智明者所謂六波羅蜜須菩提是諸善男子
雖未作佛能為一切衆生作大福田於阿耨
多羅三藐三菩提久不轉所受供養衣服飲
食卧牀疾藥資生所須行應般若波羅蜜念
能畢報施主之恩疾近薩婆若以是故須菩
提若菩薩摩訶薩欲不虛食國中施欲示衆
生三乘道欲為衆生作大明欲拔出三界牢
獄欲與一切衆生眼應常行般若波羅蜜行般
若波羅蜜時若欲有所說但說般若波羅蜜
說般若波羅蜜已常憶念般若波羅蜜常憶
念般若波羅蜜已常行般若波羅蜜不令餘
念得生晝夜懃行般若波羅蜜相應念不息
不休須菩提譬如士夫未曾得摩尼珠後時
得得已大歡喜踊躍後復失之便大憂愁常

汎般若波羅蜜已常憶念般若波羅蜜常憶
念般若波羅蜜已常行般若波羅蜜不令餘
念得生晝夜懃行般若波羅蜜相應念不息
不休須菩提譬如士夫未曾得摩尼珠後時
得得已大歡喜踊躍後復失之便大憂愁常
憶念是摩尼珠作是念我柰何忽亡此大寶
須菩提菩薩摩訶薩亦如是常憶念般若波
羅蜜不離薩婆若心須菩提白佛言世尊一
切念性自離一切念性自空云何菩薩摩訶
薩行般若波羅蜜不離應薩婆若念是遠離
空法中无菩薩亦无念无應薩婆若佛告須
菩提若菩薩摩訶薩如是知一切法性自離
一切法性自空非聲聞辟支佛作之非佛作
諸法相常住法相法住法位如實際是名菩
薩行般若波羅蜜不離薩婆若念何以故般
若波羅蜜性自離性自空不增不減故須菩
提白佛言世尊若般若波羅蜜性自離性自
空云何菩薩摩訶薩與般若波羅蜜等得阿
耨多羅三藐三菩提佛告須菩提菩薩摩訶
薩與般若波羅蜜等不增不減何以故如法
性實際不增不減故所以者何般若波羅蜜
非一非異故若菩薩聞如是般若波羅蜜相
心不驚不沒不畏不怖不疑須菩提當知是
菩薩摩訶薩行般若波羅蜜當知是菩薩摩
訶薩必住阿鞞跋致地中須菩提白佛言世
尊般若波羅蜜空无所有不堅固是行般若

BD14018號　摩訶般若波羅蜜經（四十卷本）卷二七　（23–15）

非一非異故若菩薩聞如是般若波羅蜜相
心不驚不沒不畏不怖不疑須菩提當知是
菩薩摩訶薩行般若波羅蜜當知是菩薩摩
訶薩必住阿鞞跋致地中須菩提白佛言世
尊般若波羅蜜空无所有不堅固是行般若
波羅蜜不不也須菩提世尊離空更有法行
般若波羅蜜不不也須菩提世尊是般若波
羅蜜行般若波羅蜜不不也須菩提世尊離
般若波羅蜜行般若波羅蜜不不也須菩提
世尊色是行般若波羅蜜不不也須菩提世
尊受想行識是行般若波羅蜜不不也須菩
提世尊六波羅蜜是行般若波羅蜜不不也
須菩提世尊四念處乃至十八不共法是行
般若波羅蜜不不也須菩提世尊色空相虛
誑不實无所有不堅固相色如相法相法住
法位實際是行般若波羅蜜不不也須菩提
世尊受想行識乃至十八不共法空相虛誑
不實无所有不堅固相如法相法住法位實
際是行般若波羅蜜不不也須菩提世尊若
是諸法皆不行般若波羅蜜云何行名菩薩
摩訶薩行般若波羅蜜佛告須菩提於汝意
云何汝見有法行般若波羅蜜者不不也世
尊須菩提汝見般若波羅蜜菩薩摩訶薩可
行處不不也世尊須菩提汝所不見法是法
可得不不也世尊須菩提若法不可得是法
當生不不也世尊須菩提是名菩薩摩訶薩

BD14018號　摩訶般若波羅蜜經（四十卷本）卷二七　（23–16）

云何汝見有法行般若波羅蜜者不不也世
尊須菩提汝見般若波羅蜜菩薩摩訶薩可
行處不不也世尊須菩提汝所不見法是法
可得不不也世尊須菩提若法不可得是法
當生不不也世尊須菩提是名菩薩摩訶薩
无生法忍菩薩摩訶薩成就是忍得受阿耨
多羅三藐三菩提記須菩提是名諸佛无所
畏无导智菩薩摩訶薩行是法懃精進若不
得大智一切種智所謂阿耨多羅三藐三菩
提智若不得者无有是處何以故是菩薩摩訶
薩得无生法忍故乃至阿耨多羅三藐三菩提不
滅不退須菩提白佛言世尊諸法无生相得阿
耨多羅三藐三菩提記不不也須菩提世尊
諸法生相得阿耨多羅三藐三菩提記不不
也須菩提世尊諸法非生非不生相得阿耨
多羅三藐三菩提記不不也須菩提世尊諸
菩薩摩訶薩云何知諸法得阿耨多羅三藐
三菩提記佛告須菩提汝見有法得阿耨多
羅三藐三菩提記不不也世尊我不見有法
得阿耨多羅三藐三菩提記我亦不見法有
得者得處佛言如是如是須菩提若菩薩摩
訶薩於一切法无所得時不作是念我當得
阿耨多羅三藐三菩提用是事得阿耨多羅
三藐三菩提是阿耨多羅三藐三菩提處何
以故諸菩薩摩訶薩行般若波羅蜜无諸憶
想分別所以者何般若波羅蜜无諸分別憶

BD14018號　摩訶般若波羅蜜經（四十卷本）卷二七　　（23–17）

阿耨多羅三藐三菩提用是事得阿耨多羅
三藐三菩提是阿耨多羅三藐三菩提處何
以故諸菩薩摩訶薩行般若波羅蜜无諸憶
想分別所以者何般若波羅蜜无諸分別憶
想故

摩訶般若波羅蜜經同學品第六十二

尒時釋提桓因白佛言世尊是般若波羅蜜
无諸憶想分別畢竟離故世尊是衆生聞是
般若波羅蜜能持讀誦說正憶念親近如說
行乃至阿耨多羅三藐三菩提不離餘心心
數法者不從小功德來佛言如是如是聞是
深般若波羅蜜乃至不離餘心心數法者不
從小功德來憍尸迦於汝意云何若閻浮提
衆生成就十善道四禪四无量心四无色定
復有善男子善女人受持深般若波羅蜜讀
誦親近正憶念如說行勝於閻浮提衆生成
就十善道乃至四无色定百倍千倍千万億
倍乃至筭數譬喻所不能及尒時有一比丘
語釋提桓因憍尸迦是善男子善女人行般
若波羅蜜功德勝於仁者釋提桓因言是善
男子善女人一發心勝於我何況聞是般若
波羅蜜書持讀誦正憶念如說行是善男子
善女人行般若波羅蜜非但勝我亦勝一切
世間天及人阿脩羅非但勝一切世間天及
人阿脩羅亦勝諸須陁洹斯陁含阿那含阿
羅漢辟支佛非但勝是須陁洹乃至辟支佛

BD14018號　摩訶般若波羅蜜經（四十卷本）卷二七　　（23–18）

男子善女人一發心勝於我何況聞是般若
波羅蜜書持讀誦正憶念如說行是善男子
善女人行般若波羅蜜非但勝我亦勝一切
世間天及人阿脩羅非但勝一切世間天及
人阿脩羅亦勝諸須陁洹斯陁含阿那含阿
羅漢辟支佛非但勝是須陁洹乃至辟支佛
亦勝菩薩行五波羅蜜遠離般若波羅蜜者
非但勝菩薩行五波羅蜜遠離般若波羅蜜
者亦勝菩薩行般若波羅蜜无方便力者是
菩薩摩訶薩如說行般若波羅蜜不斷佛種
常見諸佛疾近道場菩薩如是行為欲拔出
衆生沉沒長流者是菩薩如是學為不學聲
聞辟支佛學菩薩如是學四天王天来至菩
薩所如是言善男子當懃疾學坐道場成阿
耨多羅三藐三菩提時如過去諸佛所受四
鉢亦當應受我亦當持来奉上菩薩及諸餘
天四天王天卅三天夜摩天兜率陁天化樂
天他化自在天梵天乃至首陁會天亦當供
養十方諸佛亦常念是菩薩摩訶薩如說行
是深般若波羅蜜者是菩薩諸所有世間厄
難懃苦之事永无復有一切世間有四百四
病是菩薩身中无是諸病以行深般若波羅
蜜故得是現世功德尒時阿難作是念釋提
桓因自以力說耶以佛神力說乎釋提桓因
知阿難意所念語阿難言我之所說皆佛威
神佛告阿難如是如是如釋提桓因所說皆

病是菩薩身中无是諸病以行深般若波羅
蜜故得是現世功德尒時阿難作是念釋提
桓因自以力說耶以佛神力說乎釋提桓因
知阿難意所念語阿難言我之所說皆佛威
神佛告阿難如是如是如釋提桓因所說皆
佛威神阿難是菩薩摩訶薩習學是深般若
波羅蜜時三千大千國土中諸惡魔皆生狐
疑令是菩薩為當得阿耨多羅三藐三菩提
當中道於實際作證墮聲聞辟支佛地耶復
次阿難若菩薩摩訶薩不離般若波羅蜜時
魔大愁毒如箭入心是時魔復放大火風四
方俱起欲令菩薩心沒恐怖懈息於薩婆若
中乃至起一亂念阿難白佛言世尊魔為都
嬈亂諸菩薩有不嬈亂者佛告阿難有嬈亂
者有不嬈者阿難白佛言世尊何等菩薩為
惡魔所嬈佛言有菩薩摩訶薩先世聞是深
般若波羅蜜心不信解如是菩薩魔得其便
復次阿難菩薩聞說是深般若波羅蜜時意
疑是般若波羅蜜為實有為實无如是菩薩
魔得其便復次阿難有菩薩遠離善知識為
惡知識所攝故不聞深般若波羅蜜不聞故
不知不見不問云何應行般若波羅蜜云何
應脩般若波羅蜜是菩薩惡魔得其便復次
阿難若菩薩遠離般若波羅蜜受惡法是菩
薩為惡魔得便魔作是念是輩當有伴黨當
滿我願是菩薩自墮二地亦使他人墮於二

不知不覺不問云何[illegible]
應脩般若波羅蜜是菩薩惡魔得其便復次
阿難若菩薩遠離般若波羅蜜受惡法是菩
薩為惡魔得便魔作是念是輩當有伴黨當
滿我願是菩薩自墮二地々使他人墮於二
地復次阿難菩薩聞說深般若波羅蜜時語
他人言是般若波羅蜜甚深我尚不能得
底汝復用聞用學是般若波羅蜜為如是菩
薩魔得其便復次阿難若菩薩輕餘菩薩言
我行般若波羅蜜行遠離空汝无是功德是
時惡魔大歡喜踊躍若有菩薩自恃名姓多
人知識故輕餘行善菩薩是人无實阿鞞跋
致行類相貌功德无是功德故生諸煩惱但
着虛名故輕賤餘人言汝不在如我所得法
中尒時惡魔作是念令我境界宮殿不空增
益三惡道惡魔助其威力令餘人信受其語
信受其語故受行其經如說脩學如說脩學
時增益諸結使是諸人心顛倒故身口意業
所作皆受惡報以是因緣增益三惡道魔之
眷屬宮殿益多阿難魔見是利故大歡喜踊
躍阿難若行菩薩道者與求聲聞道家共諍
鬪魔作是念是遠離薩婆若阿難若菩薩菩
薩共諍鬪瞋恚罵詈是時惡魔便大歡喜踊
躍言兩離薩婆若遠復次阿難若未受記菩
薩向得記菩薩生惡心諍鬪罵詈隨起念多
少劫若干劫數若不捨一切種智然後乃補

薩共諍鬪瞋恚罵詈是時惡魔便大歡喜踊
躍言兩離薩婆若遠復次阿難若未受記菩
薩向得記菩薩生惡心諍鬪罵詈隨起念多
少劫若干劫數若不捨一切種智然後乃補
尒所劫大莊嚴阿難白佛言世尊是惡心乃
輕尒所數劫於其中間寧得出除不佛告阿
難我雖說求菩薩道及聲聞人得出罪阿難
若求菩薩道人共諍鬪瞋恚罵詈懷恨不悔
不捨者我不說有出必當更受尒所劫數若
不捨一切種智然後乃大莊嚴阿難若是菩
薩鬪諍瞋恚罵詈便自改悔作是念我為大
失我當為一切衆生下屈今世後世皆使和
解我當忍受一切衆生履踐如橋梁如聾如
啞云何以惡語報人我不應壞是甚深阿耨
多羅三藐三菩提心我得阿耨多羅三藐三
菩提時應當度是一切苦惱衆生云何當起
瞋恚阿難白佛言世尊菩薩菩薩共住云何
佛告阿難菩薩菩薩共住相視當如世尊何
以故是菩薩摩訶薩應作是念是我真伴共
乘一船彼學我學所謂檀波羅蜜乃至一切
種智若是菩薩雜行遠離薩婆若心我不應
如是學若是菩薩不離行不離薩婆若心我
亦應如是學菩薩摩訶薩如是學者是為同
學

摩訶般若波羅蜜經卷第廿七

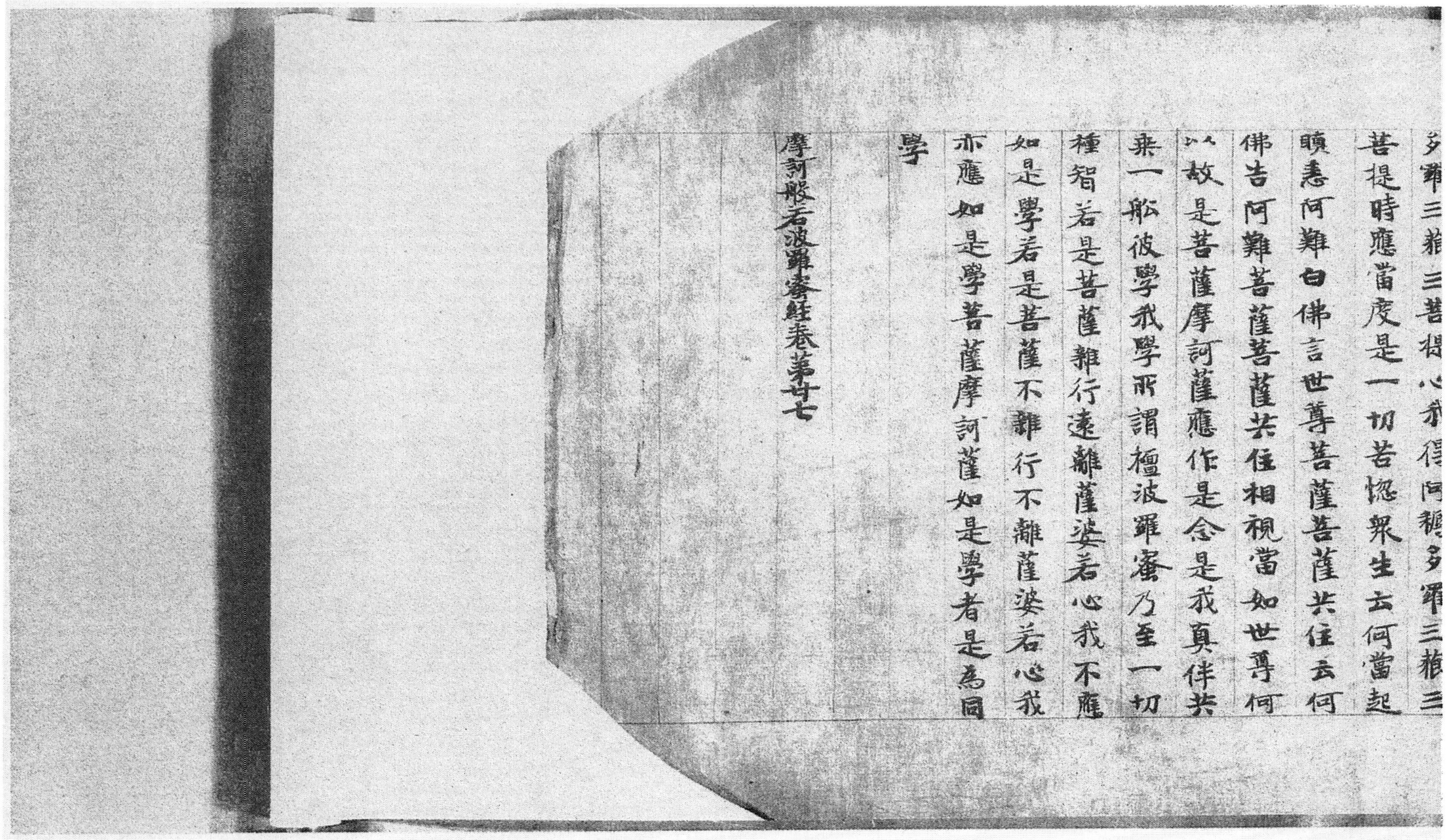

BD14018 號　摩訶般若波羅蜜經（四十卷本）卷二七　　（23–23）

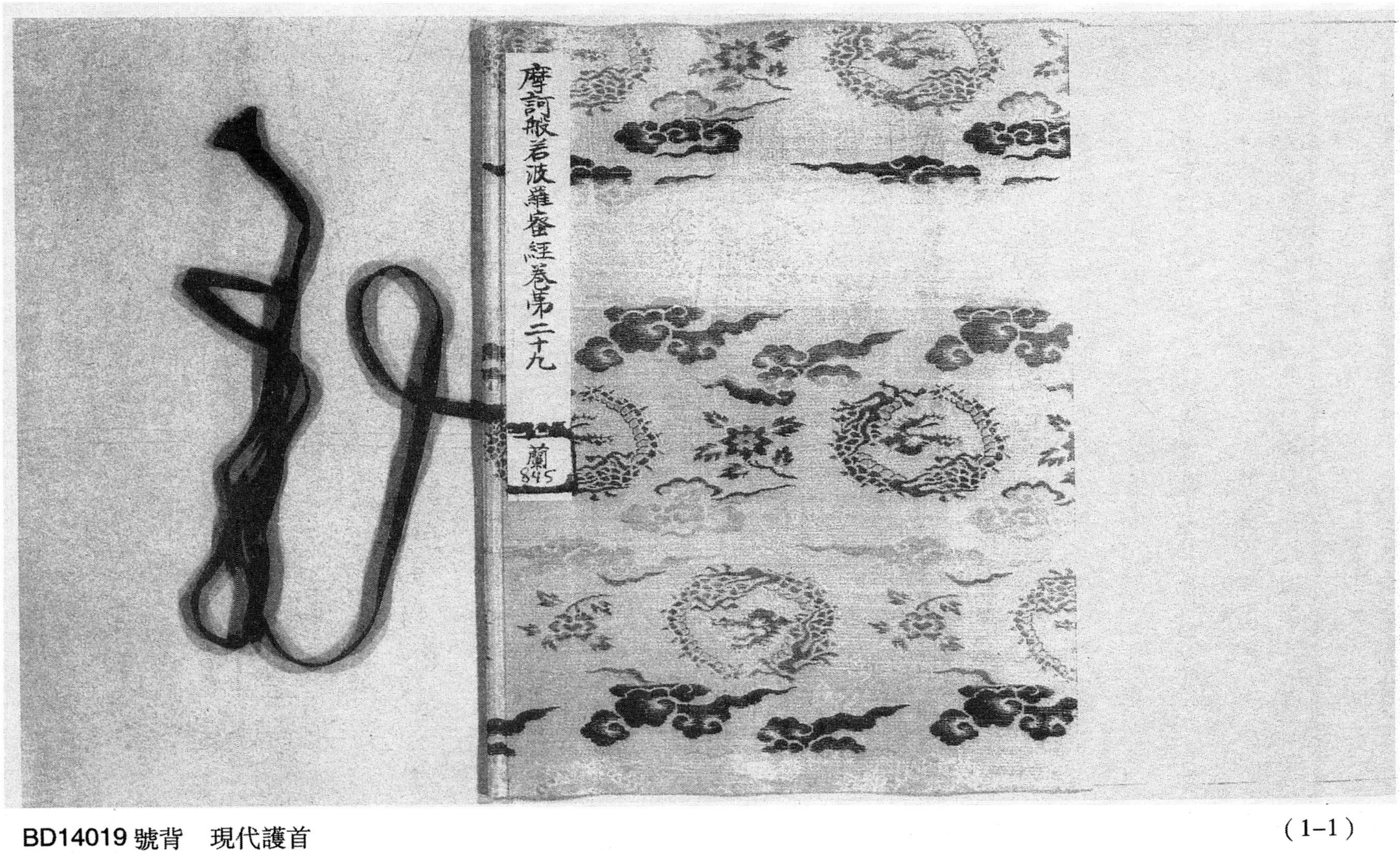

BD14019 號背　現代護首　　（1–1）

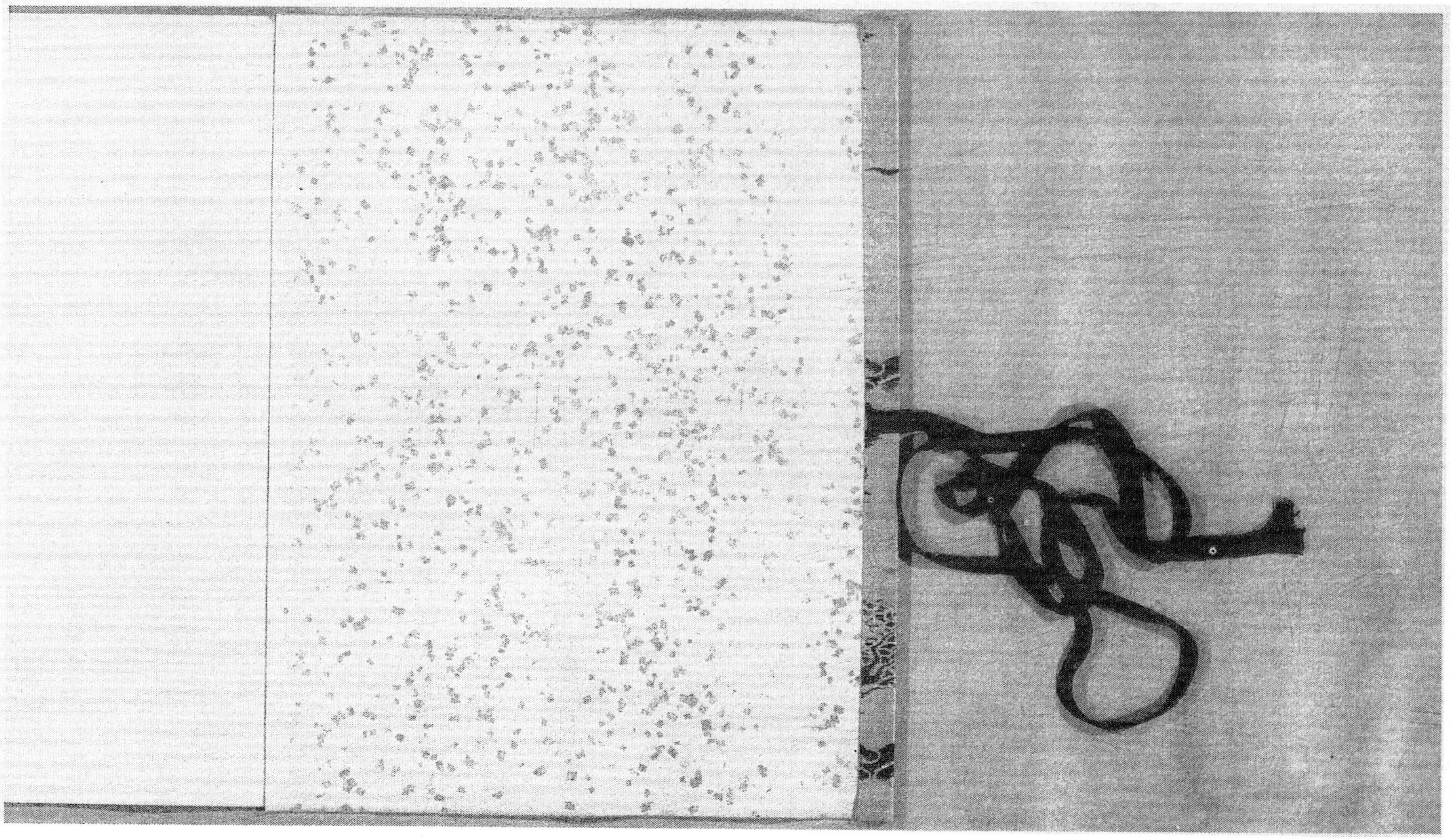

BD14019號　摩訶般若波羅蜜經（三十卷本）卷二九　　（27–1）

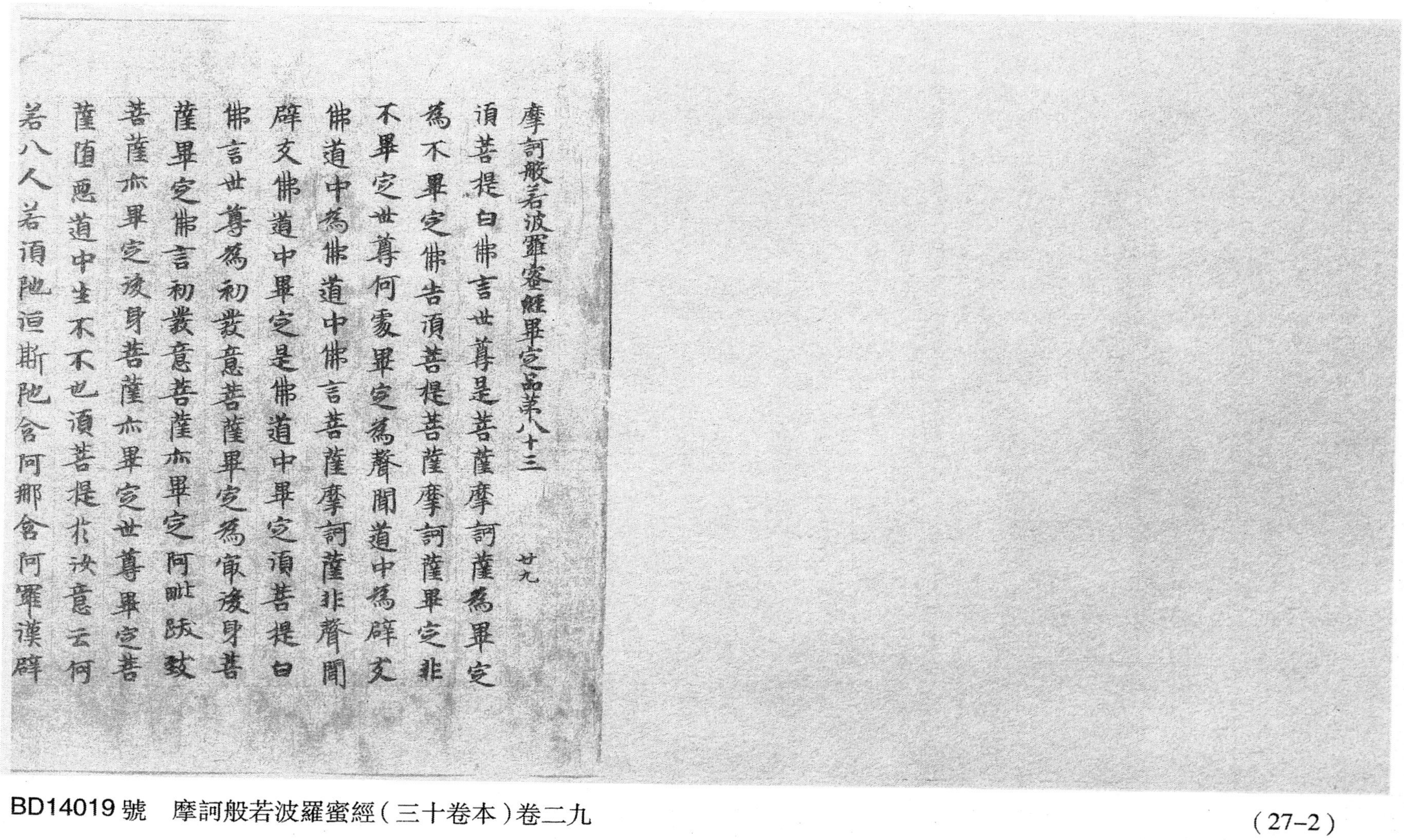

摩訶般若波羅蜜經畢定品第八十三　廿九
須菩提白佛言世尊是菩薩摩訶薩爲畢定
爲不畢定佛告須菩提菩薩摩訶薩畢定非
不畢定世尊何處畢定爲聲聞道中爲辟支
佛道中爲佛道中佛言菩薩摩訶薩非聲聞
辟支佛道中畢定是佛道中畢定須菩提白
佛言世尊爲初發意菩薩畢定爲最後身菩
薩畢定佛言初發意菩薩亦畢定阿毗跋致
菩薩亦畢定後身菩薩亦畢定世尊畢定菩
薩墮惡道中生不不也須菩提於汝意云何
若八人若須陀洹斯陀含阿那含阿羅漢辟

BD14019號　摩訶般若波羅蜜經（三十卷本）卷二九　　（27–2）

辟支佛道中畢定是佛道中畢定須菩提白
佛言世尊為初發意菩薩畢定為審後身菩
薩畢定佛言初發意菩薩亦畢定阿毗跋致
菩薩亦畢定後身菩薩亦畢定世尊畢定菩
薩墮惡道中生不不也須菩提於汝意云何
若八人若須陁洹斯陁含阿那含阿羅漢辟
支佛生惡道中不不也世尊如是須菩提菩
薩摩訶薩從初發意已來布施持戒忍辱精
進行禪定循智慧斷一切不善業若墮惡道
若生長壽天若不得循善法處若生邊國若
生惡耶見家无作見家是中无佛名无法名
无僧名无有是處須菩提初發意菩薩於阿
耨多羅三藐三菩提以深心行十不善道无
有是處世尊若菩薩摩訶薩有如是善根功
德成就如佛自說本生受不善果報是時善
根為何所在佛告須菩提菩薩摩訶薩為利
益衆生故隨而受身如是身利益衆生須菩
提菩薩摩訶薩作畜生時有是方便力若怨
賊欲來煞害是中以无上忍辱无上慈悲心
捨身不惱怨賊汝諸聲聞辟支佛有是力不
須菩提言无也以是故須菩提知菩薩摩訶
薩欲具足大慈心為憐愍利益衆生故受畜
生身須菩提白佛言世尊菩薩摩訶薩住何
等善根中受如是諸身佛告須菩提菩薩摩
訶薩從初發意乃至道場於其中間无有善
根不具足者具足已當得阿耨多羅三藐三
菩提以是故菩薩摩訶薩從初發意應當學

BD14019號　摩訶般若波羅蜜經（三十卷本）卷二九　（27–3）

生身須菩提白佛言世尊菩薩摩訶薩住何
等善根中受如是諸身佛告須菩提菩薩摩
訶薩從初發意乃至道場於其中間无有善
根不具足者具足已當得阿耨多羅三藐三
菩提以是故菩薩摩訶薩從初發意應當學
具足一切善根學善根已當得一切種智當
斷一切煩惱須菩提白佛言世尊云何菩薩
摩訶薩成就如是白淨无漏法而生惡道畜
生中佛告須菩提於汝意云何佛成就白淨
无漏法不須菩提言佛一切白淨无漏法成
就須菩提若佛自化作畜生身作佛事度衆
生實是畜生不須菩提言不也佛言菩薩摩訶
薩亦如是成就白淨无漏法為度衆生故受畜
生身用是身教化衆生佛告須菩提如何羅漢作
變化身能使衆生歡喜不須菩提言能佛言
如是如是須菩提菩薩摩訶薩用是白淨无漏
法隨應度衆生而受身以是身利益衆生亦
不受苦痛須菩提於汝意云何幻師幻作種
種形若象馬牛羊男女如是等以示衆人須
菩提是象馬牛羊男女等有實不須菩提言
不實也世尊佛言如是須菩提菩薩摩訶薩
白淨无漏法成就現作種種身以示衆生故以
是身饒益一切亦不受苦須菩提白佛言世尊
菩薩摩訶薩大方便力得聖无漏智慧而隨
所應度衆生身而作種種形以度衆生世尊
菩薩摩訶薩住何等白淨法能作如是方便
而不受染汚佛言菩薩用般若波羅蜜作如

BD14019號　摩訶般若波羅蜜經（三十卷本）卷二九　（27–4）

菩薩摩訶薩大方便力得聖无漏智慧而隨
所應度衆生身而作種種形以度衆生世尊
菩薩摩訶薩住何等白淨法能作如是方便
而不受染汙佛言菩薩用般若波羅蜜作如
是方便力於十方如恒河沙等世界中饒益
衆生亦不貪着是身何以故着者着法着處
是三法皆不可得自性空故空不著空空中
无著者亦无著處何以故空中空相不可得須
菩提是名不可得空菩薩住是中能得阿耨
多羅三藐三菩提世尊菩薩但住般若波羅
蜜中得阿耨多羅三藐三菩提不住餘法中
耶須菩提頗有法不入般若波羅蜜者不世尊
若般若波羅蜜自性空云何一切法皆入般
若波羅蜜中世尊空中无有法若入若不入
須菩提一切法一切法相空不世尊空須菩
提若一切法一切法相空云何言一切法不
入空中須菩提白佛言世尊云何菩薩摩訶
薩行般若波羅蜜時住一切法空中能起神
通波羅蜜住是神通波羅蜜中到十方如恒
河沙等國土供養現在諸佛聞諸佛說法於
諸佛所種善根佛告須菩提菩薩摩訶薩行
般若波羅蜜時觀是十方如恒河沙等世界
皆空是世界中諸佛亦性空但假名字故諸
佛現身所假名字亦空若十方世界及諸佛
性不空者空為有偏以空不偏故一切法一切
法相空以是故一切法一切法相空是故菩薩
摩訶薩行般若波羅蜜用方便力生神通波

BD14019號　摩訶般若波羅蜜經（三十卷本）卷二九　（27–5）

皆空是世界中諸佛亦性空但假名字故諸
佛現身所假名字亦空若十方世界及諸佛
性不空者空為有偏以空不偏故一切法一切
法相空以是故一切法一切法相空是故菩薩
摩訶薩行般若波羅蜜用方便力生神通波
羅蜜住是神通波羅蜜中起天眼天耳如意
是知他心宿命智知衆生生死若菩薩遠離
神通波羅蜜不能得饒益衆生亦不能得阿
耨多羅三藐三菩提是菩薩摩訶薩神通波
羅蜜是阿耨多羅三藐三菩提道何以故用
是天眼自見諸善法亦教他人令得諸善法
於善法亦不著諸善法自性空故空无所着
若着則受味是空中无有味是菩薩摩訶薩
行般若波羅蜜時能生如是天眼用是眼觀
一切法空見法空不取相不作業亦為人說是
法亦不得衆生相不得衆生名菩薩摩訶薩用
无所得法故起神通波羅蜜用是神通波羅
蜜神通所應作者能作是菩薩用天眼過於
人眼見十方世界見已飛到十方饒益衆生
或以布施或以持戒或以忍辱或以精進或
以禪定或以智慧饒益衆生或以卅七助道
法或以諸禪解脫三昧或以聲聞法或以辟
支佛法或以菩薩法或以佛法饒益衆生為
慳者說如是法諸衆生當行布施貧窮是
苦惱法貧窮之人自不能益何能益他以是
故汝等當懃布施自身得樂亦能令他得樂
莫以貧窮故共相食噉不得離三惡道為破
戒者說[illegible]破戒[illegible]破戒之人

BD14019號　摩訶般若波羅蜜經（三十卷本）卷二九　（27–6）

苦惱法貧窮之人自不能益何能益他以是
故汝等當勉布施自身得樂亦能令他得樂
莫以貧窮故共相食噉不得離三惡道爲破
戒者說法諸衆生破戒法大苦惱破戒之人
自不能益何能益他破戒法受苦果報若在
地獄若在餓鬼若在畜生汝等墮三惡道中
自不能救何能救人以是故汝等不應墮破
戒心死時有悔若有苦相瞋諍者說如是法
諸衆生莫共相瞋瞋乱心人不順善法汝等
令共相瞋乱心或墮地獄若餓鬼畜生中以
是故汝等不應生一念瞋恚心何況多爲懈
怠衆生說法令得精進散乱衆生令得禪定
愚癡衆生令得智慧亦如是行婬欲者令觀
不淨瞋恚者令觀慈心愚癡衆生令觀十二
因緣行非道衆生令入正道所謂聲聞道辟
支佛道佛道爲是衆生如是說法汝等所著
是法性空性空法中不可得著不著相是空
相如是須菩提菩薩摩訶薩行般若波羅蜜
時住神通波羅蜜中爲衆生作利益須菩提
菩薩若遠離神通不能隨衆生意善說法以
是故須菩提菩薩摩訶薩行般若波羅蜜時
應起神通須菩提譬如鳥无翅不能高翔菩
薩无神通不能隨意教化衆生以是故須菩
提菩薩摩訶薩行般若波羅蜜應起諸神通
起諸神通已若欲饒益衆生隨意能益是菩
薩用天眼見如恒河沙等諸世界及見是世
界中衆生見已用神通力往到其所知衆生

BD14019 號　摩訶般若波羅蜜經（三十卷本）卷二九　（27–7）

提菩薩摩訶薩行般若波羅蜜應起諸神通
起諸神通已若欲饒益衆生隨意能益是菩
薩用天眼見如恒河沙等諸世界及見是世
界中衆生見已用神通力往到其所知衆生
心隨其所應而爲說法或說布施或說持戒
或說禪定乃至或說涅槃法是菩薩用天耳
聞二種音聲若人若非人用天耳聞十方諸
佛所說法皆能受持如所聞法爲衆生說或
說布施乃至或說涅槃是菩薩淨他心智用
他心智知衆生心隨其所應而爲說法或說
布施乃至或說涅槃是菩薩宿命智憶念種
種本生處亦自憶亦憶他人用是宿命智念
過去在在處處諸佛名字及弟子衆有衆生
信樂宿命者爲現宿命事而爲說法或說布
施乃至或說涅槃用如意神通力到種種无
量諸佛世界供養諸佛從諸佛種善根還來
本國是菩薩漏盡神通智證用是漏盡神通
智證故爲衆生隨應說法或說布施乃至或
說涅槃如是須菩提菩薩摩訶薩行般若波
羅蜜時應如是起諸神通菩薩用脩是神通
故隨意受身苦樂不染譬如佛所化人作一切
事苦樂不染菩薩摩訶薩行般若波羅蜜時
應如是遊戲神通能淨佛國土成就衆生復
次須菩提菩薩摩訶薩不淨佛國土不成就
衆生不能得阿耨多羅三藐三菩提何以故因
緣不具足故不能得阿耨多羅三藐三菩提
須菩提白佛言世尊何等是菩薩摩訶薩因

BD14019 號　摩訶般若波羅蜜經（三十卷本）卷二九　（27–8）

薩如是遊戲神通能淨佛國土成就衆生復
次須菩提菩薩摩訶薩不淨佛國土不成就
衆生不能得阿耨多羅三藐三菩提何以故因
緣不具足故不能得阿耨多羅三藐三菩提
須菩提白佛言世尊何等是菩薩摩訶薩因
緣具足已得阿耨多羅三藐三菩提佛告須
菩提一切善法是菩薩阿耨多羅三藐三菩提
因緣須菩提白佛言世尊何等是善法以是
善法故得阿耨多羅三藐三菩提佛告須菩
提菩薩從初發意已來檀波羅蜜是善法因
緣是中无分別是布施者是受者性空故用
是檀波羅蜜能自利益亦能利益衆生從生
死拔出令得涅槃是諸善法皆是菩薩摩訶
薩阿耨多羅三藐三菩提因緣行是道過去
未來現在諸菩薩摩訶薩得度生死已度今
度當度尸羅波羅蜜羼提波羅蜜毗梨耶波
羅蜜禪波羅蜜般若波羅蜜四禪四无量心
四无色定四念處乃至八聖道分十八空八
背捨九次第定陀羅尼門佛十力四无所畏
四无㝵智十八不共法如是等功德皆是阿
耨多羅三藐三菩提道須菩提是名善法菩
薩摩訶薩具足是善法已當得一切種智得
一切種智已當轉法輪轉法輪已當度衆生
摩訶般若波羅蜜經差別品第八十四
須菩提白佛言世尊若是諸法是菩薩法何
等是佛法佛告須菩提如汝所問是諸法是
菩薩法何等是佛法者須菩提菩薩法亦是

BD14019號　摩訶般若波羅蜜經（三十卷本）卷二九　（27–9）

摩訶般若波羅蜜經差別品第八十四
須菩提白佛言世尊若是諸法是菩薩法何
等是佛法佛告須菩提如汝所問是諸法是
菩薩法何等是佛法者須菩提菩薩法亦是
佛法若知一切種是得一切種智斷一切煩
惱習菩薩當得是法佛以一念相應慧知一
切法已得阿耨多羅三藐三菩提須菩提是
爲菩薩佛之差別譬如向道得果是二人俱
爲賢聖而有得向之異如是須菩提菩薩摩
訶薩无㝵道中行是名菩薩解脫道中无一
切闇弊是爲佛須菩提白佛言世尊若一切
法自相空自相空法中云何有差別之異是
地獄是餓鬼是畜生是天是人是性地人是
八地人是須陁洹人是斯陁含阿那含阿羅
漢人是辟支佛是菩薩是多陁阿伽度阿羅
訶三藐三佛陁世尊如諸人不可得業因緣
亦不可得果報亦不可得佛言如是如是如
汝所言自相空法中无衆生无業因緣无果
報須菩提若有衆生不知是諸法自相空是
衆生作業因緣若罪若福若无動罪業因緣
故墮三惡道中福業因緣故在人天中生无
動業因緣故色无色界中生是菩薩摩訶薩
行檀那波羅蜜乃至十八不共法時盡受行是
助道法如金剛三昧得阿耨多羅三藐三菩
提得已饒益衆生是利常不失故不墮五道
生死中須菩提白佛言世尊佛得阿耨多羅
三藐三菩提已得六道生死不佛言不得也

BD14019號　摩訶般若波羅蜜經（三十卷本）卷二九　（27–10）

助道法如金剛三昧得阿耨多羅三藐三菩
提得已饒益衆生是利常不失故不墮五道
生死中須菩提白佛言世尊佛得阿耨多羅
三藐三菩提已得六道生死不佛言不得也
須菩提言世尊得業若黑若白若黑白若不
黑不白不佛言不也世尊若不得云何說是
地獄餓鬼畜生人天須陁洹乃至阿羅漢辟
支佛菩薩是諸佛須菩提若衆生知諸法自
相空菩薩摩訶薩不求阿耨多羅三藐三菩
提亦不拔衆生於三惡趣乃至往來六道生死中
須菩提以衆生實不知諸法自性空故不得
脫六道生死是菩薩從諸佛所聞諸法自相
空發意求阿耨多羅三藐三菩提須菩提諸
法不尒如凡人所著是衆生於无所有法中
顛倒妄想分別得法无衆生有衆生相无色
色相无受想行識受想行識想乃至一切有
爲法无所有用顛倒妄想心作身口意業因
緣往來六道生死中不得脫是菩薩摩訶薩
行般若波羅蜜時一切善法內般若波羅蜜
中行菩薩道得阿耨多羅三藐三菩提得阿
耨多羅三藐三菩提已爲衆生說四聖諦苦
集苦滅苦滅道開示分別一切助道善法皆
入四聖諦中用是助道善法故分別有三寶
何等三佛寶法寶僧寶不信臣逆是三寶故
不得離六道生死須菩提白佛言世尊用苦
聖諦得度用苦智得度用集聖諦得度用集
智得度用滅聖諦得度用滅智得度用道聖

何等三佛寶法寶僧寶不信臣逆是三寶故
不得離六道生死須菩提白佛言世尊用苦
聖諦得度用苦智得度用集聖諦得度用集
智得度用滅聖諦得度用滅智得度用道聖
諦得度用道智得度佛告須菩提非苦聖諦
得度亦非苦智乃至非道聖諦得度亦非道
智得度須菩提是四聖諦平等故我說即是涅
槃不以苦聖諦不以集滅道聖諦亦不以苦
智不以集滅道智得涅槃須菩提白佛言世
尊何等是四聖諦平等相須菩提若无苦
无苦智无集无集智无滅无滅智无道无道
智是名四聖諦平等復次須菩提是四聖諦
如不異法相法性法住法位實際有佛无佛
法相常住爲不誑不失故是菩薩摩訶薩行
般若波羅蜜時爲通達實諦故行般若波羅
蜜須菩提白佛言世尊云何菩薩摩訶薩爲
通達實諦故行般若波羅蜜如通達實諦故
不墮聲聞辟支佛地直入菩薩位中佛告須
菩提若菩薩摩訶薩如實見諸法見已得无
所有法得无所有法已見一切法空四聖諦所
攝法四聖諦所不攝法皆空若如是觀是時
便入菩薩位中是爲菩薩住性地中不從頂
墮用是頂墮故墮聲聞辟支佛地是菩薩住
性中能生四禪四无量心四无色定是菩薩
住是初定地中分別一切諸法通達四聖諦
知苦不生緣苦心乃至知道不生緣道心但
順阿耨多羅三藐三菩提心觀諸法如實相

墮用是須墮故墮聲聞辟支佛地是菩薩住
性中能生四禪四无量心四无色定是菩薩
住是初定地中分別一切諸法通達四聖諦
知苦不生緣苦心乃至知道不生緣道心但
順阿耨多羅三藐三菩提心觀諸法如實相
世尊云何觀諸法如實相佛言觀諸法空世
尊何等空觀佛言自相空是菩薩用如是智
慧觀一切法空无法性可見住是性中得阿
耨多羅三藐三菩提何以故无性相是阿耨
多羅三藐三菩提非諸佛所作非辟支佛所
作亦非阿羅漢所作亦非向道人所作亦非
得果人所作亦非菩薩所作但衆生不知不
見諸法如實相以是事故菩薩摩訶薩行般
若波羅蜜以方便力故爲是衆生說法
摩訶般若波羅蜜經七譬品第八十五
須菩提白佛言世尊若諸法性无所有非佛
所作非辟支佛所作非阿羅漢所作非阿那
含斯陀含須陀洹所作非向道人非道果人
非諸菩薩所作云何分別有諸法異是地獄
是畜生是餓鬼是人是天乃至是非有想非
无想天用是業因緣故知有生地獄者是業
因緣故知有生畜生餓鬼者是業因緣故知
有生人中生四天王天乃至生非有想非无
想天者是業因緣故知有得須陀洹斯陀含
阿那含阿羅漢辟支佛者是業因緣故知是
菩薩摩訶薩是業因緣故知是多陀阿伽度
阿羅訶三藐三佛陀世尊无性法中无有業

BD14019號　摩訶般若波羅蜜經（三十卷本）卷二九　（27–13）

想天者是業因緣故知有得須陀洹斯陀含
阿那含阿羅漢辟支佛者是業因緣故知是
菩薩摩訶薩是業因緣故知是多陀阿伽度
阿羅訶三藐三佛陀世尊无性法中无有業
用作業因緣故若墮地獄餓鬼畜生若生人
若天乃至生非有想非无想天以是業因緣
故得須陀洹斯陀含阿那含阿羅漢辟支佛
菩薩摩訶薩行菩薩道當得一切種智得一切
種智故能拔衆生於生死中佛告須菩提如
是如是无性法中无業无果報須菩提凡夫
人不入聖法不知諸法无性相顛倒愚癡故
起種種因緣是諸衆生隨業得身若地獄身
若畜生身若餓鬼身若人身若天身四天王
天身乃至若非有想非无想天身是无性法
无業无果報无性常是无性如須菩提所言
若一切法无性云何是須陀洹乃至諸佛得一
切種智須菩提於汝意云何道是无性不須
陀洹果乃至諸佛一切種智是无性不須菩
提言世尊道无性須陀洹果亦无性乃至諸
佛一切種智亦无性須菩提无性法能得无
性法不不也世尊佛告須菩提有性法能得
有性法不不也世尊須菩提无性法及道是一
切法皆不合不散无色无形无對一相所謂
无想須菩提是菩薩摩訶薩行般若波羅
蜜時以方便力見衆生以顛倒故著五陰无
常中常相苦中樂相不淨中淨相无我中我
相著无所有處是菩薩以方便力故於无所

BD14019號　摩訶般若波羅蜜經（三十卷本）卷二九　（27–14）

蜜時以方便力見衆生以顛倒故著五陰无
常中常相苦中樂相不淨中淨相无我中我
相著无所有處是菩薩以方便力故於无所
有中拔出衆生須菩提白佛言世尊凡夫人
所著頗有實不異不著故起業業因緣故五
道生死中不得脱佛告須菩提凡夫人所起
業處无如毛髮許實事但顛倒故須菩提令
爲汝説譬喻智者以譬喻得解須菩提於汝
意云何如夢中所見人受五欲樂有實住處
不須菩提白佛言世尊夢尚虚妄不可得何
況住夢中受五欲樂於汝意云何諸法若有
漏无漏若有爲无爲頗有不如夢者不世尊
諸法若有漏若无漏若有爲若无爲无不如
夢者佛告須菩提於汝意云何夢中有五道
生死往來不世尊无也於汝意云何夢中有
脩道用是脩道若著垢若得淨不不也世尊
何以故是夢法无有實事不可説垢淨於汝
意云何鏡中像有實事能起業因緣用是業
因緣墮地獄餓鬼畜生中若人若天四天王
天處乃至非有想非无想天處不須菩提言
不也世尊是像无有實事但誑小兒是事云
何當有業因緣用是業因緣當墮地獄乃至
非有想非无想處於汝意云何是鏡中像有
脩道用是脩道若著垢若得淨不須菩提言
不也世尊何以故是像空无實事不可説垢
淨於汝意云何如深澗中有嚮是嚮有業因
緣用是業因緣若墮地獄乃至若生非有想

BD14019 號　摩訶般若波羅蜜經（三十卷本）卷二九　（27–15）

脩道用是脩道若著垢若得淨不須菩提言
不也世尊何以故是像空无實事不可説垢
淨於汝意云何如深澗中有嚮是嚮有業因
緣用是業因緣若墮地獄乃至若生非有想
非无想處不須菩提言不也世尊是事空无
有實音聲云何當有業因緣用是業因緣墮
地獄乃至生非有想非无想處於汝意云何
是嚮頗有脩道用是脩道若著垢若得淨不
不也世尊是事无實不可説是垢是淨於汝
意云何如炎非水水相非河河相是炎頗有
業因緣用是業因緣墮地獄乃至生非有想
非无想處不不也世尊炎中水畢竟不可得
但誑无智人眼云何當有業因緣用是業墮
地獄乃至生非有想非无想處於汝意云何
是炎有脩道用是脩道若著垢若得淨不不
也世尊是炎无有實事不可説垢淨於汝意
云何揵闥婆城如日出時見揵闥婆城无智
人无城有城想无靈觀有靈觀想无薗有薗
想是揵闥婆城頗有業因緣用是業因緣墮
地獄乃至生非有想非无想處不不也世尊
是揵闥婆城畢竟不可得但誑愚夫眼云何
當有業因緣用是業因緣墮地獄乃至生非
有想非无想處於汝意云何是揵闥婆城有
脩道用是脩道若著垢若得淨不不也世尊
是揵闥婆城无有實事不可説垢淨須菩提
於汝意云何幻師幻作種種物若象若馬若
牛羊若男若女於汝意云何是幻有業因緣
用是業因緣墮地獄乃至生非有想非无想

BD14019 號　摩訶般若波羅蜜經（三十卷本）卷二九　（27–16）

脩道用是脩道若著垢若得淨不不也世尊
是揵闥婆城无有實事不可說垢淨須菩提
於汝意云何幻師幻作種種物若象若馬若
牛羊若男若女於汝意云何是幻有業因緣
用是業因緣墮地獄乃至生非有想非无想
處不不也世尊是幻法空无實事云何當有
業因緣用是業因緣墮地獄乃至生非有想
非无想處於汝意云何用是幻有脩道用是
脩道若著垢若得淨不不也世尊是法无有
實事不可說垢淨須菩提於汝意云何如佛
所化人是化人有業因緣用是業因緣墮地
獄乃至生非有想非无想處不不也世尊是
化人无有實事云何當有業因緣用是業因
緣墮地獄乃至生非有想非无想處於汝意
云何是化人有脩道用是脩道若著垢若得
淨不不也世尊是事无有實不可說垢淨佛
告須菩提於汝意云何於是空相中有垢者
有淨者不不也世尊是中无所有无所有著
垢者无有得淨者須菩提如无有著垢者无
有得淨者以是因緣故亦无垢淨何以故住我
我所衆生有垢有淨實見人不垢不淨如實
見者不垢不淨如是亦无垢淨

摩訶般若波羅蜜見實品第八十六

須菩提白佛言世尊見實者不垢不淨見不
實者亦不垢不淨何以故一切法性无所有
故世尊无所有中无垢无淨所有中亦无垢
无淨世尊无所有中所有中亦无垢 无淨世

摩訶般若波羅蜜見實品第八十六
須菩提白佛言世尊見實者不垢不淨見不
實者亦不垢不淨何以故一切法性无所有
故世尊无所有中无垢无淨所有中亦无垢
无淨世尊无所有中所有中亦无垢无淨世
尊云何實語者不垢不淨不實語者亦不垢
不淨佛告須菩提是諸法平等相我說是淨
須菩提何等是諸法平等所謂如不異不誑
法相法性法住法位實際有佛无佛法性常
住是名淨世諦故說非第一義第一義過
一切語言論議音聲須菩提白佛言世尊若一
切法空不可說如夢如響如炎如影如幻如
化云何菩薩摩訶薩用是如夢如響如炎如
影如幻如化法无有根本定實云何能發阿
耨多羅三藐三菩提心作是願言我當具足
檀波羅乃至具足般若波羅蜜我當具足神
通波羅蜜具足智波羅蜜具足四禪四无量心
四无色定四念處乃至具足八聖道分我當
具足三解脫門八背捨九次第定我當具足
佛十力乃至具足十八不共法我當具足卅
二相八十隨形好具足諸陀隣尼門諸三昧
門我當放大光明遍照十方知諸衆生心如
應說法佛告須菩提於 意云何汝所說諸
法如夢如響如炎如影如幻如化不須菩提
言尒世尊若一切法如夢乃至如化菩
薩摩訶薩云何行般若波羅蜜世尊是夢乃
至化虛妄不實世尊不應用不實虛妄法能

法如夢如響如炎如影如幻如化不須菩提
言尒世尊世尊若一切法如夢乃至如化菩
薩摩訶薩云何行般若波羅蜜世尊是夢乃
至化虛妄不實世尊不應用不實虛妄法能
具足檀波羅蜜乃至十八不共法佛告須菩提
如是如是不實虛妄法不能具足檀波羅蜜
乃至十八不共法行是不實虛妄法不能得
阿耨多羅三藐三菩提須菩提是一切法皆
是憶想思惟作法用是思惟憶想作法不能
得一切種智須菩提是一切法能助道法不
能益果所謂是諸法无生无出无相菩薩從
初發心來所作善業若檀波羅蜜乃至一切
種智何以故知諸法皆如夢乃至如化如是
等法不具足檀波羅蜜乃至一切種智不能
得成就衆生淨佛國土得阿耨多羅三藐三
菩提是菩薩摩訶薩所作善業檀波羅蜜乃
至一切種智知如夢乃至如化亦知一切衆生
如夢中行乃至知如化中行是菩薩摩訶薩
不取般若波羅蜜是有法用是不取故得一
切種智知是法如夢无所取乃至諸法如化
无所取何以故般若波羅蜜是不可取相禪
波羅蜜乃至十八不共法是不可取相是菩
薩摩訶薩知一切法是不可取相以發心求
阿耨多羅三藐三菩提何以故一切法不可
取相无根本定實如夢乃至如化用不可
取相法不能得不可取相法但以衆生不知

BD14019 號　摩訶般若波羅蜜經（三十卷本）卷二九　（27–19）

波羅蜜乃至十八不共法是不可取相是菩
薩摩訶薩知一切法是不可取相以發心求
阿耨多羅三藐三菩提何以故一切法不可
取相无根本定實如夢乃至如化用不可
取相法不能得不可取相法但以衆生不知
不見如是諸法相是菩薩摩訶薩爲是衆生
故求阿耨多羅三藐三菩提是菩薩從初發
意已來所有布施爲一切衆生故乃至有所
脩智慧皆爲一切衆生不爲已身菩薩摩訶
薩不爲餘事故求阿耨多羅三藐三菩提但
爲一切衆生故是菩薩行般若波羅蜜時見
衆生无衆生但衆生相中住乃至无知者无
見者知見相中住令衆生遠離顛倒遠離已
置甘露性中住是中无有妄想所謂衆生相
乃至知者見者相是時菩薩動心念心戲論
心皆捨常行不動心不念不戲論心須菩提
以是方便力故菩薩摩訶薩行般若波羅蜜
時自无所著亦教一切衆生令得无所著世
諦故非第一義須菩提白佛言世尊世尊得
阿耨多羅三藐三菩提時得諸佛法以世諦
故得以第一義中得佛言以世諦法故說佛
得是法是法中无有法可得是人得是法何
以故是人得是法是爲大有所得用二法无
道无果須菩提白佛言世尊若行二法无道
无果行不二法有道有果不佛言行二法无
道无果行不二法亦无道无果若无二法无
不二法即是道即是果何以故用如是法得

BD14019 號　摩訶般若波羅蜜經（三十卷本）卷二九　（27–20）

以故是人得是法是爲大有所得用二法无
道无果須菩提白佛言世尊若行二法无道
无果行不二法有道有果不佛言行二法无
道无果行不二法亦无道无果若无二法无
不二法即是道即是果何以故用如是法得
道得果用是法不得道不得果是爲戲論諸
平等法中无有戲論无戲論相是諸法平等
須菩提白佛言世尊諸法无所有性是中何
等是平等佛言若无有法无有无法亦不説
諸法平等相除平等更无餘法離一切法平
等相平等者若凡夫若聖人不能行不能到
須菩提白佛言世尊乃至佛亦不能行亦不
能到佛言是諸法平等一切聖人皆不能
行不能到所謂諸須陁洹斯陁含阿那含阿
羅漢辟支佛諸菩薩摩訶薩及諸佛須菩提
白佛言世尊佛者一切諸法中行力自在云
何説佛亦不能行不能到佛告須菩提若諸
法平等與佛有異應當如是問須菩提若諸
凡夫人平等諸須陁洹斯陁含阿那含阿羅
漢辟支佛諸菩薩摩訶薩諸佛及聖法皆平
等是一平等无二所謂是凡夫人是須陁洹
乃至佛是一切法等中皆不可得須菩提白
佛言世尊若諸法等中皆不可得是凡夫人
乃至是佛世尊凡夫人須陁洹乃至佛爲无
有分別佛告須菩提如是如是諸法平等中
无有分別是凡夫人是須陁洹乃至是佛世
尊若无分別諸凡夫人須陁洹乃至佛云何

BD14019號　摩訶般若波羅蜜經（三十卷本）卷二九　（27–21）

佛言世尊若諸法等中皆不可得是凡夫人
乃至是佛世尊凡夫人須陁洹乃至佛爲无
有分別佛告須菩提如是如是諸法平等中
无有分別是凡夫人是須陁洹乃至是佛世
尊若无分別諸凡夫人須陁洹乃至佛云何
分別有三寶現於世佛寶法寶僧寶佛言於
意云何佛寶法寶僧寶與諸法等異不須菩
提白佛言如我從佛所聞義佛寶法寶僧寶
與諸法等无異世尊是佛寶法寶僧寶即是
平等是法皆不合不散无色无形无對一相
所謂无相佛有是力能分別无相諸法處所
是凡夫人是須陁洹是斯陁含是阿那含是
阿羅漢是辟支佛是菩薩摩訶薩是諸佛佛
告須菩提如是如是諸佛得阿耨多羅三藐
三菩提分別諸法是地獄是餓鬼是畜生是
人是天是四天王天乃至是他化自在天是
梵天乃至是非有想非无想天處是四念處
乃至八聖道分是內空乃至无法有法空是
佛十力乃至是十八不共法不須菩提言不
知也世尊以是故須菩提當知佛有大恩力
於諸法等中不動而分別諸法須菩提白佛
言世尊如佛於諸法等中不動凡夫人亦於
諸法平等中不動須陁洹乃至辟支佛亦於
諸法平等中不動世尊若諸法等相即是凡
夫人相凡夫人相即是須陁洹相乃至諸佛
即是平等相世尊今諸法各各相所謂色相

BD14019號　摩訶般若波羅蜜經（三十卷本）卷二九　（27–22）

言世尊如佛於諸法等中不動凡夫人亦於
諸法平等中不動須陁洹乃至辟支佛亦於
諸法平等中不動世尊若諸法等相即是凡
夫人相凡夫人相即是須陁洹相乃至諸佛
即是平等相世尊今諸法各各相所謂色相
異受想行識相異眼相異耳鼻舌身意相異
地相異水火風空識相異欲相異瞋癡相異
耶見相異禪相異无量心相異无色定相異
四念處相異乃至八聖道分相異檀波羅蜜
相異乃至般若波羅蜜相異三解脫相異十
八空相異佛十力相異四无所畏相異四无
导智相異十八不共法相異有為法性異无
為法性異是凡夫人相異乃至佛相異諸法
各各相云何菩薩摩訶薩行般若波羅蜜時
佛法異相中不作分別若不作分別不能行
般若波羅蜜若不行般若波羅蜜不能從一
地至一地若不從一地至一地不能入菩薩
位不能入菩薩位故不能過聲聞辟支佛地
不能過聲聞辟支佛地故不能具足神通波
羅蜜不具足神通波羅蜜不能具足檀波羅
蜜乃至不能具足般若波羅蜜從一佛國至
一佛國供養諸佛於諸佛所種善根用是善
根能成就衆生淨佛國土佛告須菩提如汝所
問是諸法相亦是凡夫人亦是須陁洹乃至
佛世尊是諸法各各相所謂色相異乃至有
為无為法相異云何菩薩摩訶薩觀一切相
不作分別須菩提於汝意云何是色相空不乃

BD14019 號　摩訶般若波羅蜜經（三十卷本）卷二九　（27–23）

問是諸法相亦是凡夫人亦是須陁洹乃至
佛世尊是諸法各各相所謂色相異乃至有
為无為法相異云何菩薩摩訶薩觀一切相
不作分別須菩提於汝意云何是色相空不乃
至諸佛相空不世尊實空須菩提空中各各
相法可得不所謂色相乃至諸佛相須菩提
言不可得佛言以是因緣故應當知諸法平
等中非凡夫人亦不離凡夫人乃至非佛亦
不離佛須菩提白佛言世尊是平等為是有
為法為是无為法佛言非有為法非无為法
何以故離有為法无為法不可得離无為法
有為法不可得須菩提是有為性无為性是
二法不合不散无色无形无對一相所謂无
相佛亦以世諦故說非以第一義何以故第
一義中无身行无口行无意行亦不離身口
意行得第一義是諸有為法无為法平等相
即是第一義菩薩摩訶薩行般若波羅蜜時
第一義中不動而行菩薩事饒益衆生
摩訶般若波羅蜜涅槃非化品第八十七
須菩提白佛言世尊若諸法平等无所為作
云何菩薩摩訶薩行般若波羅蜜於平等中
不動而行菩薩事以布施愛語利益同事佛
告須菩提如是如是如汝所言是諸法平等
无所作若是衆生自知諸法平等佛不用神
力於諸法平等中不動而拔出衆生吾我想
以空度五道生死乃至知者見者相度色想

BD14019 號　摩訶般若波羅蜜經（三十卷本）卷二九　（27–24）

不動而行菩薩事以布施愛語利益同事佛
告須菩提如是如是如汝所言是諸法平等
无所作若是衆生自知諸法平等佛不用神
力於諸法平等中不動而拔出衆生吾我想
以空度五道生死乃至知者見者相度色想
乃至識相眼相乃至意相地種相乃至識種
相遠離有爲性相令得无爲性相无爲性相
即是空須菩提言世尊用何等空故一切法
空佛言菩薩遠離一切法相用是空故一切
法空須菩提於汝意云何若有化人作化人
是化頗有實事不空者不須菩提言不也世
尊是化人无有實事而不空是空及化人二
事不合不散以空空故空不應分別是空是
化何以故是二事等空中不可得所謂是空
是化所以者何須菩提色即是化受想行識
即是化乃至一切種智即是化須菩提白佛
言世尊若世間法是化出世間法亦復是化
不所謂四念處四正懃四如意足五根五力
七覺分八聖道分三解脫門佛十力四无所
畏四无导智十八不共法并諸法果及賢聖
人所謂須陁洹斯陁含阿那含阿羅漢辟支
佛菩薩摩訶薩諸佛世尊是法亦是化不佛
告須菩提一切法皆是化於是法中有聲聞
法變化有辟支佛法變化有菩薩摩訶薩法
變化有諸佛法變化有煩惱法變化有業因
緣法變化以是因緣故須菩提一切法皆是
化須菩提白佛言世尊是諸煩惱斷所謂須

BD14019號　摩訶般若波羅蜜經（三十卷本）卷二九　（27–25）

告須菩提一切法皆是化於是法中有聲聞
法變化有辟支佛法變化有菩薩摩訶薩法
變化有諸佛法變化有煩惱法變化有業因
緣法變化以是因緣故須菩提一切法皆是
化須菩提白佛言世尊是諸煩惱斷所謂須
陁洹果斯陁含果阿那含果阿羅漢果辟支
佛道斷諸煩惱習皆是變化不佛告須菩提
若有法生滅相者皆是變化須菩提言世尊
何等法非變化佛言若法无生无滅是非變
化須菩提言何等是不生不滅非變化佛言
无誑相涅槃是法非變化世尊如佛自說諸
法平等非聲聞作非辟支佛作非諸菩薩摩
訶薩作非諸佛作有佛无佛諸法性常空性
空即是涅槃云何言涅槃一法非如化佛告
須菩提如是如是諸法平等非聲聞所作
乃至性空即是涅槃若新發意菩薩聞是一
切法皆畢竟性空乃至涅槃亦如化心則驚
怖爲是新發意菩薩故分別生滅者如化不
生滅者不如化須菩提白佛言世尊云何令
新發意菩薩知是性空佛告須菩提諸法本
有今无耶

摩訶般若波羅蜜經卷第廿九

菩薩戒弟子鄧元稷敬寫

BD14019號　摩訶般若波羅蜜經（三十卷本）卷二九　（27–26）

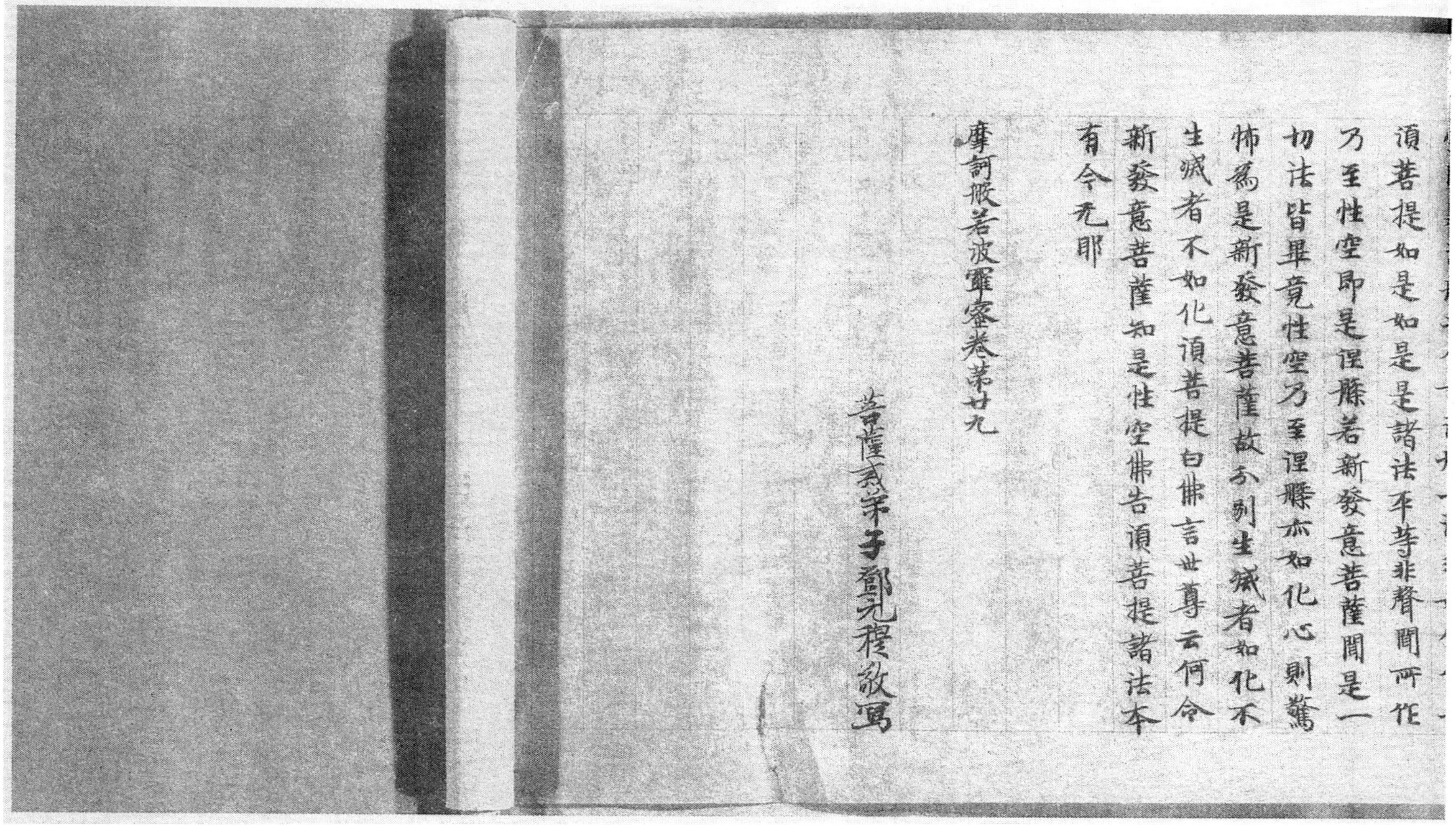

BD14019 號　摩訶般若波羅蜜經（三十卷本）卷二九　　（27–27）

BD14020 號背　現代護首　　（1–1）

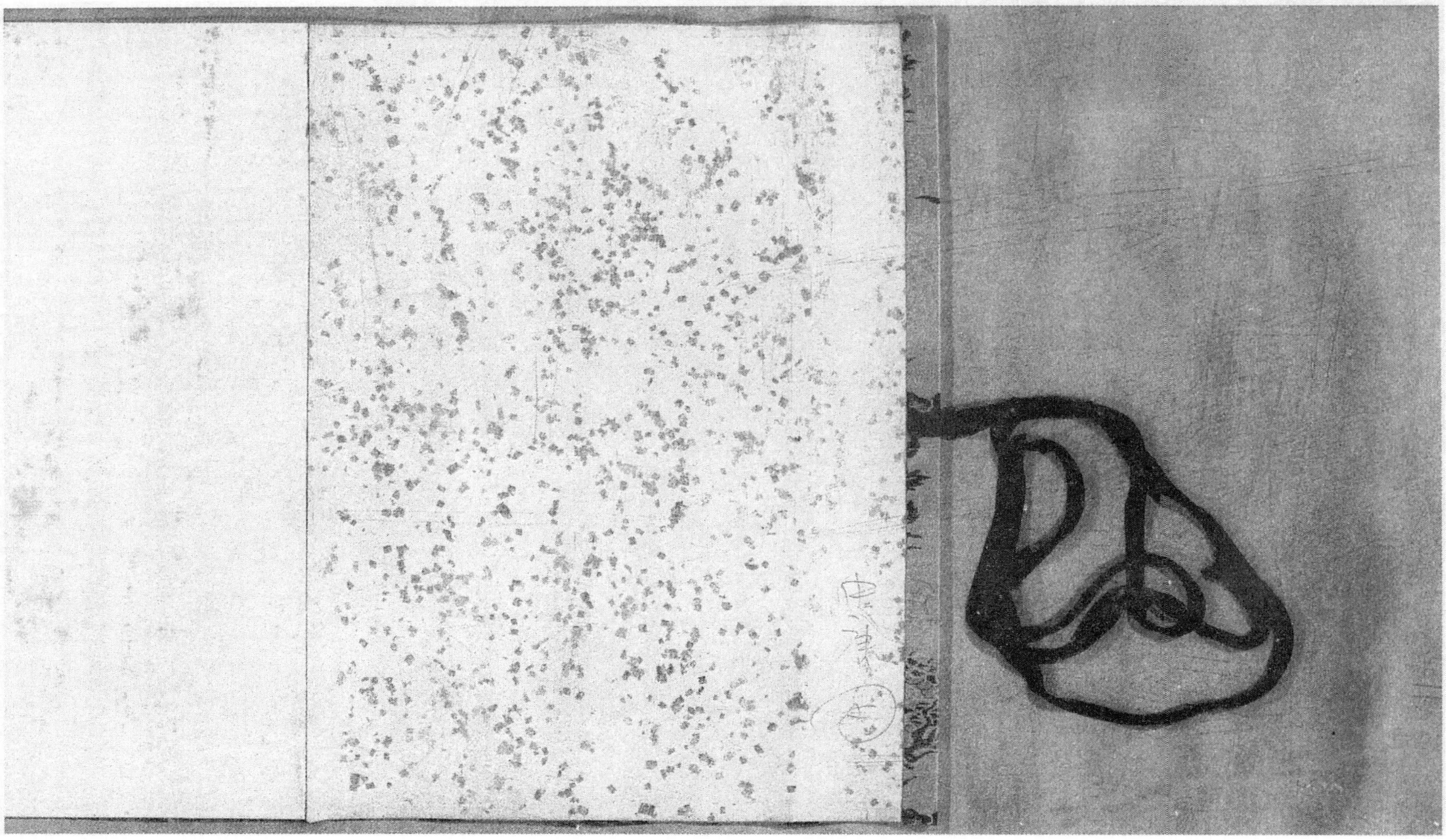

BD14020 號　摩訶般若波羅蜜經（四十卷本）卷三〇　（22–1）

无法可取若聲聞辟支佛地何況餘法是為
菩薩住般若波羅蜜取尸波羅蜜世尊云何
菩薩摩訶薩住般若波羅蜜取羼提波羅蜜
佛言菩薩住般若波羅蜜隨順法忍生作是
念此法中无有法若起若滅若生若死若受
罵詈若受惡口若割若截若破若縛若打若
殺是菩薩從初發意乃至道場若一切衆生
来罵詈惡口刀杖凡石割截傷害心不動作
是念甚可怪此法中无有法受罵詈惡口割
截傷害者而衆生受是苦惱是為菩薩住般
若波羅蜜取羼提波羅蜜世尊云何菩薩摩
訶薩住般若波羅蜜取毗梨耶波羅蜜佛言
菩薩住般若波羅蜜為衆生說法令行檀波
羅蜜尸波羅蜜羼提波羅蜜毗梨耶波羅蜜
禪波羅蜜般若波羅蜜教令行四念處乃至
八聖道分令得須陁洹果斯陁含阿那含
阿羅漢果辟支佛道令得阿耨多羅三藐
三菩提不住有為性中不住无為性中是為

BD14020 號　摩訶般若波羅蜜經（四十卷本）卷三〇　（22–2）

羅蜜尸波羅蜜羼提波羅蜜毗梨耶波羅蜜
禪波羅蜜般若波羅蜜教令行四念處乃至
八聖道分令得須陁洹果斯陁含阿那含
阿羅漢果辟支佛道令得阿耨多羅三藐
三菩提不住有為性中不住无為性中是為
菩薩住般若波羅蜜取毗梨耶波羅蜜世尊
云何菩薩摩訶薩住般若波羅蜜取禪波羅
蜜佛言菩薩住般若波羅蜜除諸佛三昧入
餘一切三昧若聲聞三昧若辟支佛三昧
若菩薩三昧皆行皆入是菩薩住諸三昧
逆順出入八背捨何等八內有色外觀色
是初背捨內无色相外觀色二背捨淨背
捨身作證三背捨過一切色相滅有對相
不念種種相故入无量空處四背捨過一
切虛空處入无邊識處五背捨過一切識處
入无所有處六背捨過一切无所有處入非
有想非无想處七背捨過一切非有想非无
想處入滅受想處八背捨於是八背捨逆順
出入九次第定何等九離諸欲離諸惡不善
法有覺有觀離生喜樂入初禪乃至過非有
想非无想處入滅受想定是名九次第定逆
順出入是菩薩依八背捨九次第定入師子
奮迅三昧云何名師子奮迅三昧須菩提菩
薩離欲離惡不善法有覺有觀離生喜樂
入初禪乃至入滅受想定從滅受想定起還
入非有想非无想處從非有想非无想處起

BD14020 號　摩訶般若波羅蜜經（四十卷本）卷三〇　（22–3）

順出入是菩薩依八背捨九次第定入師子
奮迅三昧云何名師子奮迅三昧須菩提菩
薩離欲離惡不善法有覺有觀離生喜樂
入初禪乃至入滅受想定從滅受想定起還
入非有想非无想處從非有想非无想處起
乃至還入初禪是菩薩依師子奮迅三昧入
超越三昧云何為超越三昧須菩提菩薩離
欲離諸惡不善法有覺有觀離生喜樂入初
禪從初禪起乃至入非有想非无想處從非
有想非无想處起入滅受想定從滅受想定起
還入初禪從初禪起入滅受想定從滅受想定起
入二禪從二禪起入滅受想定滅受想定起入
三禪三禪起入滅受想定滅受想定起入四禪
四禪起入滅受想定滅受想定起入空處空
處起入滅受想定滅受想定起入識處識處
起入滅受想定滅受想定起入无所有處无所
有處起入滅受想定滅受想定起入非有想
非无想處非有想非无想處起入滅受想定
滅受想定起入散心中散心中起入滅受想
定滅受想定起還入散心中散心中起入非
有想非无想處非有想非无想處起還住散
心中散心中起入无所有處无所有處起住
散心中散心中起入識處識處起住散心中
散心中起入空處空處起住散心中散心中
起入第四禪第四禪中起住散心中散心中
起入第三禪中第三禪中起住散心中散心

BD14020 號　摩訶般若波羅蜜經（四十卷本）卷三〇　（22–4）

心中散心中起入无所有處无所有處起住
散心中散心中起入識處識處起住散心中
散心中起入空處空處起住散心中散心中
起入第四禪第四禪中起住散心中散心中
起入第三禪中第三禪中起住散心中散心
中起入第二禪中第二禪中起住散心中散
心中起入初禪中初禪中起住散心中是菩
薩摩訶薩住起越三昧得諸法等相是為菩
薩住般若波羅蜜取禪波羅蜜

摩訶般若波羅蜜經方便品第六十八

尒時須菩提白佛言世尊是菩薩摩訶薩如
是方便成就者發意已来幾時佛告須菩提
是菩薩摩訶薩能成就方便力者發心已来
无量億阿僧祇劫須菩提言世尊是菩薩摩
訶薩如是成就方便力者為供養幾佛佛言
是菩薩成就方便力者供養如恒沙等諸佛
須菩提白佛言世尊是菩薩得如是方便力
者種何等善根佛言菩薩成就如是方便力
者從初發意已来於檀波羅蜜无不具足於
尸波羅蜜羼提波羅蜜毗梨耶波羅蜜禪波
羅蜜般若波羅蜜无不具足須菩提白佛言世
尊是菩薩摩訶薩成就如是方便力者甚希
有佛言如是如是須菩提菩薩摩訶薩成就
如是方便力者甚希有須菩提譬如日月
周行照四天下多有所益般若波羅蜜亦如
是照五波羅蜜多有所益須菩提譬如轉輪

BD14020號　摩訶般若波羅蜜經（四十卷本）卷三〇　（22–5）

尊是菩薩摩訶薩成就如是方便力者甚希
有佛言如是如是須菩提菩薩摩訶薩成就
如是方便力者甚希有須菩提譬如日月
周行照四天下多有所益般若波羅蜜亦如
是照五波羅蜜多有所益須菩提譬如轉輪
聖王若无輪寶不得名為轉輪聖王輪寶成
就故得名轉輪聖王五波羅蜜亦如是若離
般若波羅蜜不得波羅蜜名字不離般若波
羅蜜故得波羅蜜名字須菩提譬如无夫婦
人易為侵陵五波羅蜜亦如是遠離般若波
羅蜜魔若魔天壞之則易譬如有夫婦人難
可侵陵五波羅蜜亦如是得般若波羅蜜魔
若魔天不能俎壞須菩提譬如軍將鎧杖具
之隣國強敵所不能壞五波羅蜜亦如是不
遠離般若波羅蜜魔若魔天若增上慢人乃
至菩薩栴陁羅所不能壞須菩提譬如諸小
國王隨時朝侍轉輪聖王五波羅蜜亦如是
隨順般若波羅蜜譬如衆川萬流皆入於
隨入大海五波羅蜜亦如是般若波羅蜜所
守護故隨到薩婆若譬如人之右手所作事
便般若波羅蜜亦如是如人左手造事不便
五波羅蜜亦如是譬如衆流若大若小俱入
大海合為一味五波羅蜜亦如是為般若波
羅蜜所護隨般若波羅蜜入薩婆若得波羅
蜜名字譬如轉輪聖王四種兵輪寶在前導
[illegible]

BD14020號　摩訶般若波羅蜜經（四十卷本）卷三〇　（22–6）

五波羅蜜亦如是譬如衆流若大若小俱入
大海合為一味五波羅蜜亦如是為般若波
羅蜜所護隨般若波羅蜜入薩婆若得波羅
蜜名字譬如轉輪聖王四種兵輪寶在前導
王意欲住輪則為住令四種兵滿其所願輪
亦不離其處般若波羅蜜亦如是導五波羅
蜜到薩婆若常是中住不過其處譬如轉輪
聖王四種兵輪寶在前導般若波羅蜜亦如
是導五波羅蜜到薩婆若住般若波羅蜜亦
不分別檀波羅蜜隨從我尸羅波羅蜜羼提
波羅蜜毗梨耶波羅蜜禪波羅蜜隨我來檀
波羅蜜亦不分別我隨從般若波羅蜜尸波
羅蜜羼提波羅蜜毗梨耶波羅蜜禪波羅蜜
不隨從尸羅波羅蜜羼提波羅蜜毗梨耶波
羅蜜禪波羅蜜亦如是何以故諸波羅蜜性
无所能作自性空虛誑如野馬尒時須菩提
白佛言世尊若一切法自性空云何菩薩摩
訶薩行六波羅蜜當得阿耨多羅三藐三菩
提須菩提菩薩摩訶薩行六波羅蜜時作是
念是世間心皆顛倒我若不行方便力不能
度脫衆生生死我當為衆生故行檀波羅蜜
尸羅波羅蜜羼提波羅蜜毗梨耶波羅蜜禪
波羅蜜般若波羅蜜是菩薩為衆生故捨內
外物捨時作是念我无所捨何以故是物必當
壞敗菩薩作如是思惟能具足檀波羅蜜為

BD14020號　摩訶般若波羅蜜經（四十卷本）卷三〇　（22–7）

波羅蜜般若波羅蜜是菩薩為衆生故捨內
外物捨時作是念我无所捨何以故是物必當
壞敗菩薩作如是思惟能具足檀波羅蜜為
衆生故終不破戒何以故菩薩作是念我為
衆生發阿耨多羅三藐三菩提若殺生是所不
應乃至我為衆生發阿耨多羅三藐三菩提若
作耶見若貪著聲聞辟支佛地是所不應菩
薩摩訶薩如是思惟能具足尸羅波羅蜜菩
薩為衆生故不瞋乃至不生一念菩薩如是
思惟我應利益衆生云何而起瞋心菩薩如是
能具足羼提波羅蜜菩薩為衆生故乃至阿
耨多羅三藐三菩提常不生懈怠心菩薩如
是行能具足毗梨耶波羅蜜菩薩為衆生故
乃至得阿耨多羅三藐三菩提不生散亂心
菩薩如是行能具足禪波羅蜜菩薩為衆生
故乃至阿耨多羅三藐三菩提終不離智慧
何以故除智慧不可以餘法度脫衆生故菩
薩如是行能具足般若波羅蜜須菩提白佛
言世尊若諸波羅蜜无差別相云何般若波
羅蜜於五波羅蜜中第一最上微妙佛告須
菩提如是如是諸波羅蜜雖无差別若无般
若波羅蜜五波羅蜜不得波羅蜜名字因般若
波羅蜜五波羅蜜得波羅蜜名字須菩提譬
如種種色身到須彌山王邊皆同一色五波
羅蜜亦如是因般若波羅蜜到薩婆若中一

BD14020號　摩訶般若波羅蜜經（四十卷本）卷三〇　（22–8）

菩提如是如是諸波羅蜜雖无差別若无般
若波羅蜜五波羅蜜不得波羅蜜名字因般若
波羅蜜五波羅蜜得波羅蜜名字須菩提譬
如種種色身到須弥山王邊皆同一色五波
羅蜜亦如是因般若波羅蜜到薩婆若中一
種无異不分別是檀波羅蜜是尸羅波羅蜜
是羼提波羅蜜是毗梨耶波羅蜜是禪波羅
蜜是般若波羅蜜何以故是諸波羅蜜无自
性故以是因緣故諸波羅蜜无差別須菩提
白佛言世尊若随實義无分別云何般若波
羅蜜於五波羅蜜中冣上微妙佛言如是如
是須菩提雖實義中无有分別但以世俗法故
假說檀波羅蜜尸羅波羅蜜羼提波羅蜜毗
梨耶波羅蜜禪波羅蜜般若波羅蜜為欲度
衆生生死是衆生實不生不死不起不退須菩
提衆生无所有故當知一切法无所有以是因
緣故般若波羅蜜於五波羅蜜中冣上冣妙
須菩提譬如閻浮提衆女人中玉女寶第一
冣上冣妙般若波羅蜜亦如是於五波羅蜜中
第一冣上冣妙須菩提白佛言世尊佛以何
意故說般若波羅蜜冣上冣妙佛告須菩
提是般若波羅蜜取一切善法到薩婆若中
住不住故須菩提白佛言世尊般若波羅蜜
有法可取可捨不佛言不也須菩提般若波
羅蜜无法可取无法可捨何以故一切法不
取不捨故世尊般若波羅蜜於何等法不取

BD14020號　摩訶般若波羅蜜經（四十卷本）卷三〇　（22–9）

提是般若波羅蜜取一切善法到薩婆若中
住不住故須菩提白佛言世尊般若波羅蜜
有法可取可捨不佛言不也須菩提般若波
羅蜜无法可取无法可捨何以故一切法不
取不捨故世尊般若波羅蜜於何等法不取
不捨佛言般若波羅蜜於色不取不捨於受想
行識乃至阿耨多羅三藐三菩提不取不捨
世尊云何不取色乃至不取阿耨多羅三藐
三菩提佛言若菩薩不念色乃至不念阿耨
多羅三藐三菩提是名不取色乃至不取阿
耨多羅三藐三菩提須菩提言世尊若不
念色乃至不念阿耨多羅三藐三菩提云何
得增益善根善根不增云何具足諸波羅蜜
若不具足諸波羅蜜云何得阿耨多羅三藐
三菩提佛告須菩提若菩薩不念色乃至不
念阿耨多羅三藐三菩提是時善根增益善
根增益故具足諸波羅蜜諸波羅蜜具足故
得阿耨多羅三藐三菩提何以故不念色乃
至不念阿耨多羅三藐三菩提時便得阿耨
多羅三藐三菩提世尊何因緣故色不念時
乃至阿耨多羅三藐三菩提不念時便得阿
耨多羅三藐三菩提佛言以念故著欲界色
界无色界不念故无所着如是須菩提菩薩
摩訶薩行般若波羅蜜不應有所着世尊菩
薩摩訶薩如是行般若波羅蜜當住何處佛言
菩薩摩訶薩如是行不住色乃至不住一切

BD14020號　摩訶般若波羅蜜經（四十卷本）卷三〇　（22–10）

果无色果不念故无所着如是須菩提菩薩
摩訶薩行般若波羅蜜不應有所着世尊菩
薩摩訶薩如是行般若波羅蜜當住何處佛言
菩薩摩訶薩如是行不住色乃至不住一切
種智世尊何因緣故色中不住乃至一切種
智中不住佛言不着故不住何以故是菩薩
不見有法可着可住如是須菩提菩薩摩訶
薩以不着不住法行般若波羅蜜須菩提若
菩薩摩訶薩作是念若能如是行如是脩是行
般若波羅蜜我今行般若波羅蜜脩般若波
羅蜜若以是取相則遠離般若波羅蜜若遠
離般若波羅蜜則遠離檀波羅蜜乃至遠離一
切種智何以故般若波羅蜜无有着處故亦无着
者自性无故菩薩摩訶薩若復如是取相則於
般若波羅蜜退若退般若波羅蜜則是退阿
耨多羅三藐三菩提不得受記菩薩摩訶薩
復作是念住是般若波羅蜜能生檀波羅蜜
乃至能生大悲若作是念則為失般若波羅
蜜失般若波羅蜜者則不能生檀波羅蜜乃
至不能生大悲菩薩若復作是念諸佛知諸法
无受想故得阿耨多羅三藐三菩提菩薩若
作如是演說開示教照則失般若波羅蜜何
以故諸佛於諸法无所知无所得亦无法可
說何況當有所得无有是處須菩提白佛言
世尊菩薩行般若波羅蜜云何无是過失佛
言若菩薩摩訶薩行般若波羅蜜作是念諸

以故諸佛於諸法无所知无所得亦无法可
說何況當有所得无有是處須菩提白佛言
世尊菩薩行般若波羅蜜云何无是過失佛
言若菩薩摩訶薩行般若波羅蜜作是念諸
法无所有不可取若法无所有不可取則无
所得若如是行為行般若波羅蜜若菩薩摩
訶薩着无所有法則遠離般若波羅蜜何以
故般若波羅蜜中无有着法故須菩提白佛
言世尊般若波羅蜜遠離般若波羅蜜耶檀
波羅蜜遠離檀波羅蜜耶乃至一切種智遠
離一切種智耶世尊若般若波羅蜜遠離般
若波羅蜜乃至一切種智遠離一切種智菩
薩云何生般若波羅蜜乃至生一切種智佛
言菩薩摩訶薩行般若波羅蜜時不生色是
色誰色乃至一切種智不生是一切種智誰
一切種智如是菩薩能生般若波羅蜜乃至
能生一切種智
復次須菩提菩薩摩訶薩行般若波羅蜜時
不觀色若常若无常若苦若樂若我若非
我若空若不空若離若非離何以故自性不
能生自性乃至一切種智亦如是若菩薩摩
訶薩行般若波羅蜜如是觀色乃至觀一切
種智能生般若波羅蜜乃至能生一切種智
辟如轉輪聖王有所至處四種兵皆隨從般
若波羅蜜亦如是有所至處五波羅蜜皆悉

能生自性乃至一切種智亦如是若菩薩摩
訶薩行般若波羅蜜如是觀色乃至觀一切
種智能生般若波羅蜜乃至能生一切種智
辟如轉輪聖王有所至處四種兵皆隨從般
若波羅蜜亦如是有所至處五波羅蜜皆悉
隨從到薩婆若中住辟如善御駕駟不失平
道隨意所至般若波羅蜜亦如是御五波羅
蜜不失正道至薩婆若須菩提言世尊何等
是菩薩摩訶薩道何等是非正道佛言聲聞
道非菩薩道辟支佛道非菩薩道一切種智
道是菩薩摩訶薩道須菩提是名菩薩摩訶
薩道非道須菩提言世尊諸菩薩摩訶薩般
若波羅蜜為大事故起所謂示是道是非道
佛言如是如是須菩提般若波羅蜜為大事
故起所謂示是道是非道須菩提是般若波
羅蜜為度无量衆生故起為利益阿僧祇衆
生故起般若波羅蜜雖作是利益亦不受色
亦不受受想行識亦不受聲聞辟支佛地須
菩提般若波羅蜜是諸菩薩摩訶薩道示阿
耨多羅三藐三菩提能令離聲聞辟支佛地
住薩婆若般若波羅蜜无所生无所滅諸法常
住故須菩提言世尊若般若波羅蜜无所生
无所滅云何菩薩摩訶薩行般若波羅蜜時
應布施云何應脩戒應脩忍云何應懃精進
云何應入禪定云何應脩智慧佛告須菩提
菩薩摩訶薩念薩婆若應布施念薩婆若應

BD14020號　摩訶般若波羅蜜經（四十卷本）卷三〇　（22–13）

住故須菩提言世尊若般若波羅蜜无所生
无所滅云何菩薩摩訶薩行般若波羅蜜時
應布施云何應脩戒應脩忍云何應懃精進
云何應入禪定云何應脩智慧佛告須菩提
菩薩摩訶薩念薩婆若應布施念薩婆若應
持戒忍辱精進禪定智慧是菩薩摩訶薩持
是功德與衆生共之迴向阿耨多羅三藐三菩
提若如是迴向則具足脩六波羅蜜及慈悲
心諸功德須菩提若菩薩摩訶薩不遠離
六波羅蜜則不遠離薩婆若以是故須菩提
菩薩摩訶薩欲得阿耨多羅三藐三菩提應
學應行六波羅蜜菩薩摩訶薩行六波羅蜜
具足一切善根當得阿耨多羅三藐三菩提以
是故須菩提菩薩摩訶薩應習行六波羅
蜜須菩提言世尊云何菩薩摩訶薩應習行
六波羅蜜佛言菩薩摩訶薩應如是觀色不
合不散受想行識不合不散乃至一切種智
不合不散是名菩薩摩訶薩習行六波羅蜜
復次須菩提菩薩摩訶薩應作是念我當不
住色中不住受想行識中乃至不住一切種
智中如是應習行六波羅蜜何以故是色无
所住乃至薩婆若无所住如是須菩提菩薩
摩訶薩以无住法習行六波羅蜜應當得阿
耨多羅三藐三菩提辟如士夫欲食
掩羅菓若波那婆菓當種其子隨時溉灌守
護[illegible]

BD14020號　摩訶般若波羅蜜經（四十卷本）卷三〇　（22–14）

所住乃至薩婆若无所住如是須菩提菩薩
摩訶薩以无住法習行六波羅蜜應當得阿
耨多羅三藐三菩提須菩提辟如士夫欲食
掩羅菓若波那婆菓當種其子隨時溉灌守
護漸漸生長時節和合便有菓實得而食之
須菩提菩薩摩訶薩亦如是欲得阿耨多羅
三藐三菩提當學六波羅蜜以布施攝取衆
生持戒忍辱精進禪定智慧攝取衆生度脫
衆生生死如是行當得阿耨多羅三藐三菩
提以是故須菩提菩薩摩訶薩欲不隨他人語
當學般若波羅蜜欲淨佛國土成就衆生欲
坐道場欲轉法輪當學般若波羅蜜須菩
提白佛言世尊應如是學般若波羅蜜耶
佛言菩薩應如是學般若波羅蜜欲於諸法
得自在當學般若波羅蜜何以故學是般若
波羅蜜於一切諸法中得自在故復次般若波
羅蜜於一切諸法中最大辟如大海於萬川
中最大般若波羅蜜亦如是於一切諸法中
最大以是故諸欲求聲聞辟支佛及菩薩道
應當學般若波羅蜜乃至一切種智須菩提
辟如射師執如意弓箭不畏怨敵菩薩摩訶
薩亦如是行般若波羅蜜乃至一切種智魔
若魔天所不能壞以是故須菩提菩薩摩訶
薩欲得阿耨多羅三藐三菩提應學般若波
羅蜜是行般若波羅蜜菩薩為十方諸佛所
念須菩提白佛言世尊云何十方諸佛念是

若魔天所不能壞以是故須菩提菩薩摩訶
薩欲得阿耨多羅三藐三菩提應學般若波
羅蜜是行般若波羅蜜菩薩為十方諸佛所
念須菩提白佛言世尊云何十方諸佛念是
菩薩摩訶薩佛告須菩提若菩薩摩訶薩行
檀波羅蜜時十方諸佛皆念行尸波羅蜜羼
提波羅蜜毗梨耶波羅蜜禪波羅蜜般若波
羅蜜時十方諸佛皆念云何念布施不可得
持戒忍辱精進不可得禪定智慧不可得乃至
一切種智不可得菩薩能如是不得諸法故
諸佛念是菩薩摩訶薩復次須菩提諸佛不
以色故念不以受想行識故念乃至不以一
切種智故念須菩提言世尊菩薩摩訶薩多
有所學實无所學佛言如是如是須菩提菩
薩多有所學實无所學何以故是菩薩所學
諸法皆不可得須菩提白佛言世尊佛所說
法若略若廣於此法中諸菩薩摩訶薩欲求
阿耨多羅三藐三菩提六波羅蜜若略若廣
應當受持親近讀誦讀誦已思惟正觀心心
數法不行故佛告須菩提如是如是菩薩摩
訶薩略廣學六波羅蜜當知一切法略廣相須
菩提言世尊云何菩薩摩訶薩知一切法略
廣相佛言知色如相知受想行識乃至知一
切種智如相如是能知一切法略廣相須菩
提言世尊云何色如相云何受想行識乃至

菩提言世尊云何菩薩摩訶薩知一切法略
廣相佛言知色如相知受想行識乃至知一
切種智如相如是能知一切法略廣相須菩
提言世尊云何色如相云何受想行識乃至
一切種智如相佛告須菩提色如无生无滅无
住異是名色如相乃至一切種智如相无生
无滅无住異是名為一切種智如相是中菩薩
摩訶薩應學復次須菩提菩薩摩訶薩知
諸法實際時知一切法略廣相世尊何等是
諸法實際佛言无際是名實際菩薩學是際
知一切諸法略廣相須菩提若菩薩摩訶
薩知諸法法性是菩薩能知一切法略廣相
世尊何等是諸法法性佛言色性是名法性
是性无分无非分須菩提菩薩摩訶薩知法
性故知一切法略廣相須菩提白佛言世尊
復云何應知一切法略廣相佛言若菩薩摩
訶薩知一切法不合不散須菩提言世尊何
等法不合不散佛言色不合不散受想行識
不合不散乃至一切種智不合不散有為性
无為性不合不散何以故是諸法自性无云
何有合散若法自性无是為非法非法不合
不散如是應當知一切法略廣相須菩提
言世尊是名菩薩摩訶薩略攝般若波羅蜜
世尊是略攝般若波羅蜜中初發意菩薩摩
訶薩應學乃至十地菩薩摩訶薩亦應學是

BD14020號　摩訶般若波羅蜜經(四十卷本)卷三〇　(22–17)

言世尊是名菩薩摩訶薩略攝般若波羅蜜
世尊是略攝般若波羅蜜中初發意菩薩摩
訶薩應學乃至十地菩薩摩訶薩亦應學是
菩薩摩訶薩學是略攝般若波羅蜜則知一切
法略廣相世尊是門利根菩薩摩訶薩所入
佛言鈍根菩薩亦可入此門中根菩薩散心
菩薩亦可入是門是門无导若菩薩摩訶薩
一心學者皆入是門懈怠少精進妄憶念亂
心者所不能入精進不懈怠正憶念攝心者
能入欲住阿毗跋致地欲逮一切種智者能入
是菩薩摩訶薩如般若波羅蜜所說當學如
禪波羅蜜所說當學乃至如檀波羅蜜所說
當學是菩薩摩訶薩當得一切智是菩薩摩
訶薩行般若波羅蜜所有魔事欲起即滅
以是故菩薩摩訶薩欲得方便力當行般
若波羅蜜若菩薩摩訶薩如是行如是習
如是脩般若波羅蜜是時无量阿僧祇國土
中現在諸佛念是行般若波羅蜜菩薩何以
故是般若波羅蜜中生過去未來現在諸佛
故以是故菩薩摩訶薩應如是思惟過去未
来現在諸佛所得法我亦當得如是須菩提
菩薩摩訶薩應習般若波羅蜜若如是習般
若波羅蜜疾得阿耨多羅三藐三菩提以是
故菩薩摩訶薩常應不遠離薩婆若念若
菩薩摩訶薩如是行般若波羅蜜乃至彈指

BD14020號　摩訶般若波羅蜜經(四十卷本)卷三〇　(22–18)

若波羅蜜疾得阿耨多羅三藐三菩提以是
故菩薩摩訶薩常應不遠離薩婆若念若
菩薩摩訶薩如是行般若波羅蜜乃至彈指
傾是菩薩福德甚多若有人教三千大千國
土中衆生自恣布施教令持戒禪定智慧教
令得解脱得解脱知見教令得須陁洹果乃
至阿羅漢果辟支佛道不如是菩薩脩般若
波羅蜜乃至彈指頃何以故是般若波羅蜜
中生布施持戒禪定智慧須陁洹果乃至
辟支佛道十方現在諸佛亦從般若波羅蜜
中生過去未来諸佛亦從般若波羅蜜中生
故復次須菩提菩薩摩訶薩應薩婆若念行
般若波羅蜜若須申時若半日若一日若一
月若百月若一歲若百歲若一劫若百劫乃
至无量无邊阿僧祇劫是菩薩脩是般若波
羅蜜福德甚多勝於教十方恒河沙等世界
中衆生布施持戒禪定智慧解脱解脱知見
教令得須陁洹果乃至辟支佛道何以故諸
佛從般若波羅蜜中生説是布施持戒禪定
智慧解脱解脱知見須陁洹果乃至辟支佛道
若有菩薩摩訶薩如般若波羅蜜所説住當
知是菩薩摩訶薩是阿鞞跋致為諸佛所念
如是方便力成就當知是菩薩親近供養无
量千万億諸佛種善根與善知識相随久行六
波羅蜜久脩十八空四念處乃至八聖道分

BD14020號　摩訶般若波羅蜜經（四十卷本）卷三〇　（22–19）

若有菩薩摩訶薩如般若波羅蜜所説住當
知是菩薩摩訶薩是阿鞞跋致為諸佛所念
如是方便力成就當知是菩薩親近供養无
量千万億諸佛種善根與善知識相随久行六
波羅蜜久脩十八空四念處乃至八聖道分
佛十力乃至一切種智當知是菩薩住法王
子地滿是諸願常不離諸佛不離諸善根從
一佛國至一佛國當知是菩薩辯才无盡具
足得陁羅尼身色具足受記具足故為衆生
受身當知是菩薩善知字門善知非字門善
於言善於不言善於一言善於二言善於多
言善知女語善知男語善知色乃至識善知
世間性善知涅槃性善知法相善知有為相
善知无為相善知有法善知无法善知自法
善知他法善知合法善知散法善知相應法
善知不相應法善知相應不相應法善知如
善知不如善知法性善知法位善知緣善知
无緣善知陰善知界善知入善知諦善知十
二因緣善知禪善知无量心善知无色定善
知六波羅蜜善知四念處乃至善知一切種
智善知有為性善知无為性善知有性善知
无性善知色觀善知受想行識觀乃至善知
一切種智觀善知色色相空善知受想行識
識相空乃至善知菩提菩提相空善知捨道
善知不捨道善知生善知滅善知住異善知
欲善知瞋善知癡善知不欲善知不瞋善知

BD14020號　摩訶般若波羅蜜經（四十卷本）卷三〇　（22–20）

知六波羅蜜善知四念處乃至善知一切種
智善知有為性善知无為性善知有性善知
无性善知色觀善知受想行識觀乃至善知
一切種智觀善知色相空善知受想行識
識相空乃至善知菩提菩提相空善知捨道
善知不捨道善知生善知滅善知住異善知
欲善知瞋善知癡善知不欲善知不瞋善知
无癡善知見善知不見善知耶見善知正見
善知一切見善知名善知色善知名色善知
因緣善知次第緣善知緣緣善知增上緣善
知行相善知苦善知集善知滅善知道善知
地獄善知餓鬼善知畜生善知人善知天善
知地獄趣善知餓鬼趣善知畜生趣善知人
趣善知天趣善知須陀洹善知須陀洹果善
知須陀洹道善知斯陀含善知斯陀含果善
知斯陀含道善知阿那含善知阿那含果善
知阿那含道善知阿羅漢善知阿羅漢果善
知阿羅漢道善知辟支佛善知辟支佛果善
知辟支佛道善知佛善知一切種智善知一
切種智道善知識根善知諸根具足善知慧
善知疾慧善知有力慧善知利慧善知出慧
善知達慧善知廣慧善知深慧善知大慧善
知无等慧善知寶慧善知過去世善知未來
世善知現在世善知方便善知侍衆生善知
心善知深心善知義善知語善知分別三乘

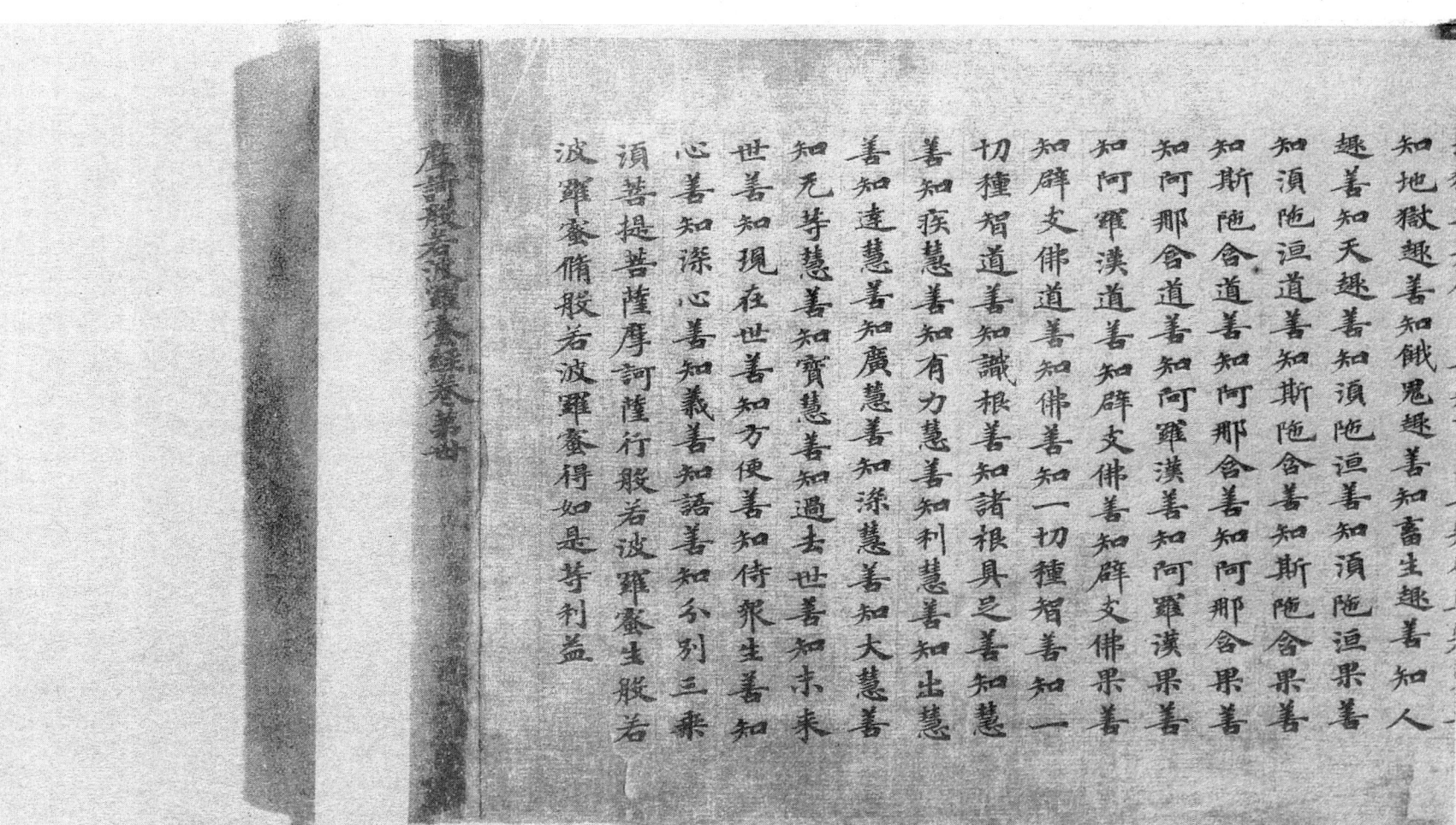

BD14020 號　摩訶般若波羅蜜經（四十卷本）卷三〇　（22–21）

知地獄趣善知餓鬼趣善知畜生趣善知人
趣善知天趣善知須陀洹善知須陀洹果善
知須陀洹道善知斯陀含善知斯陀含果善
知斯陀含道善知阿那含善知阿那含果善
知阿那含道善知阿羅漢善知阿羅漢果善
知阿羅漢道善知辟支佛善知辟支佛果善
知辟支佛道善知佛善知一切種智善知一
切種智道善知識根善知諸根具足善知慧
善知疾慧善知有力慧善知利慧善知出慧
善知達慧善知廣慧善知深慧善知大慧善
知无等慧善知寶慧善知過去世善知未來
世善知現在世善知方便善知侍衆生善知
心善知深心善知義善知語善知分別三乘
須菩提菩薩摩訶薩行般若波羅蜜生般若
波羅蜜備般若波羅蜜得如是等利益

摩訶般若波羅蜜經卷第卅

BD14020 號　摩訶般若波羅蜜經（四十卷本）卷三〇　（22–22）

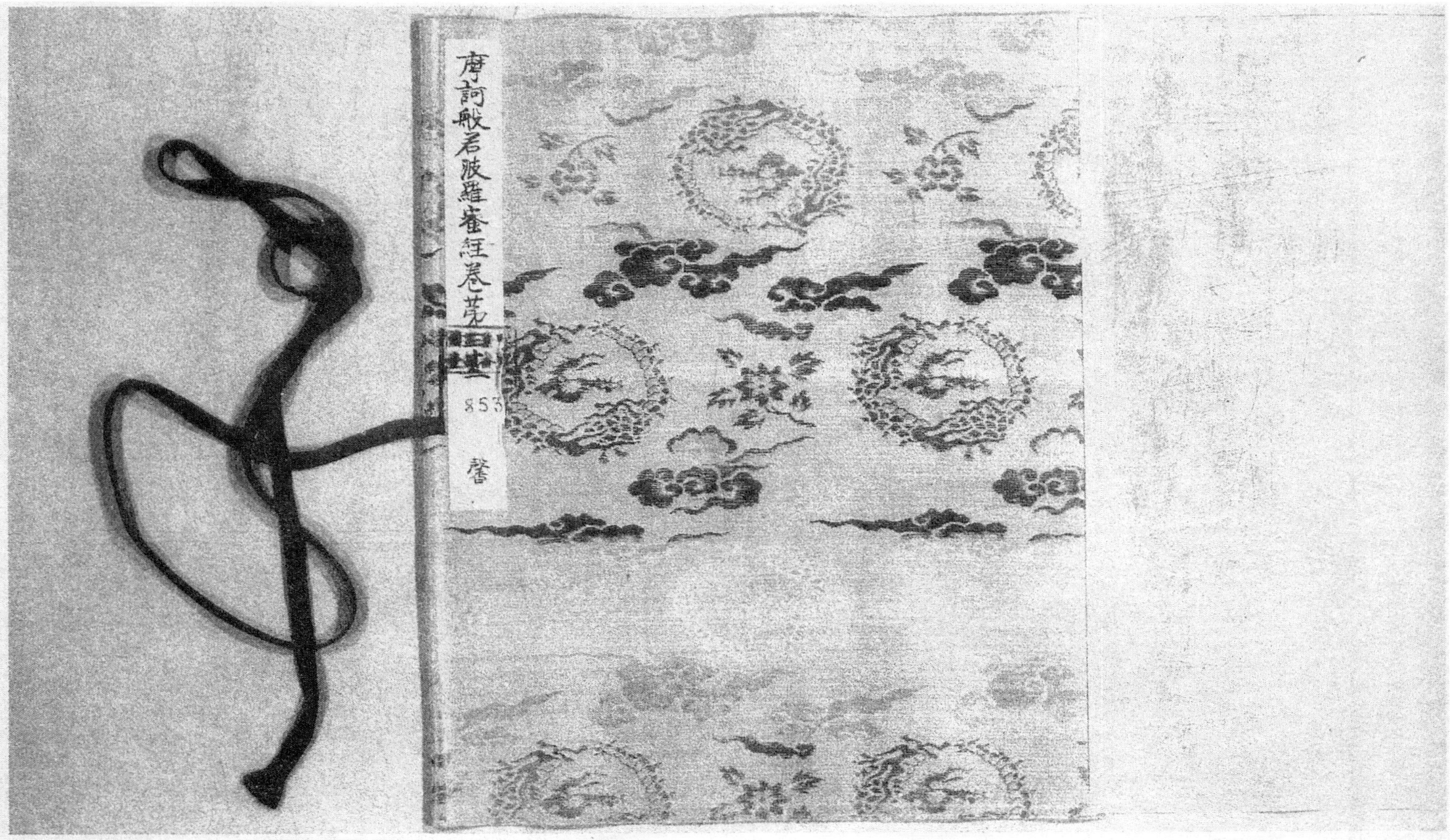

BD14021 號背　現代護首　　　　　　（1–1）

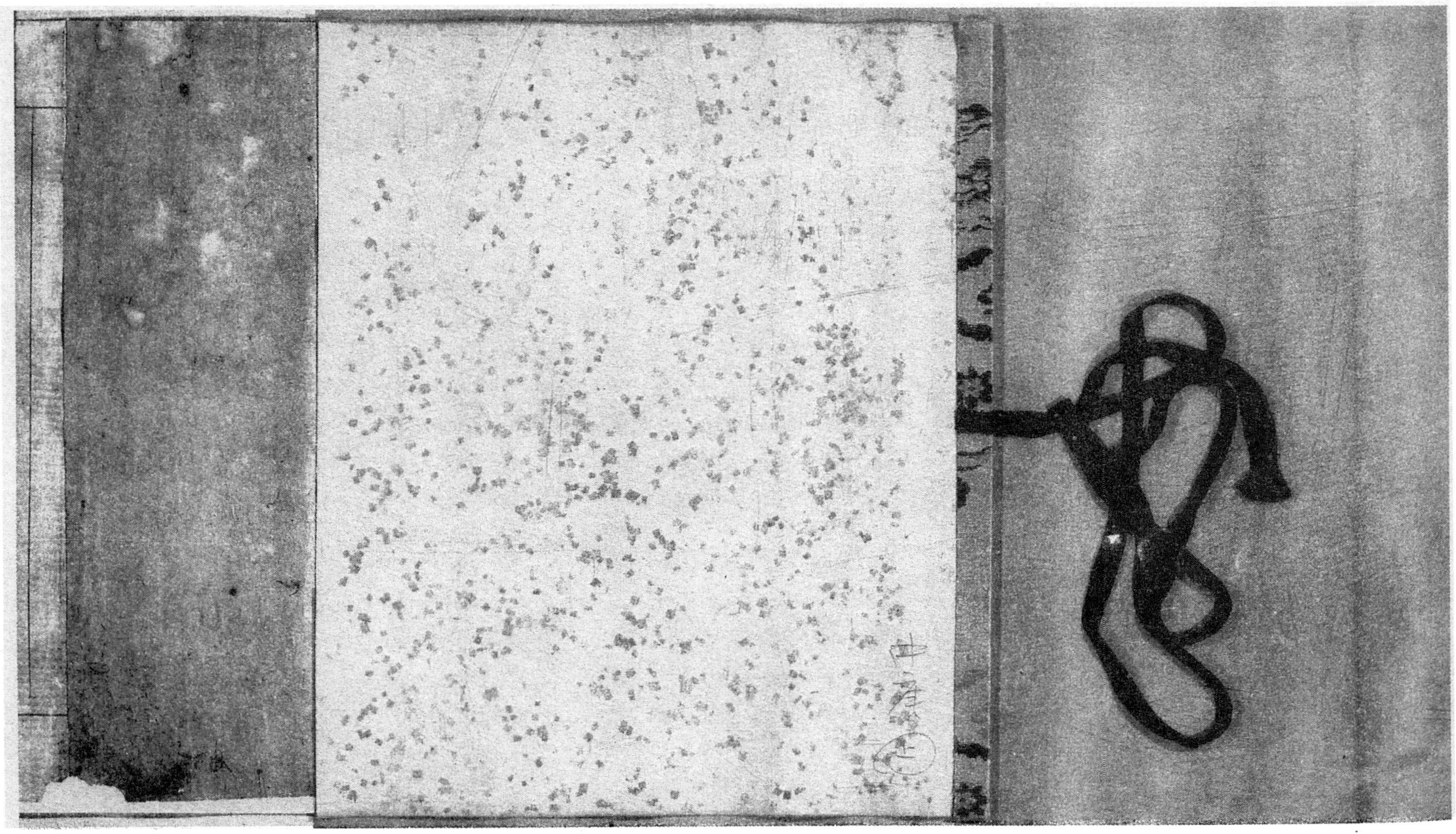

BD14021 號　摩訶般若波羅蜜經（四十卷本）卷三二　　　　　　（28–1）

譬如人種樹不識樹根莖枝葉華菓而愛護
溉灌漸漸長大華葉菓實成就皆得用之
如是須菩提諸菩薩摩訶薩為眾生故求阿
耨多羅三藐三菩提漸漸行六波羅蜜得一
切種智成就佛樹以華葉菓實益眾生須菩提
何等為葉益眾生因菩薩摩訶薩得離三惡
道是為葉益眾生何等為華益眾生因菩薩
摩訶薩得生刹利大姓婆羅門大姓居
士大家四天王天處乃至非有想非无想天
處是為華益眾生何等為菓益眾生是菩薩
得一切種智令眾生得須陁洹果斯陁含果
阿那含果阿羅漢果辟支佛道佛道是眾生

BD14021號　摩訶般若波羅蜜經（四十卷本）卷三二　（28–2）

摩訶薩得生刹利大姓婆羅門大姓居
士大家四天王天處乃至非有想非无想天
處是為華益眾生何等為菓益眾生是菩薩
得一切種智令眾生得須陁洹果斯陁含果
阿那含果阿羅漢果辟支佛道佛道是眾生
漸漸以三乘法於无餘涅槃而般涅槃是為
菓益眾生是菩薩摩訶薩不得眾生實法而
度眾生令離我顛倒著作是念一切諸法中无
眾生我所為眾生求一切種智是眾生實不
可得須菩提白佛言世尊當知是菩薩為如
佛何以故是菩薩因緣故斷一切地獄種一切
畜生種一切餓鬼種斷一切諸難斷一切貧
窮下賤道斷一切欲界色界无色界佛言如
是如是須菩提當知是菩薩摩訶薩如佛須
菩提若菩薩摩訶薩不發心求阿耨多羅
三藐三菩提世間則无過去未來現在諸佛
世間亦无辟支佛阿羅漢阿那含斯陁含
須陁洹三惡趣及三界〻无斷時須菩提如汝
所說是菩薩摩訶薩當知如佛如是如是須菩
提當知是菩薩實如佛何以故以如故說來以
如故說辟支佛阿羅漢一切賢聖以如故說為
色乃至識以如故說一切法乃至有為性无為
性是諸如如實无異以是故說名為如諸菩薩
摩訶薩學是如得一切種智得名如來以是因
緣故說菩薩摩訶薩當知如佛以如相故如是
須菩提菩薩摩訶薩應學如般若波羅蜜
菩薩學如般若波羅蜜則能學一切法如學

BD14021號　摩訶般若波羅蜜經（四十卷本）卷三二　（28–3）

性是諸如如實无異以是故說名爲如諸菩薩
摩訶薩學是如得一切種智得名如來以是因
緣故說菩薩摩訶薩當知如佛以如相故如是
須菩提菩薩摩訶薩應學如般若波羅蜜
菩薩學如般若波羅蜜則能學一切法如學
一切法如則得具足一切法如具足一切法如
已住一切法如得自在住一切法如得自在已
善知一切衆生根善知一切衆生根已知一切
衆生根具足亦知一切衆生業因緣知一切衆
生業因緣已得願智具足得願智具足已淨三
世慧淨三世慧已饒益一切衆生饒益一切衆
生已淨佛國土淨佛國土已得一切種智得一
切種智已轉法輪轉法輪已安立衆生於三
乘令入无餘涅槃如是須菩提菩薩摩訶薩欲
得一切功德自利利人應發阿耨多羅三藐三
·菩提心須菩提白佛言世尊是諸菩薩摩訶
薩能如說行深般若波羅蜜一切世間天及人
阿脩羅應當爲作礼佛告須菩提如是如是
菩薩摩訶薩能如說行般若波羅蜜一切世
間天及人阿脩羅應當爲作礼世尊是初發
意菩薩摩訶薩爲衆生故求阿耨多羅三
藐三菩提得幾所福德佛告須菩提若千國
土中衆生皆發聲聞辟支佛意於汝意云何
其福多不須菩提言甚多无量佛告須菩提其
福不如初發意菩薩摩訶薩百倍千倍巨億万
倍乃至筭數譬喻所不能及何以故發聲聞

BD14021號　摩訶般若波羅蜜經（四十卷本）卷三二　（28–4）

土中衆生皆發聲聞辟支佛意於汝意云何
其福多不須菩提言甚多无量佛告須菩提其
福不如初發意菩薩摩訶薩百倍千倍巨億万
倍乃至筭數譬喻所不能及何以故發聲聞
辟支佛意者皆因菩薩出故菩薩終不因聲聞
辟支佛出二千世界三千大千世界中亦如是
置是三千大千世界中發聲聞辟支佛意者
若三千大千世界中衆生皆住乾慧地其
福多不須菩提言甚多无量佛言不如初發
意菩薩百倍千倍巨億万倍乃至筭數譬喻
所不能及置是住乾慧地衆生若三千大千世
界中衆生皆住性地八人地見地薄地離地
已辯地辟支佛地是一切福德欲比初發意
菩薩百倍千倍巨億万倍乃至筭數譬喻
所不能及須菩提若三千大千世界中初
發意菩薩不如入法位菩薩百千万倍巨億
万倍乃至筭數譬喻所不能及若三千大千
世界中入法位菩薩不如向佛道菩薩百千万
億巨億万倍乃至筭數譬喻所不能及若三
千大千世界中向佛道菩薩不如佛功德百
千万億巨億万倍乃至筭數譬喻所不能及
須菩提白佛言世尊初發心菩薩摩訶薩當
念何等法佛言應念一切種智須菩提言何
等是一切種智一切種智何等緣何等增
上何等行何等相佛告須菩提一切種智无所
有无念无生无示如須菩提所問一切種智

BD14021號　摩訶般若波羅蜜經（四十卷本）卷三二　（28–5）

念何等法佛言應念一切種智須菩提言何
等是一切種智一切種智何等緣何等增
上何等行何等相佛告須菩提一切種智无所
有无念无生无示如須菩提所問一切種智
何等緣何等增上何等行何等相須菩提
一切種智无法緣念為增上寂滅為行无相
為相須菩提是名一切種智緣增上行相須
菩提白佛言世尊但一切種智无法色受想行
識亦无法內外法亦无法四禪四无量心四无
色定四念處四正懃四如意足五根五力七覺
分八聖道分空三昧无相三昧无作三昧八
背捨九次第定佛十力四无所畏四无导智十
八不共法大慈大悲大喜大捨初神通第
二第三第四第五第六神通有為相无為
相亦无法佛告須菩提色亦无法乃至有為相
无為相亦无有法須菩提言世尊何因緣故
一切種智无法色无法乃至有為无為相亦
无法佛言一切種智自性无故若法自性无
是名无法色乃至有為无為相亦如是世
尊何因緣故諸法自性无佛言諸法和合因緣
生法中无自性若无自性是名无法以是故須
菩提菩薩摩訶薩當知一切法无性何以故一
切法性空故以是故當知一切法无性須菩提
白佛言世尊若一切法无性初發意菩薩以
何等方便力能行檀那波羅蜜淨佛國土成
就衆生能行尸羅波羅蜜羼提波羅蜜毗梨

菩提菩薩摩訶薩當知一切法无性何以故一
切法性空故以是故當知一切法无性須菩提
白佛言世尊若一切法无性初發意菩薩以
何等方便力能行檀那波羅蜜淨佛國土成
就衆生能行尸羅波羅蜜羼提波羅蜜毗梨
耶波羅蜜禪那波羅蜜般若波羅蜜行初禪
乃至第四禪行慈心乃至捨心行空處乃至非
有想非无想處內空乃至无法有法空四念
處乃至八聖道分空三昧无相三昧无作三
昧八背捨九次第定佛十力四无所畏四无导
智十八不共法大慈大悲能行一切種智淨
佛國土成就衆生佛告須菩提菩薩摩訶薩
能學諸法无性亦能淨佛國土成就衆生知
國土衆生亦无性即是方便力須菩提是菩
薩摩訶薩行檀那波羅蜜脩學佛道行尸羅
波羅蜜脩學佛道羼提波羅蜜毗梨耶波
羅蜜禪波羅蜜般若波羅蜜脩學佛道乃
至行一切種智脩學佛道亦知佛道无性是
菩薩摩訶薩行六波羅蜜脩學佛道乃至未
成就佛十力四无所畏四无导智十八不共法
大慈大悲一切種智是為脩學佛道能具足
是佛道因緣已用一念相應慧得一切種智
尒時一切煩惱習永盡以不生故是時以佛
眼觀三千大千世界无法尚不可得何況有
法如是須菩提菩薩摩訶薩應行无性般若
波羅蜜須菩提是名菩薩摩訶薩方便力无
[illegible]

尒時一切煩惱習永盡以不生故是時以佛
眼觀三千大千世界无法尚不可得何況有
法如是須菩提菩薩摩訶薩應行无性般若
波羅蜜須菩提是名菩薩摩訶薩方便力无
法尚不可得何況有法須菩提是菩薩摩訶
薩若布施時布施无法尚不知何況有法受
者及菩薩心无法尚不知何況有法乃至一
切種智得者得法得處无法尚不知何況
有法何以故一切法本性尒非佛作非聲
聞辟支佛作亦非餘人作一切法无作者故須
菩提白佛言世尊諸法諸法性離耶佛言如
是如是諸法諸如是諸法性離世尊若諸法
諸法性離云何離法能知離法若有若无何
以故无法不能知无法有法不能知有法无法
不能知有法有法不能知无法世尊如是一切
法无所有相云何菩薩摩訶薩作是念分別
是法若有若无佛言菩薩摩訶薩以世諦故
示衆生若有若无非以第一義世尊世諦第
一義諦有異耶須菩提世諦第一義諦无
異也何以故世諦如即是第一義諦如以衆
生不知不見是如故菩薩摩訶薩以世諦示
衆生若有若无復次須菩提衆生於五受陰
中着有想故不知无所有爲是衆生故示若
有若无令知清淨无所有如是須菩提菩薩
摩訶薩應當作是行般若波羅蜜
摩訶般若波羅蜜經道行品第七十一

BD14021號　摩訶般若波羅蜜經（四十卷本）卷三二　（28–8）

衆生若有若无復次須菩提衆生於五受陰
中着有想故不知无所有爲是衆生故示若
有若无令知清淨无所有如是須菩提菩薩
摩訶薩應當作是行般若波羅蜜
摩訶般若波羅蜜經道行品第七十一
須菩提白佛言世尊世尊說菩薩行何等是菩
薩行佛言菩薩行者爲阿耨多羅三藐三菩提
行是名菩薩行世尊云何菩薩摩訶薩爲阿
耨多羅三藐三菩提行是菩薩行佛言若菩
薩摩訶薩行色空行受想行識空行眼空乃
至意行色空乃至法行眼界空乃至意識界
空行檀那波羅蜜空尸羅波羅蜜羼提波羅
蜜毗梨耶波羅蜜禪那波羅蜜般若波羅蜜
空行內空行外空行內外空行空空行第一
義空有爲空无爲空畢竟空无始空散空諸
法空性空自相空无法空有法空无法有法
初禪第二第三第四禪行慈悲喜捨行无量
虛空處无量識處无所有處非有想非无想
處行四念處四正懃四如意足五根五力七覺分
八聖道分行空三昧行无相无作三昧行八背
捨九次第定行佛十力行四无所畏行四无导
智行十八不共法行大慈大悲行淨佛國
土行成就衆生行諸辯才行文字入文字
入无文字行諸陁羅尼行有爲性行无爲性
空於阿耨多羅三藐三菩提不作二如是須
菩提菩薩摩訶薩行般若波羅蜜名爲阿耨
多羅三藐三菩提行是爲菩薩行須菩提白

BD14021號　摩訶般若波羅蜜經（四十卷本）卷三二　（28–9）

智行十八不共法行大慈大悲行淨佛國
土行成就衆生行諸辯才行文字入文字
入无文字行諸陁羅尼行有爲性行无爲性
空於阿耨多羅三藐三菩提不作二如是須
菩提菩薩摩訶薩行般若波羅蜜名爲阿耨
多羅三藐三菩提行是爲菩薩行須菩提白
佛言世尊世尊説言佛佛世尊何義故名佛佛告須
菩提知諸法實義故名爲佛復次得諸法實相
故名爲佛復次通達實義故名爲佛復次如實
知一切法故名爲佛須菩提言何義故名菩提
須菩提空義是菩提義如義法性義實際義
是菩提義復次須菩提名相言説是菩提須菩
提菩提實義不可壞不可分別是菩提義復次
須菩提諸法實相不誑不異是菩提義以是故
名菩提復次須菩提是菩提是諸佛所有故名
菩提復次須菩提諸佛正遍知故名菩提須菩提
白佛言世尊若菩薩摩訶薩爲是菩薩行六波
羅蜜乃至行一切種智於諸法何得何失何增
何減何生何滅何垢何淨佛告須菩提若菩薩
摩訶薩爲菩提行六波羅蜜乃至行一切種智
於諸法无得无失无增无減无生无滅无垢无
淨何以故菩薩摩訶薩行般若波羅蜜不爲
得失增減生滅垢淨故出須菩提言世尊若
菩薩摩訶薩行般若波羅蜜若不爲得失乃至
不爲垢淨故出菩薩摩訶薩云何行般若波羅
蜜能取檀那波羅蜜尸羅波羅蜜羼提波
[illegible]

[illegible]
得失增減生滅垢淨故出須菩提言世尊若
菩薩摩訶薩行般若波羅蜜若不爲得失乃至
不爲垢淨故出菩薩摩訶薩云何行般若波羅
蜜能取檀那波羅蜜尸羅波羅蜜羼提波
羅蜜毗梨耶波羅蜜禪那波羅蜜般若波羅
蜜云何行內空乃至无法有法空云何行禪无
量心无色定云何行四念處乃至八聖道分云
何行空无相无作解脫門云何行佛十力四无所
畏四无㝵智十八不共法大慈大悲云何行菩
薩十地云何過聲聞辟支佛地入菩薩位中
佛告須菩提菩薩摩訶薩行般若波羅蜜時
不以二法故行檀那波羅蜜尸羅波羅蜜羼提
波羅蜜毗梨耶波羅蜜禪那波羅蜜般若波
羅蜜不以二法乃至行一切種智須菩提言世
尊若菩薩摩訶薩不以二法故行檀
那波羅蜜乃至般若波羅蜜不以二法故
乃至行一切種智菩薩從初發意乃至後
意云何善根增益佛告須菩提若行二法
者善根不得增益何以故一切凡夫人皆依
二法不得增益善根菩薩摩訶薩行不二法
從初發意乃至後意於其中間增益善根
以是故菩薩摩訶薩一切世間天及人阿脩羅
无能伏无能壞其善根令墮聲聞辟支佛
地及諸衆惡不善法不能制菩薩令不能行檀
那波羅蜜增益善根乃至般若波羅蜜亦如
是須菩提菩薩摩訶薩應如是行般若波羅

无能伏无能壞其善根令墮聲聞辟支佛
地及諸衆惡不善法不能制菩薩令不能行檀
那波羅蜜增益善根乃至般若波羅蜜亦如
是須菩提菩薩摩訶薩應如是行般若波羅
蜜世尊菩薩摩訶薩為善根故行般若波羅
蜜不佛言不也須菩提菩薩亦不為善根故
行般若波羅蜜亦不為非善根故行般若波
羅蜜何以故須菩提菩薩摩訶薩法未供養
諸佛未具足善根未得真知識不能得一切
種智須菩提言世尊云何菩薩摩訶薩供養
諸佛具足善根得真知識能得一切種智佛
告須菩提菩薩摩訶薩從初發意供養諸佛
諸佛所說十二部經脩妬路乃至優波提舍
是菩薩聞持誦利心觀了達了達故得陁羅
尼得陁羅尼故能得无㝵智能得无㝵智故
所生處乃至薩婆若終不忘失亦於諸佛所
種善根為是善根所護終不墮惡道諸難以是
善根因緣故得深心清淨深心清淨故能
淨佛國土成就衆生以善根所護故常不
離真知識所謂諸佛諸菩薩摩訶薩及諸聲
聞能讚嘆佛法衆者如是須菩提菩薩摩訶薩
應供養諸佛種善根親近善知識
摩訶般若波羅蜜經三善品第七十三
須菩提白佛言世尊菩薩摩訶薩若不供養諸
佛不具足善根不得真知識當得薩婆若
不佛告須菩提菩薩摩訶薩供養諸佛種善

BD14021號　摩訶般若波羅蜜經（四十卷本）卷三二　（28–12）

應供養諸佛種善根親近善知識
摩訶般若波羅蜜經三善品第七十三
須菩提白佛言世尊菩薩摩訶薩若不供養諸
佛不具足善根不得真知識當得薩婆若
不佛告須菩提菩薩摩訶薩供養諸佛種善
根得真知識一切種智尚難得何況不供養諸
佛不種善根不得真知識須菩提白佛言世尊
菩薩摩訶薩供養諸佛種善根得真知識何
以故不能得一切種智佛告須菩提是菩薩摩
訶薩遠離方便力不從諸佛聞方便力所種
善根不具足不常隨善知識教世尊何等是
方便力菩薩摩訶薩行是方便力得一切種
智佛言菩薩摩訶薩從初發意行檀那波羅
蜜應薩婆若念布施佛若辟支佛若聲聞
若人若非人是時不生布施想受者想何以
故觀一切法自相空无生无定相无所轉入諸
法實相所謂一切法无作无起相菩薩以是方
便力故增益善根增益善根故行檀那波羅
蜜淨佛國土成就衆生布施不受世間報但
欲救度一切衆生故行檀那波羅蜜復次須
菩提菩薩摩訶薩從初發意行尸羅波羅蜜
應薩婆若念持戒時不墮婬慾癡中亦不墮諸
煩惱纏縛及諸不善破道法若慳貪破戒瞋恚
懈怠亂意愚癡大慢慢慢我慢憎上慢不如
慢耶慢若聲聞心若辟支佛心何以故是菩
薩摩訶薩觀一切法自相空无生无定相无

BD14021號　摩訶般若波羅蜜經（四十卷本）卷三二　（28–13）

煩惱纒縛及諸不善破道法若慳貪破戒瞋恚
懈怠亂意愚癡大慢慢慢我慢憎上慢不如
慢耶慢若聲聞心若辟支佛心何以故是菩
薩摩訶薩觀一切法自相空无生无定相无
所轉入諸法實相所謂一切法无作无起相菩
薩成就是方便力故增益善根增益善根故行
尸羅波羅蜜淨佛國土成就衆生持戒不受
世間異報但欲救度一切衆生故行尸羅波羅
蜜復次須菩提菩薩摩訶薩從初發意行羼
提波羅蜜應行薩婆若念方便力成就故行見
諦道思惟道亦不取須陀洹果斯陀含阿那含
阿羅漢果何以故是菩薩摩訶薩知諸法自相
空无生无定相无所轉離行是助道法而過聲聞
辟支佛地須菩提是名菩薩无生法忍復次須
菩提菩薩摩訶薩從初發意行毗梨耶波羅蜜
入初禪乃至入第四禪入四无量心四无色定離
出入諸禪而不受果報何以故是菩薩成就
是方便力故知諸禪定自相空无生无定相
无所轉淨佛國土成就衆生精進不受世
間果報但欲救度一切衆生故行毗梨耶波
羅蜜復次須菩提菩薩摩訶薩從初發意行
禪那波羅蜜應薩婆若念入八背捨九次第
定亦不證須陀洹果乃至不證阿羅漢果何以
故是菩薩摩訶薩知諸法自相空无生无定
相无所轉復次須菩提菩薩摩訶薩從初發
意行般若波羅蜜學佛十力四无所畏四无

BD14021號　摩訶般若波羅蜜經（四十卷本）卷三二　（28–14）

禪那波羅蜜應薩婆若念入八背捨九次第
定亦不證須陀洹果乃至不證阿羅漢果何以
故是菩薩摩訶薩知諸法自相空无生无定
相无所轉復次須菩提菩薩摩訶薩從初發
意行般若波羅蜜學佛十力四无所畏四无
导智十八不共法大慈大悲乃至未得一切
種智未淨佛國土未成就衆生於其中間應
如是學何以故是菩薩摩訶薩知諸法自相
空无生无定相无所轉須菩提是菩薩摩訶薩
應如是行般若波羅蜜不受果報

摩訶般若波羅蜜經遍學品第七十三

尒時須菩提白佛言世尊是菩薩摩訶薩大智
慧成就行是深法亦不受果報佛告須菩提如
是如是菩薩摩訶薩大智慧成就行是深般
若波羅蜜亦不受果報何以故是菩薩摩訶
薩諸法性中不動故世尊何等諸法性中不動
佛言於无所有性中不動須菩提菩薩摩訶薩
色性中不動受想行識性中不動檀那波羅
蜜性中不動尸羅波羅蜜羼提波羅蜜毗梨
耶波羅蜜禪那波羅蜜般若波羅蜜性中不
動四禪性中不動四无量性中不動四无色定
性中不動四念處性中不動乃至八聖道分
性中不動空三昧无相三昧无作三昧乃至
大慈大悲性中不動何以故須菩提是諸法
性即是无所有須菩提以无所有法不能得
所有法須菩提言世尊所有法能得所有

BD14021號　摩訶般若波羅蜜經（四十卷本）卷三二　（28–15）

性中不動四念處性中不動乃至八聖道分
性中不動空三昧无相三昧无作三昧乃至
大慈大悲性中不動何以故須菩提是諸法
性即是无所有須菩提以无所有法不能得
所有法須菩提言世尊所有法能得所有
法不佛言不也世尊所有法能得无所有法
不佛言不也世尊无所有法能得无所有法
不佛言不也世尊若无所有不能得所有所
有不能得所有不能得无所有无所有
不能得无所有將无世尊不得道耶佛言
有得不以此四句世尊云何有得佛言非
所有非无所有无諸戲論是名得道須菩
提白佛言世尊何等是菩薩摩訶薩戲論佛
告須菩提若菩薩摩訶薩觀色若常若无常
是為戲論觀受想行識若常若无常是為戲
論觀色若苦若樂受想行識若苦若樂是為
戲論觀色若我若非我受想行識若我若非
我色若寂滅若不寂滅受想行識若寂滅若
不寂滅是為戲論苦聖諦應見集聖諦應斷
滅聖諦應證道聖諦應脩是為戲論應脩四
禪四无量心四无色定是為戲論應脩四念
處四正懃四如意足五根五力七覺分八聖
道分是為戲論應脩空解脫門无相解脫門
无作解脫門是為戲論應脩八背捨九次第
定是為戲論我當過須陁洹果斯陁含果阿
那含果阿羅漢果辟支佛道是為戲論我當

BD14021號　摩訶般若波羅蜜經（四十卷本）卷三二　（28–16）

處四正懃四如意足五根五力七覺分八聖
道分是為戲論應脩空解脫門无相解脫門
无作解脫門是為戲論應脩八背捨九次第
定是為戲論我當過須陁洹果斯陁含果阿
那含果阿羅漢果辟支佛道是為戲論我當
具足菩薩十地是為戲論我當入菩薩位是
為戲論我當淨佛國土是為戲論我當成就
衆生是為戲論我當生佛十力四无所畏四
无㝵智十八不共法是為戲論我當得一切種
智是為戲論我當斷一切煩惱習是為戲
論須菩提是菩薩摩訶薩行般若波羅蜜時
色若常若无常不可戲論故不戲論受想
行識若常若无常不可戲論故不戲論乃
至一切種智不可戲論故不戲論何以故性
不戲論性无性不戲論无性離性无性更无法
可得所謂戲論者戲論法戲論處以是故須
菩提色无戲論受想行識乃至一切種智无
戲論如是須菩提菩薩摩訶薩應行无戲論
般若波羅蜜須菩提白佛言世尊云何色不
可戲論乃至一切種智不可戲論佛告須
菩提色性无乃至一切種智性无須菩提若
法性无即是无戲論以是故色不可戲論乃至
一切種智不可戲論須菩提若菩薩摩訶薩
能如是行无戲論般若波羅蜜是時得入菩
薩位須菩提白佛言世尊若諸法无有性菩
薩行何等道入菩薩位為用聲聞道為用
辟支佛道為用佛道佛告須菩提不以聲聞

BD14021號　摩訶般若波羅蜜經（四十卷本）卷三二　（28–17）

一切種智不可盡說須菩提若菩薩摩訶
能如是行无𨶹論般若波羅蜜是時得入菩
薩位須菩提白佛言世尊若諸法无有性菩
薩行何等道入菩薩位為用聲聞道為用
辟支佛道為用佛道佛告須菩提不以聲聞
道不以辟支佛道不以佛道得入菩薩位菩薩
摩訶薩遍學諸道得入菩薩位須菩提譬如八
人先學諸道然後入正位未得果而先生果
道菩薩亦如是先遍學諸道然後入菩薩位
亦未得一切種智而先生金剛三昧尒時以一
念相應慧得一切種智須菩提白佛言世尊
若菩薩摩訶薩遍學諸道入菩薩位者八人向
須陁洹得須陁洹向斯陁含得斯陁含向阿
那含得阿那含向阿羅漢得阿羅漢辟支
佛道佛道是諸道各各異世尊若菩薩摩訶
薩遍學諸道然後入菩薩位者是菩薩若生
八人道應作八人生見道應作須陁洹生思
惟道應作斯陁含作阿那含作阿羅漢若生
辟支佛道作辟支佛世尊若菩薩摩訶薩作
八人然後入菩薩位无有是處不入菩薩位得
一切種智亦无是處作須陁洹乃至作辟支佛
然後入菩薩位亦无是處不入菩薩位得一
切種智亦无是處世尊我云何當知菩薩摩
訶薩遍學諸道得入菩薩位佛告須菩提如
是如是若菩薩摩訶薩作八人得須陁洹果乃
至得阿羅漢果得辟支佛道然後入菩薩位
无有是處不入菩薩位當得一切種智无有

BD14021號　摩訶般若波羅蜜經（四十卷本）卷三二　（28–18）

切種智亦无是處世尊我云何當知菩薩摩
訶薩遍學諸道得入菩薩位佛告須菩提如
是如是若菩薩摩訶薩作八人得須陁洹果乃
至得阿羅漢果得辟支佛道然後入菩薩位
无有是處不入菩薩位當得一切種智无有
是處須菩提若菩薩摩訶薩從初發意行六
波羅蜜時以智觀過八地何等八地乾慧地
性地八人地見地薄地離地已辦地辟支佛
地以道種智入菩薩位入菩薩位已以一切種
智斷一切煩惱習須菩提是八人若智若斷是
菩薩无生法忍須陁洹若智若斷斯陁含若
智若斷阿那含若智若斷阿羅漢若智若斷
辟支佛若智若斷皆是菩薩忍菩薩學如是
聲聞辟支佛道以道種智入菩薩位入菩薩
位已以一切種智斷一切煩惱習得佛道如是
須菩提菩薩摩訶薩遍學諸道具足應得阿
耨多羅三藐三菩提得阿耨多羅三藐三
菩提已以果饒益衆生須菩提白佛言世尊世
尊所說道聲聞道辟支佛道佛道何等是
菩薩道種智佛告須菩提菩薩摩訶薩應生一
切道種淨智須菩提何等是道種淨智若
諸法根狠所可顯示法菩薩應正知正知已為
他人演說開示令諸衆生得解是菩薩摩訶
薩應解一切音聲語言以是音聲說法遍滿
三千大千世界如嚮相以是故須菩提菩薩摩
訶薩應先具足學一切道道智具足已應分別
知衆生深心所謂地獄畜生地獄道地獄因

BD14021號　摩訶般若波羅蜜經（四十卷本）卷三二　（28–19）

薩應解一切音聲語言以是音聲說法遍滿
三千大千世界如獨相以是故須菩提菩薩摩
訶薩應先具足學一切道道智具足已應分別
知衆生深心所謂地獄畜生地獄道地獄因
地獄果應知應鄣畜生餓鬼道畜生餓鬼因
畜生餓鬼果應知應鄣諸龍鬼神揵闥婆緊
那羅摩睺羅伽阿脩羅道因果應知應鄣人
道因果應知諸天道因果應知四天王天三
十三天夜摩天兜率陁天化樂天他化自
在天梵天光音天遍淨天廣果天无相天
阿婆羅呵天无熱天易見天善見天阿迦尼
吒天道因果應知无邊虛空處无邊識處无所
有處非有想非无想處道因果應知四念處
四正懃四如意足五根五力七覺分八聖道分
因果應知空解脫門无相解脫門无作解脫
門佛十力四无所畏四无㝵智十八不共法大
慈大悲因果應知菩薩以是道令衆生入須
陁洹道乃至阿羅漢辟支佛道乃至阿耨多
羅三藐三菩提道須菩提是名菩薩摩訶薩淨
道種智菩薩學是道種智已入衆生深心相
入已隨衆生心如應說法所言不虛何以故是
菩薩摩訶薩善知衆生根相知一切衆生心心
數法生死所趣須菩提菩薩摩訶薩應如是行
道般若波羅蜜何以故一切諸善法助道法
皆入般若波羅蜜中諸菩薩摩訶薩聲聞
辟支佛所應行須菩提白佛言世尊若四念

BD14021 號　摩訶般若波羅蜜經（四十卷本）卷三二　（28–20）

數法生死所趣須菩提菩薩摩訶薩應如是行
道般若波羅蜜何以故一切諸善法助道法
皆入般若波羅蜜中諸菩薩摩訶薩聲聞
辟支佛所應行須菩提白佛言世尊若四念
處乃至阿耨多羅三藐三菩提是一切法皆
不合不散无色无形无對一相所謂无相世尊
云何是助道法能取阿耨多羅三藐三菩提
世尊是不合不散无色无形无對一相所謂
无相法无所取无所捨譬如虛空无取无捨
佛言如是如是須菩提諸法自相空无所取
无所捨須菩提有衆生不知諸法自相空爲
是衆生故顯示助道法令至阿耨多羅三
藐三菩提復次須菩提所有色受想行識
无所有檀那波羅蜜尸羅波羅蜜羼提
波羅蜜毗梨耶波羅蜜禪那波羅蜜般若
波羅蜜所有內空外空乃至无法有法空
初禪乃至非有想非无想處四念處乃至
八聖道分三解脫門八背捨九次第定佛十
力四无所畏四无㝵智十八不共法大慈大悲
一切種智等諸法於是聖法中皆不合不散
无色无形无對一相所謂无相以世俗法故
爲衆生說令解非以第一義須菩提於是
一切法中菩薩摩訶薩以知見如法應學
學已分別諸法應用不應用須菩提言世
尊何等法菩薩分別已應用不應用佛言聲
聞辟支佛法分別知不應用一切種智分別

BD14021 號　摩訶般若波羅蜜經（四十卷本）卷三二　（28–21）

為衆生說令解非以第一義須菩提於是
一切法中菩薩摩訶薩以如見如法應學
學已分別諸法應用不應用須菩提言世
尊何等法菩薩分別已應用不應用佛言聲
聞辟支佛法分別知不應用一切種智分別
知應用如是須菩提菩薩摩訶薩於是聖
法中應學般若波羅蜜須菩提白佛言世尊
何以故說名聖法何等是聖法佛告須菩提
諸聲聞辟支佛諸菩薩摩訶薩及諸佛於欲
瞋癡不合不散身見戒取疑不合不散欲染
瞋恚不合不散色染无色染悼慢无明不合
不散初禪乃至第四禪不合不散慈悲喜捨
虛空處乃至非有想非无想處不合不散四
念處乃至八聖道分不合不散內空乃至大
悲有為性无為性不合不散何以故是一切
法皆无色无形无對一相所謂无相无色法與
无色法不合不散无形法與无形法不合不散
无對法與无對法不合不散一相法與一相法
不合不散无相法與无相法不合不散須菩提
是无色无形无對一相所謂无相般若波羅
蜜諸菩薩摩訶薩應學學已不得諸法相
須菩提白佛言世尊菩薩摩訶薩不學色相
耶不學受想行識相耶不學眼相乃至意
相不學色相乃至法相不學地種相乃至識
種相不學檀那波羅蜜相尸羅波羅蜜羼
提波羅蜜毗梨耶波羅蜜禪那波羅蜜般

須菩提白佛言世尊菩薩摩訶薩不學色相
耶不學受想行識相耶不學眼相乃至意
相不學色相乃至法相不學地種相乃至識
種相不學檀那波羅蜜相尸羅波羅蜜羼
提波羅蜜毗梨耶波羅蜜禪那波羅蜜般
若波羅蜜相不學內空乃至无法有法空
不學初禪相乃至第四禪相不學慈相乃
至捨相不學无邊空相乃至非有想非无
想相不學四念處相乃至八聖道分相不學
空三昧相无相无作三昧相不學八背捨九次
第定相不學佛十力相四无所畏相四无㝵
智相十八不共法相大慈大悲相不學苦聖
諦相集滅道聖諦相不學逆順十二因緣
相不學有為性相无為性相耶世尊若不
學諸法相菩薩摩訶薩云何學諸法相若
有為若无為學已過聲聞辟支佛地若不
過聲聞辟支佛地云何入菩薩位若不入菩
薩位云何當得一切種智若不得一切種智
云何當轉法輪若不轉法輪云何以三乘度
衆生生死佛告須菩提若諸法實有相菩薩
應學是相須菩提以一切法實无相无色无
形无對一相所謂无相以是故須菩提菩薩摩
訶薩不學相不學无相何以故有佛无佛諸
法一相性常住須菩提白佛言世尊若一切
法非有相非无相菩薩摩訶薩云何脩般若
波羅蜜若不脩般若波羅蜜不能過聲聞

形无對一相所謂无相以是故須菩提菩薩摩
訶薩不學相不學无相何以故有佛无佛諸
法一相性常住須菩提白佛言世尊若一切
法非有相非无相菩薩摩訶薩云何脩般若
波羅蜜若不脩般若波羅蜜不能過聲聞
辟支佛地若不過聲聞辟支佛地不能入菩
薩位若不入菩薩位不得无生法忍若不得
无生法忍不能得諸菩薩神通若不得菩薩
神通不能淨佛國土成就衆生若不淨佛
國土成就衆生不能得一切種智若不得一切
種智不能轉法輪若不轉法輪不能令衆生
得須陁洹果斯陁含果阿那含果阿羅漢果辟支
佛道不能令得阿耨多羅三藐三菩提亦不
能令衆生得布施福亦不能令得持戒脩定
福佛告須菩提如是如是諸法无相非一相
非異相若脩无相是脩般若波羅蜜須菩提
言世尊云何脩无相是脩般若波羅蜜佛言
脩諸法壞是脩般若波羅蜜世尊云何脩諸
法壞是脩般若波羅蜜佛言脩色壞是脩般
若波羅蜜脩受想行識壞是脩般若波羅
蜜脩眼壞耳鼻舌身意法壞是脩般若波
羅蜜脩色法壞聲香味觸法壞是脩般若
波羅蜜脩不淨觀壞是脩般若波羅蜜脩初
禪壞苐二苐三苐四禪壞是脩般若波羅
蜜脩慈悲喜捨壞是脩般若波羅蜜脩无邊
空處无邊識處无所有處非有想非无想

BD14021 號　摩訶般若波羅蜜經（四十卷本）卷三二　（28–24）

羅蜜脩色法壞聲香味觸法壞是脩般若
波羅蜜脩不淨觀壞是脩般若波羅蜜脩初
禪壞苐二苐三苐四禪壞是脩般若波羅
蜜脩慈悲喜捨壞是脩般若波羅蜜脩无邊
空處无邊識處无所有處非有想非无想
處壞是脩般若波羅蜜脩念佛念法念僧
念戒念捨念天念滅念安那般那壞是脩
般若波羅蜜脩无常相苦相无我相空相
集相因相生相緣相閇相滅相妙相出
相道相正相跡相離相壞是脩般若波羅
蜜脩十二因緣壞脩我相衆生相壽命相乃
至知者見者相壞是般若波羅蜜脩常相
樂相淨相我相壞是脩般若波羅蜜脩四
念處乃至脩八聖道分壞是脩般若波羅
蜜脩空三昧无相三昧无作三昧壞是脩般
若波羅蜜脩八背捨九次苐定壞是脩般
若波羅蜜脩有覺有觀三昧无覺有觀
三昧无覺无觀三昧壞是脩般若波羅蜜脩
苦聖諦集聖諦滅聖諦道聖諦壞是脩般
若波羅蜜脩苦智集智滅智道智壞是脩般
若波羅蜜脩盡智无生智壞是脩般若波
羅蜜脩法智比智世智他心智壞是脩般若
波羅蜜脩檀那波羅蜜壞是脩般若波羅蜜
脩尸羅波羅蜜羼提波羅蜜毗梨耶波羅蜜禪
那波羅蜜般若波羅蜜壞是脩般若波羅蜜
脩內空外空內外空空空大空苐一義空有為

BD14021 號　摩訶般若波羅蜜經（四十卷本）卷三二　（28–25）

波羅蜜脩檀那波羅蜜壞是脩般若波羅蜜
脩尸羅波羅蜜羼提波羅蜜毗梨耶波羅蜜禪
那波羅蜜般若波羅蜜壞是脩般若波羅蜜
脩內空外空內外空空空大空第一義空有為
空无為空畢竟空无始空散空性空諸法空
自相空不可得空无法空有法空无法有
法空壞是脩般若波羅蜜脩佛十力四无所
畏四无㝵智十八不共法壞是脩般若波羅
蜜脩須陁洹果斯陁含果阿那含果阿羅漢
果辟支佛道壞是脩般若波羅蜜脩一切
智壞是脩般若波羅蜜脩斷一切煩惱習
壞是脩般若波羅蜜須菩提白佛言世尊云
何名脩色壞乃至脩斷一切煩惱習壞是脩
般若波羅蜜佛告須菩提菩薩摩訶薩行般
若波羅蜜時不念有色法是脩般若波羅蜜
不念有受想行識乃至不念有斷一切煩
惱習有法是為脩般若波羅蜜何以故有法
念者不脩般若波羅蜜須菩提有法念者不
脩檀那波羅蜜尸羅波羅蜜羼提波羅蜜
毗梨耶波羅蜜禪那波羅蜜般若波羅蜜
何以故須菩提是人着法不行檀那波羅蜜
乃至般若波羅蜜如是着者无有解脫无
有道无有涅槃有法念者不脩四念處四正
懃四如意足五根五力七覺分八聖道分不
脩空三昧乃至不脩一切種智何以故是人
着法故須菩提白佛言世尊何等是有法何

有道无有涅槃有法念者不脩四念處四正
懃四如意足五根五力七覺分八聖道分不
脩空三昧乃至不脩一切種智何以故是人
着法故須菩提白佛言世尊何等是有法何
等是无法佛告須菩提二者是有法不二者
是无法世尊何等是二佛言色相是二受想
行識相是二眼相乃至意相是二色相乃
至法相是二檀那波羅蜜乃至佛相阿耨
多羅三藐三菩提相有為无為性相是二
須菩提一切相皆是二一切二皆是有法
適有有法便有生死適有生死不得離生
老病死憂悲苦惱以是因緣故須菩提當知
二相者无有檀那波羅蜜乃至般若波羅蜜
无有道无有果乃至无有順忍何況見色相
乃至見一切種智相若无脩道云何得須陁
洹果乃至阿羅漢果辟支佛道阿耨多羅
三藐三菩提及斷一切煩惱習

摩訶般若波羅蜜經卷第卅二

菩薩戒弟子鄧元禩敬寫

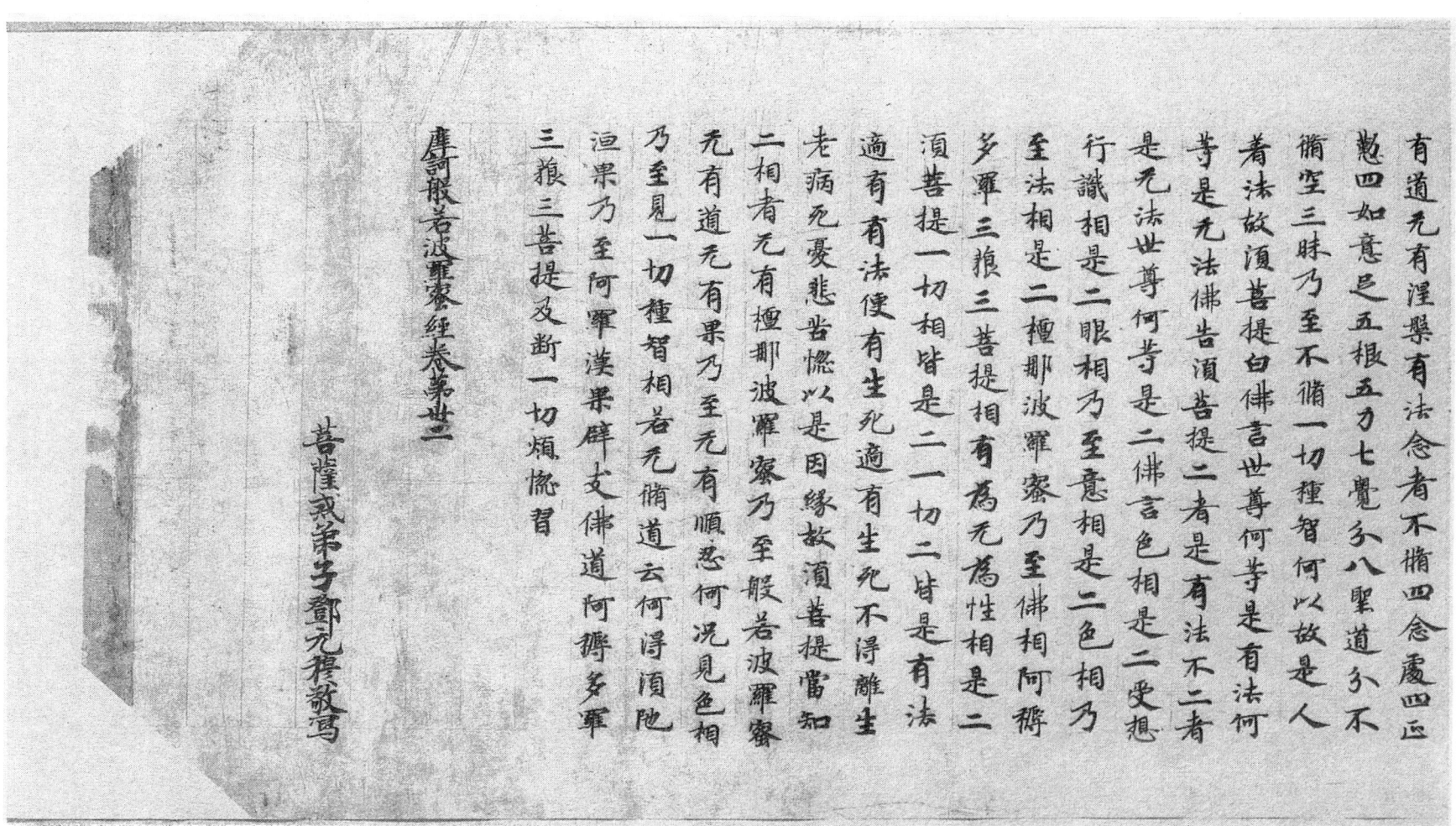

BD14021 號　摩訶般若波羅蜜經（四十卷本）卷三二　（28–28）

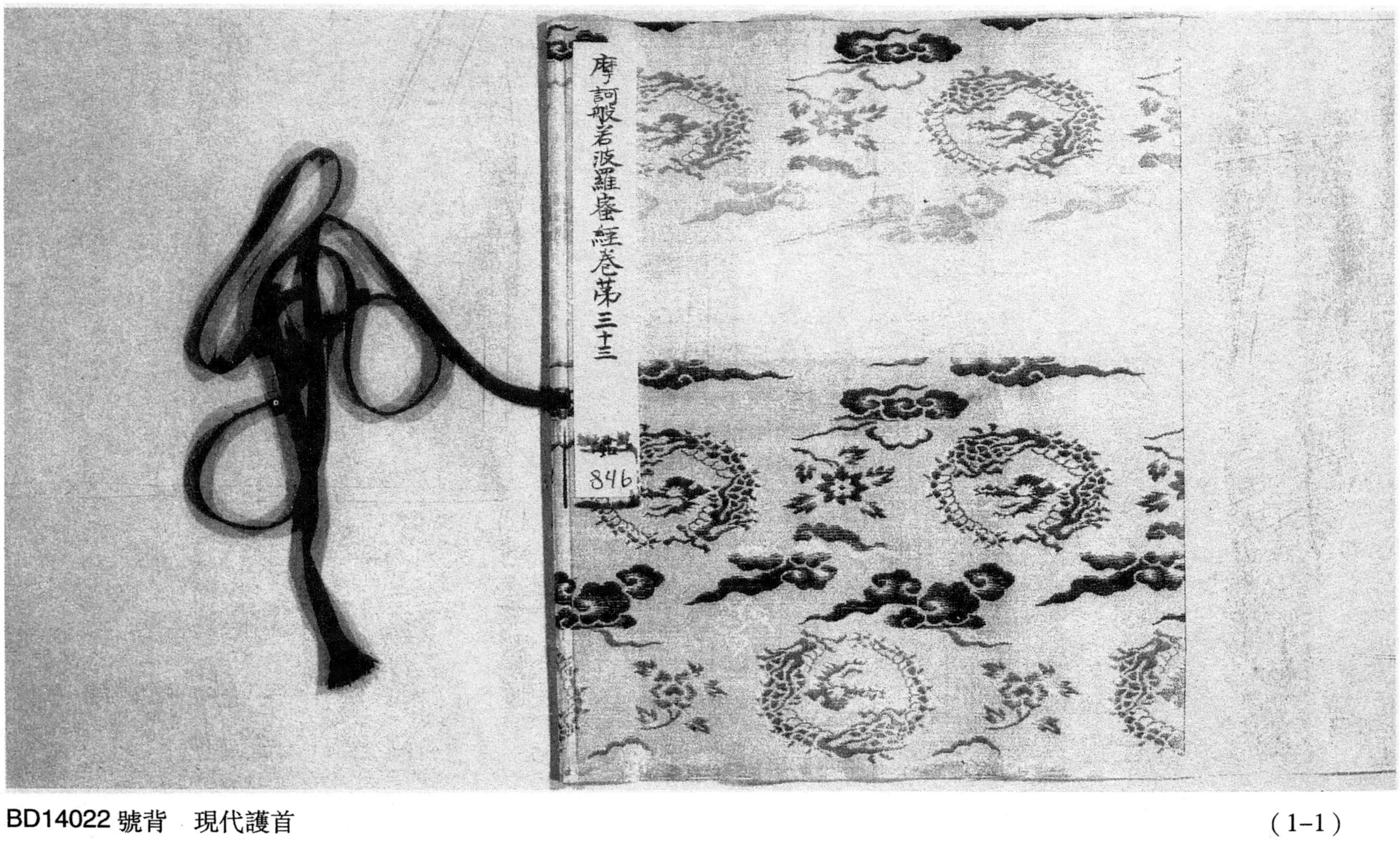

BD14022 號背　現代護首　（1–1）

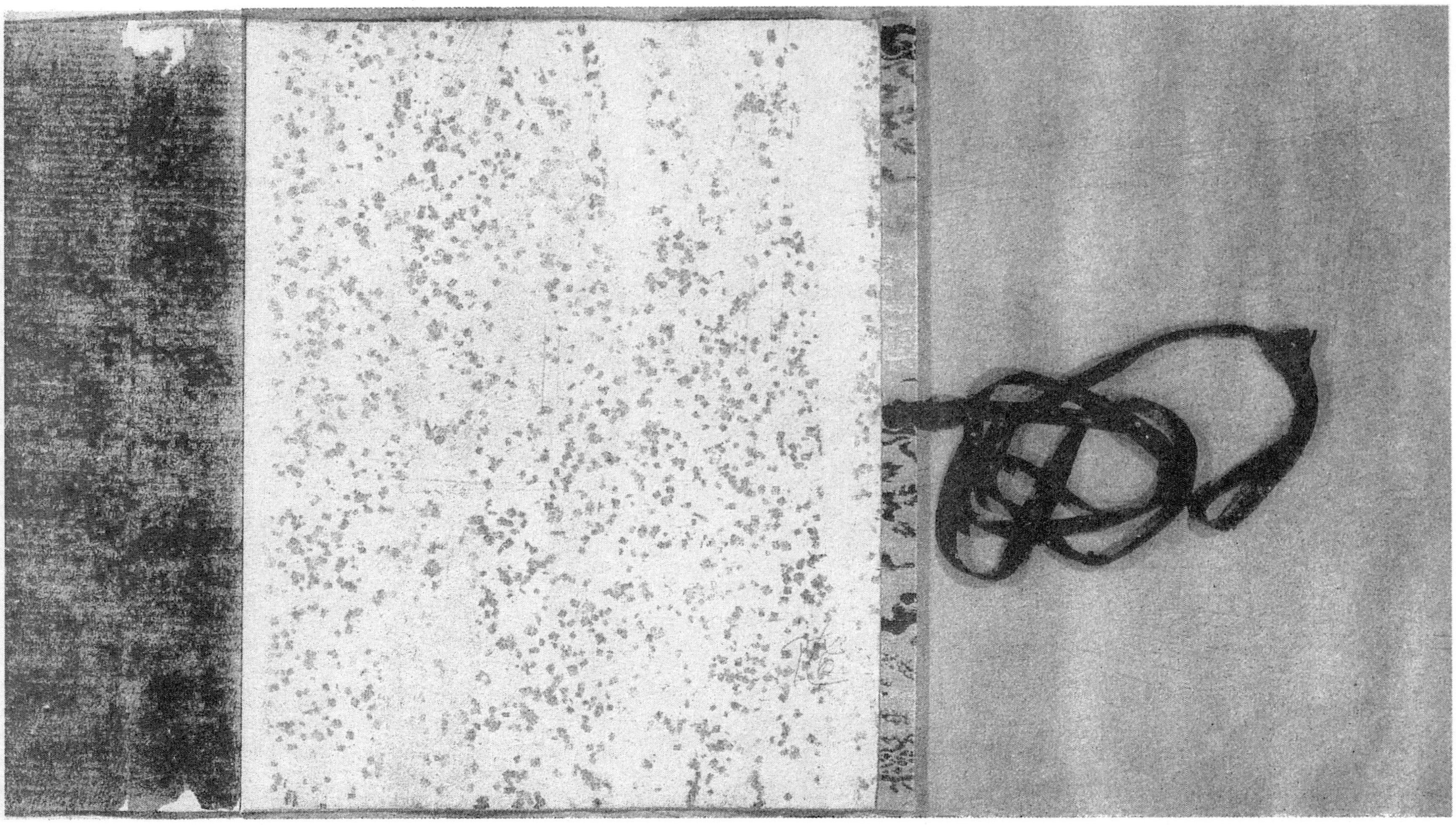

BD14022 號　摩訶般若波羅蜜經（四十卷本）卷三三　（21–1）

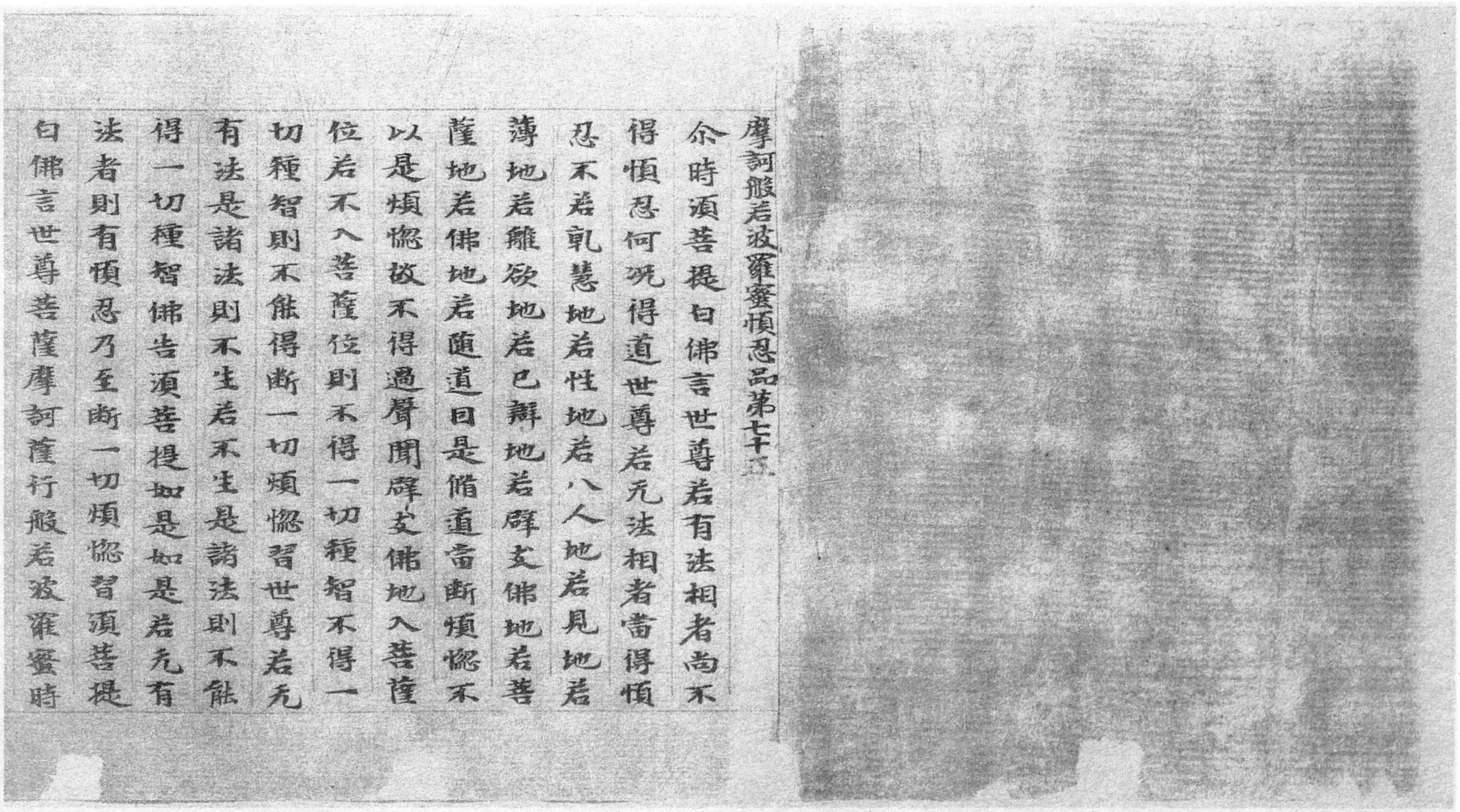

摩訶般若波羅蜜順忍品第七十五

尒時須菩提白佛言世尊若有法相者尚不
得順忍何况得道世尊若无法相者當得順
忍不若乾慧地若性地若八人地若見地若
薄地若離欲地若已辦地若辟支佛地若菩
薩地若佛地若隨道回是脩道當斷煩惱不
以是煩惱故不得過聲聞辟支佛地入菩薩
位若不入菩薩位則不得一切種智不得一
切種智則不能得斷一切煩惱習世尊若无
有法是諸法則不生若不生是諸法則不能
得一切種智佛告須菩提如是如是若无有
法者則有順忍乃至斷一切煩惱習須菩提
白佛言世尊菩薩摩訶薩行般若波羅蜜時

BD14022 號　摩訶般若波羅蜜經（四十卷本）卷三三　（21–2）

有法是諸法則不生若不生是諸法則不能
得一切種智佛告須菩提如是如是若无有
法者則有頃忍乃至斷一切煩惱習須菩提
白佛言世尊菩薩摩訶薩行般若波羅蜜時
有法相不所謂色相乃至識相眼相乃至意
想色相乃至法相眼界相乃至意識界相四
念處相乃一切種智相若色相若色斷相乃
至識相識斷相十二入十八界亦如是若无
明相若无明斷相乃至憂悲惱悲相憂悲
悲惱斷相若欲相若欲斷相若瞋相若瞋斷
相若癡相若癡斷相若苦相若苦斷相若集
相若集斷相若滅相若滅斷相若道相若道
斷相乃至一切種智相斷一切煩惱習相佛
言不也須菩提菩薩摩訶薩行般若波羅蜜
時无有法相非法相即是菩薩頃忍若无有
法相无有非法相即是脩道亦是道果須菩
提菩薩摩訶薩有法是菩薩道无法是菩薩
果以是因緣故當智一切法无所有性須菩
提白佛言世尊若一切法无所有性佛云何
知一切法无所有性故得成佛於一切法得
自在力佛告須菩提如是如是一切法无所
有性我本行菩薩道脩六波羅蜜離欲離
惡不善法有覺有觀離生喜樂入初禪乃至
入第四禪於是諸禪及枝取相不念有是禪

BD14022號　摩訶般若波羅蜜經（四十卷本）卷三三　（21-3）

有性我本行菩薩道脩六波羅蜜離欲離
惡不善法有覺有觀離生喜樂入初禪乃至
入第四禪於是諸禪及枝取相不念有是禪
不受禪味不得是禪无染清淨行四禪我於
是諸禪不受果報依四禪住起五神通身通
天耳知他心宿命通天眼證於神通取相不
念有是神通不受神通味不得是神通我於
是五通不分別行法須菩提我尒時用一念
相應慧得阿耨多羅三藐三菩提所謂是苦
聖諦是集是滅是道聖諦成就十力四无所
畏四无㝵智十八不共法大慈大悲得作佛
分別三乘衆生正定耶定不定須菩提白佛
言云何世尊於諸法无所有性中起四禪六
神通亦无衆生而分別作三乘佛告須菩提
若諸欲惡不善法若當有性若自性若他性
我本為菩薩行時不能觀諸欲惡不善法无
所有性入初禪以諸欲惡不善法无有性若
自性若他性皆是无所有性故我本行菩薩
道時離諸欲惡不善法入初禪乃至入第四
禪須菩提若諸神通有性若自性若他性我
不能知是神通无所有性得阿耨多羅三藐
三菩提須菩提以神通无有性若自性若他
性但无所有性以是故諸佛於神通知无所
有性得阿耨多羅三藐三菩提須菩提言世

BD14022號　摩訶般若波羅蜜經（四十卷本）卷三三　（21-4）

禪須菩提若諸神通有性若自性若他性我
不能知是神通无所有性得阿耨多羅三藐
三菩提須菩提以神通无有性若自性若他
性但无所有性以是故諸佛於神通知无所
有性得阿耨多羅三藐三菩提須菩提言世
尊若菩薩摩訶薩知諸法无所有性因四禪
五神通得阿耨多羅三藐三菩提世尊新學
菩薩摩訶薩云何於諸法无所有性中次第
行次第學次第道以是次第行次第學次第
道得阿耨多羅三藐三菩提佛告須菩提菩
薩摩訶薩若初從諸佛聞若從多供養諸佛
菩薩邊聞若諸阿羅漢若諸阿那含若諸斯
陁含若諸須陁洹所聞得无所有故是佛得
无所有故是阿羅漢阿那含斯陁含須陁洹
一切賢聖皆以得无所有故有名一切有為
作法无所有性乃至无有如毫末許所有是
菩薩摩訶薩聞是已作是念若一切法无有
性得无所有性故是佛乃至得无所有性故
是須陁洹我若當得阿耨多羅三藐三菩提
若不得一切法常无有性我何以不發心得阿
耨多羅三藐三菩提得阿耨多羅三藐三菩提
已一切衆生行於有相當令住无所有中須
菩提菩薩摩訶薩如是思惟已發阿耨多羅
三藐三菩提心為度一切衆生故菩薩摩訶
[illegible]

BD14022 號　摩訶般若波羅蜜經（四十卷本）卷三三　（21–5）

耨多羅三藐三菩提得阿耨多羅三藐三菩提
已一切衆生行於有相當令住无所有中須
菩提菩薩摩訶薩如是思惟已發阿耨多羅
三藐三菩提心為度一切衆生故菩薩摩訶
薩所行次第行次第學次第道者如過去諸
菩薩摩訶薩所行道得阿耨多羅三藐三菩
提是新發意菩薩應學六波羅蜜所謂檀波
羅蜜尸波羅蜜羼提波羅蜜毗梨耶波羅蜜
禪波羅蜜般若波羅蜜是菩薩摩訶薩若行
檀波羅蜜時自行布施亦教人布施讃歎布
施功德歡喜讃歎行布施者以是布施因緣
故得大財富是菩薩遠離慳心布施衆生飲
食衣服香華瓔珞房舍卧具燈燭種種資生
所須盡給与之菩薩摩訶薩行是布施及持
戒生天人中得大尊貴以是持戒布施故得
禪定衆以是布施持戒禪定故得智慧衆解
脫衆解脫知見衆是菩薩因是布施持戒禪
定衆智慧衆解脫衆解脫知見衆故過聲聞
辟支佛地入菩薩位入菩薩位已得淨佛國土
成就衆生得一切種智得一切種智已轉法輪
轉法輪已以三乘法度脫衆生生死如是須菩
提菩薩以是布施次第行次第學次第道是
皆不可得何以故自性无所有故復次須菩
提菩薩摩訶薩從初發意自行持戒教人持
[illegible]

BD14022 號　摩訶般若波羅蜜經（四十卷本）卷三三　（21–6）

轉法輪已以三乘法度脫衆生生死如是須菩
提菩薩以是布施次第行次第學次第道是
皆不可得何以故自性无所有故復次須菩
提菩薩摩訶薩從初發意自行持戒教人持
戒讚嘆持戒功德歡喜讚嘆行持戒者持戒
因緣故生天人中得大尊貴見貧窮者施以
財物不持戒者教令持戒乱意者教令禪定
愚癡者教令智慧无解脫者教令解脫无解
脫知見者教令解脫知見以是持戒禪定智
慧解脫解脫知見故過阿羅漢辟支佛地入
菩薩位入菩薩位已得淨佛國土淨佛國土
已成就衆生成就衆生已得一切種智得一切
種智已轉法輪轉法輪已以三乘法度衆生如
是須菩提菩薩以是持戒次第行次第學次第
道是事皆不可得何以故一切法自性无所
有故復次須菩提菩薩摩訶薩從初已來自
行羼提波羅蜜教人行羼提讚嘆羼提功德
歡喜讚嘆行羼提者行羼提波羅蜜時布施
衆生各令滿足教令持戒教令禪定乃至解
脫知見以是布施持戒禪定智慧因緣故過
阿羅漢辟支佛地入菩薩位中入菩薩位中
已得淨佛國土淨佛國土已成就衆生成就衆
生已得一切種智得一切種智已轉法輪法輪已
以三乘法度衆生如是須菩提菩薩以羼提波
羅蜜次第行次第學次第道是事皆不可得何

BD14022 號　摩訶般若波羅蜜經（四十卷本）卷三三　（21–7）

阿羅漢辟支佛地入菩薩位中入菩薩位中
已得淨佛國土淨佛國土已成就衆生成就衆
生已得一切種智得一切種智已轉法輪法輪已
以三乘法度衆生如是須菩提菩薩以羼提波
羅蜜次第行次第學次第道是事皆不可得何
以故一切法自性无所有故復次須菩提菩
薩摩訶薩從初以來自行毗梨耶教人行毗
梨耶讚嘆行毗梨耶功德歡喜讚嘆行毗梨
耶者乃至是事不可得自性无所有故復次
須菩提菩薩摩訶薩從初已來自入禪入无
量心入无色定亦教人入禪入无量心入无
色定讚嘆入禪入无量心入无色定功德歡
喜讚嘆行禪无量心无色定者是菩薩住諸
禪定无量心布施衆生各令滿足教令持戒
教令禪定智慧以是布施禪定智慧解脫解
脫知見因緣故過阿羅漢辟支佛地入菩薩
位入菩薩位已淨佛國土淨佛國土已成就
衆生成就衆生已得一切種智得一切種智
已轉法輪轉法輪已以三乘法度脫一切衆
生乃至是事不可得自性无所有故復次須
菩提菩薩摩訶薩從初已來行般若波羅蜜
布施衆生各令滿足教令持戒禪定智慧解
脫解脫知見是菩薩行般若波羅蜜時自行
六波羅蜜亦教他人令行六波羅蜜讚嘆六
波羅蜜功德歡喜讚嘆行六波羅蜜者是菩

BD14022 號　摩訶般若波羅蜜經（四十卷本）卷三三　（21–8）

布施衆生令滿足教令持戒禪定智慧解
脫解脫知見是菩薩行般若波羅蜜時自行
六波羅蜜亦教他人令行六波羅蜜讚嘆六
波羅蜜功德歡喜讚嘆行六波羅蜜者是菩
薩以是檀波羅蜜尸波羅蜜羼提波羅蜜毗
梨耶波羅蜜禪波羅蜜般若波羅蜜因緣及
方便力過聲聞辟支佛地入菩薩位乃至是
事不可得自性无所有故須菩提是名初發
意菩薩摩訶薩次第行次第學次第道復次
須菩提菩薩摩訶薩次第行次第學次第道
菩薩摩訶薩從初已來以一切種智相應心
信解諸法无所有性脩六念所謂念佛念法
念僧念戒念捨念天須菩提云何菩薩摩訶
薩脩念佛菩薩摩訶薩念佛不以色念不以
受想行識念何以故是色自性无受想行識
自性无若法自性无是為无所有何以故无
憶故是為念佛復次須菩提菩薩摩訶薩念
佛不以卅二相念亦不念金色身不念丈光
不念八十隨形好何以故是佛身自性无故
若法性无是為无所有何以故无憶故是為
念佛復次須菩提不應以戒衆念佛不應以
定衆智慧衆解脫衆解脫知見衆念佛何以
故是衆无有自性若法无自性是為非法无
所念是為念佛復次須菩提不應以十力念

BD14022 號　摩訶般若波羅蜜經（四十卷本）卷三三　（21–9）

若法性无是為无所有何以故无憶故是為
念佛復次須菩提不應以戒衆念佛不應以
定衆智慧衆解脫衆解脫知見衆念佛何以
故是衆无有自性若法无自性是為非法无
所念是為念佛復次須菩提不應以十力念
佛不應以四无所畏四无导智十八不共法
念佛不應以大慈大悲念佛何以故是諸法
自性无若法自性无是為非法无所念是為
念佛復次須菩提不應以十二因緣法念佛
何以故是因緣法自性无若法自性无是為
非法无所念是為念佛如是須菩提菩薩摩
訶薩行般若波羅蜜時應念佛是為菩薩初
發意次第行次第學次第道是菩薩摩訶薩
次第行次第學次第道中住能具足四念處
四正懃四如意足五根五力七覺分八聖道
分脩行空三昧无相无作三昧乃至一切種
智諸法性无所有故是菩薩知諸法性无所
有是中无有性无无性須菩提云何菩薩摩
訶薩應脩念法須菩提菩薩摩訶薩行般若
波羅蜜時不念善法不念不善法不念記法
不念无記法不念世間法不念出世間法不
念淨法不念不淨法不念聖法不念凡夫法
不念有漏法不念无漏法不念欲界繫法色
界繫法无色界繫法不念有為法无為法何
以故是諸法自性无若法自性无是為非法

BD14022 號　摩訶般若波羅蜜經（四十卷本）卷三三　（21–10）

念淨法不念不淨法不念聖法不念凡夫法
不念有漏法不念无漏法不念欲界繫法色
界繫法无色界繫法不念有為法无為法何
以故是諸法自性无若法自性无是為非法
无所念是為念法念法中學无所有性故乃
至當得一切種智是菩薩得阿耨多羅三藐三
菩提時得諸法无所有性是无所有性中非有
相非无相如是須菩提菩薩摩訶薩應備念法
於是法中乃至无少許念何況念法須菩提
菩薩摩訶薩云何應備念僧須菩提菩薩摩
訶薩念僧无為法故分別有佛弟子衆是中
乃至无少許念何況念僧如是菩薩摩訶薩
應念僧須菩提菩薩摩訶薩云何應備念戒
須菩提菩薩摩訶薩從初發意已来應念聖
戒无缺戒无瑕戒无疵戒无濁戒无著戒自
在戒智者所讃戒具足戒随定戒應念是戒
无所有性乃至无少許念何況念戒須菩提
菩薩摩訶薩從初發意已来應念捨若自念
捨若念他捨若捨財若捨法若捨煩惱觀是
捨不可得故乃至无少許念何況念捨如是
須菩提菩薩摩訶薩應念捨須菩提云何菩
薩摩訶薩應念天須菩提菩薩作是念四天
王諸天所有信戒施聞慧此間命終生彼天
處我亦有是信戒施聞慧乃至他化自在天

BD14022號　摩訶般若波羅蜜經（四十卷本）卷三三　（21–11）

捨不可得故乃至无少許念何況念捨如是
須菩提菩薩摩訶薩應念捨須菩提云何菩
薩摩訶薩應念天須菩提菩薩作是念四天
王諸天所有信戒施聞慧此間命終生彼天
處我亦有是信戒施聞慧乃至他化自在天
所有信戒施聞慧此間命終生彼天處我亦
有是信戒施聞慧如是須菩提菩薩摩訶薩
應念是天无所有性中尚无少許念何況多
須菩提菩薩摩訶薩行是六念是名次第行
次第學次第道尒時須菩提白佛言世尊若
一切法无所有性所謂念色乃至識眼乃至
意色乃至法是无所有性眼識界乃至意識
界是无所有性檀波羅蜜乃至般若波羅蜜
内空乃至无法有法空四念處乃至八聖道
分佛十力乃至一切種智是无所有性世尊
若一切法无所有性者是則无道无智无果
佛告須菩提汝見是色性實有不乃至一切
種智實有不須菩提言不見也世尊佛告須菩
提汝若不見諸法實有云何作是問須菩提
言世尊我於是法不敢有疑但為當來世諸
比丘求聲聞辟支佛道菩薩道者是人當如
是言若一切法无所有性誰垢誰淨誰縛誰
觧是人不知不觧故而破於戒破正見破威
儀破淨命是人破此事故當墮三惡道世尊

BD14022號　摩訶般若波羅蜜經（四十卷本）卷三三　（21–12）

比丘求聲聞辟支佛道菩薩道者是人當如
是言若一切法无所有性誰垢誰淨誰縛誰
解是人不知不解故而破於戒破正見破威
儀破淨命是人破此事故當墮三惡道世尊
我畏當來世有如是事以是故聞佛世尊我
於是法中得信不疑不悔

摩訶般若波羅蜜經无漏行六度品第七十五

須菩提白佛言世尊若一切法性无所有菩
薩見何等利益故為衆生發阿耨多羅三藐
三菩提佛告須菩提以一切法性无所有故
菩薩為衆生求阿耨多羅三藐三菩提何以
故須菩提諸有得有著者難可解脫須菩提
諸得相者无有道无有果无阿耨多羅三藐
三菩提須菩提白佛言世尊无得相者有道
有果有阿耨多羅三藐三菩提不須菩提无
所得即是道即是果即是阿耨多羅三藐三
菩提法性不壞故若无所得法欲得道欲得
果欲得阿耨多羅三藐三菩提為欲壞法性
須菩提白佛言世尊若无所得法即是道即
是果即是阿耨多羅三藐三菩提云何有菩
薩初地乃至十地云何有无生法忍云何有
報得神通云何有報得布施持戒忍辱精進
禪定智慧住是果報法中能成就衆生能淨
佛國土及供養諸佛衣服飲食香花瓔珞房
舍卧具燈燭種種資生所須之具乃至得阿
耨多羅三藐三菩提不斷是福德乃至般涅
槃後舍利弗及弟子得供養尒乃滅盡佛告

禪定智慧住是果報法中能成就衆生能淨
佛國土及供養諸佛衣服飲食香花瓔珞房
舍卧具燈燭種種資生所須之具乃至得阿
耨多羅三藐三菩提不斷是福德乃至般涅
槃後舍利弗及弟子得供養尒乃滅盡佛告
須菩提以諸法无所得相故得菩薩初地乃
至十地有報得五神通布施持戒忍辱精進
禪定智慧成就衆生淨佛國土亦以善根因緣
故能利益衆生乃至般涅槃後舍利及弟子
得供養須菩提白佛言世尊若諸法无所得
相布施持戒忍辱精進禪定智慧諸神通有
何差別佛告須菩提无所得法布施持戒忍
辱精進禪定智慧神通无有差別以衆生著
布施乃至神通故分別說世尊云何无所得
法布施乃至神通无差別須菩提菩薩摩訶
薩行般若波羅蜜時不得布施施者受者皆
不可得而行布施不得戒而持戒不得忍而
行忍不得精進而行精進不得禪定而行禪
定不得智慧而行智慧不得神通而行神通
不得四念處而行四念處乃至不得八聖道
分而行八聖道分不得空三昧无相无作三
昧而行空无相无作三昧衆生而成就衆
生不得佛國土而淨佛國土不得諸佛法而
得阿耨多羅三藐三菩提須菩提菩薩摩訶
薩應如是行无所得般若波羅蜜菩薩摩訶
薩行是无所得般若波羅蜜時魔若魔天不
能得破壞須菩提白佛言世尊云何菩薩摩
訶薩行般若波羅蜜時一念中具足行六波

得阿耨多羅三藐三菩提須菩提菩薩摩訶
薩應如是行无所得般若波羅蜜菩薩摩訶
薩行是无所得般若波羅蜜時魔若魔天不
能得破壞須菩提白佛言世尊云何菩薩摩
訶薩行般若波羅蜜時一念中具足行六波
羅蜜四禪四无量心四无色定四念處四正懃
四如意足五根五力七覺分八聖道分三解
脫門佛十力四无所畏四无㝵智十八不共
法大慈大悲卅二相八十隨形好佛告須菩
提菩薩摩訶薩所有布施不遠離般若波羅
蜜所修持戒忍辱精進禪定不遠離般若波
羅蜜四禪四无量心四无色定修四念處乃
至八十隨形好不遠離般若波羅蜜須菩提
提白佛言世尊云何菩薩摩訶薩不遠離般
若波羅蜜故一念中具足行六波羅蜜乃至
八十隨形好佛言菩薩行般若波羅蜜時所
布施不遠離般若波羅蜜不二相持戒時
亦不二相修忍辱懃精進入禪定亦不二相
乃至八十隨形好亦不二相須菩提白佛言
世尊云何菩薩摩訶薩布施時不二相乃至
修八十隨形好不二相須菩提菩薩摩訶薩
行般若波羅蜜時欲具足檀波羅蜜檀波羅
蜜中攝諸波羅蜜及四念處乃至八十隨形
好世尊云何菩薩布施時攝諸无漏法佛告
須菩提若菩薩摩訶薩行般若波羅蜜任无
漏心布施於无漏心中不見相所謂誰施誰
受所施何物以是无相心无漏心斷受斷慳
貪心而行布施是時不見布施乃至不見阿
[illegible]

BD14022號　摩訶般若波羅蜜經（四十卷本）卷三三　（21–15）

好世尊云何菩薩布施時攝諸无漏法佛告
須菩提若菩薩摩訶薩行般若波羅蜜任无
漏心布施於无漏心中不見相所謂誰施誰
受所施何物以是无相心无漏心斷受斷慳
貪心而行布施是時不見布施乃至不見阿
耨多羅三藐三菩提法是菩薩无相心无漏
心持戒不見是戒乃至不見一切佛法无相
心无漏心忍辱不見是忍乃至不見一切佛
法无相心无漏心精進不見是精進乃至不
見一切佛法以无相心无漏心入禪定不見
是禪定乃至不見一切佛法以无相心无漏
心修智慧不見是智慧乃至不見一切佛法
以无相心无漏心修四念處不見是四念處
乃至八十隨形好世尊若諸法无相无作云
何具足檀波羅蜜尸羅波羅蜜羼提波羅蜜
毗梨耶波羅蜜禪波羅蜜般若波羅蜜云何
具足四念處四正懃四如意足五根五力七
覺分八聖道分云何具足空三昧无相无作
三昧佛十力四无所畏四无㝵智十八不共
法大慈大悲云何具足卅二相八十隨形好
佛告須菩提菩薩摩訶薩行般若波羅蜜以
无相心无漏心布施須食與食乃至種種所
須盡給與之若內若外支解其身若國城妻
子布施衆生若有人來語菩薩言何用是
布施爲是无所益行般若波羅蜜菩薩作是
念是人雖來訶我布施我終不悔我當懃行
布施不應不與施已與一切衆生共之迴向
阿耨多羅三藐三菩提亦不見是相誰施誰
受所施何物迴[illegible]

BD14022號　摩訶般若波羅蜜經（四十卷本）卷三三　（21–16）

于布施生若有人來訶菩薩言何用是
布施為是无所益行般若波羅蜜菩薩作是
念是人雖來訶我布施我終不悔我當懃行
布施不應不與施已與一切衆生共之迴向
阿耨多羅三藐三菩提亦不見是相誰施誰
受所施何物迴向者誰何等是迴向法何等
是迴向處所謂阿耨多羅三藐三菩提是相
皆不可見何以故一切法以內空故空外空
故空內外空故空空空有為空无為空畢竟
空无始空散空性空一切法空自相空故空
如是觀作是念迴向者誰迴向何處用何法
迴向是名正迴向介時菩薩能成就衆生淨
佛國土能具足檀波羅蜜尸波羅蜜羼提波
羅蜜毗梨耶波羅蜜禪波羅蜜般若波羅蜜
乃至卅七助道法空无相无作三昧乃至十
八不共法是菩薩如是具足檀波羅蜜亦不
受世間果報譬如他化自在諸天隨意所須
即皆得之菩薩亦如是心生所願隨意即得
是菩薩摩訶薩以是布施果報故能供養諸
佛亦能滿足一切衆生天及人阿脩羅是菩
薩以檀波羅蜜攝取衆生用方便力以三乘
法度脫衆生如是須菩提菩薩摩訶薩於无
相无得无作諸法中具足檀波羅蜜須菩提
菩薩摩訶薩云何於无相无得无作法中具
足尸羅波羅蜜須菩提是菩薩摩訶薩行尸
羅波羅蜜持種種戒所謂八聖道戒自然
戒報得戒受得戒心生戒如是等不缺不破
不雜不濁不著自在戒智所讚戒用是戒无
所取若色若受想行識若卅二相八十隨形

BD14022號　摩訶般若波羅蜜經（四十卷本）卷三三

菩薩摩訶薩云何於无相无得无作法中具
足尸羅波羅蜜須菩提是菩薩摩訶薩行尸
羅波羅蜜持種種戒所謂八聖道戒自然
戒報得戒受得戒心生戒如是等不缺不破
不雜不濁不著自在戒智所讚戒用是戒无
所取若色若受想行識若卅二相八十隨形
好若剎利大姓若婆羅門大姓居士大家若
四天王天卅三天夜摩天兜率陀天化樂天他
化自在天梵衆天光音天遍淨天廣果天
无相天无廣天无熱天妙見天善見天阿迦
尼吒天空處天識處天无所有處天非有想
非无想處天若須陀洹果若斯陀含果若阿
那含果若阿羅漢果若辟支佛道若轉輪聖
王若天王但為一切衆生共之迴向阿耨多羅
三藐三菩提以无相无得无二迴向故為世
俗法故非第一實義是菩薩具足尸羅波羅
蜜以方便力起四禪不味著故得五神通因
四禪得天眼是菩薩住二種天眼脩得報得
得天眼已見東方現在諸佛乃至得阿耨多
羅三藐三菩提如所見事不失南西北方四
維上下現在諸佛乃至得阿耨多羅三藐三
菩提如所見不失是菩薩用天耳淨過於人
耳聞十方諸佛說法如所聞不失能自饒益
亦益他人是菩薩以知他心智知十方諸佛
心及知一切衆生心亦能饒益一切衆生是
菩薩用宿命智知過去諸業因緣是業因緣不
失故是衆生在在處處所生悉知是菩薩用
是漏盡智令衆生得須陀洹果乃至阿羅漢
辟支佛道在在處處能令衆生入善法中如

BD14022號　摩訶般若波羅蜜經（四十卷本）卷三三

心及知一切衆生心亦能饒益一切衆生是
菩薩用宿命智知過去諸業緣是業因緣不
失故是衆生在在處處所生悉知是菩薩用
是漏盡智令衆生得須陁洹果乃至阿羅漢
辟支佛道在在處處能令衆生入善法中如
是須菩提菩薩摩訶薩於諸法无相无得无
作具足尸羅波羅蜜世尊云何諸法无相无
作无得菩薩摩訶薩能具足羼提波羅蜜須
菩提菩薩摩訶薩從初發意已來乃至坐道
場於其中間若一切衆生來以凡石刀杖加
是菩薩菩薩是時不起瞋心乃至不生一念
尒時菩薩應脩二種忍一者一切衆生惡口
罵詈若加刀杖凡石瞋心不起二者一切法
无生无生法忍菩薩若人來惡口罵詈或以
凡石刀杖加之尒時菩薩應如是思惟罵我
者誰識呵者誰誰打𢱢者誰有受者即菩薩
應思惟諸法實性所謂畢竟空无法无衆生
諸法尚不可得何况有衆生如是觀諸法相
時不見罵者不見割截者是菩薩如是觀諸
法相時即得无生法忍云何名无生法忍知
諸法相常不生諸煩惱從本已來亦常不生
是菩薩摩訶薩住是二忍能具足四禪四无
量心四无色定四念處乃至八聖道分三解
脫門佛十力四无所畏四无㝵智十八不共
法大慈大悲是菩薩住是聖无漏出世間法
不共一切聲聞辟支佛具足聖神通住聖神
通已以天眼見東方諸佛是人得念佛三昧
乃至阿耨多羅三藐三菩提終不斷絶南西

BD14022號　摩訶般若波羅蜜經（四十卷本）卷三三　（21–19）

脫門佛十力四无所畏四无㝵智十八不共
法大慈大悲是菩薩住是聖无漏出世間法
不共一切聲聞辟支佛具足聖神通住聖神
通已以天眼見東方諸佛是人得念佛三昧
乃至阿耨多羅三藐三菩提終不斷絶南西
北方四維上下亦如是是菩薩用天耳聞十
方諸佛所說法如所聞爲衆生說是菩薩亦
知十方諸佛心及知一切衆生念知已隨其
心而說法是菩薩以宿命智知一切衆生宿
世善根爲衆生說法令其歡喜是菩薩以漏
盡神通教化衆生令得三乘是菩薩摩訶薩
行般若波羅蜜以方便力成就衆生具足一
切種智得阿耨多羅三藐三菩提轉法輪如
是須菩提菩薩摩訶薩无相无得无作法中
具足羼提波羅蜜

摩訶般若波羅蜜經卷第卅三

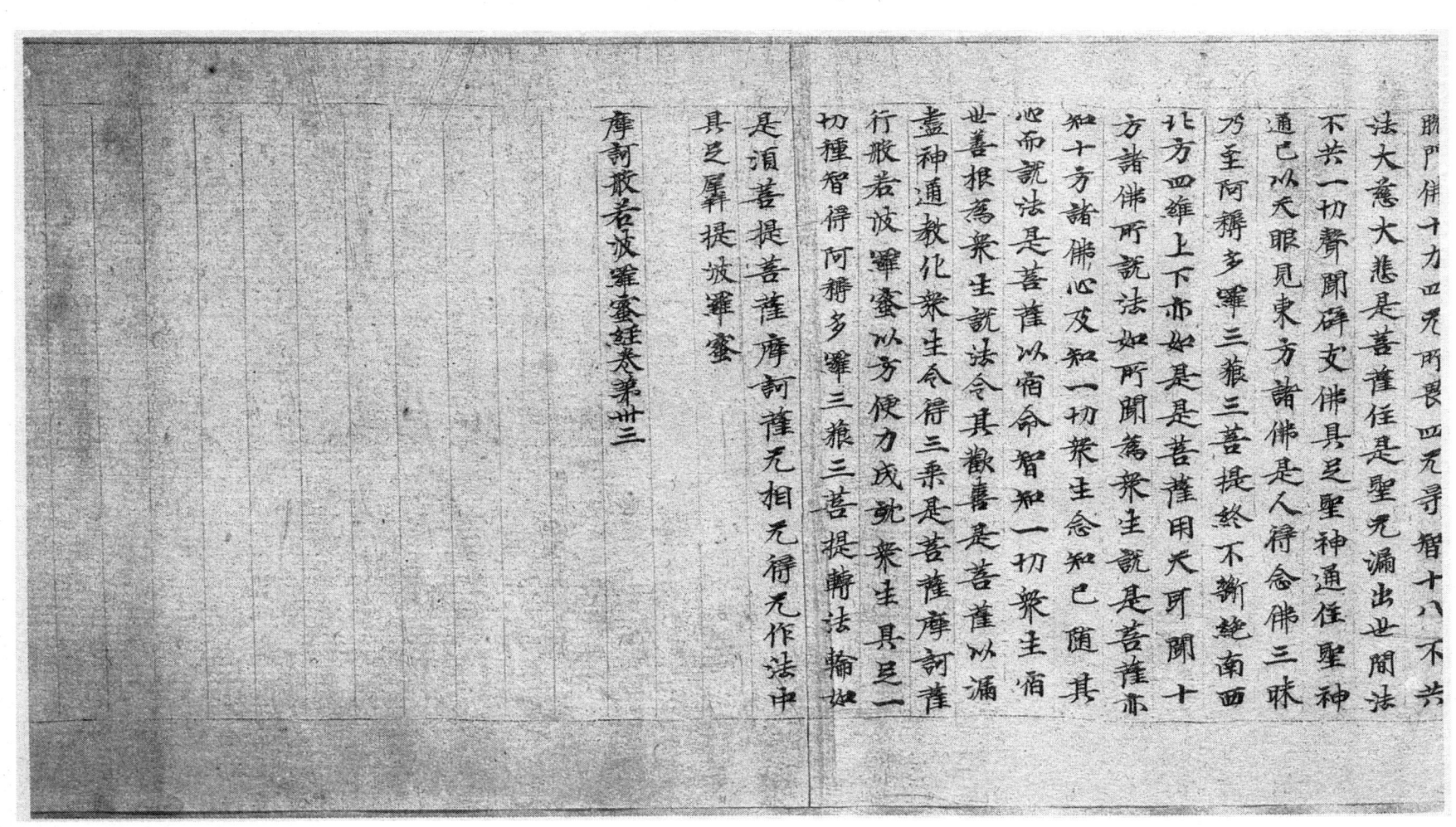

BD14022號　摩訶般若波羅蜜經（四十卷本）卷三三　（21–20）

BD14022 號　摩訶般若波羅蜜經（四十卷本）卷三三　　（21–21）

BD14023 號背　現代護首　　（1–1）

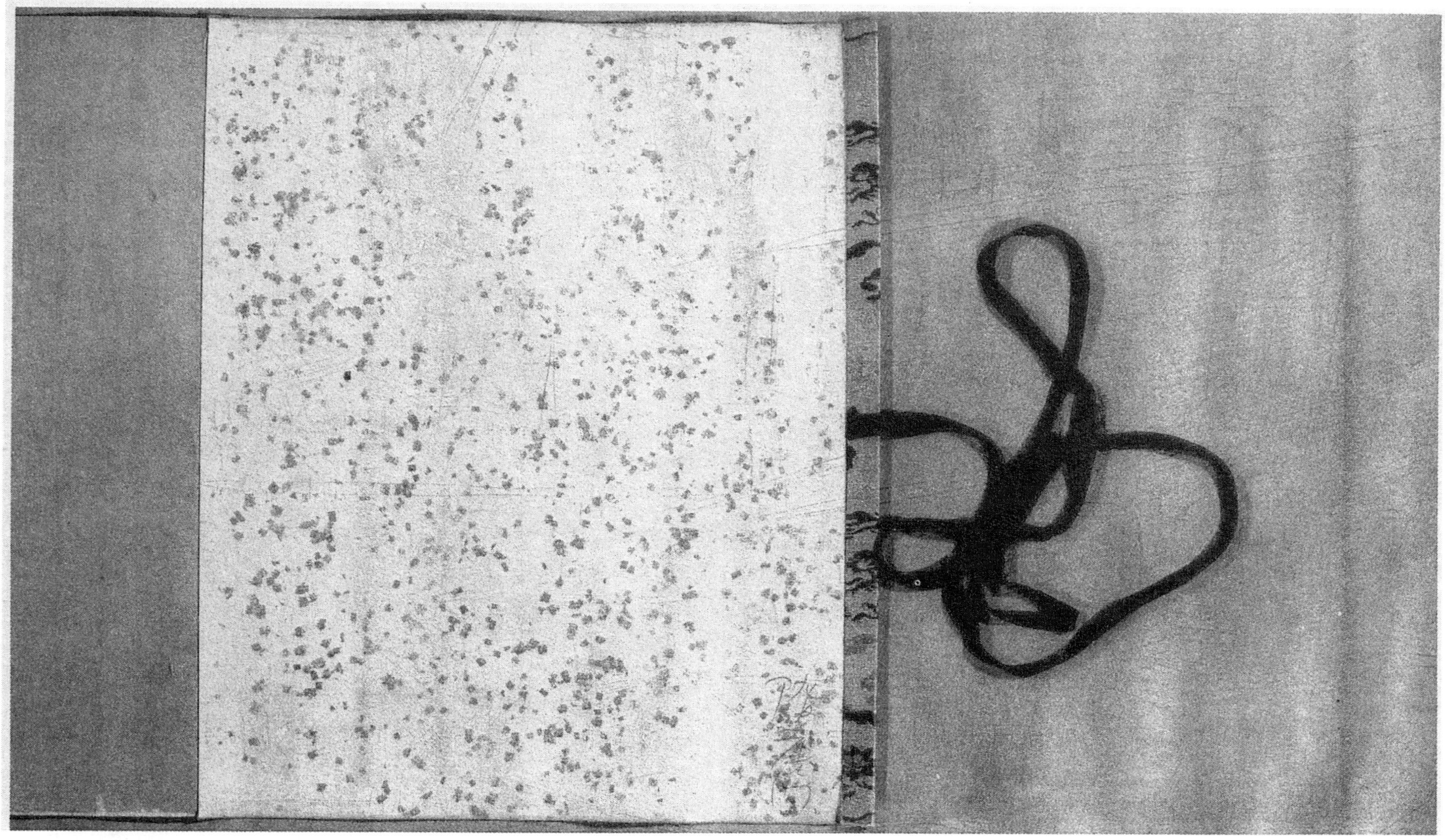

BD14023號　放光般若經卷二六　（29-1）

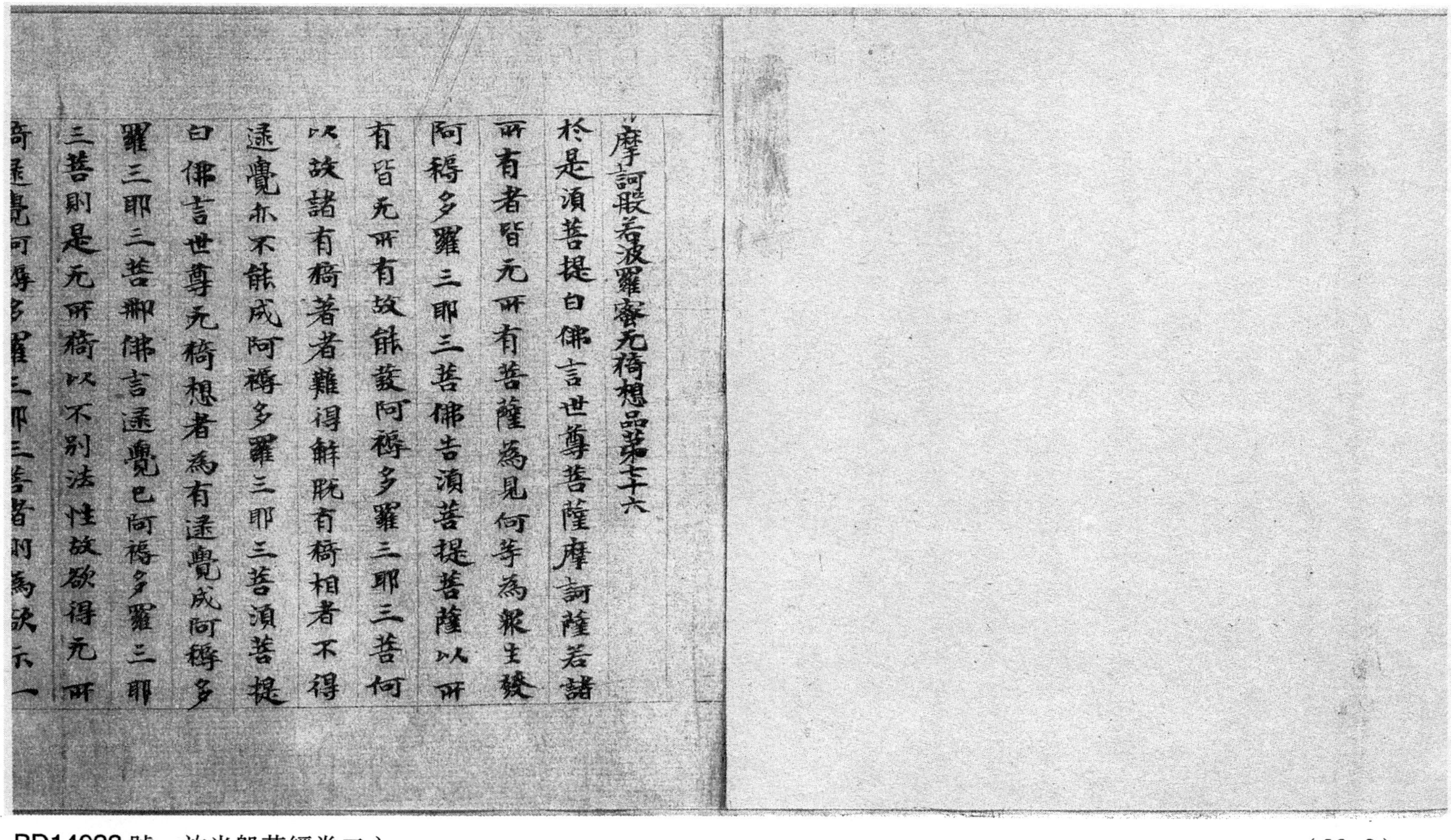

摩訶般若波羅蜜无猗想品第七十六
於是須菩提白佛言世尊菩薩摩訶薩若諸
所有者皆无所有菩薩爲見何等爲衆生發
阿耨多羅三耶三菩佛告須菩提菩薩以所
有皆无所有故能發阿耨多羅三耶三菩何
以故諸有猗著者難得解脫有猗相者不得
逮覺亦不能成阿耨多羅三耶三菩須菩提
白佛言世尊无猗想者爲有逮覺成阿耨多
羅三耶三菩耶佛言逮覺已阿耨多羅三耶
三菩則是无所猗以不別法性故欲得无所
猗逮覺阿耨多羅三耶三菩皆用爲訣不一

BD14023號　放光般若經卷二六　（29-2）

曰佛言世尊无倚想者為有遠覺成阿耨多
羅三耶三菩耶佛言遠覺已阿耨多羅三耶
三菩則是无所倚以不別法性故欲得无所
倚遠覺阿耨多羅三耶三菩者則為欲示一
切法性世尊若无所倚者无有遠覺則无有
阿耨多羅三耶三菩何緣菩薩從第一住至
十住耶何因緣得无所從生法忍何因有五
通及六波羅蜜之德而受諸法之德攝取佛
國教化衆生供養諸佛一切有至般泥洹佛
言无所倚者與五通之報等與十住等與六
波羅蜜等及供養諸佛功德等以是故至般
泥洹供養不斷須菩提言世尊无所倚及五
六波羅蜜有何差別佛言无有差別說有著
別世尊云何三事有差別佛言菩薩行般
若波羅蜜亦不倚所施亦不自倚亦不倚受
者至般若波羅蜜亦无所倚行神通亦无所
倚行三十七品亦无所倚行三三昧亦无所
倚教化衆生淨佛國土亦无所倚遠覺諸佛
法亦无所倚須菩提是為菩薩行般若波羅
蜜為无所倚菩薩摩訶薩如是行者諸魔魔
天无能壞者須菩提言世尊云何菩薩行般
若波羅蜜一意受持六波羅蜜受四禪四等
大慈大悲及四空定四无导慧四无所畏三

法亦无所倚須菩提是為菩薩行般若波羅
蜜為无所倚菩薩摩訶薩如是行者諸魔魔
天无能壞者須菩提言世尊云何菩薩行般
若波羅蜜一意受持六波羅蜜受四禪四等
大慈大悲及四空定四无导慧四无所畏三
十七品揔三脫門佛十種力佛十八法云何
受持八十種好佛言菩薩行般若波羅蜜所
作施戒忍辱精進及諸禪事皆以般若波羅
蜜行及三脫門四等大慈及三十七品所作
所念皆不離般若波羅蜜及三三昧佛十種
力四无所畏四无导慧佛十八法八十種好
皆不離般若波羅蜜須菩提言世尊云何菩
薩一意行般若波羅蜜受持六波羅蜜乃至
八十種好須菩提菩薩行六若波羅蜜行六
波羅蜜初无二想乃至八十種好亦无二想
世尊云何行六波羅蜜至八十種好不以二
想佛言菩薩行般若波羅蜜皆悉具足揔持
諸波羅蜜及三十七品而行布施須菩提言
世尊是事云何佛言菩薩行般若波蜜羅時
不以漏意行檀波羅蜜於无漏作念言我為
是誰所施何物受者為誰於是三事无想受
念尒時亦不見意及所施受者至十八法亦
復如是復次須菩提菩薩行般若波羅蜜乃
至般若波羅蜜亦无有想亦不見六波羅蜜

是誰所施何物受者為誰於是三事无想受
念尒時亦不見意及所施受者至十八法亦
復如是復次須菩提菩薩行般若波羅蜜乃
至般若波羅蜜亦无有想亦不見六波羅蜜
菩薩行般若波羅蜜至八十種好亦无有想
亦无所見須菩提言世尊以无想无所作法
云何得具足六波羅蜜云何具足三十七品
云何具足三空及十種力云何具足四无所
畏佛十八法佛言菩薩行般若波羅蜜以无
想施隨衆生所欲衣食臥具妻子國城珍寶
所有財穀皆不逆人作是施時或有人來問
菩薩言用是无想布施為作離有是言我續
布施不可斷絶持是布施與衆生共為阿耨
多羅三耶三菩亦无想念亦无施意亦无物
意亦无受者意亦不見阿耨多羅三耶三菩
意何以故所見一切皆悉空故如是誰為阿
耨多羅三耶三菩者如是作為則是真作則
能淨佛國土教化衆生則為行六波羅蜜則
為具足三十七品及三脫門則為具足佛十
八法如是行者則為不受布施之報譬如第
六天王有所欲者但念即至菩薩如是但意
念諸法皆具足至以布施之德能供養諸佛

BD14023號　放光般若經卷二六　（29–5）

為具足三十七品及三脫門則為具足佛十
八法如是行者則為不受布施之報譬如第
六天王有所欲者但念即至菩薩如是但意
念諸法皆具足至以布施之德能供養諸佛
悉能飽滿諸天及人以漚和拘舍羅行檀波
羅蜜安立衆生於三乘法是為菩薩行般若
波羅蜜具足檀波羅蜜須菩提言世尊云何
菩薩行般若波羅蜜具足尸波羅蜜佛言菩
薩悉知賢聖无漏道法之戒不毀不亂奉賢
聖戒於諸法无所捔亦不捔五陰亦不捔三
十二相亦不捔四姓亦不捔四天王至三十
三天不捔須陁洹至羅漢辟支佛亦不捔轉
輪聖王所作功德但欲與衆生共為薩云若
不想不猗亦不以二但為世尊非常要義具
足戒已以漚和拘舍羅起四禪不以貪受天
眼以天眼觀十方諸佛至成阿耨多羅三耶
三菩初不離天眼以天耳淨盡聞諸佛所說
經法不失所聞至得自辯悉知諸佛之意知
諸佛意已便能饒益一切衆生持識宿命之
慧覺諸所作不失本行以无漏之法立衆生
於三乘隨衆生所欲而悉挍之須菩提是為
无想具足尸波羅蜜佛言菩薩云何具足於
忍從發意至坐道場若衆生來以刀杖捶加

BD14023號　放光般若經卷二六　（29–6）

慧覺諸所作不失本行以无漏之法立衆生
於三乘隨衆生所欲而悉授之須菩提是為
无想具足尸波羅蜜佛言菩薩云何具足於
忍從發意至坐道場若衆生來以刀杖撾加
於菩薩菩薩終不起意當起二忍一者忍
辱二者无所從生法忍起意念言以刀撾杖
加我者為誰受者為誰當觀法相觀法相者
亦无所有亦无所觀无所觀者便得无所從
生法忍住二忍已便具足四禪四等及四空
定便具足三十七品及三脫門便具足十力
四无所畏四无导慧菩薩已住是法便得神
通非是二地所能及者具足神通已便具足
六波羅蜜以天眼慧見十方佛至阿耨多羅
三耶三菩不忘佛念復以天耳慧聞十方佛
所說教法悉知諸佛諸佛所念悉復逮知衆
生之意如應說法自知宿命以慧皆識衆生
功德持諸善本功德勸勉衆生以漏盡之慧
立衆生於三乘菩薩摩訶薩行般若波羅
蜜以漚和拘舍羅行教化衆生淨佛國土具足
薩云若慧逮得阿耨多羅三耶三菩轉於法
輪是為菩薩行般若波羅蜜具足羼波羅蜜
佛言云何菩薩行般若波羅蜜具足惟逮波
羅蜜須菩提菩薩行般若波羅蜜身意精進

輪是為菩薩行般若波羅蜜具足羼波羅蜜
佛言云何菩薩行般若波羅蜜具足惟逮波
羅蜜須菩提菩薩行般若波羅蜜身意精進
具足四禪於四禪起便得无數神足變化乎
注手捫摸日月持是精進遍至十方无數刹
土供養諸佛一切所有供養之具至阿耨多
羅三耶三菩諸天世人皆當恭敬是菩薩至
般泥洹以神足到十方聽受諸佛法言所聞
法至成阿耨多羅三耶三菩終不忘淨佛國
土教化衆生具足薩云若是為行般若波羅
蜜具足惟逮波羅蜜復次須菩提以无漏道
法具足意精進口不言惡身不行惡意不念
惡亦不猗苦樂有常无常不猗有我无我不
猗有為无為不猗三界不猗四禪及四空定
四等三脫門三十七品至十八法亦无所猗
亦不猗聲聞辟支佛不猗聲聞辟支佛道亦
不猗菩薩亦不猗菩薩地亦不猗五趣亦不
分別是天是人是畜生是泥黎是薜荔亦不
分別是須陁洹道是羅漢道是辟支佛道亦
不分別是菩薩道亦不分別是薩云若亦不
猗諸法諸道亦不分別所以者何是諸法者
皆无有要无可猗者亦无可分別者以具足
意精進使救一切魔惡衆生救衆生已亦不

不分別是菩薩道念不分別是薩云若亦不
擬諸法諸道亦不分別所以者何是諸法者
皆无有要无可擬者亦无可分別者以具足
意精進便救一切魔惡衆生救衆生已亦不
見衆生具足精進已亦不見精進具足佛法
已亦不見佛法淨國佛土亦不見不得具足
精進便受諸善法念不於是善法中生念遍
遊諸國救益衆生所作變化自恣无㝵或雨
諸華或散諸香或以伎樂鼓樂弦歌事或震
動事或以光明或以國土七寶示現或以慱
弃或現水火隨道而入與爲回緣使行十善
或以施戒而攝取之或以支解身體妻子國
土或以自身隨衆生意而救攝之須菩提菩
薩以漚惒舍羅无相行惟逮波羅蜜佛言
菩薩行般若波羅蜜住於无相之法行禪菩
薩行般若波羅蜜除如來三昧一切餘三昧
皆當具足四禪具足四等及四空定皆當逆
順行八惟无及九次第禪行空无想无願三
昧電光三昧金剛三昧直治三昧住是禪波
羅蜜便行三十七品住於三昧具足道慧諸
三昧門皆來入是具足道慧具足十住地作
行至薩云若終不中道取證於三昧中住遊

BD14023號　放光般若經卷二六　（29–9）

昧電光三昧金剛三昧直治三昧住是禪波
羅蜜便行三十七品住於三昧具足道慧諸
三昧門皆來入是具足道慧具足十住地作
行至薩云若終不中道取證於三昧中住遊
諸佛刹供養諸佛於諸佛所殖諸德本淨佛
國土遊諸四域教化衆生廣立衆生於六波
羅蜜或立於須陁洹斯陁含阿那含阿羅漢
辟支佛隨其所欲而滿其願於是禪波羅蜜
者悉摠持諸陁鄰尼門便得四无㝵慧便受
神通終不墮女人胞胎不受色欲无生不生
雖生不著於生何以故善觀於幻法知所有
如幻救濟衆生便得无衆生之想以无所得
法立衆生於无所得法以世俗雖不以最上
要以禪波羅蜜遍入諸禪及解脫禪不得阿
耨多羅三耶三菩終不捨禪波羅蜜行道慧
入薩云若慧便盡習緒爲以自救當復救餘
救他人已爲諸天及人及阿須倫而作福田
如是須菩提菩薩行般若波羅蜜是爲具
足无相三昧云何菩薩行般若波羅蜜於无
相法具足般若波羅蜜念佛言菩薩不見法
有實成者亦不見五陰實成者亦不見五陰
生亦不見五陰來生處乃至須陁洹道亦不
見所生亦不見來往處以虛空故其實不可

BD14023號　放光般若經卷二六　（29–10）

相法具足般若波羅蜜念佛言菩薩不見法
有實成者亦不見五陰實成者尒不見五陰
生亦不見五陰來生處乃至須陁洹道亦不
見所生亦不見來往處以虛空故其實不可
得尒不見須陁洹漏盡法行般若波羅蜜以
解有要无要之法如是解者便內解外及有
无空於諸法无所入亦不入於五陰乃至于
道亦无所入學无所有般若波羅蜜便是具
菩薩道何等為菩薩道則六波羅蜜是三十
七品十力四无所畏四无导慧佛十八法三
十二相八十種好於无所有成佛道具足六
波羅蜜具足三十七品及五神通隨眾生所
欲於六度中有貪婬者以檀波羅蜜授之有
惡戒者以道戒授之有瞋恚者以忍授之有
懈怠者以精進勸之有亂意者以禪授之有
愚癡者以慧授之至解脫品解脫見品皆以
授之有聲聞道意者隨其本應以須陁洹斯
陁含阿那含阿羅漢辟支佛道隨本授之有
大乘者以佛道授之以是便能作无數變
化乃至恒邊沙諸佛國土隨人所欲則能變
其剎土之好瑜諸眾生之願從一佛國至一
佛國所欲取國土隨其願辟如第六天人所
有衣食伎樂隨意即至菩薩以六波羅蜜行

化乃至恒邊沙諸佛國土隨人所欲則能變
其剎土之好瑜諸眾生之願從一佛國至一
佛國所欲取國土隨其願辟如第六天人所
有衣食伎樂隨意即至菩薩以六波羅蜜行
菩薩道隨意所願盡皆具足還薩云若於五
陰无所受於一切諸法道法俗法善法惡法
皆悉具足无所受後成阿耨多羅三耶三菩
阿惟三佛時國土所有皆悉隨意即得无有
持來者亦无有持往者亦如第六天上何以
故諸法无所持亦无所猗須菩提菩薩行般
若波羅蜜以无所有相是為具足般若波羅
蜜

摩訶般若波羅蜜无有相品第七十七

尒時須菩提白佛言世尊菩薩摩訶薩云何
於无所破壞法无相法无所有法中能具足
六波羅蜜念云何於是无形法而知差別入
般若波羅蜜中云何於无相法以一相而逮
正覺佛告須菩提言菩薩摩訶薩行般若波
羅蜜五陰如幻如響如夢如影如熱時炎如
化持是五陰行六波羅蜜五陰无相如幻如
響如夢如影如熱時炎何以故夢幻之法无
所有故无所有者則一相一相者則无有相
以是故須菩提當知檀波羅蜜无有相所布

羅蜜五陰如幻如響如夢如影如熱時炎如
化持是五陰行六波羅蜜五陰无相如幻如
響如夢如影如熱時炎何以故夢幻之法无
所有故无所有者則一相一相者則无有相
以是故須菩提當知檀波羅蜜无有相所布
施及主受者皆无有相作是知者則為具足
檀波羅蜜作是具足檀波羅蜜已終不於六
波羅蜜轉還便於六波羅蜜中具足四禪四
等四空定悉具足三十七品具足内外空及
有无空便具足三脫門具足八惟无九次第
禪具足五通具足諸陁隣尼門具足四无㝵
慧具足五通具足諸陁隣尼門具足四无㝵
慧四无所畏十種力悉具足佛十八法佛語
須菩提菩薩以住於賢聖无漏法便能飛行
供養諸佛隨其所安救濟衆生或以布施攝
取衆生或以戒或以忍或以精進攝取衆生
或以禪或以智慧攝取衆生隨其所善而教
之為衆生故受生死法不與同歸亦不受生
死勤苦為衆生故種天上人中之福欲以攝
取衆生故知諸法无有相便學須陁洹道法
亦不於中住及學羅漢辟支佛道法亦不於
中住何以故悉知諸法已當逮薩云若慧故
非羅漢辟支佛之所知佛語須菩提如是知
諸法无有相知六波羅蜜无有相乃至諸佛

BD14023號　放光般若經卷二六

（29–13）

取衆生故知諸法无有相便學須陁洹道法
亦不於中住及學羅漢辟支佛道法亦不於
中住何以故悉知諸法已當逮薩云若慧故
非羅漢辟支佛之所知佛語須菩提如是知
諸法无有相知六波羅蜜无有相乃至諸佛
法亦知无有相復次須菩提菩薩摩訶薩行
般若波羅蜜於五陰如夢如幻如響如影如
熱時炎如化行尸波羅蜜知五陰如夢如幻
化便以无相具足尸波羅蜜持戒不犯不毀
善持戒不犯不毀善持不亂習智慧聖賢業
遍護諸戒以法義戒身口意以等於諸戒不
以戒悕四性及遮迦越王亦不言我持是戒
當生四天及第六天上亦不念言持是戒得
須陁洹道乃至羅漢辟支佛道何以故諸法
一相為无有相故无相之法終不逮无相法
有相之法亦不逮有相法有相之法亦不逮
无相之法須菩提是為菩薩摩訶薩行般若
波羅蜜以无相法具足尸波羅蜜上菩薩位
已上菩薩位便逮得无所從生法忍便行道
慧具足神通住於諸陁鄰尼門便得四无㝵
慧從一佛國遊一佛國供養諸佛如來攝取
衆生淨佛國土教化衆生生五趣之世不著
於生死行辟如尼弥遮加越王坐起行來无

BD14023號　放光般若經卷二六

（29–14）

已上菩薩位便逮得无所從生法忍便行道
慧具足神通住於諸陁鄰尼門便得四无㝵
慧從一佛國遊一佛國供養諸佛如來攝取
衆生淨佛國土教化衆生生五趣之世不著
於生死行辟如尼彌遮加越王坐起行來无
有知者青養衆生不仰臣下不嬈人民辟如
須洹頭須洹頭者晉言甚淨如來轉法輪於
三乘无有菩薩可教發阿耨多羅三耶三菩
者便般泥洹佉令化佛教授衆生一劫須菩
提菩薩行般若波羅蜜具足尸波羅蜜諸法
便隨從之復次須菩提菩薩行般若波羅蜜
於五陰如幻如夢如響以无相法具足羼波
羅蜜須菩提菩薩以二忍事具足羼波羅蜜
何等為二從初發意至于道場於其中間若
有衆生持刀杖撾來撾打割剝菩薩欲具足
羼波羅蜜者意不起乱當計念言誰有罵者
誰有割者誰有撾者何以故以諸法无有相
如是觀者便具足羼波羅蜜以具足是忍便
得无所從生法忍須菩提白佛言世尊无所
從生法忍為是滅為是智耶佛言於忍不起
毛鬀惡意者是為智以是智得无所從生法
忍須菩提言世尊聲聞辟支佛无所從生法
忍及菩薩摩訶薩无所從生法忍有何差別

得无所從生法忍須菩提白佛言世尊无所
從生法忍為是滅為是智耶佛言於忍不起
毛鬀惡意者是為智以是智得无所從生法
忍須菩提言世尊聲聞辟支佛无所從生法
忍及菩薩摩訶薩无所從生法忍有何差別
佛言須陁洹智及滅至羅漢辟支佛智及滅
是菩薩摩訶薩之忍須菩提是為聲聞辟
支佛之差別菩薩摩訶薩有是忍者過出
二地上以住无所從生法忍者便行菩薩道便
具足道慧不離三十七品不離三脫門不離神
通教化衆生淨佛國土逮薩云若須菩提是
菩薩以无相法具足羼波羅蜜復次須菩提
菩薩住於五陰如幻如夢如響如野馬如熱
時之炎於是无相法便行身意精進便辦神
通遊諸佛剎供養諸佛以身精進教授衆生
立衆生於三乘是為菩薩行般若波羅蜜以
无相法具足惟逮波羅蜜意精進者以意精
進於聖賢无漏之法具足諸善本法三十七
品法具足三脫門具足四禪四等及四空定
具足十力四无所畏佛十八法菩薩於中學
已當具足薩云若慧消諸習緒具足成相滿
普遍光明三倒十二法輪轉能令三千大千
剎土六反震動能以光明照遍三千大千剎
[illegible]

具足十力四无所畏佛十八法菩薩於中學
已當具足薩云若慧消諸習緒具足成相得
普遍光明三倒十二法輪轉能令三千大千
剎土六反震動能以光明照遍三千大千剎
土能出音聲遍三千大千剎土諸衆生聞音
者必至三乘之道須菩提菩薩精進所有饒
益知大如是菩薩住精進盡具足諸佛法逮
薩云若慧復次須菩提菩薩行般若波羅蜜
於五陰如夢如幻具足於禪波羅蜜行四禪
四等四无形禪及三脫門電光三昧金剛三
昧直禪三昧除佛三昧諸餘无鞅數三昧意
皆遍至亦不味諸三昧亦不受其果報何以
故以菩薩盡知諸三昧相法空所有者皆无
所有无相不味无相无所有不味无所有以
不味故不隨禪生至形无形處何以故不見
其形故亦不見三昧亦不見三昧相亦无所
見故便便足具无相三昧持是三昧過出二
地上須菩提白佛言世尊菩薩云何以禪波
羅蜜出過羅漢辟支佛道上佛告須菩提菩
薩以禪學內外空及有无空於空法不見有住
處聲聞辟支佛法及薩云若法皆空以是空
故上菩薩位世尊云何是菩薩位云何非菩
薩位佛言諸有猗著非菩薩位无所猗著是

羅蜜出過羅漢辟支佛道上佛告須菩提菩
薩以禪學內外空及有无空於空法不見有住
處聲聞辟支佛法及薩云若法皆空以是空
故上菩薩位世尊云何是菩薩位云何非菩
薩位佛言諸有猗著非菩薩位无所猗著是
菩薩位世尊云何為猗云何不猗佛言五陰
十二衰是菩薩猗乃至薩云若亦是菩薩猗
位者須菩提都不見諸法亦无有名字盡无
所猗是菩薩位何以故五陰所有事薩云若
所有事亦非行亦非說亦非見須菩提是為
菩薩愛是為菩薩位菩薩以是上位便具足
諸三昧尚不隨禪生何況隨婬怒癡生而有
所作是事不然但以幻法饒益衆生不見衆
生亦不見幻於无所得法中攝取佛土教授
衆生是為菩薩行般若波羅蜜具足禪波羅
蜜轉无猗法輪復次須菩提菩薩行般若波
羅蜜知諸法如幻如夢諸法如嚮如化光影
如熱時炎須菩提言世尊云何菩薩知諸法
如幻如炎佛言菩薩行般若波羅蜜亦不見
持夢行示人亦不見嚮亦不見持嚮示人亦
不見光影幻化熱時炎亦不見持此示人何
以故諸凡愚夫於夢幻諸法皆著顛倒諸羅
漢辟支佛諸菩薩諸如來无所著等正覺於

持夢行示人尒不見嚮亦不見持嚮示人尒
不見光影幻化熱時炎尒不見持此示人何
以故諸凡愚夫於夢幻諸法皆著顛倒諸羅
漢辟支佛諸菩薩諸如來无所著等正覺於
夢幻法尒不見有尒不見可持示人者所以
者何諸法所有者皆无所有尒无所成亦无
所有菩薩行般若波羅蜜終不貪相尒不成
就相尒不生相是事不然何以故般若波羅
蜜尒不念法有主者有成者菩薩如是行者
尒不生五陰尒不生三界尒不生諸禪尒不
生於解脫禪尒不生三十七品尒不生三脫
門尒不生六波羅蜜當具足於第一地至十
住不於中生欲何以故是處不可得尒不可
見況當於中生欲意雖行般若波羅蜜尒不
見般若波羅蜜於不見中盡見諸法皆來入
般若波羅蜜尒不見諸法何以故諸法及般
若波羅蜜一无有二尒非二事何以故為如
如數如法性數如真際數是諸法无有別須
菩提白佛言假令諸法无有別无有報云何
有善惡之數言有漏无漏數言道法俗法有
為无為之法數佛言於須菩提意云何如諸
法之法頗有善惡有漏无漏若道若俗有為
法无為法不頗見有須陁洹及羅漢辟支佛

有善惡之數言有漏无漏數言道法俗法有
為无為之法數佛言於須菩提意云何如諸
法之法頗有善惡有漏无漏若道若俗有為
法无為法不頗見有須陁洹及羅漢辟支佛
法不頗見有佛道不須菩提言不見也世尊
是故須菩提諸法无有別无有相无所生无
所有須菩提我本為菩薩初不見諸法有要
者尒不見五陰尒不見有為无為從須陁洹
至佛道尒无所見亦无所得須菩提菩薩欲
學般若波羅蜜從初發意至成阿耨多羅三
耶三菩阿惟三佛當善於所有无所有菩薩
善於无所有者則能具足道慧教授眾生攝
取佛國成阿耨多羅三耶三菩降諸眾生不
見於三界須菩提菩薩摩訶薩當作是行般
若波羅蜜應无所有
摩訶般若波羅蜜住二空品第七十六
須菩提白佛言世尊云何是法如夢如嚮如
幻如化如熱時炎如光如影是諸法皆空云
何為有造處所言是道是俗是无為是有為
有漏无漏云何言是須陁洹斯陁含阿那含
阿羅漢辟支佛云何言是求阿耨多羅三耶
三菩佛告須菩提凡夫愚癡少有所聞依猗夢
幻法而有所見因身口意所作非法不善之
事或行善事[illegible]

阿羅漢辟支佛去何言是求阿耨多羅三耶
三菩佛告須菩提凡夫愚癡少有所聞依猗夢
幻法而有所見因身口意所作非法不善之
事或行善事至有善惡之報受罪福於三界
菩薩摩訶薩行般若波羅蜜住於二空從有
无本端空至畢竟空教化衆生說有五陰十
二衰空十八性空是法如夢如響如幻如化
如影如熱時炎是中亦无五陰亦无諸衰亦
无諸性亦无夢亦无響亦无幻化亦无炎影
亦无有見諸法皆无形所有皆无所有无有
五陰汝等見有五陰无十二衰汝等見有諸
衰无十八法汝等見有諸性以因緣顛倒故
便有諸法隨行所受去何汝等於无所有法
而有形相行般若波羅蜜菩薩以漚惒拘
舍羅諸有衆生在貪嫉者教令布施令得大
富於中拔出教令持戒以戒因緣得生天上
於戒拔之令禪三昧以禪因緣得生梵天具
足四禪及四空定因緣施從戒以禪无毀方
便立之泥洹湏以三十七品及三脫門八解
脫九次第禪十種力四无所畏及四等勸令得
十八法持是无像之法立於三乘為說菩薩
道須菩提白佛言世尊甚奇甚特未曾有
菩薩行深般若波羅蜜為諸空无法作處所

便立之泥洹湏以三十七品及三脫門八解
脫九次第禪十種力四无所畏及四等勸令得
十八法持是无像之法立於三乘為說菩薩
道須菩提白佛言世尊甚奇甚特未曾有
菩薩行深般若波羅蜜為諸空无法作處所
言是善法惡法是道法俗法是漏法无漏法
是有為法是无為法佛言如是須菩提甚奇
甚特所未曾有為是空无之法而作處所須
菩提汝等當知菩薩所行奇特羅漢辟支佛
所不能及者汝等當應為菩薩摩訶薩作祀
須菩提白佛言世尊何等為菩薩摩訶薩所
未曾有諸羅漢辟支佛所不能及佛告須菩
若欲聞者善思念之吾當解說菩薩行般若
波羅蜜者住於六波羅蜜中及內外空三十
七品四无㝵慧及五神通遍到十方觀諸衆
生可以布施攝取者便以施取之可以戒忍
精進一心智慧隨其所應以六波羅蜜而攝
取之應以四禪及四空定得解脫者以禪因緣
而攝取之或應以慈悲喜護度者以四等攝
之或應以三十七品得度者以根力覺意而
攝取之若應以三脫門得度者皆攝取之須
菩提白佛言世尊去何以布施攝取衆生佛
言菩薩行般若波羅蜜者隨人所索若索衣

之或應以三十七品得度者以根力覺意而
攝取之若應以三脫門得度者皆攝取之須
菩提白佛言世尊云何以布施攝取衆生佛
言菩薩行般若波羅蜜者隨人所索若索衣
被飲食病疾醫藥象馬車乘金銀珍寶隨
人所欲皆施與之及所施與若佛辟支佛阿羅
漢及須陁洹下至凡人及蜎飛蠕動諸三惡
趣其意適等而无差別无若干種意何以故
諸法无有若干種意故其意平等无若干者
便得无差別薩云若慧佛言菩薩摩訶薩若
見來求者當作念言我所施者當与三耶三
佛福祐不從畜生出生有是念者非是菩薩
法何以故菩薩發道意不作是念我持布施
當生四姓家諸所施已攝取衆生者皆令至
无餘泥洹而般泥洹菩薩以衆生為親族所
施与无若干差別亦不言當与是不与是意
无適莫所施衆生无有导意何以故為衆生
故發阿耨多羅三耶三菩若有分別意者便於
諸如來无所著等正覺諸緣覺諸真人有
大過失何以故諸天及人諸阿須倫无有倩
菩薩為衆生作救護作橋梁者為菩薩之法
自當救攝衆生復次須菩提菩薩行般若波
羅蜜者若人若非人來至菩薩所取節節支

BD14023號　放光般若經卷二六

（29–23）

大過失何以故諸天及人諸阿須倫无有倩
菩薩為衆生作救護作橋梁者為菩薩之法
自當救攝衆生復次須菩提菩薩行般若波
羅蜜者若人若非人來至菩薩所取節節支
解菩薩身菩薩亦不疑言當与不与何以故
是菩薩欲救衆生故受是形耳我以是身饒
益一切菩薩當作是念我為衆生受是身形
令來取之須菩提菩薩見來所求者當發意
言施者為誰受者為誰所施物為何等是諸
法實不可得見何以故是諸法常空空亦无
所与亦无所奪須菩提菩薩行般若波羅蜜
當作是學所謂內空外空及有无空住是空
者於中布施便具足檀波羅蜜具足檀已不
斷內外法言誰有割者誰為截者佛告須菩
提佛以天眼見十方恒邊沙等刹土諸菩薩
摩訶薩入泥犁中泥黎則為冷以三事變化
為泥犁中衆生說法一者神足二者隨其所
便三者四等之法以神足滅火隨意為說四
等法泥黎中衆生便有愛敬歸仰於菩薩即
得離苦痛次為說三乘之教皆令脫苦是故
須菩提我以佛眼見十方恒邊沙諸菩薩摩
訶薩供養諸佛不以憍慢愛好諸佛不以增
惡歡喜无恚諸佛所說皆悉受持至成阿耨
多羅三耶三菩終不忘失須菩提佛以佛眼

BD14023號　放光般若經卷二六

（29–24）

得離若痛次為說三乘之教皆令彤若是故
須菩提我以佛眼見十方恒邊沙諸菩薩摩
訶薩供養諸佛不以憍慢愛好諸佛不以增
惡歡喜无恚諸佛所說皆悉受持至成阿耨
多羅三耶三菩終不忘失須菩提佛以佛眼
見十方恒邊沙刹土諸菩薩等為衆生故割
截身體支節分離布散四面諸有飛鳥走狩
来食菩薩肌宍者皆有慈意於菩薩所以慈
意故得離畜生即得為人注見諸佛聽受經
法隨其所聞即得順行以三乘之法而度脫
之佛告須菩提諸有菩薩摩訶薩發阿耨多
羅三耶三菩者多所饒益如是能使衆生得
无餘泥洹復次須菩提我以佛眼見十方恒
邊沙諸菩薩等入薜荔中者諸薜荔衆生見
菩薩已便生慈意恭敬菩薩以恭敬故離諸
勤苦曰是功德終不離佛至得泥洹須菩提
菩薩摩訶薩行慈如是使諸衆生皆得泥洹
佛告須菩提我見諸菩薩至四天王及第六
天為彼諸天而廣說法以三乘教而度脫之
令得泥洹諸天人衆有著五欒者菩薩應時
令殿舍悉皆烔燃以為說法言諸仁者一切
所有皆悉无常无尊无卑誰常安者佛告須
菩提我於是以佛眼觀見恒邊沙國土諸有

令殿舍悉皆烔燃以為說法言諸仁者一切
所有皆悉无常无尊无卑誰常安者佛告須
菩提我於是以佛眼觀見恒邊沙國土諸有
讚嘆梵天上者菩薩則為說法言諸仁者士
何於是空无之法而生見意是法為空无常
无見為摩臧法莫得於是而生見意須菩提
菩薩摩訶薩已住於大慈為衆生說法是為
菩薩甚奇甚特未曾有法須菩提十方恒邊
沙國土諸菩薩摩訶薩以四事饒益衆生何
等為四一者惠施二者仁愛三者利人四者
等義是為四恩菩薩摩訶薩以二事施攝取
衆生一者財物二者法施何等財物施攝取
衆生菩薩以金銀璧玉琉琦異寶以食飲衣
被香華服餝病瘦醫藥床卧之具所有奴婢
象馬車乘令諸衆人隨意所欲不逆人意諸
有来者既施与已皆悉教令自歸三尊或授
五戒或教十善或教八齋或教令行四禪及
四等四空空或勸助之令念佛念法念比丘
僧念天念施諸行倒者教令行順諸不諦者
教令行諦勸助令行三十七道品及三脫門
八惟无九次第禪佛十種力四无所畏四无
㝵慧大悲大慈勸衆生令行佛十八法八十
種好勸助人學三乘法故是為菩薩摩訶

[illegible]
教令行諦勸助令行三十七道品及三脫門
八惟无九次第禪佛十種力四无所畏四无
㝵慧大悲大慈勸衆生令行佛十八法八十
種好勸助人學三乘法教是為菩薩摩訶
薩以漚惒拘舍羅行般若波羅蜜以財布施
攝取衆生立於无上无畏之地是為菩薩奇
特未曾有之法何等為菩薩行般若波羅蜜
以法布施攝取衆生布施有二一者道施二
者俗施何等俗法施世俗所說所施行者謂
為不淨欲得四禪四等四无形定及餘凡人
所行善法是名為世俗法施作是俗法施已
便教衆生令離世俗以漚惒拘舍羅安立於
道法賢聖果報何等為賢聖道法賢聖果報
賢聖法者謂三十七品及三脫門賢聖果者
從須陀洹至羅漢辟支佛佛言菩薩賢聖
道法者知須陀洹所有慧知羅漢辟支佛慧
及三十七道品慧佛所有十力慧大慈大悲
慧及餘道法俗法有漏无漏及有為无為之
法慧薩云若慧是為菩薩賢聖之法何等為
菩薩賢聖果報諸習緒皆盡是為賢聖果報
須菩提白佛言菩薩復逮薩云若佛言如是
如是須菩提菩薩逮薩云若須菩提白佛言如
是須菩提菩薩逮薩云若須菩提白佛言如
是者世尊菩薩摩訶薩如來有何差別佛報

BD14023 號　放光般若經卷二六　（29–27）

為不淨欲得四禪四等四无形定及餘凡人
所行善法是名為世俗法施作是俗法施已
便教衆生令離世俗以漚惒拘舍羅安立於
道法賢聖果報何等為賢聖道法賢聖果報
賢聖法者謂三十七品及三脫門賢聖果者
從須陀洹至羅漢辟支佛佛言菩薩賢聖
道法者知須陀洹所有慧知羅漢辟支佛慧
及三十七道品慧佛所有十力慧大慈大悲
慧及餘道法俗法有漏无漏及有為无為之
法慧薩云若慧是為菩薩賢聖之法何等為
菩薩賢聖果報諸習緒皆盡是為賢聖果報
須菩提白佛言菩薩復逮薩云若佛言如是
如是須菩提菩薩逮薩云若須菩提白佛言如
是須菩提菩薩逮薩云若須菩提白佛言如
是者世尊菩薩摩訶薩如來有何差別佛報
言有差別差別云何菩薩逮薩云若便名為
如來何以故菩薩意亦不可得如來意亦无
有異住於无根之寘為諸法作明是名為菩
薩回俗之法施而續道法之施佛告須菩提
是菩薩斷於衆生世俗之施以漚惒拘舍羅
安立於薩云若

摩訶般若波羅蜜放光經卷第廿六

BD14023 號　放光般若經卷二六　（29–28）

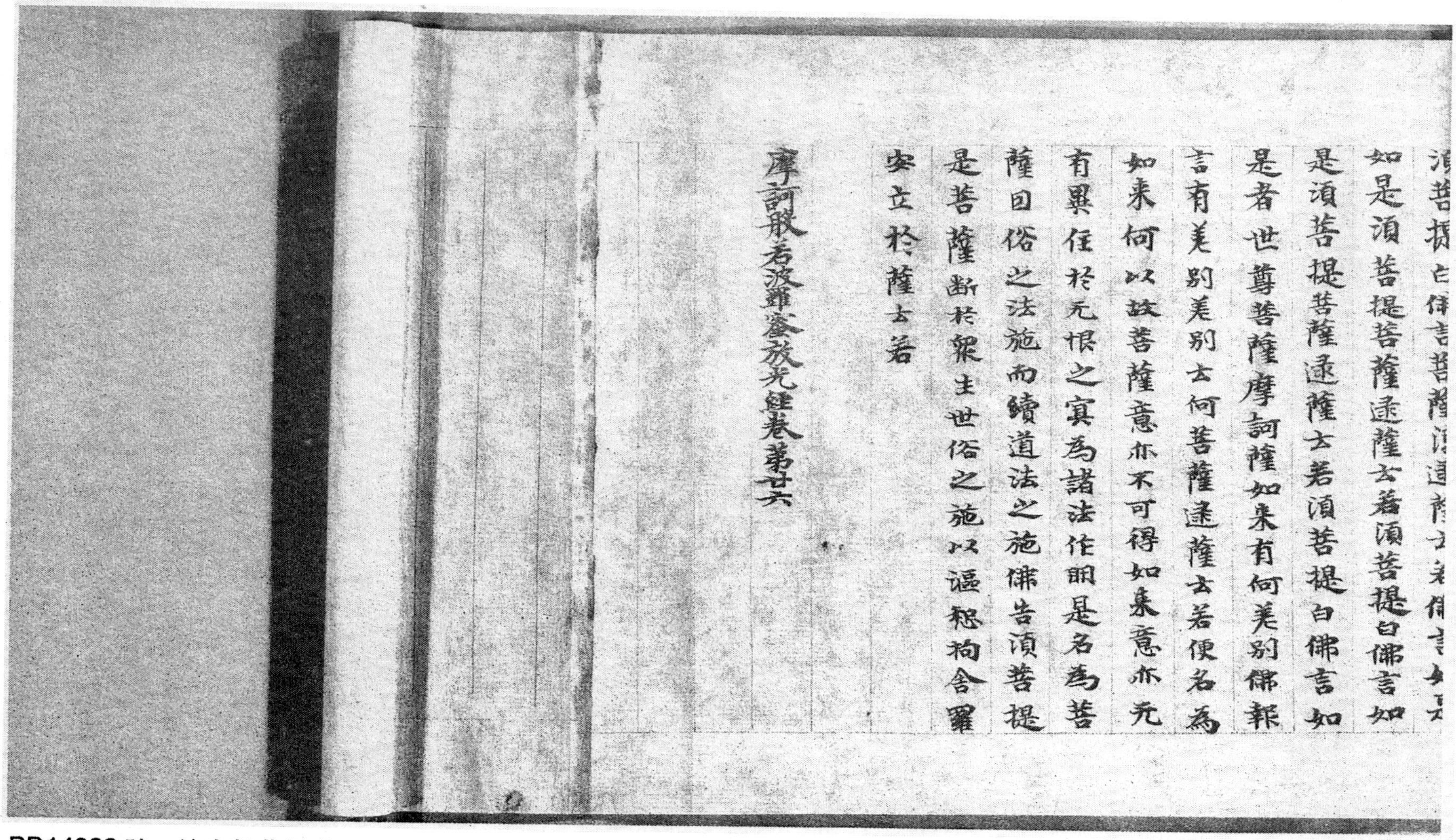
須菩提白佛言菩薩[illegible]薩云若佛言如是
如是須菩提菩薩逮薩云若須菩提白佛言如
是須菩提菩薩逮薩云若須菩提白佛言如
是者世尊菩薩摩訶薩如來有何差別佛報
言有差別差別云何菩薩逮薩云若便名為
如來何以故菩薩意亦不可得如來意亦无
有異住於无根之寘為諸法作明是名為菩
薩因俗之法施而續道法之施佛告須菩提
是菩薩斷於衆生世俗之施以漚惒拘舍羅
安立於薩云若

摩訶般若波羅蜜放光經卷第廿六

BD14023號　放光般若經卷二六

(29–29)

著　録　凡　例

本目録採用條目式著録法。諸條目意義如下：

1.1　著録編號。用漢語拼音首字“BD”表示，意為“北京圖書館藏敦煌遺書”，簡稱“北敦號”。文獻寫在背面者，標註為“背”。一件遺書上抄有多個文獻者，用數字1、2、3等標示小號。一號中包括幾件遺書，且遺書形態各自獨立者，用字母A、B、C等區別。

1.2　著録分類號。本條記目録暫不分類，該項空缺。

1.3　著録文獻的名稱、卷本、卷次。

1.4　著録千字文編號。

1.5　著録縮微膠卷號。

2.1　著録遺書的總體數據。包括長度、寬度、紙數、正面抄寫總行數與每行字數、背面抄寫總行數與每行字數。如該遺書首尾有殘破，則對殘破部分單獨度量，用加號加在總長度上。凡屬這種情況，長度用括弧標註。

2.2　著録每紙數據。包括每紙長度及抄寫行數或界欄數。

2.3　著録遺書的外觀。包括：（1）裝幀形式。（2）首尾存況。（3）護首、軸、軸頭、天竿、縹帶，經名是書寫還是貼簽，有無經名號，扉頁、扉畫。（4）卷面殘破情況及其位置。（5）尾部情況。（6）有無附加物（蟲繭、油污、綫繩及其他）。（7）有無裱補及其年代。（8）界欄。（9）修整。（10）其他需要交待的問題。

2.4　著録一件遺書抄寫多個文獻的情況。

3.1　著録文獻首部文字與對照本核對的結果。

3.2　著録文獻尾部文字與對照本核對的結果。

3.3　著録録文。

3.4　著録對文獻的説明。

4.1　著録文獻首題。

4.2　著録文獻尾題。

5　　著録本文獻與對照本的不同之處。

6.1　著録本遺書首部可與另一遺書綴接的編號。

6.2　著録本遺書尾部可與另一遺書綴接的編號。

7.1　著録題記、題名、勘記等。

7.2　著録印章。

7.3　著録雜寫。

7.4　著録護首及扉頁的内容。

8　　著録年代。

9.1　著録字體。如有武周新字、合體字、避諱字等，予以説明。

9.2　著録卷面二次加工的情況。包括句讀、點標、科分、間隔號、行間加行、行間加字、硃筆、墨塗、倒乙、删除、兑廢等。

10　 著録敦煌遺書發現後，近現代人所加内容，裝裱、題記、印章等。

11　 備註。著録揭裱互見、圖版本出處及其他需要説明的問題。

上述諸條，有則著録，無則空缺。

為避文繁，上述著録中出現的各種參考、對照文獻，暫且不列版本説明。全目結束時，將統一編制本條記目録出現的各種參考書目。

本條記目録為農曆年份標註其公曆紀年時，未進行歲頭年末之换算，請讀者使用時注意自行换算。

條 記 目 錄

BD13983—BD14023

1.1 BD13983 號
1.3 大般若波羅蜜多經卷四〇二
1.4 新 0183
2.1 806×26.3 厘米；17 紙；457 行，行 17 字。
2.2 01：48.0，26； 02：48.0，28； 03：48.5，28；
04：48.5，28； 05：48.5，28； 06：48.5，28；
07：48.5，28； 08：48.5，28； 09：48.5，28；
10：48.5，28； 11：48.5，28； 12：48.5，28；
13：48.5，28； 14：48.5，28； 15：45.5，28；
16：45.5，28； 17：37.0，20（空 9）。
2.3 卷軸裝。首尾均全。首紙有殘洞。有烏絲欄。近代已托裱。
3.1 首全→大正 0220，07/0007A18。
3.2 尾全→大正 0220，07/0012B13。
4.1 大般若波羅蜜多經卷第四百二，/第二分歡喜品第二，三藏法師玄奘奉詔譯/（首）。
4.2 大般若波羅蜜多經卷第四百二（尾）。
8 9～10 世紀。歸義軍時期寫本。
9.1 楷書。
9.2 有倒乙。
10 此件原為日本大谷探險隊所得並托裱。護首為黃底雲龍織錦。卷端有題簽，作“大般若波羅蜜多經卷第四百二”。並鈐有藍色長方形印章，2.4×3.4 厘米；印文為作“圖書臺帳/登錄番號 910”，數字係手寫。有千字文編號“善”。尾有軸，人工水晶軸頭。護首下端粘有紙簽，上書“類別 8，番號 184”。

1.1 BD13984 號
1.3 大般若波羅蜜多經卷四〇四
1.4 新 0184
2.1 410.5×26.5 厘米；9 紙；244 行，行 17 字。
2.2 01：46.0，28； 02：46.0，28； 03：45.5，28；
04：45.5，28； 05：45.5，28； 06：45.5，28；
07：45.5，28； 08：45.5，28； 09：45.5，28（空 8）。
2.3 卷軸裝。首脫尾全。有烏絲欄。近代已托裱。
3.1 首殘→大正 0220，07/0020C23。
3.2 尾全→大正 0220，07/0023C05。
4.2 大般若波羅蜜多經卷第四百四（尾）。
7.1 尾題後有題名“張君勝”一行。
8 9～10 世紀。歸義軍時期寫本。
9.1 楷書。
10 此件原為日本大谷探險隊所得並托裱。護首為黃底雲龍織錦。卷端有題簽，作“大般若波羅蜜多經卷第四百四”。並鈐有藍色長方形印章，2.4×3.4 厘米；印文為作“圖書臺帳/登錄番號 1047”，數字係手寫。有千字文編號“慶”。尾有軸，人工水晶軸頭。護首下端粘有紙簽，上書“類別 8，番號 185”。首紙裝裱時粘一紙簽，後撕去，留有殘痕。

1.1 BD13985 號
1.3 大般若波羅蜜多經卷四〇五
1.4 新 0185
2.1 576.5×25.8 厘米；12 紙；334 行，行 17 字。
2.2 01：48.0，28； 02：48.0，28； 03：48.0，28；
04：48.0，28； 05：48.0，28； 06：48.0，28；
07：48.5，28； 08：48.0，28； 09：48.0，28；
10：48.0，28； 11：48.0，28； 12：48.0，27（空 1）。
2.3 卷軸裝。首脫尾全。有烏絲欄。近代已托裱。
3.1 首殘→大正 0220，07/0025A04。
3.2 尾全→大正 0220，07/0028C19。
4.2 大般若波羅蜜多經卷第四百五（尾）。
8 9～10 世紀。歸義軍時期寫本。
9.1 楷書。
10 此件原為日本大谷探險隊所得並托裱。護首為黃底雲龍織錦。卷端有題簽，作“大般若波羅蜜多經卷第四百五”。並鈐有藍色長方形印章，2.4×3.4 厘米；印文為作“圖書臺帳/登錄番號 917”，數字係手寫。有千字文編號“尺”。尾有軸，人工水晶軸頭。下端軸頭粘有紙簽，上書“類別 8，番號 186”。首紙裝裱時粘一紙簽，後撕去，留有殘痕。

1.1　BD13986 號
1.3　大般若波羅蜜多經卷四一五
1.4　新 0186
2.1　800.5×25.3 厘米；18 紙；463 行，行 17 字。
2.2　01：18.5，01；　02：44.0，26；　03：46.0，28；
04：46.5，28；　05：46.5，28；　06：46.5，28；
07：46.5，28；　08：46.5，28；　09：46.5，28；
10：46.5，28；　11：46.5，28；　12：46.5，28；
13：46.5，28；　14：46.5，28；　15：46.5，28；
16：46.5，28；　17：46.5，28；　18：41.0，23（空 7）。
2.3　卷軸裝。首尾均全。原卷有護首，近代裝裱時改裝為扉頁。有烏絲欄。近代已托裱。
3.1　首全→大正 0220，07/0079C08。
3.2　尾全→大正 0220，07/0085A12。
4.1　大般若波羅蜜多經卷第四百一十五，/第二分念住等品第十七之二，三藏法師玄奘奉詔譯/（首）。
4.2　大般若波羅蜜多經卷第四百一十五（尾）。
7.4　護首有經名“大般若經卷第四百一十五，卌二”，經名上有經名號。
“卌二”為本卷所屬袟數。
8　9～10 世紀。歸義軍時期寫本。
9.1　楷書。
10　此件原為日本大谷探險隊所得並托裱。護首為黄底雲龍織錦。卷端有題簽，作“大般若波羅蜜多經卷第四百一十五”。並鈐有藍色長方形印章，2.4×3.4 厘米；印文為作“圖書臺帳/登錄番號 901”，數字係手寫。有千字文編號“璧”。尾有軸，人工水晶軸頭。下端軸頭粘有紙簽，上書“類別 8，番號 187”。首紙裝裱時粘一紙簽，後撕去，留有殘痕。

1.1　BD13987 號
1.3　大般若波羅蜜多經卷五〇六
1.4　新 0187
2.1　（4.5＋480）×25.7 厘米；11 紙；282 行，行 17 字。
2.2　01：04.5，02；　02：48.0，28；　03：48.0，28；
04：48.0，28；　05：48.0，28；　06：48.0，28；
07：48.0，28；　08：48.0，28；　09：48.0，28；
10：48.0，28；　11：48.0，28。
2.3　卷軸裝。首斷尾脫。首紙有殘缺。有烏絲欄。近代已托裱。
3.1　首 2 行中下殘→大正 0220，07/0578B14～16。
3.2　尾殘→大正 0220，07/0581C06。
8　9～10 世紀。歸義軍時期寫本。
9.1　楷書。有武周新字“國”，使用周遍。
10　此件原為日本大谷探險隊所得並托裱。護首為黄底雲龍織錦。卷端有題簽，作“大般若波羅蜜多經卷第四百三十四，四百三十五”。並鈐有藍色長方形印章，2.4×3.4 厘米；印文為作“圖書臺帳/登錄番號 984”，數字係手寫。有千字文編號“非”。尾有軸，人工水晶軸頭。下端軸頭粘有紙簽，上書“類別 8，番號 188”。卷端題簽上卷數不符。

1.1　BD13988 號
1.3　大般若波羅蜜多經卷四三六
1.4　新 0188
2.1　760.5×25.2 厘米；17 紙；454 行，行 17 字。
2.2　01：45.0，26；　02：45.0，28；　03：45.0，28；
04：45.0，28；　05：45.0，28；　06：45.0，28；
07：45.0，28；　08：45.0，28；　09：45.0，28；
10：45.0，28；　11：45.0，28；　12：45.0，28；
13：45.0，28；　14：48.5，28；　15：48.5，28；
16：48.5，28；　17：30.0，14（空 6）。
2.3　卷軸裝。首尾均全。首紙殘。有烏絲欄。近代已托裱。
3.1　首全→大正 0220，07/0192C15。
3.2　尾全→大正 0220，07/0198A13。
4.1　大般若波羅蜜多經卷第四百卌六，/第二分清淨品第卌，三藏法師玄奘奉詔譯/（首）。
4.2　大般若波羅蜜多經卷第四百卌六（尾）。
8　9～10 世紀。歸義軍時期寫本。
9.1　楷書。有武周新字“正”，使用周遍。
9.2　有行間校加字。
10　此件原為日本大谷探險隊所得並托裱。護首為黄底雲龍織錦。卷端有題簽，作“大般若波羅蜜多經卷第四百三十六”。並鈐有藍色長方形印章，2.4×3.4 厘米；印文為作“圖書臺帳/登錄番號 922”，數字係手寫。有千字文編號“賓”。尾有軸，人工水晶軸頭。下端軸頭粘有紙簽，上書“類別 8，番號 189”。首紙裝裱時粘一紙簽，後撕去，留有殘痕。

1.1　BD13989 號
1.3　大般若波羅蜜多經卷四三九
1.4　新 0189
2.1　（5.5＋770）×25.2 厘米；16 紙；445 行，行 17 字。
2.2　01：47.5，26；　02：49.0，28；　03：48.5，28；
04：48.5，28；　05：48.5，28；　06：48.5，28；
07：48.5，28；　08：48.5，28；　09：48.5，28；
10：48.5，28；　11：48.5，28；　12：48.5，28；
13：48.5，28；　14：48.5，28；　15：48.5，28；
16：48.5，28（空 1）。
2.3　卷軸裝。首殘尾全。有烏絲欄。近代已托裱。
3.1　首 2 行下殘→大正 0220，07/0209C02～05。
3.2　尾全→大正 0220，07/0214C14。
4.1　大般若波羅蜜多經卷第四百卌九，/第二分東北方品第卌三之二，三藏法師玄奘□□□/（首）。
4.2　大般若波羅蜜多經卷第四百卌九（尾）。
8　8～9 世紀。吐蕃統治時期寫本。
9.1　楷書。有武周新字“正”、“證”，使用周遍；“人”、“年”、

"月"，使用不周遍。
9.2　有行間校加字。
10　此件原為日本大谷探險隊所得並托裱。護首為黄底雲龍織錦。卷端有題簽，作"大般若波羅蜜多經卷第四百三十九"。並鈐有藍色長方形印章，2.4×3.4 厘米；印文為作"圖書臺帳/登錄番號 980"，數字係手寫。有千字文編號"寸"。尾有軸，人工水晶軸頭。下端軸頭粘有紙簽，上書"類別 8，番號 190"。

1.1　BD13990 號
1.3　大般若波羅蜜多經卷四七〇
1.4　新 0190
2.1　637×25 厘米；14 紙；388 行，行 17 字。
2.2　01：42.5，26；　02：45.5，28；　03：46.0，28；
04：46.0，28；　05：46.0，28；　06：46.0，28；
07：46.0，28；　08：46.0，28；　09：46.0，28；
10：46.0，28；　11：46.0，28；　12：46.5，28；
13：46.0，28；　14：42.5，26。
2.3　卷軸裝。首全尾斷。首紙下邊有殘缺。下邊有字痕 3 行，被刮去。第 8 紙有行間校加字，被刮去。有烏絲欄。近代已托裱。
3.1　首全→大正 0220，07/0377A02。
3.2　尾殘→大正 0220，07/0381B14。
4.1　大般若波羅蜜多經卷第四百七十，/第二分衆德相品第七十六之三，三藏法師玄奘奉詔譯/（首）。
7.2　卷首鈐有長方形陽文硃印，4×5 厘米；半殘，印文作"［報恩寺］/藏經印"。
8　9～10 世紀。歸義軍時期寫本。
9.1　楷書。
9.2　第 2 紙下邊有"疣"和"唇"二字，第 8 紙下邊有"眼"字，均為相應行之校改標識字。有行間校加字。
10　此件原為日本大谷探險隊所得並托裱。護首為黄底雲龍織錦。卷端有題簽，作"大般若波羅蜜多經卷第四百七十"。並鈐有藍色長方形印章，2.4×3.4 厘米；印文為作"圖書臺帳/登錄番號 1033"，數字係手寫。有千字文編號"陰"。尾有軸，人工水晶軸頭。下端軸頭粘有紙簽，上書"類別 8，番號 191"。末紙裝裱時粘一紙簽，上書"60，馬，五"。

1.1　BD13991 號
1.3　大般若波羅蜜多經卷四七一
1.4　新 0191
2.1　847.5×25.7 厘米；19 紙；475 行，行 17 字。
2.2　01：10.0，00；　02：46.5，26；　03：48.5，28；
04：48.5，28；　05：48.0，28；　06：48.5，28；
07：48.5，28；　08：48.5，28；　09：48.5，28；
10：48.5，28；　11：48.5，28；　12：48.5，28；
13：48.5，28；　14：48.5，28；　15：48.5，28；
16：48.5，28；　17：48.5，28；　18：48.5，28；
19：15.5，06（空 5）。
2.3　卷軸裝。首尾均全。原卷有護首，近代裝裱時改裝為扉頁。有烏絲欄。近代已托裱。
3.1　首全→大正 0220，07/0382B14。
3.2　尾全→大正 0220，07/0388A03。
4.1　大般若波羅蜜多經卷第四百七十一，/第二分衆德相品第七十六之四，三藏法師玄奘奉詔譯/（首）。
4.2　大般若波羅蜜多經卷第四百七十一（尾）。
8　8～9 世紀。吐蕃統治時期寫本。
9.1　楷書。
9.2　有行間校加字。有倒乙。
10　此件原為日本大谷探險隊所得並托裱。護首為黄底雲龍織錦。卷端有題簽，作"大般若波羅蜜多經卷第四百七十一"。並鈐有藍色長方形印章，2.4×3.4 厘米；印文為作"圖書臺帳/登錄番號 929"，數字係手寫。有千字文編號"是"。尾有軸，人工水晶軸頭。下端軸頭粘有紙簽，上書"類別 8，番號 192"。首紙裝裱時粘一紙簽，後撕去，留有殘痕。

1.1　BD13992 號
1.3　大般若波羅蜜多經卷四七四
1.4　新 0192
2.1　786×26.7 厘米；17 紙；471 行，行 17 字。
2.2　01：46.5，26；　02：46.5，28；　03：46.5，28；
04：46.0，28；　05：46.5，28；　06：46.5，28；
07：46.5，28；　08：46.5，28；　09：46.5，28；
10：46.5，28；　11：46.5，28；　12：46.5，28；
13：46.5，28；　14：45.5，28；　15：45.5，28；
16：45.5，28；　17：45.5，28（空 2）。
2.3　卷軸裝。首尾均全。第 16 紙末尾留空 1 行，但前後文字相接。有烏絲欄。未入潢。近代已托裱。
3.1　首全→大正 0220，07/0398C05。
3.2　尾全→大正 0220，07/0404A15。
4.1　大般若波羅蜜多經卷第四百七十四，/第二分實際品第七十八之二，三藏法師玄奘奉詔譯/（首）。
4.2　大般若波羅蜜多經卷第四百七十四（尾）。
8　9～10 世紀。歸義軍時期寫本。
9.1　楷書。
10　此件原為日本大谷探險隊所得並托裱。護首為黄底雲龍織錦。卷端有題簽，作"大般若波羅蜜多經卷第四百七十四"。並鈐有藍色長方形印章，2.4×3.4 厘米；印文為作"圖書臺帳/登錄番號 895"，數字係手寫。有千字文編號"競"。尾有軸，人工水晶軸頭。下端軸頭粘有紙簽，上書"類別 8，番號 193"。

1.1　BD13993 號
1.3　大般若波羅蜜多經卷四八六
1.4　新 0193
2.1　816.5×25.2 厘米；19 紙；492 行，行 17 字。

2.2 01：17.0，00； 02：42.5，26； 03：45.0，28；
04：44.5，28； 05：44.5，28； 06：45.0，28；
07：44.5，28； 08：44.5，28； 09：45.0，28；
10：45.0，28； 11：45.0，28； 12：45.0，28；
13：44.0，28； 14：45.0，28； 15：44.0，28；
16：44.5，28； 17：44.5，28； 18：45.0，28；
19：42.0，25（空7）。

2.3 卷軸裝。首尾均全。原卷有護首，近代裝裱時改裝為扉頁。有烏絲欄。近代已托裱。

3.1 首全→大正0220，07/0466B10。

3.2 尾全→大正0220，07/0472A08。

4.1 大般若波羅蜜多經卷第四百八十六，/第三分善現品第三之五，三藏法師玄奘奉詔譯/（首）。

4.2 大般若波羅蜜多經卷第四百八十六（尾）。

8 9～10世紀。歸義軍時期寫本。

9.1 楷書。

9.2 有行間校加字。

10 此件原為日本大谷探險隊所得並托裱。護首為黄底雲龍織錦。卷端有題簽，作“大般若波羅蜜多經卷第四百八十六”。並鈐有藍色長方形印章，2.4×3.4厘米；印文為作“圖書臺帳/登錄番號1027”，數字係手寫。有千字文編號“資”。尾有軸，人工水晶軸頭。下端軸頭粘有紙簽，上書“類別8，番號194”。首紙裝裱時粘一紙簽，後撕去，留有殘痕。

1.1 BD13994號

1.3 大般若波羅蜜多經卷四九〇

1.4 新0194

2.1 （6.5+619）×25.3厘米；14紙；364行，行17字。

2.2 01：44.5，26； 02：46.0，28； 03：46.5，28；
04：47.0，28； 05：47.0，28； 06：47.0，28；
07：47.0，28； 08：47.0，28； 09：47.0，28；
10：47.0，28； 11：47.0，28； 12：47.5，28；
13：47.0，28； 14：18.0，10（空8）。

2.3 卷軸裝。首殘尾全。第12紙上邊有燒焦痕跡。有烏絲欄。近代已托裱。

3.1 首3行下殘→大正0220，07/0489A23～28。

3.2 尾全→大正0220，07/0494B10。

4.1 大般若波羅蜜多經卷第四百九十，/第三分善現品第三之九，三藏法□…□/（首）。

4.2 大般若波羅蜜多經卷第四百九十（尾）。

8 9～10世紀。歸義軍時期寫本。

9.1 楷書。

10 此件原為日本大谷探險隊所得並托裱。護首為黄底雲龍織錦。卷端有題簽，作“大般若波羅蜜多經卷第四百九十”。並鈐有藍色長方形印章，2.4×3.4厘米；印文為作“圖書臺帳/登錄番號1003”，數字係手寫。有千字文編號“父”。尾有軸，人工水晶軸頭。下端軸頭粘有紙簽，上書“類別8，番號195”。

1.1 BD13995號

1.3 大般若波羅蜜多經卷四九三

1.4 新0195

2.1 750×26.5厘米；17紙；444行，行17字。

2.2 01：46.0，26； 02：46.0，28； 03：46.0，28；
04：46.0，28； 05：46.0，28； 06：46.0，28；
07：45.5，28； 08：46.0，28； 09：45.5，28；
10：46.0，28； 11：45.5，28； 12：46.0，28；
13：45.5，28； 14：46.0，28； 15：46.0，28；
16：46.0，28(空1)； 17：16.0，07（空6）。

2.3 卷軸裝。首尾均全。第5紙、第6紙末各留空一行，但前後行文均相接。有烏絲欄。未入潢。近代已托裱。

3.1 首全→大正0220，07/0505B12。

3.2 尾全→大正0220，07/0510B21。

4.1 大般若波羅蜜多經卷第四百九十三，/第三分善現品第三之十二，三藏法師玄奘奉詔譯/（首）。

4.2 大般若波羅蜜多經卷第四百九十三（尾）。

8 9～10世紀。歸義軍時期寫本。

9.1 楷書。

10 此件原為日本大谷探險隊所得並托裱。護首為黄底雲龍織錦。卷端有題簽，作“大般若波羅蜜多經卷第四百九十三”。並鈐有藍色長方形印章，2.4×3.4厘米；印文為作“圖書臺帳/登錄番號1011”，數字係手寫。有千字文編號“事”。尾有軸，人工水晶軸頭。下端軸頭粘有紙簽，上書“類別8，番號196”。

1.1 BD13996號

1.3 大般若波羅蜜多經卷四九三

1.4 新0196

2.1 833×25.2厘米；17紙；445行，行17字。

2.2 01：12.5，01； 02：48.0，27； 03：48.0，29；
04：48.0，29； 05：48.0，29； 06：48.0，29（空1）；
07：53.0，28； 08：53.0，29； 09：53.5，28；
10：53.5，29； 11：53.5，28； 12：53.5，28；
13：53.5，29； 14：53.5，29； 15：53.5，28；
16：53.5，30； 17：46.5，24（空8）。

2.3 卷軸裝。首尾均全。原卷有護首，近代裝裱時改裝為扉頁。第6紙以前紙質規格字體與後幾紙不同，係後補。有烏絲欄。第7紙右下背面有古代裱補紙；22×6厘米；存字3行半。因書寫面朝内，且近代裝裱時被遮裱，故無法辨認。但第7紙卷面殘破處可見“摩”字。近代已托裱。

3.1 首全→大正0220，07/0505B12。

3.2 尾全→大正0220，07/0510B21。

4.1 大般若波羅蜜多經卷第四百九十三，/第三分善現品第三之十二，三藏法師玄奘奉詔譯/（首）。

4.2 大般若波羅蜜多經卷第四百九十三（尾）。

7.4 護首有經名“大般若經卷第四百九十三，五十，三，恩”，經名上有經名號。

“五十”為本卷所屬袟數。“三”為袟内卷次。“恩”為本經收藏寺院報恩寺的簡稱。
8　9～10世紀。歸義軍時期寫本。
9.1　楷書。
10　此件原為日本大谷探險隊所得並托裱。護首為黄底雲龍織錦。卷端有題簽，作“大般若波羅蜜多經卷第四百九十三”。並鈐有藍色長方形印章，2.4×3.4厘米；印文為作“圖書臺帳/登錄番號1032”，數字係手寫。有千字文編號“君”。尾有軸，人工水晶軸頭。下端軸頭粘有紙簽，上書“類別8，番號197”。

1.1　BD13997號
1.3　大般若波羅蜜多經卷五〇〇
1.4　新0197
2.1　757.5×25.2厘米；16紙；444行，行17字。
2.2　01：47.5，28；　02：47.5，28；　03：45.0，27；
04：47.0，28；　05：47.0，28；　06：47.0，28；
07：47.0，28；　08：47.0，28；　09：47.0，28；
10：48.0，28；　11：48.0，28；　12：48.0，28；
13：48.0，28；　14：48.0，28；　15：48.0，28；
16：47.5，28（空3）。
2.3　卷軸裝。首脱尾全。第8紙第23行“摩”字、第12紙第14行“之”字刮而未補。有烏絲欄。近代已托裱。
3.1　首殘→大正0220，07/0543A29。
3.2　尾全→大正0220，07/0548B08。
4.2　大般若波羅蜜多經卷第五百（尾）。
8　8～9世紀。吐蕃統治時期寫本。
9.1　楷書。
10　此件原為日本大谷探險隊所得並托裱。護首為黄底雲龍織錦。卷端有題簽，作“大般若波羅蜜多經卷第五百”。並鈐有藍色長方形印章，2.4×3.4厘米；印文為作“圖書臺帳/登錄番號970”，數字係手寫。有千字文編號“曰”。尾有軸，人工水晶軸頭。下端軸頭粘有紙簽，上書“類別8，番號198”。首紙及第7紙裝裱時粘一紙簽，後撕去，留有殘痕。

1.1　BD13998號
1.3　大般若波羅蜜多經卷五〇六
1.4　新0198
2.1　291.5×25.3厘米；6紙；161行，行17字。
2.2　01：49.0，28；　02：48.5，28；　03：48.5，28；
04：48.5，28；　05：48.5，28；　06：48.5，27（空6）。
2.3　卷軸裝。首脱尾全。有烏絲欄。近代已托裱。
3.1　首殘→大正0220，07/0581C06。
3.2　尾全→大正0220，07/0583B21。
4.2　大般若波羅蜜多經卷第五百六（尾）。
8　8～9世紀。吐蕃統治時期寫本。
9.1　楷書。
10　此件原為日本大谷探險隊所得並托裱。護首為黄底雲龍織錦。卷端有題簽，作“大般若波羅蜜多經卷五百六”。並鈐有藍色長方形印章，2.4×3.4厘米；印文為作“圖書臺帳/登錄番號981”，數字係手寫。有千字文編號“與”。尾有軸，人工水晶軸頭。下端軸頭粘有紙簽，上書“類別8，番號199”。首紙裝裱時粘一紙簽，後撕去，留有殘痕。

1.1　BD13999號
1.3　大般若波羅蜜多經卷五〇七
1.4　新0199
2.1　888×25.5厘米；20紙；501行，行17字。
2.2　01：17.5，00；　02：46.0，26；　03：48.5，28；
04：48.5，28；　05：48.5，28；　06：48.5，28；
07：48.5，28；　08：47.5，28；　09：47.5，28；
10：47.5，28；　11：47.5，28；　12：47.5，28；
13：47.5，28；　14：47.5，28；　15：47.5，28；
16：47.5，28；　17：47.5，28；　18：47.5，28；
19：47.5，28（空1）；20：12.0，06（空6）。
2.3　卷軸裝。首尾均全。原卷有護首，近代裝裱時改裝為扉頁。有烏絲欄。近代已托裱。
3.1　首全→大正0220，07/0583B24。
3.2　尾全→大正0220，07/0589B03。
4.1　大般若波羅蜜多經卷第五百七，/第三分歎淨品第十一之二，三藏法師玄奘奉詔譯/（首）。
4.2　大般若波羅蜜多經卷第五百七（尾）。
8　8～9世紀。吐蕃統治時期寫本。
9.1　楷書。
10　此件原為日本大谷探險隊所得並托裱。護首為黄底雲龍織錦。卷端有題簽，作“大般若波羅蜜多經卷第五百七”。並鈐有藍色長方形印章，2.4×3.4厘米；印文為作“圖書臺帳/登錄番號1009”，數字係手寫。有千字文編號“敬”。尾有軸，人工水晶軸頭。下端軸頭粘有紙簽，上書“類別8，番號200”。

1.1　BD14000號
1.3　大般若波羅蜜多經卷五三五
1.4　新0200
2.1　740×25.8厘米；17紙；451行，行17字。
2.2　01：52.0，32；　02：45.0，28；　03：45.0，28；
04：45.0，28；　05：45.0，28；　06：45.0，28；
07：45.0，28；　08：45.0，28；　09：45.0，28；
10：44.5，28；　11：44.5，28；　12：44.5，28；
13：43.0，28；　14：44.5，28；　15：48.5，28；
16：48.5，28（空1）；17：10.0，04（空4）。
2.3　卷軸裝。首尾均全。有烏絲欄。近代已托裱。
3.1　首全→大正0220，07/0745C15。
3.2　尾全→大正0220，07/0750C27。
4.1　大般若波羅蜜多經卷第五百卅五，/第三分施等品第廿九之四，三藏法師玄奘奉詔譯/（首）。

4.2　大般若波羅蜜多經卷第五百卅五（尾）。

7.2　卷首尾鈐有長方形陽文硃印，4×5 厘米；印文作“報恩寺/藏經印”，但卷首印文半殘，印文作“藏經印”。尾題後鈐有長方形陽文墨印，2.5×8 厘米；印文為“三界寺藏經”。

8　9～10 世紀。歸義軍時期寫本。

9.1　楷書。

9.2　有行間校加字。

10　此件原為日本大谷探險隊所得並托裱。護首為黄底雲龍織錦。卷端有題簽，作“大般若波羅蜜多經卷第五百三十五”。並鈐有藍色長方形印章，2.4×3.4 厘米；印文為作“圖書臺帳/登錄番號 1075”，數字係手寫。有千字文編號“孝”。尾有軸，人工水晶軸頭。下端軸頭粘有紙簽，上書“類別 8，番號 201”。

1.1　BD14001 號

1.3　大般若波羅蜜多經最勝天王會卷二

1.4　新 0201

2.1　841×25 厘米；18 紙；455 行，行 17 字。

2.2　01：17.5，01；　02：47.0，26；　03：48.5，28；
04：48.5，28；　05：48.0，28；　06：48.5，28；
07：48.5，28；　08：48.5，28；　09：48.5，28；
10：49.0，28；　11：49.0，28；　12：48.5，28；
13：48.5，28；　14：48.5，28；　15：48.5，28；
16：48.5，28；　17：48.5，28；　18：48.5，23（空 15）。

2.3　卷軸裝。首尾均全。原卷有護首，近代裝裱時改裝為扉頁。有烏絲欄。近代已托裱。

3.1　首全→大正 0220，07/0926A02。

3.2　尾全→大正 0220，07/0931A22。

4.1　大般若波羅蜜多經最勝天王會卷第二，/顯相品第三，三藏法師玄奘奉詔譯/（首）。

4.2　大般若波羅蜜多經最勝天王會卷第二（尾）。

5　與《大正藏》本對照，本卷首尾經名上多“最勝天王會”五字，卷次及經文均相當於《大正藏》本《大般若波羅蜜多經》卷第五百六十七，亦即大般若第六會的第二卷。故本號卷子卷次題作“卷第二”。本卷説明，當時的《大般若經》，既有按照六百卷之卷次逐一抄寫者，亦有按照十六會之會次逐一抄寫者。本卷即屬後者。BD14003 號與本卷同，且原屬同一部。

7.4　護首有經名“大般若經最勝天王會卷第二”，經名上有經名號。

8　8 世紀。唐寫本。

9.1　楷書。

10　此件原為日本大谷探險隊所得並通卷托裱。護首為黄底雲龍織錦。卷端有題簽，作“大般若波羅蜜多經最勝天王會卷第二”。並鈐有藍色長方形印章，2.4×3.4 厘米；印文為“圖書臺帳/登錄番號 1126”，數字係手寫，有千字文編號“當”。尾有軸，人工水晶軸頭。下端軸頭粘有紙簽，上書“類別 8，番號 202”。原卷紙張多處皺褶，字寫皺褶上，亦有墨汁順皺褶滲流者。近代裝裱時將皺褶撑開，以致傷字。

1.1　BD14002 號

1.3　大般若波羅蜜多經卷五七一

1.4　新 0202

2.1　779.5×25 厘米；18 紙；472 行，行 17 字。

2.2　01：20.5，01；　02：42.0，26；　03：45.0，28；
04：45.0，28；　05：45.0，28；　06：45.0，28；
07：45.0，28；　08：44.5，28；　09：44.5，28；
10：44.5，28；　11：44.5，28；　12：44.5，28；
13：44.5，28；　14：44.5，28；　15：44.5，28；
16：45.0，28；　17：45.0，28；　18：48.5，28（空 3）。

2.3　卷軸裝。首尾均全。原卷有護首，近代裝裱時改為扉頁。有烏絲欄。背有古代裱補。近代已托裱。

3.1　首全→大正 0220，07/0947B20。

3.2　尾全→大正 0220，07/0953A01。

4.1　大般若波羅蜜多經卷第五百七十一，/第六分無所得品第九，三藏法師玄奘奉 詔譯/（首）。

4.2　大般若波羅蜜多經卷第五百七十一（尾）。

7.4　護首有經名“大般若波羅蜜多經卷第五百七十一，五十八，一，恩”，經名上有經名號。

“五十八”為本卷所屬袟次。“一”為袟内卷次。“恩”為本經收藏寺院報恩寺的簡稱。

8　9～10 世紀。歸義軍時期寫本。

9.1　楷書。

9.2　有行間校加字。

10　此件原為日本大谷探險隊所得並通卷托裱。護首為黄底雲龍織錦。卷端有題簽，作“大般若波羅蜜多經卷第五百七十一”。並鈐有藍色長方形印章，2.4×3.4 厘米；印文為“圖書臺帳/登錄番號 1012”，數字係手寫。有千字文編號“竭”。尾有軸，人工水晶軸頭。下端軸頭粘有紙簽，上書“類別 8，番號 203”。

1.1　BD14003 號

1.3　大般若波羅蜜多經最勝天王會卷六

1.4　新 0203

2.1　869.5×24.5 厘米；19 紙；471 行，行 17 字。

2.2　01：19.0，00；　02：46.5，26；　03：49.0，28；
04：49.0，28；　05：49.0，27；　06：49.0，28；
07：49.0，28；　08：49.0，28；　09：49.5，28；
10：49.0，28；　11：49.0，28；　12：49.5，28；
13：49.5，28；　14：49.0，28；　15：49.5，28；
16：49.5，28；　17：49.5，28；　18：49.0，28（空 2）；
19：17.0，07（空 7）。

2.3　卷軸裝。首尾均全。有烏絲欄。近代已托裱。

3.1　首全→大正 0220，07/0947B20。

3.2　尾全→大正 0220，07/0953A01。

4.1　大般若波羅蜜多經最勝天王會卷第六，/無所得品第九，三藏法師玄奘奉 詔譯/（首）。

4.2　大般若波羅蜜多經最勝天王會卷第六（尾）。

5　與《大正藏》本對照，本卷首尾經名上多“最勝天王會”五字，卷次及經文均相當於《大正藏》本《大般若波羅蜜多經》卷第五百七十一，亦即大般若第六會的第六卷。故本號卷子卷次題作“卷第六”。本卷說明，當時的《大般若經》，既有按照六百卷之卷次逐一抄寫者，亦有按照十六會之會次逐一抄寫者。本卷即屬後者。BD14001 號與本卷同，且原屬同一部。
8　8 世紀。唐寫本。
9.1　楷書。
10　此件原為日本大谷探險隊所得並通卷托裱。護首為黃底雲龍織錦。卷端有題簽，作“大般若波羅蜜多經最勝天王會卷第六”。並鈐有藍色長方形印章，2.4×3.4 厘米；印文為“圖書臺帳/登錄番號 934”，數字係手寫。有千字文編號“力”。尾有軸，人工水晶軸頭。下端軸頭粘有紙簽，上書“類別 8，番號 204”。

1.1　BD14004 號
1.3　大般若波羅蜜多經卷五七三
1.4　新 0204
2.1　818.5×25.5 厘米；19 紙；470 行，行 17 字。
2.2　01：23.0，01；　02：43.0，26；　03：46.0，28；
04：46.5，28；　05：46.5，28；　06：46.5，28；
07：46.5，28；　08：46.5，28；　09：46.5，28；
10：46.5，28；　11：46.5，28；　12：46.5，28；
13：46.0，28；　14：46.0，28；　15：46.5，28；
16：46.5，28；　17：46.0，28；　18：44.0，27（空 4）；
19：13.0，07（空 7）。
2.3　卷軸裝。首尾均全。原卷有護首，近代裝裱時改為扉頁。有烏絲欄。近代已托裱。
3.1　首全→大正 0220，07/0958B02。
3.2　尾全→大正 0220，07/0963C20。
4.1　大般若波羅蜜多經卷第五百七十三，/第六分勸誡品第十四之三，三藏法師玄奘奉詔譯/（首）。
4.2　大般若波羅蜜多經卷第五百七十三（尾）。
7.4　護首有經名“大般若波羅蜜多經卷第五百七十三，五十八，三，恩”，經名上有經名號。
“五十八”為本卷所屬袟次。“三”為袟内卷次。“恩”為本經收藏寺院報恩寺的簡稱。
8　9～10 世紀。歸義軍時期寫本。
9.1　楷書。
9.2　有行内校加字。
10　此件原為日本大谷探險隊所得並通卷托裱。護首為黃底雲龍織錦。卷端有題簽，作“大般若波羅蜜多經卷第五百七十三”。並鈐有藍色長方形印章，2.4×3.4 厘米；印文為“圖書臺帳/登錄番號 935”，數字係手寫。有千字文編號“忠”。尾有軸，人工水晶軸頭。下端軸頭粘有紙簽，上書“類別 8，番號 205”。

1.1　BD14005 號
1.3　大般若波羅蜜多經卷五八四
1.4　新 0205
2.1　740.5×26.7 厘米；16 紙；430 行，行 17 字。
2.2　01：46.5，26；　02：46.5，28；　03：46.5，28；
04：46.5，28；　05：46.5，28；　06：46.5，28；
07：46.5，28；　08：46.5，28；　09：46.5，28；
10：46.5，28；　11：46.5，28；　12：46.5，28；
13：46.5，28；　14：46.5，28；　15：46.5，28；
16：43.0，22（空 10）。
2.3　卷軸裝。首尾均全。有烏絲欄。典型的制式抄寫經。近代已托裱。
3.1　首全→大正 0220，07/1019B18。
3.2　尾全→大正 0220，07/1024B12。
4.1　大般若波羅蜜多經卷第五百八十四，/第十二淨戒波羅蜜多分之一，三藏法師玄奘奉詔譯/（首）。
4.2　大般若波羅蜜多經卷第五百八十四（尾）。
7.1　尾題後有題記“善忍寫”一行。
8　9～10 世紀。歸義軍時期寫本。
9.1　楷書。
10　此件原為日本大谷探險隊所得並通卷托裱。護首為黃底雲龍織錦。卷端有題簽，作“大般若波羅蜜多經卷第五百八十四”。並鈐有藍色長方形印章，2.4×3.4 厘米；印文為“圖書臺帳/登錄番號 1025”，數字係手寫。有千字文編號“則”。尾有軸，人工水晶軸頭。護首下端粘有紙簽，上書“類別 8，番號 206”。首紙裝裱時粘 1 紙簽，後撕去，留有殘痕。

1.1　BD14006 號
1.3　大般若波羅蜜多經卷五九〇
1.4　新 0206
2.1　771.5×25.2 厘米；17 紙；445 行，行 17 字。
2.2　01：47.0，26；　02：48.0，28；　03：48.0，28；
04：47.0，28；　05：47.5，28；　06：47.5，28；
07：47.5，28；　08：48.0，28；　09：47.5，28；
10：47.5，28；　11：48.0，28；　12：47.5，28；
13：47.5，28；　14：48.0，28；　15：47.5，28；
16：47.5，28(空 1)；　17：10.0，03（空 3）。
2.3　卷軸裝。首尾均全。第 2 紙首有污痕，似為鳥糞。有烏絲欄。近代已托裱。
3.1　首全→大正 0220，07/1050A21。
3.2　尾全→大正 0220，07/1055A29。
4.1　大般若波羅蜜多經卷第五百九十，/第十四精進波羅蜜多分，三藏法師玄奘奉詔譯/（首）。
4.2　大般若波羅蜜多經卷第五百九十（尾）。
7.1　尾題後有題名“靈秀”和“趙藏”。“靈秀”上邊有 1 個殘字。
8　8～9 世紀。吐蕃統治時期寫本。
9.1　楷書。
9.2　有行間校加字。

10　此件原為日本大谷探險隊所得並通卷托裱。護首為黄底雲龍織錦。卷端有題簽，作“大般若波羅蜜多經卷第五百九十”。並鈐有藍色長方形印章，2.4×3.4 厘米；印文為“圖書臺帳/登錄番號 992”，數字係手寫。有千字文編號“盡”。尾有軸，人工水晶軸頭。下端軸頭粘有紙簽，上書“8，207”。首紙裝裱時粘 1 紙簽，後撕去，留有殘痕。

1.1　BD14007 號
1.3　大般若波羅蜜多經卷五九〇
1.4　新 0207
2.1　765.5×25 厘米；21 紙；444 行，行 17 字。
2.2　01：16.0，00；　02：44.5，26；　03：47.0，28；
04：47.5，28；　05：47.5，28；　06：47.0，28；
07：47.0，28；　08：47.0，28；　09：47.0，28；
10：47.0，28；　11：47.0，28；　12：46.5，28；
13：20.5，12；　14：26.5，16；　15：47.0，28；
16：28.5，17；　17：06.5，04；　18：11.5，07；
19：47.5，26；　20：25.0，15；　21：22.5，13（空 3）。
2.3　卷軸裝。首尾均全。原卷有護首，近代裝裱時裱為首紙。卷面油污，卷尾上邊殘缺。背有古代裱補，並補出殘字。第 16～21 紙上邊殘損。有烏絲欄。原卷有 3 處係粘接不合規格之小紙；拼湊成標準寫經紙。情況如下：第 13 紙、第 14 紙兩紙拼成 1 紙；第 16 紙、第 17 紙、第 18 紙 3 紙拼成 1 紙；第 20 紙、第 21 紙兩紙拼成 1 紙。已修整。近代已托裱。
3.1　首全→大正 0220，07/1050A21。
3.2　尾全→大正 0220，07/1055A29。
4.1　大般若波羅蜜多經卷第五百九十，/第十四精進波羅蜜多分，三藏法師玄奘奉詔譯/（首）。
4.2　大般若波羅蜜多經卷第五百九十（尾）。
8　9～10 世紀。歸義軍時期寫本。
9.1　楷書。
9.2　有行間校加字及刮改，下邊有校改字。第 8 紙下邊有“思”字、第 13 紙下邊有“芥”字、第 14 紙下邊有“令”字、第 18 紙下邊有“財”字、第 21 紙下邊有“甲”字，均為相應行的校改標識字。
10　此件原為日本大谷探險隊所得並通卷托裱。護首為黄底雲龍織錦。卷端有題簽，作“大般若波羅蜜多經卷第五百九十”。並鈐有藍色長方形印章，2.4×3.4 厘米；印文為“圖書臺帳/登錄番號 975”，數字係手寫。有千字文編號“命”。尾有軸，人工水晶軸頭。下端軸頭粘有紙簽，上書“類別 8，番號 208”。

1.1　BD14008 號
1.3　大般若波羅蜜多經卷八一
1.4　新 0208
2.1　749×25.8 厘米；17 紙；463 行，行 17 字。
2.2　01：44.5，27；　02：45.0，28；　03：45.0，28；
04：45.0，28；　05：45.0，28；　06：45.0，28；
07：45.0，28；　08：45.0，28；　09：45.0，28；
10：45.0，28；　11：45.0，28；　12：45.0，28；
13：45.0，28；　14：45.0，28；　15：45.0，28；
16：45.0，28；　17：32.0，19（空 3）。
2.3　卷軸裝。首尾均全。有烏絲欄。近代已托裱。
3.1　首全→大正 0220，05/0452C04。
3.2　尾全→大正 0220，05/0458A05。
4.1　大般若波羅蜜多經卷第八十一，/初分天帝品第二十二之五，三藏法師玄奘奉詔譯/（首）。
4.2　大般若波羅蜜多經卷第八十一（尾）。
7.1　尾題後有題記“比丘照寫”。
7.2　卷首尾均鈐有長方形陽文硃印，4×5 厘米；印文作“報恩寺/藏經印”，但卷首印文半殘，印文作“藏經印”。尾題後鈐有長方形陽文墨印、2.5×8 厘米；印文作“三界寺藏經”。
8　9～10 世紀。歸義軍時期寫本。
9.1　楷書。
9.2　有行間校加字。
10　此件原為日本大谷探險隊所得並通卷托裱。護首為黄底雲龍織錦。卷端有題簽，作“大般若波羅蜜多經卷第八十一”。並鈐有藍色長方形印章，2.4×3.4 厘米；印文為“圖書臺帳/登錄番號 1108”，數字係手寫。有千字文編號“潔”。尾有軸，人工水晶軸頭。下端軸頭粘有紙簽，上書“8，209”。

1.1　BD14009 號
1.3　大般若波羅蜜多經卷三八三
1.4　新 0209
2.1　786.5×26.2 厘米；17 紙；465 行，行 17 字。
2.2　01：46.5，26；　02：46.0，28；　03：46.5，28；
04：46.5，28；　05：46.5，28；　06：46.5，28；
07：46.5，28；　08：46.5，28；　09：46.5，28；
10：46.5，28；　11：46.5，28；　12：46.5，28；
13：46.5，28；　14：46.5，28；　15：46.0，28；
16：45.0，28；　17：45.0，28（空 9）。
2.3　卷軸裝。首尾均全。尾紙有殘洞。有烏絲欄。未入潢。近代已托裱。
3.1　首全→大正 0220，06/0977C02。
3.2　尾全→大正 0220，06/0983A04。
4.1　大般若波羅蜜多經卷第三百八十三，/初分諸功德相品第六十八之五，三藏法師玄奘奉詔譯/（首）。
4.2　大般若波羅蜜多經卷第三百八十三（尾）。
7.1　卷尾下方有“文濬”二字。卷尾背面右下有墨書“卅九”，乃本卷所屬袟數，近代裝裱時已被遮裱。
8　8～9 世紀。吐蕃統治時期寫本。
9.1　楷書。
9.2　有行間校加字及刮改。
10　此件原為日本大谷探險隊所得並通卷托裱。護首為黄底雲龍織錦。卷端有題簽，作“大般若波羅蜜多經卷第三百八十三”。

並鈐有藍色長方形印章，2.4×3.4 厘米；印文為“圖書臺帳/登錄番號 916”，數字係手寫。有千字文編號“績”。尾有軸，人工水晶軸頭。下端軸頭粘有紙簽，上書“類別 8，番號 210”。

1.1　BD14010 號
1.3　般若波羅蜜多心經
1.4　新 0210
2.1　23×22.8 厘米；1 紙；26（空 8）行，行 17 字。
2.3　卷軸裝。首尾均全。卷背有墨痕，但被托裱遮蓋。有烏絲欄。近代已托裱。
3.1　首全→大正 0251，08/0848C04。
3.2　尾全→大正 0251，08/0848C24。
4.1　般若波羅蜜多心經（首）。
4.2　般若波羅蜜多經（尾）。
5　與《大正藏》本對照，“得”字錯為“德”。
8　9～10 世紀。歸義軍時期寫本。
9.1　楷書。
10　此件原為日本大谷探險隊所得並通卷托裱。護首為黃底雲龍織錦。卷端有題簽，作“般若波羅蜜多心經”。並鈐有藍色長方形印章，2.4×3.4 厘米；印文為“圖書臺帳/登錄番號 900”，數字係手寫。有千字文編號“澄”。尾有軸，人工水晶軸頭。下端軸頭粘有紙簽，上書“8，211”。

1.1　BD14011 號
1.3　摩訶般若波羅蜜經（四十卷本）卷六
1.4　新 0211
2.1　747×26.3 厘米；16 紙；427 行，行 17 字。
2.2　01：23.0，13；　02：48.5，28；　03：48.5，28；
04：48.5，28；　05：48.5，28；　06：48.5，28；
07：48.5，28；　08：49.0，28；　09：48.5，28；
10：48.5，28；　11：49.0，28；　12：48.5，28；
13：48.5，28；　14：48.5，28；　15：48.5，28；
16：44.0，22。
2.3　卷軸裝。首殘尾全。經黃打紙。第 1 紙上下殘缺，第 2 紙有殘洞。有燕尾。有烏絲欄。近代已托裱。
3.1　首 7 行上下殘→大正 0223，08/0241C24～0242A01。
3.2　尾全→大正 0223，08/0247A18。
4.2　摩訶般若波羅蜜經卷第六（尾）。
5　與《大正藏》本對照，卷品開合不同，品名也不相同。經文相當於《大正藏》本《摩訶般若波羅蜜經》卷四句義品第十二的大部分，金剛品第十三、樂說品第十四（此二品本件作摩訶薩品第十三）及辯才品第十五（本件作富樓那品第十四）的全部。
8　7 世紀。唐寫本。
9.1　楷書。
10　此件原為日本大谷探險隊所得並通卷托裱。護首為黃底雲龍織錦。卷端有題簽“摩訶般若波羅蜜經卷第三”。並鈐有藍色長方形印章，2.4×3.4 厘米；印文為“圖書臺帳\登錄番號 848”，數位係手寫。有千字文編號“臨”。尾有軸，人工水晶軸頭。護首下端粘有紙簽，上書“8，212”。已脫落。

1.1　BD14012 號
1.3　摩訶般若波羅蜜經（四十卷本）卷八
1.4　新 0212
2.1　646.5×27.2 厘米；16 紙；391 行，行 17 字。
2.2　01：09.5，01；　02：45.0，26；　03：48.0，28；
04：48.0，28；　05：48.0，28；　06：48.0，28；
07：48.0，28；　08：48.0，28；　09：48.0，28；
10：48.0，28；　11：48.0，28；　12：48.0，28；
13：48.0，28；　14：48.0，28；　15：48.0，27；
16：08.0，01。
2.3　卷軸裝。首尾均全。經黃打紙；研光上蠟。護首已揭下，粘貼在卷正面前端。近代托裱時將護首正反顛倒。有燕尾。有烏絲欄。近代已托裱。
3.1　首全→大正 0223，08/0251C23。
3.2　尾全→大正 0223，08/0256B29。
4.1　摩訶般若波羅蜜經摩訶衍品之下，八（首）。
4.2　摩訶般若波羅蜜經卷第八（尾）。
5　與《大正藏》本對照，分卷不同，品名品次也不相同，經文相當於《大正藏》本《摩訶般若波羅蜜經》卷五問乘品第十八（丹本名為摩訶衍品），廣乘品第十九（本件作四念處品第十八，本品名與丹本同）。
7.4　護首上有經名“摩訶般若卷第八”。經名上有經名號。
8　7 世紀。唐寫本。
9.1　楷書。
9.2　有刮改。
10　此件原為日本大谷探險隊所得並通卷托裱。護首為黃底雲龍織錦。卷端有題簽“摩訶般若波羅蜜經卷第八”。並鈐有藍色長方形印章，2.4×3.4 厘米；印文為“圖書臺帳\登錄番號 851”，數位係手寫。有千字文編號“深”。尾有軸，人工水晶軸頭。下軸頭粘有紙簽，上書“8，213”。卷端背有鉛筆“初唐稍後”4 字。

1.1　BD14013 號
1.3　摩訶般若波羅蜜經（四十卷本）卷一五
1.4　新 0213
2.1　611×26 厘米；13 紙；364 行，行 17 字。
2.2　01：47.0，28；　02：47.0，28；　03：47.0，28；
04：47.0，28；　05：47.0，28；　06：47.0，28；
07：47.0，28；　08：47.0，28；　09：47.0，28；
10：47.0，28；　11：47.0，28；　12：47.0，28；
13：47.0，28。
2.3　卷軸裝。首尾均脫。經黃打紙；研光上蠟。卷面多水漬，有黴爛。有烏絲欄。近代已托裱。

3.1　首殘→大正 0223，08/0289A13。
3.2　尾殘→大正 0223，08/0293B25。
5　與《大正藏》本對照，分卷不同，品名品次也不相同，經文相當於《大正藏》本《摩訶般若波羅蜜經》卷第九尊導品第三十六（丹本名阿難稱譽品）的後半部及卷第十法稱品第三十七（本件作校舍利品第三十六）的大部分。本號據正倉院聖語藏本判定卷次。
8　7～8 世紀。唐寫本。
9.1　楷書。
10　此件原為日本大谷探險隊所得並通卷托裱。護首為黄底雲龍織錦。卷端有題簽"摩訶般若波羅蜜經卷第九、十"。並鈐有藍色長方形印章，2.4×3.4 厘米；印文為"圖書臺帳\登錄番號 854"，數位係手寫。有千字文編號"履"。尾有軸，人工水晶軸頭。下軸頭粘有紙簽，上書"類別 8，番號 214"。

1.1　BD14014 號
1.3　摩訶般若波羅蜜經（四十卷本）卷一〇
1.4　新 0214
2.1　772.5×25.4 厘米；16 紙；425 行，行 17 字。
2.2　01：45.5，25；　02：50.0，28；　03：50.0，28；
04：50.0，28；　05：50.0，28；　06：50.5，28；
07：50.5，28；　08：50.5，28；　09：50.5，28；
10：50.5，28；　11：50.5，28；　12：50.5，28；
13：50.5，28；　14：50.5，28；　15：50.5，28；
16：22.0，08。
2.3　卷軸裝。首殘尾全。經黄打紙。有燕尾。有烏絲欄。近代已托裱。
3.1　首 4 行中上殘→大正 0223，08/0261A18～21。
3.2　尾全→大正 0223，08/0267A18。
4.2　摩訶般若波羅蜜經卷第十（尾）。
5　與《大正藏》本對照，分卷不同，品名品次不同。經文相當於《大正藏》本《摩訶般若波羅蜜經》卷第六勝出品第二十二，等空品第二十三（本件作含受品第廿二，品名與丹本同。）會宗品第二十四（本件作第廿三）。
8　7 世紀。唐寫本。
9.1　楷書。
10　此件原為日本大谷探險隊所得並通卷托裱。護首為黄底雲龍織錦。卷端有題簽"摩訶般若波羅蜜經卷第十"。並鈐有藍色長方形印章，2.4×3.4 厘米；印文為"圖書臺帳\登錄番號 849"，數位係手寫。有千字文編號"薄"。尾有軸，人工水晶軸頭。下軸頭粘有紙簽，上書"8，215"。

1.1　BD14015 號
1.3　摩訶般若波羅蜜經（四十卷本）卷一二
1.4　新 0215
2.1　580.5×26 厘米；12 紙；313 行，行 17 字。
2.2　01：46.0，26；　02：52.0，29；　03：52.0，29；
04：52.0，29；　05：52.0，29；　06：52.0，29；
07：52.0，28；　08：40.0，22；　09：51.5，28；
10：51.5，28；　11：51.5，28；　12：28.0，08。
2.3　卷軸裝。首殘尾全。有烏絲欄。近代已托裱。
3.1　首 2 行上下殘→大正 0223，08/0266C02～06。
3.2　尾全→大正 0223，08/0270B16。
4.1　□…□卷第十□…□（首）。
4.2　摩訶般若波羅蜜卷第十二（尾）。
5　與《大正藏》本對照，分卷不同，品名不同。經文相當於《大正藏》本《摩訶般若波羅蜜經》卷第七會宗品第二十四，十無品（本件名為三際品）第二十五。
8　5～6 世紀。南北朝寫本。
9.1　楷書。
10　此件原為日本大谷探險隊所得並通卷托裱。護首為黄底雲龍織錦。卷端有題簽"摩訶般若波羅蜜經卷第十二"。並鈐有藍色長方形印章，2.4×3.4 厘米；印文為"圖書臺帳\登錄番號 844"，數位係手寫。有千字文編號"興"。尾有軸，人工水晶軸頭。下軸頭粘有紙簽，上書"類別 8，番號 216"。

1.1　BD14016 號
1.3　摩訶般若波羅蜜經（四十卷本）卷二二
1.4　新 0216
2.1　820.5×26 厘米；18 紙；466 行，行 17 字。
2.2　01：10.0，護首；　02：47.5，27；　03：47.5，28；
04：47.5，28；　05：48.0，28；　06：47.5，28；
07：47.5，28；　08：47.5，28；　09：47.5，28；
10：48.0，28；　11：47.5，28；　12：48.0，28；
13：48.0，28；　14：48.0，28；　15：47.5，28；
16：47.5，28；　17：48.0，28；　18：47.5，19。
2.3　卷軸裝。首尾均全。原卷有護首，已殘。卷面有黴斑。有燕尾。有烏絲欄。近代已托裱。
3.1　首全→大正 0223，08/0325B13。
3.2　尾全→大正 0223，08/0331B07。
4.1　摩訶般若波羅蜜經問相品第卌八，廿二（首）。
4.2　摩訶般若波羅蜜經卷第廿二（尾）。
5　與《大正藏》本對照，分卷不同，品名品次也有不同。經文相當於《大正藏》本《摩訶般若波羅蜜經》卷第十四問相品第四十九（本件品次為四十八），卷第十五成辦品第五十（本件題為輕毛品第四十九），以及譬喻品第五十一（本件名為船喻品第五十）。
8　7～8 世紀。唐寫本。
9.1　楷書。
9.2　有硃筆行間校加字。
10　此件原為日本大谷探險隊所得並通卷托裱。護首為黄底雲龍織錦。卷端有題簽"摩訶般若波羅蜜經卷第二十二"。並鈐有藍色長方形印章，2.4×3.4 厘米；印文為"圖書臺帳\登錄番號 850"，數位係手寫。有千字文編號"溫"。尾有軸，人工水晶

軸頭。護首背粘有紙簽，上書“類別 8，番號 217”。

1.1　BD14017 號
1.3　摩訶般若波羅蜜經（四十卷本）卷二四
1.4　新 0217
2.1　694.2×26.4 厘米；14 紙；401 行，行 17 字。
2.2　01：48.5，27；　02：49.5，29；　03：49.8，29；
04：49.8，29；　05：49.8，29；　06：49.8，29；
07：49.5，29；　08：49.8，29；　09：49.8，29；
10：49.8，29；　11：49.8，29；　12：49.8，29；
13：49.5，29；　14：49.0，26。
2.3　卷軸裝。首殘尾全。打紙。首紙多有殘洞。有燕尾。有烏絲欄。近代已托裱。
3.1　首 5 行中上殘→大正 0223，08/0336B15～18。
3.2　尾全→大正 0223，08/0341B06。
4.1　□…□卷第廿四（首）。
4.2　摩訶般若波羅蜜經卷第廿四（尾）。
5　與《大正藏》本對照，分卷不同，品名不同。經文相當於《大正藏》本《摩訶般若波羅蜜經》卷第十六大如品第五十四（丹本大如相品）的後部，不退品第五十五的全部。
8　6 世紀。隋寫本。
9.1　楷書。
10　此件原為日本大谷探險隊所得並通卷托裱。護首為黃底雲龍織錦。卷端有題簽“摩訶般若波羅蜜經卷第二十四”。藍色印章已失色，僅可見“番號 819”，數位係手寫，有千字文編號“清”。尾有軸，人工水晶軸頭。下軸頭粘有紙簽，上書“類別 8，番號 218”。

1.1　BD14018 號
1.3　摩訶般若波羅蜜經（四十卷本）卷二七
1.4　新 0218
2.1　782.7×26.3 厘米；16 紙；434 行，行 17 字。
2.2　01：47.5，26；　02：49.8，28；　03：49.8，28；
04：49.8，28；　05：50.0，28；　06：50.0，28；
07：50.0，28；　08：50.0，28；　09：49.5，28；
10：49.8，28；　11：50.0，28；　12：49.5，28；
13：50.0，28；　14：49.5，28；　15：50.0，28；
16：37.5，16。
2.3　卷軸裝。首尾均全。經黃打紙；研光上蠟。有燕尾。有烏絲欄。近代已托裱。
3.1　首全→大正 0223，08/0351C07。
3.2　尾全→大正 0223，08/0357A07。
4.1　摩訶般若波羅蜜經夢中不證品第六十一，卷第廿七（首）。
4.2　摩訶般若波羅蜜經卷第廿七（尾）。
5　與《大正藏》本對照，分卷不同，品名不同。經文相當於《大正藏》本《摩訶般若波羅蜜經》卷第十八夢誓品第六十一（丹本作夢中不證品），卷第十九魔愁品第六十二（丹本云同學品）。本件品名同丹本。
8　7～8 世紀。唐寫本。
9.1　楷書。
9.2　有刮改。
10　此件原為日本大谷探險隊所得並通卷托裱。護首為黃底雲龍織錦。卷端有題簽“摩訶般若波羅蜜經卷第二十七”。並鈐有藍色長方形印章，2.4×3.4 厘米；印文為“圖書臺帳＼登錄番號 847”，數位係手寫。有千字文編號“似”。尾有軸，人工水晶軸頭。下軸頭粘有紙簽，上書“8，219”。

1.1　BD14019 號
1.3　摩訶般若波羅蜜經（三十卷本）卷二九
1.4　新 0219
2.1　936.5×25.8 厘米；20 紙；545 行，行 17 字。
2.2　01：47.0，27；　02：47.0，28；　03：47.0，28；
04：46.5，28；　05：47.0，28；　06：47.0，28；
07：47.0，28；　08：47.0，28；　09：47.0，28；
10：47.0，28；　11：47.0，28；　12：47.0，28；
13：47.0，28；　14：47.5，28；　15：47.5，28；
16：47.5，28；　17：48.0，28；　18：48.0，28；
19：47.5，28；　20：40.0，14。
2.3　卷軸裝。首尾均全。經黃打紙；研光上蠟。有烏絲欄。近代已托裱。
3.1　首全→大正 0223，08/0409B13。
3.2　尾全→大正 0223，08/0416A16。
4.1　摩訶般若波羅蜜經畢定品第八十三，廿九（首）。
4.2　摩訶般若波羅蜜卷第二十九（尾）。
5　與《大正藏》本對照，分卷不同。經文相當於《大正藏》本《摩訶般若波羅蜜經》卷第廿六畢定品第八十三，差別品第八十四，七譬品第八十五，平等品第八十六，如化品第八十七。
7.1　尾題後有題記“菩薩戒弟子鄧元穆敬寫”1 行。
8　7～8 世紀。唐寫本。
9.1　楷書。
9.2　有刮改。
10　此件原為日本大谷探險隊所得並通卷托裱。護首為黃底雲龍織錦。卷端有題簽“摩訶般若波羅蜜經卷第二十九”。並鈐有藍色長方形印章，2.4×3.4 厘米；印文為“圖書臺帳＼登錄番號 845”，數位係手寫。有千字文編號“蘭”。尾有軸，人工水晶軸頭。下軸頭粘有紙簽，上書“類別 8，番號 220”。

1.1　BD14020 號
1.3　摩訶般若波羅蜜經（四十卷本）卷三〇
1.4　新 0220
2.1　757×25.8 厘米；16 紙；420 行，行 17 字。
2.2　01：50.0，28；　02：50.0，28；　03：50.0，28；
04：50.0，28；　05：50.5，28；　06：50.0，28；
07：50.0，28；　08：50.0，28；　09：50.0，28；

10：50.0，28；　11：50.0，28；　12：50.0，28；
13：50.0，28；　14：50.0，28；　15：50.5，27；
16：06.0，01。
2.3　卷軸裝。首脫尾全。打紙。有烏絲欄。近代已托裱。
3.1　首殘→大正 0223，08/0367C20。
3.2　尾全→大正 0223，08/0373A08。
4.2　摩訶般若波羅蜜經卷第卅（尾）。
5　與《大正藏》本對照，分卷不同。經文相當於《大正藏》本《摩訶般若波羅蜜經》卷第二十攝五品第六十八（丹本六度相攝品）的後部，卷第二十一方便品第六十九的全部（本件為方便品第六十八）。
8　6 世紀。隋寫本。
9.1　楷書。
9.2　有硃筆校改。
10　此件原為日本大谷探險隊所得並通卷托裱。護首為黄底雲龍織錦。卷端有題簽"摩訶般若波羅蜜經卷第三十"。並鈐有藍色長方形印章，2.4×3.4 厘米；印文為"圖書臺帳＼登錄番號 852"，數位係手寫。有千字文編號"斯"。尾有軸，人工水晶軸頭。下軸頭粘有紙簽，上書"類別 8，番號 221"。

1.1　BD14021 號
1.3　摩訶般若波羅蜜經（四十卷本）卷三二
1.4　新 0221
2.1　953×25.8 厘米；20 紙；544 行，行 17 字。
2.2　01：31.0，18；　02：48.5，28；　03：48.5，28；
04：48.5，28；　05：48.5，28；　06：48.5，28；
07：48.5，28；　08：48.5，28；　09：48.5，28；
10：48.5，28；　11：48.5，28；　12：48.5，28；
13：48.5，28；　14：48.5，28；　15：48.5，28；
16：48.5，28；　17：48.5，28；　18：48.5，28；
19：49.0，28；　20：48.5，22。
2.3　卷軸裝。首脫尾全。唐麻紙。卷面有等距離黴斑。卷首前有 2 張素紙；係後接，其中第 2 張有烏絲欄。有燕尾。近代已托裱。
3.1　首殘→大正 0223，08/0377A14。
3.2　尾全→大正 0223，08/0383C04。
4.2　摩訶般若波羅蜜經卷第卅二（尾）。
5　與《大正藏》本對照，分卷不同。經文相當於《大正藏》本《摩訶般若波羅蜜經》卷第二十二的大部分。品名與《大正藏》本同，品次不同。道行品、三善品及遍學品在《大正藏》本中，品次依次為七十二、七十三、七十四；本件卷中分別為七十一、七十二、七十三。
7.1　尾題後有題記"菩薩戒弟子鄧元穆敬寫"1 行。
8　7～8 世紀。唐寫本。
9.1　楷書。
9.2　有刮改。
10　此件原為日本大谷探險隊所得並通卷托裱。護首為黄底雲龍織錦。卷端有題簽"摩訶般若波羅蜜經卷第三十二"。並鈐有藍色長方形印章，2.4×3.4 厘米；印文為"圖書臺帳＼登錄番號 853"，數位係手寫。有千字文編號"馨"。尾有軸，人工水晶軸頭。下軸頭粘有紙簽，上書"8，222"。

1.1　BD14022 號
1.3　摩訶般若波羅蜜經（四十卷本）卷三三
1.4　新 0222
2.1　712.5×25.8 厘米；16 紙；386 行，行 17 字。
2.2　01：19.6，素紙；　02：37.0，20；　03：52.5，28；
04：52.5，28；　05：52.5，28；　06：52.5，28；
07：52.5，28；　08：52.5，28；　09：50.5，27；
10：45.0，28；　11：45.0，28；　12：45.0，28；
13：45.0，28；　14：45.0，28；　15：45.0，28；
16：40.0，03。
2.3　卷軸裝。首尾均全。卷首粘貼有素紙。下邊有等距離殘缺。有烏絲欄。後 7 紙為吐蕃統治時期後補。近代已托裱。
3.1　首全→大正 0223，08/0383C13。
3.2　尾全→大正 0223，08/0388B14。
4.1　摩訶般若波羅蜜順忍品第七十五（首）。
4.2　摩訶般若波羅蜜經卷第卅三（尾）。
5　與《大正藏》本對照，分卷不同。經文相當於《大正藏》卷第二十三三次品第七十五（丹本次第行品），一念品第七十六（無漏行六度品第七十五）的前部分。
8　6 世紀。南北朝寫本。
9.1　楷書。
9.2　有刮改。
10　此件原為日本大谷探險隊所得並通卷托裱。護首為黄底雲龍織錦。卷端有題簽"摩訶般若波羅蜜經卷第三十三"。並鈐有藍色長方形印章，2.4×3.4 厘米；印文為"圖書臺帳＼登錄番號 846"，數位係手寫。有千字文編號"如"。尾有軸，人工水晶軸頭。下軸頭粘有紙簽，上書"8，223"。

1.1　BD14023 號
1.3　放光般若經卷二六
1.4　新 0223
2.1　976×25.8 厘米；21 紙；490 行，行 17 字。
2.2　01：20.2，素紙；　02：49.5，24；　03：51.0，26；
04：52.0，26；　05：52.0，26；　06：51.5，26；
07：51.5，26；　08：51.5，26；　09：51.5，26；
10：51.5，26；　11：51.5，26；　12：51.5，26；
13：51.5，26；　14：51.5，26；　15：51.5，26；
16：51.0，26；　17：51.5，26；　18：51.5，26；
19：51.5，26；　20：51.5，24；　21：06.0，拖尾。
2.3　卷軸裝。首尾均全。卷首粘貼素紙。有烏絲欄。首題上有經名號。近代已托裱。
3.1　首全→大正 0221，08/0121C04。

3.2　尾全→大正 0221，08/0127B08。

4.1　摩訶般若波羅蜜無倚想品第七十六（首）。

4.2　摩訶般若波羅蜜放光經卷第廿六（尾）。

5　與《大正藏》本對照，分卷不同。經文相當於《大正藏》本《放光般若經》卷第十七摩訶般若波羅蜜無倚相品第七十六，無有相品第七十七，卷第十八住二空品第七十八的大部。

8　6世紀。南北朝寫本。

9.1　楷書。

10　此件原為日本大谷探險隊所得並通卷托裱。護首為黃底雲龍織錦。卷端有題簽"摩訶般若波羅蜜放光經卷第二十六"。並鈐有藍色長方形印章，2.4×3.4厘米；印文為"圖書臺帳\登錄番號840"，數位係手寫。有千字文編號"盛"。尾有軸，人工水晶軸頭。下軸頭粘有紙簽，上書"8，224"。

新舊編號對照表

新字頭號與北敦號對照表

新字頭號	北敦號
新 0183	BD13983 號
新 0184	BD13984 號
新 0185	BD13985 號
新 0186	BD13986 號
新 0187	BD13987 號
新 0188	BD13988 號
新 0189	BD13989 號
新 0190	BD13990 號
新 0191	BD13991 號
新 0192	BD13992 號
新 0193	BD13993 號
新 0194	BD13994 號
新 0195	BD13995 號
新 0196	BD13996 號

新字頭號	北敦號
新 0197	BD13997 號
新 0198	BD13998 號
新 0199	BD13999 號
新 0200	BD14000 號
新 0201	BD14001 號
新 0202	BD14002 號
新 0203	BD14003 號
新 0204	BD14004 號
新 0205	BD14005 號
新 0206	BD14006 號
新 0207	BD14007 號
新 0208	BD14008 號
新 0209	BD14009 號
新 0210	BD14010 號

新字頭號	北敦號
新 0211	BD14011 號
新 0212	BD14012 號
新 0213	BD14013 號
新 0214	BD14014 號
新 0215	BD14015 號
新 0216	BD14016 號
新 0217	BD14017 號
新 0218	BD14018 號
新 0219	BD14019 號
新 0220	BD14020 號
新 0221	BD14021 號
新 0222	BD14022 號
新 0223	BD14023 號